《中国古代史年鉴》编辑委员会

编纂委员会（以姓氏笔划排序）：

卜宪群　乌云高娃　朱昌荣　邬文玲　刘中玉　刘　源
孙靖国　苏　辉　李花子　杨艳秋　邱源媛　陈时龙
邵　蓓　林存阳　郑任钊　赵现海　赵　凯　赵笑洁
康　鹏　雷　闻　戴卫红

主　　　编：卜宪群

执 行 主 编：陈时龙

执行编辑部门：古代通史研究室

执 行 编 辑：陈时龙　赵　凯　徐义华　侯爱梅　张沛林　齐继伟

编 辑 说 明

我国宋代书目中就已经出现过以"年鉴"为名的书籍，但近代意义上的年鉴是受西方影响从欧洲传入的。若从最早1832年澳门的《英华历书》算起，至今已有近二百年的历史。年鉴一经传入，即以其独特的体例、丰富的内容、简约的形制、快捷的查阅功能而受青睐。民国年间，年鉴出版已达280种之多。新中国成立以来，从地域性年鉴到全国性年鉴，从综合性年鉴到专业性年鉴，从行业年鉴到机构年鉴、企业年鉴，均得到迅速发展。2013年，中国社会科学院启动中国社会科学年鉴工程，组织编写出版一系列社科学术年鉴，至2020年已出版各类年鉴42种，并建立了中国社会科学年鉴数据库。

2016年5月17日，习近平总书记在哲学社会科学工作座谈会上的讲话中强调，中国特色哲学社会科学领域要不断推进学科体系、学术体系、话语体系建设和创新，努力构建一个全方位、全领域、全要素的哲学社会科学体系。习近平总书记还高度重视历史学科的发展，2019年1月3日，在致中国社会科学院中国历史研究院成立的贺信中，他热切希望我国广大历史研究工作者加快构建中国特色历史学学科体系、学术体系、话语体系。编纂《中国古代史年鉴》，正是贯彻落实习近平总书记加快构建历史学三大体系指示精神的具体举措。

我国历史学领域的年鉴编写，始于1980年开始的《历史学年鉴》，至今已有四十余年。四十多年来，中国古代史研究取得了重大进步，通史、断代史、专门史研究都取得了丰硕成果，不仅在传统的政治史、经济史、思想史上有新进展，而且在社会史、文化史、环境史等新兴领域更得到迅猛发展，依托新资料的甲骨学、简帛学、敦煌学、徽学等学科也在不断深耕，每年都会有大量的专著和论文产生。在这种全面繁荣的形势下，编纂一部中国古代史的学科年鉴很有必要：其一，将有效地推进中国古代史学科体系、学术体系和话语体系的构建。年鉴全面、系统、准确地汇辑年度重要成果和相关文献资料，综述年度中国古代史学科的发展状况，既对前一个阶段研究进行总结，也为下一阶段研究提供参照，有利于推陈出新，不断创新。其二，有利于很好地保存当代史学研究资料，书写当代学术史。年鉴选择一些专著与论文作为年度中国古代史研究领域的重要成果进行介绍与点评，积之既久，可以初步勾勒出中国古代史研究领域的发展轮廓。其三，发挥史学的经世致用功能。年鉴不仅是专业工作者的良师益友，也能够为广大党政干部治国理政提供一定的决策参考，对推动史学研究走出书斋，走进人民大众，为历史知识普及提供助益。

要达到以上目的，年鉴编纂就必须严标准、高要求。首先必须坚持以马克思主义唯物史观为指导，坚持以习近平总书记关于历史科学的重要论述为指引，既要通过汲取历史上治乱兴衰的智慧经验为国家治理体系和治理能力现代化提供智力支持，也要发挥历史研究传承文明、滋育文明、正本清源的作用，反对历史虚无主义。其次要突出学术性和理论前瞻性，要求我们既能抓住中国古代史研究的前沿成果，精当选择专著与论文，对成绩与不足作出精确评说，还能坚持批评和反思，提供学术评价，对未来发展方向提出科学预判与建议。

历史研究是一切社会科学的基础，但也是在温故知新与不断扬弃中才能前行与突破。《中国古代史年鉴（2020）》是我们的第一次尝试，下设六个基本栏目："古代史研究综述"概述自先秦至明清八个断代史，以及思想史、文化史、社会史、中外关系史、历史地理、史学史与史学理论六个专门史的年度学科动态；"学术动态"栏目载录当年重要的史学会议、项目、奖项信息；"著作选介""论文观点摘编""新出考古材料与文献整理"三个栏目对国内外出版、发表的史学专著、论文、考古文献和资料整理成果分别作针对性的提要与评述。"学人"栏目回顾本年度离去的重要史学家的生平与成就。另外，我们还请海内外知名学者撰写探讨史学重要问题的"特稿"，以及反映海外中国史研究进展的"国外研究动态"，展现古代史研究的重点与热点，另附"古代史研究所动态""古代史研究大事记"，以便学界同仁对编纂机构中国社会科学院古代史研究所有更多了解。全书所引，除一些特别标示年代外，均为2020年论著。

千里之行，始于足下。编纂《中国古代史年鉴（2020）》是中国古代史学界的首创，也是我们迈出的第一步。在这一年时间里，所长卜宪群、科研处处长陈时龙同志组织年鉴编写并统稿，作为编纂部门的古代通史研究室的各位同志尤其是张沛林、齐继伟在稿件整理过程中做了许多工作，中国社会科学出版社的领导、编辑高俐为此书的出版付出了辛勤的汗水，在此表示感谢！

一部好的年鉴，必定要经过多年坚持才会看出效果。未来我们还会有很长的路要走，还有许多重要的工作要做。中国社会科学院古代史研究所是中国古代史研究的专业机构，拥有门类较齐全、人数较整齐的学科与队伍，是编纂中国古代史研究年鉴的合适机构。今年，古代史研究所把做好年鉴编纂工作写入所规章制度，使年鉴编纂成为我所的一项重要科研工作。同时，我们也迫切希望海内外的中国古代史同仁对年鉴予以关心帮助和指导，对年鉴的编纂不断提出修改意见。我们相信，大家凝聚共识，扎实努力，不断创新，久久为功，就一定能够把年鉴编纂工作做好，就一定能够为繁荣发展中国古代史研究，为构建中国特色、中国气派、中国风格的哲学社会科学做出自己的贡献。

《中国古代史年鉴》编委会
2021年8月30日

目　　录

第一篇　特　　稿

2020 年中国古代史研究的发展与趋势 …………………………………………………（3）
不断深化中国古代制度与治理体系研究 …………………………………………………（13）

第二篇　2020 年古代史研究综述

先秦史研究综述 ……………………………………………………………………………（21）
秦汉史研究综述 ……………………………………………………………………………（35）
魏晋南北朝史研究综述 ……………………………………………………………………（47）
隋唐五代史研究综述 ………………………………………………………………………（59）
宋辽西夏金史研究综述 ……………………………………………………………………（75）
元史研究综述 ………………………………………………………………………………（89）
明史研究综述 ………………………………………………………………………………（100）
清史研究综述 ………………………………………………………………………………（113）
古代思想史研究综述 ………………………………………………………………………（128）
古代文化史研究综述 ………………………………………………………………………（141）
古代社会史研究综述 ………………………………………………………………………（152）
古代中外关系史研究综述 …………………………………………………………………（163）
历史地理研究综述 …………………………………………………………………………（172）
史学理论与史学史研究综述 ………………………………………………………………（190）

第三篇　学术动态

学术会议信息 …………………………………………………………………（209）
中国古代史重大学术工程及重大课题 ………………………………………（243）
　　一、国家社会科学基金立项 ……………………………………………（243）
　　二、教育部人文社会科学研究规划基金、青年基金项目 ……………（256）
　　三、教育部人文社会科学研究规划西部和边疆地区项目 ……………（261）
　　四、国家古籍整理出版专项经费资助项目 ……………………………（262）
重要奖项 ………………………………………………………………………（265）
　　第八届高等学校科学研究优秀成果奖（人文社会科学）……………（265）

第四篇　著作选介

吴越之迹：江南地区早期国家形态变迁 ……………………………………（273）
殷墟甲骨断代标准评议 ………………………………………………………（273）
甲骨文所见动物研究 …………………………………………………………（274）
青铜识小 ………………………………………………………………………（275）
林沄文集 ………………………………………………………………………（275）
黄天树甲骨学论集 ……………………………………………………………（276）
古代中国的宇宙论 ……………………………………………………………（276）
古代中国与欧亚大陆 …………………………………………………………（277）
当代中国简帛学研究 …………………………………………………………（278）
周代国野制度研究（修订本）………………………………………………（279）
战国史 …………………………………………………………………………（280）
西陲有声：《史记·秦本纪》的考古学解读 ………………………………（280）
秦帝国的诞生：古代史研究的十字路口 ……………………………………（281）
秦汉铭刻丛考 …………………………………………………………………（281）
制土域民：先秦两汉土地制度研究一百年 …………………………………（282）
举箸观史：东周到汉代中原先民食谱研究 …………………………………（282）

秦史与秦文化论集 …………………………………………………………… (283)
秦汉魏晋丁中制衍生史论 ……………………………………………………… (283)
门阙、轴线与道路：秦汉政治理想的空间表达 ……………………………… (284)
汉代宫廷居住研究 ……………………………………………………………… (285)
润色鸿业：《汉书》文本的形成与早期传播 ………………………………… (286)
争霸西州：匈奴、西羌与两汉的兴衰 ………………………………………… (286)
四川汉代陶俑与汉代社会 ……………………………………………………… (287)
东汉佛教入华的图像学研究 …………………………………………………… (288)
西南丝绸之路早期佛像研究 …………………………………………………… (288)
后汉·魏晋简牍的世界 ………………………………………………………… (289)
魏晋南北朝时期的政治与社会 ………………………………………………… (290)
晋武帝司马炎 …………………………………………………………………… (291)
观书辨音：历史书写与魏晋精英的政治文化 ………………………………… (291)
魏晋政治与皇权传递 …………………………………………………………… (292)
情礼交融：丧服制度与魏晋南北朝社会 ……………………………………… (293)
六朝隋唐文史哲论集 …………………………………………………………… (294)
将无同 …………………………………………………………………………… (294)
六朝佛教史研究论集 …………………………………………………………… (295)
南朝清谈：论辩文化与三教交涉在南朝的发展 ……………………………… (296)
层累的图像：拼砌砖画与南朝艺术 …………………………………………… (296)
汉魏六朝东宫官制变迁研究 …………………………………………………… (297)
大夏与北魏文化史论丛 ………………………………………………………… (298)
北魏史：洛阳迁都的前与后 …………………………………………………… (299)
中国中古礼律综论续编：礼教与法制 ………………………………………… (299)
说不尽的盛唐：隋唐史二十讲 ………………………………………………… (300)
吐鲁番出土官府账簿文书研究 ………………………………………………… (301)
西暨流沙：隋唐突厥西域历史研究 …………………………………………… (301)
疾之成殇：秦宋之间的疾病名义与历史叙事中的存在 ……………………… (302)
从疾病到人心：中古医疗社会史再探 ………………………………………… (303)
汉唐法制与儒家传统 …………………………………………………………… (304)
多极亚洲中的唐朝 ……………………………………………………………… (304)
罩于风教：唐王朝的政治秩序 ………………………………………………… (305)
唐宋之际礼学思想的转型 ……………………………………………………… (305)
唐宋官私目录研究 ……………………………………………………………… (306)
唐宋书法史拾遗 ………………………………………………………………… (307)

唐宋时期职官管理制度研究	(307)
当代中国敦煌学研究（1949—2019）	(308)
唐中期净土教中的善导流的诸相	(309)
高昌回鹘时期吐鲁番观音图像研究	(309)
9—10 世纪的敦煌写本文化	(310)
龟兹石窟题记	(310)
胡汉中国与外来文明	(311)
陆游的乡村世界	(312)
和战之间的两难：北宋中后期的军政与对辽夏关系	(313)
秩序之间：唐宋法典与制度研究	(314)
人鬼之间：宋代的巫术审判	(314)
朱瑞熙文集	(315)
宋史研究诸层面	(316)
高丽时代宋商往来研究	(316)
肇造区夏：宋代中国与东亚国际秩序的建立	(317)
宋代东亚国际关系与外交仪礼	(318)
剑桥中国宋代史（上卷）：907—1279 年	(319)
朱熹、陆九渊与王守仁理学思想比较——以理、性、心、知四个范畴为中心	(320)
笔记语境下的宋代信仰风俗	(320)
宋代以来江南的水利、环境与社会	(321)
《辽史》探源	(322)
元代风俗史话（等六种）	(322)
周清澍文集	(323)
元代灾荒史	(324)
史事与史源：《通鉴续编》中的蒙元王朝	(324)
元代官方印章与制度史研究	(325)
元代伊斯兰教研究	(325)
讲述世界：马可·波罗、鲁思蒂切洛《寰宇记》的历史与命运	(325)
规训、惩罚与征服：蒙元帝国的军事礼仪与军事法	(326)
元初"中州士大夫"与南北文化统合	(327)
元末士人危素研究	(328)
宋元时代中国的妇女、财产及儒学应对	(328)
在危机之中复兴：晚明佛教与政治动荡，1522—1620	(329)
殇魂何归——明代的建文朝历史记忆	(329)
话语与制度：祖制与晚明政治思想	(330)

文化认同视角下的清代《明史》修纂研究	(331)
阅读最古老的世界地图：从《混一疆理历代国都之图》所见陆地与海洋全图：中国与欧洲之间的地图学互动	(332) (332)
剑桥中国清代前中期史（上卷）	(333)
清朝大历史	(333)
辨色视朝——晚清的朝会、文书与政治决策	(333)
化家为国——清代中期内务府的官僚体制	(334)
中国官箴公牍评注及书目	(334)
清代基层组织与乡村社会管理——以四川南部县为个案的考察	(334)
清朝遗迹的调查	(334)
清水江研究丛书（第二辑）	(335)
百年清史研究史	(336)
朝贡、海禁、互市：近世东亚的贸易与秩序	(336)
清代战争文化	(337)
满大人的荷包——清代喀尔喀蒙古的官与商	(337)
维正之供：清代田赋与国家财政（1730—1911）	(337)
文章自可观风色：文人说经与清代学术	(338)
乾嘉考据学研究	(339)
皇权与教化：清代武英殿修书处研究	(339)
门户以外：《春秋》研究新探	(340)
桐城派名家史学思想研究	(341)
道公学私：章学诚思想研究	(341)
明清小冰期：气候重建与影响——基于长江中下游地区的研究	(342)
明清祖先像图式研究	(342)
古代五岳祭祀演变考论	(343)
中国古代物质文化史·兵器	(344)
霞浦摩尼教研究	(344)
北京口述历史系列（第三辑）	(345)
区域视角下的西北：地缘空间中的农耕、游牧与绿洲	(346)
丝绸之路世界史	(347)
古代巴蜀与南亚的文化互动和融合	(348)
新时代、新技术、新思维——2018年中国历史地理学术研讨会论文集	(348)
历史时期董志塬地貌演变过程及其成因	(349)
清代黄河"志桩"水位记录与数据应用研究	(349)
陕北黄土高原的环境：1644—1949年	(349)

中国古代舆地图研究（修订本） ……………………………………………… (349)
中国古代史学批评史 ………………………………………………………… (350)
《春秋》经传与传统史学 …………………………………………………… (351)

第五篇　论文观点摘编

中国史前社会的阶段性变化及早期国家的形成 ……………………………… (355)
关于武丁以前甲骨文的探索 ………………………………………………… (355)
商代的疫病认知与防控 ……………………………………………………… (355)
殷墟"外来文化因素"研究 ………………………………………………… (356)
论殷金文的特征体系 ………………………………………………………… (356)
礼仪文化在西周商品交换发展中的作用 …………………………………… (356)
霸伯治盐与西周井田 ………………………………………………………… (357)
霸伯簋铭文校议 ……………………………………………………………… (357)
商周铜礼器分类的再认识 …………………………………………………… (357)
商周东土夏遗与夏史探索 …………………………………………………… (358)
考古学文化、文献文本与吴越早期历史的构建 …………………………… (358)
枣树林曾侯编钟与叶家山曾侯墓 …………………………………………… (358)
先秦国家制度建构的理念与实践 …………………………………………… (359)
清华简《四告》的文本形态及其意义 ……………………………………… (359)
齐国的乡里控制体系及其变化 ……………………………………………… (359)
钟离君柏墓礼乐制度研究 …………………………………………………… (360)
商鞅"农战"政策推行与帝国兴衰——以"君—官—民"政治结构
　　变动为中心 ……………………………………………………………… (360)
秦代属邦与民族地区的郡县化 ……………………………………………… (360)
秦"从人"简与战国秦汉时期的"合从" ………………………………… (361)
里耶秦简所见秦代县吏的调动 ……………………………………………… (361)
秦代简牍文书学的个案研究——里耶秦简9—2283、[16—5]和
　　[16—6]三牍的物质形态、文书构成和传递方式 …………………… (361)
秦简日书所见占盗、占亡之异同 …………………………………………… (362)
秦及汉初逃亡犯罪的刑罚适用和处理程序 ………………………………… (362)
马王堆汉墓的遣策与丧葬礼 ………………………………………………… (362)

西汉海昏侯刘贺墓出土"房中"简初识 …………………………………………… (362)
从"司马主天"到"太尉掌兵事"：东汉太尉渊源考 …………………………… (363)
汉代大象与骆驼画像研究 …………………………………………………………… (363)
虚实相间：东汉碑刻中的祖先书写 ………………………………………………… (363)
长沙吴简所见"科"与"辛丑科"考论——对孙吴及三国时代"科"
　　性质的再检讨 …………………………………………………………………… (364)
黄盖治县：从吴简看《吴书》中的县政 ………………………………………… (364)
从户下奴婢到在籍贱民身分转变的考察 …………………………………………… (364)
漫说史源调查 ………………………………………………………………………… (365)
编年史与晋宋官修史运作 …………………………………………………………… (365)
文本与形制的共生：北魏司马金龙墓表释证 …………………………………… (366)
百济与中古中国官品冠服制的比较研究：东亚视角下的百济官品冠服制（二）…… (366)
可敦、皇后与北魏政治 ……………………………………………………………… (367)
改革开放四十年来的中古礼学和礼制研究 ………………………………………… (367)
争膺天命：北魏华夏天神祭祀考论 ………………………………………………… (368)
北魏天兴定历及相关问题 …………………………………………………………… (368)
句读与书写程序：嘎仙洞石刻祝文释读再议 …………………………………… (369)
《七录序》与阮孝绪的知识、思想世界 …………………………………………… (369)
华北中国雅乐的成立——以5—6世纪为中心 ……………………………………… (369)
中国中古史研究：从中国走向世界 ………………………………………………… (370)
"岛夷"称号与北朝华夷观的变迁 ………………………………………………… (370)
北魏后期至唐初赠官、赠谥异刻出现与消失原因试析 …………………………… (371)
释唐后期上行公文中的兼申现象 …………………………………………………… (371)
分位与分叙：文武分途与唐前期散官体系的演进 ………………………………… (372)
晚唐五代的商人、军将与藩镇回图务 ……………………………………………… (372)
唐宋牓子的类型及其功能——从敦煌文书P. 3449+P. 3864《刺史书仪》说起 …… (373)
游牧与农耕交错、东西与南北交通视野下的河西走廊——以隋及
　　唐前期的凉州为例 ……………………………………………………………… (373)
吐蕃崛起与儒家文化 ………………………………………………………………… (373)
中国中古时代的佛道混合仪式——道教中元节起源新探 ………………………… (374)
唐长安书写文化的日本流布——以王羲之书迹为中心 …………………………… (374)
丝路运作与唐朝制度 ………………………………………………………………… (374)
从误解到常识：史源学视野下的唐代大贺氏契丹问题 …………………………… (375)
行走的书籍：中古时期的文献记忆与文献传播 …………………………………… (375)
重绘中古史的可能性（笔谈） ……………………………………………………… (375)

黑石号上的"宫廷瓷器"——中古沉船背后的政治经济史 …………………………………（376）
唐代南方士人的身份表达与士族认同——兼谈中古时期"南北之别"
　　的内涵演变 …………………………………………………………………………（376）
西夏对中国印刷史的重要贡献 …………………………………………………………（377）
总量分配到税权分配：王安石变法的财权分配体制变革 ……………………………（377）
是酋邦，还是国家？——再论金朝初年女真政权的国家形态 ………………………（378）
契丹建国前史发覆——政治体视野下北族王朝的历史记忆 …………………………（378）
南宋"三省合一"体制下尚书省"批状"之行用 ……………………………………（378）
自适·共乐·教化——论北宋中期知州的公共景观营建活动（1023—1067） ………（379）
论小面额东南会子对南宋货币流通的影响 ……………………………………………（379）
从铁钱到银两：两宋金元纸币的价值基准及其演变 …………………………………（379）
耶律乙辛倒台后的辽朝政局 ……………………………………………………………（380）
晚唐五代小说中的"仙境"：文士与道士构建之比较 ………………………………（380）
《永乐大典》编纂流程琐议——以《宋会要辑稿》礼类群祀、大礼五使
　　二门为中心 …………………………………………………………………………（381）
两宋代役人论析 …………………………………………………………………………（381）
宋代官户免役的政策调整、法律诉讼与限田折算 ……………………………………（381）
契丹社会组织与耶律阿保机建国 ………………………………………………………（382）
西夏政区划分及其相关问题 ……………………………………………………………（382）
宋代瘟疫防治及其特点 …………………………………………………………………（382）
道教与辽朝政权合法性的构建 …………………………………………………………（383）
内耗与纷争：《红史》至大二年圣旨所见元朝政治博弈 ……………………………（383）
钱大昕《元史稿》故实考辨 ……………………………………………………………（383）
新见河北大名董氏藏元《藁城董氏世谱》清嘉庆抄本研究 …………………………（384）
"大蒙古国"国号创建时间再检讨 ……………………………………………………（384）
《蒙古袭来绘词》所绘元代的旗鼓 ……………………………………………………（384）
元朝统一前六部设置考 …………………………………………………………………（384）
元代淮东南部税粮问题管窥 ……………………………………………………………（385）
元代的量制政策和量制运用——兼考元省斛与南宋文思院斛之换算关系 …………（385）
"汉人八种"新解——读陈寅恪《元代汉人译名考》 ………………………………（385）
成吉思汗称号的释音释义 ………………………………………………………………（386）
巨野元代景教家族碑历史人名札记 ……………………………………………………（386）
从国都到省城：元初对杭州政治空间的改造 …………………………………………（386）
优出常典：明代乡贤专祠的礼仪逻辑与实践样貌 ……………………………………（386）
明代世袭武官人数增减与制度变迁 ……………………………………………………（387）

嘉峪关变迁与明代交通地理之关系——基于史源学的研究 …………………………（387）
明代地方官府赋役核算体系的早期发展 …………………………（387）
科举的竞争：明代南直隶地区春秋专经现象研究 …………………………（387）
18世纪进入全球公共领域的中国邸报 …………………………（388）
18世纪中国的灵性观——德沛的儒学基督教 …………………………（388）
市场经济与资本主义：大分流视野下的中国明清经济史研究 …………………………（388）
清初苏州文人的扶乩信仰——以彭定求（1654—1719）与
　　文昌帝君玉局为中心 …………………………（388）
"天命"如何转移：清朝"大一统"观再诠释 …………………………（389）
英国向清代中国输铅问题研究 …………………………（389）
清代"西藏佛教世界"范围问题再探——以满人与藏传佛教的关系为中心 …………（389）
明清时代的帝制与封建 …………………………（389）
十六至十九世纪中日货币流通制度演进路径的分流 …………………………（389）
思想如何成为历史？ …………………………（390）
"道统"之贞定与"疑孟疑荀"之端倪——论北宋中后期孟学和荀学走向 …………（390）
孝体焦虑：早期儒家文本中对"孝"的讨论 …………………………（390）
批判的序文：几位南宋儒者论道教 …………………………（390）
从委诸天命到追究责任——南唐旧臣入宋之后的历史认知与书写 …………………（391）
魏晋《庄子》注释史中郭象的地位 …………………………（391）
草根学者的良知学实践：以明嘉靖至万历年间的安福学者为例 …………………（392）
"归寂"之前——聂豹早年学思抉微 …………………………（392）
明中晚期江西诗、文社集活动的发展与动向 …………………………（392）
邵雍迁居洛阳前期关系网络初探：以尹洙为线索 …………………………（393）
调和三教：屠隆（1543—1605）的自我涵养和戏剧创作 …………………………（393）
南朝宫廷诗歌里的王权再现与帝国想象 …………………………（393）
十六国北朝士族社会之"女教"与"母教"——从一个侧面看
　　中古士族文化之传承 …………………………（394）
东汉光武帝与儒教的谶纬：从两汉之际的政治局势出发 …………………………（394）
元代吴澄《礼记纂言》对《少仪》篇改编的价值与意义解析 …………………（395）
"以经释经"：王夫之春秋学的解经特色 …………………………（395）
河南虞城马庄第五层遗存的发现及意义 …………………………（395）
从《五帝本纪》取裁看太史公之述作 …………………………（396）
汉人灵魂乘车出游的节点与终点——以西汉后期至东汉时期墓室画像为中心 ………（396）
成仙初阶思想与《神农本草经》的三品药划分法 …………………………（396）
梁元帝《职贡图》与西域诸国——从新出清张庚摹本《诸番职贡图卷》

引出的话题 ………………………………………………………………………………（397）
也谈佛教造像的长安模式 ………………………………………………………………（397）
莫高窟唐代团花纹样造型演变研究 ……………………………………………………（398）
后唐时期途经敦煌的赴印求法僧及相关史事 …………………………………………（398）
宋辽夏官帽、帝师黑帽、活佛转世与法统正朔——藏传佛教噶玛噶举
　　上师黑帽来源考 ……………………………………………………………………（398）
金元全真教对道教神仙谱系的继承与突破 ……………………………………………（399）
西方新文化史对中国史研究的影响 ……………………………………………………（399）
文化史研究的三种取向 …………………………………………………………………（399）
文化自觉与传统文化现代化 ……………………………………………………………（400）
笔谈：灾疫视角下的古代国家治理与应对 ……………………………………………（400）
明清北方宗族的新探索（2015—2019 年）……………………………………………（401）
贡赋经济体制研究 ………………………………………………………………………（401）
清末东北防疫中的"财"与"政" ………………………………………………………（402）
习俗、法规与社会——对清代巴县地区"减租"习俗的法律社会史研究 …………（402）
再造"土司"：清代贵州"新疆六厅"的土弁与苗疆治理 …………………………（402）
清代旗民分治下的民众应对 ……………………………………………………………（403）
咸同年间广西浔州的"堂匪"、团练与地方权力结构的变动 ………………………（403）
唯物史观视阈下的中国古代土地制度变迁 ……………………………………………（403）
历史过程的"折叠"与"拉伸"——社的存续、变身及其在中国史
　　研究中的意义 ………………………………………………………………………（404）
论古代中国西南与东南亚的联系：以考古发现的青铜器为中心 ……………………（404）
香丝之路：阿曼与中国的早期交流 ……………………………………………………（405）
论 5—6 世纪柔然帝国与欧亚丝路贸易的关系 ………………………………………（405）
斯里兰卡"佛足迹图"的考察与初步研究——以阿努罗陀补罗
　　（Anuradhapura）为中心 …………………………………………………………（405）
论粟特对东回鹘汗国建筑的影响 ………………………………………………………（405）
高原丝绸之路与文化交融互动 …………………………………………………………（406）
两宋经济结构变迁与海上丝路勃兴 ……………………………………………………（406）
12—13 世纪粟特—回鹘商人与草原游牧民的互动 …………………………………（406）
早期蒙古时代外交实践中的礼物交换 …………………………………………………（406）
新发现灶火河元代摩崖题记年代考及回鹘蒙古文鸡年题记释读 ……………………（407）
丝路沿线的民族交融：占星家与乌珠穆沁部 …………………………………………（407）
明代中国与爪哇的历史记忆：基于全球史的视野 ……………………………………（407）
明抗倭援朝水师统帅陈璘与露梁海战 …………………………………………………（407）

形象的史料，历史的留存：清代琉球册封图像《南台祖帐图》探微	(408)
稀见环南海文献再发现：回顾、批评与前瞻	(408)
韩边外与"间岛问题"关系考	(408)
从域外与周边重新理解中国：以丝绸之路研究的区域转向为中心	(409)
东方外交史研究：历程与前瞻	(409)
中国史与世界史的融合	(409)
中国中外关系史学科体系建设	(410)
旱灾、饥荒与清代鄂尔多斯地区蒙地的开垦	(410)
过去千年中国不同区域干湿的多尺度变化特征评估	(410)
公元9世纪以来长江潮区界的迁移过程重建	(411)
近30年中国历史医学地理学研究的成就与展望	(411)
先秦"异地同名"现象与地名流动的初步考察	(411)
秦汉上郡肤施县、高望县地望考辨	(411)
《中国历史地图集·西夏幅》补释	(412)
清代政区名演化个案研究：从杂谷厅到理番厅	(412)
1700—1978年云南山地掌鸠河流域耕地时空演变的网格化重建	(412)
沙岛浮生：明清崇明岛的传统开发与长江口水环境	(412)
如影随形：唐宋之际都城东移与北都转换	(413)
文献与田野三视阈：中古州县治城位置考证方法研究——以唐代昌州治所变迁及静南县治地考辨为例	(413)
明代山东海疆卫所城市的选址与历史结局——兼论该类城市在山东半岛城市发展史上的地位	(413)
西夏通吐蕃河湟间的交通路线及沿路军事堡寨考察	(413)
跨越地理环境之路——明清时期北方地区的游牧社会与农商社会	(414)
宋元版刻城市地图考录	(414)
明宋应昌《全海图注·广东沿海图》研究	(414)
《江防海防图》再释——兼论中国传统舆图所承载地理信息的复杂性	(414)
云象、望气、矿藏："金马碧鸡"传说的生成过程	(415)
理性的结构：比较中西思维的根本异同	(415)
中国史学之连续性发展的特点及其深远的历史意义	(415)
中国古史分期问题析论	(416)
中国古史分期暨社会性质论纲——兼论中国传统社会的主要矛盾问题	(416)
中国古代史学批评的深层探讨	(416)
中国史学史上的"通史家风"	(417)
魏晋南北朝史学的正统之辨	(418)

"国亡史作"新解——史学史与情感史视野下的元好问碑传文 …………………………… (418)
中国古代史学"国可灭，史不可灭"理念探析 ………………………………………… (418)
多民族"中国"的构建：司马迁《史记》的"中国"观 ………………………………… (418)
论中国古代史学话语体系中的"叙事" …………………………………………………… (419)
中国古代史学会通思想探研 ……………………………………………………………… (419)
试论春秋笔法及其历史书写中的客观性 ………………………………………………… (420)
《左传》叙事见本末与《春秋》书法 …………………………………………………… (420)
偏传主倾向：《史记》求真精神的新视角 ……………………………………………… (420)
在史法与史义之间：刘知幾的经史观与史学批评 ……………………………………… (421)
南宋前期史学兴盛问题探究 ……………………………………………………………… (421)
中西比较视域中的宋代史学近世化：基于历史观与史学方法的考察 ………………… (421)
《元史》列传史源新探 …………………………………………………………………… (422)
《文史通义》与历史美学 ………………………………………………………………… (422)

第六篇　新出考古材料与文献整理

中国社会科学院古代史研究所藏甲骨文拓 ……………………………………………… (427)
《甲骨文合集》第十三册拓本搜聚 ……………………………………………………… (427)
中国国家博物馆馆藏文物研究丛书·青铜器卷（商）…………………………………… (428)
中国国家博物馆馆藏文物研究丛书·青铜器卷（西周）………………………………… (429)
商周青铜器铭文暨图像集成三编 ………………………………………………………… (429)
殷周金文族徽集成 ………………………………………………………………………… (430)
清华大学藏战国竹简（拾）……………………………………………………………… (431)
史记研究集成·十二本纪 ………………………………………………………………… (431)
栎阳考古发现与研究 ……………………………………………………………………… (432)
岳麓书院藏秦简（陆）…………………………………………………………………… (432)
秦封泥集存 ………………………………………………………………………………… (433)
汉长安城未央宫骨签 ……………………………………………………………………… (433)
马王堆汉墓简帛文字全编 ………………………………………………………………… (434)
长沙五一广场东汉简牍（叁、肆）……………………………………………………… (434)
长沙走马楼三国吴简·竹简（玖）……………………………………………………… (434)
梁书（修订本）…………………………………………………………………………… (435)
水经注校笺图释·汾水涑水流域诸篇 …………………………………………………… (436)

书名	页码
周氏冥通记校释	(436)
河西魏晋·《五胡》墓出土镇墓瓶铭（镇墓文）集成	(437)
高城佛光：黄骅市博物馆藏北朝石刻造像菁华	(437)
内蒙古武川坝顶北魏祭天遗址	(438)
贞石可凭：新见隋代墓志铭疏证	(438)
秦晋豫新出墓志蒐佚三编	(439)
中古姓氏佚书辑校	(439)
今注本二十四史·隋书	(440)
旅顺博物馆藏新疆出土汉文文献	(440)
吐鲁番出土墓志汇考	(441)
金史（修订本）	(441)
范成大集（点校本）	(442)
周必大集校证	(443)
朱子家礼宋本汇校	(443)
明止堂藏宋代碑刻辑释	(444)
贞珉千秋——散佚辽宋金元墓志辑录	(444)
圣武亲征录（新校本）	(445)
经世大典辑校	(445)
元史研究资料汇编补编	(446)
五礼通考（点校本）	(446)
清代前期天地会史料集成	(447)
清代乡试文献集成	(447)
日本所藏稀见明清科举文献汇刊	(448)
陆陇其全集	(448)
贵州清水江文书·黎平文书（第二、三辑）	(448)
中国第一历史档案馆开放馆藏军机处录副专题档案、宗人府档案	(449)
北京内城寺庙碑刻志（第五卷）	(450)
动物的自然属性（新校本）	(450)

第七篇　学　　人

朱大渭（1931—2020）	(455)
邹逸麟（1935—2020）	(455)

刘志琴（1935—2020）	(457)
王兴亚（1936—2020）	(458)
王家范（1938—2020）	(459)
吴怀祺（1938—2020）	(460)
赵和平（1948—2020）	(461)
满志敏（1952—2020）	(462)

第八篇　国外研究动态

五年间的研究历程 ——2016—2020年韩国学界的秦汉史研究综述	(465)

第九篇　古代史研究所动态

	(487)

第十篇　古代史研究大事记

6月	(495)
7月	(495)
8月	(495)
9月	(495)
10月	(496)
11月	(497)
12月	(498)

第一篇

特　稿

2020 年中国古代史研究的发展与趋势

古代史研究所动态写作小组

本年度中国古代史学科在新中国七十年发展历程的基础上继续前行。本文拟从新史料的整理、传统研究的深入、新兴学科的前行、海外汉学的新进展四个角度，对 2020 年中国古代史学科的主要研究成果作一概述。

一、新史料、传世文献的整理与修订

本年度，甲骨文、金文、骨签、简牍、石刻、写本文书等新史料有相应的刊布。甲骨文方面，宋镇豪主编，孙亚冰《中国社会科学院古代史研究所藏甲骨文拓》（上海古籍出版社），本书著录甲骨 182 片。天津博物馆《殷契重光》（文物出版社），著录甲骨 120 余片。张宇卫《缀兴集》（万卷楼出版）辑录作者甲骨缀合成果 202 则。张军涛《试缀何组腹甲九则》（《殷都学刊》第 1 期）发布了九组何组卜辞缀合。

金文方面，田率《中国国家博物馆馆藏文物研究丛书·青铜器卷》（上海古籍出版社 2020 年 12 月）有商、西周、春秋、战国、秦汉五个分册，展示了国博所藏的铜器。吴镇烽《商周青铜器铭文暨图像集成三编》（上海古籍出版社）收录了 1772 件有铭铜器。王长丰《殷周金文族徽集成》（黄山书社）整理了 8000 余个殷周金文族徽。

中国社会科学院考古研究所编著《汉长安城未央宫骨签（全90册）》（中华书局）对未央宫第三号建筑遗址出土的 64305 枚骨签进行全面系统的整理与研究，这将极大地促进汉代乃至中国古代的手工业、工官制度以及兵器、兵备工业等领域的研究。

简牍方面，清华大学出土文献研究与保护中心《清华大学藏战国竹简（拾）》（中西书局）共收录竹简五种八篇，皆为前所未见的佚文。陈松长主编《岳麓书院藏秦简（陆）》（上海辞书出版社），长沙市文物考古研究所、清华大学出土文献研究与保护中心、中国文化遗产研究院、湖南大学岳麓书院编《长沙五一广场东汉简牍（叁、肆）》（中西书局），长沙简牍博物馆、中国文化遗产研究院、北京大学历史学系、故宫研究院古文献研究所编著《长沙走马楼三国吴简竹简（玖）》（文物出版社）出版。石刻文献主要集中在新出土墓志的整理、刊发和考释。张永华、赵文成、赵君平主编《秦晋豫新出墓志搜佚三编》（国家图书馆出版社），洛阳市文物考古研究院编《洛阳市文物考古研究院藏石集粹（墓志篇）》（中州古籍出版社）刊布了很多未曾公开发表过的墓志。张铭心编著的《吐鲁番出土墓志汇考》（广西师范大学出版社）汇集了吐鲁番出土的高昌墓志。《高城佛光：黄骅市博物馆藏北朝石刻造像菁华》（上海书画出版社）、《相由心生：山东博兴佛造像展》（山东美术出版社）分别收录了两家博物馆藏石刻造像。

写本文书方面，《旅顺博物馆藏新疆出土汉文文献》（中华书局）收入旅顺博物馆所藏写本共计26000多枚残片，包括3—13世纪间的佛教典籍、世俗图书以及反映中原王朝在吐鲁番地区进行统治的各种官私文书。这批文献残卷，将大力推进西域史、丝绸之路史等方面的研究。学者对上海图书馆藏明代纸背文书的研究又有新的进展。宋坤、张恒《明洪武三年处州府小黄册的发现及意义》（《历史研究》第3期）及张恒《新见明代山西汾、应二州赋役黄册考释》（《文史》第3辑）从文献学的角度考论了纸背文书中珍贵的明代黄册原件，并强调了黄册原件对明代赋役制度研究的价值。上图明代纸背文书自2016年以来就不断被发现整理，这批文书具有官方一手档案的性质，可以如实反映明代行政及赋役制度的运作状况，对明代历史研究的意义重大。

墓志是"新材料"相对缺乏的宋史领域最重要的出土文献，本年度重要成果包括朱明歧、戴建国主编《明止堂藏宋代碑刻辑释》（中西书局），收录明止堂古砖文化研究与保护中心收藏的近400件宋代江西碑刻的拓印、实物照片，并加以注释和初步研究；周峰《贞珉千秋——散佚辽宋金元墓志辑录》（甘肃教育出版社）收录散佚墓志103件，内含宋代买地券、晋东南地区金代墓志及元代世侯万户谢坚墓志等宝贵资料。

此外，本年度也出版影印了一些大部类的专业文献集成。如"丝绸之路"文献整理工作持续升温。《旅顺博物馆藏新疆出土汉文文献》由中华书局出版，全面公布旅顺博物馆所藏新疆出土文献的汉文部分，共计26000多枚残片，涵盖3世纪以降1000多年吐鲁番地区的汉文典籍与官私文书，是目前所知国内敦煌吐鲁番文献唯一尚未公布的大宗藏品，被称为敦煌吐鲁番文献"最后的宝藏"。赵莉、荣新江主编《龟兹石窟题记》（中西书局）由新疆龟兹研究院、北京大学中古史研究中心和中国人民大学国学院合编，分"题记报告篇""图版篇""研究论文篇"三卷，对古代龟兹国范围内的石窟题记予以系统梳理，进行了详细释读及研究。文物出版社出版了《唐船风说书》（全40册），这是关于古代中日海上贸易的第一手档案史料。

科举文献的整理也颇值关注。中国国家图书馆编《清代乡试文献集成》（第一辑）（全150册），国家图书馆出版社。此书以影印的方式收录了清代乡试录、题名录、同年录、同门录等文献368种，记录当次乡试的考官、考生的履历等资料，涉及各个行省，尤以文化和经济发达的顺天、江南、浙江为多。此书的资料不仅有益于科举史研究，也会对清代的人物、师承关系、地方志的研究，予以许多补充。陈维昭、侯荣川《日本所藏稀见明清科举文献汇刊》（20册），广西师范大学出版社。认为科举制度对于我们周边的国家也产生了影响。本书收录日本藏明清时期结集出版的稀见科举文献13种，包括八股文选、讲义类文献、课士录、二三场文集，多数为稀见的藏本甚至是孤本。每一种文献均附有解题，介绍作者、版本和主要内容、主要价值等。

文献整理方面，景蜀慧主持修订的《梁书》出版（中华书局）。苗润博《辽史探源》（中华书局）对《辽史》成书做了系统考察，并对《天祚纪》和多篇志书的史源做出了推测，是今后辽史研究必须参考的重要成果。程妮娜主持的点校本二十四史修订本《金史》

（中华书局），则是金史领域最重要的文献整理著作，修订本纠正、补充旧校本达千余处。元史领域，陈晓伟整理的《圣武亲征录》，以及周少川等完成的《经世大典辑校》。

二、传统研究领域的深耕与推进

本年度，中国古代史的传统研究领域形成了若干热点问题。如政治史中的"国家建构与认同"，经济史领域中的"古代土地制度"，史学理论中的全球史观，等等。这些研究成果进一步推进了中国古代史研究的深度与广度。

政治史。政治史研究中的国家问题，依然成为本年度热点。晁福林《先秦国家制度建构的理念与实践》（《历史研究》第3期）指出国家的发轫和奠基期，尤其是商周时期国家制度建构的理念及实践，深刻影响了此后中国历史的发展走向。徐义华《中国古史分期问题析论》（《中国史研究》第3期）通过考察政治与血缘的关系，将中国古代分为氏族社会、贵族社会、豪族社会、宗族社会四个时期，并分析了不同历史时段社会中坚力量的构建及其对社会模式的影响。鲁西奇《齐国的乡里控制体系及其变化》（《文史哲》第1期）认为齐国遵循周制，以国、野二元体制作为基本统治制度，将"国人"区分为三部，而将其所统治的土著人群按地域分划为五个区。张新超《论汉代县属游徼的设立与演变——以考古资料为中心》（《古代文明》第2期）、崔星和王东《吐蕃大虫皮制度刍议》、薛洪波《秦律"家罪"考》（《中国史研究》2020年第1期）则分别通过官制、军制和法制等层面探讨了基于大一统王权的各项国家制度的创立原则和完善过程。

张帆《元朝的多民族统一与国家认同》（《中央社会主义学院学报》第1期）一文指出，尽管元朝在与中原文化的关系上具有某种"非典型性"，但在长期统治中逐渐增强了对中原的认同。"到元朝后期，随着对中原地区统治的深入，多数政策的出发点和关注对象都是汉人，统治者日益和中原接近，汉语、汉文化水平逐渐提高，认同中原文化传统、以历代王朝接班人自居的意识明显增强。""如果（元朝）能够再统治几十年、上百年，就会有更显著的结果。"同时，元朝以军事强大、没有外敌的独特优势有效地巩固了版图与国家认同，从而为明清两朝及现代中国留下了重要遗产。

此外，有关的政治制度的研究有薛理禹《明代保甲制研究》（中国社会科学出版社），是第一部较为全面的明代保甲制度论著。张金奎长文《锦衣卫监察职能略论》（《史学集刊》第5期）对明代锦衣卫的监察职能进行了专题研究，着重从国家权力结构的角度分析锦衣卫监察职权的构建与运作，并提出锦衣卫对文官系统而言具有"体外监察"性质的全新论断。秦博《明代勋卫与散骑舍人的制度特性》（《史学月刊》第4期）着重关注锦衣卫中特殊的贵族侍卫群体，尝试论析锦衣卫作为明代国家各种制度结合点的特性。鱼宏亮《发式的政治史——清代薙发易服政策新考》（《清华大学学报》第1期）利用清宫档案和宫廷画像、中外史料，对关于薙发易服的传统记述提出了质疑。

政治事件的研究主要有：陈希丰《吴璘病笃与蜀口谋帅：南宋高孝之际四川军政探析》（《中华文史论丛》第3期）、《南宋京湖战区形成史——兼谈岳家军的防区与隐患》（《中山大学学报》第2期）及《宋金汝州、蔡州、确山之战探析——兼谈南宋守城战的守御方式》

（《中外论坛》第 4 期）分别围绕南宋军事史上若干传统议题，提出了极富洞见的新看法。李超《屈膝与求和之间：绍兴八年和议中秦桧角色的再思考》（《中外论坛》第 4 期）则通过对秦桧的亲信郑刚中《北山文集》中相关奏疏的细密解读，得出了与前人观点有不小距离的新认识。陈希丰和李超的一个共同特点，是在处理"陈旧"的传统议题时，依赖的都是传统的常见史料。他们高人一等的见解，从根本上说，并非因为采用了来自社会科学或者后现代理论的所谓新方法、新视角，而是一字一句细致解读核心史料的结果。明代历史上有很多所谓的难解谜案，如建文逊国、李自成归宿等，其真相历来为治明史者所关注，也常引发学者之间长久的争辩。本年度陈生玺所撰《再论李岩其人——顾诚〈李岩质疑〉辨误》（《文史哲》第 5 期）就通过新发现河南博爱县《李氏族谱》中的记载，重新探析明末农民起义领袖李岩此人是否真实存在的问题，并对 20 世纪五六十年代盛行的阶级史观进行了反思。

经济史。本年度《中国社会科学》第 1 期开辟"唯物史观视阈下的中国古代土地制度变迁"专栏，刊载了臧知非等六位学者撰写的专题文章，在继承、总结以往研究成果的基础上，深入探讨了战国至明清的土地所有制的性质、形式，户籍赋税、土地政策、土地法规与土地制度的关系，土地市场的运作实践等方面，阐释了中国古代土地制度演变的实质、特点与规律，反映了新时期中国古代土地制度研究的新成果及趋向，是继史学界"五朵金花"问题讨论之后，又一次集中性地讨论中国古代土地制度问题。

美国汉学家彭慕兰出版经济史著作《大分流：欧洲、中国及现代世界经济的发展》，其核心观点是：在欧洲工业革命之前，清朝经济与西欧经济之间并不存在本质差别，但是从 19 世纪初开始，西欧出现了人均收入等维度的"大分流"，英国等率先实现工业化国家的生活水准发生腾飞式的提高。这本来是一个清代经济史的比较研究，不过，随着时间的推移，这个观点在学界产生的影响已超出经济史范畴，成为思考清代中后期历史大势无法绕开的问题。2020 年 7 月，《清史研究》编辑部组织"清代经济史高端论坛"，与会学者对于"大分流"给予高度关注，发表了各自的看法。11 月，《清史研究》第 6 期发表了一组论文，其中李伯重、范·登高、陈志武、和文凯的文章集中讨论"大分流"问题。

此外，范金民《明代江南田宅买卖的"找价"述论》（《史林》第 5 期）蒐集散见于方志、杂史、笔记中的明代找价事例三十余件，借以探究官方处理民间找价事务时的具体办法，对明清时期田宅买卖"一卖三添"惯例的形成过程与原因做出了深入分析。栾成显《鱼鳞图册起源考辨》（《中国史研究》第 2 期）通过细致梳解官方文献，结合徽州族谱中保存的珍贵资料，将明代重要经济制度鱼鳞图册的起源准确上溯到宋代绍兴经界的鱼鳞图帐。申斌《明代地方官府赋役核算体系的早期发展》（《中国经济史研究》第 1 期）分析了洪武、永乐时期无计量、无计划的赋役征发向明中后期国家财政"二重会计结构"的演化脉络，也对理解明"祖制"有所裨益。邱永志《祖宗成例："洪武货币秩序"的形成》（《史林》第 2 期）将洪武朝的国家财税征收模式概括为封闭性的"洪武型"经济制度和实物劳役型财政体制。通过这些研究不难发现，明代"祖制"在某种意义上并非洪武、永乐两朝所立旧法，而是经列朝事例积累，变通成习的各类规制，甚至是一种政治话语。郭永钦《明清以来赋税史料中"算位"问题研究》（《中国经济史研究》第 4 期）一文致力于纠正前人对厘、毫、丝、忽、微等明清时期小数点后数位单位理解的错误，并从古代算盘会计技术的角度指出了算位研究对推进明清财政史研究的意义。

法制史。借助近年新公布的大量出土资料，法制史领域，尤其在基层政务的执行和法规具体实践层面，学者不再停留律令文本的解读和操作流程的勾勒，还注意到政务运行中不成文惯例、人的情理因素等，构筑更立体鲜活的制度运行实态。陈松长《新见秦代吏治律令探论——基于〈岳麓书院藏秦简〉（陆）的秦令考察》（《政法论坛》第1期）梳理了新见秦令中涉及吏治的条文。么振华《唐代法律案例研究（碑志文书卷）》（上海古籍出版社）考察了唐律在唐代社会的贯彻执行情况。戴建国《秩序之间：唐宋法典与制度研究》（上海人民出版社）探讨了现存《天圣令》文本的来源及其修纂方式，探求北宋法典与唐代法典的传承关系、唐宋律令体系的流变。张春海《中国古代立法模式演进史：两汉至宋》（南京大学出版社）论述了两汉至宋代立法模式的变迁过程。

此外，高寿仙《〈皇明条法事类纂〉成书问题蠡探——以〈明代档册〉为参照》（《北京联合大学学报》（人文社会科学版）第3期）通过将《皇明条法事类纂》与《明代档册》两种文本进行细致比读，基本解决了《皇明条法事类纂》的性质与成书过程等问题，为学界进一步利用这一重要制度史、法律史文献扫清了障碍。

思想文化史。本年度，礼制风俗、思想与政治制度、地域学派及其作用等成为中国思想史研究领域的几大热点问题。

礼制、风俗思想研究方面，苏运蕾、郑杰文《水泽祭祀与生殖崇拜——论先秦郊野春祭》（《东岳论丛》第3期）指出，先秦时期举行的郊野春祭活动主要有民间春社、祷高禖和岁时祓禊等，多伴随男女集会，反映先民对生殖繁衍的重视；在倡导媒妁婚的周代出现仲春令会男女的政令，反映了郊野春祭会合男女的旧婚配习俗在周代的遗留。冯茜《唐宋之际礼学思想的转型》（生活·读书·新知三联书店）梳理了从赵匡、杜佑、聂崇义、刘敞、陈祥道，再到李觏、王安石、张载、二程、吕大临的礼学研究，最终统摄在朱熹的礼学方法与思想上。唐宋之际的思想家重新阐释礼的规范性来源和人性论基础，实现礼学思想与礼仪实践的历史转型。

思想与政治制度的互动研究方面，赵法生《殷周之际的宗教革命与人文精神》（《文史哲》第6期）指出，殷周之变完成对殷商自然宗教的突破而创立了一种新伦理宗教，孕育了西周的人文精神，扩大了道德性天意所关照的社会领域，加强了天人之际的联系。王子今《"一天下"与"天下一"：秦汉社会正统政治意识》（《贵州社会科学》第4期）指出，秦汉时期"天下一统""天下一致""天下一家"的政治意识得以普遍宣传，执政集团推行的具体实践往往取强力政策。曾磊《门阙、轴线与道路：秦汉政治理想的空间表达》（广西师范大学出版社）利用历史地理学的研究方法探讨了秦汉王朝国家如何通过人为规划、设计，贯彻自身的观念和意图，将自然地理空间塑造为政治空间、文化空间，并详细分析了汉代文化空间的流变等问题。黄源盛《汉唐法制与儒家传统》（广西师范大学出版社）以儒家传统之礼贯通脉络，考察了两汉经义折狱与《唐律》立法原理，对两汉法制中的"春秋折狱"作出"正常"与"不正常"的二元评价，又探讨了《唐律》研究中礼与刑的本用关系、责任能力的本质与理论、轻重相举与法的确定性等问题。

地域学派与及其地方教化研究方面，地域学派研究是学术思想史研究重要内容。陈畅《东林学派的"新心学"建构：论明清之际哲学转向的一个新视角》（《中山大学学报（社会科学版）》第3期）分析了东林学派建构"新心学"的过程。刘峰《清末关学的朱子学面向：以贺瑞麟〈关学续编〉为中心》（《学术研究》第2期）揭示了清末贺瑞麟《关学续编》将关学程朱化的举动。张卫红《草根学者的良知学实践：以明嘉靖至万历年间的安福学者为例》（《文史哲》第3期）讨论了明中后期江西人数众多的草根阳明学者自主讲学、研磨心性，进而教化乡族，参与地方公益事业，协助官府治理地方社会的问题。

此外，解扬《话语与制度：祖制与晚明政治思想》（生活·读书·新知三联书店）从制度史与思想史相结合的视角，探究明代祖制在制度层面作为"祖宗之法"与"权宜之法"的两面性，以及祖制作为士大夫政治话语的工具性。林存阳《挖掘尺牍价值 推进清史研究——以新出清代石门吴文照家藏尺牍为中心》（《中国史研究动态》第4期）从清代学术史的角度，对新出版的吴文照家藏尺牍的学术价值做了深入剖析，并给出了允当而专业的评价。

社会史。社会史的研究主要集中在家族、社会群体、社会生活和性别史的研究上，在身份来源、秩序与家庭、居住形态、社会风习等方面都有新的突破，家族史研究从传统的婚宦关系等议题，转而与物质文化、信仰世界等诸多文化因素相结合的趋势。

马强《出土唐人墓志历史地理研究》（科学出版社）利用唐人墓志研究唐代环境、政区地理、交通地理、乡村地理、唐人的地域观念等。常建华《隐逸与治家：明万历浙江〈重梓遂邑纯峰张氏宗谱〉探析》（《史林》第4期）通过张氏个案进一步论证了作者的宗族乡约化理论。连瑞枝《僧侣、士人、土官：明朝统治下的西南人群与历史》（社会科学文献出版社）揭示了个人参与或应对朝廷在边疆地区权力扩张与制度设置的实际状况。赵克生《优出常典：明代乡贤专祠的礼仪逻辑与实践样貌》（《中国史研究》第1期）一文还探讨了地方世家、乡贤后裔利用乡贤祠祀表达诉求，实现利益的社会现象。杨茜《明代江南市镇中的"主姓"家族与地域认同——以常熟县为例》（《历史研究》第2期）从政区沿革、市镇经济、宗族社会等多个层面论析明代江南地区的行政管理与社会结构的演进。荀德仪《清代基层组织与乡村社会管理》（中华书局2020年7月）讨论了地方宗族及组织的自治价值。刘永华《帝国缩影：明清时期的里社坛与乡厉坛》（北京师范大学出版社）通过对福建四堡等地社坛、厉坛遗存的详尽田野调查，结合官方文献中社坛、厉坛规制的记载，综合分析这一制度与乡村社会之间的关系。

宗教及民间信仰方面，杨儒宾《五行原论：先秦思想的太初存有论》（上海古籍出版社）认为五行之物既被古人看作自然界中存在的圣显之物，也是与人的意识构造结合在一起的神圣意象。李虹《死与重生：汉代的墓葬及其信仰》（四川人民出版社）从死亡观念出发，认为墓葬仪式隐含着生者对另一个世界的想象，而墓葬信仰逐渐发展成为一套与本土宗教密切相关的思想概念系统。廖宜方《王权的祭典：传统中国的帝王崇拜》（台湾大学出版中心）、冯茜《唐宋之际礼学思想的转型》（生活·读书·新知三联书店）、杨富学《霞浦摩尼教研究》（中华书局）、张方《八仙考》（中州古籍出版社）等著作专门论述帝王崇拜、派系思想、民间宗教和仙人信仰等现象。尤李《道教与辽朝政权合法性的构建》（《中国史研究》第1期)、何利群《邺城遗址出土北魏谭副造像图像考释》(《考古》第5期)借助丧葬制度、政治策略和造像样式体现出灵魂观念、道教信仰和佛教思想的社会影响。

边疆民族。"丝绸之路史"研究继续呈现活跃态势，学者注重利用考古资料、出土文献，从图像史、动物史、跨文化人群流动等不同视野，探索不同文化之间的交流。如霍巍《斯里兰卡"佛祖迹图"的考察与初步研究》(《故宫博物院院刊》第3期)、葛承雍《胡汉中国与外来文明》(生活·读书·新知三联书店)、白玉冬《12—13世纪粟特—回鹘商人与草原游牧民的互动》(《民族研究》第3期)等。曹玮等著《古代中国：边疆地区公元前3000年至公元前700年的金属制品、墓葬习俗和文化认同》(上海古籍出版社)讨论了亚洲内陆边疆多元文化群体认同与互动，塑造了中国北方的历史文化格局。在海上丝绸之路和贸易领域，王小甫《香丝之路：阿曼与中国的早期交流》(《清华大学学报》第4期)指出公元1世纪从中国到阿曼之间的"香丝路网"就已经有效地运作。胡德坤、王丹桂《古代海上丝绸之路与新加坡早期港口的兴衰》(《史林》第4期)对古新加坡港口的兴衰与海上丝绸之路的关系进行了探析。

对边疆民族地区社会性质与国家治理的研究本年度也精彩纷呈。谢湜《山海故人：明清浙江的海疆历史与海岛社会》(北京师范大学出版社)延续作者长期以来将历史地理与地域社会史研究方法相互融汇的学术路径，聚焦明清两代浙江沿海岛屿社会的发展历程，尝试以区域发展的时空差异为前提理解传统国家力量对地方社会的形塑作用。鱼宏亮《跨越地理环境之路——明清北方地区的游牧社会与农商社会》(《文史哲》第3期)利用地方档案、中外文献，对内亚史、长城带的模式进行了批判性检讨。赖惠敏《满大人的荷包——清代喀尔喀蒙古的衙门与商号》(中华书局)探讨清乾隆以来对蒙古边疆的治理、政府对中俄贸易的管理、对旅蒙商人的控制与利用，从多个视角揭示清代国家与市场、商人之间复杂微妙的关系。

此外，《唐研究》第25卷"唐代王言研究"专栏7篇文章分别探讨了唐代发给周边政权和部族的文书（蕃书类王言）、论事敕书和奏抄这三类公文书的格式、功用和运用情况。

中外关系。受"一带一路"倡议驱动及多民族国家的现实关照，本年度在丝绸之路和中外交流方面研究成果显著。朱丽双《吐蕃崛起与儒家文化》(《民族研究》第1期)、张云《唐朝时期吐蕃佛教的中国化》(《民族研究》第5期)，都是利用藏文并结合其他汉文资料来研究吐蕃佛教和儒家文化。李鸿宾《唐朝胡汉互动与交融的三条线索——以墓志资料为中心》(《民族研究》第1期)、杨富学《北国石刻与华夷史迹》(光明日报出版社)、葛承雍《胡汉中国与外来文明》(民族卷)(生活·读书·新知三联书店)等积极探索汉唐时期胡汉之间的冲突与交融。在中外关系与丝绸之路的研究上，陈杰《海客谈瀛洲——唐宋之际的中日交流》(商务印书馆)、田卫卫《唐长安书写文化的日本流布——以王羲之书迹为中心》(《文史》第2辑)等探讨了中日之间的交流。

此外，姚大力《〈大明混一图〉上的两个印度》(《复旦学报》第1期)、林宏《已佚1590年单幅中国大地图研究》(《中国历史地理论丛》第1期)对古地图所反映的中外地理信息交流进行了研究。杨海英《明代万历援朝战争及后续的海运和海路》(《历史档案》第1期)借助中朝官私史料，讨论万历援朝战争时期辽东、山东、天津的"东粮"输送朝鲜问题。

史学理论。2020年史学理论的探讨异常热烈，《历史研究》第4期发表的题为"中国史与世界史的融合"，讨论打破时段、国别以及专业区隔，尤其是要促进世界史和中国史的融合发展，探讨如何推动历史学相关学科的融合发展。与此相关的全球史观，再次受到重视。邹振环《明清江南史研究的全球史意义》（《历史研究》第4期）在方法论上为明清史研究引入全球史视角提供了一种借鉴。

西方社会科学引入中国后，对中国史学理论的建构产生了深远影响。王笛《西方新文化史对中国史研究的影响》（《历史研究》第4期）认为西方新文化史的发展是融合人类学的结果，历史学各领域相互开放，学科的交叉和视域的拓展使文化史的研究话题得到扩增。陈锋《文化史与区域经济史的研究理路》（《湖南社会科学》第1期）提出中国早期社会的三大经济带对应着三大文化区，此后又形成各具特色的经济文化区。张昭军《文化史研究的三种取向》（《史学月刊》第8期）区分出"文化的社会史""社会的文化史"和"文化的文化史"三种途径。

"历史书写""历史记忆"等概念，继续引入中国古代史研究中。《文献》第3期开设了"史源学与历史书写"专栏，陈爽撰写了《漫说史源调查》的导言，刘凯《句读与书写程序：嘎仙洞石刻祝文释读再议》，详细比勘了嘎仙洞石刻祝文与《魏书·礼志》的本文，指出史书对石刻文本的改动，体现了孝文帝华夏化改革以后，重构祖先记忆的意图。再如，近年来多有明史学者不再单纯关注所谓历史谜案的真相，而是转换研究视角，尝试从"历史书写""历史记忆"等新角度对相关议题展开探讨。以建文帝逊国为例，吴德义在2020年中国明史学会第十九届年会的大会主题发言《从寻觅踪迹到探求意义：近代以来建文逊国研究的演变》中指出，"学者不再纠结于建文逊国的真伪及具体路线，开始讨论建文逊国传说背后所蕴含的社会文化意义"。具体而言，本年度台湾学者何幸真出版了《殇魂何归——明代的建文朝历史记忆》（《秀威资讯》）一书，指出明代中后期建文出亡传说的出现源自文人士大夫对建文帝的同情，而地方性的历史记忆又随着笔记、方志刊布流传成为民众的共同记忆。明史学界这种研究的转型有可能是受到西方"新文化史"及中古史学界史料批判研究风潮的影响，但依托明代丰富的文献遗存，明史学者能够更加细致准确地分析各种历史传说与记载的形成过程，揭示其背后的制度与政策性因素。例如彭勇《明代卫所制度设计与军户家族记忆的历史书写——以湖南新田骆氏家族为中心的考察》（《史学集刊》第6期）就充分利用底簿档案、方志、政书与族谱等多元史料，细密梳理了明代卫所制度对高级军户家族宗族传统与家族记忆的影响。

对历史学的田野调查，进一步丰富了传统史学理论。蓝勇《文献与田野三视阈：中古州县治城位置考证方法研究——以唐代昌州治所变迁及静南县治地考辨为例》（《历史地理研究》第1期）对传统的中古治所考证方法进行了反思。刘小萌《清朝遗迹的调查》（中国社会科学出版社）开拓了史学研究与田野调查相结合的新方法。

形象史学本年度依然成为史学理论的热点。许多学者探讨了古旧地图作为史料的价值和方法，如李振德、张萍《清至民国西宁至拉萨道路（青海段）分布格局的变迁——基于古旧地图及数字化的分析》（《历史地理研究》第2期）、成一农《图像如何入史——以中国古地图为例》（《安徽史学》第1期）等。孙靖国《〈江防海防图〉再释——兼论中国传统舆图所承载地理信息的复杂性》（《首都师范大学学报》第6期）指出了古地图地理信息的复杂性与层累性。

三、新兴学科的成果

出于对新冠肺炎疫情的关注，学界加强对医疗史的研究。宋镇豪《商代的疫病认知与防控》（《历史研究》第2期）、杨勇《简牍所见战国秦汉时期的自疗传统》（《社会科学战线》第6期），考察了古代医疗的历史渊源。陈昊《疾之成殇：秦宋之间的疾病名义与历史叙事中的存在》（上海古籍出版社）利用新材料、新方法、新理论解读秦汉至晚唐的疾病与身体。于赓哲《从疾病到人心：中古医疗社会史再探》（中华书局），探索疾病与人心、医疗与社会、中医与西医之间的关系，尝试发掘文字背后隐藏的史实，还原中国古代医学的本来面貌。赵现海《瘟疫史研究的科学、区域与观念视角——以明末鼠疫为例》（《中国史研究动态》第5期）提出"应结合现代医学，对不同区域的瘟疫种类、发生机制、社会应对展开综合考察"的倡议。余新忠《明清以来的疫病应对与历史省思》（《史学理论研究》第2期）重点论述了明清以降国家的疾病应对。万四妹《明清新安医者群体研究》（中国科学技术大学出版社）以古徽州新安医学为资料探讨了古代社会官方医疗资源与民间医疗资源的流动和对接。学界还加强了对历史时期疾疫与灾害的时空分布特征的研究，总结规律，为现实的抗击疫情提供经验，如龚胜生等《2200年来我国瘟疫灾害的时空变化及其与生存环境的关系》（《中国科学：地球科学》第5期）、龚胜生《疫灾的历史地理学思考》（《中国社会科学报》2月17日）、李孜沫《地理环境对清代疫灾空间分异格局的影响》（《干旱区资源与环境》第10期）等。

在环境史领域，从对自然地理要素变迁的考察，到更深刻的环境变迁与人类社会相互作用关系的探讨，成为近年的趋势，也就意味着更加关注"人"的因素。孙景超《宋代以来江南的水利、环境与社会》（齐鲁书社）为讨论宋代以来江南历史的发展提供了新的视角。张力仁《旱灾、饥荒与清代鄂尔多斯地区蒙地的开垦》（《中国历史地理论丛》第4辑）指出：与通常人们所认为的旱灾、饥荒导致区域农牧业生产萎缩、社会凋敝有异的是，愈是干旱及旱灾多发、严重，鄂尔多斯蒙地开垦规模愈是呈扩大之势。鲍俊林、高抒《沙岛浮生：明清崇明岛的传统开发与长江口水环境》（《史林》第3期）对长江口水文和沙洲的频繁环境变动对地方生计和沙地管理所带来的调整进行了研究。文彦君等《18~19世纪之交华北平原的气候变化与粮价异常》（《中国科学：地球科学》第1期）分析了18~19世纪之交华北平原气候转折与粮价变化的对应关系。近年来明清史学界对"明末小冰河期"的关注度持续升高，而刘炳涛所著《明清小冰期：气候重建与影响——基于长江中下游地区的研究》（中西书局）可谓这一领域的集大成之作。该书在各类明清文献中提取有关气候的信息，重建出明清时期长江中下游地区的温度、降水序列，分析极端气候事件和气候变化的特点，探讨人类社会与气候变化的关系。该书所附图表信息丰富，对学者日后研究明清气候史提供了便利。

数字史学也是近些年兴起的学科。甲骨文研究的数字化有新进展,张展等《计算机拼接甲骨碎片图像技术简论》(《殷都学刊》2020年第3期),对利用计算机进行甲骨缀合的技术进行了介绍。陈光宇《甲骨刻辞填色的拉曼光谱分析》(《甲骨文与殷商史》新十辑),对卜辞上的红色和黑色物质进行了科技分析,结果显示红色物质为朱砂或赭石,黑色物质为碳。李邦等《文献数字化技术在甲骨文数据库建设中的应用与展望》(《殷都学刊》2020年第3期)重点介绍文档分析技术与字符识别技术在甲骨学研究与普及方面的运用前景。林友宏《贤能制度中的偏袒主义:基于对明代科举的考察》(《中国经济史研究》第1期)引入数理建模的研究方法,论证明代阁臣对科举取士的影响,归纳出"顶层权力的影响导致了明代科举中地域偏袒主义的存在"的结论。李伯重、范·赞登《大分流之前?——对19世纪初期长江三角洲与尼德兰的比较》(《清史研究》第6期)基于19世纪20年代的数据,对于荷兰和长江三角洲的GDP结构和水平进行比较。计量史学的兴起无疑对推动史学的全面革新有所裨益,但学者在从事相关研究时也应警惕盲目轻信数量统计或分析以偏概全的弊病。

四、海外汉学研究的新进展

海外汉学涌现热潮,本年度美、以、日等国学者出版10本与中国文化史相关的新著,中国也出版文化史译著30余本,内容涉及物质生活、社会组织及制度和文化交流。

物质生活方面,边和(He Bian)的《对症下药:近代早期中国的药学和文化》(*Know Your Remedies: Pharmacy and Culture in Early Modern China*)(Princeton University Press)通过明清时期医药系统研究,探讨了药业在公共话语中的核心地位。美国学者达白安(Brian R. Dott)《中国辣椒:文化史》(*The Chile Pepper in China: A Cultural Biography*)(Columbia University Press)描述了16世纪后辣椒的传播和利用过程以及它如何对医疗产生了影响。英国学者斯图尔特·沃尔顿《魔鬼的晚餐:改变世界的辣椒和辣椒文化》(艾栗斯译,社会科学文献出版社)讲述了辣椒从拉丁美洲散布到世界各地包括中国的历史过程。

社会组织及制度方面,日本学者冈村秀典《中国文明:农业与礼制的考古学》(陈馨译,上海古籍出版社)探讨了公元前3000年以来中国农业和礼制的发展,并对各时代的陶器、丧葬习俗等作了剖析。伊原弘《宋代中国都市的形态与构造》(宋代中国都市の形態と構造)(勉誠出版)解析了宋代南京、开封、泉州等重要城市的形态变迁。美国学者戚安道(Andrew Chittick)《中国与世界史上的建康帝国》(*The Jiankang Empire in Chinese and World History*)(Oxford University Press)对南朝建康帝国进行了重新评估,揭示了它与中原帝国的不同之处。

文化交流方面,加拿大学者王贞平《多极亚洲中的唐朝》(贾永会译,上海文化出版社)展现了唐与周边各政权的关系,诠释了唐朝对外关系的管理体系和政策思想。韩国学者李镇汉《高丽时代宋商往来研究》(李廷青等译,江苏人民出版社)探讨了宋朝商人在宋丽文化流通中的媒介作用。比利时汉学家钟鸣旦《18世纪进入全球公共领域的中国邸报》(《复旦学报》第5期)以法国耶稣会士龚当信寄回欧洲的三封书信为基本材料,证明中国的舆论在18世纪20年代即已进入全球公共领域。

不断深化中国古代制度与治理体系研究

卜宪群

中国古代具有丰富治国经验，在漫长的历史进程中创设了许多值得珍视的国家制度体系与治理体系。中华文明能够长期延续、不断前行的一个重要原因，就在于这些各具特色的制度体系与时俱进，不断发展演变，并规范制约着国家治理发展方向。同时，内涵丰富的国家治理体系与治理实践，又为制度体系的不断建设与完善提供了经验。因此，中国古代制度体系与治理体系不仅是历史研究的重要内容，向为史家所重视，也曾在各个时期发挥出积极的现实意义。今天，新材料、新方法、新理论、新问题继续推动着新时代中国古代制度史研究呈现繁荣局面，党和国家赋予中国古代制度史研究工作者更大的历史使命，中国古代制度史研究正面临着前所未有的勃勃生机。

一、中华民族素重制度体系建设与治理体系探索

现代词典解释，制度是"在一定历史条件下形成的法令、礼俗等规范""要求大家共同遵守的办事规程或行动准则"，或"在一定历史条件下形成的政治、经济、文化等方面的体系"。"制度"，古人又称为"法度""规矩"等，文献多见，其含义与上引词典中所释的"规范""准则"大体相似。[①] 制度的内涵固然涉及社会的方方面面，但在各项制度中，政治制度显然又占据主导与统领的地位。

首先，中华文明素重制度体系建设。国家是文明社会的概括。国家的产生必然伴随着制度建设，我国夏商时期，各种制度建设已初具规模，但就重视国家制度的系统性设计而言，还应当从西周初年开始。周灭殷商后，面对复杂的形势，周武王曾访于箕子，求教治国之道，殷遗民箕子向周武王提出了"洪范九畴，彝伦攸叙"的制度安排构想。"彝伦"指法则，"攸叙"指正常秩序。"彝伦攸叙"，指构建合理有序的政治与社会秩序。反之则"彝伦攸斁"，指政治与社会秩序遭到破坏。至于周武王及周公是否按照箕子所说的"洪范九畴"治国，学者有不同意见[②]，但倡导制度设计要适应常理、施行顺遂的"彝伦攸叙"观，是历代制度制定的重要思想。明清之际思想家王夫之在《读通鉴论》中曾总结说："彝伦攸叙，

[①] 关于"制度"的相关考证，可参见侯旭东《什么是日常统治史》五之3，生活·读书·新知三联书店，2020年7月版。

[②] 参见晁福林《天命与彝伦：先秦社会思想探研》第二章《"彝伦攸叙"：尘世间的准则与秩序》，北京师范大学出版社2012年版。

虽有不善者寡矣；彝伦攸斁，其于善也绝矣。"西周开始，关于制度建设重要性的认识史不绝书。如《尚书·周官》说"制治于未乱，保邦于未危"，这里的"制治"，就包含着控制社会秩序的制度建设。《管子·法法》说"太上以制制度"，《周易·象辞》说"节以制度"，《左传·襄公二十八年》说"为之制度，使无迁也"，《商君书·壹言》说"凡将立国，制度不可不察也"，《荀子·儒效》说"法先王，统礼义，一制度"，《王制》说"是使群臣百姓皆以制度行"，上述"制度"一词，虽不可一一对应于今天的含义，但基本内容也包含其中。约成书于战国时期的《周礼》，本身就是制度思想之作，其开篇"惟王建国，辨方正位，体国经野，设官分职"，讲的也是制度建设的重要性，《周礼》对中国古代政治制度产生过重大影响。先秦的内外服制、分封制、礼制、世卿制、郡县乡里制、军功爵制、官僚制，等等，都是上述制度建设思想的实践形态或理想形态。秦汉大一统国家建立后，以维护巩固大一统秩序的各项制度建设日益完善，构成中华文明制度体系的核心。

其次，中华文明素重治理体系的探索。制度体系需要通过治理体系表现，治理体系是制度体系完善与否的标杆，二者既相联系又有区别。因此，既不能把制度体系完全等同于治理体系，也不能把治理体系完全等同于制度体系。我国古代往往以"制"与"政"的概念来区分二者的关系。如柳宗元在《封建论》中说"周之失，在于制；秦之失，在于政，不在制"，其含义就是如此。"制"与"政"的区别应当起源甚早。《尚书·周官》说"学古入官，议事以制，政乃不迷"，孔传："言当先学古训，然后入官治政。凡制事必以古义议度终始，政乃不迷错。"这里的"制"，与《左传·昭公六年》中"昔先王议事以制"含义大体相同，虽与春秋战国后的"制度""法度"在内涵上有区别，但也不妨有某种"准则""规则"之意蕴含其中。而这里的"政"，可以理解为治理体系。"议事以制，政乃不迷"，似可理解为按照"制"来行事，"政"就不会迷失方向。关于治理体系的探讨起源很早。先秦时期已经有了丰富的"治"与"治理"思想，有了"治"与"乱"的区别，至荀子，明确提出了"治理"概念。《荀子·君道》云："然后明分职，序事业，材技官能，莫不治理，则公道达而私门塞矣，公义明而私事息矣。"值得注意的是，荀子将"理"与"公""义"相联系，阐述了必须遵循规则、规律、道理、秩序治理国家的方法。值得重视的是，《荀子·君道》甚至提出了"有乱君，无乱国；有治人，无治法"的命题，并以"羿之法非亡也，而羿不世中；禹之法犹存，而不世王"的例子，论证"故法不能独立，类不能自行，得其人则存，失其人则亡"的观点，高度强调了以人为中心的治理主体的重要性。秦汉以后，"治理"作为一种政治文化传统，在政治家、思想家那里获得肯定并延续，更多地被引入了政治实践领域，形成了两千多年富有中华文明特色的治理体系，表现在政治、经济、文化、社会、军事、生态等诸多方面。[①] 治理不等于统治，统治不等于治理，是我国古代关于治理问题的杰出认识。从治理思想与治理实践中不断总结经验并上升到制度，又是我国古代制度体系建设的一个突出特点。

最后，中华文明高度重视制度体系与治理体系的守正创新。守正就是要坚守事物的本质规律，保存优秀的文化，不随波逐流。创新，就是要与时俱进，不胶柱鼓瑟。中华文明强调

[①] 参见卜宪群《中国古代"治理"探义》，《政治学研究》2018年第3期。

无论是制度体系还是治理体系，都应当随着社会变化而前进。《商君书·壹言》说"制度时，则国俗可化，而民从制"，《更法》说"各当时而立法，因事而制礼。礼、法以时而定，制、令各顺其宜"，贾谊《过秦论》说"是以君子为国，观之上古，验之当世，参之人事，察盛衰之理，审权势之宜，去就有序，变化因时，故旷日长久而社稷安矣"，都是强调制度体系与治理体系守正创新的重要意义。中华文明经历了不同社会形态，经历了同一社会形态下的不同发展阶段，也经历了不同文化与民族间的碰撞与交融，但在制度体系与治理体系上从不迷失方向，而是能够做到与时俱进。以贵族等级分封制为代表的先秦国家制度体系和治理体系，在春秋战国以后已经不适应时代需要，以中央集权、郡县制为代表的大一统封建国家制度体系与治理体系应时而生。但历史表明，源自先秦的礼乐文明，特别是由礼乐文明衍生出来的儒家德治文化，在封建时代仍彰显出巨大活力；源自秦汉的中央集权大一统制度与治理体系，在魏晋南北朝、隋唐、宋辽金元明清还在创新发展，不断显示出历史继承性和新形态相结合的特点。例如，中央行政体制经历了从三公九卿向三省六部以及宰相制废除的演变，地方行政制度也经历了十分复杂的演变过程。以儒家思想为核心的主流意识形态，在不同历史时期所突出的重点也各不相同，如两汉经学、魏晋玄学、隋唐儒释道合流、宋明理学等变化。制度体系与治理体系随着时代变化而不断创新调整，其阶段性十分明显。但这种创新与调整，又不是对既往的全盘抛弃，而是继承性的创新调整。

二、制度记录与制度史研究向为史家所重

中华文明悠久的制度建设史，以及制度在客观历史发展过程中的重要作用，推动了中国古代的制度整理与记录，引发了史家对中国古代制度史研究的极大热情。

在中国传统文献中，制度的整理与记录是一项重要内容。在反映先秦历史的《尚书》《左传》《国语》《周礼》《逸周书》《仪礼》《礼记》《管子》《商君书》等书中，就有许多关于制度的记载。中国第一部纪传体通史《史记》中的《礼书》《乐书》《律书》《天官书》《封禅书》等"八书"，就记载了不少自先秦至汉初的制度沿革，开了历代"正史"重视制度记录之先河。《汉书》继承这一传统，以《志》《表》的形式，系统记录了西汉一代法律、职官、行政区划、祭祀等制度。补入《后汉书》的"八志"，在制度记录的体例上更加完善统一，具有重大历史价值。"二十四史"中确有部分史书因时代原因而无志书，但一旦统一王朝建立，往往都会补上这一缺憾。如《晋书》补《三国志》缺《志》之不足，《隋书》补南北朝史书少《志》之不足，使各时期制度状况能够延续不断记录下来。隋唐以后，关于制度的整理记录研究更是进入了一个新时期。唐代刘秩的《政典》、杜佑的《通典》、苏冕的《会要》，开了典制体政书通史和断代史之先河。《通典》编纂历时30余年，以200篇的鸿篇巨制，分为食货、选举、职官、礼、乐、兵、刑法、州郡、边防九类，记录了上自轩辕唐虞三代，下迄唐天宝年间（部分延至肃、代之际）的制度演变，影响至巨。此后，南宋郑樵的《通志》（《二十略》），宋元之际马端临的《文献通考》，与《通典》并称为"三通"。此后，历代典制体政书编纂续之不绝，至民国时完成《清续文献通考》，被合称为"十通"，与"会要""会典"等体裁互为补充，是反映历代制度沿革的重要史料。

与丰富的制度记录并驾齐驱，中国古代制度史研究也有悠久的传统。有学者认为制度史研究始于 20 世纪，古今关于"制度"的理解名同实异。确实，就"制度史"名称或学科分类来说无疑是正确的，古今对"制度"的理解也确有不同，但将古今截然对立，主张"重返古人的世界"观点，我们有不同意见。古人虽不以"制度史"命名，但却从不同角度对其加以阐述。如《周礼》一书当然不能完全视为周代制度本身，写作时代尚无定论，但如赵光贤先生所说，"要深入钻研周代典章，对此书必须作一彻底的探讨"。①《西周金文官制研究》一书将金文与《周礼》官制比较，证明《周礼》亦不全是空穴来风。《周礼》实际正是一部带有自己思想体系研究"制度史"的产物，只不过与我们今天制度史研究的表达方式与范畴有别而已。其实，官府文书档案中的直接材料外，无论正史中的制度记录，还是典制体政书中的记载，都带有史家自己的剪裁，不能完全等同于制度本身。还需要注意的是，古今对"制度"的理解原有偏差，古人确有对"制度"与"人事"不分的情况，但也不可一概而言，诸如《百官志》《汉官仪》之类，还是以狭义的制度为主的。同样，近代以来的制度史研究固有时代赋予的色彩，也存在着重制度而轻人事的现象，但并非不重视人事，如钱穆在《中国历代政治得失》前言中就说："要讲一代的制度，必先精熟一代的人事。"再如《隋唐制度渊源略论稿》《东晋门阀政治》等将制度与人事研究相结合的佳作也不少见。我们认为，仅就字面而言，古今对"制度"的理解没有根本区别，对制度本身的探讨与将制度与人事相结合的研究，应是并重的关系。

中国古代制度史研究是 20 世纪以来中国史学研究的一个重点，学者已经多有总结。② 改革开放后，因新理论、新方法的引入和新史料的发现，中国古代制度史研究更是出现了繁盛局面，新问题不断涌现。一方面，以政治制度为主体的各项制度研究向深化、细化发展，制度史研究的领域大大拓宽，成果卓然，不胜枚举；另一方面，对制度史研究的理论方法探讨与存在问题的反思，愈益引起关注。近来，关于"活的制度史"、制度与"日常统治""制度史观"等观点的提出，对推动制度史研究也均有启发意义。但也要像有学者所呼吁的那样："无论是经济史观、文化史观还是制度史观，都要坚持以唯物史观为指导。唯有如此，才能始终保持正确研究方向。"③ 这个观点值得我们重视。

三、中国古代制度史研究的当代价值

中国传统史学素有经世致用的特点，制度史研究也不例外。《史记》"八书"中有关制度的记录探讨，许多体现对汉代现实的关怀。如《礼书》中太史公引《荀子》的话总结说："天下从之者治，不从者乱；从之者安，不从者危。"这正是提醒统治者重视礼制的重要性。《汉书》首创《食货志》，较《平准书》更加完备，反映了班固对经济在国家制度中重要性的认识。刘昭在《后汉书注补志序》中称司马彪所续"八志"是"王教之要，国典之源"。杜佑称《通典》编纂"实采群言，征诸人事，将施有政"，目的是"以为君子致用，在乎经

---

① 文见彭林《〈周礼〉主体思想与成书年代研究》序，中国社会科学出版社 1991 年版。
② 参见白钢主编《中国政治制度通史》第一卷《总论》，人民出版社 1996 年版。
③ 张海鹏：《深化制度史研究正逢其时》，《人民日报》2020 年 3 月 23 日。

邦"。凡此，都证明制度记录与制度史研究从来都有其现实意义。

加强中国古代制度史研究是新时代的需要。习近平总书记指出："制度优势是一个政党、一个国家的最大优势。"党的十八大以来，中国特色社会主义进入了新时代，坚持和完善中国特色社会主义制度、推进国家治理体系和治理能力现代化，已经成为党和国家面临的重大任务。习近平总书记指出："中国特色社会主义制度和国家治理体系具有深厚的历史底蕴。""深厚的历史底蕴"，自然涵盖了中华民族自古以来逐步形成的一整套包括朝廷制度、郡县制度、土地制度、赋税制度、科举制度、监察制度、军事制度等各方面制度在内的国家制度和国家治理体系。按照总书记的思想，探讨中国特色社会主义制度和治理体系与中华数千年制度和治理体系之间的内在逻辑关系，应是新时代中国古代制度史研究的新方向与新命题。比如维护大一统中央凝聚力与党的集中统一领导，确立主流意识形态与坚持马克思主义在意识形态领域指导地位，强调德主刑辅法治与建设社会主义法治国家，主张尚贤用能与坚持德才兼备、选贤任能，聚天下英才而用之，倡导民本与坚持以人民为中心的发展思想，严格吏治与完善全面从严治党，推行天下一家的边疆民族政策与铸牢中华民族共同体意识，奉行"协和万邦"的外交理念与构建人类命运共同体，追求天人合一与坚持和完善生态文明制度体系，促进人与自然和谐共生，等等，都可以从中国古代制度史研究中寻找到宝贵资源。

加强中国古代制度史研究是马克思主义中国化的需要。中华优秀传统文化需要创造性转化创新性发展，这是近百年来社会主义革命和建设留给我们的宝贵经验。中国传统文化具有与时俱进的内在品质，它能够在不同历史时期为中华文明的新形态提供精神源泉、注入强大活力、焕发勃勃青春，其根本原因是中华文明的连续性、一体性与多元性。中国特色社会主义是马克思主义与中国实际相结合的产物，生长在中国大地，它本身是中华文明发展进程中的一个新阶段，是科学社会主义与中华文明相结合而产生的新形态。因此，中国特色社会主义从丰厚的中国传统制度与治理体系中汲取营养，不断完善推进中国特色社会主义制度与治理体系建设，不仅符合马克思主义与中国历史发展道路相结合的实际，契合中华文明特点，也是时代必然。

加强中国古代制度史研究是推进哲学社会科学学科体系、学术体系、话语体系建设的需要。制度是中华文明发展的标志性载体，是社会形态与社会阶段性划分的重要标志，制度史是中国古代史研究中的核心。深化拓宽制度史研究在推进中国古代史研究的学科体系、学术体系、话语体系上具有引领作用。我们既要汲取古人"未尝离事而言理""备其变理，为世典式"的优良史学传统，又要发掘制度史研究的当代价值。

一个国家选择什么样的制度体系和治理体系与一个国家的历史传承与文化传承有关。中国古代制度当然与中国特色社会主义制度有本质区别，但中国古代制度及其在传承中华文明上的历史经验，对今天仍有深刻借鉴意义。

第二篇

2020年古代史研究综述

先秦史研究综述

赵孝龙

先秦史向来都以时间跨度大、分支领域多而著称。2020年的先秦史研究,在宏观理论探讨和具体问题考证方面都有较多突破,取得了丰硕的成果。多学科交叉方法的使用,考古新发现和古文字材料的整理等都为学科发展提供了新的动力。以下分政治、军事、经济、社会、思想文化、文献、考古发现、甲骨学相关研究八个部分,分别进行介绍。

一、政治

本年度的先秦史研究在政治领域主要涉及国野乡里制度、宗庙制度、爵位制度及制度理论研究等方面。陈絜《商周东土夏遗与夏史探索》(《历史研究》第1期)认为,随着近年上古地理研究手段的更新,商周卜辞金文政治地理框架的重新构建,特别是牵涉夏早期史的诸多甲金文地名、族名的组群性出现,为进一步探寻夏族群活动的地域空间提供了契机。文章以能否得到金文验证为标准,对诸如16族作分类处理,由实至虚,其可验证者与相关姻族合并为一组,目前尚无明确佐验者,则与其他重要地名、族名另组讨论。通过对甲骨文、金文资料中与夏代历史相关族、地分布区域的考察,可以得出以下结论:第一,商周时期多数诸如之族及相当数量的诸如姻族分布在今山东省境内。第二,涉及有夏早期史的地与族,基本亦在山东及豫东、豫东北一带,而以山东为主。第三,《左传》襄公四年、哀公元年相关记载反映的夏王朝早期历史,不仅与甲骨文、金文中的地理线索合辙,也与其他传世文献中的相关记载对应。这一夏史体系,恐非周人杜撰,亦非商人所能臆造。第四,探索夏文化,特别是探寻夏代早期历史,海岱地区及鲁豫交界地带需要引起考古、历史等相关领域学者的充分关注。晁福林《先秦国家制度建构的理念与实践》(《历史研究》第3期)认为,商周制度建构的核心元素是尊天敬祖与强化王权。先秦时期是中国早期国家的发轫和奠基期,商周时期国家制度建构的理念及实践深刻影响了此后中国历史的发展走向:一是开启了国家之制的历史时代,即明确了以制度为立国基石,此后以制度为中心,通过建章立制、改制更化等方式治理国家,成为重要的政治传统;二是周王朝的分封制和宗法制实践成为后世"天下一家""天下一统"的思想滥觞,进而引发春秋战国时期真正意义上的"定于一"的实践活动,最终实现向秦汉王朝"大一统"制度的嬗变;三是奠定了以制度捍卫"有道天下"的政治传统,"其身正,不令而行""法之不行,自上犯之"的立制理念,"师保"与"辅贰"的制度建构以及"诛一夫纣,未闻弑君"的违制惩处,始终发挥着维系历代国家制度旺盛生命力的重要作用。尹夏清等《西周的"京宫"与"康宫"问题》(《中国史研究》第1期)一文,依据西周金文资料,并结合文献记载,论证了西周的"京宫"与"康宫"都不是单纯的宗庙,而是王宫的总称,其中都有宗庙。"京宫"是以周王室在豳地居住的地名命名的王宫,其中有"太庙"和"周庙";而"康宫"是以康王的谥号命名的王宫,其中有"周庙"和"康庙",以及"康庙"中的昭宫、穆宫、夷宫、厉宫等宗庙。西周三个王都(岐周、宗周、成周)都有"京宫"和"康宫"。赵世超著《周代国野制度研究》(人民出版社)对西周的"国"和"野"作了恰切的界定。所谓国,就是指少数先进的中心。在西周,就是指周原旧都、丰镐、洛邑和各诸侯国君的居住地,居住地以外的其他地区,便统一称为野。作者认为,西周国人大致包括周天子及诸侯国君的族人,执役于官府或贵族家中的奴隶,为贵族直接消费服务的工商和某些被征服的家族。在天子、诸侯的族人及被征服者的家族中,都含有作为下层族众的农民。而野中居民的成分要比国中复杂,主要包括"亡王之后""蛮、夷、戎、狄"和"流裔之民"等。在统治秩序方面,作者指出西周虽有里和村社地域单位的出现,但却没有将血缘关系排斥掉,无论国、野,作为政治经济实体的主要仍是父系大家族。此外,作者阐明了春秋时期国、野自然面貌的变化导致统治阶级改变其统治剥削方式的过程,此时领土国家已崭露头角,这使旧的国野界线渐趋模糊,但国野对立的基本格局仍然存在。第四,作者以翔实的材料说明战国时期,中国古代社会已全面除旧布新,领土国家至此已完全形成。张志鹏《南阳市博物馆藏上都太子平侯匜及相关问题研究》(《文物》第4期)认为,由器物铭文可知"侯"不仅可作人名,亦可为氏称。这可作为两周时期并不存在所谓"五等爵制"的佐证,因为倘若当时实行严格的"五等爵制",应该不会允许在人名、氏称中出现爵称"公""侯""伯""子""男"。朱凤瀚《枣树林曾侯编钟与叶家山曾侯墓》(《中国国家博物馆馆刊》第11期)认为,随州枣树林墓地M190出土的曾侯䛒编钟、镈铭文,言及其"皇祖"在昭王继位后,先曾受命"建于南土",拱卫于应、蔡之南,并作汉东之屏障,征伐淮夷,至于繁汤(阳),可知南宫氏应是在昭王继位之初始受昭王命经营南土的,但言伯适已受封于南土,当非事实,只是曾侯对自己开国史的美化。南宫氏最初所受昭王命,可能是在上述淮水上游以北区域建国,以扼制淮夷,守成周之南户,并成为拱卫汉东之屏障。曾侯犺当是在昭王南征荆楚前,受封于曾,可能因M28墓主人早逝,于康王时,M65、M28一支出现已无人继位之情况,故犺代为曾侯。也正由于曾侯犺出身于显赫的西周世族南宫氏,故其墓葬规格远高于M65与M28,乃目前所见此时最大的西周墓。郭长江等《曾公䛒编钟铭文初步释读》(《江汉考古》第1期)对该编钟铭文进行释读和初步的注释,考订出编钟年代在公元前646年,还指出曾国的爵称为侯,但是因为曾公重新得到了周王室的册命,取得了"公"的爵命。作者还利用铭文资料重新探讨了曾国疆域等问题。鲁西奇《齐国的乡里控制体系及其变化》(《文史哲》第1期)认为,齐桓、管仲改革,重整国、鄙二元体制:在国中实行兵农合一制;在鄙中实行军、民分治之制。无论国、鄙,其乡里控制体系,皆由伍或轨(五家)、里或邑(三十家、五十家或百家)、乡(二百五十家或五百家)三级组成。金文所见春秋晚期齐国的乡里控制制度,当是"邑(乡)—里"二级制。陶文所见战国时期齐国的城乡控制体系,在临淄城中实行"阎—里"制,在乡村地区则实行"卒—乡—里"制,其控制结构与春秋时期大致相同,只是在

"乡"（邑）之上增加了"卒"（又分置左右故）。委派"立事"分治临淄城内外各区（"阎"），以及在"乡"之上设立"卒"，说明齐君强化了对城乡社会的直接控制，而贵族在城乡社会中的控制力与影响力则受到削弱。总的来说，2020年先秦史政治方面的研究主要还是从政治制度方面进行切入和展开，既有具体问题的讨论也有宏观理论方面的建构，使得这一领域的研究更为丰富。

二、军事

2020年军事领域的先秦史研究主要集中在商、西周两个时期，涉及的内容有军政的统筹与管理、王朝的抵御制度以及战争日谱等。辛悦《殷墟"王令某步"卜辞探讨》（《中国史研究》第1期）认为商王选择某位贵族于指定的日期"步"或"归"，体现了商王对军政的整体统筹和管理。商王根据战事需要指派内、外服的重要贵族作战，"王令某步"之"某"则需严格按照时间要求来完成军事行动。杜勇《武王伐纣日谱的重新构拟》（《古代文明》第1期）通过全面考订各种文献和金文资料，在已有研究成果基础上重构武王伐纣日谱：公元前1045年一月癸巳（二十七日）武王兴兵伐纣，师出镐京。二月戊午（二十日）师渡盟津，兵锋直指朝歌；甲子（二十八日）决战牧野，一举克商。三月戊辰（二日）即位于牧社，旋即班师；辛未（五日）驻师管地，经略南国；乙未（九日）祀于太室山，封禅度邑。四月丙午（十一日）返回镐京，共历时74天。随后，在镐京举行各种祭祀和册命大典，宣示天命归周，周人成为新的天下共主。王坤鹏《西周中晚期淮夷入侵与周王朝的御戎机制——以新出霸氏诸器为中心》（《古代文明》第4期）指出，近出西周霸氏诸器以及由北赵晋侯墓地流出的晋侯铜人铭记载了该时期淮夷入侵及周王朝御戎之事。相关铭文内容反映，周王朝在淮水中上游及其支流一带设立军事据点，派遣王师与地方侯、伯势力联合抵御淮夷。周王朝御戎机制的主要特征是以王师作为主导力量，地方侯、伯势力加以配合，御戎战争背后有着周王朝的统一部署。这种以王师为主导的御戎机制是西周王朝稳定发展的重要保障，一旦遭到破坏，西周王朝也就很快走向衰亡。本年度在军事领域的研究成果比往年略少一些，但是通过这些成果可知，学术界的研究重点之一仍然是王朝的军事制度和军政管理等方面。

三、经济

经济领域的研究集中在手工业，主要是制盐业和铸造业两方面。手工业一直是先秦经济研究的重点领域，因为手工业技术及其管理制度的先进程度可以直接反映某一朝代的经济状况。盐业和铸造业是手工业中的重要分支。王祁《从古文字看晚商时期商王朝对山东沿海食盐的经营》（《文物》第9期）认为，商人在中央设立了卤小臣职官，分封举族于渮地以确保盐道畅通，派遣甾族管理盐业生产作坊，这些都可以证明东部盐业是在商王朝控制之下并由商人贵族负责管理的。于是，从商王朝的中心区安阳殷墟，到东部盐业的储藏和转运中心渮地，再到直接管理盐业生产的兰家遗址，最后到盐业作坊，晚商时期商王朝至少存在四个盐业生产与管理等级。这四级生产与管理等级分别对应卤小臣—举族—甾族—盐工。由此可见，食盐官营的时代不会晚于晚商时期，商王朝对东方食盐控制之严、管理之细，远不是《禹贡》中"海岱惟青州，厥贡盐"一句所能涵盖的。冯时《霸伯治盐与西周井田》（《中原文物》第1期）认为，西周霸伯铜器铭文显示，盐业为王朝官营。位于今山西翼城大河口的霸伯为周王室行治盐之事，不仅采天生之卤，更以卤涷治人工之盐，同时又有保护盐池安全的义务。古盐卤种类不一，优劣有差，致其用途不同，处置有异，皆需辨别区分，故作为王朝官员的井叔亲赴以辨定其种类等级。井田制度于商代似已有之，甲骨文辞称"百井"，"井"字像井田中之流溉，或即井田之本字。然井田之字作"丼"的写法则始见于西周，准此则知，其田制于西周更为完善。西周土地实行井田制，并应多行于沃饶之地。一井九百亩，中央之百亩公田所出谷物用为军资，故又称粮田，其与佃车同属军赋。井中注点的丼氏源出井田，本为司理井田之官，后人以官为氏，则有丼氏。王朝司空或同有司理井田及军赋之职，井人则为管理井田的专官。严志斌《霸伯簋铭文校议》（《故宫博物院院刊》第5期）认为，霸伯簋之"萃卤"，可径直解为"求卤"；"帱二百"，可能就是帷帐二百顶；"丼二粮"应该是"丹二粮"。霸伯簋铭文所揭示的西周盐卤、丹砂等物品的流通，不仅让人了解了西周时期受控制的一些特殊货品的交流与再分配情况，也让我们对西周时期的诸侯、卿士和邦伯之间错综的关系有了新的理解角度。西周时期的晋南一带，本是晋国封域，但考古发现，在此并不广大的封域内，还有霸国、倗国等封伯。晋国的设置，目的之一是对付北方的戎族。霸伯、倗伯作为晋侯封域下的邦伯，大概也有同样的义务。这是他们得以存世的政治原因。但其得以立世的经济基础，考虑到晋南地区的物产资源，目前看来，盐池之盐卤以及中条山的铜矿，可能就是造成允许晋南分布有如此之多的邦国的一个原因。黎海超等《论弭国本地风格铜器的生产问题》（《考古》第1期）一文通过对弭国青铜器造型、工艺、材料的分析，确定了弭国地方青铜器铸造业的存在。铅同位素分析表明，从西周前期到西周中期，弭国地方铸造业虽然独立性提高，但原料来源并没有发生大的变化。何景成《礼仪文化在西周商品交换发展中的作用》（《社会科学》第10期）认为，在西周时期，商品交换已经较为活跃。从商品交换发展的视角来看，玉器、皮币和青铜礼器作为礼仪活动所必备的用品，社会需求较大，且多要求由专业作坊生产，但由于这些物品在礼仪活动中的功能和作用不同，礼仪活动对这些物品的商品化影响存在较大的差异。对于玉器、皮帛、车马等物品而言，由于其多作为贽见品和馈赠品，礼仪活动促进了其商品化进程；而对于青铜礼器而言，由于其主要作为神主祭器，其在礼仪中的角色与功能抑制了其商品化发展。本年度学者们对盐业的研究虽然从不同的角度出发，但最终还是同归于盐业的生产管理制度。铸造业研究仍然以研究青铜铸造为主，并且在研究的过程中引入科技，采用学科交叉的方法。

四、社会

本年度在社会领域的研究涉及宏观问题的分析、对以往史学研究的反思与评论，以及对商代瘟疫进行分析以供今人借鉴等多个重要方面。戴向明《中国史前社会的阶段性变化及早期国家的形成》（《考古学报》第3期）认为，中国境内史前社会亦呈明显的阶段性变化，并表现"进化"的特征。中国史前社会的发展可分为三个阶段。第一阶段为从旧石器时代到新石器时代早期,以渔猎为主要生存手段,基本群体由类似动物的原始群体演变为血缘家庭,血缘关系和婚姻关系日益清晰。第二阶段为新石器时代中期(裴李岗文化和中原仰韶文化早期),南北农业逐渐发展,出现了稳定的聚落村落,形成了宗族组织。后来,更大规模的部族和部落社会演变没有明显的等级制度区别。从新石器时代晚期至青铜器时代早期为第三阶段(仰韶文化中晚期——中原地区的庙底沟二期、龙山、二里头时期),农业进一步发展,农业在主要文化区域内的生业经济中占主导地位,区域性社会组织形成,社会群体内外等级分化日益明显。新石器时代晚期到青铜器时代早期国家的形成和社会复杂性的发展,勾勒出了不同的发展模式。王震中《改革开放四十余年中国文明和国家起源研究》(《史学月刊》第9期)从20世纪80年代关于文明要素的研究、20世纪90年代以来关于国家形成标志的研究、"酋邦"理论在国家起源研究中的运用、"文明和国家起源的聚落三形态演进"说、中国古代文明社会和国家形成的时间、关于中国早期国家形态的诸种学说、夏商西周三代"复合制王朝国家结构"、从国家起源到秦汉以来民族与国家之关系八个方面,对改革开放四十余年来中国文明和国家起源研究的主要趋势,进行了概述、评论和反思,其中也穿插了作者三十多年来的研究轨迹与学术体系。这些总结和评论将推动史学研究的继续深化。宋镇豪《商代的疫病认知与防控》(《历史研究》第2期)一文认为,我国最早关于瘟疫的记载可追溯至殷商时期。甲骨文反映了当时人们对疫病发生、传播以及危害性已具有一定程度的认知。殷商统治者在面对疫情肆虐时,一方面表现出较强烈的心理焦躁和对社会动荡的担心;另一方面也采取多种手段来防控和治疗疫病。受限于殷商时期信仰观念和医学知识,当时采用的防治策略既有巫术祭祀,也有理性、科学的防控办法。殷商时期,在疠疫瘟疾猖獗之际,人们并非束手无策,而是通过国家行政、社会群防、运动保健等方式,积极抵御疫病侵害,形成了许多预防疠疫传播的社会风尚和习俗,其内容涉及医药学、环境学、营养学、卫生保健学、心理学、体育学等。散积久演的疠疫防控行为,标志着当时社会文明的发展程度,也是中华民族对人类文明的重要贡献。晁福林《〈韱匜〉铭文补释及其性质再考》(《历史研究》第2期)在对铭文进行补释的同时,认为该文虽然涉及争讼,但其性质并非法律判决,而是周代权贵基于诉讼行为而对于"委质为臣"者(牧牛)的训斥。本年度在社会领域的一个突出的特点是因疫情对商代瘟疫进行研究,从而对时下的疫情防控提供借鉴,体现了学术界的经世致用思想和家国情怀。对改革开放四十余年来中华文明或国家起源的概述与反思,将推动史学未来的发展。

五、思想文化

本年度思想文化领域的成果非常丰富,其所涉及的相关方面也非常广泛,既包括对某些具体问题的讨论,如礼乐制度、墓葬制度、铜礼器分类、礼仪文化在经济方面的作用,地区之间不同文化的相互关系等,也包括某些方面的理论创建,如对金文特征体系的讨论。何毓灵《殷墟"外来文化因素"研究》(《中原文物》第2期)认为,按地理方位不同,大体可以把殷墟文化外围分为北(西北)、西(西南)、南(东南)、东四个区域。面对王畿之外的考古学文化，殷墟文化并非原封不动、照单全收，而是针对不同的情况，采取了不同的方法。根据这些外来文化因素传播方式的不同可分为典型外来文化因素、混合型文化因素、继承型文化遗物、传世品。刘源《论殷金文的特征体系》（《故宫博物院院刊》第11期）认为，过去研究殷代金文，关注和考察的是族徽、日名、征人方等具体现象，现在有必要对既有成果进行系统概括和总结，使之理论化并自成体系，以便更好地指导金文整理和研究工作。殷金文的特征体系，应分三个层面认识：从社会组织角度看，族徽是家族标识，日名代表家族祖先与祭祀对象，子与小子是族长和分族长；从国家形态角度看，王、王妇、王子居于社会顶层，王朝职官以小臣、寝、作册为特色，赐贝是最重要的政治运作机制；从文化特性看，大事纪时与周祭纪日是历法特色。据考古、古文字材料来看，殷周制度的重大转变，主要还是出现在穆王以后。李零《商周铜礼器分类的再认识》（《中国国家博物馆馆刊》第11期）认为，铜礼器的分类可以材质分，可以形制分，可以纹饰分，但功用最重要，而研究功用，自名是重要线索。首先，铜器铭文常见的尊、彝二字是铜礼器的通名，而非专名。其次，把商周铜礼器分为四大类。第一类是食器，食器下分肉食器和饭食器，重点讨论鼎类食器，以及簋与盨和瑚与簠的关系。第二类是酒器，酒器下分缩酒器、温酒器、酌酒器、饮酒器、盛酒器，重点讨论爵的分类和定名，以及爵字的两种写法，并涉及祼、瓒、爵三字的区别。第三类是水器，水器下分盥器、沐器、浴器。盥是洗手，沐是洗发，浴是洗澡。第四类是鸟兽尊，即动物造型的铜器。这类铜器往往背上起尊，有些还带小簋盖。鸟兽尊只是这类铜器的俗称，并无自名根据。人们往往以为这类铜器都是酒器，其实有些是食器。赵平安《清华简〈四告〉的文本形态及其意义》（《文物》第9期）认为，《四告》四组简均为告辞，但内容不相连属，按书写先后顺序分别编号可分成四篇。就体式而言，四篇告辞可以视为广义的诰体。《四告》有明显层累生成的印记，有一些字和甲骨文关系密切，也有一些字与西周金文关系密切。在春秋时期，这四篇告辞应被统一加工过，因而注入了春秋时期的一些元素。四篇告辞按内容类聚，根据年代先后排列，体现了书类文献的编排原则。《四告》第一段和《立政》《君奭》这种关联性表明，它们的本体确实是周初的文献。作为同属周公的告辞，不仅表达的思想观念相似，就是某些具体表述、某些文句都相似。由于《四告》是战国时期的古文写本，而《立政》《君奭》是屡经演变的今文字写本，三者之间书面形态上的差异性，为对比研究提供了极好的条件。张闻捷《钟离君柏墓礼乐制度研究》（《文物》第3期）认为，钟离君柏墓的青铜礼乐器制度与乐悬陈设方式是相互协调一致的：青铜礼器为5鼎（3+2拼凑）、4簋、2豆、2罍、1盘、1盉、2匜、1甗组合一套，涵盖盛食器、水器、酒器、烹饪器等主要礼器门类，并兼具中原与南方楚系礼器特色；乐器则为纽钟9件一套，与中原地区五鼎贵族墓的用乐制度相当，暗示着这一时期钟离国的乐制思想仍深受中原影响，而随着吴楚争霸的深入，钟离国的乐钟组合也逐渐偏向南方楚式化了；墓内编钟与编磬呈90度折曲摆放，合乎礼制文献所记载的五鼎大夫等级采用"判悬"的乐钟陈设制度，也揭示出从这一时期开始，南方地区的部分贵族具有了将随葬乐器折曲摆放进而体现身份等差的思想。由此可以看出，钟离君柏墓在礼乐器的选择与使用上经过了精心的安排与策划，足见当时钟离国上层贵族深谙礼制之道。杨博《西周初期墓葬铜礼器用区位研究——以随州叶家山为中心》（《江汉考古》第2期）认为，早在西周初期周人已建立起一套较完备的以食器为中心的器用组合关系。就其在墓葬中的区位而言，存在着按大类分置；食、酒水器分置；酒水器聚置，食器分置于酒、水器两端等三种情形，前两种体现周人重食的文化特征，后一种强调酒器似与周初西迁的殷遗民有关。印群《论春秋时期鲁东南殉人墓的文化因素——兼及东夷与嬴秦文化的关系》（《复旦学报》第4期）认为，春秋中晚期莒国、薛国等贵族殉人墓之殉人和甘肃礼县圆顶山嬴秦贵族殉人墓及陕西凤翔秦公一号大墓之殉人方式有一定的相近性，为莒、薛等东夷古国和嬴秦文化因素相似性的表现形式之一。近年来地下新出土的文字资料记述了秦人的祖先从东方被迁到西部甘肃礼县一带的重要史实，而在陇东南李崖遗址的考古新发现揭示了早期秦文化在陶器等方面与殷文化之间的渊源关系。通过考古发现和历史文献以及地下新出土文字资料记载的相互印证，莒国、薛国等东夷古国和嬴秦贵族墓在殉人方式上之相似性应和二者在族属与文化渊源上之共性相一致，也进一步佐证了嬴秦东来说。

六、文献

本年度整理出版的文献材料以出土资料为主，涉及甲骨、青铜器、简帛三个方面。拓本搜聚策事组（组长王宇信；成员有马季凡、韩江苏、具隆会、常玉芝、杨升南）编著《〈甲骨文合集〉第十三册拓本搜聚》（文物出版社）出版于2019年10月，是对郭沫若主编、胡厚宣总编辑的《甲骨文合集》（第十三册）进行重新编纂的成果。《甲骨文合集》第十三册为甲骨摹本，甲骨摹本不可避免地存在不少错摹或缺摹的问题。在甲骨资料日益丰富之际，拓本搜聚策事组不失时机地将学术界的智慧和成果搜聚起来，尽可能地对《甲骨文合集》（第十三册）加以修订补救，推出了《〈甲骨文合集〉第十三册拓本搜聚》。该书共分拓本图版、拓本释文和附录三个部分，拓本图版部分仍采用《甲骨文合集》的编纂方法，将甲骨按五期进行排列。该书在编纂修订的过程中，吸取利用了近几十年已陆续出版公布的甲骨著录成果。这批经过整理的甲骨拓片，纠正了原摹本不准确的部分，为学术界提供了最基本、最可信的图片资料。宋镇豪主编、孙亚冰编纂《中国社会科学院古代史研究所藏甲骨文拓》（上海古籍出版社）共收拓片182版，其中自重16版，制作拓片的原骨多为刘铁云的旧藏，时代属于殷墟早期，时至今日，这些甲骨已流散到海内外，被保存在20余家公私单位。该书共分三部分，第一部分为拓本集，拓本的顺序参照原拓本集的顺序进行排列；第二部分为释文，在每版拓片的序号后，依次标出原骨的材质、分类、现藏地、著录情况、释文和简要说明等信息；第三部分为检索表。作为新时代的甲骨拓本著录书，该书具备以下特点：一是书中著录的全部为甲骨拓片，部分甲骨卜辞虽然见于旧著录书，但旧著录书只是摹本而并非拓本。二是部分拓本比旧著录书中的拓本更清晰或更完整，从而保存了一些重要信息，说明其墨拓时间相当早。三是部分拓本从未见于其他著录书，属于新发现的材料。该书所著拓片墨拓时间较早，较好地保存了甲骨出土时的原貌，对研究甲骨流传、缀合、文字考释，卜辞语法等具有重要学术价值，是殷商史研究的第一手材料。田率主编的《中国国家博物馆馆藏文物研究丛书·青铜器卷（西周）》（上海古籍出版社）一书分上、下两册，共著录了164组器物，所著录的器物中既有名扬海内外的国宝级重器，亦有著名的西周青铜器精品。书中的龙纹鼎等 10 件铜器为首次公布的器物,而亢鼎等 10 件铜器也未曾被《殷周金文集成》《商周青铜器铭文暨图像集成》以及《商周青铜器铭文暨图像集成续编》等大型著录书籍收录。该书对每件铜器进行编号,介绍器名,器名下介绍其馆藏号、所属的时代、大小规格、来源及入藏时间、著录情况以及铭文的字数和释文等基本信息,并描述和说明其形制特征以及研究现状等。如此完备的器物信息,可以使研究者在短时间内掌握某一铜器的整体概况。苏强主编的《中国国家博物馆馆藏文物研究丛书·青铜器卷(商)》(上海古籍出版社)一书共著录了中国国家博物馆馆藏的 159 组总计 165 件商代青铜器,囊括了 31 个类别,每一件铜器都具有很高的历史价值和文物价值。在该书所著录的青铜器中,既有见于以往著录的堪称"国之重器"的后母戊大方鼎,也有相当多的著称于青铜器与金文研究史的青铜器精品,如四羊方尊等器,更有在 1950 年后许多重要的考古发掘中出土的珍品,例如,1976 年发掘的已经成为中国当代考古学史上的经典范例的殷墟妇好墓所出土的一系列具有代表性的重器,包括妇好三联甗等。在该书所著录的商代铜器中,还包括海外回归的器物,如子龙鼎,其造型雄伟,铸造精细,是商代圆鼎中体积最大的,被视为"镇馆之宝"之一。除此之外,该书还首次发布了一些具有重大研究价值的青铜器资料。吴镇烽编著《商周青铜器铭文暨图像集成三编》(上海古籍出版社)又是一部大型金文资料著录图书。全书共四卷,收录了自 2015 年 6 月至 2019 年 12 月所发现的商周及春秋战国有铭文的青铜器共计 1772 件,其中食器 627 件,酒器 554 件,盥洗器 80 件,乐器 35 件,兵器 359 件,其他铜器 117 件。在所有的青铜器中,未曾见于著录的器物共有 1034 件,约占全书青铜器总数的 58%。在该书所著录的青铜器中,最短的铭文仅有 1 个字,而最长的铭文可达 160 字。书中著录的青铜器资料多来源于考古报告、图录、报刊,以及作者在鉴定文物时所见到的收藏单位及私家收藏的器物。该书既收录青铜器铭文拓本,又收录其图像,同时在图像旁边将青铜器的相关背景资料编排在一起,清晰直观,如此便为古文字研究者以及考古、历史学者提供了一份较为完整的数据,无疑将大大促进青铜器的综合研究。该书收录广泛,内容宏富,图片清晰,全书对器铭的阐述允称详实,铭文的释读亦能广泛吸收学界的研究成果,对于研究上古史、古文字以及古代青铜器有着重要价值。王长丰《殷周金文族徽集成》(黄山书社)一书以图典的形式对殷周金文族徽进行了集中、全面的统计、整理与研究,是著录殷周时期金文族徽材料的集成性资料汇编,填补了出土文献族徽史料整理研究的空白。该书首次从 16000 余件青铜器物中全面整理出了 8000 余个殷周金文族徽,并进行了整体隶释、校重和辨伪,每件器物资料按器名、时代、出土、收藏、尺度、形制、著录、字数、释文、备注等顺序著录信息,总计分出 612 类根族徽字群,2221 个殷周金文族徽类型,充分地体现了考古学和古文字学研究的最新成果,是迄今最全的殷周金文族徽汇编整理,为学术界研究殷周时期方国历史地理、现代姓氏探源、殷周时期的诸侯国、国君家族形态和家族变迁及其国都地理称谓发展变化等工作开辟了全新的路径。清华大学出土文献研究与保护中心编《清华大学藏战国竹简(拾)》(中西书局)共收录竹简五种八篇,分别为《四告》《四时》《司岁》《行称》与《病方》,都是前所未见的佚文。《四告》为书类文献,共计 50 支简,是记载周公旦、伯禽父、周穆王和召伯虎四个人的四篇告辞,这四篇告辞内容相关,却又各自独立,对研究西周历史和书类文献的形成具有很高的价值。《四时》《司岁》与《行称》三篇皆是数术类文献。《四时》与《司岁》原本连续编号，抄写在同一卷。《四时》记载了一年十二月三十七时的星象和云、雨、风等物候，该篇星象术语自成体系，为世人提供了战国时期全新的星象系统，对研究战国时期的天文星象和历法时令有重要价值。《司岁》篇则记述太岁运行一周十二岁所值之辰及其吉凶占断，是目前所见最早的记载太岁十二岁名的文献。《行称》记载一月"六称"的具体日期、利弊和成效，所记称行之事均属政事，是目前所知的首篇专门记述一月内政事宜忌的先秦时令类文献。《病方》篇属于方技类文献，其与《行称》抄在同一卷上，共记载三种病方，前两种属于酒剂，后一种为汤剂，是迄今所见的抄成年代最早的方技类文献。《清华大学藏战国竹简（拾）》的内容涉及天文、历法、自然等诸多方面，对了解先秦时代社会思想文化带来新的认识，其天文史、科技史的价值不可估量。本年度的先秦史文献整理有两个特点：一是全，二是多。"全"，主要体现在文献材料已经全面涉及甲骨、青铜器金文、简帛三个方面。"多"体现在出版了多部大部头的著作，可谓是文献整理出版的大年。此外，还出现了一些填补研究空白的著作，如王长丰《殷周金文族徽集成》，首次对族徽进行了系统全面的整理。这些整理出版的新材料价值巨大，为学者进行研究提供了便利，可大大推动先秦史学的发展。

七、考古发现

2020年的先秦考古，虽然在疫情的影响下多数工地曾出现长时间停工的情况，但考古研究的成果与往年相比，并没有减少。对主要的考古学文化进行的研究，都有相关著作发表。特别有启发性的是，除了对具体考古学问题的研究外，还出现了对考古学科以及考古学与史学等学科如何协调研究的思考。此外，随着学科的发展，考古学与科学技术的结合也越来越密切，并且结合的速度也在加快。以下主要分为史前及夏代考古、商代考古、周代考古三部分进行简要介绍。

在史前及夏代考古方面，袁靖等《良渚文化的生业经济与社会兴衰》（《考古》第2期）通过分析多个良渚文化遗址动植物遗存，得知当时良渚文化尽管中心区存在先进的生业方式，但是整体的生业状况发展明显不平衡，没有全面发展生产力，为人口增长奠定经济基础，造成人口有限，不可能形成多个中心相互促进的局面；加之良渚文化位置偏于一隅，缺乏与其他文化的交流和竞争，没有促进生产力发展的压力和动力。良渚文化晚期，统治集团和宗教体系可能趋于僵化，不注重实际经济需求，导致无法应对自然灾害引发的多种社会矛盾，使得良渚文化最终走向消亡。魏坚等《公元前三千纪马家窑文化东向传播的考古学观察》（《考古》第8期）将马家窑文化划分为连续发展的四期，认为马家窑文化面貌在甘肃东部、中部地区与甘肃西部、青海地区存在地域性差异，此外马家窑文化和庙子沟文化在聚落形态、陶器类型、彩陶纹饰等方面具有相似之处。宁夏地区作为马家窑文化和庙子沟文化传播交流的必经之地，其陶器群显示出明显的过渡地带特色。原海兵《大汶口文化人群口颊含球行为研究》（《考古学报》第1期）认为，大汶口文化的族群中存在着复杂的社会分工，口颊含球者只是其中一个有着特殊身份地位的群体。口颊含球行为可能与淮河流域史前文化具有密切联系，贾湖文化很可能是这种行为发生的一个源头。随着社会的发展，到鲁南苏北龙山文化时期逐步削弱、演变，影响了后世的口含葬俗，口颊含球很可能是后世亡者口含贝币、玉等葬俗的原始形态。山东省文物考古研究院编《山东滕州市西孟庄龙山文化遗址》（《考古》第7期）中所介绍的西孟庄遗址是目前唯一被完整揭露的龙山文化聚落。书中指出，该聚落虽然面积小，但演变过程清晰，阶段性特征明显，聚落的典型特征也在以往发掘的龙山文化小型聚落中前所未见，该遗址完整揭示了单个聚落的全貌和演变过程，提供了探讨龙山文化聚落性质和功能的线索，首次发现龙山文化聚落政治军事性分化实例，增进了对史前围墙建筑结构的认识。王青等《二里头遗址新见神灵及动物形象的复原和初步认识》（《考古》第2期）认为，在二里头遗址出土的十余件神灵及动物形象中，高羽冠、兽面和龙这三种神灵形象比较重要。高羽冠形象的发现表明，夏人从史前考古学文化继承了重要的文化和艺术传统，二里头文化时期的兽面形象应是商周"饕餮纹"的直接源头，夏人崇拜的最高神灵是龙，而不是兽面或其他神灵。这些艺术传统在夏代已经正式形成，商代以饕餮为中心的艺术传统则应是在继承夏代基础上发展起来的。孙周勇等《石峁文化的命名、范围及年代》（《考古》第8期）认为，石峁文化与陶寺文化、齐家文化、夏家店下层文化的密切关系已初显端倪。从考古发现来看，石峁文化的来源应是本地的龙山时代前期遗存，在发展过程中主要继承和延续了其基本特点和主体内涵。而石峁人群的去向目前尚不清楚。石峁文化是以河套地区为核心分布范围的一支重要考古学文化，年代跨越龙山时代后期和夏代早期。这一时期正是中国早期文明和国家起源的关键时期，石峁文化作为不同于中原地区龙山时代晚期、新砦期和二里头文化早期遗存的一个北方地区的考古学文化典型代表，与其他文化共同推进中国早期国家起源和发展的进程。邵晶《石峁遗址与陶寺遗址的比较研究》（《考古》第5期）认为，虽然目前石峁遗址与陶寺遗址的关系初现端倪，但在不同的发展阶段两者关系的"紧密程度"不尽相同，远非承前启后、此消彼长、势均力敌、并驾齐驱等简单认识能够概括。然而这两大"集团"之间交流互鉴、水乳交融乃至血脉相通的联系从物质文化和精神文化的角度来看均可找到例证。石峁与陶寺之间还存在很大的"考古中空地带"，随着新发现和新资料的不断披露，现有观点必将被补充修正甚至重新认识。随着两地考古工作的不断深入，考古中空地带的不断缩小，石峁与陶寺的关系必将越来越清晰。李英华等《海南三亚落笔洞遗址石器工业新研究》认为，落笔洞遗址与东南亚和平文化石器工业在技术层面具有显著差异，而与华南石器工业表现了更紧密的文化关联，这说明区域内部文化技术面貌与人群交流传播之间的关联及其背后的动因也许非常复杂。从石器工业的维度看，不仅在和平文化与非和平文化石器工业之间存在差异，而且在东南亚和平文化内部以及非和平文化如华南"砾石工业"内部也存在不同程度的多样性。何嘉宁等《北京东胡林遗址人骨的体质演化与生物文化适应》（《考古》第7期）认为，东胡林遗址居民的头骨虽已具有现代东亚人群的一些特征，但总体上无法将其划入任何一个新石器时代人群，其牙齿形态表现更多现代东亚人群的特征。东胡林遗址居民生活的早全新世是华北地区人类体质由异质性、多样化向均质化方向发展和演化的关键时期。这种变化与人类生存方式及环境的变化、人群规模扩大、基因交流增多密切相关。此外，与晚更新世采集狩猎者相比，东胡林遗址居民的生活方式正在发生明显改变，并在体质特征上有所反映。赵志军等《北京东胡林遗址植物遗存浮选结果及分析》（《考古》第7期）指出，东胡林遗址浮选出的是肉眼可辨识的完整的粟和黍的谷粒，是目前正式考古发掘浮选出土的年代最早的粟和黍这两种小米的实物，这为探索这两种栽培作物的驯化时间、地点和驯化过程提供了可信的考古证据。根据已经获得的20余个碳十四测年数据，包括与炭化粟粒出于同一堆积单位黄檗树种子的AMS测年结果，东胡林遗址出土炭化粟粒的绝对年代应该在距今一万年前后。通过对东胡林遗址周边微环境和出土遗迹、遗物的综合分析判断，东胡林遗址古代先民的生业形态仍然处在采集狩猎阶段。

在商代考古方面，刘一婷等《商系墓葬用牲初探》（《考古》第3期）认为，在商系墓葬的下葬过程中，不同环节使用的动物在种属、部位、年龄等方面存在诸多普遍性的差异，表明古人在葬礼中对动物的选择是遵循一定标准的。动物骨骼虽具有种属、年龄等无法为人类所改变的生物信息，但不能因此就以"自然遗物"视之。埋葬何种动物、何种部位以及在何处埋葬，是人为选择的结果，经过了"文化的过滤"，应属于"文化遗物"的研究范畴。长孙樱子等《关中东部地区商代冶金遗物的科学分析研究》（《文物》第2期）通过分析关中东部的怀珍坊和老牛坡遗址采集的矿石和炼渣，揭示了两处遗址的冶炼工艺和冶炼产物。作者认为，关中东部地区商代冶金生产的矿石很可能来源于秦岭，特别是秦岭北麓。通过与王都和汉中青铜器的对比，发现关中东部冶炼的铜料很可能输入了殷墟，获取铜料资源应是商人持续在老牛坡经营的动力之一。此外，关中东部与陕南汉中的宝山文化应存在青铜制品的流通和冶铸技术的传播。张天恩《晚商西土考古学文化变迁与社会管理的认识》（《江汉考古》第3期）认为，该地区以陶器为代表的考古学文化与殷墟文化面貌差别较大，但不同墓地大、中型墓葬的形制特点及随葬品等方面又与殷墟相似。其原因可能是周人、先族、匿族、鬼方等归附于商王朝的古族或方国，进入西土地区所致。由此说明，晚商时期西土地区出现国家社会治理体系与考古学文化及族群的剥离，实质是早期中国由血缘王国向地缘国家转变的重要标志，这也是历史时期考古学文化与族属关系研究的新课题。苗霞《殷墟"石子窨"和"石子墓"性质探析》（《考古》第3期）认为，在所分析的五个遗迹中，其出土遗物不是水井使用时期而应属于废弃时期的遗物，结合遗迹的特点，可判断"石子窨"并不是窨穴，"石子墓"亦非墓葬，它们均应是水井。郭梦《殷墟锡衣仿铜陶礼器的发现与研究》（《考古学报》第2期）认为，殷墟仿铜陶礼器表面锡衣层原本为金属锡，是以贴锡箔方式施加于器表的。仿铜陶礼器虽是明器，但在墓葬中却被当作青铜礼器来使用。锡衣加身，使得仿铜陶礼器在外观上更接近青铜礼器。再加上当时金属锡是十分珍贵的材料，即便是这薄薄的一层锡皮，也成了区分仿铜陶器与普通陶器（甚至是借鉴了青铜器造型的陶器）价值的关键。

在周代考古方面，徐良高《考古学文化、文献文本与吴越早期历史的构建》（《考古》第9期）指出，在西周时期的东南地区，确实存在着一种与东周晚期吴越文化有着巨大文化亲和力、独具特色的区域考古文化。然而，史料记载的吴越国的出现及其早期历史，并没有考古文化、金文、文献等考古发现所证实，有关考古学文化与早期吴越国家有直接联系的说法缺乏说服力。鉴于此，作者提出，考古学提供了不同于文献记载的具有自身特色的史料和古史叙述体系。对于考古学研究来说，首先应该建立考古本位的框架和历史叙述体系，力避"证经补史"思维方式和文献导向的研究及由此产生的对考古资料的选择性关注与简单化解读。对于文献记载,尤其是原史时期的历史文献,不能轻信并不加分析地简单引用,而应该首先进行文本分析,即考察文献形成的时代与背景,谁在写及为何写,客观真实性如何等。对于古史研究中的文献与考古结合,首先应该区分不同的概念及其内涵,其次是文献史学与考古学结合,先做的应是相对独立的研究、判断,构建相对平行的历史叙述体系,然后再寻找两者之间的契合点,进而将两者整合起来以构建更为全面、可信的历史叙述体系,而不应在一开始就将两者变为互相解释、互为证据的循环论证关系。湖北省文物考古研究所《湖北随州市枣树林春秋曾国贵族墓地》(《考古》第 7 期)指出,枣树林公墓共有 5 座大型墓葬,中型墓葬 19 座,小型墓葬 62 座。墓地出土铜器 2000 余件,根据出土青铜器铭文、墓葬布局、墓葬组合可知,这个墓地是曾国高级贵族的墓地。墓葬由大到小的三个等级分别对应于侯爵、贵族、低级贵族的社会等级。在这些墓葬中,共有三组五座大型墓葬,其主人分别是曾侯求及其夫人渔、曾侯宝及其夫人芈加、曾侯得。枣树林公墓与叶家山、文峰塔、郭家庙、苏家垄等地的遗址、墓地,呈现清晰完整的曾国文化考古序列,为我国南方青铜器时代的考古文化提供了一个参考点。王震《洛阳东周王城大墓与周王室陵寝的探索》(《考古》第 6 期)对东周王城遗址发现的巨型墓葬进行了分析和年代测定,认为洛阳第 27 中学发现的 C1M10123 墓可能是春秋时期周王的陵墓。洛阳西郊发现的 M1-4 号墓,可能是西周两对公爵夫妇的合葬墓,而不是西周四公的墓葬。根据现有证据,西贡地区 72C1M4 墓和洛阳百货公司 C1M2621 墓也可能是西周诸侯墓。此外,平均宽 7 米的马车坑和马车独立坑是确定周王陵墓位置的关键指标。山东大学历史文化学院考古系《山东邹城市邾国故城西岗墓地一号战国墓》(《考古》第 9 期)指出,山东大学历史文化学院考古系等单位于 2018 年开始发掘的山东邹城邾国都城遗址西岗墓地战国墓 1 号(M1)是一个带有木制墓室的坑墓,有一个倾斜的通道通向一侧的中央墓室,陵墓呈长方形布局,倾斜的通道位于墓东墙的中心,埋葬用具包括双层堆叠墓室和双层棺材。剩下的墓葬品包括刻有硬印章的陶礼器、原始瓷、青铜器、玉器、金叶镶嵌漆器。根据墓主的牙齿,连同墓葬的类型和出土的墓葬品,M1 被认为是战国早期墓葬。M1 的发掘为研究战国初期邾国历史提供了重要资料。李零《绍兴坡塘 306 号墓的再认识》(《中国国家博物馆馆刊》第 6 期)引用两件带"元女"铭文的铜器和赛克勒藏品中的嘉子孟嬴缶,重新考释墓中出土的三篇铭文,并对墓中出土器物的器形纹饰进行分析,最后作者认为:1. 此墓墓主是徐王元女,女性;2. 此墓是越地的墓葬,但墓主不是越人,而是从徐国嫁到越地的女子;3. 墓中出土物以徐器为主,总体特征更接近春秋晚期,而非战国早期。周丽等《试论成都平原春秋时期考古学文化》(《考古》第 2 期)对成都平原 7 处春秋考古遗址进行了分析,认为这些考古遗存可分为两期四个阶段。根据目前的考古材料,春秋时期成都平原的考古学文化是由以前的十二桥文化发展而来的,但在西周晚期,古蜀国社会开始转型,春秋时期发生了明显的变化。这说明石二桥文化的下限可能在西周晚期和春秋之间。古蜀国与古强国存在血缘方面的关系,春秋中期前后成都平原出现了楚文化元素,但楚蜀文化的互动仅限于双方的社会精英。施劲松《考古背景中的巴蜀符号》(《四川文物》第 3 期)认为,对于东周秦汉时期流行于四川盆地的巴蜀符号,除了研究其自身的形态、种类、组合外,还应考察它们产生、流行的时代背景和具体的出土背景,应有助于认识符号的性质以及使用者之间的关系。巴蜀符号可能是族徽,四川盆地内重要墓葬出土的符号显示出它们产生和分布的特点，以及各区域之间的关联。通过巴蜀符号，我们可以从另一角度构建四川盆地战国秦汉时期的文化与社会图景。

八、甲骨学相关研究

在先秦史研究中，甲骨缀合、甲骨断代等领域的研究成果相对特殊。刘一曼《关于武丁以前甲骨文的探索》（《甲骨文与殷商史》新十辑，上海古籍出版社）认为，寻找武丁以前的甲骨文必须从考古学的地层、坑位入手，注意那些地层关系较早的发掘单位所出的刻辞甲骨。尽管目前所知的殷墟早于武丁的刻辞甲骨只有几片，但是，在殷墟比武丁稍早的遗址或墓葬中出土的一些陶器、玉石器或铜器上也发现了文字，由此可以推测，这一阶段的甲骨文也不会太少。探索武丁以前的甲骨文，目光要放远一些，途径应多一些。既要分析已发现的武丁早期的王卜辞，同时更应注意从非王卜辞中去寻找。曹定云《论历组卜辞时代争论与"两系说"的前途》（《甲骨文与殷商史》新十辑，上海古籍出版社）在梳理和总结前人研究的基础之上，对学者已经研究过的一些事项内容进行补充，并通过系联"小乙—三且—父丁"这一祭祀次序将历组卜辞定为武乙、文丁时代卜辞，并认为"两系说"天生不成功，不可能解决历组卜辞的提前问题。李宗琨《拓片缀合的机会与风险》（《甲骨文与殷商史》新十辑，上海古籍出版社）指出利用甲骨拓片缀合虽然便利，但也存在错缀的情况，最好用实物进行核验。张宇卫《缀兴集》（万卷楼出版社）辑录作者2011年至2018年的甲骨缀合成果，有关缀合曾先后在"先秦史研究室"网站与《台大中文学报》等处发表，共计202则。赵鹏《花东钻凿布局的整理研究》（《甲骨文与殷商史》新十辑，上海古籍出版社）对花东甲骨的钻凿及其布局进行了分析，认为花东龟腹甲上的钻凿基本向内，即朝向千里路，但有两版留个钻凿例外。龟甲反面的钻凿均为密集型布局，这种布局方式与龟腹甲的大小有密切的关系。郅晓娜《甲骨文家谱刻辞的提出和早期研究》（《甲骨文与殷商史》新十辑，上海古籍出版社）对家谱刻辞的提出和研究进行了一次清晰梳理，指出方法敛、金璋和勃汉第都对家谱刻辞的研究做出了贡献，方法敛既是购买者也是最早的研究者。他们在家谱刻辞研究上具有开创之功，所做的工作现在仍值得认真总结和对待。此外，《殷都学刊》2020年第3期发表了一系列与计算甲骨学相关的文章，集中介绍了运用计算机技术对甲骨进行缀合等技术。古代史所先秦史研究室网站上也发表了一些运用计算机技术对甲骨进行缀合的成果。

综上所述，2020年虽然遭遇疫情，为学术交流增添了不少障碍，但是整个先秦史学科仍然在各个领域都取得了较为丰硕的成果，并呈现以下特征。一是经世致用。2020年的先秦史学科围绕着"新冠疫情"开展了一些研究，例如对商代瘟疫的研究等，这些研究为抗击疫情提供了很好的借鉴，这充分体现了学者们的家国情怀以及为国家做学问的经世致用思想。二是科技的助力。AI技术正式引入甲骨缀合，在取得初步成果的同时，还催生出一门崭新的学科——计算甲骨学。研究人员还计划将其引入文字释读、简帛缀合等领域。可以预想，AI技术将会在很大程度上对未来的先秦史学科产生重要的影响。三是强调理论总结与分析。例如，《论殷金文的特征体系》等都是对以往研究的理论总结与分析。这说明，各领域的学者在对历史问题进行研究的同时，还非常注重理论总结，这些理论成为推动后续研究的动力，将更好地指导以后的研究工作。四是学科之间继续平衡优化。在国家的提倡与支持下，各领域的新发现与新整理的史料不断问世。这些新发现和新史料对促进各个学科的发展起了非常重要的作用。2020年，无论从史料的整理出版还是研究成果的丰富程度，先秦史各研究领域之间的差距继续在缩小，整个先秦史学科在继续优化。

秦汉史研究综述

石 洋

  2020 年本学科继承此前多年来积累的学科发展良好态势，活力充沛，稳步成长，总体取得了较为丰硕的成绩。在新考古和出土文献整理方面，有数种经多年不懈努力而告竣的重要资料刊发，不仅在内容上有许多前所未见的信息，且在资料载体形式上也颇具特色，将带来更多接近历史现场的契机，围绕着近一两年新刊布资料的新研究已然兴起，新资料的独有价值令人瞩目。此外，还涌现一批对既有出土资料的汇总性整理著作，搜集宏富、考订分析精审。在传世文献整理方面，新出版了《史记·本纪》的汇注等。在专题研讨层面，无论数量及质量，成果皆甚可观。从数量上看，单以史学、考古学及社会科学专业期刊、综合性大学学报为限统计，刊发论文 200 余篇，此外尚有本专业内较有影响力的《出土文献研究》《出土文献》《简帛研究》《简帛》等刊物上发表的各类论文。从领域划分来看，传统的政治、制度史、出土文献诸热点继续蓬勃推进，延续了此前偏重上层统治结构、皇帝官僚制度的倾向，同时显示出兼顾地方秩序、文书行政系统、都城观念的努力，财政、社会经济、物质、思想、图像、信仰等方面的研究也不同程度地呈现了新的增长，如身份制、经济关系、食物、民众日常生活样态、墓葬礼仪、西域信仰入华等，从而丰富了对秦汉史整体图景的认知。各种研究或在旧研究的基础上继长增高，或开辟路径另启新猷。一些论著，特别是青年学者的作品，借鉴社会科学的视角，援用海外各语种前沿论著开拓视野，贡献尤为突出。在海外、境外学术成果译介方面，主要集中在考古、文物领域，两种 20 世纪 20 年代初西方汉学家的在华考古记被译介出版。《法制史译评》《简牍学研究》等刊物集中收录了日本、欧美学者在相关领域的最新成果的译文。在学术性综述、回顾方面，既出版了权威学者综理并展望欧美、日本秦史前沿思考的集成性成果，也有青年学者省察百年间土地制度研究脉络的尝试。此外，《中国中古史研究》集中刊发了几篇专题性研究回顾，涉及县行政、政区地理、社会史、吴简研究、碑刻文献，撰写者皆为各领域学有所成的专家，为把握既往的取径和前沿思考提供方便。以下分十二个方面介绍具体成果。

一、出土文献、考古资料的集中刊布与既有资料的集成性整理

  在出土简牍方面，陈松长主编《岳麓书院藏秦简（陆）》（上海辞书出版社）收录了 2007 年入藏岳麓书院的秦代法律类简 274 枚，是继《岳麓书院藏秦简（肆）（伍）》之后的又一以收录秦代律令为主的卷册。长沙市文物考古研究所、清华大学出土文献研究与保护中心、中国

文化遗产研究院、湖南大学岳麓书院编《长沙五一广场东汉简牍（叁）》《长沙五一广场东汉简牍（肆）》（中西书局，2019年12月）。两卷分别收录2010年长沙五一广场井窖遗址出土简牍400枚和500枚，系2018年同机构发行的《长沙五一广场东汉简牍（壹）（贰）》的后续。长沙简牍博物馆、中国文化遗产研究院、北京大学历史学系、故宫研究院古文献研究所编著《长沙走马楼三国吴简竹简（玖）》（文物出版社，2019年12月），收录长沙走马楼22号井窖出土三国吴竹简7810枚，以及简牍平面分布图、立面示意图、揭剥示意图，系继第肆至第捌卷以来的发掘简，整体相对完整。出土铭刻资料方面，最重要者为中国社会科学院考古研究所编著《汉长安城未央宫骨签（全90册）》（中华书局），系对汉代长安城未央宫第三号建筑遗址出土的64305枚骨签全面系统的整理与研究。全书包括"考古编"（全8册）、"释文编·上"（全36册）、"释文编·下"（全36册）、"文字编"（全10册）四个部分。考古文物资料方面，有广州市文物考古研究院《广州出土汉代珠饰研究》（科学出版社），从广州地区1953年至2016年发掘的1500多座两汉墓葬中，筛选出土珠饰的242座墓葬，收集的珠饰数量多达21303颗，囊括珠饰出土信息、材质鉴定、工艺特征，再到珠饰的类型学研究等诸多内容，并附上大量高清彩图。出土史料集成性整理方面，有中国社会科学院考古研究所、西安市文物保护考古研究院编《栎阳考古发现与研究》（科学出版社），搜罗"考古资料"和"栎阳研究"两方面的论文共83篇，前者将历年形成且散见于各种期刊的栎阳考古资料，进行全面收集；后者将历年来大量学者完成的与栎阳直接相关的代表性的研究论文加以收集，最晚收至2020年。刘瑞编著《秦封泥集存》（中国社会科学出版社）集存2019年9月前刊布的时代为秦的封泥图像及相关信息。赵平安、李婧、石小力编纂《秦汉印章封泥文字编》（中西书局），对秦汉时代印章和封泥字形作了全面整理，收录字头近4000个，文字释读充分吸收了学界成果。刘钊主编，郑健飞、李霜洁、程少轩等编《马王堆汉墓简帛文字全编》（中华书局），则是利用《长沙马王堆汉墓简帛集成》的图版资料库全面调查马王堆简帛语词使用情况的穷尽性研究。传世文献的新整理，有赵光勇、袁仲一、吕培成、徐卫民主编《史记研究集成·十二本纪》（西北大学出版社），为《史记研究集成》的阶段性成果，以"汇校""汇注""汇评"为主体，配以"编者按""解题""研究综述"等部分，收纳中国历代《史记》研究、考古资料、海外汉学研究及现当代《史记》研究资料。

二、新史料的局部披露与相关问题的初步研究

海昏侯墓出土简的新资料公布，主要集中在《文物》第6期。管理等《江西南昌西汉海昏侯刘贺墓出土竹简室内清理保护》，就2015年江西省南昌西汉海昏侯刘贺墓发掘出土竹简的出土状况、受损情况及室内发掘清理、保护工作进行了介绍。朱凤瀚《西汉海昏侯刘贺墓出土竹简〈诗〉初探》，据该批简初次清整时拍摄的红外照片，对海昏侯墓出土简牍中1200余枚涉及《诗》的残损竹简进行初步探讨。田天《西汉海昏侯刘贺墓出土"礼仪简"述略》介绍了海昏侯墓出土简牍中残损较严重的十余枚记录礼仪行事的竹简。陈侃理《西汉海昏侯刘贺墓出土〈论语〉"曾晳言志"简初释》指出海昏侯墓出土的竹简本《论语》系西汉中期抄本，近于《汉书·艺文志》所谓的齐《论语》系统，引起学界高度关注。文

中对保存不佳的残简进行尽可能的释读，并指出与今本《论语》的大致异同。杨博《西汉海昏侯刘贺墓出土"房中"简初识》，就海昏竹书医书中保存相对完好的"房中"简作了较系统的探讨。刘晟宇、张烨、亮黄希《江西南昌西汉海昏侯刘贺墓出土部分金器的初步研究》从 2014 年起逐步清理获得的墓中大量金器中选出 280 件（含金饼、马蹄金、麟趾金及金板），分析了其规格、成分、制作工艺、保存状况等信息。此外，还有就海昏县历史地理和墓中出土器物所见图像进行考论者，如温乐平《西汉海昏县名称由来与地理范围考证》（《中国史研究》第 4 期）、庞政《从海昏侯墓衣镜看西王母、东王公图像的出现及相关问题》（《江汉考古》第 5 期）。

胡家草场墓地 M12 出土简的考古信息与新资料公布，主要见于《考古》第 2 期。荆州博物馆《湖北荆州市胡家草场墓地 M12 发掘简报》对胡家草场墓地的长方形土坑竖穴木椁墓 M12 出土的陶器、铜器、铁器、漆木器、竹器、石器等遗物进行系统介绍，指出其中漆木器的各类型和 2 件竹笥内大量简牍的内容，并根据出土器物和简牍内容推断 M12 年代在西汉文帝时期。李志芳、蒋鲁敬《湖北荆州市胡家草场西汉墓 M12 出土简牍概述》简要介绍了胡家草场墓地西汉墓 M12 出土的 4642 枚简牍的内容及整理状况，并分类、择要地披露了部分简牍的内容。关于胡家草场汉简与其他出土文献的对勘、考证也已展开，集中发表在《文物》第 8 期，如李天虹、华楠、李志芳《胡家草场汉简〈诘咎〉篇与睡虎地秦简〈日书·诘〉对读》，何有祖、刘盼、蒋鲁敬《张家山汉简〈二年律令·赐律〉简序新探——以胡家草场汉简为线索》，纪婷婷、李志芳《胡家草场汉简 1039 号简所记辟兵术考》。《出土文献研究》第 18 辑（中西书局，2019 年 12 月）刊载了蒋鲁敬、李志芳《荆州胡家草场西汉墓 M12 出土的简牍》；《江汉考古》则刊载了李天虹、蒋鲁敬《胡家草场汉简与尹湾汉简数术文献中的"刑德行时"》（第 1 期），纪婷婷、李志芳《胡家草场汉简医方杂识两则》（第 1 期），以及何有祖、李志芳《张家山汉简〈二年律令〉新编（二则）》（第 3 期）。

走马楼 8 号古井窖出土西汉简的公布与研究主要集中于《出土文献研究》第 18 辑，有李均明、宋少华《长沙走马楼西汉简狱政资料的整理与考证》，王勇《对走马楼西汉简"非纵火时擅纵火"的考察》，披露并考释了一批重要的法律史料。

五一广场东汉简的公布与研究主要集中于《出土文献》第 4 辑，有黄朴华、罗小华《长沙五一广场东汉简牍中的"象人"》，李均明《五一广场东汉简牍所见"例亭"等解析》，杨小亮《关于"王皮木牍"的再讨论》，周海锋《五一简"逐捕不知何人所盗罗捽矛者未能得解书"浅析》。诸如"象人""例亭"等资料，皆包含了前所未见的新信息。

三、政治进程、皇帝—官僚制度、统治机构等方面的研究

近二十年来，围绕政治活动、统治秩序的探讨一直是主流话题。就秦汉史而言，多集中在秦汉王朝秩序的建立及延续方面，即所谓帝国、官僚体制及中央集权制的形成与发展，秦及西汉时期是焦点。在本年度论文中，一些学者对秦王朝的政治演进史作出了新诠释，还有学者利用秦简丰富了秦朝统治结构、处理抵抗者手段的认知，取得扎实推进。关于西汉中期以后的政治、官僚制度史研究，主要依靠传世文献的再解读，近年频繁的国际交流助力开阔

视野，也有不少创获。秦王朝统治秩序的建立方面，孙闻博《商鞅"农战"政策推行与帝国兴衰——以"君—官—民"政治结构变动为中心》（《中国史研究》第 1 期）指出，商鞅推行"农战"政策是秦国家体制"战国模式"构建的重要组成，但"农战"政策推行并非直线向前，而是与秦政相互作用，呈现一定幅度的波动。孙闻博《秦君名号变更与"皇帝"的出现——以战国至秦统一政治秩序的演进为中心》（《"中研院"历史语言研究所集刊》第 91 本 3 分）则梳理战国以降秦君的政治名号先后经历了称公、伯、王、帝，直至"皇帝"尊号的出现，并透过名号变化勘察其变更与战国至秦统一政治秩序演进的关系密切。史党社《秦"徙治栎阳"及年代新辨》（《中国史研究》第 1 期）认为学界普遍以栎阳为战国秦都的认识有商榷余地，从县制的源流着眼，栎阳应属秦之别都或行宫那种政治中心，本质是县即国君的直属地，当时的首都仍是雍，并对栎阳作为献、孝二公时政治中心的起始时间进行考辨。邹水杰《秦代属邦与民族地区的郡县化》（《历史研究》第 2 期）梳理属邦这一针对境内少数民族设置的管理机构在秦统一前后的性质和管辖的变化，并讨论属邦辖下民族首领的称谓、统治权及其在统一前后之差异，特别是始皇 33 年后郡县一元化对蛮夷政策的影响。杨振红《秦"从人"简与战国秦汉时期的"合从"》（《文史哲》第 3 期）讨论新里耶秦简和岳麓秦简中关于"从人"记录的意义，并借以观察秦始皇对"从人"态度的变化。熊永《封建郡县之争与秦始皇嗣君选择》（《历史研究》第 1 期）认为秦王朝嗣君问题的背后隐伏着封建郡县之争。秦王政即位后，废封区行郡县，统一后又以"公赋税重赏赐"的方式安置诸子功臣，引起高级军功集团不满，制造了一系列反郡县事件，造成始皇帝对嗣君选择的犹豫不定。西汉中期以来"皇帝—官僚"制度和外戚政治是一个重点。刘晓满《汉代的皇帝责问》（《历史研究》第 1 期）讨论了传世文献中汉代皇帝以各种缘由"责问"臣下的记载，认为这些责问主要针对担负重要行政职责的高官和一些重大事项。孙正军《汉武帝朝的秩级整理运动——以比秩、中二千石、真二千石秩级的形成为中心》（《文史哲》第 5 期）认为比秩、中二千石、真二千石皆形成于汉武帝朝前期，三种特殊秩级集中出现，显示出武帝前期曾发起一场秩级整理运动，以期建立等级分明、类别明晰的秩级序列。张辞修《论西汉哀帝朝政治——以外戚问题为中心》（《中华文史论丛》第 3 期）讨论了西汉后期儒生、文法吏和外戚在制度改革和政治斗争中的意义及交互作用。徐冲《从"司马主天"到"太尉掌兵事"：东汉太尉渊源考》（《中国史研究》第 2 期）通过复原《续汉书·百官志》"太尉"条的脱文，指出东汉三公制呈现太尉掌兵事、司徒掌人民事、司空掌水土事的三分结构，并梳理了"太尉掌兵事"的历史渊源。在都城观念与制度方面，刘全志《论先秦两汉时期"都城"及其相关名称的衍生和定型》（《西北大学学报》第 6 期）讨论先秦时期"都"的本意及层级划分，并认为从春秋到战国字义发生了从"宗庙先君之主"到"人所都会"的变化，并阐述西汉时期"都"的层级观念。刘全志《论秦汉都城空间的演进与京都赋的形成》（《北京师范大学学报》第 6 期）认为东汉《京都赋》的形成，本质上是秦汉都城空间演进的结果。

四、律令制度、基层行政与执法、礼俗与法律关系等方面的研究

法制史领域包含了立法、信息沟通、执行等诸多环节，总体上，借助近年新公布的大量

简牍资料，获得了较此前更为深刻、细腻的认识。尤其在基层政务的执行和法规具体实践层面，学者不再停留律令文本的解读和操作流程的勾勒，而是注意到政务运行中不成文惯例、人的情理因素等，构筑更立体鲜活的制度运行实态。此外，新出简牍样本的积累，也为文书行政层面的深度勾稽提供了空间。在顶层制度设计与律令适用情况方面，陈松长《新见秦代吏治律令探论——基于〈岳麓书院藏秦简〉（陆）的秦令考察》（《政法论坛》第1期）梳理了新见秦令中涉及吏治的条文，内容涉及秦代惩治狱吏贪腐、限制吏员陪同人数、禁止吏员与民争利等多个方面。高震寰《试论秦汉的"遝（逮）""逮捕"制度》（《"中研院"历史语言研究所集刊》第91本3分）指出"遝"是描述官吏治狱时，以某种方式使案情关系人到案，作为治狱参考的程序。根据所"遝"对象涉案深浅与情节轻重不同，会采取不同的手段。因之"逮捕"是"遝"的一种办法，却不完全等同于"遝"。张传玺《秦及汉初逃亡犯罪的刑罚适用和处理程序》（《法学研究》第3期）认为秦、汉初逃亡大体可分为一般逃亡和犯罪后逃亡，在刑罚适用上前者的刑罚因逃亡者身份不同而各异，后者的刑罚是以本罪刑罚为基础，叠加亡罪刑罚后加以确定，在处理程序上也存在是否导致审判和追缉的区别。王子今《论秦始皇出行逢"盗"及秦代"盗"的法律身份》（《西北大学学报》第1期）对比文献中"盗"指称政治颠覆者，和秦律中指侵害他人财产者，认为以"盗"指称反秦政治运动，与秦王朝执政者的盲目自信及舆论控制有关。徐世虹《肩水金关汉简〈功令〉令文疏证》（《出土文献研究》第18辑）借助《功令》以复原汉代自占功劳制度，并推测其适用情况。徐畅《长沙吴简所见"科"与"辛丑科"考论——对孙吴及三国时代"科"性质的再检讨》（《中国史研究》第3期）对吴简中所见"科"的形态、性质进行分析，指出其以孙权制诏为法源，承担刑罚教化功能，并重点考察了作为许迪割米案量刑依据的"辛丑科"的命名、颁行时间和意义。在基层政务与执法实态方面，石洋《秦简日书所见占盗、占亡之异同》（《文史》第3期）指出秦简日书中占盗、占亡文辞呈现明显差异，前者对盗贼信息推究详细，而后者则十分简单，两种占辞的刻意区分与秦律令中"盗""亡"概念之别、王朝对捕盗和捕亡强调程度的差异，以及官吏执法时辖境观念有关。琴载元《里耶秦简所见秦代县吏的调动》（《西北大学学报》第1期）借助对里耶秦简纪年文书的梳理和人名分类，窥察"守""守丞"职称的正确含义以及县吏调动的取向，认为迁陵县中频繁出现代理职称是一种常态，代理职务是县吏从无秩转向有秩、少吏转向长吏的重要环节。姚立伟《从诸官到列曹：秦汉县政承担者的转变及其动因考论》（《史学月刊》第1期）阐述了战国至西汉县的直接管理者由内史过渡到郡所造成的县内政务运行体制的调整。凌文超《黄盖治县：从吴简看〈吴书〉中的县政》（《"中研院"历史语言研究所集刊》第91本3分）借助吴简资料，考述黄盖出任石城县守长期间的行事，并以此为切口呈现当时日常县政口头指示与文书教令并行的情形和黄盖治县的个人特色，探讨了黄盖治理石城对孙吴统治的意义。在文书行政方面，马增荣《秦代简牍文书学的个案研究——里耶秦简9—2283、［16—5］和［16—6］三牍的物质形态、文书构成和传递方式》（《"中研院"历史语言研究所集刊》第91本3分）借助反印文和编绳痕迹复原9—2283、［16—5］和［16—6］的存放形态，推论三牍在编联后曾以"折页"方式收纳。苏俊林《秦简牍中"牒"字的使用及含义》（《简帛》第20辑）对秦简牍中"牒"字意义的诸说进行评析，并结合具体例证，认为"牒"材质为"二尺牒"，少量场合表示简牍数量，文书中的"牒"字，表示附在呈文上的若干正文文书。徐畅《草刺、行书刺与三国孙吴县级公文运转机制——从长沙吴简闰月草刺册的集成切入》

(《文史》第4期），通过《竹简》〔陆〕新刊闰月言府草刺册的标题简，找到"草刺"与"行书刺"所对应的文书及性质，并揭示其在孙吴基层文书中的核心地位，以揭剥图、时间信息为切入点，集成闰月草刺册，借以透析临湘侯国（县廷）及与更高级官署的上、下行文书的制作及运转，发现诸曹是基层公文的主要制作和承载者，而门下是公文运转的枢纽。

五、身份秩序、宗族与家庭、社会风习等方面的研究

身份制度、居住形态联结着统治者阶层划分意志与民众的实际阶层、居处区分，映射出民众的社会地位以及生存空间，很早即为学界关注的焦点议题。近年，随着对新出简牍的精细解读，相关问题的认识出现深化契机。此外，社会史视角展开的探讨也颇有成绩。在身份来源、秩序与家庭方面，张荣强《从户下奴婢到在籍贱民身分转变的考察》（《历史研究》第4期）认为户下奴婢的来源与身份状态的发展可分为两阶段：在战国至汉初，因其主要源自被罚没的罪犯，故被视为特定财产，附着于主籍，不计入家口和官府户口数；西汉中期以后，主要来源变为破产农民，故以"人"的身分著入户籍，与平民并列纳入官府户口统计。良贱身分制因之形成。孙玉荣《秦及汉初简牍中的"寡"——以爵位、户籍、经济生活为中心》（《中国经济史研究》第2期）梳理了秦及汉初简牍对"寡"在爵位、户籍、经济生活等方面的规定，并推测其产生背景。孙玉荣《秦及汉初简牍中的"外妻"》（《史学月刊》第3期）阐述"外妻"的身分情况及权益。在居住形态方面，马增荣《读山东青岛土山屯147号墓出土木牍札记——考古脉络、"堂邑户口薄（簿）""邑居"和"群居"》（《简帛》第21辑）利用新公布的考古学信息，以木牍中"邑居"和"群居"为线索，对汉代民众的聚居形态进行分类探究。在社会风习方面，王子今《行走的秦汉少年——教育史视角的考察》（《中山大学学报》第1期）讨论了秦汉时期通过行走实践开创了新的丰富见识的学习路径，使知识面大为增益。沈刚《虚实相间：东汉碑刻中的祖先书写》（《中国史研究》第2期）指出东汉碑刻文献对先秦远祖和服属之内父祖的书写存在差异，分析了碑主身份与祖先描写的关系，并推测关于祖先的知识来源主要为儒家经典、谶纬、私谱与史籍等。

六、财政制度、土地问题与农业、货币经济、官—民经济互动等方面的研究

相比于政治史和官僚制度、法律制度史研究，近年财政与社会经济领域相对冷寂。然而，若纵向比较殷周及魏晋南北朝史研究，秦汉却是隋唐以前社会经济领域讨论相对活跃的断代。因秦汉史料的固有特点，提供了颇为珍贵的观察国家如何规制经济秩序、民众如何生产生活的条件。特别是近年出土的简牍和各类考古资料，更拓宽了深掘的可能性。在本年度发表论文中，财政方面偏重国家调配制度，一定程度弥补了先前关注的不足；传统的土地、货币议题论述较少，最突出的进展是农作物、食物变迁方面的探讨。在秦及汉初财政调度与会计方面，董飞《秦"输作"相关问题研究——以岳麓书院藏秦简为中心》（《西北大学学报》第5期）认为"输作"是秦王朝通常配合"完城旦春"等刑罚所使用的一种处罚方式，惩罚表现为远距离调动和"苦作"无赦，主要针对有可能威胁统治秩序的人。曹天江《秦

迁陵县的物资出入与计校——以三辨券为线索》(《简帛》第20辑，上海古籍出版社) 利用券书探讨了秦代基层官府上计文书的制作过程，认为里耶秦简中的出入券原本皆三辨券，中辨券"辄上"县廷，右券留在诸官，每到年底，县廷令史持中辨券校对诸官统计文书，最后制作出各曹"计录"。郭丛《汉初"献费"新探》(《史学月刊》第3期) 讨论了献费的征纳范围、献纳者及它与"口赋钱""算赋"等的关系，并说明了献费的征收、管理及使用。在秦代土地问题、古代农作物种植的长时段变迁方面，晋文《龙岗秦简中的"行田""假田"等问题》(《文史》第2期) 讨论了"行田""假田"的意义及关联，认为"假田"是禁苑土地短期租给民户耕种、不改变所有权的租赁行为，性质属于国有土地。"假田"的田租是一年一定的约定租制，给禁苑官吏的舞弊提供了机会。田成方、周立刚《古代中国北方粮食种植的历史变迁——基于人骨稳定同位素分析的视角》(《郑州大学学报》第5期) 根据稳定同位素数据，认为小麦在中国北方的扩散呈现明显的区域性和阶层性特征，中原地区主粮的改变最早发生于东周时期，城市居民中经济条件最差的人群可能由于食物供应压力开始大量食用小麦，但是直到汉代，小麦仍未能取代传统的主粮粟。赵昊《汉代黄河下游粟麦轮作的植物考古学分析——以河南内黄三杨庄遗址为例》(《郑州大学学报》第5期) 借助微植物考古研究，指出三杨庄遗址地区农户普遍存在粟、麦并重的二元粮食消费习惯，该习惯应来自两类作物在种植业中基本对等的地位。在汉代铸币方面，姜宝莲《汉代"白金三品"货币及其相关问题》(《考古》第10期) 借助考古资料对汉武帝时所铸"白金三品"的遗物形制、纹饰、戳记、铭文、符号、重量、尺寸等进行了探察。徐龙国《汉长安城地区铸钱遗址与上林铸钱三官》(《考古》第10期) 对汉长安城地区四处西汉铸钱遗址及其所出钱范资料进行分析，并推测了其对应的汉代铸钱机构。在官民借贷关系方面，石洋《里耶秦方"叚如故更假人"新解》(《出土文献研究》第18辑，中西书局) 指出秦统一前"叚"兼具借予、求借二义，统一后则要求"叚"专表"借予"，"假"专表"求借"，此区分应有在频繁的官—民假借中直观呈现标的物为官属的目的。

七、礼仪习俗与信仰观念方面的研究

近年，礼制、信仰领域颇受学者关注。借助墓葬出土物、画像石的细读而开展的研究创获甚多，下述诸篇即是具有代表性的作品。关于简牍中的时间应用，也有颇具心得的探讨。在月令与礼制方面，张小稳《月令源流考》(《中国史研究》第4期) 阐述了春秋至汉代月令编撰的情况，并推测今见几个重要版本月令的来源。在丧礼与墓葬方面，田天《马王堆汉墓的遣策与丧葬礼》(《文史》第1期) 通过考察马王堆M1、M3两座汉墓的遣策与随葬品，致力复原马王堆两墓遣策书写、编连与使用的过程，重建遣策与丧葬流程的动态关系，认为马王堆汉墓遣策是对随葬品的设计，遣策的书写、使用，与随葬品的筹备与入圹相交错，贯穿丧葬礼始终。刘尊志《汉代墓葬的双重空间与三维世界》(《南开学报》第1期) 认为汉代墓葬以封土表层为界形成了内、外两重空间，同时也促使地下空间、墓外设施、现实世界的三维世界确立；墓祭设施在墓外设施中的核心地位得到加强。康路华 (Luke Waring)《马王堆汉墓M2出土单简所见早期中国的文本与仪式》(《通报》106) ("What the

Single Bamboo Slip Found in Mawangdui Tomb M2 Tells Us About Text and Ritual in Early China")（T'oung Pao 106）通过对马王堆 M2 墓穴通道出土的一枚单简的解读，来观察西汉早期文本、仪式及丧葬实践的信息。指出该简原为一份多枚竹简组成的墓葬清单，后被单独取出，并仪式性地放在墓葬通道内，以此来达到保护墓穴、趋避盗墓者及鬼神的目的。在画像与观念方面，王煜《汉代大象与骆驼画像研究》（《考古》第 3 期）指出汉代大象和骆驼的图像常组合在一起，乘骑者和驯象人往往也是西域胡人，表明当时一般观念中多是将它们一起作为西域之神兽来看待，这一意识与升仙信仰——特别是与昆仑、西王母信仰有关。王煜《昆仑、天门、西王母与天帝——试论汉代的"西方信仰"》（《文史哲》第 4 期）讨论了汉代形成的关于西方神仙信仰的体系，其主体为昆仑、天门和西王母相结合，核心为升天成仙。随着西域的开辟，西域的许多文化因素附会到这一"西方信仰"中，但未改变本土升天成仙的信仰。在时间的应用方面，曲晓霜《简牍日书所见秦汉时期分段记时的应用》（《简帛研究》2020 春夏卷，广西师范大学出版社）认为秦汉时期分段记时具有复杂的记录体系，但根据简牍日书的考察，其在现实应用中仍追求简便，即将一日划分为五个时段，包括三个标志性时段与两个过渡性时段，并存在时段减省、时段过长、时段长短不均、时差等问题。

八、历史地理方面的研究

张家山《二年律令》、里耶秦简和岳麓秦简相继披露后，利用封泥、简牍等进行的政区、交通地理探讨一直是秦汉历史地理研究的重点，本年度亦有数篇论文围绕该话题展开。此外，一些论文也提示了新的观察角度。如对封疆边界的长时段观察，以及对方言和区域人口分布关系的探讨等。在边界概念的呈现方面，鲁西奇《封、疆、界：中国古代早期对于域界的表示》（《史学集刊》第 1 期）讨论了先秦至汉代"封""疆""界"的所指及其相互区别。在政区地理方面，马孟龙《秦汉上郡肤施县、高望县地望考辨》（《文史》第 2 期）根据新出资料考订了西汉上郡、西河郡辖域和肤施县、高望县的地望，有助于阐明秦直道的走向问题。欧扬《岳麓秦简秦郡史料补议》（《中国历史地理论丛》第 2 期）主要利用岳麓秦简对秦定陶、陇西、泰山三郡的官吏职守、建制情况及三郡对汉王朝边界设置的意义进行了考察。在军事地理方面，宋杰《三国战争中的夷陵》（《史学集刊》第 6 期）阐释夷陵作为军事交战重镇的原因，并梳理了刘、曹、孙各政权围绕夷陵展开的布防和争夺。在区域及人口分布方面，朱津《试论〈方言〉和汉墓的分区特征与联系》（《南开学报》第 1 期）比对《方言》的 12 个语言分区和《中国考古学·秦汉卷》的 14 个墓葬分区，认为二者在格局上有较大的相似性，也存在一定差异，这与二者所包含的文化要素之不同有关，而结合《汉书·地理志》的记载梳理汉墓区分，可知汉代语言和汉墓具有相似的发展轨迹。

九、对新旧史料的新观察

秦汉断代研究中，史料考察始终占据着重要地位。一方面，通过传世文本细读的方式发覆其体例，进而探究编撰者的知识构成和制作意图；或借助各类出土资料，去伪存真，反省既有认知的缺陷，还原传世文献的形成过程。另一方面，则针对出土文献本身，探究文本制作时间、文句含义，编连复原简册。在本年度论文中，在这两方面皆有突出成绩。此外，邢义田先生通过新技术手段对内蒙古境内汉外长城遗址的观察和思考，也值得关注。在对体例的探究方面，程苏东《〈汉书·五行志〉体例覆核》（《中国史研究》第4期）认为《汉书·五行志》旨在纂合董仲舒、京房、刘向、刘歆诸人的灾异学著作，建立起一个新的儒学灾异论体系，尤倚重向、歆父子所纂的两部《洪范五行传论》，分别依据其五行学理论和灾异事例分类进行编纂。在文本形成方面，有斋藤贤《苏秦列传的成立》（《苏秦列传の成立》）（《东洋史研究》第78卷第4号）。另外，郭永秉《〈柏梁台诗〉的文本性质、撰作时代及其文学史意义再探》（《文史》第4期）指出传统上被认为是一种"联句"文本的《柏梁台诗》其实原本并非联句，而是一首完整的、内部分成三个自然意群的七言诗。结合新出的汉代俗文学资料加以分析，可知它很可能是西汉中期的闾里塾师编纂的具有蒙学教育作用的俗文学作品。约在东晋以后，《柏梁台诗》被人为拆解成联句，制造出南北朝文人知识系统中汉武帝与群臣柏梁台联句的典故。并论及了《柏梁台诗》在七言诗发展史上的重要地位和独特价值。在史料的年代判定方面，翁明鹏《从〈禹九策〉的用字特征说到北大秦简牍诸篇的抄写年代》（《文史》第1期）通过全面考察北大简与其他秦简牍的字词关系，判断这批简从抄写时间上可分为统一前和统一后两部分，其中内容最重要、数量最多（318枚）且绝大多数都是正反面书写的竹简卷四是在统一前抄写的。在史料辨伪方面，李锐《〈赵正书〉研究》（《史学集刊》第5期）通过解析《赵正书》所述胡亥"燔其律令及故世之藏"及湖南益阳兔子山二世元年文告，考察胡亥与扶苏在统治术上的倾向性，认为《赵正书》有可信性。在出土文献集释方面，中国政法大学中国法制史基础史料研读会《睡虎地秦简法律文书集释（八）：〈法律答问〉61~110简》《睡虎地秦简法律文书集释（九）：〈法律答问〉111~135简》（《中国古代法律文献研究》第13、14辑，社会科学文献出版社），由徐世虹教授领衔，集合了研读会的集体智慧，对睡虎地法律文献相关部分进行了彻底精读，发明甚多。在简册簿籍复原与研究方面，王伟《〈奏谳书〉卷册复原探微》（《"中研院"历史语言研究所集刊》第91本4分）利用简文和出土信息，对《奏谳书》出土信息中存在的规律加以总结，对部分简号、简序、段序和篇序提出调整方案；并解构案例18的文书结构，厘清其"奏（奏当）"文件"鞫"的成分内容。连先用《吴简所见"小武陵乡吏民簿Ⅱ"再研究——以〈竹简（柒）〉为中心》（《出土文献研究》第18辑，中西书局）、崔启龙《走马楼吴简所见"黄簿民"与"新占民"再探——以嘉禾五年春平里相关籍簿的整理为中心》（《出土文献研究》第18辑，中西书局），都是吴简复原研究的新探索。在遗址考古调查方面，邢义田《有待发掘的汉武帝"外长城"——边塞汉简研究的未来》《"遥观"内蒙古汉外长城南线障塞遗址》《"遥观"内蒙古汉外长城北线障塞遗址》（《古今论衡》第34期）借助谷歌地球探察横亘中国、蒙古国之间的两道外长城遗址，考证内蒙古区域内部分的走向和烽燧位置，通过形制分析判断其为西汉所初筑，借以思索汉武帝时期"外长城"的战略意义，以及这些遗址出土汉简的可能性。

十、著作与论文集

专著多系作者常年耕耘的集结,故此处与上节当年发表的论文区分开,独立介绍。诸书探讨的对象,大体包含出土史料、考古遗址、专题综合论集、政治与制度文化、经济与日常生活、思想与信仰等几个门类。其中,一些是名家累年撰述的成果汇集,也有青年学者的力作;两种收录多位青年学者近作的论文合集,一定程度地反映了前沿的思考动向。在出土史料考订方面,董珊《秦汉铭刻丛考》(上海古籍出版社)是作者研究秦汉铭刻的论文结集,共收15篇,多系考证近年新发现的铭刻资料,也有少数篇章讨论石鼓文年代、汉画像石榜题所见方音等问题。邬可晶《战国秦汉文字与文献论稿》(上海古籍出版社)系作者近年最新研究成果的集结,内容偏重于战国秦汉出土文字资料,有10余篇文章分别涉及马王堆帛书和银雀山、孔家坡、阜阳、北大汉简的问题。在多角度考察断代史方面,王子今主编,姜守诚、曾磊、孙闻博副主编的《秦史与秦文化论集》(中国社会科学出版社)集结近年青年学者研究秦史的28篇论文,分政治与经济、中央与地方、信仰与民俗、传世文献与出土简牍4个专题,从不同角度展开讨论,澄清了一些学术疑难,提出不少富有建设性的新见。伊藤敏雄、关尾史郎编《后汉·魏晋简牍的世界》(《后汉·魏晋简牍の世界》)(东京:汲古书院)集结了讨论东汉至魏晋出土简牍的前沿论文,分别出自日、中、韩三国学者之手,青年居多,共收录11篇,其中以走马楼吴简为核心,也涉及五一广场东汉简、楼兰晋简、临泽晋简等。在遗址考古方面,魏坚《大漠朔风:魏坚北方考古文选·历史卷》(科学出版社)是作者从事阴山南北和内蒙古高原历史时期考古学研究的论文自选集,以年代为序,其中有7篇论文涉及战国秦汉时期遗址,对内蒙古长城地带春秋—战国北狄墓葬、战国秦汉军事塞防、居延汉塞与额济纳汉简等进行了细致探讨。在政治进程和制度文化方面,梁云《西陲有声:〈史记·秦本纪〉的考古学解读》(生活·读书·新知三联书店)致力于从考古学文化角度合理复原秦的早期发展,另外也探讨了秦人早期历史的聚讼。曾磊《门阙、轴线与道路:秦汉政治理想的空间表达》(广西师范大学出版社),探讨了秦汉王朝国家如何通过人为规划、设计,贯彻自身的观念和意图,从而将自然地理空间成功地塑造为政治空间、文化空间。宋杰《汉代宫廷居住研究》(科学出版社)从宫室建置的角度考察了两汉皇帝、太后、皇后嫔妃与太子的居处情况、侍奉机构及其时代特征,它们彼此之间的联系,以及发展演变的历程。薛小林《争霸西州:匈奴、西羌与两汉的兴衰》(社会科学文献出版社)探讨了中央政府对西州战略的制订、执行和最终效果,藉以窥察帝国政治、社会、经济、军事的特质。在财政、物质文明、民众生活方面,凌文超《秦汉魏晋丁中制衍生史论》(河南人民出版社)借助秦汉三国简牍中有关赋役、爵制、户口的记录,考稽了西晋创设的丁中制在先秦至三国的漫长衍生过程。周立刚《举箸观史:东周到汉代中原先民食谱研究》(科学出版社)以人骨和动物骨骼的稳定碳氮同位素数据为基础,结合历史和考古背景材料,对东周到汉代中原地区先民的食谱特征开展对比研究。官德祥《中古社会经济生活史稿》(台北:万卷楼)收录17篇论文,涉及两汉蝗灾,汉晋西南竹林业、渔业、王褒《僮约》与庄园,永昌郡设立,汉代西南地区的内外商贸等诸多问题。索德浩《四川汉代陶俑与汉代社会》（文物出版社）梳理四川汉代陶俑时代、空间分布，渊源及流向，并讨论陶俑演变背景，陶俑所表现的职业、阶层、服饰，陶俑在墓中分布规律、功能，以及陶俑的生产与销售等问题，并对俳优俑、成汉俑等作了专题讨论。陈昊《疾之成殇：秦宋之间的疾病名义与历史叙事中的存在》（上海古籍出版社）一书的研究从时段上跨越整个中古，从内容上交叉涉及疾病史、医疗史、身体史与政治史，三个部分中第一部分和第二部分分别讨论秦汉到中古的身体书写、汉唐之间墓葬文书，共有5章涉及秦汉至三国时代的疾病问题。房占红《秦汉家庭问题研究》（厦门大学出版社）探讨秦汉时期家庭关系中夫妻关系、亲子关系、收养和过继问题，以及母亲在家庭事务中的权力和责任、兄弟之间的义务等。陈冬仿《汉代农民生活研究》（人民出版社）分类探讨了汉代农民的经济、政治、文化、社会生活及生态生活，以"农民"为研究主体，剖析汉代农民生活对现代三农问题的价值。在精英阶层、学术思想、宗教信仰、美术图像方面，胡宝国《将无同——中古史研究论文集》（中华书局）收录作者具有代表性的文章共30篇，有4篇专题论文涉及汉代史，是研究学术学风、士人阶层、地域文化方面的经典篇目。陈君《润色鸿业：〈汉书〉文本的形成与早期传播》（北京大学出版社）考察《汉书》文本的形成与早期传播，探求文本背后知识与权力复杂而微妙的关系，认为《史记》与《汉书》的写作范式有根本不同，《史记》以《春秋》自比，洋溢着个人情怀与批判精神，而《汉书》则是以"文章"颂扬汉室之"成功"，对皇权积极配合。汉代以后，以《史记》《汉书》为代表的"正史"开始取代"正经"，成为帝制时代王朝制作的典范。朱浒《东汉佛教入华的图像学研究》（科学出版社）借助沂南汉墓等考古学资料、"小浮屠里"等简牍材料，以及画像砖石、壁画、帛画、铜镜等美术材料，对汉代佛教在中国传播问题进行综合研究。李虹《死与重生：汉代的墓葬及其信仰》（四川人民出版社）从死亡观念中的生命意识、解除术给身体以清洁、作为生居与死所中介的墓葬和死后生命的变形四个方面对墓葬背后的汉代信仰要素进行解释和论述。巫鸿《陈规再造：巫鸿美术史文集卷三》《无形之神：巫鸿美术史文集卷四》（上海人民出版社）共收录8篇以汉代美术为主题的美术史论考，涉及道教美术、天界图像、儿童图像、汉画像石读法、墓葬玉衣、建筑与城市等议题。在史料点校辑佚方面，有周天游《八家后汉书辑注》（上海古籍出版社）、《西京杂记校注》（中华书局），张觉《吴越春秋校证注疏（增订本）》（岳麓书社）。（宋）洪适《隶释·隶续》、（清）王昶《金石萃编》、（清）陆增祥《八琼室金石补正》、（清）翁方纲《两汉金石记》皆收入《金石文献丛刊》，由上海古籍出版社影印出版。

十一、境外研究译介

海外、境外研究论文的译介，主要集中于法制史领域，特别是近年利用新出简牍进行的涵盖官府政务运行、津关制度、赋役调度等在内的广义法制史研究，而著作译介集中于考古文物领域。

有多篇被译介的前沿论文集中刊发在《法制史译评》第7卷（中西书局，2019年11月），包括水间大辅《秦汉时期里之编制与里正、里典、父老——以岳麓书院藏秦简〈秦律令〉为线索》、李安敦（Anthony J. Barbieri-Low）《秦汉时期渎职与腐败的官员》、青木俊介

《汉代关所中马的通行规制及其实态——来自肩水金关汉简的分析》、石原辽平《汉代更卒轮番劳役在各县的不均与均一化》、黎明钊《长沙五一广场出土东汉简牍中的辞曹》、金秉骏著《东汉时期法律家的活动及其性质》。诸论文皆由前沿专家推荐选出，有一定代表意义。此外，还有《简牍学研究》第 9 辑（甘肃人民出版社）刊发的日本"秦代出土文字史料研究"班撰、张奇玮译《岳麓书院所藏简〈秦律令（壹）〉译注一（上）》，青木俊介撰、尚宇昌译《秦至汉初的都官与县官——以睡虎地秦简〈法律答问〉95 简的理解为中心》，任仲爀撰、李瑾华译《秦汉律所见"庶人"概念与存在形态——论陶安、吕利、椎名一雄的相关见解》。《中国古代法律文献研究》第 13 辑刊发了宫宅洁撰、陈鸣译《岳麓书院所藏〈亡律〉题解》。部分论文的初刊时间稍早一些，但皆为近年重要的专题研讨。

被译介过来的专著包括考古记、展览图录和中西比较研究三类。在考古探险方面，有沙畹著、袁俊生译《华北考古记》（中国画报出版社）；谢阁兰、奥古斯都·吉尔贝·德·瓦赞、让·拉尔蒂格著，秦臻、李海燕译《汉代墓葬艺术》（文物出版社）。图录说明方面，有孙志新主编，刘鸣、徐畅译《秦汉文明：历史、艺术与物质文化》（社会科学文献出版社）。在中西比较研究方面，有沃尔特·沙伊德尔编、杨砚等译《古代中国与罗马的国家权力》（生活·读书·新知三联书店）。

十二、学术史回顾与展望

综述性论文或评论不少。《中国中古史研究》第 7 卷《"何谓制度"专号》（中西书局，2019 年 12 月）收录土口史记《秦代"县廷"研究的回顾与展望》、马孟龙《张家山汉简〈秩律〉政区地理研究的回顾与展望》、凌文超《嘉禾吏民田家莂研究述评》、屈涛《汉代碑刻研究述评》、渡边信一郎《中国古代社会论的现状与课题》等几篇高质量回顾性论文，可资了解相关领域的前沿和有待深掘的问题。此外，《中国史研究动态》刊载刘文超、晋文《四十年来秦汉户赋研究述评》（第 1 期），叶凡《2019 年秦汉史研究述评》（第 5 期）；《秦汉研究》2020 年刊载吴小强《七十年来国内竹简〈日书〉研究回顾》；《简帛》第 20、21 辑刊载鲁家亮、陈双喜《2018 年中国大陆秦汉魏晋简牍研究概述》，卫梦姣《长沙出土三种东汉简牍文书研究综述》，何有祖、邱洋、张畅《2019 年中国大陆战国出土文献研究概述》等，有助于理解学术史发展脉络，或整体把握学科最新动态。

立足学术回顾与展望的专著，有［日］籾山明、［美］罗泰编《秦帝国的诞生：古代史研究的十字路口》（《秦帝国の诞生：古代史研究のクロスロード》）（东京：六一书房）。该书由日本及美国权威学者领衔，一线研究者分章撰著，立足日语与英语圈、文献史与考古学等各个研究脉络的交汇点，以展望秦国至始皇统一为止的历史。徐歆毅《制土域民：先秦两汉土地制度研究一百年》（广西师范大学出版社）以百年来先秦两汉土地制度史研究为线索，考察近代史学在中国的产生、嬗变，以及中国马克思主义史学的形成和确立的过程，并总结了近年简牍解读对土地制度史研究的突出贡献。简牍学综述方面，有李均明、刘国忠、刘光胜、邬文玲《当代中国简帛学研究（1949—2019）》（中国社会科学出版社）。

魏晋南北朝史研究综述

陈志远

魏晋南北朝史研究领域以往名家辈出，成果积淀深厚，同时也是当下中青年学者最为活跃的领域之一。魏晋南北朝史由于史料的局限和先行研究的发达，时时面临山穷水尽的境地，这也促成了学界对方法论创新的高度自觉。陈怀宇在《中国中古史研究：从中国走向世界》（《历史研究》第4期"中国史与世界史的融合"笔谈）一文中呼吁中国的中古史学者，尽量掌握多语种材料，突破传统的断代史和以陈寅恪的研究为代表的近代学术所给出的解释框架，尝试与拜占庭、阿拉伯及其他中古社会进行比较研究，从世界看中国。下文将会看到，这些理论反思已经在具体的研究中展现端倪，释放新的研究活力。2020年，魏晋南北朝史研究继续呈现繁荣景象。

一、政治

本年度政治史研究，热点话题是魏晋之际的政局，共有三部专著出版或再版。仇鹿鸣《魏晋之际的政治权力与家族网络（第三版）》（上海古籍出版社）在旧版基础上有所修订。福原启郎的名著《晋武帝司马炎》中译本（陆帅译，江苏人民出版社）出版。该书以司马炎为基点，上溯其祖、父两代，下延其子、孙两代，以河内司马氏五代人的事迹为主轴，生动描述了曹魏、西晋时代的政治变迁与社会风貌。前半部分以司马懿、司马师、司马昭、司马炎三代四人的活动为中心，叙述了汉末群雄割据、三国鼎立、司马氏代魏、西晋统一、司马攸出镇等主要政治事件及其意义。后半部分以发生于晋惠帝、怀帝、愍帝时代的贾后专政、八王之乱、永嘉之乱等事件为线索，叙述了西晋王朝逐渐崩溃的过程。最后，该书考察了西晋王朝统一、灭亡过程中的内在动因，揭示了西晋王朝的特征及其在中国古代史中的位置。全书的叙事线索受到京都学派"豪族共同体"学说的强烈影响，始终以公权、私权的对立和摇摆来阐释魏晋两朝的兴衰。其观点可商榷之处不少，但不失为个性鲜明的历史通俗读本。权家玉《魏晋政治与皇权传递》（社会科学文献出版社，2019年12月）也讨论魏晋两代中枢权力，认为魏明帝与晋武帝对顾命大臣的选择奠定了此后的政治格局，分别导致了司马氏代魏与八王之乱。围绕一些重要历史人物的评价，学界仍有新的反思。三国人物一如既往是学者津津乐道的话题。郭硕《制造曹操：兼论历史人物研究范式的问题与取向》（《云南大学学报》第1期）指出，百年来的曹操研究呈现两种趋势：一是以善恶是非的道德观念和历史进步观这两种标准对历史人物及其行为进行评价，二是将曹操纳入地域集团或者其他理论体系中进行解读,对其所处的时代加以分析。朱子彦《解构与重塑:司马懿历史形象再思考》(《史学集刊》第 3 期)提出,司马懿受儒学之风熏染,并具备强烈的个人魅力。从王朝嬗代的视角看,司马氏固然是曹魏事业的掘墓人,但从民众的呼声,时代的主旋律来看,又是曹魏事业的继承人。

还有一些论著聚焦于南朝政局。张金龙《宋武帝传》(人民出版社)采取了章回体的形式,对刘裕崛起过程中诸多人物的权力较量做了细描,花费较大篇幅检讨了刘裕北伐的得失。王永平《论"一代名臣"刘穆之》(《史林》第 2 期)充分肯定了刘穆之辅佐刘裕的历史贡献,认为在内政改革方面,刘穆之辅助刘裕推行抑制豪强权贵的诸多措施,特别是通过限制土地兼并,有效缓和了社会矛盾,为刘裕对外征讨提供了物质保障。此外,刘穆之还帮助刘裕,抑制高门士族和屡生异端的其他北府武将,确保了刘裕的政治地位。王蓉《从庶民到三公:刘宋名将沈庆之的崛起》(《南京晓庄学院学报》第 4 期)指出,沈庆之的崛起是社会因素和个人因素共同作用的结果,其中社会因素起基础性作用,包括门阀士族衰落、皇权重振、寒人兴起等;同时其个人因素起决定性作用,包括他卓越的军事才干、敏锐的政治眼光、忠勇有义的个人品行等。张金龙、张锐《南朝宋齐顾命危机述论》(《河北学刊》第 2 期)指出,南朝宋齐延续魏晋政治传统,以"顾命"来保障新旧君主的顺利交替。然而,宋齐顾命经常出现危机,其原因既在于顾命制度本身的结构性矛盾,也在于南朝皇权复兴的有限性和王朝权力结构的不稳定。路径依赖与政治格局的限制造成宋齐诸帝无法突破顾命制度的框架。

二、制度

制度史是魏晋南北朝史研究的传统强项。本年度制度史的研究,最值得关注的是对研究方法的反思。徐冲主编《中国中古史研究》第七卷(中西书局,2019 年 12 月)"何谓制度"专号汇集了中日学者有关秦汉魏晋南北朝制度史的 18 篇研究论文。其中,孙正军《另一种"制度史观"——"制度取径"的历史研究刍议》全面回顾了 2009 年阎步克提出"制度史观"即"基于政治体制观察、阐述中国社会历史变迁"研究取径以来的学术史,指出所谓"制度史观",意味着制度史研究已经超越了专门史畛域,制度成为理解历史演进内在逻辑的独特视角。黄桢《从"书写"到"阅读":中古制度文献研究的回顾与展望》强调了制度史研究与史书编撰形成过程的互动关系,文章将制度文献分为"指示性"(prescriptive)"与"描述性"(descriptive),尤具启发性。

具体的制度史研究成果,专著有刘雅君《汉魏六朝东宫官制变迁研究》(湖北人民出版社,2019 年 12 月)一书。该书运用较详细的文献材料,以实证研究为主要方法,对汉魏六朝时期东宫官职的设置、员额、品秩、职掌、地位、领属、转迁、选任等问题做了较详尽的实证研究,并在实证研究的基础上,对东宫职官进行分类,考察东宫不同体系的职官之间的统属、分工关系,分析东宫官员在不同职官间的流转情况,探讨东宫职官的运行方式和运行体系,最后总结出汉魏六朝东宫职官制度的时代特征,并从皇帝制度、门阀制度的发展以及特定的政治形势及统治阶级内部矛盾之间的微妙关联来阐释汉魏六朝东宫官制变迁。此外,制度史研究的论文不少。朱华《北魏后期至唐初赠官、赠谥异刻出现与消失原因试析》（《中国史研究》第 3 期）指出北魏后期私家请求封赠、国家主动赐谥与私家请谥制度混杂、墓志发展等诸多新现象共存，丧家的误判造成了异刻的格式差异。戴卫红《魏晋南北朝谥法制度研究述评》（楼劲主编《魏晋南北朝时期的政治与社会》，中国社会科学出版社）全面回顾了有关谥法文献著述、谥法起源、"生称谥"问题、谥号·谥法、谥法的作用·影响五个方面的相关研究。戴卫红还撰文讨论了南北朝时期中国官品制度向东亚的辐射，其《百济官品冠服制的创制：东亚视角下的百济官品冠服制（一）》（《文化杂志》第 108 期）关注《周书·百济传》中所载百济"官有十六品"，利用 20 世纪 80 年代以来韩国忠清南道扶余郡出土的百济时期木简、金属制冠及冠饰等实物材料，有力论证了百济官品受到中原王朝影响的事实。《百济与中国官品冠服制的比较研究：东亚视角下的百济官品冠服制（二）》（《文化杂志》第 109 期）则重点谈韩国武宁王墓和弥勒寺出土冠饰，可补中古中国文献记载官品服制之阙。

本年度法律制度方面有一部专著值得关注。李俊强《魏晋令初探》（科学出版社）聚焦于魏晋时期律、令的分化，并将晋令条文与唐宋令逐一比勘，考证其条目分合及条文沿革。令是古代中国重要的法律形式之一，目前对于唐前令的研究还比较薄弱。该书比较深入地梳理了魏晋时期令典的编纂史及发展演变史。

三、军事

本年度军事史的研究，比较集中在分立时期军事战略部署、军政制度等方面。宋杰《曹操在赤壁之役后的战略防御部署》（《军事历史研究》第 6 期）指出，赤壁之战后，曹操为应对被动局势而采取了先东后西、东守西攻的战略方针，即先消除孙权在扬州方向的军事威胁，再逐步兼并关中、陇西和汉中等地，以巩固自己的后方，最后在西线让出汉中以采取守势。为贯彻此方针，曹操通过如下军事举措：留驻外军，建立以"三征"为长官的边境防区；在江淮、江汉平原和汉中、陇南等地收缩防线，内徙居民；集中军队防守合肥、襄阳、祁山、陈仓等水陆要冲；四越巢湖，以攻代守，力争作战主动权；协调中军和州郡兵支援边防前线，从而建立起坚固的防御体系，有效地遏制了孙权、刘备的扩张攻势，使中原经济的恢复发展得到保障，为日后魏、晋相继消灭蜀、吴的胜利奠定了基础。宋杰《三国战争中的夷陵》（《史学集刊》第 6 期）认为，夷陵是三国重镇与交战热点，原因在于它扼守峡口交通枢要，附近岭谷交错，利于设防。曹操、刘备将夷陵与邻近各县并置临江、宜都郡，成为独立的军政建置。猇亭之战后，孙权设立西陵都督辖区。孙吴后期分宜都数县，立建平郡，又将西陵、乐乡都督辖区反复合并分离，下诏调离步阐而引起叛乱。蜀汉亡国以后，西晋以峡江航道作为伐吴的主攻路线。孙皓忽视荆州西部的防务，致使王濬舟师顺利出峡攻占西陵，乘势而下灭亡孙吴。朱绍侯《论王猛在前秦的政绩与军功》（《军事历史研究》第 1 期）指出，王猛是十六国时期杰出的政治家、军事家。在政绩方面，他帮助苻坚诛暴君，除豪强，改革政治，发展生产及文化教育事业，关心民瘼，使中国北方一度出现升平景象。在武功方面，他先是负责完成攻灭前燕，后又负责灭前凉的前期战事，为前秦最终统一北方作出了重要贡献。虽然王猛死后，前秦因淝水一战而败亡，但不能因此埋没王猛的功绩。作者批评了部分研究者的狭隘民族主义立场，认为凡是中国古史中的人物，只要其对中国历史发展有过贡献，应不分族别、"国别"而予以肯定和表彰。熊昕童《两晋南北朝督护制度考索》（《史学月刊》第12期）指出，督护制度是两晋南北朝地方军政制度的重要组成部分。督护起源于西晋武帝时期，最初是由都督、校尉等地方军事长官在战时委派的、用以代表自己监督统率一支临时军队的差遣之职。两晋之际的战乱使地方藩镇坐大，差遣督护成为地方军事长官控制管内军事力量的重要方式。东晋时期的地方军事结构中，隐约存在着"中央—都督—督护"三级军事指挥体系。南朝地方军事长官自主权缩小，督护失去了存在的土壤，与参军等职结合，成为参军督护等军府闲散僚佐。广州地区的三江督护还保留着军事职能，但其除授权已收归中央，与两晋时期的督护性质不同。督护制度在北朝进一步发展，形成督护郡县制度，主要职能由军事转向行政。督护郡县制度与州—郡—县的行政结构并行，成为州郡长官支配下属郡县的有效手段。隋朝经过自上而下的改革，重塑了地方行政秩序，督护制度随之退出历史舞台。

四、经济与社会

本年度经济史的重要研究成果较少，值得关注的是张荣强《从户下奴婢到在籍贱民身分转变的考察》（《历史研究》第4期）一文。该文从战国至隋唐时期的户口统计方式入手，分析这一时期奴婢的法律身分从"物"到"人"的变化轨迹，并在此基础上，探讨良贱身分制的形成和发展过程。作者指出，中国古代法律对平民、奴婢的地位有严格规定，二者身分差异也明确体现在户籍中。战国至汉初奴婢主要且合法的来源是被罚没的罪犯，在"刑人非人"的理念下，"户下奴（婢）"被当作特定财产，附著于主人户籍之下，不计入家内人口和官府户口数。西汉中期以后，破产农民成为奴婢主要来源，统治者视奴婢为"人"的意识逐渐抬升。魏晋之际奴婢以"人"的身分著入户籍，与平民并列纳入官府的户口统计，标志着良贱身分制的形成。此后统治者通过禁止自卖、典身等方式，斩断了平民沦为奴婢的途径。与秦汉时期相比，魏晋隋唐时期的奴婢身分有其鲜明特征。凌文超《秦汉魏晋丁中制衍生史论》（河南人民出版社，2019年12月）梳理了西晋创设的丁中制在秦汉三国时期逐步摆脱爵制影响，化合成为兼具年龄分层和赋役义务的丁中身分这一衍生过程。

本年度社会史的研究，最集中的议题是魏晋南北朝史的家族文化。魏晋南北朝时期是门阀士族主导的社会，世家大族通过婚宦关系结成社会网络，确保了权力的代际传承。以往家族研究从属于政治史范畴，近年也出现了新的迹象。范兆飞一直致力于这一领域，并且积极促成引进海外重要先行研究的译介。2020年出版的守屋美都雄著，梁辰雪译《六朝门阀：太原王氏家系考》（中西书局）是已故日本著名魏晋南北朝史学家守屋美都雄先生的代表作，该书以太原王氏的家族谱系考证为切入点，呈现了六朝门阀政治的特点。范兆飞发表书评论文《范式的形成与分合——以守屋美都雄〈六朝门阀：太原王氏家系考〉为中心》（《中外论坛》第2期）对家族史研究的范式进行回顾。范兆飞《文本与形制的共生：北魏司马金龙墓表释证》（《复旦大学学报》第4期）则受到去年《唐研究》专号"文本性与物质性交错"这一思路的启发,关注司马金龙墓表圆首方座的形制与河西同类作品的渊源关系,葬制所反映的联系与其家族同河西地区胡人家族联姻互为表里。冯渝杰《"汉家"的光影——中古刘、李、张氏神化的历史与宗教背景》(《复旦大学学报》第 2 期)关注中古时期,刘、李、张三姓氏成为民众、方士、胡人假托对象的现象,指出家族攀附现象背后作为公共知识资源的"汉家"政治文化传统具有持久而强烈的影响。两篇优秀论文反映了家族史研究从传统的婚宦关系等议题,转而与物质文化、信仰世界等诸多文化因素相结合的趋势。此外社会史的研究还涉及士族语言、教育、行为风尚、墓葬文化、服饰等多个方面。桑东辉《药·酒·麈——论疾疫与魏晋风度的关系》(《南京晓庄学院学报》第 4 期)指出,汉末魏晋时期频发大疫对魏晋风度形成的影响不可忽视。在疾疫侵袭下,人们朝不保夕,畏惧死亡。魏晋名士通过服食五石散来防治疾疫,并因服散后行散而产生一系列怪诞行径。服散吃药,饮酒发药,以及麈尾驱蚊避疫等举措,因魏晋名士的名人效应而成为一种时人争相仿效的社会风尚,催生了魏晋风度的养成。戚悦《东晋南朝士庶用语之"北化"与"吴化"问题——陈寅恪〈东晋南朝之吴语〉补论》(《史学月刊》第 6 期)对陈寅恪指出的"江左士族操北语,而庶人操吴语"这一现象的形成原因做了进一步挖掘。作者认为,除了政治变迁以外,导致东晋南朝士庶用语不同的原因尚有三端:一是中原文化占据优势地位,诗词写作须合乎中原正声,北人南渡以后的清谈和文会,更是引发了吴地士族的兴趣和追随;二是士庶生活环境不同,庶族置身南方之后,能够快速融入当地的吴语环境,而士族多居住在自给自足的庄园,接受着世代传承的家族教育,存有相对完整的北语环境;三是士族多文人而庶族多武将,后者很少参与赋诗清谈活动,仅以功勋而显达,不必在文化上征得士族之认同,故其语言但图便利、不求雅正。王诗晓《汉墓羽人与南朝"中国化"飞天——墓葬系统象征符号的新发展》(《西南民族大学学报(人文社科版)》第 6 期)指出,羽人和飞天分属两个宗教系统,伴随着佛教下移进入墓葬,跣足、裸身、头戴宝冠的西域飞天被秀骨清像的"中国化"飞天替代,儒家礼仪制约下的飞天中国化最终在南朝墓葬中完成,并对此后的佛教艺术产生深远影响。南朝时期中国化飞天在形制上以汉墓羽人常见范式为粉本,在符号功能上,除了继承汉墓羽人界定墓室时空超凡特性,指向"不死之境"以外,佛教信仰的介入与净土信仰的流行,又使他们兼具往生净土的宗教功能。王永平《十六国北朝士族社会之"女教"与"母教"——从一个侧面看中古士族文化之传承》(《文史哲》第 2 期)指出,十六国北朝士族女性普遍接受良好的儒家礼法与经史学术教育,这为她们主持家族内部日常事务、实施家教提供了必具的条件。特别对那些遭遇变故的家族而言,士族女性训抚弱嗣,承担其维系家族传承的责任。经此母教,一些士族后继有人,其子弟为人、为学与功业皆有所成,不仅有助于其家族门第之延续,而且对华夏文化之传承也有深刻影响。宋丙玲《北魏平城之鲜卑帽》(《许昌学院学报》第 3 期)指出,学界常称为"鲜卑服"的北魏平城时期服饰,尤以头上所着鲜卑帽最具特色,并对后世男子头饰产生深远影响。结合文献记载和图像表现可知,鲜卑帽已成为北魏平城的流行服饰,不分贵贱、场合、性别乃至季节均可服用,仅在形制、制作工艺以及材质上有所差别。鲜卑族由髡发转为披发,进而流行鲜卑帽,与魏晋南北朝气候进入寒冷期密切相关。拓跋鲜卑迁都平城后,鲜卑帽还成为民族认同和政治建构的重要标识物。

五、思想文化

礼制·礼学。近年来，中古礼制的研究方兴未艾。杨英《改革开放四十年来的中古礼学和礼制研究》（《文史哲》第 5 期）是一篇内容博赡的学术综述，区分了中国古礼的三个层面，传统礼学在中古早期发展出三礼义疏之学，庙堂礼典则在政权对立之下反复曲折，构成吉凶军宾嘉五礼体系，乡里礼秩在中晚唐首先出现，"礼制下移"表现为私家庙制、敦煌书仪、乡饮酒礼等方面。这一概念的区分和对三者发展阶段的描述，对相关研究颇有正本清源之效。本年度的专题研究则多集中于北朝礼制。赵永磊《争膺天命：北魏华夏天神祭祀考论》（《历史研究》第 4 期）通过分析道武帝、孝文帝郊天礼对郑玄、王肃礼说的取舍，展现北族王朝与南方政权的正统性竞争以及对前代历史的继承观念。楼劲《北魏天兴定历及相关问题》（《社会科学战线》第 12 期）指出北魏天兴元年颁布历法，内容参据《景初》《乾象历》，并推测可能循魏晋以来以颁历年号为其正称的故事，称为天兴历。户川贵行《華北中国雅乐的成立——以五—六世纪为中心》（《華北における中国雅樂の成立——五—六世紀を中心に》）[《史学杂志》（《史学雑誌》）第 129 编第 4 号]指出东汉后期到五胡十六国，由于政局混乱，导致汉代以来乐制的缺失。北魏统一北方以后，4—5 世纪，利用鲜卑音乐创立了新的乐制。尔朱兆攻陷洛阳，北魏末年又以西凉乐补其不足。周、齐两代，又以《周礼》对其名称加以缘饰，其中能够发现同时期南朝复兴的《周礼》学之影响。刘凯《杂祀与东晋南北郊的成立》（《中外论坛》第 3 期）独辟蹊径，关注东晋礼制，指出东晋帝王亲行杂祀，最终江南本地杂祀进入王朝正统祭祀体系，这一局面自然是南渡衣冠与江南土著势力合作、妥协的结果。

知识·思想·宗教。魏晋南北朝是一个思想相对自由、开放的时期，在以佛教为代表的域外思想冲击下，精神生活发生异彩纷呈的变化。本年度思想史的第一力作无疑是日本学者吉川忠夫的两本论文集《六朝隋唐文史哲论集Ⅰ—人·家·学术》（《六朝隋唐文史哲論集Ⅰ—人·家·學術》）《Ⅱ—宗教之诸相》（《Ⅱ—宗教の諸相》）（法藏馆）。吉川是中古思想史研究的大家，该书是作者一生重要论文的结集。吉川先生的学术每每聚焦于中古时期学术的家族传承和地域性，又能灵活地穿梭于三教典籍之间，创获尤多。纪志昌《南朝清谈：论辩文化与三教交涉在南朝的发展》（台大出版中心）也同样关注清谈名士的氏族谱系与社群网络，以此观察南朝时期三教交流、融合的模态与学理。吕博的论文《〈七录序〉与阮孝绪的知识、思想世界》（《学术月刊》第 9 期）从《七录序》目录入手，分析了南朝私人藏书的规模，以及各个学术门类所反映的知识人的精神历程。佛教史的研究方面，陈志远《六朝佛教史研究论集》（博扬文化出版社）结集了过去十年的研究成果，全书分为三编：第一编"书物移动与佛教的时空展开"将佛教的传播过程还原为书籍载体的翻译和接受史；第二编"聚书·抄撰·叙事"探析佛教史传的衍生机理；第三编"南朝教诤记"围绕礼仪与戒律观察南朝的僧俗论争。该书广泛参考前人研究，精细考订传世文献和新出资料，试图描绘出开放跃动的中古精神史画面。苏小华《南北朝佞佛与废教事初探》（社会科学文献出版社）旨在揭示南北朝时期帝制国家宗教文化政策在佞佛与废教中摇摆的缘由，以及佛教在适应中国社会的过程中发生的蜕变。此外，佐野诚子《怪を志す：六朝志怪の誕生と展開》（名古屋大学出版会）延续了小南一郎对六朝隋唐志怪小说的研究思路，探讨了"不语怪力乱神"的儒教国家在中古时期集中记录灵异事件的动因，特别分析了诸家志怪对神僧、地狱等佛教主题表现方式的差异，对研讨佛教史颇具启发。黄崑威《十六国北朝时期的佛教与社会》（社会科学文献出版社）充分利用历史文献和出土文物，探索了佛教在民族融合过程中所发挥的文化中介和文明纽带作用。道教史方面，争论的焦点仍然是古灵宝经的成立年代。王承文的两篇论文《再论"元始旧经"和"新经"出世先后问题》（《中山大学学报》第 2 期）、《古灵宝经"新经"征引"元始旧经"问题新探》（《魏晋南北朝隋唐史资料》第 40 辑）与刘屹《六朝道教古灵宝经的历史学研究》（上海古籍出版社，2018 年）针锋相对，坚持认为 P. 2861 + P. 2256 号陆修静撰"灵宝经目录"中"元始旧经"要比"新经"更早出世。青年学者邰同麟《〈太上洞玄灵宝智慧罪根上品大戒经〉考》（《文献》第 1 期）和孙齐《古灵宝经未出经研究》（"多元视角下的汉唐制度与社会"青年学者工作坊会议论文）则将目光转向经目中的未出经以及经目性质的探讨。此外，曹凌《敦煌本〈元阳经〉研究》（《文史》第 2 辑）深入分析了南北朝后期道教经典对佛教经典的借鉴和转用。总体来看，道教史研究仍然围绕核心文本的成立过程展开，我们期待这一领域能够引入更为丰富的研究范式。

六、民族关系

本年度民族史的研究，集中探讨魏晋南北朝时期的华夷关系认同和族群凝聚，热点问题是名号、称谓所反映的族群认同，以及胡、汉文化在政治文化和社会生活中的共生和博弈。徐冲《观书辨音》涉及民族史领域的两篇论文《五胡新诠》（《文史》第 3 辑）、《谢灵运〈劝伐河北书〉所见"西虏""东虏"与"虏"辨析》（《复旦大学学报》第 3 期）均发表于本年度，指出"五胡"这一称号最初产生于晋宋之际，反映了当时建康知识精英对北方政权兴衰的一种预言性的认识，而将赫连夏和北魏称为虏，显示了二者与之前五胡政权的差别。郭硕《"岛夷"称号与北朝华夷观的变迁》（《文史哲》第 4 期）则聚焦于北朝对南朝的称谓，北魏时期以僭伪之国称，"岛夷"称号的兴起，是侯景之乱导致南方急剧衰败，同时以华夷之辨鼓吹魏齐禅代的产物。两位作者的论文相映成趣，显示了南北朝时期华夷观的复杂面相。冯渝杰《成汉政权的"汉家"认同与宗教乌托邦实践》（《中央民族大学学报》第 3 期）指出，成汉创立者李雄的出生神话明显带有模仿汉高祖及光武帝的痕迹。成汉政权的封国则反映了对"汉家"秩序的追慕及恢复之愿望。成汉政权的官僚组织结构，亦基本仿拟汉晋制度而设。这些都反映了成汉政权对"汉家"的强烈认同。与此同时，李氏发迹时"郫中细子"之自称，政权建立过程中李氏对范长生的尊崇，以及政权建立后尊贤重道与政教合一之治国方略的施行，皆可明确成汉政权的道教性格。成汉政权的"汉家"认同意识与道教性格具有内在的紧密联系，很大程度上契合了当时的时代思潮与巴蜀的地域文化，当是其宗教乌托邦实践能够一段时间内获得成功的原因所在，这也有助于理解十六国的政治文化。李磊《后燕建立之际的合法性诉求及其运作》（《史林》第 4 期）指出，淝水战后次年（384）正月，慕容垂依晋元帝"建武故事"称燕王，然而慕容暐排斥慕容垂的人事安排使慕容垂难以从前燕政治统绪中获得合法性资源。慕容垂最初构想在前燕故地建立称藩于前秦的诸侯国，故称王、称元年而不称皇帝、年号，并以大将军府而非燕王府建构政权。慕容暐、苻坚薨后，慕容垂称帝的法统障碍已经不复存在。他以收复龙城为称帝依据，建构了上溯至昌黎政权、与前燕帝系并行的正统谱系。慕容垂通过承认前燕君统断绝、肯定苻坚天王之位、绍续慕容皝法统，完成了新王朝的建构。温拓《多重层累历史与双重正统建构：宇文部、北周与契丹先世史叙述的考察》（《民族研究》第 2 期）指出，宇文部到北周先世传说层累过程，体现了北周统治者为建构自身正统性做出的一系列努力。其不仅模仿《魏书·序纪》编纂了宇文氏的先世传说，同时亦将十六国时代有关宇文部政权的文本一并进行修改，使得北周政权的合法性得以解释。契丹建国之初同样利用了拓跋传说故事解释自身政权正统性问题。北魏及其之后的北族王朝大多面临中原、草原双重正统性的建构，北周与契丹亦从这两个向度使得自身法统得以完备。潘敦《可敦、皇后与北魏政治》（《中国史研究》第 4 期）在田余庆对北魏"子贵母死"制度的典范研究基础上继续推进，指出北魏前期宫廷政治里可敦、保姆、皇后分别扮演不同的角色，可敦得以享有虚位。孝文改制前后，可敦制度才逐渐向皇后制度转变，二者分别代表了内亚与华夏两种政治传统，以此为线索，对北魏政治史若干重要环节进行新的理解。黄桢《龙舟上的北魏皇帝》（《唐研究》第 25 卷）则从孝文帝在平城北郊灵泉池御龙舟的活动，窥测骑射和行舟两种活动所体现的草原文化向华夏汉晋帝王好尚的转变。罗新《西魏晖华公主墓志所见的吐谷浑与柔然名号》（《中山大学学报》第 5 期）指出，2014—2015 年，考古工作者在陕西省西安市长安区发掘了一座北朝后期墓葬，根据墓志确定为西魏吐谷浑晖华公主及其夫乞伏孝达的合葬墓。乞伏孝达墓志已漫漶不可释读，晖华公主墓志则载有非常重要的历史信息。由墓志可知，晖华公主"讳库罗伏，字尉芮文"，是"吐谷浑主明元之第四女也"。吐谷浑主明元之名，不见于中古史书，应该是指担任吐谷浑国主长达半世纪的伏连筹。明元很可能是一个模拟中原制度的谥号。晖华公主的姐姐即是柔然可汗阿那瓌的可敦。西魏文帝于大统三年（537）迎娶阿那瓌长女，是为悼皇后。阿那瓌请晖华公主夫妇到柔然，以送亲主使的身份陪送茹茹公主到长安。晖华公主墓志所记吐谷浑与柔然两大政治体的名号多种，都具有非常重要的分析价值。刘连香《石刻中的乙弗昆裔踪迹与北朝社会格局》（《中央民族大学学报》第 1 期）指出，乙弗氏是北朝民族大融合中较小的部族，却在不同时期分别以武力、权术和姻亲等形式获取生存空间，成为众多中小部族的典型。目前散见北朝碑刻、墓志、石窟寺和佛教造像题记中的相关信息反映了其与拓跋鲜卑的密切关系及与不同民族的融合过程。乙弗氏为东部鲜卑之一支，随拓跋鲜卑南下西迁至盛乐，其中大部分在 4 世纪末离开拓跋部，建立了乙弗勿敌政权，因势小力弱，不断受到周边西秦、南凉等侵扰，后被吐谷浑兼并。乙弗余部依附于北魏者因欲控制皇权遭诛灭。北魏统一北方后，乙弗氏上层再次归附，并与皇室世代联姻，尊者男三世尚公主，女贵为后妃。到西魏北周时，其他姓氏被赐乙弗，一方面说明其仍具有较大影响力，另一方面也模糊了乙弗鲜卑的部族界限，最终以乙弗皇后被废自尽而衰落。乙弗部中下层与其他部族及汉人旧族的融合较上层更为深入，姻亲关系复杂，佛教信仰群体构成多元。北朝石刻中发现的乙弗氏内容，为探讨乙弗部族不同等级人群的社会地位、婚姻结构和宗教信仰提供了佐证,而不同时期姓氏的"一弗""乙""乙弗"变化体现了汉化的曲折与反复。通过对乙弗氏的微观解读,可以深化对当时中小部族的发展及民族融合的认识。吴洪琳《合为一家:十六国北魏时期的民族认同》(社会科学文献出版社)分别选取汉赵国号的取舍、吐谷浑的"中国"认同,以及佛教文物中所表现的胡汉服饰、供养人形象等角度,考察这一时期的民族认同。崔明德、杨秋红《刘裕民族关系思想初探》(《中南大学学报》第40卷第1期)指出,刘裕北伐南燕、后秦以及消灭西蜀等言行,集中体现了他的民族关系思想。其时错综复杂的民族关系和内政外交态势为其思想的形成提供了丰厚土壤,以收复中原为目标的"平齐"、以天下一统为目标的"当取关、洛"思想及以册封为主要形式的羁縻思想是刘裕民族关系思想的主要内容。立足现实、目标明确和务实管用是刘裕民族关系思想的三大特点。刘裕民族关系思想在巩固政权、开疆拓土、强化一统意识、协调民族关系等方面发挥了应有的指导作用,但他在灭南燕和后秦过程中的一些残暴做法应当予以彻底否定。

七、中外关系

本年度中外关系史的研究,热点话题是中古时期的东北亚秩序。李磊《"韩"号的建构与结构——汉魏朝鲜半岛上的权力竞争与族群聚散》(《学术月刊》第5期)指出,"韩"作为朝鲜半岛南部族群的共称,是西汉真番郡撤置后遗民与辰国族群融合的产物。马韩、辰韩、弁韩三个族群发生了一系列利益纠葛。东汉末设立带方郡是为应对韩濊的挑战,曹魏分割辰韩八国隶乐浪郡引发韩人叛乱,最终导致"灭韩"之战。在百济、新罗的建国运动中,"韩"号不再是族群凝聚、政权建构最有效的政治资源。"韩"号的建构与解构都是以汉魏王朝在朝鲜半岛的郡县统治为背景。宫健泽、李路《东夷校尉与慕容政权的东北亚秩序建构》(《河北学刊》第6期)指出,东夷校尉曾在西晋王朝构建东北亚秩序的过程中发挥了核心作用。东晋时期,随着慕容政权的崛起,东夷校尉开始为鲜卑政权所掌控,职能逐渐淡化。而掌控了东夷校尉的慕容政权,实际上成为当时东北亚地区华夷秩序的新核心民族,这也迫使慕容鲜卑与中原文化进一步融合,客观上完成了东夷校尉设置最初的使命,实现对边疆民族在文化上的引导与招抚。

八、文献

官修史的编撰形成。官修史的编撰机制、书写体例,成为本年度魏晋南北朝史最热门的话题。《文献》第3期开设了"史源学与历史书写"专栏。陈爽先生在为专栏所撰写的导言《漫说史源调查》中首先从史书撰作的机理阐明抄撮旧文、拼缀杂糅是史书的常态,又简要梳理了20世纪以来史源学成立的过程,指出"近年来,无论是在文献研究还是史学研究领域,'史源'的观念受到前所未有的重视",其动因可归结于当代史料相对匮乏催生的深耕需求,后现代思潮影响下"史料批判"研究的带动,以及古籍数字化所提供的便利条件。文章视野宏阔,具有相当的理论高度。专栏收录刘凯《句读与书写程序:嘎仙洞石刻祝文释读再议》，详细比勘了嘎仙洞石刻祝文与《魏书·礼志》的本文，指出史书对石刻文本的改动，体现了孝文帝华夏化改革以后，重构祖先记忆的意图。庄芸《〈隋书·经籍志〉所见萧梁旧史补考》指出姚氏父子承袭江陵国史的立场，为梁元帝隐恶，而此外诸家旧史，则有不同立场。这造成了《梁书》前后抵牾的现象。《唐研究》第 25 卷"中古史书的文本源流：编纂与传布"（北京大学出版社）收录了去年北京大学中古史中心主办的"中古正史文本的形态与流变"学术会议的一组论文，包括聂溦萌《官僚制对正史的双重影响：以正史孝义传为例》、王敬《十六国纪年问题探析——以〈晋书·载记〉及相关传记为中心》、林昌丈《观念、制度与文本编纂——论魏晋南北朝的"州记"》、景蜀慧《现存六种宋刊本〈陈书〉简述》、唐星《唐修〈晋书〉编撰考》等。聂溦萌近年一直关注官修史编撰，今年发表了三篇重要论文，《编年史与晋宋官修史运作》（《中国史研究》第 1 期）、《官僚制对正史的双重影响：以正史孝义传为例》（《唐研究》第 25 卷）、《辑佚的加减法：汤球〈十六国春秋辑补〉的工作方法》（《文史》第 1 辑），分别触及了官僚机构与官修史的制作程序，制度环境对正史书写体例的影响，以及基于体例判断对辑佚方法的重新讨论。徐冲的论文集《观书辨音：历史书写与魏晋精英的政治文化》（北京大学出版社）分为三个部分，分别对应"史学史、制度史和民族史"，但正如本书副题所暗示的，其关注的核心仍然在于历史文本，用作者自己的话说是"3—5 世纪的魏晋精英，（如何）以多样化的历史书写实践活动，构筑了独具特质的政治文化"。这些研究的视野不再限于传统的史学史领域，而是结合了文献学、文体学、制度史等多种路径，将史料作为特定环境中人物的写作实践，既考虑其制度环境、书写格套，又注意作者的主观意图和能动性，努力追求文本与历史之间的活跃互动。魏晋南北朝段的正史居二十四史之半，可以预期的是，随着中华书局二十四史修订工程的展开，多所高校和研究机构的师生参与其中。修订工作对版本、史源的重视，必将吸引更多学人关注官修史书编撰的相关问题。

传世文献整理。作为中华书局二十四史修订工程的成果之一，今年出版了景蜀慧主持修订的《梁书》（中华书局）。旧版"南朝五史"由王仲荦先生总负责，《梁书》由卢振华先生点校，宋云彬、赵守俨先生先后承担编辑整理，1973 年出版。此次修订的优长之处主要有三，一是原点校本采用"不设底本，择善而从"的原则，今以百衲本为底本，在文字的改动上较为谨慎；二是校勘版本有了扩充，特别是以台北藏原北平图书馆宋大字本缩微胶片为通校本，并参考清人李慈铭批校的南监本、清人叶万等批校的汲古阁本、傅增湘校章钰题款的武英殿本，以及日本据南监本覆刻的荻生徂徕句读本等；三是对原点校本做了体例上的完善，并修正错讹。围绕新版《梁书》的刊行，《上海书评》组织了系列约稿，包括赵灿鹏《谈〈梁书〉的编纂、点校与修订》、姜宝昌《卢振华先生治学二三事》、王素《梁元帝〈职贡图〉与〈梁书·诸夷传〉》、陈志远《梁武帝崇佛的远景与近观》、于溯《万卷，一个中古时代的收藏欲望》等篇，介绍了《梁书》点校工作的方方面面，也对梁代史事中若干重要问题的研究进展做了回顾。李晓杰主编《水经注校笺图释·汾水涑水流域诸篇》（科学出版社）以《水经注》卷六汾水、涑水流域诸篇为研究对象，在前人考订的基础之上，充分利用传世文献和出土资料，以历史学、地理学、文献学多种方法，重新还原了文本，并以大比例尺科学编绘地图。作者团队此前曾出版《水经注校笺图释·渭水流域诸篇》（2017

年），广受好评。该书也会为深入研读《水经注》及探究中古时期的历史地理提供极大便利。此外，今年有两种道教典籍的整理本出版。《周氏冥通记》是南朝时期的重要神仙传记，记载了陶弘景弟子周子良冥通神仙，以及陶弘景将其笔录上进梁武帝的故事。此书前有日文译注本吉川忠夫、麦谷邦夫编，刘雄峰译《周氏冥通记研究》（齐鲁书社，2010 年）。王家葵《周氏冥通记校释》（中华书局）以《正统道藏》本为底本，参稽诸本，并对其中的训诂、典实加以注释，在许多地方都超越前人，允称迄今最善之本。《真诰》是六朝道教上清派的核心文本，此前曾有吉川忠夫、麦谷邦夫主编《真诰校注》（朱越利译，中国社会科学出版社，2006 年）和赵益点校本（中华书局，2011 年）。美国学者柏夷（Stephen Bokencamp）今年出版此书的英译本《一个 4 世纪的道教家庭：〈真诰〉，或仙真降诰》，第 1 册（加州大学出版社）*A Fourth-Century Daoist Family：The Zhen'gao, or Declarations of the Perfected*，Volume 1（University of California Press，December 2020）。英译本特别关注杨、许降授的文学性，皇权、贵族与奉道群体的关系，以及杨羲引入道教的早期佛教实践等诸方面。

九、考古发现

石刻史料。张永华、赵文成、赵君平主编《秦晋豫新出墓志搜佚三编》（国家图书馆出版社）收录东汉至民国墓志 905 件，其中晋 29 件，南北朝 75 件。尤其被学界注意的有 2008 年洛阳市邙山出土的一批晋武帝泰始年间皇宫奴婢砖铭，著名文人邢子才所撰北齐《崔孝直墓志》与其子《崔宽墓志》等。孙贯文编《北京大学图书馆藏历代石刻拓本草目》（三晋出版社）刊布了 1960 年北京大学历史系孙贯文先生所作汉至唐代中晚期石刻拓本条目 4000 余条，对石刻的年代、所在地、传流情况、真伪、书体、历代金石著录等信息，做了详细的考订，体例至为精善。佛教造像记可谓是北朝宗教、社会史研究尚待开垦的荒地，今年有几种重要出版物。《高城佛光：黄骅市博物馆藏北朝石刻造像菁华》（上海书画出版社）首次刊布了河北省黄骅市博物馆藏残损石造像及其题记 64 件，为 1980 年该馆工作人员对旧城和岭庄的两个窖藏进行了抢救性考古挖掘所得，除一件为唐代作品，其余全部是东魏、北齐所制。《相由心生：山东博兴佛造像展》（山东美术出版社）收录了国家博物馆展出的山东省博兴县出土金铜、白陶、石刻造像共 119 件，造像铭文上起北魏太和二年（478），下至隋仁寿三年（603），具有鲜明的地域和时代特色。

墓葬文化。张庆捷、张喜斌、王普军编《走向大唐：山西北朝文明源流》（三晋出版社）精心选取了平城、晋阳等地考古资料，以及近年山西出土的墓葬壁画、关津渡口、石窟摩崖等，力图以具体的实物展示北朝社会向唐代演变的过程，是山西美术考古的最新研究成果。关尾史郎编《河西魏晋·〈五胡〉墓出土镇墓瓶铭（镇墓文）集成》（《河西魏晋·〈五胡〉墓出土镇墓瓶铭（镇墓文）集成》）（汲古书院）收集了甘肃、青海等省出土镇墓文，延续了去年出版的《河西魏晋·〈五胡〉出土图像资料（砖画·壁画）目录》（《河西魏晋·〈五胡〉墓出土图像资料（塼画·壁画）目録》）的编纂体例，分为解说篇与释文篇，是研究十六国时期五凉政权的重要资料。

出土简牍。本年度没有新出简牍材料刊布，值得关注的研究论文有伊藤敏雄、关尾史郎主编《后汉·魏晋简牍的世界》（《後漢·魏晋簡牘の世界》）（汲古书院），该书展现了利用长沙走马楼吴简、楼兰汉简、五一广场后汉简、南京出土汉晋简的最新研究成果。

写本文书。本年度最值得关注的是写本文书是《旅顺博物馆藏新疆出土汉文文献》（中华书局）。该书收入旅顺博物馆所藏写本共计26000多枚残片，是目前所知国内敦煌吐鲁番文献唯一尚未公布的大宗藏品，被称为敦煌吐鲁番文献"最后的宝藏"。这批文书与现藏日本龙谷大学的"大谷文书"同属于20世纪初日本大谷探险队在中国西域获得的收集品。内容包括3—13世纪的佛教典籍、世俗图书以及反映中原王朝在吐鲁番地区进行统治的各种官私文书，不仅具有极高的学术研究价值，对于印证古代丝绸之路、阐明中华文化在新疆地区的传播等许多方面，亦具重大现实意义。整理团队由旅顺博物馆馆长王振芬、中国人民大学教授孟宪实、北京大学教授荣新江领衔，我院人员也作为项目组成员，对这批珍贵资料进行了全面整理，前后历时凡六年。

回顾2020年海内外魏晋南北朝史的研究，可以发现一些特点和趋势：一是政治史、制度史等传统领域出现与文献学（史料批判）、物质文化（特别是石刻史料）等要素结合的趋势。关于礼制、以三教交涉为特征的中古思想的研究继续呈现活跃态势。二是华夏与域外传统的交流互动、多民族国家的族群凝聚、中原王朝及周边政权国际秩序的构建成为热门议题。三是古代史所研究人员的研究，涉及制度史、历史文献、礼制、宗教若干重要领域，不仅个人研究水平居于学界领先地位，还发表了兼具学术视野和前瞻性的综述、述评，对学界具有相当的引领作用。

隋唐五代史研究综述

刘琴丽

受新冠肺炎疫情影响，2020年隋唐五代史的大型学术会议都集中在10月和11月，如10月17日在陕西师范大学举行了"中国唐史学会成立四十周年纪念学术研讨会"，11月19—20日在上海博物馆举行了"唐宋时期的海上丝绸之路"国际学术研讨会，11月27—28日在台湾淡江大学和台北大学举行了台湾"第十四届唐代文化国际学术研讨会"。会议纷纷采取线上和线下两种模式同步举办。11月7日在甘肃敦煌举办的"2020敦煌论坛——纪念藏经洞发现120周年学术研讨会"、11月21—22日在江西九江修水县召开的"纪念义宁陈门五杰暨陈寅恪诞辰130周年学术研讨会"采取线下方式召开，受新冠肺炎疫情影响，没有邀请国际学者参加。2020年隋唐五代史的研究成果突出，国内外已出版学术著作150余部，发表学术论文1200余篇，以下分类进行概述。

一、文献整理与研究

隋唐五代历史文献大体由三部分组成，传世文献、石刻文献和敦煌吐鲁番文献，这三大领域皆取得了重要成就。

传世文献的整理和研究。传世文献的整理和研究大体从古籍编纂、辑佚、版本、校勘、史源探讨、目录学等方面着手。代表作如马俊民、张玉兴整理的《隋书》（中国社会科学出版社），该书为"今注本二十四史丛书"之一，选取存世最佳版本为底本，辅以多种参校本，全面纠正现行校点本中的校点错误，形成一套新的校点横排繁体版本。纪雪娟校注的《新五代史》（今注本二十四史，中国社会科学出版社），以百衲本为底本，以中华书局修订本、宗文书院本、殿本为通校本，广泛吸收学界的研究成果，对五代时期的人物、地理、职官、礼制、风俗等以及难以理解的名词进行注解。李德辉《中古姓氏佚书辑校》（凤凰出版社）以传世文献为基础，利用石刻史料、域外汉籍，将先秦两汉至宋元文献中有佚文可辑的五十多种古代姓氏佚书，进行全面的辑录考辨。熊展钊《〈资治通鉴·唐纪〉史源研究》（齐鲁书社）分析了《唐纪》的成书背景，对《唐纪》的参据书进行目录学的考证，并探究了司马光史学考证的特点，研究其剪裁、熔铸史源的原则与方法，总结其处理《唐纪》史源的成就和意义。马楠《唐宋官私目录研究》（中西书局）探讨了唐宋时期书籍的产生、流传、复制、结集、散佚、整理、著录的基本情况，讨论书籍的卷帙、载体等具体形态，总结官私目录撰作的基础与工作流程，还原史志目录的材料来源，开展目录学与版本学、书籍史相结合的研究新路径。黄俊杰、钟小红《唐代厅壁记汇编》（凤凰出版社）将唐代的厅壁记汇集整理成一编，以期给研究者提供资料便利，但是由于该书的文献来源仅引用《全唐文》，而不是充分利用《文苑英华》《唐文粹》、唐人文集等这类更为原始的文献，史料价值打了一定折扣。郭立暄《元本〈通鉴〉胡注校余述略》（《文史》第 3 辑）通过对元刻《通鉴》现存印本实物的重新核查排次，初步梳理了其传刻本的文字源流，评判了前代学者的校勘得失，列举了中华书局标点本的脱误，指出胡克家本存在的缺陷。于溯《行走的书籯：中古时期的文献记忆与文献传播》（《文史哲》第 1 期）指出，东汉到唐代，文献记忆极度兴盛，成为纸张之外另一种重要的文献载体，"记忆本"被当时人视为版本学意义上的文献形态，文献记忆和物质文献共同参与了中古文献的形成和流通。朱振宏《今本〈大唐创业起居注〉成书时间小考》（《史学史研究》第 1 期），指出现今留存的《大唐创业起居注》不是原始的版本，该书的成书时间当在武德五年。《唐研究》第二十五卷（北京大学出版社）专门组稿了 11 篇文章，以"中古史书的文本源流：编纂与传布"为题，其中，唐星、仇鹿鸣、闻惟、唐雯、苗润博、夏婧诸位学者的文章涉及隋唐五代文献，分别对《晋书》《旧唐书》《新唐书》《顺宗实录》《永乐大典》引《旧唐书》等史书的编纂、版本、辑佚、史源等问题进行探究。值得一提的是仇鹿鸣《隐没与改篡：〈旧唐书〉唐开国纪事表微》，文章通过对史料层次的揭剥，系统分析了《旧唐书》本纪及开国功臣传记的史源与形成过程，认为对于正史的形成，需要同时考虑主观书写这只"看得见的手"，与技术性删削这只"看不见的手"两者共同的作用。苗润博《从误解到常识：史源学视野下的唐代大贺氏契丹问题》，认为唐代中前期，契丹统治家族姓大贺氏，由此命名的大贺氏联盟时代构成了契丹早期发展史中一个至关重要的阶段，这一常识是对史实的误解，文章从史源学角度对这一问题重加检讨。《唐研究》第二十五卷还刊印了孟宪实、段真子、马俊杰、何亦凡四位学者的一组文章，分别讨论了《唐大诏令集》《唐大诏令集补编》的版本、刊印等情况，并对其优劣进行了评判。

石刻文献的整理与研究。石刻文献是隋唐五代史研究的重要推动力。从相关整理和研究来看，存在着明显的重墓志、轻碑刻倾向。相关研究也主要集中在单方碑志的考释，整体性研究相对较少，碎片化现象较为突出。王其祎、周晓薇《贞石可凭：新见隋代墓志铭疏证》（科学出版社，2019 年 12 月）搜集了 2008 年以后新见的隋代墓志录文 163 方，依时间排序对每方墓志从基本信息、志盖志文、疏证三方面进行整理研究，其中部分墓志为首次刊发，价值重大。张永华、赵文成等编《秦晋豫新出墓志蒐佚三编》（全四册）（国家图书馆出版社）收录东汉至民国期间墓志图版 905 种，其中隋唐五代墓志多达 712 种，很多墓志也属首次刊发，故史料价值不容低估；惜该书存在一点瑕疵，即简介栏墓志尺寸的著录单位有明显错误，误将"mm"（毫米）著录为"cm"（厘米）。洛阳市文物考古研究院编《洛阳市文物考古研究院藏石集粹（墓志篇）》（中州古籍出版社）汇集了该单位从北魏至民国的全部墓志藏石图版和拓本 209 方，其中隋唐五代墓志 105 方，并释读录文，部分墓志未曾公开发表过。赵莉、荣新江主编《龟兹石窟题记》（全三册）（中西书局）对古代龟兹国范围内的石窟题记予以系统梳理，并进行详细释读和研究。齐运通主编《洛阳新获墓志百品》（国家图书馆出版社）挑选 20 世纪以来洛阳、长安一代新出土的墓志拓本 120 方，并加以释文，其中隋唐五代墓志103方，文献价值较高。安静《隋唐墓志婉辞研究》（中国社会科学出版社）总结出隋唐墓志的消亡婉辞和新出婉辞，并对女性墓志用语进行了探讨，归纳出中古墓志语篇衔接的四个因素。李雪梅《中国古代石刻法律文献叙录》（上海古籍出版社）按照文献内容对战国秦汉至明清的石刻资料进行整理，总计收录8096种。

在已统计的115篇石刻研究论文中，单方或数方碑志考释的文章多达92篇，且以单方碑志考释为主，内容大体是证史和补史。将碑志作为一个整体，对之进行史学分析者相对较少，碑志研究仍然在"整体"与"碎片"的不断碰撞与博弈中，缓慢地向前迈进。朱华《北魏后期至唐初赠官、赠谥异刻出现与消失原因试析》（《中国史研究》第3期）认为，北魏至唐初墓志刊刻中的赠官、赠谥异刻现象，是丧家误判造成的结果；隋唐以来，随着国家规范私家请谥、请求封赠和墓志制作，赠官、赠谥异刻现象就渐次消失。荣新江《中古入华胡人墓志的书写》（《文献》第3期），考察了北朝至唐代入华胡人墓志书写方式的发展变迁，从早期的由汉人代为书写，到后期的胡汉双语书写，或墓志书写中的粟特语写作痕迹，认为主体发展方向是一步步汉化。周侃《唐代书手的出身与仕进——以出土墓志为中心》（《首都师范大学学报》第5期），考察了唐代书手的释褐与仕进之路，指出同为书手出身，仕进之路和人生际遇却迥然有别，但囿于浊流出身，难以跻身清要。2020年夏季，由陕西省考古研究院发掘出土的颜真卿所书《唐元大谦妻罗婉顺墓志》，自从11月13日新闻刊布后，成为讨论和研究的热点之一，因为《罗婉顺墓志》是目前唯一经过考古发掘出土的颜真卿早年书迹真品。陈根远《新见〈罗婉顺墓志〉及颜真卿研究三题》（《中国书法》第11期）对《罗婉顺墓志》进行了全面考订，并论及颜真卿所书《臧怀恪碑》的时间、颜真卿与韩择木的交游情况；颜以琳《从〈罗婉顺墓志〉看颜真卿书法传承脉络》（《中国艺术报》11月18日）在墓志考订的基础上，对罗婉顺与李唐皇室的渊源关系进行了勾稽辨析，指出颜真卿的书法以颜氏为根本，融合殷氏（殷浩、殷仲容等）与王氏（王羲之、王献之）笔意，是晋唐笔法的集大成者。

敦煌吐鲁番文献的整理与研究。敦煌吐鲁番文献的重大成果是王振芬、孟宪实等主编《旅顺博物馆藏新疆出土汉文文献》（全35册）（中华书局），该文献是日本大谷探险队收集品的重要组成部分，也是目前所知国内敦煌吐鲁番文献唯一尚未公布的大宗藏品，被称为敦煌吐鲁番文献"最后的宝藏"，共26000多枚残片，佛典超过20000片，其余包括写经题记、经录、道经、四部典籍、法典、公私文书、数术文献与医药文献等，时间跨度上自西晋，下至北宋，为隋唐五代史和新疆史的研究提供了极为珍贵的资料。郝春文、宋雪春等主编《当代中国敦煌学研究（1949—2019）》（中国社会科学出版社），全面回顾了敦煌学百余年来的研究成果和历史经验，梳理了中国敦煌学发展的历史，对敦煌学的发展提出了新的分期，书写了中国学者在不同时期敦煌学各个领域所取得的成就，积极探索敦煌学研究的新范式和新视角，也指出现有敦煌学研究工作中的不足和存在的问题。英国剑桥大学 Imre Galambos（高奕睿）的 *Dunhuang Manuscript Culture: End of the First Millennium*（De Gruyter Press）以归义军时期的敦煌写本为研究对象，集中研究了三类文书，即佛经文书、学郎所书手稿和社邑文书，探讨了这些写本的内容、外形、书写样式、布局和格式等，认为这些写本除了明显的中国元素外，还显示出中亚文化的重大影响。黄楼《吐鲁番出土官府账簿文书研究》（社会科学文献出版社）探讨了上迄十六国高昌郡，经阚氏、麴氏高昌王国，下至唐代西州时期，中国地方政权及统一王朝治理吐鲁番地区的经济、政治制度。杨明璋《神异感通·化利有情：敦煌高僧传赞文献研究》（政大出版社）梳理了高僧传、赞之抄写情形及其神异传说之源流，探究从唐至宋的中土人士对本土与域外高僧之崇拜信仰，及其对后代乃至东亚文化圈的影响。美国期刊《中国历史研究》（Chinese Studies in History）（第 53 卷第 3 期）还组稿了敦煌学专号，以"丝绸之路上的敦煌：欧亚文化交流的枢纽"为题，发表了荣新江、沙武田、陈怀宇、郑阿财、周晓萍、郑炳林、魏迎春等学者的六篇文章，分别对吐蕃文献中的摩尼教与景教因素、敦煌藏经洞的封闭原因、摩尼宝珠崇拜、敦煌壁画中的佛经绘图形式与功能、佛教教团僧尼违戒等问题进行了深入探讨。周明帅《敦煌、吐鲁番文书所见"舍"之记载差异及其用途探微》（《中国史研究》第 1 期）指出敦煌文书与吐鲁番文书对于"舍"的记载内容、用途存在差异，反映了两地居民的居住形态、田地经营方式、均田制实施情况的不同。稻田奈津子著，罗亮译，刘安志校《入殓·下葬仪礼复原的考察——以吐鲁番出土随葬衣物疏为中心》（《魏晋南北朝隋唐史资料》第 41 辑）认为吐鲁番出土的随葬衣物疏，前期基本如实记载了随葬物品，在入殓之时，会按照衣物疏所载顺序将随葬品放入墓中，并宣读衣物疏；后期衣物疏则添加了更多宗教性、咒术性的虚构内容；此外，文章还探讨了道、佛二教的入殓、埋纳舍利仪式。

二、从传统政治史到新政治史

传统政治史研究关注政治人物、政治集团和政治事件，尽管其曾经遭遇挑战，但是在经过各种更新之后，政治史引起学界的进一步关注，成为我们今天研究的主轴之一。

政治集团、政治人物和政治事件。隋唐五代史研究早年兴盛的"关陇集团"、勋贵集团和宦官群体这些传统话题学界研究成果并不多，但仍有关注者。薛海波《关陇集团与隋朝建立新论》（《社会科学战线》第 10 期）指出关陇集团各群体的权位是按照宇文泰及其家族专权的需要来分配的；宇文护代魏建周及其与北周皇帝的权力斗争，是促使关陇集团内部权力分配、政治地位剧变、北周皇权强化的重要原因；杨坚能够代周建隋，既是关陇集团内部剧变的结果，又是中古中国由分裂到统一时代变动的产物。横山裕男《唐的官僚制与宦官——中古近侍政治的终结序说》（《唐史论丛》第 31 辑）探讨了由清流垄断官场中枢的新兴贵族、宦官和藩镇三者之间的关系，指出唐代末期，当藩镇消灭掌握禁军和依附皇权的宦官，以及垄断官场的新兴贵族时，唐皇朝的三大支柱仅剩下藩镇，由此开启了五代十国军阀割据的时代。政治人物的研究方面，赵贞《李渊建唐中的"天命"塑造》（《唐研究》第 25 卷）从阴阳符谶角度考察了李渊建唐过程中的正统塑造与"天命"宣传，揭示了阴阳符谶对于中古政治文化的重要影响。周浩《牛僧孺及其时代》（上海古籍出版社）对牛僧孺的一生做了综合论述，解析其知识结构、政治追求、心理性格和精神状态，探索其与时代、环境的关系，并从牛僧孺的角度来探讨中晚唐的党争问题。戴仁柱著，刘广丰译《从草原到中原：后唐明宗李嗣源传》（中华书局），论述了明宗的成长背景与王者之路，强调其统治的八年时间里的政治演变过程。郭海文《高贵与卑微：大唐公主命运图谱》（陕西师范大学出版社）探讨了唐代公主的择偶标准、婚姻类型、婚礼、家庭生活、衣食住行、个人才华、宗教信仰、改嫁、丧葬礼、埋葬方式及坟制等，对这个群体的生命历程作了勾勒。胡耀飞《吴越国与吴越钱氏研究》（社会科学文献出版社）论述了吴越国的防务策略，梳理了吴越国、两宋时期吴越钱氏家族忠逊王支的著述情况，对其家族世系进行串联，并对钱镠的诗文、北宋枢密使钱惟演的生平史料进行编年。政治事件的探讨方面，以李军《三州七关的收复与唐宣宗大中政局》（《社会科学战线》第10期）一文为代表，文章指出大中三年唐宣宗收复三州七关，由年初的吐蕃归附为发端，先后经历情报搜集、战略筹划、实施、舆论宣传环节；该事件对于宣宗最大的意义是有助其利用继绍宪宗的名义以构建统治的合法性，故该事件结束后，宣宗施政的重点就转移到与对内统治关系更为密切的党项问题。

官僚制度与国家治理。受经世致用观念的影响，官僚制度和国家治理一直以来都受到学者关注。韩昇《盛唐格局：唐太宗的国家治理》（中国方正出版社）以《贞观政要》为蓝本，深入剖析了唐太宗的三大谋划：实现治国理念的重大转变、出台国民双赢的政治制度、建立开放自信的核心价值观，以期为当代国家治理提供历史经验。杜文玉《唐宋时期职官管理制度研究》（科学出版社）从制度层面探讨了唐宋时期的官吏选任、考课、监察、审计、勾检等，并对以法治吏、职官管理制度的优缺点进行了分析。梁克敏《变革与出路：唐宋之际虞候与城市治安管理制度的演变》（《史林》第5期）指出晚唐五代城市秩序受到严重冲击，军中维持军纪的虞候逐渐参与城市治安管理；宋立国后，虞候正式成为城市基层治安的主要管理者。李并成《敦煌文献中所见唐五代时期的水利官吏》（《历史地理研究》第1期）考证了唐前期、中唐吐蕃统治时期、晚唐五代归义军时期敦煌地区官方和民间的水利官吏设置和运行情况。赵晓芳、郭振《唐前期西州邻保组织与基层社会研究——以吐鲁番出土文书与砖志为中心》（《敦煌学辑刊》第2期）指出贞观十四年唐太宗平定麴氏高昌，随即在吐鲁番地区施行邻保制度，邻保制对维护西州有效治理发挥了重要作用。张琛《唐代赠官问题研究》（河南人民出版社）探讨了唐代前、后期赠官制度的发展变迁和册赠使，父祖赠官以及自身赠官的流变情况。李永《留守与政局：唐高宗、武则天时期的京师留守》（《北京社会科学》第12期），指出唐代京师留守的主要职能在唐高宗、武则天时期衍生出特殊的政治功能，成为不同政治集团间政治斗争和争夺长安控制权的重要工具，至玄宗朝发展成"三都留守"之制。张忱石《唐尚书省右司郎官考》（中华书局）收录了唐尚书省右司兵、刑、工三部十三司郎官的姓名及其史实，按人物的时代次序排列。

公文书与行政运作。传统的政治史研究虽然关注政治制度，但大都局限于政治机构的设置及其沿革、制度条文规定及其演变的表层化描述，忽略了政治制度的实际运作。受新政治史影响，公文书和政治运作的研究在逐渐加强。张雨《唐代司法政务运行机制及演变研究》（上海古籍出版社）探讨了唐代的政务运行机制及其转变，指出唐代前期国家政务以尚书六部为分类框架，逐渐落实到州县的政务分类和机构设置之中；唐代中后期以财政三司和司法三司为代表的使职系统及其反映的新的司法政务申奏与裁决机制，经过元丰改制依托六部体制进行的吸纳，形成了运行更为畅通的中央直贯地方的司法政务运行机制。叶炜《释唐后期上行公文中的兼申现象》（《史学月刊》第5期）指出唐后期上行公文中的"兼申"，是指下级机构将同一事项分别上报两个或两个以上相关上级机构，并探讨了这种信息分层的政治意义。雷闻《唐宋牓子的类型及其功能——从敦煌文书P.3449+P.3864〈刺史书仪〉说起》（陈俊强主编《中国历史文化新论——高明士教授八秩嵩寿文集》，元照出版公司）探讨了唐代中后期兴起的另类公文"牓子"，其起源、类型、特点，以及在唐宋政务运行中的功能。张雨《公文书与唐前期司法政务运行——以奏抄和发日敕为中心》（《唐宋历史评论》第七辑）认为唐前期奏抄和发日敕都适用于司法政务中"流已上罪"的裁决，但从文书功能与处理程序来看，奏抄适用于律令格式已经做出明确规定的国家常行政务；发日敕则适用于特殊问题或特殊案情，以及超出既有法典规定的需要皇帝以制敕临时处分的新问题。郭桂坤《唐代后期奏抄的应用问题——以新见乾宁三年（896）刘翱将仕郎告身为中心的讨论》（《唐研究》第25卷）认为举荐制的盛行与奏状取代奏抄成为政务奏报的主体文书这两大历史进程，基本上是同步展开的，与此同时，批复奏状的敕牒取代御画奏抄，成为政务裁决的主体文书，但是唐代后期，奏抄和奏授告身依然普遍存在。丁俊《慰谕公卿与诫约臣下——以玄宗朝的论事敕书为中心》（《唐研究》第25卷）认为论事敕书是以君主的名义，对臣下进行"诫励"和"晓谕"，虽也包含慰问的态度在内，但重心偏向于"谕"，以论事为主旨。

学校、科举与藩镇研究。唐代学校、科举、藩镇研究近年来均遭遇了一定瓶颈，突破不大。黄云鹤《唐宋时期落第士人群体研究》（中华书局）对唐宋时期落第士人群体规模进行量化分析，评价其总体力量，分析其生存状况、社会出路、社会地位、发展趋势、存在问题，以及他们与社会、政府之间的相互关系。黄寿成《论隋文帝并未施行科举制度》（《文史哲》第4期）认为学界对隋文帝废除九品中正制、施行科举制度选官是一种误解，杨隋政权在一段时间内选官制度仍然沿用北周政权的察举制。金滢坤《唐代家训、家法、家风与童蒙教育考察》（《浙江师范大学学报》第1期）从隋唐帝国的兴起、士族的兴衰和科举的兴盛等视角考察了家训、家法、家风与童蒙教育的关系。郑阿财《〈开蒙要训〉的语文教育与知识积累》（《浙江师范大学学报》第1期）以《开蒙要训》为例，从知识认知的角度，分析了蒙书编撰与儿童识字量、内容层次与知识积累之间的关系。唐代藩镇研究以王炳文《从胡地到戎墟：安史之乱与河北胡化问题研究》（北京师范大学出版社）为代表。该书结合政治史和民族史两个维度，揭示了安史之乱以前河北地区的胡化问题，对于安禄山和仆固怀恩也作了更为深入的梳理，尤其注意多种势力之间的角逐。杨文春《再论唐后期割据藩镇胡化问题》（《唐史论丛》第31辑）认为在分析藩镇胡化问题时，需要注意政治立场与文化偏见两者之间的先后关系，河朔与淮西的胡化有别，前者以政治归属为重心，后者则同时侧重文化的归属和认同。

军事史。军事史是传统研究议题，但是近年来关注的学者不多。相关代表作有日本学者林美希《唐代前期北衙禁军研究》（汲古书院）。该书探讨了唐前期北衙军事组织的发展变化，以及与此密切相关的宫廷政变和马政，并以安史之乱为背景，讨论北衙在朝廷发挥的功能和作用。施厚羽《巾帼入戎事：晋唐之间的战争与性别》（稻乡出版社）以晋唐之间女性的战争参与为核心，梳理其参战模式、背景、论述、评价，并从性别角度探讨中国中古时期的战争和军事文化。罗彤华《唐代宫廷防卫体系的建构及其演变》（《魏晋南北朝隋唐史资料》第41辑）从多角度、多层次对唐代宫廷防卫体系、制度及其发展演变，包括皇帝外出行幸时的警卫系统等进行了详细阐述。朱德军《中晚唐关中地区的几种防秋兵述论》(《唐都学刊》第 5 期)指出关中防秋兵主要源于五类军事集团,其中中原藩镇是最为频繁参与者,南方藩镇次之;若就单个藩镇考虑,朔方军参与频次最高,其次是中原的忠武和宣武等等。陈飞飞《唐代皇帝亲征礼仪研究——以礼书记载和实践为中心》(《唐都学刊》第 6 期)认为唐代皇帝实际实施的亲征活动屈指可数,相关礼仪也未见实施,徒留于文本之上。刘啸虎《唐代前期军中肉食供给初探——以敦煌吐鲁番军事文书为中心》(《敦煌研究》第 3 期)指出在唐前期军中马匹等牲畜死亡后的处置、出售环节中,军人以象征性低价购买,唐代行军中设置临时账房,统兵军官将兵士钱财集中存入,随时支取,向随军商人购买肉食等军需品,军中向士兵放贷的制度亦随之产生。夏超伦、张剑光《素甲日耀:中古时期明光甲的形制和应用》(《史林》第 4 期)认为明光甲是一种素甲,表面可能涂有白色颜料并绘有精美花纹,以丝绳串连,颈部设有盆领,内侧垫有衬里,是一种铁制重甲,隋唐以后大量应用于战争,在宋代仍有应用,元明以后彻底消失。

  礼制与法制。礼制史的研究近年来逐渐受到学界关注,法制史的研究则是一直以来的传统议题。前者的研究成果以冯茜《唐宋之际礼学思想的转型》(生活·读书·新知三联书店)为代表,该书梳理了从赵匡、杜佑,到李觏、王安石、张载、程颢、程颐、吕大临的礼学研究,最终落脚在朱熹对于不同礼学方法与思想的统摄上,这些思想家对礼的规范性来源和人性论基础进行了重新阐释,由此实现了礼学思想与礼仪实践的历史转型。杨立凡《敦煌归义军接待天使仪礼初探》(《敦煌研究》第 4 期)以敦煌写本 P.3773V 为依据,结合敦煌莫高窟第 156 窟《张议潮统军出行图》,考证了迎接天使之仪和节度使出行的仪式,归纳了归义军接待天使的基本过程及政治意义。吴丽娱《唐高宗朝"僧道致拜君亲"的论争与龙朔修格》(《学术月刊》第 2 期)从龙朔修格的角度,说明《显庆礼》与龙朔修格的联系及礼法意义,指出"僧道致拜君亲"的讨论是龙朔礼法改革中的一项。高明士《中国中古礼律综论续编:礼教与法制》(元照出版公司)一书分礼教篇和法制篇两大部分进行论述,礼教篇讨论了隋唐学礼中的乡饮酒礼、谒庙(圣)礼和谒圣试、书院祭祀空间的成立和作用、常鸿墓志与隋代宾贡科几个方面的问题;法制篇讨论了唐代的礼律关系、军礼和皇帝亲征、唐代的身分制和身分法、籍年和貌定等问题。山根清志《唐王朝的身分制支配与"百姓"》(《唐王朝の身分制支配と"百姓"》)(汲古书院)讨论了唐代的良贱制和百姓、私贱民身份、良贱制的性质、"良""贱"的区分标准、"百姓"的特殊化和多义化现象,并探讨了唐代的雇佣人和奴婢买卖、唐代食实封制度和封户等问题。么振华《唐代法律案例研究(碑志文书卷)》(上海古籍出版社)一书分上、下两编考察了唐律在唐代社会的贯彻执行情况。刘晓林《唐律立法语言、立法技术及法典体例研究》(商务印书馆)对唐律中典型法律术语的功能、地位及其在法典中的影响进行系统梳理,进而对唐律立法技术、法典体例与结构进行深入探讨。戴建国《秩序之间:唐宋法典与制度研究》(上海人民出版社)探讨了现存《天圣令》文本的来源及其修纂方式,依据《天圣令》在行的宋令,对唐令作了复原尝试,探求北宋法典与唐代法典的传承关系、唐宋律令体系的流变。张春海《中国古代立法模式演进史(两汉至宋)》(南京大学出版社)论述了两汉至宋代立法模式的变迁过程,从"个人立法模式"到魏晋唐初群体性立法模式、唐高宗时期双层架构立法模式的出现，再到安史之乱爆发，使组织在立法中崛起；宋代立法则呈多机构、多样式的特征，组织立法为其主流。段知壮《唐代涉僧法律问题研究》（中国社会科学出版社）提出《道僧格》作为一部宗教法典，最明显的特色是将佛教戒律引入国家制定法体系，从而试图更全面地管控佛教及僧团，但事实上这一尝试的结果却并不理想。陈锐《〈唐律疏议〉中的"比附"探究》（《华东政法大学学报》第3期）指出"比附"是重要的立法方法，《唐律疏议》对汉代的比附进行了改造，将比附的对象由"故事"转变为律条，使"比附"制度化、法典化。

三、经济与社会

隋唐五代经济史的研究虽然论著数量少，但质量却相对较高。《中国社会科学》杂志第1期组稿，对"土地制度"进行了集中讨论，题为"唯物史观视阈下的中国古代土地制度变迁"，以期深入探讨中国古代土地制度演变与国家治理、社会发展的密切关系。其中隋唐部分由耿元骊撰文《隋唐土地制度变迁与时代分期》，讨论了隋唐土地"所有权"的新发展，"民有"土地占有和经营，指出如果土地制度和百姓身份两个关键性依据都没有发生变化，则建立在土地制度和百姓身份基础上的时代分期论（如唐宋变革论）就不再成立。丁俊《垦土安民：唐玄宗开元时期的官田屯垦与户口整顿》（《中国经济史研究》第4期）指出，开元时期为了安置逃还户和贫下百姓，政府通过收回现有官田、组织新的官田屯垦以及鼓励垦荒等方式来扩大可控的土地资源，并进行实际给授，体现了政府对于均田令的极力维持。薛政超《规模·品格·角色·范式：唐宋"富民"考论》（中国社会科学出版社）探讨了富民对唐宋社会经济关系的重塑，富民在国家职能体系变革中所扮演的角色。周鼎《晚唐五代的商人、军将与藩镇回图务》（《中国经济史研究》第3期）指出中唐以降各地藩镇以筹措军饷为名，普遍设立回图务等职能机构，经营以邸店贸易为代表的商业活动；回图务任职者大多拥有军将职衔，以此为契机，大批民间商人拾级而上，挂籍军府，获得军将职衔，甚至准官僚身份，部分商人进而与军将发生社会面貌的交融，身份界线趋于模糊。牛来颖《〈唐郑锴墓志〉所见唐后期三川盐政》（《河北师范大学学报》第5期）在墓志考证的基础上，利用郑锴在西南地区盐铁巡院及云安都监任上的政绩，探究三川盐与唐代后期财政的关系。李明、冯金忠《吐鲁番出土契约文书所见唐代房屋租赁——以65TAM40：28号文书〈唐杜定欢赁舍契〉为中心》（《文物春秋》第1期）认为唐代房屋租赁出现了一些新特点，如契约参与者的变化、契约中特殊要求条款的消失、房屋租金支付更多使用银钱等，并对唐代房屋租赁契约书式进行了复原。王瑾《唐宋时期芝麻钉装烧工艺初探》（《四川文物》第4期）认为芝麻钉装烧是我国唐宋时期烧制瓷器时采用的一种重要装烧工艺，五代黄堡窑对这一技术进行了革新，并以新的面貌传承到了汝窑、修内司官窑等窑场，这一技术变革与窑工烧造经验的积累及供瓷制度的推动有密切关系。魏明孔《隋唐手工业与城市建设之进步》（《中国经济史研究》第6期）从隋唐两代的手工业发展及其管理体制入手，探讨了隋唐两代城市建设的进步原因。

受西方社会学理论影响，唐代社会的研究也普遍受到学界关注。就议题而言，主要集中在家族、社会群体、社会生活和性别史的研究上，但也存在研究成果有量的增加而鲜有质的突破的问题。路学军《隋唐之际山东士族的文化传承与变迁》（中国社会科学出版社）一书在梳理山东士族文化渊源与文化境遇的基础上，从儒学重塑、史学实践等多个层面剖析山东士族文化变迁与坚守相互交错的特质，揭示山东士族在家风、学风、政风等方面的演变脉络、文化内涵及其关联性。王洪军《名门望族与中古社会——以太原王氏为中心》（中华书局）将太原王氏纳入整个中古社会的大背景下加以考察，注重对其社会政治、经济、文化、宗教信仰、风俗习惯的综合研究，考察这一家族的仕宦、婚姻、信仰、家风、教育状况、家族经济等方面的情况。张剑光《宋人笔记视域下的唐五代社会》（大象出版社）利用宋人笔记，探讨唐五代的社会生活，涉及饮食、住宅、交通、经济、商品消费、婚姻、丧葬礼俗、教育和文化生活、节庆与文娱生活等众多方面。刘冰莉《唐宋义兴蒋氏家族文化研究》（中国社会科学出版社）在纵向上对义兴蒋氏家族的历代发展进行梳理，在横向上着重分析其科举、婚姻、党争、交游等与家族文化之间的相互影响与促进。蔡帆《唐后期江淮土豪与地方社会秩序关系探微——以宣歙康全泰之乱为考察中心》（《史林》第2期）指出康全泰之乱是一起主要由土豪层策划参与的对抗宣歙军府的乱事，通过对此事件及记录此事件的《祭梓华府君神文》的分析考察，可以较为明晰地了解唐后期江淮土豪与地方社会秩序间的关系。周鼎《"邑客"论——侨寓士人与中晚唐地方社会》（《中国史研究》第4期）认为"邑客"大多是出身定居两京的官僚家族，迫于仕途竞争与经济生活的压力，大批迁徙、侨居地方州县，对地方社会的既有秩序造成冲击，围绕地方政治、经济资源，客、民两类人群呈现紧张对立的态势。程嘉静《唐末五代宋初慕容家族对玉门地区的管控——以敦煌文献和壁画为中心》（《敦煌学辑刊》第2期）认为唐末五代宋初慕容家族以慕容归盈为代表，在玉门地区势力强大，其家族通过政治、军事和经济等方面加强对玉门地区的管控。周鼎《侨寓与仕宦：社会史视野下的唐代州县摄官》（《文史哲》第3期）指出唐代中后期侨寓士人成为地方州县摄官的重要来源，在岭南等地甚至演变为一项地方人事惯例。

四、民族史、丝绸之路与中外交流

受"一带一路"政策驱动及多民族国家的现实关照，本年度隋唐五代史在民族史、丝绸之路和中外交流方面研究成果显著。韩国学者朴汉济著，郭利安译《大唐帝国的遗产：胡汉统合及多民族国家的形成》（八旗文化出版社）探讨了胡汉融合背景下唐朝国家的经营方式和统治术，从历史源头去寻找今天中国多民族国家形成的根源。王义康《罩于风教：唐王朝的政治秩序》（社会科学文献出版社）分析了唐与四夷关系的类型，指出因四夷政治归属不同，进入以唐王朝为中心的天下秩序的四夷就分属不同的政治圈层，唐王朝的国家体制与对外关系体制，在法律上有着明确的界定，册封与授受官爵是唐王朝与四夷建立政治秩序的基本途径。朱丽双《吐蕃崛起与儒家文化》（《民族研究》第1期）通过考察古藏文文献，指出传统儒家思想曾对吐蕃的政治文化产生过重要影响，吐蕃的政治文化既有欧亚内陆文化传统，又有中原儒家文化要素。张云《唐朝时期吐蕃佛教的中国化》（《民族研究》第5期）指出吐蕃佛教中国化的两个特点，一是吸收西藏地方本土宗教——苯教开启的中国化

（西藏地方化）进程，二是吸收唐朝内地汉传佛教推进的中国化进程。李鸿宾《唐朝胡汉互动与交融的三条线索——以墓志资料为中心》（《民族研究》第 1 期）以自北而南的高车族属、自西向东进入朝廷辖内的吐谷浑王族、东迁内地的粟特人三条线索，论述了这些外来族群步入汉地后其族属文化与认同发生的转型。杨富学《北国石刻与华夷史迹》（光明日报出版社）一书以北方地区发现的各种石刻为研究对象，研究了唐代历史文化与北方民族的紧密关系，探讨了唐代西域、敦煌历史及中西关系等问题。吴玉贵《西暨流沙：隋唐突厥西域历史研究》（上海古籍出版社）一书分为"突厥"编、"西域"编和"胡人与胡风"编，考察了隋唐与突厥、西域诸族的关系，粟特胡人，以及唐代的胡风等历史史实和社会风尚。李文学《吐谷浑史研究》（科学出版社）以魏晋南北朝至隋唐时期的吐谷浑为研究对象，通过对吐谷浑民族自我塑造过程及其与周边民族区域互动过程中一些细节问题的分析，探讨吐谷浑民族的一些重大转折及其发生机制。米婷婷、王素《隋封高昌王麴伯雅弁国公索隐——兼谈梁元帝〈职贡图〉的影响》（《西域研究》第 2 期）认为大业八年隋炀帝带高昌王麴伯雅首征高丽不利，回到洛阳，封伯雅为弁国公是准备二征高丽获胜，派伯雅镇守其地，故"弁国"指高丽国；炀帝有此奇想，是受梁元帝《职贡图》"高昌国使"题记称"面貌类高丽"的启发。尹磊《"父—子"二级结构与北族政权世界秩序的确立》（《中国文化》第 52 期），认为北族政权借用血亲部落的"父—子"二级结构，来拟构北族君长与臣服政权首领之间的关系，从而将臣服政权纳入北族的政治体系之中。葛承雍《胡汉中国与外来文明（民族卷）》（生活·读书·新知三联书店）围绕"胡貌汉魂与异域文明"，积极探索汉唐时期胡汉之间的冲突与交融。

在中外关系与丝绸之路的研究上，沙武田《唐、吐蕃、粟特在敦煌的互动——以莫高窟第 158 窟为中心》（《敦煌研究》第 3 期）通过对莫高窟第 158 窟中造像、壁画和榜题的分析，指出其中的唐样唐风、粟特和吐蕃艺术元素或影响。毕波《粟特人在焉耆》（《西域研究》第 1 期）通过对焉耆七个新出土的粟特文银碗和纳骨器研究，揭示 5—8 世纪时在焉耆的粟特人之宗教信仰和生活样态。陈杰《海客谈瀛洲——唐宋之际的中日交流》（商务印书馆）从中日之间的商路、丝绸、瓷器的流传等各方面，对唐宋时期的中日丝瓷之路做了全景式描绘。田卫卫《唐长安书写文化的日本流布——以王羲之书迹为中心》（《文史》第 2 辑）通过分析王羲之书迹在日本奈良时期书写和传播的情况，讨论唐代书写文化在日本的流布。东野治之著，王媛译《遣唐使》（新星出版社）对遣唐使的研究做了全新总结，不仅再度探讨有关遣唐使的"常识"，也纠正了一些流传于民间的旧有错误观念，以及日本文化的形成和唐朝文化的关系。王贞平著，贾永会译《多极亚洲中的唐朝》（上海文化出版社）探讨了唐朝与突厥、回鹘、新罗、南诏、吐蕃等周边政权的"互利"与"相互依存"的复杂多变关系，并对唐朝对外关系的中央与地方双重管理体系，以及"德""义"在对外政策思想中的作用做了分析。王小甫《丝路运作与唐朝制度》（《敦煌学》第 36 期），从支持和维护丝绸之路运作的视角，讨论唐朝有关制度的实施、国家体制与国家观念等，兼及丝绸之路由东向西的进程。葛承雍《胡汉中国与外来文明（交流卷）》（生活·读书·新知三联书店）围绕"汉唐记忆与丝路文明"，以考古新发现为先导，探究欧亚古国与古代中国或隐或现的文明联系。周运中《唐代航海史研究》（花木兰文化出版社），探讨了隋唐五代中国近海港口的海运史和航线，以及这些地方的波斯人、高丽人的经商贸易和物质交流情况。毕德广《唐章怀太子墓"东客使图"新论》（《考古与文物》第 5 期），认为从该墓墓道壁画的布局及方位秩序、人物面貌特征看，此人应来自大唐东部，再结合人物发式、叉手礼等因素，推测其为唐代契丹人，而非一般所认为的东罗马人或粟特人。

五、思想与宗教

隋唐五代思想史的研究，以宗教讨论最为热烈，佛教研究最为集中，在本年度出版的 8 部相关著作中，佛教史达 7 部。葛承雍《胡汉中国与外来文明（宗教卷）》（生活·读书·新知三联书店）以"番僧入华来"为题，围绕"唐三夷教与外来信仰"，对北朝隋唐时期各种宗教错综复杂的图景进行考察，对由西亚、中亚传来的景教、祆教、摩尼教入华后的传播和变化，做了不同层次的研究。加藤弘孝《唐中期净土教における善导流の诸相》（法藏馆）以《念佛三昧宝王论》和《念佛镜》二书为中心，探讨了唐代中期净土教的重建过程。美国学者倪雅梅著，陈朝阳译《龙门石窟供养人：中古中国佛教造像中的信仰、政治与资助》（中华书局）从政治、信仰与资助的角度来分析龙门石窟的供养人，从艺术史角度观察国家政治与宗教之间的互动。吕鹏志《中国中古时代的佛道混合仪式——道教中元节起源新探》（《世界宗教研究》第 2 期）指出道教中元节其实是糅合佛、道二教因素而创造的宗教节日，而非简单的道教模仿佛教盂兰盆会，或者佛教盂兰盆会模仿道教中元节的产物。霍巍《王玄策与唐代佛教美术中的"佛足迹图"》（《世界宗教研究》第 2 期）探讨了王玄策对于唐代佛教美术中外域题材的引进、推广与传播，揭示出王玄策使团在人员组成、宗教信仰、崇佛活动等方面的若干新线索。介永强《隋唐佛教文化史论》（社会科学文献出版社）一书分上、中、下三编，探讨了唐都长安佛教寺院的建筑风貌和书法文化遗产，隋唐高僧对儒学、语言文字学和中国书法的特别贡献，唐代胡僧的功绩，长安佛教义林与义学风尚，隋唐时期的宗教消费，佛教与中古中外交通等问题。习罡华《禅宗七祖青原行思研究》（中国社会科学出版社）认为青原禅系以《周易》为基础，试图从佛教立场融合不同宗派、不同宗教和不同文明的优点，建立将文化和修行融为一体的"士民禅"，标志着佛教在文化上和理论上的彻底中国化。石刚《走向世俗：中古时期的佛教传播》（社会科学文献出版社）以僧人群体为切入点，从神异现象、狂僧群体、僧人行医、佛教谶语、焚身供养、斋月斋日演变角度重新审视了魏晋南北朝至隋唐五代时期的中国佛教，通过大量鲜活事例说明佛教融入中国文化的过程。沙武田《佛教供养与政治宣传——敦煌莫高窟第 156 窟供养人画像研究》（《中原文物》第 5 期）认为敦煌莫高窟第 156 窟是归义军节度使张议潮的功德窟，窟内的经变画、张议潮夫妇出行图和《莫高窟记》，实是张议潮通过佛教手段进行个人政治宣传的重要方式。聂顺新《唐代佛教官寺制度研究》（中国社会科学出版社）研究了唐高宗乾封元年佛教官寺制度的内容、执行及其意义，对唐代官寺的制敕内容、制敕的执行力度、官寺的空间分布、变迁大势及原因进行了讨论，揭示佛教官寺与中晚唐半独立藩镇的政治合法性构建之间的关系。张传勇《唐宋城隍信仰发展状况考论》（《文史》第 3 辑）认为通过庙址统计重建唐宋城隍信仰的时空分布图景，这一研究路径因为数据使用上的局限，以及没有充分考虑城隍信仰本身的特性,极易夸大地域间的不平衡。

除宗教外,隋唐其他思想史方面的研究论著还有一些。梁红仙《思想与政治之间:唐玄宗时期政治思想研究》(中国社会科学出版社)从纵、横两方面对唐玄宗时期政治思想进行了梳理,揭示学术与政治、政治思想与社会生活之间的内在关系。周游《中唐文人鬼神观念的分歧:兼论韩愈〈原鬼〉的思想史意义》(《北京社会科学》第 9 期)认为韩愈作《原鬼》,从本体论上明确区分了"鬼"和"物怪",并在鬼神观念上表现和同时代其他文人的分歧,后来的宋代理学家在鬼神观念上与韩愈存在着一致性,但却走向了更加抽象与纯粹的方向。史少秦《中唐儒者的天人政治观——以柳宗元为中心》(《哲学动态》第 6 期)认为中唐儒者弱化了"天"的主宰意义,注重"人"对于政治的主导作用,柳宗元等人更是彻底分离"天""人",区别"天道""人道",反映了中唐儒者试图祛除政治的神学之魅,以建立真正的"人"的政治之努力。

六、文化与医疗

近年来,在"文化转向"和"文化研究"的理论推动下,文化史不再是当年被兰克追随者所轻视的"史学末流"或"业余爱好",而是受到了前所未有的青睐。隋唐五代文化史方面发表文章已超过 128 篇,专著已出版 17 部,成果极为丰硕。杜浩《颜真卿书法评价研究》(中华书局)以后人对颜真卿的书法批评为研究对象,分析其中所包含的如人品与书品的关系、评价中的核心概念、某些内容的文化史分析(篆籀气)、题跋与理论中论说的区别等。张存良《书谱研究》(上海古籍出版社)分上、下两编,上编考辨孙过庭的生平、《书谱》名实、《书谱》墨迹及其刻本流传情况、产生的时代文化背景;下编为《书谱》的笺注。罗希《唐代胡乐入华及审美问题研究》(中国社会科学出版社)通过对"胡人半解弹琵琶""唐二十八调的胡乐因素""《婆罗门曲》的奥秘""《苏幕遮》的传播"四个个案的分析,从乐器、乐调、乐曲、乐舞四方面探讨胡乐传入中原后隋唐时期人们的文化审美趣味。卢建荣《唐宋吃喝玩乐文化史:园林游憩、饭馆钱别与牡丹花会》(暖暖书屋文化事业出版公司)探讨了唐宋园林主生活的日常轨迹,唐代的饭馆文化,文士雕版印刷术的使用和牡丹花会等。张丹阳《唐代教坊考论》(中国社会科学出版社)围绕唐代教坊制度、音乐以及文学三个主题展开,提出了唐代教坊"三位一体"和"中央—地方"建置模式的构想,并探讨了唐代的教坊四部乐、教坊文艺与文学发生场域等问题。陈志平《唐宋书法史拾遗》(中华书局)分书史专题、书家论析、书迹丛考三部分,对书法史上较少为人关注的书家、作品及书法史现象进行研究。杨瑾《唐代墓葬胡人形象研究》(人民出版社)以唐代墓葬出土的胡人形象为据,在新社会史理论范式下,探析胡人在唐代社会的生存状况、社会作用和历史影响。杨为刚《礼制与情欲:唐代婚礼的仪式书写与文学表达》(《中华文史论丛》第 3 期)通过对敦煌遗书中的婚礼文书和存世婚礼文本的对读,认为唐人的现实生活中婚礼程式并没有完全被儒家礼制束缚,婚礼书仪和婚礼文学的书写群体从宫廷文臣转移到官僚文人。陈悦新《唐宋时期高昌回鹘的佛衣样式》(《西域研究》第 1 期)通过分析柏孜克里克石窟遗存壁画中的佛衣样式,认为主尊佛像所着通肩式、覆肩袒右式和中衣搭肘式佛衣与汉地唐代流行的形式一致，与宋代川渝地区也相同，故回鹘佛衣样式的发展较大程度上承袭了唐宋文化。

隋唐五代医疗史的研究明显受到西方新史学理论的影响。陈昊《疾之成殇：秦宋之间的疾病名义与历史叙事中的存在》（上海古籍出版社）以出土文献为据，以新方法及理论解读秦汉至晚唐个体的疾病与身体，讨论了身体书写、汉唐之间墓葬文书与隋唐长安的疾病书写，以及墓志所见晚唐的饥馑与疾病。于赓哲《从疾病到人心——中古医疗社会史再探》（中华书局）探索疾病与人心、医疗与社会、中医与西医之间的关系，尝试发掘文字背后隐藏的史实，试图将传统医学从"科学还是迷信"的窠臼中拉回来，还原中国古代医学的本来面貌。谢乐、曹思佳等《唐宋时期文献关于中风后痉挛性瘫痪的用药规律分析》（《亚太传统医药》第3期）通过收集整理唐宋时期关于中风后痉挛性瘫痪的方药，采用SPSS 20.0对所采集的数据进行频数分析、因子分析、聚类分析等数理统计分析，认为唐宋时期出现了中风后痉挛性瘫痪"内风"学说的萌芽。

七、历史地理

隋唐五代历史地理的研究，主要集中在城市、关防、生态环境、灾害治理等方面。蔡坤伦《唐代关防：以关中四面关为中心》（秀威资讯科技出版社）以唐代关中地区的关防为主轴，析论关中四面的36座关的位置、变迁、交通等，以及由汉到唐的通关规范与出入关的"过所"凭证。朱宇强《自然环境与社会互动下的唐宋洛阳研究》（中山大学出版社）梳理了唐宋时期洛阳城的自然环境变迁、人口变化，从生态空间和环境承载力等方面讨论了自然环境与城市社会之间的互动关系。马强《出土唐人墓志历史地理研究》（科学出版社）利用唐人墓志研究唐代环境、政区地理、交通地理、乡村地理、唐人的地域观念等。艾冲《隋唐北疆史地新探》（陕西师范大学出版社）主要对隋唐长城、唐代安北都护府、唐代北疆军事驻防城的建造与分布、历史演变和空间结构，以及唐代"丝路"沿线羁縻府州的配置及其担负的东西方贸易纽带作用等方面展开探讨。谷更有《唐宋时期村落家乡之构建》（《河北学刊》第4期）认为"家乡"概念的构建，不仅是一个简单的村民血缘和地缘相结合的过程，还与村民的精神体系紧密相连，这种兼及血缘、地缘和神缘共同体特征的村落与唐宋社会的庶民化和政治的皇权专制化有极大关系，从而为后世的乡村绅权化奠定了坚实基础。齐子通《如影随形：唐宋之际都城东移与北都转换》（《中国史研究》第2期）整体考察了唐宋都城迁移和陪都的布局变化及其差异，认为唐宋之际北都东移受到中央权力支配，与都城东移存在"如影随形"的关系。孟彦弘《游牧与农耕交错、东西与南北交通视野下的河西走廊——以隋及唐前期的凉州为例》（《中国人民大学学报》第4期）指出地处河西走廊东边的凉州，在隋及唐前期既要防遏北边突厥，又要防遏南边经由祁连山而至的吐谷浑等部，同时还是进一步控制河西走廊的基地和重镇，具有地理交通与文化交流碰撞的双重意义。屈卡乐《唐后期团练、防御州考述：以唐会昌五年为时间截面》（《历史地理研究》第3期）认为，在行政层级上，唐后期的团练、防御州可分为高层政区和支郡两类，防御州军队的主体为官健，团练州军队则由团结兵和官健组成，并探讨了中央设置团练、防御州的政治意图。贾鸿源《唐代洛阳宫城三朝建筑布局探讨——兼论其对五代及北宋宫城之影响》（《史学月刊》第 7 期）认为，太宗、高宗时期，唐代洛阳宫城注重中轴线上三朝建筑群（即应天门、乾元殿、贞观殿）的营造；武则天时期宫城西侧的武成殿政治功能凸显；及至唐末迁都洛阳，以武成殿及其北侧崇勋殿为核心的政治运作轴线确立，宫城内部正式演化出中、西二轴，以含元、武成、崇勋三殿构成的三朝建筑呈"L"形布局；五代及北宋初年之洛阳宫城皆因袭唐末之模式，而北宋东京之开封宫城因摹写洛阳宫城，三朝建筑也呈现"L"形布局。

八、考古发现与名物研究

本年度考古类杂志刊布的唐代墓葬发掘简报超过 22 篇，其他有关考古与名物的研究文章约 70 篇，数量较为庞大。《文物天地》第 8 期组稿了 9 篇文章，以"陕西历史博物馆藏何家村出土文物研究专题"，发表了田卫丽、李倩、赵青等人的文章，分别探讨了何家村出土的唐代金银器，就其社会政治功能、制作工艺、装饰纹样等进行了研究。韩建华《隋唐长安城圜丘》（西安出版社）梳理了隋唐长安城中圜丘的历史、意义、礼仪功能与地位，通过考古发掘和历史文献数据中的相关记载，勾勒出整个圜丘在隋唐时期的建筑规模和形制。王双怀《中国唐代帝陵》（陕西人民出版社）通过宏观研究、个案研究和专题研究，揭示唐代帝陵的历史和文化。何月馨《略论唐代官服入殓的制度与实践》（《考古》第 1 期）通过对唐墓中属于入殓礼的遗存（棺内系统）的梳理，辨析出唐代官服入殓的具体实践，考古发现与文献记载均表明唐代继承了隋代的"朝服葬"。郑彤等《中国唐宋皇后礼冠差异性与传承性研究》（《丝绸》第 9 期）以萧后冠与宋钦宗皇后冠为研究对象，借助史料、图像资料及出土实物，厘清两者之间在形状、款式、装饰及审美倾向等方面的差异性，探寻唐宋皇后礼冠之间的传承脉络。葛承雍《环形壶：从地中海到大兴城——西安隋墓出土环形壶（askos）艺术研究》（《文物》第 1 期）指出 2007 年西安隋墓出土的釉陶环形壶来源于地中海周边地区流行的环形壶，对环形壶的产生源流作了脉络梳理，追踪了数千年来地中海与拜占庭帝国的陶器发展史，探索了环形壶造型艺术融入华夏文化的历程。刘琪《唐三彩胡俑的时空演变探微》（《四川文物》第 3 期）认为，从时间上看，三彩胡俑最早出现于武周时期，中宗时数量剧增，玄宗时期制作工艺渐臻成熟，安史之乱以后则逐渐减少直至消失；从空间上看，三彩胡俑在以长安、洛阳为中心的两京地区发现最多，其他北方地区也有少量分布，南方地区发现的主要是中晚唐时期的三彩胡俑。

九、史学史和史学理论的探讨

隋唐五代史学史和史学理论的研究取得了一定进展。在史家的探讨方面，2020 年是陈寅恪先生 130 周年诞辰，不仅有相关学术会议的召开，还有超过 50 篇的文章讨论陈寅恪先生的治学思想、历史解释、与学人之间的交往等方面。其中《北京大学学报》第 4 期刊发了一组笔谈文章"陈寅恪先生纪念特辑"，集中发表了王汎森、侯旭东、沈卫荣、陆扬等四位学者的四篇文章，探讨了陈寅恪的历史解释、唐史研究的特点、贡献、训诂学观、语文学研究，以及其唐史转向的缘由，并对他的史学框架在 20 世纪前期国际唐史学中的位置作更为整体性的探讨。《中华文史论丛》编辑部也组稿八篇文章，出版了《陈寅恪新论》（上海古籍出版社）一书，作者分别为周清澍、王水照、姚大力、陈尚君、荣新江、沈卫荣、陆扬和高克勤，这些文章或深论陈寅恪先生的作品，或探究陈寅恪与钱钟书学术的异同，或对陈寅恪史学、文学研究进行评论，均有各自独特的视角和深切的学术关怀。另外，还有 20 篇左右的文章讨论汪篯先生，集中收录在胡戟、杜海斌主编的《汪篯百年诞辰纪念文集》（社会科学文献出版社）。

瞿林东主编《中国古代史学批评史》（七卷本）（湖南人民出版社）出版，其中第三卷为隋唐卷，由朱露川执笔。该书探讨了隋唐时期史学批评的出现和发展，刘知幾、杜佑和柳宗元的史学批评思想，刘知幾的史学体系，唐代的"良史"观、"三长"说与史家主体批评论，论述了史注家的史学批评意识和其他领域的史学批评情况。伏煦《〈史通〉外篇的成立及其撰述方式》（《史学史研究》第 1 期）认为《史通》内篇效仿了《文心雕龙》骈体专题论文的批评文体及其理论系统，外篇则在文本考证方法和述学文体两方面继承了《论衡》，弥补了内篇所缺乏的专书的专题研究；内篇讨论"近代之史"，而外篇着意于《尚书》与《春秋》经传，故不能将《史通》外篇简单视作刘知幾著述的初稿或者读书札记。《历史研究》第 1 期发表了一组笔谈文章，题为"经世致用与中国史学的成长"，唐代部分由张国刚撰文《唐宋经世史学之新高度》，叙述了唐代官方史学编纂机构的确立以及正史编纂的巨大成就，揭示唐宋史学在通史型、通论型巨著方面的贡献，讨论了唐宋时期经世史学在处理"求真"与"求用"问题上的创新及突破。

2020 年史学理论的探讨异常热烈，尤其值得一提的是两组笔谈文章，一是《历史研究》第 4 期发表的题为"中国史与世界史的融合"的笔谈，探讨如何推动历史学相关学科的融合发展。中古史部分由陈怀宇执笔撰写了《中国中古史研究：从中国走向世界》，作者提出要打破时段、国别以及专业区隔，尤其是要促进世界史和中国史的融合发展。二是《文史哲》第 6 期也发表了一组笔谈文章，题为"重绘中古史的可能性"，邀请六位学者参加：魏斌提出，走向历史场景，需要踏踏实实地回归对往昔人群和社会的理解和观察，从中构建新识；孙正军认为，历史研究在处理具体问题时，不妨先把经典图式搁置一边，寻求在问题自身的理路内解决问题；仇鹿鸣认为，若我们对身处的潮流有所思考，知其源、观其澜、察其不足，或许能成为走向真正意义上"重绘"的第一步；吴承翰则尝试以一种"带有理论意义的实证研究"方式，构思如何重新诠释唐宋货币经济变迁时的原点。

结语

2020 年的隋唐五代史研究，论著数量庞大，但质量却参差不齐，重复研究现象依然突出。研究问题的关注度存在冷热失衡的状况，如政治史、文化史和文献的研究成果数量众多，但是军事史、经济史的研究则显得较为冷清，后两大领域的研究曾经是传统的热点问题，应该引起重视。石刻文献的研究则出现了异常火热的局面，单纯的碑志考释文章就有

90余篇，这还不包括那些运用碑志文献进行具体问题研究的论著；然而，对隋唐五代碑志文献的系统梳理却做得很不到位，如隋唐碑志有多少伪刻？依然模糊不清，这也是学界将来应该加强的研究领域。在历史研究的理论运用上，隋唐五代史明显受到了西方新政治史、历史书写、文本解构、历史记忆等理论的影响，在一定程度上拓宽了研究领域和视野，对一些历史问题的解释也更加合理、到位，这是值得称道之处。但是如何将这些西方理论与中国历史研究进行有效结合，而不是生搬硬套地与中国历史进行强行对接，恐怕还有待于进一步探索和提高。

宋辽西夏金史研究综述

康 鹏 王 申

2020 年国内宋辽西夏金史研究领域延续了近年来的发展势头和主要研究理路，并在诸多方面有所推进。本年度出版了一批前辈学者的文集和选集。朱瑞熙《朱瑞熙文集》（上海古籍出版社）收集朱瑞熙先生全部学术论文及论著数种。李欣荣编《宋史论丛》（北京师范大学出版社）收入张荫麟的宋史研究论著，不少篇章具有开拓性。张邦炜和王曾瑜分别出版了论文选集《恍惚斋两宋史论集》《琐屑编》（河北大学出版社）。汤勤福《华发集》（生活·读书·新知三联书店）包括礼制论文 28 篇，古代史与史学史论文 16 篇，其他文章 7 篇。李华瑞《宋夏史探知集》（中国社会科学出版社）收入作者近 5 年来发表的宋史和西夏史研究方面的 13 篇文章，回忆文章 8 篇，另收入 15 篇有关 1999 年至 2014 年国内辽宋西夏金元经济史研究状况的述评。邓小南主编，方诚峰执行主编《宋史研究诸层面》（北京大学出版社）分学术史和专题研究两部分，集中了一批宋史研究中青年学者的研究新成果。另据不完全统计，本年度宋史方向出版专著数十种，发表论文千余篇，辽西夏金史则出版专著十余部，发表论文 700 余篇，可谓覆盖全面、成果丰富。

以下分类述之。

一、政治

宋代政治人物、重大政治事件和政治制度的研究颇丰。张晨光《论宋徽宗曹掾官改革》（《文史》第 1 期）指出曹掾官改革始于崇宁年间，政和三年推向全国，使各州级政府设六曹曹掾官，对应尚书省六部。曹家齐《南宋"三省合一"体制下尚书省"批状"之行用》（《学术研究》第 11 期）提出元祐以后至北宋之末宰执"批状"处理权亦秉承熙宁十年诏令，置于皇帝的约束之下。这一局面直到南宋时"三省合一"，调整元丰改制以来的中央行政体制时才有变化。杜文玉《唐宋时期职官管理制度研究》（科学出版社）探讨了唐宋官吏选任、考课、监察等制度之间的渊源、内涵、发展和实施。田志光《宋代宰辅贴职考辨》（《社会科学战线》第 4 期）认为元丰改制前宰相一般可带三馆贴职，中书独相、二员宰相、三员宰相在任时所带贴职形式多有不同。监修国史作为宰相所带贴职，负责史馆修史等诸多事务。元丰改制后至南宋时期，三省宰相均不再贴职，但枢密院副长官签书（同签书）枢密院事则可以带贴职且发展为定制。龚延明《两宋俸禄制度通论》（《中国历史研究院集刊》第 2 期）从多个角度系统论述了两宋俸禄制度。惠鹏飞、张彦晓《终极之典：宋代赠官利弊研究》(《西南大学学报》第 2 期)认为宋朝赠官具有一定的惩恶扬善之意,吸引民众为王朝效力,但也有合赠者未赠、不合赠者获赠、滞后等弊端。古丽巍《"无论于旧,不间于新":论北宋熙丰之际的政局转换》(《中华文史论丛》第 3 期)从中书权力被拆解等问题出发讨论了宋神宗在熙宁、元丰之际推行新法时遇到的矛盾、纠结与应对。林鹄《宋哲宗即位初的政局》(《隋唐辽宋金元史论丛》第 10 辑)指出以往研究夸大了司马光在元祐政治中的影响力,台谏"对人不对事"的做法对元祐政治造成致命打击,新旧两党似无合作的可能性。

从城市、景观、建筑以及政治文化等角度来考察政治史的研究论著不少。何天白《北宋前期的中书门下府署》(《文史》第 2 期)提出中书门下府署是北宋前期宰相机构日常理政的主要场所,具体分析了府署内各建筑的具体职能。丁义珏《自适·共乐·教化——论北宋中期知州的公共景观营建活动(1023—1067)》(《中华文史论丛》第 3 期)提出北宋中期的士人缓解了动用公共资源营建景观的道德紧张,他们希望用公共景观引导民众走近他们的生活方式与审美趣味,最终起到儒家化移风俗之效。宋晓希、黄博《君臣庆会:宋代私家御书阁的营建与赐名》(《安徽史学》第 5 期)认为宋代私家御书阁的营建与赐名过程,展现了两宋不同时期的君臣关系,是观察宋代政治文化的有效窗口。齐子通《如影随形:唐宋之际都城东移与北都转换》(《中国史研究》第 2 期)认为宋太祖迁都洛阳失败,标志着汴州的特殊角色从"积累"到"质变"的完成,冲破了中央集权强势回归对定都洛阳的理论诉求。唐宋之际北都东移,受到中央权力支配,与都城东移存在"如影随形"的关系。安国楼、张义祥《宋徽宗与龙德宫》(《中国史研究》第 1 期)表示龙德宫已成为徽宗帝王形象的一个重要标志或象征,其社会、政治层面的内涵和影响,远大于此宫本身的意义。臧婧婧《宋代政治文化探析:以两宋皇帝罪己为例》(中国社会科学出版社)探讨了宋代的罪己诏令和两宋皇帝的罪己行动、成因、特点、影响及臣民反馈等问题。韦兵《赵宋"家神":黑煞神源流及其与宋代政治文化关系》(《社会科学研究》第 3 期)分析黑煞信仰在太祖、太宗权力交替之际和南宋高宗时期的发展,说明黑煞信仰在五代两宋与王朝政治有密切互动,其地位升降也反映了宋代道教发展变化的一些趋势。

龚延明《宋路级地方行政区划名与实》(《清华大学学报》第 4 期)指出宋代行政区划应分为路,州(府、军、监)、县三级,在管理体制上采取多元路长官,衍生出帅司路、路级监司管理体制,呈现权力分散、相互牵制的特色。吴业国《略不降屈:宋初县级行政独立性建构》(《浙江社会科学》第 2 期)认为县在五代宋初最终摆脱了唐中期以来军事节镇的控制,其独立性逐渐增强,牧民功能得以恢复,为赵宋王朝基层政权统治秩序的稳固提供了保障。纪昌兰《宋代地方公务宴饮过度原因考论》(《安徽史学》第 4 期)指出地方名目繁多的招待宴保证了国家事务顺利进行,也导致奢费滋生、财政负担过重、腐化风气盛行等诸多弊端。陈峰《宋朝官场酒风及其引发问题管窥》(《文史哲》第 1 期)称宋代朝野虽皆知官场酒风过盛,但却难以遏制,其根源除了以往历代共性的因素外,其时代根由则主要与统治集团对饮酒问题的态度以及相关的制度规则存在直接的关联。王晓龙《宋代地方政府"时间成本"损耗及治理》(《河北学刊》第 2 期)发现宋代地方政府公务活动中也蕴含着高昂的"时间成本",这与制度层面的设计缺陷,官场积弊等问题有关。宋朝政府试图展开治理，但成效不佳。

"国家"议题成为辽金政治史研究的重点。杨军《契丹社会组织与耶律阿保机建国》（《中国边疆史地研究》第2期）指出契丹建国前的弥里、石烈皆为地缘组织，涅里之契丹八部也具有一定的地缘性，阿保机将"二府"改造为统辖契丹八部的中央机构，部、石烈、弥里则成为地方行政机构，契丹国家由此构建。苗润博《契丹建国前史发覆——政治体视野下北族王朝的历史记忆》（《历史研究》第3期）认为阿保机家族在唐开元年间才加入契丹，在获取权力后，以自身的家族史为民族集团的历史，导致契丹王朝官方叙述中的建国前史与历代中原文献的相关记载在空间、时间方面产生巨大偏差。程妮娜《辽代生女真属部官属考论》（《兰州大学学报》第5期）认为生女真属部官属由生女真部族节度使、国相、都统、详稳及其他近僚集团成员、官属成员所构成，生女真属部官属担负着为辽朝经营"鹰路"以及各种军政事务的任务，生女真部族节度使则以经营"鹰路"为名，扩充势力。肖爱民《辽朝皇帝庙号三题》（《河北大学学报》第5期）认为辽朝的庙号制度在圣宗即位后才得到完善，辽之"太庙"随皇帝四时捺钵，并无定处，仅是已故皇帝的"先庙"或"祖庙"，并非中原王朝的"太庙"。尤李《道教与辽朝政权合法性的构建》（《中国史研究》第1期）考察契丹统治者对于道教神祇、术语、观点的运用，以此塑造君主和国家权力的神圣性，构筑政权合法性。张意承、李玉君《辽〈张建立墓志〉相关问题再考释》（《赤峰学院学报》第6期）通过对墓志再考释，理清辽代第一个头下州建立的精确时间以及张建立入辽的时间，同时讨论了志主父子担任西南路都提辖使的情况。程妮娜《是酋邦，还是国家？——再论金朝初年女真政权的国家形态》（《陕西师范大学学报》第4期）认为金朝初年已形成基于武力的制度化政治结构和基于地缘关系的社会凝聚机制，已具备国家的基本要素，太祖、太宗时期已不是单纯的女真人酋邦或包含了多民族的酋邦。宋卿《金代官员结衔中的职官探析——以金代石刻为基础》（《中央民族大学学报》第4期）以金代石刻资料中的官员结衔为样本，考察金朝职事官、散官、勋官三者间的相互对应关系。田晓雷《再论金朝的"三师三公"》（《兰州大学学报》第5期）指出三师三公在金朝熙宗朝成为由勃极烈向汉制宰辅转换过程中的桥梁，金末太师衔的获得成为权臣擅政的手段之一。郭晓东《金代尚书省令史选任制度考论》（《中央民族大学学报》第2期）指出女真统治者兼收儒、吏之效，促进了金代士人、职官入吏模式的形成，对元代吏制产生了直接而深刻的影响。关树东《耶律乙辛倒台后的辽朝政局》（《黑龙江社会科学》第1期）认为辽道宗对于耶律乙辛集团的处置令人失望，在政治汉化和重用汉人上作出了一定的妥协让步。道宗末年及天祚帝时期北枢密院执掌者选用不当，加速了辽朝的灭亡。

杜建录《西夏政区划分及其相关问题》（《宁夏社会科学》第5期）认为西夏在半农半牧区既置州郡又设监军司，在荒漠半荒漠牧区只设监军司；西夏分大城、堡寨号为州者、地位衰落州、地位重要的堡寨等四种情形的城；西夏转运司"路"不是一级政区，且经略司管辖范围远比转运司大。杨蕤《论西夏的西缘疆界及相关问题》（《中国史研究》第1期）认为回鹘、西夏、契丹、吐蕃、宋朝等势力参与西夏西缘疆界的争夺实质上是丝路利益之争；频繁的民间或官方交往和佛教力量的聚合，形成了10—13世纪天山东部抗衡伊斯兰教东扩的力量，同时影响到这一地区的文化版图。孙伯君《西夏皇帝又称"白天子"考》

(《宁夏社会科学》第2期)以勒尼语与党项语相对应,认为"白天子"实为"大白高国天子"的省称。

此外张国庆《辽朝官员"言谏"行为论略》(《北方文物》第1期),孙大坤《辽朝枢密院一院多使现象与制度渊源》(《史学集刊》第1期),程妮娜、彭赞超《金朝驸马都尉考论》(《社会科学战线》第4期),宋卿《金代官员结衔样式考——以石刻资料为基础》(《宋史研究论丛》第1期),孙红梅《金代金源郡王封爵研究》(《内蒙古社会科学》第2期),孙红梅《金代品官父祖封赠制度探析》(《史学月刊》第10期),田晓雷《金朝六部分司和郎官架构考论》(《史学集刊》第5期),魏淑霞《西夏枢密院考述》(《宁夏师范学院学报》第6期)等诸多文章亦值得关注。

二、军事

方震华《和战之间的两难:北宋中后期的军政与对辽夏关系》(社会科学文献出版社)关注北宋以"强兵"为目的的军政改革以及统治层的和战之争。陈希丰《吴璘病笃与蜀口谋帅:南宋高孝之际四川军政探析》(《中华文史论丛》第3期)考察了高孝之际朝廷与治蜀代理人围绕吴璘病笃的反应及由此引发的蜀口谋帅事宜,从中得知朝廷始终摇摆于"抑制吴氏世将"与"保固四川"的思路间。陈希丰《南宋京湖战区形成史——兼谈岳家军的防区与隐患》(《中山大学学报》第2期)认为绍兴四、五年间岳飞完成了组建京湖战区的使命,但因岳飞屯兵鄂州,致使荆南守备空虚。林建《城寨之外:北宋西北沿边"崖巉"考》(《中国历史地理论丛》第3期)在考察北宋中后期熙河路沿边弓箭手住所——"崖巉"的基础上,描绘弓箭手群体生存状况,以了解熙河路沿边防务构建过程。卜凡《"澶渊之盟"以前宋辽战争交通道路考》(《中国历史地理论丛》第3期)认为宋辽边疆地带的地理环境与宋辽两军的战略意图,是影响北宋建立至"澶渊之盟"期间宋辽战争中诸道路利用频率的主要因素。王军营《宋代"殿前指挥使"名称及官长考论》(《中国史研究》第2期)指出宋代"殿前指挥使"名称所指人员身份比较复杂,殿前诸班直有"殿前指挥使"班番号禁军,宋人也将殿前司正、副都指挥使简称"殿前指挥使"。存在过一个殿前指挥使都虞候的军职长官,作为殿前指挥使两班的总领军校。

武文君《分镇边圉:辽朝部族军驻防研究》(《中央民族大学学报》第4期)认为辽朝部族军驻地以契丹内地为中心向外延伸,形成南、北、东、西四大驻防区,统治者兼顾草原因素与农耕因素,以部族驻军为基础,联合宫帐军与京州军构筑起辽朝的驻防体系,并通过分割驻防区、建立地方军事管理机构等方式来巩固和完善这一体系。武文君《辽代部族军兵役制度初探》(《渤海大学学报》第1期)说明辽代部族军既属军籍,又属民籍。部族军实行"补役之法",前期粮、马自备,后期渐由地方供给。田富《辽朝军法初探》(《北方文物》第5期)认为辽朝军法包括随军将领的晋升官爵、赏赐财物、以功抵过、大飨军士、妨害农业、扰民、劫掠、间谍、临阵脱逃、失军期、不亲追击、不听将令等内容,有杖刑、免官和死刑等处罚。彭向前、张林《释"方马埋轮"与"拐子马"》(《西夏研究》第4期)认为拐子马不是三匹战马相联,而是骑兵与战马相联,三人为一组。梁松涛、李胜玉《黑水城出土西夏炮结构图再考》(《文献》第 5 期) 对俄藏黑水城文献 Инв. No. 5217 号西夏炮结构图中的西夏文标示重新予以研究、释读，解读出鹿耳、狼牙钉、楔子等部件名称，并对原图中抛竿残缺部分进行复原。

三、法律

戴建国《秩序之间：唐宋法典与制度研究》(上海人民出版社) 主要内容包括《天圣令》与唐令复原研究、唐宋律令制法律体系的传承流变、宋代朝廷和地方的某些政治经济制度，力图打通唐宋，多角度地探索宋代不同领域的法制状况和国家制度实施的效果。柳立言《人鬼之间：宋代的巫术审判》(中西书局) 选择以所谓的"灵异"案件入手，尝试从司法角度进行研究，既看到文学甚至志怪资料对法史学的可用性，也看到宋代如何审判灵异案件和各种影响审判的因素。赵晓耕主编《北宋士大夫的法律观》(北京大学出版社) 主要讨论了"三苏"的法律认识观念及其实践。黄道诚《宋代侦查勘验制度研究》(中国政法大学出版社) 分析了宋代侦查制度发达的社会背景、动因，考察宋代侦查方法和侦查谋略，讨论了宋代侦查中司法检验的制度化、法律化，对现场勘验制度、强制措施制度和证据制度也进行了较为详尽的梳理。

高楠《宋代聘财与聘财争讼》(《河北学刊》第 6 期) 认为宋代聘财等第的修订与颁行，折射出当时聘财数目的节节攀升及官方对聘财问题的重视。文章还分析了与聘财法律相关的若干问题。柴国生《宋代林木资源利用与保护的法制调适》(《中州学刊》第 5 期) 考察了宋朝关于保护林木资源的法律，指出宋朝推广利用煤炭减少薪炭采伐，探索出了依法治林、煤柴兼用、平衡生态的治理模式，实现了能源利用与资源、生态保护的总体平衡。

王培培《〈亥年新法〉引述〈天盛改旧新定律令〉考》(《西夏研究》第 4 期) 分析《亥年新法》对《天盛改旧新定律令》的引述分为基本照搬原文、节选原文、总结内容、合并法条四类。王玫《〈天盛改旧新定律令〉卷九补缀数则》(《西夏研究》第 4 期) 整理了所见的第九卷残片，增补数条《俄藏黑水城文献》同卷所缺内容，进而对汉译文进行了梳理。和智《〈天盛改旧新定律令〉补考一则》(《文献》第 5 期) 据《俄藏黑水城文献》第 8 册补释了《天盛改旧新定律令》卷九《贪奏无回文门》与《誓言门》。廖莎莎《西夏文法典官军抄袭任考释》(《西夏研究》第 3 期) 以《亥年新法》卷十种本与《天盛改旧新定律令》卷十《官军敕门》相比对，指出西夏晚期在袭任官、军、抄时更加凸显大姓意愿的因素，可以袭任的亲属范围扩大。李桥《〈贞观玉镜将〉重译及性质再判定》(《宁夏社会科学》第 1 期) 认为《贞观玉镜将》应重新译名为《贞观统玉鉴》，该书性质为"统军制"下察军所用主要针对军官兼顾士卒的西夏军律。

四、经济

财政、货币问题是经济部分的研究重点。黄纯艳《总量分配到税权分配：王安石变法的财权分配体制变革》(《北京大学学报》第 5 期) 认为王安石变法后财权分配体制从"两税三分"变为"窠名分隶",强化财政中央集权,加剧三司(户部)和地方财政的困窘。耿元骊《宋代官户免役的政策调整、法律诉讼与限田折算》(《中国史研究》第3期)分析了宋廷调整官户免役政策的过程、内容和手段。产钱在政策推行过程中易于计算逐渐通用,以其为基础形成了一套无成文规定且非常复杂的免役限田折算办法。黄敏捷《两宋代役人论析》(《史学月刊》第9期)认为代役人借助自己的技能和所掌握的信息等,在获得雇直、社会资源的同时,使民户脱离职役之苦,其专业性也为州县职能的完善与扩充提供了条件,他们成为推动传统社会职役吏员化、差役赋税化以及官府职能转变的重要群体。彭丽华《宋代的桥与场务》(《史学月刊》第4期)指出从汉唐的关市之征到宋代近桥而征的大量兴起,体现的是宋代商税征收网点的密集化与商税征收的普遍化。吴同《北宋汴河、淮南运河的通航能力与漕粮定额》(《中国经济史研究》第5期)指出漕运600万石上供斛斗的立额是当时北宋政权运输能力的极限。叶烨《宋代公使钱制度变异的发端及其契机——以衍生功能为中心的考察》(《北京社会科学》第4期)分析了公使钱制度在地方财政实践中的变化,认为这些变化导致南宋公使经费大量流失。俞晖、俞兆鹏《两宋通货膨胀史研究》(江西人民出版社)按时间先后讨论了两宋的通货膨胀问题。王文成《从铁钱到银两:两宋金元纸币的价值基准及其演变》(《清华大学学报》第3期)指出北宋交子、元朝至元钞分别是铁钱和银两的价值符号,铁钱与银两是交子和至元钞的价值基准。王申《论小面额东南会子对南宋货币流通的影响》(《浙江学刊》第5期)分析了南宋小面额东南会子为何流通量较少,发挥何种功能,以及在流通领域日渐重要的过程。

普通民众的生计水平和生存状态也成为学者关注的焦点。丁红旗《再论南宋刻书业的利润与刻工生活》(《文献》第4期)认为宋朝刻版的利润至少为40%,刻字是一项待遇不错的技术工作。王昊《宋代的蚕桑纺织与农家生计》(《中国经济史研究》第2期)表明宋代绝大多数蚕桑纺织是作为家庭副业而存在的个体化生产过程,分析了蚕桑纺织与农家生计的关系及其在华北、江浙的差别。梁建国《北宋东京近郊的农业转型》(《中山大学学报》第6期)指出近郊农业有赖于城内的消费需求,作为京城经济结构的必要补充,并未形成完备的城市功能,这不同于江南城镇的"城郊都市化"模式。薛政超《规模·品格·角色·范式——唐宋"富民"考论》(中国社会科学出版社)主要就"富民社会"概念展开了论述。黄嘉福《两宋燃料分布、控制与开发——兼论"传统燃料危机论"与"燃料革命论"之不成立》(《中国历史地理论丛》第4期)表示燃料产地控制主体多元化深刻影响着燃料生产与流通,从两宋燃料分布、控制与开发等角度反思了"传统燃料危机论"与"燃料革命论"。刘净贤《试论宋元明时期闽北地区的仿龙泉青瓷》(《考古与文物》第1期)指出闽北仿龙泉青瓷主要为外销而生产,距龙泉窑中心产区愈近的窑场,受龙泉窑影响愈大。

王姝《金代妇女经济生活来源考论》(《社会科学战线》第4期)对宫廷妇女、品官命妇及其他贵族阶层妇女、平民阶层妇女、贫困妇女经济来源做了全面的梳理。杜立晖《西夏的户籍制度来源与丁中制》(《西夏研究》第3期)推断西夏户籍制度很有可能来源于唐、金,同时认为西夏施行"丁中制",且影响到牲畜的管理登记。王明前《青白盐与党项马——西夏、北宋经济战场的博弈》(《南京晓庄学院学报》第3期)认为青白盐成为西夏抵制宋朝经济遏制的有力经济武器，且宋朝替代西夏马市的措施未能成功，导致对党项马始终有着强烈需求。

五、社会

韩毅《南宋初年瘟疫的流行与防治措施》(《暨南学报》第9期)具体说明了南宋初年如何延续宋朝建立的以各级官府为主导、社会民众力量为辅助的疫病防治体系。郭文佳《安邦之道：宋代社会保障文化研究》(中央编译出版社)分析了宋代社会保障的灾害赈济、贫民救助、仓储救助、官员优恤、军人优抚、医疗救治等方面的内容，同时探讨了宋代经济社会发展、政治文化运行等相关内容。包伟民《陆游的乡村世界》(社会科学文献出版社)利用陆游的诗篇为主要资料，展示南宋时期浙东山阴、会稽地区的乡村社会。此书在风格上侧重于历史叙述，但也回应了诸如稻麦复种、精英地方化等被学界关注的重要话题。顾宏义《宋初户数辨析》(《历史研究》第2期)考订了宋初4个相异的重要户数数据，指出宋受周禅之初，所得域内"版籍"总户数约有260万，至太祖末年统治疆域内总户数420万户左右。王旭《宋代乡名的更改及其社会文化寓意》(《河南师范大学学报》第6期)，指出宋代乡名的更改，体现赵宋王朝的合法性和权威性，重视科举文教事业的统治思想，以及乡的性质和职能的转变。王程程、赵国权《社会转型中的两宋女子阅读生活样态及检视》(《河南大学学报》第5期)认为两宋时期给女子的教育尤其是给她们的阅读生活带来了难得的发展机遇和空间。程郁《何谓"靖康耻"——"靖康之难"性暴力对宋代社会性别观的影响》(《史林》第1期)指出"靖康之难"中上层妇女受到的性暴力导致南宋贞节观的强化，形成整个社会的集体意识。程郁《宋代的仕女与庶民女性：笔记内外所见妇女生活》(大象出版社)以社会性别理论作为分析的主要工具，从宋代的女德教育入手展示笔记内外所见的妇女生活，并对于中下层庶民妇女群体多有关注。姜勇《北宋太原慕容氏家族发展考论》(《安徽史学》第2期)以太原慕容氏作为典型案例，分析该家族由武转文的过程。

孙伟祥《宋人使辽语录中的环境史料辨析》(《辽宁大学学报（哲学社会科学版)》第3期)依据宋人使辽语录还原出辽代自然地理环境以及人与自然的关系两大类内容。丁利娜《北京地区金代石椁墓及火葬习俗再谈》(《中原文物》第4期)指出石椁墓是北京地区金代中期以来的主流葬制，使用者"非贵即官"，火葬习俗在石椁墓中乃至当时社会都非常流行，金代帝后采用的尸骨葬应与当时的宗教政策密切相关。

高建国、王富春、杜林渊《陕北横山新发现党项族〈故野利氏夫人墓志铭〉考释》(《中国国家博物馆馆刊》第2期)探讨野利氏与拓跋氏、破丑氏等党项豪族密切的婚姻关系以及党项族内盛行的姑表婚文化。赵小明《占卜与西夏社会》(《北方文物》第6期)指出占卜在一定程度上影响了西夏政治走向与军事决策，西夏民众在生育、医疗、婚丧等日常生活普遍使用占卜，受汉族占卜文化影响较大。孙伯君《西夏文〈大藏经〉"帙号"与勒尼语〈千字文〉》(《文献》第5期)指出西夏文佛经在卷首标有《千字文》帙号，其用字系"勒尼语"语汇，从景宗元昊开始到桓宗末年前后整部西夏文《大藏经》得以编印完成。潘洁、陈朝辉《西夏水权及其渊源考》(《宁夏社会科学》第1期)认为西夏继承并发扬了唐代以来的水权获得、分配、转让原则,水资源所有权属于国家,沿渠灌水户依时节、按次序轮流取水,使用权通过渠道夫役、差役获得,土地、水权、渠道夫役的核心是土地,水权从属于地权。郝振宇《西夏维护家庭秩序的法律规范分析》(《西夏研究》第3期)指出西夏政府通过控制婚外性行为的发生以及相应的惩处措施维护婚姻秩序、以节亲制度为制罪原则来维护长尊幼卑的家庭秩序,体现了西夏法律浓厚的伦理化特征。郝振宇《西夏社会流动趋势及其影响因素》(《宁夏大学学报》第1期)指出西夏官员阶层可以较容易地将身份和地位等进行代际传递,而庶人阶层很难有行之有效的途径向有官阶层运动,导致西夏社会流动呈现以横向流动为主、纵向流动为辅的时代特征。

六、思想文化

关于思想家思想的研究不少。范立舟《张载"太虚即气"的界说与价值意蕴》(《人文杂志》第11期)指出张载的思想凸显"性与天道"的统一,实现了本体论与人性论的合一,将道德实践的完成安置在本体论思想的理论架构之中。范立舟《程颢、程颐论"王道"与"治道"及其现代意义》(《浙江社会科学》第12期)提出众多的现实政治问题迫使二程作出符合时代的思考,而不是简单复古。二程的人治思想体现着一种对道德的执着认同。朱汉民《张载的义理经学及其关学学统》(《北京大学学报》第3期)将张载的义理经学分为为达到"乐天安命"目的而建构的内圣之道和以经邦济世为目标而建构的外王之道两个部分。该文还界定了关学的概念。陈俊民《张载关学的历史重构》(中华书局)梳理有关张载和关学的论争及研究状况,明确了关学在明清乃至宋元不同时代的学术定位。邱蔚华《禅宗语录朱熹形象的宗教意涵发微》(《东南学术》第6期)证明禅宗语录中的朱熹形象有着丰富的宗教意涵,具有沟通宗教、文学、语言的意义和价值。宋锡同《邵伯温对邵雍先天易学的继承与发挥》(《东岳论丛》第5期)研究邵伯温收集、整理其父邵雍的先天易学遗作而成《皇极经世书》,既阐释邵雍先天易学,又在注释先天易学的同时进行发挥,尤其体现在为《皇极经世书》配卦。沈松勤《"幽人":解读苏轼的一个易学视角》(《北京大学学报》第3期)认为《苏氏易传》中的思想理论更多地被苏轼用于"洗心""忘忧",是他作为"隐约而不愠"的"幽人"情怀及其生命的实践形态。何俊《程朱理学的话语型塑——以〈论孟精义〉为中心》(《学术界》第6期)聚焦《论孟精义》,认为该书全面系统地完成了程朱理学的话语型塑,呈现于文本、语言、身体、仁义、存养、辩学诸方面。陆敏珍《标签与去标签:黄震〈读《礼记》〉发微》(《浙江社会科学》第5期)认为黄震在礼学与礼书的主张与去取上,与朱熹表现出较大的不同,不应执着于朱学门人的立场,用朱学传人这一标签来解读黄震。马清源《鲁国郊祀起源及施行时间的认知变迁——以宋代〈春秋〉学经说为中心》(《文史》第3期)指出宋代产生了从"惠公请郊"到"僖公始郊"再到"成公用郊",四月郊祭等新观点,这些转变与宋儒尊崇周公,解经方式的新变化有关。胡金旺《王安石哲学思想与〈三经新义〉研究》(中央编译出版社)对王安石的哲学思想与《三经新义》展开研究,在此基础之上探讨它们之间的关系。张清江《信仰、礼仪与生活——以朱熹祭孔为中心》(中国人民大学出版社)认为信仰、礼仪与生活的复杂关联，在朱熹祭祀孔子的实践中获得了很好的呈现，由此可以更深刻地理解儒者生命。

不少论著涉及知识传播。肖芬芳《"使由使知"新诠与宋代庶民教化理念的发展》（《北京社会科学》第11期）发现宋儒认为"知之"不是圣人教化庶民的任务，有待于庶民自觉自知。程民生《论"耕读文化"在宋代的确立》（《社会科学战线》第6期）指出耕作的实践有利于士人思维的创新和学问、创作题材与水平的提高，知识、知识分子促进了农业发展，促使文化普及农家。朱汉民《宋代儒家经典与民间教化——从〈四书〉学到家训家规的生成》（《文史哲》第4期）指出儒家士大夫将《四书》学整合为全社会的思想，士绅、俚儒将《四书》学大量引入家训家规之中，使之成为家庭教育、社会教育的共同思想基础。何艳君《史实、传闻与虚构中的"赵匡胤妹妹"——试论不同文本对历史人物的叙述、改编和创造》（《四川师范大学学报》第5期）分析了文人笔记、戏曲小说、板画插图、建筑纹饰中的赵匡胤妹妹形象。陆敏珍《录鬼事与辨人事：宋代士人的鬼故事》（《浙江学刊》第6期）认为通过叙述鬼故事，士人们有意无意地展现和评判着当时的社会秩序，并以此来整合与强化社会观念与道德感知的张力。肖红兵《"葬仪"与"信俗"：文献所见宋代墓葬石作中的"十二时神"》（《史林》第3期）分析作为国家墓葬威仪象征的"十二时神"既以石神的形象彰显人间的政治威仪，也是五行、地支和属相信俗文化在宋代融合与异变的一个例证。王萧依《宋代宠物文学与士人精神》（《甘肃社会科学》第6期）认为宋代文人士大夫关于养玩宠物的具体方式的文学书写，集中反映了他们对待文人雅玩的审美趣味与面对自然生命时的特殊观物体验。王星《宋代石刻功能的多元透视与文学个案分析》（中国社会科学出版社）上编从传播学角度入手，分析了宋代石刻的政治、文化、文学创作与文学传播功能。下编分别以苏轼石刻作品、浯溪石刻及《醉翁亭记》石刻为对象进行个案研究，通过对宋代石刻与作家作品关系的细部剖析，探索从石刻与刻石活动入手，进行石刻与文学研究的有效方法。

陈元锋《论宋代文学史叙事的观念、范畴及方法》（《北京师范大学学报》第3期）分析了宋人如何在对前代特别是本朝文学发展历史的理论总结和批评阐释中，产生了自觉的诗歌史观并形成自成体系的文学史叙事话语。谷曙光《被遮掩的诗名和影响力——论宋代古文大家曾巩的诗歌创作》（《中国人民大学学报》第2期）指出曾巩诗的主要艺术渊源为韩愈诗，曾诗的散文化特征明显，精整凝练为其突出表现，他是北宋诗文革新中的重要一环。赵瑶丹《论谣谚与两宋诗歌的关系》（《清华大学学报》第2期）认为两宋时期是中国古代谣谚与诗歌融合的成熟期，前代谣谚融入宋代诗歌，文人诗又转化为谣谚，影响了诗歌风貌和发展方向。朱刚《雅俗之间：禅宗文学的两种面向——以禅僧诗"行卷"和"演僧史"话本为例》（《中华文史论丛》第1期）根据现存资料勾稽"禅僧诗"和"演僧史"的概况，可见两者之间时有互动，且共同浮现南宋的"临安高僧群"印象。我们藉此可以考察禅僧在文学史上沟通雅俗的作用。李小荣《醉僧何不成问题？——宋诗醉僧形象略论》（《福建师范大学学报》第1期）认为宋诗中的醉僧形象是宋代佛教世俗化、平民化和士僧互动中士人诗酒风流影响的结果。

赵洋《辽代通理禅师佛性思想及其与〈楞严经〉关系考辨》（《佛学研究》第1期）综合散见于黑水城文献和房山石经之资料，系统梳理通理的佛性思想，并探讨其与《楞严经》

的关系。张明悟《〈显密圆通成佛心要集〉对辽代密教的影响探析》(《佛学研究》第 1 期)通过梳理辽金碑刻和建筑上之密教陀罗尼,指出辽代的密教自大康年间突然流行,并一直持续到整个金代,其间辽代《显密圆通成佛心要集》发挥了相当重要的影响。

周峰《金代女真人墓志所见文化交融与认同》(《中央社会主义学院学报》第 1 期)具体分析仅存的完颜守宁等十余件女真人墓志,指出这些墓志可以看到金代女真人的文化认同、内迁和家乡观念的变化以及虔诚的佛教信仰,体现女真文化与汉文化的融合以及女真人对中原传统文化的认同。师莹《金代国朝文派研究》(中国社会科学出版社)以"国朝文派"为切入点,将金代文学置于宋金对峙、蒙元崛起的文学生态研究视野之下,以文学自身发展的规律为经,以北方少数民族政权统治下的文化特征为纬,用动态的视角探索"国朝文派"的发展规律和文学价值。张鹏《重塑空间与记忆——〈大金得胜陀颂碑〉研究》(《美术研究》第 1 期)通过金世宗东巡立碑的考察,指出《大金得胜陀颂碑》的建构过程就是将女真旧风的记忆与重塑以视觉形式进行有效的储存、激活和传播,金世宗最终借助的是汉文化的解释系统、价值系统、言说系统和图像系统保持女真传统的正典化,反映出从生活习俗到价值观念,女真人自觉或不自觉地经历着一场文化的蜕变。李秀莲《金熙宗朝汉化认同的历史批评》(《辽宋金元史暨民族历史文化论丛——李桂芝教授八十华诞纪念文集》,东方出版社)认为应将熙宗汉化问题置于金初由酋邦政权向国家政权转变、新旧制度交替的大背景上予以观察,熙宗自身的乱政导致国家秩序难以建立。粟品孝《"苏学盛于北"说再考察》(《史学集刊》第 3 期)认为"苏学盛于北"仅限于文学、艺术,不包括苏氏的经学著作、哲学思想,将"苏学盛于北"的"学"扩大到儒家经学层面的做法并不符合实际。郭恺《西夏始祖神话体系初探》(《西夏研究》第 3 期)认为西夏始祖神话体系的构建杂糅了汉族、羌族等多民族文化内涵,同时从祖先名为族姓的现象亦可看出西夏始祖神话已融入现实层面。

七、民族关系

徐睿《宋朝的茶叶垄断与金国的突破尝试》(《云南民族大学学报》第 5 期)分析了宋金两朝围绕茶叶供销展开的斗争,指出金人与宋人以茶文化为媒介,在茶叶贸易中无形地促进了民族融合。段丽波《唐宋时期金齿诸蛮及扑子蛮、望蛮、三濮的变迁与发展》(《广西民族大学学报》第 1 期)提出金齿诸蛮、扑子蛮、望蛮、三濮在唐宋时期有重要发展,并成为南诏国、大理国的西南门户。汪天顺《招亡纳叛与建国立号:北宋西部民族地区的政治新动向》(《中国边疆史地研究》第 2 期)指出北宋时期西部民族地区和境外民族政权的汉人成为推动西部民族地区经济、政治发展的重要力量,西部沿边少数民族希望与北宋王朝建立交往关系,甚至法宋建国立号。郭声波、李培生《北宋茂属十七羁縻州地望考》(《中国历史地理论丛》第 3 期)发现除向州而外的茂属羁縻州基本由唐代吐蕃东进时内徙茂州的雅属羁縻州或岷江上游的行州转变而来;多数羁縻州人以种田为生,但官府掌握的纳税户口不多。

田晓雷《辽金阻卜、阻䪁治理体制差异述论》(《西夏研究》第 3 期)认为辽金两朝分别采取属国属部体制和羁縻朝贡体制对蒙古草原上的阻卜、阻鞑各部进行了 300 余年的有效的治理,反映出辽金两种不同的治边文化。王善军《辽代族际婚试探》(《史学集刊》第 6 期)认为辽王朝统治区域内游牧民族与农耕民族之间、不同游牧民族之间以及不同农耕民族之间,族际通婚广泛存在,同时辽朝还以和亲的形式与周边政权通婚。蒋金玲《"契汉联姻":辽代玉田韩氏婚姻考论》(《史学集刊》第 5 期)指出玉田韩氏家族前三代以普通萧氏为主要联姻对象,自第四代玉田韩氏入横帐季父房起,韩匡嗣家族基本上只与国舅拔里氏通婚,韩匡美、韩匡胤子孙的结婚对象则逐渐以汉人世家大族为主,契丹皇族、后族与汉人世家通过玉田韩氏构成一个庞大的姻亲集团。

魏淑霞《7—14 世纪党项西夏与吐蕃关系述论》(《西夏研究》第 3 期)指出 7—11 世纪党项西夏与吐蕃的关系以战争、迁徙、杂居交融为主;12—14 世纪,党项西夏与吐蕃关系则以政治、宗教文化交流为主,党项西夏成为汉藏文化交流的中介桥梁。施立策、黄婷玉《西夏唐古特人名义新考》(《西夏研究》第 3 期)认为西夏党项人的族称 Tangut 里的 Tang 来自原始汉藏语的 myang,Tang 的实际意思是"高",这正和西夏人自称"白高"相符。聂鸿音《"党项人"考辨》(《宁夏社会科学》第 3 期)指出西夏文学作品中"黑头"和"赤面"移植自丝绸之路上一个古老的传说,"黑头"指世居河湟地区的番人,"赤面"指后来随西夏太祖李继迁来到河西成为统治者的拓跋部。

八、中外关系

谭凯《肇造区夏:宋代中国与东亚国际秩序的建立》(社会科学文献出版社)认为北宋时期东亚国家间体制日益成熟,在受教育的精英阶层中出现了一种新的世界观和中国人的身份认同感。这些发展对于中国的历史进程产生了广泛的影响。这些发展还表明,在世界历史中已经存在一种可替代现代民族国家体制的制度。张锦鹏《闻香识人:宋人对进口香药的利用与他者想象》(《福建师范大学学报》第 1 期)指出以香药为代表的进口商品是宋朝统治者掌控的重要物资,附着于进口商品之上的域外自然人文信息被宋人认知、理解、想象,构成了宋人的一般知识。霍巍、何沁冰《丝路携香:考古所见宋代熏香的繁荣与丝路贸易》(《历史教学》第 4 期)认为宋人爱香与宋代社会生活的精细化、崇尚佛道有关,又有赖于"海上丝绸之路"的繁华贸易。霍巍《宋僧继业西行归国路经"吉隆道"考》(《史学月刊》第 8 期)利用文献和考古资料说明"吉隆道"这条中印交通路线至宋代仍在发挥作用,从中反映出宋代汉藏关系的一些新动向。纪昌兰《宋代明州航济亭设置时间考辨》(《中国史研究》第 2 期)将负责接待高丽等国使团的明州航济亭设置时间定为元丰二年。李镇汉《高丽时代宋商往来研究》(江苏人民出版社)探讨了高丽初期贸易政策、武臣执政时期宋商往来类型等问题。王新梅《宋元时期中日文化交流的主要载体及其影响》(《中州学刊》第 6 期)认为宋代禅宗僧侣是中国文化东传日本的最主要传递者,中日两国也由此形成以禅僧交往为主要特色的文化交流形式。

九、文献

　　大象出版社出版了戴建国主编的"宋代笔记研究丛书",包括:顾宏义《两宋笔记研究》、程郁《宋代的仕女与庶民女性》、张剑光《宋代笔记视域下的唐五代社会》、朱易安编《全宋笔记书目提要》、范荧《笔记语境下的宋代信仰风俗》、戴建国编《宋代笔记国际学术研讨会论文集》。雷震《〈中兴两朝编年纲目〉版本初探——以国图藏本为线索》(《文献》第6期)指出国图藏抄本文本错误较多,其底本来源于一个与残宋本同源的本子,即《续宋中兴编年资治通鉴》所引之本。张良《高斯得经筵进讲修史故事发覆——兼论〈中兴四朝国史〉的成书时间》(《文献》第3期)还原乾隆年间馆臣辑佚、整理、编订高斯得文集的流程,梳理高氏论修史札子的文本源流,框定上书时间,从而为廓清《中兴四朝国史》修纂的真实面貌提供文献与史实依据。闫建飞《广雅书局本〈长编纪事本末〉编校考》(《中华文史论丛》第1期)详细分析了广雅书局本《长编纪事本末》的编校情况,认为时人利用浙江书局本《长编》对《长编纪事本末》进行校勘补缀,则导致广雅书局本距宋刊原貌颇远。林建《〈宋史·蛮夷传〉史料来源及其体例产生原因》(《中南民族大学学报》第4期)提出《宋史·蛮夷传》的类目与内容多承袭于宋代《国史》《实录》等,但将西南少数民族单独置传的体例却是元人自创,反映了宋元时期对西南少数民族认知的进步。卞东波、陈越《东亚汉籍视域下的宋诗宋注——朝鲜本〈须溪先生评点简斋诗集〉考论》(《江西师范大学学报》第3期)讨论了朝鲜本《须溪先生评点简斋诗集》的版本形态、文本内容、"增注"的特质,以及该书在东亚的流传情况。张丽娟《宋两浙东路茶盐司刻八行本〈周礼疏〉传本考——兼论董康影印、影刻〈周礼疏〉卷四十八"虚构宋本"问题》(《文史》第1期)主要梳理了八行本《周礼疏》今存诸本的补版印刷时间及递藏源流,辨析民国以来书目书影著录本与今存诸本的关系,以及董康本卷48的底本问题。钟翀《宋元版刻城市地图考录》(《社会科学战线》第2期)利用宋刊本《严州图经》、清抄本《宝祐重修琴川志》等典型案例,辨析该类地图的版本源流及舆图由来,揭示宋元时期江南地区城市地图的资料特性与研究潜质。

　　新出的点校本史料主要有李翔点校《絜斋集》(浙江大学出版社),柳长华、吴少祯编,宋白杨注《太平惠民和剂局方》(中国医药科技出版社),辛更儒点校《范成大集》(中华书局),王瑞来校证《周必大集校证》(上海古籍出版社)。朱明歧、戴建国主编《明止堂藏宋代碑刻辑释》(中西书局)收录明止堂古砖文化研究与保护中心收藏的将近400件宋代江西碑刻的拓印、实物照片,并注释和研究。点校本二十四史修订本《金史》(中华书局)是最为重要的新出文献整理成果之一,修订本利用新出土文献、域外古籍等资料,新出校记近900条,删去旧校120余条,修正旧校数十条,纠正标点200余处。苗润博《〈辽史〉探源》(中华书局)系统考证《辽史》各部分的文本来源、生成过程、存在问题及史料价值,不仅厘清了《辽史》史源,更推进了传统史源学的研究理路以及历史学视野下文本批判的可能性。苗润博还单独发表了关于《辽史》之《食货志》《营卫志》《兵卫志》以及《天祚皇帝纪》《西夏外记》史源的文章。曹流《差异与变迁——〈亡辽录〉与〈辽史·地理志〉

所载刺史州异同探赜》（《中国边疆史地研究》第 3 期）指出《亡辽录》所载刺史州反映的是乾统中至天庆五年间刺史州的设置状况，《辽史·地理志》著录的刺史州源自重熙十三年《实录》，反映的是重熙中的情况。康鹏《辽、金二史几世孙算法相异札记》（《隋唐辽宋金元史论丛》第 10 辑）讨论了《辽史》《金史》计算几世孙算法的差异，并予以归类。任爱君、任笑羽《辽代奚王萧京墓志铭文释读》（《辽宁师范大学学报》第 5 期）梳理萧京及其家族、白霫、"实失王"以及辽朝"中国观念"的形成与发展等问题，对其进行深入探讨。

周峰《贞珉千秋——散佚辽宋金元墓志辑录》（甘肃教育出版社）收录散佚墓志 103 件，内有宋代买地券 20 件、晋东南地区金代墓志以及元代世侯万户谢坚墓志等宝贵资料。邱靖嘉《〈三朝北盟会编〉四库覆校底本考辨——兼论乾隆五十二年覆校〈四库全书〉的操办流程》（《文史哲》第 6 期）指出上海书馆藏清抄本《三朝北盟会编》为四库覆校底本。李京泽《汪藻〈裔夷谋夏录〉再探》（《文献》第 3 期）一文厘清《裔夷谋夏录》诸抄本之间的源流关系，认为此书虽以"杂糅抄撮"为主，但保存了辽代女真和辽宋金易代时期的重要史料。

十、考古发现

本年度出版了一些涉及宋代墓葬的考古报告。如郝柯羽、焦华中等《周口市川汇区幸福河唐宋墓发掘简报》（《江汉考古》第 4 期），王昌文、代玉彪等《重庆永川高洞子南宋墓群清理简报》（《文物》第 6 期），中国社会科学院考古研究所等《泉州南外宗正司遗址 2019 年度考古发掘报告》（科学出版社）。与墓葬有关的研究主要有张保卿《北宋四京地区墓葬等级制度初探》（《考古》第 4 期）一文。文中指出北宋墓葬等级制度变化可分为太祖朝、太宗、真宗朝，仁宗至徽宗大观年间，徽宗大观年间至北宋末四期。龚钰轩、李程浩等《北宋吕氏家族墓研究——吕倩容疾病及其用药考证》（《考古与文物》第 4 期）确定吕倩容墓葬中白釉圆瓷盒内包含物为一复方药物（复合药物），药物成分包括轻粉（Hg_2Cl_2）和钟乳。

本年度辽西夏金史考古发现比较突出的是辽宫城及帝王陵墓的发掘与研究。汪盈、董新林、曹建恩、左利军《内蒙古巴林左旗辽上京宫城建筑基址 2019 年发掘简报》（《考古》第 8 期）通过对辽上京宫城内中北部一号建筑基址的发掘结果，揭示出由辽代宫城向金代地方城市、由坐西朝东向坐北朝南的转变过程。董新林《辽祖陵陵寝制度初步研究》（《考古学报》第 3 期）从历史文献所载辽祖陵、辽祖陵遗址考古工作、辽祖陵陵区的遗存构成、辽祖陵陵园形制和布局等几个方面，逐步深入探讨辽祖陵的陵寝制度。另据《文物鉴定与鉴赏》第 11 期报道，辽上京考古队本年度对辽上京皇城西山坡寺院遗址进行考古发掘，以期继续推进对辽上京皇城平面布局和沿革的认识。苏军强、万雄飞、图旭刚、周大利、张壮《辽宁省北镇市医巫闾山辽代帝陵遗址群重要发现——新立 M1、M2》（《边疆考古研究》第 1 期）认为遗址群的发掘对于确定辽代显陵和乾陵的位置具有重要作用。司伟伟、万雄飞、刘昌、崔蕾、于九江《辽宁北镇市辽代韩德让墓的发掘》（《考古》第 4 期）以及万雄飞、司伟伟《辽代韩德让墓志考释》（《考古》第 5 期）两文介绍辽代重臣韩德让墓地的发掘情况，对韩德让墓志进行了初步考释，并公布了墓志拓本。李道新、赵海杰、孙航、刘洋、李松海《辽宁朝阳市水泉三座辽代纪年墓》(《北方文物》第 4 期) 对刘知新、刘知微、刘知古三兄弟墓及墓志做了介绍。赵俊杰、崔剑锋《金代长白山神庙遗址出土部分建筑构件的材料学分析》(《边疆考古研究》第 1 期) 证实位于吉林省安图县二道白河镇的遗址为金王朝修建的祭祀长白山的神庙，对了解宋金时期岳镇海渎祠庙的格局，探索金代礼仪制度的发展具有学术价值。

结语

综观 2020 年的宋辽西夏金史研究，主要呈现以下个五特点。一是成果丰硕，涉及的领域宽广。二是跨越唐宋的论著和论文数量颇多，这反映了宋史研究的某种思路和框架。不管支持还是反对，"唐宋变革论"可能仍然深刻影响着学者的研究。三是政治、经济等前段时间较为薄弱的传统核心领域，在视角和深度上有了新气象，而思想文化史仍然是宋史研究中最热门的领域。四是辽金史研究的热点依旧集中在政治史、制度史等方面，如何认识和处理《辽史》《金史》等核心史料是研究的焦点。此外，考古研究推进甚多。五是西夏研究有从对文书的文本研究向多方面议题拓展的趋势，议题的深度、广度都有很大拓展。

元史研究综述

李春圆 罗 玮

本年度出版的元史综合类图书、刊物等数量较多。刊物包括刘迎胜、姚大力《清华元史》第五辑、第六辑（商务印书馆），中国社会科学院古代史研究所《隋唐辽宋金元史论丛》第十辑（上海古籍出版社），以及《元史及民族与边疆研究集刊》第 37 辑（上海古籍出版社，2019 年 6 月）。中国社会科学出版社以"元代专门史六种"为题，再版了一批由陈高华领衔编著的元史研究经典，包括《元代风俗史话》（陈高华），《元代经济史》《元代政治制度史》《元大都·元上都研究》（三种均为陈高华、史卫民合著）和《元代文化史》（陈高华、张帆、刘晓）。陈高华《元史研究论稿》也经增订后由中国社会科学出版社再版。《周清澍文集》（广西师范大学出版社）收录了作者自 20 世纪 50 年代至 2019 年的学术论文七十余篇。通识性的史著则有韩儒林《元史讲座》（北京出版社），该书收录了韩儒林有关蒙元史全貌和成吉思汗的讲稿。史卫民《大一统：元至元十三年纪事》（上海人民出版社）叙述了至元十三年元朝攻灭南宋的过程。迈克尔·普劳丁著《蒙古帝国的兴起及其遗产》（赵玲玲译，社会科学文献出版社）是一部讲述蒙古帝国兴亡的历史文学作品。在元代文学史方面，查洪德《元代文学通论》（东方出版中心）是重要的综合性通论，其上册"总论"元代文坛的基本面貌，中册"文坛特征风气论"聚焦文坛圈层关系与风气特点，下册"体派综论"是分文体、流派的考察。查洪德还出版了《中国诗歌研究史·金元卷》（人民文学出版社）。此外还有一些工具性的综述文章包括蔡伟杰《当代欧美蒙元史研究动态》（《清华元史》第五辑）、蓝武《元代土司制度研究 40 年回顾与前瞻》（《遵义师范学院学报》第 3 期）、申万里《新视角、新材料与新视野：元代科举研究的创新与展望》（《中国史研究动态》第 1 期）等。下面就 2020 年元史研究的各个方面分述如下。

一、史料整理、文献研究

今年有两种重要的元代典籍获得点校出版，一是贾敬颜校注，陈晓伟整理《圣武亲征录》（新校本）（中华书局），质量极佳；二是周少川、魏训田点校《经世大典辑校》（中华书局），便于查检，但文本转录、标点均有较多问题。另外因为整理者主要治文献学，不是元史专业，对《经世大典》的辑佚脱漏不少，仍有提升空间。程妮娜主持点校本《金史》（修订本，中华书局）也获出版。曹金成《刘佶〈北巡私记〉笺注》（《清华元史》第五辑）在德、英译注本基础上对该书作了详注。张良《广客谈校注稿》（《版本目录学研究》第 11

辑，国家图书馆出版社）在详细校注之余，还讨论了它与《南村辍耕录》的关系及其反映的士人社会。高丽杨《全真史传五种集校》（中华书局）是对金元全真教史上五部重要史传及相关资料的点校、汇编。其他还有高峰等点校《算学启蒙校注》（中州古籍出版社）。丁放《元代诗论校释》（中华书局）为元代诗歌理论文献的汇编与注释。

对传统史籍的文献学研究依然有不少优秀成果。曹金成《史事与史源：〈通鉴续编〉中的蒙元王朝》（社会科学文献出版社）系统梳理了陈桱《通鉴续编》中的蒙元史事，厘清其史料来源，同时考释了其中独具史料价值的内容。苗润博《〈辽史〉探源》（中华书局）以"文本取向的史源学"方法解构了《辽史》文本，实际上也是重构了元修《辽史》的文本生成路径。陈新元《〈元史〉列传史源新探》（《中国史研究》第 2 期）梳理了《经世大典·臣事》中天历功臣传编纂的政治背景，论证它是《元史》列传的主要史源之一。陈佳臻《〈析津志·名宦〉史源考——兼考元初中书官员刘肃的官职》（《文献》第 3 期）指出《析津志·名宦》中从木华黎到刘因等 47 人的记载辑录自《元朝名臣事略》。杨晓春《今本〈明氏实录〉出自〈国初群雄事略〉考》（《中华文史论丛》2020 年第 1 期）考证今本《明氏实录》是清代人《国初群雄事略》的转引文字重新辑录而成，没有独立史料价值。李鸣飞《钱大昕〈元史稿〉故实考辨》（《中国史研究》第 3 期）考证钱大昕没有新作一部《元史稿》，岛田翰所谓目睹残稿之说不可信。徐潇立《九卷本〈青阳先生文集〉版本考辨》（《中国典籍与文化》第 1 期）重新考辨了余阙《青阳集》各本的年代及相互关系，认为现存最早为弘治徐杰本。孙海桥《元代两〈寓庵集〉考》（《图书馆杂志》第 8 期）阐述了李庭《寓庵集》清抄本的价值，以及现存李庭集误收元末人盛景年《寓庵集》诗歌的情况。王阳《〈至正条格〉（校注本）辨正十二则》（《清华元史》第六辑）订正了几处点校失误。黄二宁《〈安南即事〉：元代域外纪行的一首奇诗》（《古典文学知识》第 1 期）介绍了陈孚《安南即事》诗及其注释详细记载元代安南军政民情的史料价值。王宇《简论元人对〈宋史〉的评说》（《国际社会科学杂志（中文版）》第 3 期）梳理了黄溍、宋濂和杨维桢对元修《宋史》的利用与批评。另外在宋代文献中，王瑞来点校《宋季三朝政要笺证》（中华书局）与元代较为相关，祝尚书《宋人别集叙录（增订本）》（中华书局）对使用涉元的宋集也有帮助。

上海图书馆所藏的元刻初印本胡三省注《元本资治通鉴》（国家图书馆出版社）今年得到影印出版，引发了学者的集中讨论。郭立暄《元本〈通鉴〉胡注校余述略》（《文史》第 3 期）梳理了元刻胡注《通鉴》各印本的文字源流，并以初印本与胡克家本作了对校。秦蓁《新见上图藏元本胡注〈资治通鉴〉初读记》（《文汇学人》8 月 7 日）讨论了元刻胡注《通鉴》在复印时因夷夏避忌而铲削书板等问题。辛德勇《所谓兴文署本胡注〈通鉴〉的真相及其他》（《中国文化》春季号）论证元刻胡注《通鉴》是台州路儒学刻本，且元代不存在兴文署刻胡注《通鉴》。

碑刻一直是近年来元史开拓的重要方向。张国旺《京津地区元代碑刻略论》（《隋唐辽宋金元史论丛》第十辑）以将要出版的《元代北方碑刻汇录（京津卷）》为基础，对京津地区元代碑刻作了简要概述。赵卫东、陈法永等《金元全真道碑刻集萃》（山东大学出版社）汇编了金元时代的全真道教碑刻。王晶《关于元代曲阜儒家碑碣文献命名及立石年代问题》(《元史及民族与边疆研究集刊》第37辑)修正、补充了森田宪司《曲阜地区的元代石刻群综论》(《曲阜地域の元代石刻群をめぐって》)一文对元代曲阜碑刻的命名与定年的错、漏。王晓欣《元〈张儆墓志〉及相关问题考述》(《元史及民族与边疆研究集刊》第37辑)刊布了新发现的一位元朝中后期汉人官僚的墓志,并讨论了其史料价值。吴倩、郑旭东《元贺仁杰墓志铭史料价值考略——兼谈〈元史·贺仁杰传〉的史源》(《元史及民族与边疆研究集刊》第37辑)以贺仁杰墓志铭为主考证了贺氏家族的世系。魏玉升、朱建路《新发现两通刘秉忠家族碑刻拓片研究》(《邢台学院学报》第2期)刊布了缪荃孙艺风堂旧拓中两通有关刘秉忠父亲刘润的碑刻。其他新刊碑刻的论文还有陈丽华《元代泉州官宦家中的妇女——以三方女性墓铭为例》(《福建文博》第2期),朱建路《元富珪墓铭跋》(《文物春秋》第4期),张金铣《李守中生平事迹杂考》(《清华元史》第六辑),贾璞、卫森林《郑州出土元代薛氏墓志考析》(《黄河·黄土·黄种人》第8期)等。

明清方志与族谱近年来也成为元史开拓的新方向。罗玮《新见河北大名董氏藏元〈藁城董氏世谱〉清嘉庆抄本研究》(《文史》第3辑)研究了河北大名董氏所藏清抄本家谱,并刊布了相关内容。余辉《新发现元人胡棣〈伯友诗集〉考论》(《元史及民族与边疆研究集刊》第37辑)刊布了江西进贤县胡氏族谱中附录的元人胡棣诗集,并考证了作者生平与交游情况。温旭、宝音德力根、包青松《元至正进士循州达鲁花赤阿里沙家世考》(《清华元史》第六辑),梁圣军《肥城元代两篇先茔碑文考释》(《泰山学院学报》第5期)也都是从族谱中发掘出了新的元代史料。周琦玥、姜复宁《方志文献在元代文学总集补辑中的价值》(《图书馆研究与工作》第10期)从清末肥城方志中辑出了五篇元代佚文。

非汉文史籍、碑刻等受到较多关注。曹金成《〈雅隆尊者教法史〉蒙元史事考辨》(《史林》第1期)考察了该书中有关成吉思汗祖先、世系和元代政治的若干记载的史料价值。张晓慧《〈史集〉议会本源流新探》(《清华元史》第五辑)认为《史集》伊朗议会图书馆藏本与伊斯坦布尔本都是《史集》修纂的阶段性产物,二者同源异流。于月《汉译本〈史集·部族志·乃蛮传〉校正》(《元史及民族与边疆研究集刊》第37辑)利用《史集》波斯文集校本订正汉译文本,并对关键词语作了注释。刘戈《回鹘文契约文字结构与年代研究——于阗采花》(中华书局)研究了古代回鹘文契约文字与语法上的若干断代特征。青格力《新发现灶火河元代摩崖题记年代考及回鹘蒙古文鸡年题记释读》(《西北民族研究》第3期)考证了内蒙古赤峰市克什克腾旗新发现题刻群的年代,并释读了一则蒙古文题记。

在文物史料整理方面,薛磊《元代官方印章与制度史研究》(人民出版社)在此前出版的《元国书官印汇释》的基础上增补辑录了一批官印。李明晓《新见魏晋至元买地券整理与研究》(人民出版社)增补了若干元代买地券资料,但该书存在改动史源文本而不加注的情况。上海市青浦区博物馆编《月朗山高:元代青浦任仁发家族文物集萃》(上海人民出版社)是有关任仁发家族文物包括绘画、陶瓷器、金银铜器等的图谱。

之外,刘振玉《〈元史〉"塔里寒"和"塔里干"辨析——兼论丁谦〈经世大典图〉错简问题》(《西域研究》第2期)认为塔里寒在今阿富汗西北部之恰恰克图(Chachaktu),塔里干为今阿富汗东北部之塔卢坎(Taluqan),并考证了两地的历史变迁。魏曙光《元代多语种文献所见蒙古语词 utu 音译考》(《清华元史》第六辑)考察了元代蒙古语词 utu 的意义及其在波斯文、汉文文献中的呈现。

二、政治、法律

包括制度史在内的广义上的政治史一直是元史研究的一个重点。在政治制度与体制方面，曹金成《"大蒙古国"国号创建时间再检讨》（《文史》第 2 期）否定了"大蒙古国（yeke mongol ulus）"于 1221 年建号的看法，认为这一问题仍悬而未决。宫海峰《蒙元时期的"可汗"与"汗"》（《元史及民族与边疆研究集刊》第 37 辑）认为蒙元时代蒙古语文献中的"合罕 qa'an"与"罕 qan"只是不同发音特点在书面语上的体现，并没有前人认为的语义和政治上的区别。魏曙光《成吉思汗御前千户研究》（《西部蒙古论坛》第 3 期）认为 1211 年成吉思汗将"家内人口"编组为御前千户，负责料理茶饭、放牧牲畜、准备起营用具、充当耳目等。张晓慧《元代殿中侍御史小议》（《隋唐辽宋金元史论丛》第十辑）从官文书中的列名方式不同，阐述了元代殿中侍御史跨越内外朝的"怯薛化"倾向。钟焓《内耗与纷争：〈红史〉至大二年圣旨所见元朝政治博弈》（《历史研究》第 3 期）对《红史》所附的藏文"优礼僧人诏书"文本作了元代历史语境下的意义复原，并认为这件诏书的颁布与废止体现了元代宣政院与中书省等传统中枢机构间的矛盾。王敬松《元朝的宣敕仪式——兼与唐、宋、金诸朝比较》（《清华元史》第五辑）梳理了元朝宣敕的仪式、传达体制及相关制度，认为唐宋宣敕"中（在首都）繁外（在地方）简"，元代则"中简外繁"。

在机构与政区建置方面，陈佳臻《元朝统一前六部设置考》（《史学月刊》第 3 期）梳理了元前期从左、右三部，到"吏礼、户、兵刑、工"四部，再到六部体系的制度建设过程。邵婵《元代江南行政区划变迁之管窥——以诸元本〈事林广记〉为考察中心》（《宁夏社会科学》第 5 期）认为元代江南行政体制在至元二十三年后行省、宣慰司由军政管理体制转化为常设化地方行政体制，再到大德三年后行政、监司分离，行省确立为地方行政总司。梁文力《元代奴儿干的东征元帅府》（《内蒙古社会科学》第 5 期）认为元代奴儿干东征元帅府设立于至大元年至至顺二年，并分析了其职能。平平《蒙古时期的国家制度变迁考》（《西部蒙古论坛》第 1 期）强调了成吉思汗去世之后蒙古国家制度的改革。在政治人物方面，罗玮《元世祖朝名臣董氏诸兄弟仕宦生涯考述》（《清华元史》第六辑）细致地考察了元初藁城董氏家族第二代特别是董文炳、文用、文忠等成员的仕宦历程。闫天灵《西道诸王合丹、阿只吉、小薛事迹考辨》（《中南民族大学学报》第 2 期）考证合丹曾随蒙古入川伐宋、小薛是合丹之孙等史实，以及相关宗王在当时政治上的影响。张金铣《元代庐州路总管考述》（《合肥学院学报》第 4 期）梳理了元代历任庐州路总管的事迹。

在军事方面，周思成《规训、惩罚与征服：蒙元帝国的军事礼仪与军事法》（山西人民出版社）研究了蒙元帝国军队中的旗纛、服色、围猎与阅兵、战争卜筮等仪式活动和交战守则、行军纪律、赏罚场景、战利品与军功分配等战争规范。乌云高娃《〈蒙古袭来绘词〉所绘元代的旗鼓》（《中国史研究动态》第 2 期）指出蒙元军队中神纛、战旗、战鼓同时运用，成吉思汗时期就使用、祭祀日轮旗等。屈文军《也论元代的探马赤军》（《文史》第 1 期）在前人基础上重新审视了探马赤军的组成问题，认为其在太祖时期由蒙古札剌亦儿等五部族附属人员组成，太宗朝开始则由整个蒙古社会中的底层领属民组成。洪丽珠《元末华北将领与蒙元的亡国论述》（《清华元史》第五辑）改变元末史事研究偏重南方政治集团的视角，梳理了当时元朝控制下的华北地区的军政情势。

法律方面，胡兴东《宋元断例辑考》（社会科学文献出版社）讨论了元朝"断例"的渊源、性质以及宋元断例的整体变迁，附录有元代断例相关的史料汇编。陈佳臻《元代法律中的"十恶"问题——兼论〈事林广记〉中〈大元通制〉节文的真伪》（《元史及民族与边疆研究集刊》第37辑）认为元代不存在正式的"十恶"刑名体系，但"十恶"的法律精神渗透在了元代的司法、政治活动中。陈佳臻《"官法同构"视域下的元朝五府官》（《内蒙古社会科学》第3期）考察了元代后期由中书省、枢密院、御史台、大宗正府、刑部派员联合组成的司法审判团体（五府官）的演变及对明朝三法司制度的影响。乌仁图雅《元代恤刑制度的考察》（《内蒙古大学学报（哲学社会科学版）》第2期）梳理了元代法律在量刑，行刑时对老幼病、妇女等的宽恤制度。乌仁图雅《元代刑法特点探析》（《河北师范大学学报》第5期）认为元代刑法同时受唐律与蒙古习惯法影响，并具有使用判例法、相对轻刑主义等历史特点。王芳《从〈至正条格〉看元代的档案管理》（《兰台世界》第3期）简单梳理了元代档案传递、保管等的若干规定。布庆荣《元代官吏休假法律制度初探》（《社科纵横》第3期）认为元代官吏休假制度相比唐宋更加简洁，并奠定了明清相关制度的走向。孙永兴《元代戏剧中的法律文化》（社会科学文献出版社）以元代戏剧中的公案剧为基础，讨论了其中反映的诉讼参与人、诉讼程序、程序法律制度、实体法律制度等，并指出元代立法条文与社会实际之间有巨大差距。谢红星《"典例法律体系"形成之前夜：元代"弃律用格例"及其法律史地位》（《江西社会科学》第3期）认为元代在蒙古法制传统影响下废弃律令、专用判例，起到了连接唐宋"律令法律体系"与"明清典例法律体系"的历史作用。刘鑫凯、朱宏斌《元代民田纠纷及解决方式研究——基于农民视角的分析》（《农业考古》第3期）指出权贵、寺观扩大田土的行为是民田纠纷的一大诱因，政经权势的差异会影响纠纷的解决方式。

三、经济、社会

财政、经济、社会史的研究以往是元史的相对薄弱领域，近年来状况有所改善。货币方面，刘迎胜《〈老乞大〉所现元代纸钞流通场景研究》（《清华元史》第五辑）利用高丽汉语教材《老乞大》分析了料钞、择钞、昏烂钞、伪钞的含义及其流通运用情况，兼谈元钞的质地。解丹琪、刘可风《元代货币思想的经济伦理价值》（《中南财经政法大学学报》第4期）强调了元人货币思想中注重流通手段职能的特点。何平《〈叶李十四条划〉与元代纸币的性质》（《中国钱币》第2期）认为元代单一纸币的思想基础是对价值尺度唯一性的认识，对发行规模的放任使其丧失信用，走上快速贬值的道路。邓丽《伊犁阿力麻里等地出土察合台汗国钱币初探》（《中国钱币》第2期）介绍了伊犁州文物部门收藏的伊犁出土察合台汗国金银铜币及相关文献、历史地理等情况。

财政赋役方面，曹猛《元代淮东南部税粮问题管窥》（《史学月刊》第2期）认为元代淮东南部施行两税之法，税粮总额相比宋明时代更轻，而单位税负则三代相承。孙朋朋《元代特色财政政策实施下的区域关系》（《中州学刊》第3期）强调了元代财政对蒙古草原地区的经济支持。朱建路《元朝皇帝驻冬大都期间的宿卫马匹饲养》（《中央民族大学学报》第2期）指出每年秋冬十余万匹的宿卫马分为大都饲养和外路分饲两部分，国家财政拨给刍粟钞，马匹以散养为主，一度曾施行团槽法。何岩巍《从两通碑刻看元代大护国仁王寺江淮寺产归属问题》（《北京史学》第1期）再次讨论了著名的《江淮营田提举司钱粮碑》的若干问题。

盐政方面，孙朋朋《元代"局盐法"考论》（《盐业史研究》第3期）对元代盐政体制中官盐局制度的推行、职能等做了梳理。吴家洲《元代福建之盐政》（《盐业史研究》第3期）梳理了元代在福建地区官盐运销的主管机构、额度，以及不同地区的商贩与桩配政策等。赵青青、燕生东《元代盐运司、分司及盐场司所设孔子庙考》（《盐业史研究》第1期）通过大量案例指出，盐运司、盐场所设庙学是元代庙学的独特组成部分，其中河东"运学"还延续到了明清时期。

其他与经济相关方面，李春圆《元代的量制政策和量制运用——兼考元省斛与南宋文思院斛之换算关系》（《史学月刊》第5期）认为元代官定标准量制普遍运用于财政运作，并影响到市井商铺、官田佃户等民间社会。李鸣飞《〈马可·波罗游记〉所载元代海船补考》（《中国社会科学报》9月14日）介绍了马可·波罗书的Z本系统对元代中国远洋海船上专用于排水的隔离空舱的独特记载。周生杰《苏州元代刻书述略》（《苏州科技大学学报》第1期）梳理了元代苏州官府、儒学和书院、佛教、私人四方面刻印书籍的情况。

在灾害、治安方面，陈高华、张国旺《元代灾荒史》（广东教育出版社）以数量统计的方法呈现了元代各种自然灾害的时空特征，阐述了元代国家与民众的灾害应对机制与行为。翟禹《元代的大宁路地震》（《内蒙古社会科学》第5期）梳理了至元二十七年大宁路地震的个案。谭天枢《元代乡村基层治理中社长的职能探微》（《古今农业》第3期）梳理了社长在农业、治安与纠纷处理方面的职能案例。侯爱梅《黑水城文书所见元代亦集乃路的社会治安问题》（《殷都学刊》第3期）梳理了若干方面的治安案例。

在社会秩序方面，饭山知保《王锦萍〈蒙古征服之后：1200—1600年华北社会秩序的变迁〉读后》（《欧亚学刊》新10辑）强调了社会史与蒙元史融合的研究方法，也讨论了定襄地方宗教碑刻的树立行为与蒙元统治的互动。张俊峰、王洋《"至元焚经"前后的全真教与山西社会——以元代纯阳万寿宫为中心的考察》（《史林》第4期）梳理了佛道辩论失败后山西道观纯阳万寿宫维持自身的地方威望与庙产的生存策略，阐述了其作为地方社会精英的影响力。王洋《停滞与潜流：蒙元时期北方汉地的教育兴复与社会变迁——以山西为中心的考察》（《学习与探索》第2期）认为元代前期山西区域社会精英多元化，儒学教育有赖僧道、豪族等的支持，科举恢复为儒士重获文化话语权提供了契机。

社会生活方面，寇博辰《元代安西王忙哥剌的狩猎生活》（《清华元史》第六辑）以《马可波罗行纪》的记载为中心探讨了蒙古分封宗王的狩猎生活。杭素婧《元代赵孟頫家族婚姻状况浅析》（《清华元史》第五辑）梳理了赵孟頫父亲赵与訔以下五代的家族婚姻情况，认为其联姻对象主要是湖州周边地区的汉族士人家庭。蔡春娟《元代乡里社会对儿童儒家规范的教育》(《隋唐宋辽西夏金元史论丛》第 10 辑),从社会教育的视角,阐述了元代的家庭、乡里环境以及图画、戏剧等对儿童的价值观念与行为习惯的教育熏陶。

四、思想文化、宗教

元代文化多元与宗教多样的历史特点,使得对思想文化与宗教的研究成为政治史之外的另一个重点。在士人文化方面,求芝蓉《元初"中州士大夫"与南北文化统合》(社会科学文献出版社)从"中州士大夫""中州文统"概念出发,阐述了元初北方文学风格南下促成江南文坛接受宗唐复古理念,推动元中期"文道并重"观念形成的过程,揭示了元代南北文化交流的又一面相。刘成群《张养浩与元代北方学统的建构》(《中原文化研究》第 2 期)指出张养浩疏离赵孟頫与崇尚姚燧的姿态,南北文化竞争导致的紧张感推动张养浩致力于建构与维护北方学统。罗海燕《海宇混一:元代的儒学承传与文坛格局》(社会科学文献出版社)讨论了许衡、刘因、许谦、李齐贤的儒(文)学影响;该书下篇有一份李齐贤研究资料汇编。梁建功《"行道"与"尊道":元代士人精神构建——以许衡、刘因为中心》(《内蒙古大学学报》第 1 期)分析了元人对许衡、刘因"行道"与"尊道"形象的构建及其背后的心态。任红敏《金莲川藩府文人群体之文学研究》(社会科学文献出版社)讨论了以刘秉忠、许衡、郝经为代表的忽必烈藩府文人的文学创作。

以士人为主的交游活动是近年来研究的热点。罗玮《"遐观亭"与〈野庄图〉——元代名宦董文用与文人交游的主题与意涵》(《隋唐宋辽西夏金元史论丛》第 10 辑)阐发了董文用以"野庄"为主题与士人广泛交游的政治意涵。刘迎胜《从周密别十八/五国城的信息来源探视江南蒙古、色目—汉族士人的文化交流》(《清华元史》第六辑)还原了鲜于枢与廉氏家族之间的文化、信息交流。马颖杰《元代〈保母帖〉观咏活动考论》(《宁夏大学学报》第 4 期)讨论了元代士人观咏保母碑书帖的文化社交活动。胡蓉《从〈述善集〉看元代小人物的创作》(《西夏研究》第 1 期)认为《述善集》体现了一个地方性的"多族士人圈"。郑星辰《元代僧人释大欣生平交游考述》(《法音》第 6 期)考察了这位江浙地区著名的临济宗僧人的生平及在僧道、文士圈中的交游对象。其实,交游圈的构建现在已经几乎成为历史人物研究的必备环节,在很多的论文中都会涉及。

在文化地理方面,张建伟、殷昆《论元代词人的地理分布与群体特点》(《绵阳师范学院学报》第 10 期)利用《全金元词》统计了元代词作者的省份分布,以浙江、江苏、江西三省最多。张建伟、祁国扬《元代山西诗人的地理分布与文学价值》(《中北大学学报》第 5 期)整理出元代山西诗人共 109 人,在地域分布上呈现由晋北到晋南逐步递增的趋势。

在宗教及民间信仰方面,陈高华《元英宗与佛教》(《隋唐宋辽西夏金元史论丛》第 10 辑)阐述了元英宗支持藏传佛教与汉地佛教若干派系、取缔白云宗与白莲教等表现,以及他支持佛教的措施。额尔敦巴特尔译出了大薮正哉考察元代度牒制度的论文《元代关于度牒的规定》(《西部蒙古论坛》第 2 期)。王大伟《元代〈律苑事规〉中所见的律寺管理与生活模式》(《元史及民族与边疆研究集刊》第 37 辑)指出了这部律寺清规对还原元代律寺制度的价值,并指出其重视戒律仪轨等特点。李辉《从日本增上寺所藏〈普宁藏〉题记看元代白云宗的分布范围及内部结构》(《佛学研究》第1期)指出元代《普宁藏》由白云宗僧人道安发起刊刻,助缘题记显示白云宗信众主要是分布于江浙行省的浙西道四路一府的中下层平民。朱建路《元代北方临济宗的法脉传承》(《法音》第3期)以碑刻资料为主考察了临济宗的慈明圆、琅琊觉两脉在元代的传承。汤陆杰《元世祖统治江南时期杭州洞霄宫的历史变迁》(《清华元史》第五辑)梳理了宋元交替与忽必烈时期佛道斗争等政治影响下杭州洞霄宫重建、维持直至复兴的过程。贾来生《天水玉泉观创建、传承及元代〈崇道诏书碑〉价值探析》(《宗教学研究》第3期)考证玉泉观由全真道士梁志通创建于至元十三年,其神灵崇拜体现了地域性、民俗性和三教合一的特点。王亚伟《元代正一派道士在两都的文学活动》(《中国道教》第4期)阐述了正一派道士在元代两都广泛参与士人交游与文学创作的情况。马娟《元代伊斯兰教研究》(上海古籍出版社)研究了伊斯兰教在元代的传播及其与蒙古文化、与儒道释三家及与基督教等的互动。陈少丰《元代泉州汉族景教徒合葬墓碑纪年考》(《中国天主教》第4期)考订泉州"郭氏"景教徒碑是元代后期所立,不能证明南宋已有景教徒进入泉州。刘泳斯《再议明教与大明国号的关系——试析元末"白莲教"起义与明王信仰》(《世界宗教文化》第2期)认为明朝国号来自元末韩氏政权的"明王"之号,后者是弥勒教等民间宗教杂糅之下的"明王出世"观念的体现。葛林杰《宋元明铺钱葬俗研究》(《东南文化》第2期)梳理了宋元明时期铺钱葬俗的类型演变、功能、应用范围及信仰元素等。

在文化、宗教人物方面,肖超宇《元末士人危素研究》(社会科学文献出版社)研究了危素的家世、政治活动、社会交往与学术成就等。都刘平《元散曲家赵世安事迹钩沉》(《元史及民族与边疆研究集刊》第37辑)更加详细地钩考了这位政治家兼散曲家的身世履历,认为他于顺帝后至元六年死于政治斗争。宋学立《全真史家李道谦年谱长编》(《隋唐宋辽西夏金元史论丛》第10辑)是元初全真道士李道谦(1219—1296)的年谱。邓文韬《崔嘉讷、田泽与蔺守真:元代亦集乃籍士人三考》(《西部蒙古论坛》第2期)考索了三位西北士人的生平。颜亓新、颜建国《元代东平画家郭敏生平及画史贡献》(《泰山学院学报》第4期)考察了画家郭敏的生平、主要作品及其影响等。

之外,罗鹭《元代的文化政策与图书出版》(《出版发行研究》第9期)梳理了元代有关图书出版的官方机构、政策和官刻图书的出版制度。张建伟、王文《宫词与元代政治制度》(《晋阳学刊》第4期)介绍了元代宫词对怯薛、经筵、两都巡幸与宫廷赏赐等的文学描写。焦浩《"换盏"源流考——兼论元刊杂剧之"推台不换盏"》(《元史及民族与边疆研究集刊》第37辑)认为元代"换盏"一词是用汉语固有词记录的蒙古族酒礼,"推台不换盏"就是不采用繁琐的蒙古敬酒方式。马晓婕《基于器乐角度试论元代新兴乐器》(《北方音乐》第17期)讨论了括火不思、兴隆笙、云璈等元代新兴乐器。田泽君《论元代姑姑冠的形态类型与文化内涵》(《中国宝玉石》第5期)利用姑姑冠文物梳理了其形态类型、装饰特色等。程渤《元代书法家群体与复古观念研究》(南京大学出版社)讨论了元代书法向魏晋传统回归,向二王笔法回归的表现和原因。林忠军《论元代易学形成及对韩国易学的影响——以胡炳文朱子易学与丁茶山象数之学关系为视角》(《社会科学战线》第10期)认为胡炳文的《周易本义通释》纠正了当时人对朱子易学的误读,并影响到朝鲜。

五、族群、边疆

族群、边疆是元史研究的传统重点领域。首先来看族群关系与族群交流。张帆《元朝的多民族统一与国家认同》(《中央社会主义学院学报》第1期)认为元朝的军事优势、统治过程和制度创新，促成了对中原的认同、版图的巩固，并较好地处理了大一统与因俗而治的张力。黄二宁《元代族群关系再思考——以"族群内外制"为中心》(《中央社会主义学院学报》第1期)认为元代所谓的"四等人制"应该称为"族群内外制"，实际上是内外之别、亲疏之别，而非等级之别。刘迎胜《"汉人八种"新解——读陈寅恪〈元代汉人译名考〉》(《西北民族研究》第1期)考证了"汉人八种"中的重复族名，指出这一名单含括了华北使用汉文的各民族，应当是元代科举登记氏族过程中的产物。乌云毕力格《丝路沿线的民族交融：占星家与乌珠穆沁部》(《历史研究》第1期)指出，明清蒙古乌珠穆沁部的组成部众包括蒙元时期来自西域的色目人，特别是占星家的后裔，体现了蒙元时代丝绸之路上的民族与文化交融。修晓波《元代丝绸之路对民族融合的影响》(《浙江社会科学》第10期)对元代来华外域人的类别、分布等做了简明扼要的梳理。陈彩云《政治歧视与文化互动：元代漕粮海运体制中的族际关系》(《社会科学》第4期)分析了海运系统官员的族群隔阂与文化交流。

在蒙古、诸色目群体方面，白玉冬《成吉思汗称号的释音释义》(《历史研究》2019年第6期)系统探讨了"成吉思（činggis）"称号的历史语言渊源。魏曙光《元代蒙古人太赤家族事迹探析》(《赤峰学院学报（汉文哲学社会科学版）》第6期)梳理了太赤家族四代的事迹，强调了其接受汉文化的进程。杨绍固《元代畏兀儿内迁文学家族变迁研究：以偰氏、廉氏为中心》(中国社会科学出版社)重点考察了偰氏、廉氏两家族在元代的迁徙世系及其后裔在元明清三代的文学交游与文学创作活动。尚衍斌《元代畏兀儿翻译家忽都鲁都儿迷失史事考述》(《西域研究》第2期)梳理了忽都鲁都儿迷失的家世与姓名、翻译活动及与各族文人的交往。马晓林《巨野元代景教家族碑历史人名札记》(《中山大学学报》第5期)利用巨野县的一通残碑特别是人名信息补充考证了岳出谋家族的情况。康建国《蒙古弘吉剌部中的色目家族考》(《清华元史》第五辑)考察了属于弘吉剌部的三个色目家族：玉龙赤家族、按檀不花家族和秃满台家族。操宇晴《浅论元代回回史家察罕的史识与撰述》(《西域研究》第3期)评论了察罕史学的一些特点。李乔《接受与认同：元代移居河南的哈剌鲁人》(《中州学刊》第9期)梳理了元代哈剌鲁人进入河南的途径和融入河南社会的表现。

在边疆治理与地方史方面，胡小鹏、杨帆《元代西北诸"二十四城"释疑——从巩昌二十四城谈起》(《西北师范大学学报》第6期)认为"二十四城"不是实指，而是元代受蒙古文化传统影响而对地方军政集团的一种习惯称呼。咸成海《元代国家治理下土官杨赛因不花考论》(《遵义师范学院学报》第3期)梳理了杨氏的生平履历的若干情况。咸成海《元代播州土官治理的政治意涵论略》(《西部蒙古论坛》第2期)认为元代从设立土职、征收赋税、征调土兵等方面强化了对播州的管治。陈文祥《元明时期河湟地区新诸族族体形成共性问题研究》(《中国边疆史地研究》第3期)认为元代的民族融汇、军事屯戍和文化兼容推动了河湟地区新诸族的形成。伍磊《元初八番顺元地区管辖权变动问题研究》(《中国边疆史地研究》第3期)是一个对行政体制变动的历时性考察。秦晖《王气黯然：宋元明陕西史》(山西人民出版社)第6—10章是一部简明的元代陕西地区政治史。傅秋爽《元代北京城市文化研究》(中国社会科学出版社)主要以戏曲为中心阐述了元大都的文化特征与影响。陈世松《论成都在元代历史上的地位与作用》(《西南民族大学学报》第12期)认为成都是蒙元攻略、镇戍西南的重要根据点。

六、中外关系

中外交流与国际关系也是元史研究的传统重点。姬庆红《马可·波罗与麝香——兼论马可·波罗来华的真实性》(《中国藏学》第1期)验证了马可·波罗书中有关麝香记载的可靠性及其对当时伊斯兰、欧洲相关认识的突破。王丽明《元代泉州印度教遗存"金翅鸟石刻"的重新解读》(《海交史研究》第2期)认为泉州"海交馆"所藏的疑似"金翅鸟"石刻图像实际上是当时泉州工匠对印度教艺术图案的模仿，是文化交流的独特产物。马晓林、彼加列夫《从新出土钱币看中国文化在金帐汗国的传播》(《西域研究》第2期)刊布了金帐汗国遗址出土的中国钱币，并讨论了中国相关物质文化的西传。求芝蓉《元代医籍中的西域药物"南乳香"考》(《西域研究》第2期)考证元代"南乳香"是今天的洋乳香(Mastic)，元明时期也根据波斯—阿拉伯语名称Mastakee音译为"马思答吉"等。乌云高娃《13世纪元朝与高丽的外交文书》(《隋唐宋辽西夏金元史论丛》第10辑)，分析了元朝与高丽的外交文书所用的语言、文书格式以及文书的翻译过程。乌云高娃《13世纪高丽武人政权与国王权力》(《清华元史》第五辑)在元丽关系的视野下考察高丽政治，指出高丽国王与元朝的联姻是其击退武臣的重要支撑。徐芳芳、舒健译出了鲁大维《国际语境下的高丽晚期外交再思考》(《元史及民族与边疆研究集刊》第37辑)，阐述了高丽在元明两朝争夺国际秩序主导权的背景下的外交活动。祝湘辉《达罗婆门汉字碑铭与元缅战争考略》(《中国边疆史地研究》第3期)以缅甸蒲甘出土的达罗婆门汉字碑为切入点，考察了元缅战争的相关情况。

结语

结合近两年的元史论著成果，似可认为目前中国的元史研究正处于传承与创新的转折阶段。讲求实证、运用多语言史料，是中国元史研究的两个优良传统。随着研究议题的日益多样、学科间交流的日益广泛，元史研究也在不断发展创新，表现在下列几个方面：第一，在史料挖掘方面不断开拓视野，成果丰硕。碑刻、文书的整理目前仍方兴未艾，大量重要的资料尚有待出版，对族谱的利用又初见苗头，无论是从公藏族谱还是从田野工作中，都出现了非常有价值的成果。域外史料的运用范围也在不断扩大，学者在传统重要典籍之外进一步开拓东西方多语言的文献、文书以及实物资料等。第二，学者自觉而又有节制地吸收如后现代史学、新文化史、计量经济史等的思维方法的长处，产生了一批别开生面的研究成果，例如对历史文本的解读、解构，对仪式、规范、空间的关注，对经济数据史料的制度与社会解读等。第三，在更大的历史时空境域中表达蒙元史研究的意义。将元代中国与唐宋辽金明清等时代加以比较从而联通长时段的历史认识，日益成为研究者的自觉。与此同时，元史研究的"世界性"与近年来的全球史潮流结合，出现了一批联通欧亚大陆与"印太海洋"的成果。值得欣喜的是，研究的转型、发展没有背离中国元史的优良传统。无论材料、问题和理论方法如何新颖，绝大部分学者在具体研究工作中都脚踏实地、言必有征，不以任何既有的意识形态或理论框架为权威，使得实证史学的精神在新的环境下得到传承。与此同时，元史研究也存在一些需要弥补的短板。首先，是亟须一部反映中国元史研究视角与前沿成果、篇幅适中的综合性断代史书。现有的韩儒林主编《元朝史》、周良霄主编《元史》等书编写年代较早，而翻译出版的如《剑桥中国辽西夏金元史》、梅天穆《世界历史上的蒙古征服》以及杉山正明的系列论著等都体现海外研究者的视角与观点，无法满足今天中国元史无论是教学还是社会普及的迫切需要。其次，编纂新的工具书可能也是一项必要的工作。目前李治安等《元史学概说》、刘晓《元史研究》、陈得芝《蒙元史研究导论》是最便于使用的入门工具书。前者附有论著目录但年代较早，后两者较为概括。随着论著数量的快速增长与研究者的高度专门化，掌握旁近领域的研究状况变得日益困难，因此一部搜罗完备的论著目录，对学者研究、学生入门学习都会有很大的帮助。

明史研究综述

秦 博

2020年度海内外共出版明史研究著作20余部，发表重要学术论文600余篇。本年度的明史研究反映出以下几个突出的学术发展特征与趋势：第一是政治制度史、经济制度史研究经过长期积累之后的全面突破。第二是历史地理、政区地理、地域社会史、文化史等多学科、多范式的相互渗透与高度交融。第三是历史记忆、政治文化、新文化史、全球史、族群理论等新兴方法与视角在各个研究领域的广泛应用。第四是新见文献对传统问题探索的有力推动。第五是学科总结性论著的涌现。值得注意的是，国内明史学界已经形成高度的理论与方法论自觉，一部分学者尝试构建新的理论框架以囊括明清国家社会形态，并与海外研究范式进行对话；与此同时，有学者更趋向于以解决具体历史问题为基础，逐步整合、提炼出理论体系。笔者尝试立足本年度的学科现状，把脉新时期明史研究的总体动向，对本年度发布的明史学术成果做一梳理与综论。

一、政治史与政治制度、军事制度史的全面回归

从近年来明史研究的整体发展态势来看，传统政治史与政治制度史、军事制度史的研究有回归主流且不断深入的趋势，2020年的明史研究更加鲜明地反映出这一学术发展进程。

对重要制度与事件的全新诠释。随着近年来学者不断发掘新史料，深入解读旧史料，很多明史研究领域的传统学术观点被不断修正甚至颠覆，反映出明史研究经过长时间积淀后的全面突破。王剑、朱文字《祖制重现：世宗勤政与嘉靖朝政治文化——以嘉靖宦官政治为中心》（《吉林大学社会科学学报》第3期）一文不拘旧说，重新检视"内臣之势，惟嘉靖朝少杀"历史现象的深层原因，认为嘉靖朝宦官势弱本质是世宗皇帝理政方式回归祖制以及由此产生的复杂政治生态造成的。高寿仙《〈皇明条法事类纂〉成书问题蠡探——以〈明代档册〉为参照》（《北京联合大学学报》第3期）通过将《皇明条法事类纂》与《明代档册》两种文本进行细致比读，基本解决了《皇明条法事类纂》的性质与成书过程等问题，为学界进一步利用这一重要制度史、法律史文献扫清了障碍。高寿仙《政治与法律的交织纠缠：明嘉靖初李福达案探微》（《史学月刊》第8期）通过细密解读《钦明大狱录》这一文献，从嘉靖"大礼议"后复杂的朝局切入，重新梳理李福达案的来龙去脉，对特殊历史背景下明代皇权干预司法的现象以及明代政治与法律的关系做出了深入的诠释。曹循《明代世袭武官人数增减与制度变迁》（《文史》第1辑）一文一反明代中后期武官人数冗赘的

传统观点，提出了武官实际数量在中后期不断减少的说法，并对武官减员的原因做了较全面的分析，可成一家之说。曾磊《明末关宁军性质的再讨论——以"祖家将"为核心的观察视角》（《中国边疆史地研究》第1期）对明末关宁军伍的"家军"性质提出质疑，并通过研究祖家军的招募、管理与指挥体制认为关宁军并非独立于明廷的军阀武装。朱忠文《论明初功臣集团政治文化嬗变》（《安徽史学》第5期）在传统政治制度史研究之外，引入政治文化的视角，关注明初勋臣的政治意识与心态的变化，从洪武朝君臣文化矛盾的层面重新探讨洪武党案发生的原因，具有新意。黄友灏、黄澈《明万历朝京察申辩禁令下士大夫鸣冤的新方式——以〈万历辛亥京察记事始末〉的成书历史为例》（《学术研究》第11期）从编著者周念祖的身世入手，通过文献校读的方法梳理晚明政治制度史文献《万历辛亥京察记事始末》一书的成书过程，指出此书系周念祖为其师岳和声鸣冤而编著之作，在当时具有影响舆论的"政治传媒"作用，并提示治党争史与明代吏部考察制度史的学者在利用此书时应注意此书的编纂性质。张德伟的英文著作《兴盛于危机：中国佛教与政治动荡，1522—1620年》（*Thriving in Crisis: Chinese Buddhism and Political Disruption, 1522—1620*）（美国哥伦比亚大学出版社）重新审视为学界熟知的"晚明佛教复兴"问题，着重从政治史的层面探究中晚明皇室、太监、高僧、士大夫等参与佛教活动热情的起伏变化并揭示其原因，在实证研究的基础上尝试理论构建，得出"晚明复兴"并未为佛教的未来发展建立坚实基础的结论。薛理禹《明代保甲制研究》（中国社会科学出版社）是第一部较为全面的明代保甲制度论著，虽然存在论述相对简略的问题，但仍有开拓之功。

中央职官研究的细化。近年来学界对明代六部科道等行政与议政衙门职能运作的研究尤显扎实深入，特别体现在国家机关分管职能与官僚架构中层科级的细化探讨以及在人事任免研究中统计方法的广泛运用。李小波《明代刑部现审的分司原则》（《史林》第3期）与赵树国、闫福新《阁部制衡：明代吏部侍郎政治角色演变探析》（《东岳论丛》第9期）分别讨论了刑部十三司分工审判的运作规制与兵部副官侍郎的职权特征，推进了学界对明代国家日常行政管理机制的认识。刘祥学《耳目之坏：从御史选用制度的演化看明代政治走向》（《史学集刊》第3期）具体探讨了明代监察御史的品秩、洪武十三年至洪武十五年监察机构缺失、监察御史的资格与资历等久而未决的明代御史制度问题，对十余年来明代监察体制的研究有所总结与推动。郭文安《明代提学官迁入来源考析》（《历史档案》第3期）分析了明代十三省提学官的升迁来源，指出提学官升迁循文职往常资格，未能凸显学官"儒宗"的特殊地位，对深化认识明代中层文官升任制度有所裨益。罗国澄、郭培贵《明代吏部尚书的年龄构成特点及其成因和影响》（《江苏科技大学学报》第4期）以明代登科录为主要史料，对明代吏部尚书科举中式、升掌部事、退休致仕的年龄与在任年限进行了全面的统计，揭示了吏部尚书的年龄构成状况及在各级科名和不同任职形式上呈现的规律性变化，并尝试分析这些规律形成的原因，该文反映了近年来运用统计方法研究明代官制的趋向。

国家基层管理制度与特殊军政制度研究。陈宝良《明清幕府人事制度新探——以"幕宾""幕友""师爷"为例》（《史学集刊》第4期）一文作者在以往明代幕府制度研究的基础上，在明清幕府制度的发展、各类入幕人员的身份来源、幕客的职权等多个层面对明清尤其是明代幕宾任用制度做了全方位、总结性的研究，并为"绍兴师爷"的起源提供了新说。

张金奎《锦衣卫监察职能略论》(《史学集刊》第 5 期)对明代锦衣卫的监察职能进行了专题研究,着重从国家权力结构的角度分析锦衣监察职权的构建与运作,并提出锦衣卫对文官系统而言具有"体外监察"性质的全新论断。秦博《明代勋卫与散骑舍人的制度特性》(《史学月刊》第 4 期)着重关注锦衣卫中特殊的贵族侍卫群体,尝试论析锦衣卫作为明代国家各种军政制度结合点的特性。郑宁《利益攸关:明代军伴制度的规范与破坏》(《史学月刊》第 11 期)以制度史的视野尝试梳理明代军伴制度建立、调整与完善的过程,围绕军伴折银这一制度变更分析制度破坏的表现和动因,探析其中的利害关系与权力博弈。

"祖制"研究兴起。明代官方及士人常强调"祖制"、"祖宗成法"等概念,以之为国家治理的重要纲领,但学界长期未能透彻解析所谓明代"祖制"的本质。本年度解扬所著《话语与制度:祖制与晚明政治思想》(生活·读书·新知三联书店),以制度史与思想史相结合的视角,探究明代祖制在制度层面作为"祖宗之法"与"权宜之法"的两面性,以及祖制作为士大夫政治话语的工具性,为明代祖制研究提供了一个基础性框架。苏建文《从训诫臣民到劝导君主——〈资世通训〉与明代祖训诠释》亦专注于明代"祖制"研究。该文以洪武朝所修《资世通训》一书的刊布传播为例,揭示了此书由君主训诫臣民工具向臣民劝导君主工具的转换,强调了"祖制"作为一种政治文化在君臣博弈过程中不断被构建与被修正的状况。通过上述这些研究不难发现,明代"祖制"在某种意义上并非洪武、永乐两朝所立"万世不替"的旧法,而是经列朝事例积累,变通成习的各类规制,甚至是一种政治话语。期待明史学界能够进一步探究明代"祖制"这一重大政治史议题,并与业已成熟的汉代、宋代"祖制"研究展开对话。

对历史公案、谜案的再研究。明代历史上有很多所谓的难解谜案,如建文逊国、李自成归宿等,其真相历来为治史者所关注,也常引发学者之间长久的争辩。自顾诚 1978 年在《历史研究》发表《李岩质疑》一文后,明末农民军领袖李岩事迹的真实性就成为学界关注的焦点之一。本年度陈生玺所撰《再论李岩其人——顾诚〈李岩质疑〉辨误》(《文史哲》第 5 期)就通过新发现河南博爱县《李氏族谱》中的记载,重新探析这一问题,认为李岩确有其人,并对 20 世纪五六十年代盛行的阶级史观进行了反思。美国学者戴福士(Roger V. Des Forges)长期关注明清河南历史文化,对李岩问题尤有研究,本年度他出版了专著《一个神秘的中国学者、造反者和顾问李岩:一个全球的视角,1606—2018》布里尔出版社 (*The Mythistorical Chinese Scholar-Rebel-Advisor Li Yan, A Global Perspective, 1606—2018*) (Leiden),是英语世界这一领域的代表之作。王荣煌《袁崇焕全传》(岳麓书社)聚焦百年以来袁崇焕研究的争议焦点,广泛搜集各种史料,在明清易代的大背景下对袁崇焕一生的事迹与功过进行了较为全面客观的考评,尤其对袁崇焕东江斩帅是非、被杀原因等历史大案均有精当辨析,还旁及晚明政治、明清战争、史学史等多个研究领域,所论详实有据,自成一家,是近年来具有学术总结性的袁崇焕传记著作。值得注意的是,进入新世纪后,多有明史学者不再单纯关注所谓历史谜案的真相,而是转换研究视角,尝试从"历史书写""历史记忆"等新角度对相关议题展开探讨,可谓明代政治史研究的新气象。以建文帝逊国研究为例,吴德义在 2020 年中国明史学会第十九届年会的大会主题发言《从寻觅踪迹到探求意义:近代以来建文逊国研究的演变》中指出,"学者不再纠结于建文逊国的真伪及具体路线,开始讨论建文逊国传说背后所蕴含的社会文化意义"。台湾学者何幸真亦出版了《殇魂何归——明代的建文朝历史记忆》（秀威资讯）一书，指出明代中后期建文出亡传说的出现源自文人士大夫对建文帝的同情，而地方性的历史记忆又随着笔记、方志刊布流传成为民众的共同记忆。明史学界这种研究的转型有可能是受到西方"新文化史"及中古史学界史料批判研究风潮的影响，但依托明代丰富的文献遗存，明史学者能够更加细致准确地分析各种历史传说与记载的形成过程，揭示其背后的制度与政策性因素。

二、赋役制度史研究的拓展与深入

曾经在一段时期内沉寂的明代经济史研究在近年来出现了明显的复苏趋势，尤其是以白银改折为核心的明代中后期赋役制度演化问题特别为学者所关注。本年度的相关论著也反映了这一学术发展趋向，并且表现以下几个具体特点，即注重宋元明清长时段经济制度延续性、注重地域史研究视角、注重赋役文书整理、注重经济学与金融学的理论性探索。

国家赋役制度与政策的整体性研究。栾成显《鱼鳞图册起源考辨》（《中国史研究》第2期）通过细致梳解官方文献，结合徽州族谱中保存的珍贵资料，将明代重要经济制度鱼鳞图册的起源准确上溯到宋代绍兴经界的鱼鳞图帐。日本学者岸本美绪《晚明的白银北流问题》（《中国经济史研究》第1期）以晚明时代"白银北流，往而不返"的银荒现象为考察对象，分析晚明军事危机与白银北流的成因以及明廷的应对措施，尝试在中国经济思想史发展的长期视野下讨论明代士人经济思想的历史意义与其对清代经世思想的影响。申斌《明代地方官府赋役核算体系的早期发展》（《中国经济史研究》第1期）分析了洪武、永乐时期无计量、无计划的赋役征发向明中后期国家财政"二重会计结构"的演化脉络，该文对在经济层面理解明代"祖制"有所裨益。邱永志《祖宗成例："洪武货币秩序"的形成》（《史林》第2期）将洪武朝国家财税征收模式概括为封闭性的"洪武型"经济制度和实物劳役型财政体制，同样具有明代"祖制"研究的学术意义。以上两文是"祖制"研究在经济史领域的实践，反映了政治史以外明代"祖制"研究的发展潜力。刘怡辰《正统元年折银令出台始末再探》（《中国经济史研究》第5期）从朝廷稳定市场、强化财政管理等新角度对正统朝推行"金花银"制度的原因做了新的解释，具有一定的启发性。何平《明代中后期货币"使用处方"的转变——从"重钱轻银""行钞废银"到"三者相权"》（《中国钱币》第5期）一文对明代中后期货币制度的变迁历程进行了总括性与理论性的论析。

区域性赋役制度与特殊役法。鞠明库《论明代海盐产区的荒政建设》（《中国史研究》第4期）将明代海盐产区视为相对独立特殊的经济区域，考察了明朝政府应对沿海盐区自然灾害的政策，认为明代未能充分重视盐区的荒政建设，相关救灾赈济制度不完备，实际上多属被动性举措。杨泉《明代南京马船水夫役问题探析》（《中国社会经济史研究》第4期）一文在前人赋役制度研究的基础上，重新探讨明代南京马船水夫之役，对此役的金派征选、工食与料价的分发与改折等问题进行了全面研究，揭示了明代驿传夫役编金原则在不同地域的多样性与复杂性。李晓龙《市场流动与盐政运作：明代两广盐业布局的重构过程研究》（《中山大学学报》第5期）一文关注市场因素对明代国家盐政制度的影响，通过对明前期开中法、明中期余盐抽银以及晚明潮桥榷饷的具体研究,指出盐政运作是各级政府不断利用市场机制来实现盐利最大获益的过程,不同时期市场与贡赋的不同结合方式导致盐业布局的重构。郑洪《从贡赋分派到折银改革——兼论明代药材市场的形成与影响》(《中国农史》第 5 期)一文探讨了学界较少关注的明代药材采办上贡制度,在明代中后期全国赋役改制的大历史背景下探析药材折银的历程,并通过药材赋役制度的变化考察明代药物市场的流通特征。盛承《明代中后期的宗禄折银与地方财政运作——以河南为中心的考察》(《史学月刊》第 12 期)探讨了弘治朝以后河南宗禄改征折色的问题,揭示了宗禄改折对河南地方财政体系的影响,认为河南宗禄年度开支在嘉靖末期达到最高,万历中期以后宗禄引起的财政困境逐渐恶化。王国棉、乔新华《明代五台山寺院经济中的制约因素》(《宗教学研究》第 4 期)一文从政治和社会的多重层面来分析明代五台山寺院经济发展过程中的制约因素,指出国家宗教政策、市场与人口状况、寺院管理方式与社会化程度等均对寺院的经济能力的强弱产生影响,揭示了寺院经济与地方社会经济结构的复杂关联性。丁亮《明代浙直地方财政结构变迁研究》(中国社会科学出版社)是明代财政制度的在地化研究,书中有关明代江南均徭法演化路径的分析,以及从地方财政运行视角对一条鞭法的重新诠释,尤较以往的赋役研究有所推进。何孝荣《简论明代的商业政策》(《历史教学》第 4 期)总括性地研究了明代抑商、恤商、通商等各种商业政策的实施过程,分析不同商业政策对明代社会经济发展乃至中国古代历史发展的影响。

纸背文书与明代赋役制度研究的新方向。尤其值得注意的是,学者对上海图书馆藏明代纸背文书的研究又有新的进展。宋坤、张恒《明洪武三年处州府小黄册的发现及意义》(《历史研究》第 3 期),张恒《新见明代山西汾、应二州赋役黄册考释》(《文史》第 3 辑)以及张恒《新见明嘉靖十一年衢州府龙游县赋役黄册考释——以上海图书馆藏〈崔豹古今注〉纸背文献为中心》(《中国农史》第 5 期)从文献学的角度考论了纸背文书中珍贵的明代黄册原件,探讨了黄册制度在明代不同时期的演化过程以及在不同地域的实施情况,并强调了黄册原件对明代赋役制度研究的价值。上图明代纸背文书自 2016 年以来就不断被发现整理,这批文书具有官方一手档案的性质,可以如实反映明代行政及赋役制度的运作状况,对明代历史研究的意义重大。

另外,本年度较重要的明代经济史研究还有范金民的《明代江南田宅买卖的"找价"述论》(《史林》第 5 期)。该文搜集散见于方志、杂史、笔记中的明代找价事例三十余例,借以探究官方处理民间找价事务时的具体办法,对明清时期田宅买卖"一卖三添"惯例的形成过程与原因做出了深入分析。范金民的《明代徽州木商经营活动述略》(《安徽大学学报》第 2 期)指出了明代徽州木材经营专门研究较少的现状,继而对明代皇木采办制度运作、徽州木商参与皇木采办的方式、徽州木商从事木植砍伐与运销的具体过程、徽州木商经营过程中面对的干扰因素等问题进行了细致的探析,添补了相关领域的研究空白。

三、民族与外交史研究的新视角与新方法

在本年度发表的明代民族、外交史论著中,传统的朝贡贸易、来华传教士研究等领域的

成果依旧显著，而近年颇受学界关注的万历援鲜战争、早期全球化、元明之际多元族群互动等问题也仍然是学术的热点与增长点。总之，学界越来越认识到明代民族与外交问题的复杂性与多样性，并自觉尝试运用历史记忆、政治文化、族群理论等新兴视角与理论展开全方位的研究。

在明代多元族群研究中，张佳《变调：宋元明番族类题画诗中的族群与国家观念变迁》（《中华文史论丛》第3期）一文指出，明代番族绘画中的题诗透射出了明代民族政策对社会文化的影响，认为明初"用夏变夷"的文化政策促使族群边界被士人刻意刻画出来。明中后期以降，对异族事物的抵制和警惕导致番族类绘画创作的再度衰落。时亮《明代陈埭丁氏回族进士家族成因与贡献述论》（《回族研究》第3期）讨论明代福建泉州回回丁氏家族成员科举入仕的业绩与原因，总结了丁氏家族在政治与文化方面的贡献，以个案研究的方式展现了明代回回人融入儒家文化的历史。在朝贡体制的相关研究中，刘菽、杨永康《朝贡视阈下的明蒙互市述论》（《中国经济史研究》第3期）一文在前人研究成果的基础上，试图重新梳理明蒙互市的历程，分析了明蒙双方在互市贸易中的得失利弊，对朝贡体系的经济价值做了较为全面与客观的评价。王桂东《明代朝鲜同女真人的交往——基于朝鲜通过"边疆地带"开展交往的视角》（《北京社会科学》第11期）探讨了李氏朝鲜在边疆地带与明朝女真部落交往的历史，剖析了在明代"天下共主"的朝贡体制下朝鲜王朝开展外交活动的深层政治目的。刘祥学《"四夷来朝"与明初百年对外关系的变局》（《历史研究》第6期）指出，从洪武至成化的一百余年间，受经济基础的制约，明朝以"厚往薄来"政策为基调的对外交往经历了由锐意开拓到主动收缩的转变，明廷对外部世界的探索与了解也趋于停顿，导致明人对世界的认知存在明显局限。南炳文、时培磊《明代朝贡交往中存在的三个问题》（《烟台大学学报（哲学社会科学版）》第1期）着重剖析明代朝贡对外交往中存在的三个负面问题，即盲目自大观念、厚往薄来经济方针与内外勾结的赃贿行径，对中国古代朝贡贸易的弊政进行了总结，并指出这些弊政的历史警示意义。

在中外学术思想交流的研究中，陈拓《晚明内阁阁臣郑以伟与西学》（《安徽史学》第6期）研究了与徐光启同年入阁的晚明阁臣郑以伟的生平、著述，以及郑氏与传教士的交往过程，继而对反映郑氏西学观的著作《泰西水法》《七克》二序进行了文献学的梳理，揭示了晚明中西文化交流的复杂性与相关文献的多层次性。姚诗聪《从民族意识视角看明代朝鲜燕行使臣"东国有人"理想——以〈露书〉中的朝鲜史料为例看其理想的实现》（《社会科学论坛》第5期）以明代笔记史料《露书》中收录的朝鲜王朝女诗人许兰雪轩的诗为例，尝试从民族意识的角度探究韩国古代汉文学中蕴含的"东国有人"理想的困境与实现，从文学传播的角度为中韩关系史研究提供了新的认识。

明代与早期全球史研究中，万明《明代中国与爪哇的历史记忆——基于全球史的视野》（《中国史研究》第2期）一文以全球史的视野，运用多语言史料，关注爪哇井里汶地区与明代相关的文化历史信息，研究此地地名与港口定位，探讨郑和下西洋与当地历史发展的关系，并挖掘苏南·古农·查迪与"中国公主"王珍娘故事背后的史实，揭示了全球化早期东方国家发展的内在动力。李庆《早期全球化进程中的东亚海域：明万历海外采金事件始末》（《国际汉学》第4期）一文利用新见西班牙语史料，梳理了万历朝明廷向吕宋海外采金事件来龙去脉与复杂内情,认为海外采金一方面是明朝国内矿税掠夺扩大化的结果,反映了当时明代士人与宦官间的矛盾冲突,另一方面已违背了明代国家礼制与海禁政策,危及夷夏之防,但也标志着中国传统朝贡体制与新兴世界秩序间的正面交锋,具有重要的全球史意义。

还有一些研究从具体职官制度、国家体制设置入手,研究明代的民族政策与外交政策。李淮东《明代"中国"西部疆域形成史论——以明朝经略西藏为中心的考察》(《中国历史地理论丛》第 2 期)全面研究了明朝中央政府对西藏管辖关系的形成,认为明代间接管理西藏的多元模式为清朝治藏策略提供了借鉴,明朝对西藏的成功经略也标志着明朝与西域诸国、北方蒙古诸部战略相持局面的形成,同时奠定了近世"中国"西部边疆的大体雏形。陈尚胜、张洋洋《万历二十五年春明朝兵部尚书调整研究》(《山东大学学报》第 3 期)一文从明万历朝兵部尚书选任的角度,探析明朝围绕兵部尚书调整的政治运作过程和基本特征,揭示了兵部主要人事选拔与援救朝鲜决策之间的关系,将明代内政与外交史研究做了有机的结合。另外,英语学界美国学者鲁大维(David Robinson)2020 年出版的新作《明朝及其盟友:欧亚大陆的帝国统治》(剑桥大学出版社)(*Ming China and Its Allies: Imperial Rule in Eurasia*)(Cambridge University Press)分析了明朝初年在王权统治构建与强化的过程中所谓"来朝远人"(men from afar)即故元官员、迤北归附王公等群体起到的重要作用。作者指出,明前期永乐等诸帝通过与蒙古王公贵族的政治交往以强化皇权,并确立统治风格与个人形象,还借助蒙古势力的支持在东亚大陆构建稳固的政治联盟,维系明朝天下共主的地位。本书可谓反映近五年来欧美学界明史研究新方向的代表作。明代对蒙古部众的招抚政策以及明代内附达官的活动长期以来是明史研究的热点,国内学者对达官卫所安置制度、达官婚姻、达官汉化等问题多有深入论述。不同于国内的研究,鲁大维等欧美学者多致力于从政治文化、历史书写、族群互动的角度对元明之际以及明初的北方民族问题进行分析,在一定程度上丰富了达官研究的内容,并有益于扭转欧美"新清史"学派对明朝边疆民族政策的僵化认识。

四、地域社会史与地方史研究的转型趋势

以宗族、家族为中心的明代地域社会史研究在本年度的发展势头仍不减。较传统的地域社会史研究,常建华《隐逸与治家:明万历浙江〈重梓遂邑纯峰张氏宗谱〉探析》(《史林》第 4 期)分析了明末浙江遂安纯峰张氏家族的宗族活动与参与乡里治理的史实,通过张氏个案进一步论证了作者的宗族乡约化理论。祝虻《从家训文献看晚明士大夫的治家认识——以方弘静〈家训〉为中心》(《安徽史学》第 1 期)研究了徽州地方士人所编家训中反映的社会风俗与治家认识。崔继来《明代九边军兵的婚姻与家庭关系》(《中国社会经济史研究》第 2 期)利用档案、方志等史料,以宏观视角梳理明代保证军户婚配的政策,又以微观视角具体考察明代九边军士群体的婚姻形态、家庭规模与家庭关系等,将家族史研究深入明代边区中下层群体之中。刘正刚、高扬《明代法律演变的动态性——以"佥妻"例为中心》(《历史研究》第 4 期)利用新见明代法律文献,描述卫所"佥妻"条例,即明代

军士携带妻小至卫所服役的制度,从权宜之法到国家定制的演化过程,着重分析"金妻"例在社会层面的动态实施状况,剖析朝廷、大臣与军士群体围绕条例施行的互动关系,力图揭示明代"例"的制度适用性,是制度史、法律史与家族史相结合的研究尝试。

需要指出的是,近年来部分地域社会史研究出现了窄化倾向,学者往往仅关注宗族、信仰等单一领域,或步趋前人理论框架,无法展现明代社会的多面性与复杂性。为突破学科发展瓶颈,学者也开始自觉进行方法论与视角的转换。2020年度,相关论著在两个方面的突破尤其显著:其一是社会史的制度研究取向,即在国家制度与统治秩序的宏大视角下考察个人或群体的微观生存状况,这种制度史的社会文化取径是近期无论制度史学者还是社会史学者都会尝试的研究范式。其二是运用历史地理、军事地理等学科的研究方法,探究地方管理模式、社会发展状况与地域文化特色。以上两种研究趋向都突破了传统学术的固有畛域,具有在地化、整体性与综合性的特征,某种程度上代表了未来地域社会史与地方史研究发展的大方向。彭勇《明代卫所制度设计与军户家族记忆的历史书写——以湖南新田骆氏家族为中心的考察》(《史学集刊》第6期)就充分利用底簿档案、方志、政书与族谱等多元史料,细密梳理了明代卫所制度对高级军户家族宗族传统与家族记忆的影响,剖析国家制度对社会与家族的影响与渗透。连瑞枝《僧侣、士人、土官:明朝统治下的西南人群与历史》(社会科学文献出版社)一书讨论的重点虽然都是地方上的小人物,但作者通过零碎地方史料的勾连,呈现明代西南边疆丰富的历史面貌,梳理了朝廷权力与制度在西南地区不断扩张与强化的实际状况,揭示了各类士庶人群利用在地优势参与或应对朝廷边疆政策的事实。连瑞枝著作的研究方法与学术旨趣与海外学者宋怡明(Michael Szonyi)近著《被统治的艺术:中华帝国晚期的日常政治》有一定的相似性,从这些著作中可见中国历史人类学的经典研究范式以及与西方学术理念的相互影响。

自2016年李新峰出版《明代卫所政区研究》一书之后,近四年来从区域地理、军事地理的视角对明代政区史与区域社会进行研究的著作就层出不穷,在一定程度上带动了明代地方社会史与历史地理以及行政与军事制度史等三个研究领域的全面融合,这一新的融合性研究趋向在西北、西南边区研究中表现得尤其突出。今年有关明代西北地区的论著中,周松《嘉峪关变迁与明代交通地理之关系——基于史源学的研究》(《中国边疆史地研究》第2期)通过对东西方史籍中嘉峪关交通地理记载的辨析,重新考订了嘉峪关设置的具体时间,并揭示了明代西北边地管理体制内、外之别的演化过程。冯晓多《城镇与环境的互动:以宁夏地区明代军城为中心》(《中国边疆史地研究》第3期)探讨了自然环境因素与明代宁夏城镇选址的相互影响,进而分析西北军镇设置与边防形势、人口结构与民族文化的互动关系。在与西南地区相关的研究中,本年度出版的罗勇《经略滇西:明代永昌地区军政设置的变迁》(社会科学文献出版社)以明代永昌地区军政设置变化为线索,围绕永昌地区与周边局势的相互关系,讨论卫所、府州县的关系以及卫所、州县转换背景下的区域社会文化变迁。罗勇《明代滇缅边境土军千户所与州县关系研究》(《历史地理研究》第3期)着重考察明代云南特殊军事行政单位土军千户所与州县的关系,分析两种政区制度的互动与转换,揭示了明代西南边疆地区复杂多元的管理模式。刘建莉《边地秩序:明代云南西南边疆地区的"内""外"之别》(《中国边疆史地研究》第3期)一文在某种程度上与前举周松的研究存在共同性，着重探究从明初到明末，随着云南边地秩序的确立及重塑，朝廷对土官"内""外"涵义界定的不断变化。

本年度江南地域史研究也在一定程度上呈现上述学术发展特征。其中谢湜《山海故人：明清浙江的海疆历史与海岛社会》（北京师范大学出版社）延续作者长期以来将历史地理与地域社会史研究方法相互融汇的学术路径，聚焦明清两代浙江沿海岛屿社会的发展历程，尝试以区域发展的时空差异为前提理解传统国家力量对地方社会的形塑作用。杨茜《明代江南市镇中的"主姓"家族与地域认同——以常熟县为例》（《历史研究》第2期）是综合性的地域史研究，作者以前人较少关注的南直隶常熟县"主姓"市镇之形成发展为线索，从政区沿革、市镇经济、宗族社会等多个层面论析明代江南地区的行政管理与社会结构的演进。

从前举各种论著可见，学者对明代地域社会与地方史的研究，从以往多集中于闽粤与江南等沿海地区，逐步向内陆西南、西北等地区延展，这一现象可谓学术发展的必然。当代地域社会或历史人类学学者关切的一个核心问题就是"地方上的人如何把国家制度整合到本地社区，使之适合本地社会的日常运作"，而明代云南、贵州、四川、甘肃等地区社会结构复杂，行政管理模式多样，是少数民族土司、宗室勋贵、军户与宗教人士等特殊人群频繁活动的区域，同时也具有军区与边区的地方特性，是践行地域社会史核心学术理念的绝佳所在。

五、多样化的学术思想史与文化史研究

明代思想文化史研究积淀深厚，但同时也是明史研究中新见迭出、富有活力的领域。从本年度的相关论著来看，学者既能恪守精耕细作的文献学传统，同时力图打破思想文化史研究的固有框架，尝试从国家制度构建、日常生活形态、个人阅读体验以及大众传播等视角审视明代思想文化的发展脉络，勾勒明代社会文化的复杂风貌。可以说，思想文化史已经成为明史多领域研究交汇的重要结合点，同时也是各种新兴学术理念的实践场，是未来学术发展的重要领域之一。

个性化史料与细密化、基层化的思想史研究。本年度学者利用书信、年谱、日记等私密个性化的史料论析明代地方士人日常生活与思想状态的论著不断增多，代表了一种新的学术研究风向。丁志军《自在囚——明清塾师的生存状态》（巴蜀书社）一书大量运用年谱资料，从从业方式、职业活动、科场角逐、社会生活、经济收入等角度对处于社会中低层的明清塾师进行全方位研究，并关注塾师与当时各种思想文化观念的互动关系。冯贤亮《读书、养心与立品：晚明江南的士人生活》（《历史教学问题》第5期）及《晚明乡村士人的科举生活与社会交往——以魏大中的坐馆与举业为中心》（《古代文明》第4期）充分运用书牍、日记等一手资料，还原传统社会地方知识分子个人与家族的治生实态，并进一步勾勒出地方士人的权力关系与文化网络。王璐《明代儒家省过工夫的发展脉络——以儒家修身日记为中心的考察》（《史学月刊》第4期）延续此前学界已有的明末士人道德实践的"日常生活化"理论，检阅作为宋明理学史研究重要文献的修身日记，对明代理学家在生活层面的修

身实践活动做了整体而细致的考察，揭示了儒学修身工夫的内在张力。张艺曦《从一目十行、目诵万言看中国近世士人的博览强记之风》（《明代研究》第35期）从阅读史的视角研究了作为文化现象的明清士人的记诵之学，探讨士人在日常习读经典过程中培养记忆能力的方法，挖掘记忆之学的思想史意义。以上所举两文均体现了近年来思想史学界倡导的日常生活史与思想史相结合的研究路径，可谓今后明代思想史研究的一个新的发展方向。另外，张卫红《草根学者的良知学实践——以明嘉靖至万历年间的安福学者为例》（《文史哲》第3期）研究了安福县地方无功名的普通士人在民间研习、传播阳明心学的活动，从更基层的面向展现了阳明学在嘉靖、万历两朝蓬勃发展的态势以及地方士人借助文化力量维护地方秩序的作用。何威萱《"归寂"之前：聂豹早年学思抉微》（《清华学报》第2期）一文考察"江右王门"重要理学家聂豹问学阳明之前的学研状况，揭示聂豹早年思想的渊源与特征，丰富了学界对阳明学派形成之初的认识。纪海龙、时培磊《〈明实录〉地方采纂考论》（《历史教学》第20期）考察作为官方史料征集的《明实录》地方裁纂，分析各类地方史志与家乘经过筛选编定而进入实录正史系统的标准与流程，揭示了明代官方史学与民间史学的互洽机制。

科举史研究的分化。本年度有关明代科举的研究不再局限于科考制度本身，而扩展到科举地域专经、科举经济、书院文化等分支领域，体现科举研究与思想史、文化史、社会史研究紧密结合的特点，这也是近十年来明清科举研究的整体取向。丁修真《科举的竞争：明代南直隶地区春秋专经现象研究》（《中国史研究》第1期）专注于南直隶各府科举中《春秋》经应试竞争的问题，探析科举竞争格局背后家族势力的更替与习经风气的流转，为重新理解地方科举人才地理的分布与演变提供了一个较翔实的案例。张献忠《晚明科举与思想、时政之关系考察——以袁黄科举经历为中心》（《中国史研究》第4期）通过考察晚明士人袁黄的科考经历，分析袁黄落第的原因，论析了科举考试背后朝廷正统理学思想与心学、佛道思想的竞争关系，以及时政对考生应举作答的影响。周文焰、陈冬冬《明万历朝焦竑科场案始末考》（《历史档案》第2期）对万历顺天乡试科场案系诬罪一说提出质疑，认为焦竑取士确有"文体险诞"的问题，这也反映出明中后期社会文化的多元趋势以及阳明心学、佛道学说对科举正统文体的冲击。刘明鑫《明代会试考生路费资助制度考论》（《历史档案》第4期）以制度史的视角关注明代会试考生路费资助制度的发展历程，对各直省会试的资助额度、资助对象、资助名目以及路费资助制度的利弊等问题做了全面探讨。邓洪波、宗尧《明代书院与历史教育》（《湖南大学学报（社会科学版）》第6期）一文讨论了明代书院以"五经"、通鉴类与纲目体史书为主的历史教育制度，指出书院历史教学受到明代心学的深刻影响，科举与理学始终是明代书院历史教育围绕的中心，揭示了书院教育的一个侧面。

明代多元社会文化研究。明代中后期社会变迁与社会群体多元化已成为明史研究的重要议题。冯玉荣《清玩与捐疴：明代江南儒医与花药园》（《史林》第6期）考察了明代江南儒医在园林中植栽药用植物的文化现象，指出医者花药园既符合传统文人审美，更体现了医者自身的应用之道，营造出一种独特的美学意境，反映了当时"医""儒"交融的社会风气。战雷雷《"匠""士"互渗与文化资本增值——以明代中后期工艺品创作为例》（《明清论丛》第 19 辑）运用社会学"文化资本"的理论研究明代工匠的地位问题，指出在明代中后期士大夫消费主义风气的影响下，工匠阶层借助技艺与士绅展开审美互动，实现了自身人力资本的增值，提高了社会地位。吴兆丰《模范与教化：循吏文化与明中期镇守中官善政塑造》（《西南大学学报》第 4 期）关注明代地方官僚士人通过撰写碑铭表记为镇守内臣宣扬政绩，塑造良好形象的现象，认为这一现象渊源自两汉以来的循吏表彰传统，同时反映了明代士大夫教化规劝内阁的价值取向以及士人与内臣之间复杂的互动关系。王英达《明代前期地域视角下的明人选明诗》（《文学遗产》第 6 期）从地域视角出发，考察明代洪武至成化朝江南、江西等地士人通过编撰诗歌选集树立文学创作标准、阐发诗歌观念的现象，分析了在政治影响之下地域诗风与中央台阁诗风的竞争与交融关系，有助于学界进一步理解明前期文化风貌的形成细节。

服饰史研究。陈宝良《说"蓝袍大王"：明代秀才服色之道德意蕴及其行为转向》（《艺术设计研究》第 4 期）考察明代秀才群体的服饰特征，从国家规定的秀才服色制度入手，探讨官方秀才服色所体现的政治与道德含义，继而考察明代中后期秀才群体奇装异服的历史现象，通过服饰之变探析有明一代的士风之变。赵连赏《明代冕服制度的确立与洪武朝调整动因浅析》（《艺术设计研究》第 6 期）研究了洪武朝朱元璋反复厘正冕服制度的内容与原因，总结出冕服形制更章背后皇帝祛除繁琐、承袭古制、力求节俭、强化礼制、突出皇权、成一代礼法典范等动因，对明代服饰史研究具有指导价值。

礼仪祭祀与国家教化研究。赵克生《优出常典：明代乡贤专祠的礼仪逻辑与实践样貌》（《中国史研究》第 1 期）一文不仅从礼仪制度史的角度揭示了明代乡贤祠祀的制度特征，还探讨了地方世家、乡贤后裔利用乡贤祠祀表达诉求，实现利益的社会文化现象，将制度史与社会文化史研究做了系统结合。陈支平、鄢姿《明代关于"天妃"封号的论辩》（《史学集刊》第 2 期）考论明代封赐妈祖林默娘天妃之号，将妈祖列入国家祀典的原委，深入剖析了明代士大夫阶层出于礼法禁忌对妈祖天妃封赐的不同意见以及以碧霞元君替代妈祖的提议，进而指出，"天妃"封号之争反映出传统儒家祭祀理念与民间祭祀诉求之间的矛盾，这种观念矛盾也是国家祭祀制度与实际施行之间存在差异的原因之一。高宪平《明嘉靖时期祭祀用瓷新探》（《文物》第 11 期）以 2014 年江西景德镇御窑厂遗址出土的嘉靖时期爵、豆、登等瓷器为研究对象，通过将出土文物与传世文物以及《大明集礼》等文献记载做形态学类比，精准还原了嘉靖礼制改革之后祭用瓷器的基本形制，揭示了政治变动对宫廷器物烧造的深刻影响。陈时龙《王恕的六谕诠释及其传播》（《西南大学学报》第 4 期）一文指出，成化朝应天巡抚王恕将圣谕六条从《教民榜文》中提炼并加以阐发诠释，推动了此后圣谕六条在民间传播推广。作者进而考察了圣谕六条在明代不同时期传播过程中所形成的关键文献，探析各种文献之间的版本源流关系，分析各种文献所承载教化思想的演化。

文物方面，南炳文、曹东芳《历代文献中的宣德炉——宣德鼎彝谱非伪书》（《收藏家》第 9 期）以新发现山东邹平明代孙氏外戚家族所藏山雷螭首彝为例，通过实物与文献的对比，认为该螭首彝为宣德炉标准器，并提出《宣德鼎彝谱》非伪书的观点，此说亟待历史与考古文博学界的进一步研究。

本年度思想史领域重要的文献整理成果是 22 册，550 余万字的《湛若水全集》正式由上海古籍出版社出版,这也是历史上第一次编校出版《湛若水全集》。全集极力收录湛若水平生所有著作及相关资料,力求反映湛若水学术思想的全貌,全集所收文献按传统"四部"分类排序,选本精当全面,校勘细致准确,对推动明代思想史研究有着不可估量的意义。

六、交叉学科研究的勃兴与总结性学术专著的涌现

随着21世纪以来社会、人文学科的交融,以及自然科学研究对社会人文学科的渗透,交叉型历史研究方兴未艾。在明史研究领域特别表现为计量史学、生态环境史学、科学技术史与传统实证史学研究的融合,这在本年度发表的著作中均有所体现。

郭永钦《明清以来赋税史料中"算位"问题研究》(《中国经济史研究》第4期)一文致力于纠正前人对厘、毫、丝、忽、微等明清时期小数点后数位单位理解的错误,并从古代算盘会计技术的角度指出了算位研究对推进明清财政史研究的意义。林友宏《贤能制度中的偏袒主义:基于对明代科举的考察》(《中国经济史研究》第1期)引入数理建模的研究方法,通过对大宗科举数据的分析,论证明代阁臣对科举取士的影响,归纳出"顶层权力的影响导致了明代科举中地域偏袒主义的存在"的结论。

近年来明清史学界对"明末小冰河期"的关注度持续升高,而刘炳涛所著《明清小冰期:气候重建与影响——基于长江中下游地区的研究》(中西书局)可谓这一领域的集大成之作。该书在各类明清文献中提取有关气候的信息,重建出明清时期长江中下游地区的温度、降水序列,分析极端气候事件和气候变化的特点,探讨人类社会与气候变化的关系。该书所附图表信息丰富,为学者日后研究明清气候史提供了便利。赵九洲《明代惜薪司的设置、运营与消亡》(《史林》第1期)一文主要从制度史的层面梳理了明代宦官衙门惜薪司的创设过程与运营模式,但作者还从燃料消耗的角度着重分析了惜薪司设置的生态背景,有一定的创新意义。

关于灾害与明代政治史的研究,韩健夫《嘉靖七年特别极端干旱对"嘉靖革新"的作用机制研究》(《历史地理研究》第3期)一文视角新颖,从极端气候灾异的角度分析嘉靖朝政治变革的原因,认为嘉靖七年异常的干旱灾荒促使明廷通过改革盐政、清查勋戚庄田等一系列措施来筹措赈济和供边的粮饷,这继而推动了白银货币化的趋势,极端灾荒可谓"嘉靖革新"的催化剂。赵现海《瘟疫史研究的科学、区域与观念视角——以明末鼠疫为例》(《中国史研究动态》第5期)以环境史、医疗史的视角对明末鼠疫研究进行了全面的总结,并提出"应结合现代医学,对不同区域的瘟疫种类、发生机制、社会应对展开综合考察"的倡议。需要指出的是,计量史学与气候环境史学的兴起无疑对推动明史学科的全面革新有所裨益,但学者在从事相关研究时也应警惕盲目轻信数量统计或分析以偏概全的弊病。

以往长期专注军事制度史研究的学者李新峰在本年度发表了《明代南京"西华门"考》(《史林》第3期)与《论明代北京皇城的瓮城结构》(《上海师范大学学报(哲学社会科学版)》第2期)两篇讨论明代京师城墙建设的文章。两文发挥了作者长于史实考证的学术风格,并且有机地结合建筑工程学的分析方法,探究明代两京城池修建的设计理念以及明人对

皇城"内外一体"建筑结构的认识，对明代建筑史研究有所贡献。

2020年，很多学术名家重新修订或集结出版了旧著。如韩国学者吴金成的代表作《明清时代社会经济史研究》的中文简体翻译本由浙江大学出版社出版发行，该书的译介有助于中国学者了解韩国明清经济史研究独特的发展脉络。高寿仙《嘤其鸣：明清社会经济论评》（人民出版社）系作者多年以来发表的各类专题研究与书评文章的整合，该书可以在一定程度上反映近十年内明清经济史领域的热点议题，具有学术总结与指导意义。陈宝良修订了旧作《明代儒学生员与地方社会》，冠以全新书名《明代秀才的生活世界》，由北京师范大学出版社出版发行。此书虽是作者十余年前的旧作，但对研究明代科举制度、士人阶层与社会文化仍具有不可替代的参考价值。本年度对明代历史进行整体性考察的研究有赵轶峰《明代皇权转移之际的合法性博弈》（《史学集刊》第1期）。作者以其擅长的政治文化、政治话语的研究视角为切入点，剖析有明一代伴随皇权更替之际合法性危机而来的各方政治势力的对抗与博弈，认为终明一代的政治文化没有基本观念和体制发生"转型"的明确迹象。另外，方志远《明前期国家治理中的民生关怀》（《历史研究》第3期）一文生动翔实，具有笔谈的性质，是作者多年来明代政治制度与社会文化史研究的提炼与升华。

通览2020年度的明史研究可以发现，明史研究，尤其是明代政治与经济制度史研究的水平不断提高，已基本走出前辈学者所谓"刀耕火种"式的研究困境，逐步走向"精耕细作"的新发展阶段，很多研究领域与议题已经形成良好的接力态势，学者更趋向于以解决具体历史问题为基础，构建起新的学术评价体系。不过当下明史研究中所存在的缺憾与问题也显而易见。比如明代内阁是否具有决策功能这样的最基础问题在学界尚未得到全面的共识，平面化与重复性研究仍未完全杜绝，部分学者所提倡的理论范式过于宏阔，这都有待学界在今后不断改善。

清史研究综述

李华川

清代的 268 年,既是中国史的组成部分,也是人类发展史的组成部分,中国人在这一长时段中,既有自己独特的行为方式,又与 17—20 世纪其他国家的轨迹交织在一起、密不可分。可以说,这已经是清史学界大多数学者在近四十年来研究中的共识。在这一年中,尽管受疫情的影响,清史领域的学术交流活动大为减少,但是清史研究并没有停滞,仍然取得了非常明显的进展。在尽可能地搜集本年研究成果的基础上,我们可以从下述几个方向介绍、评述、总结清史领域的研究成果。

一、政治、制度

政治史一向是清史研究领域的重点。今年有两部清代通史著作问世。一部是中译本《剑桥中国清代前中期史》上卷(中国社会科学出版社),另一部是常建华《清朝大历史》(中华书局)。《剑桥中国清代前中期史》(上卷)是《剑桥中国史》丛书第九卷,叙述 1616—1800 年的清代史。该卷初版于 2002 年,尽管其基本内容已为清史学界所了解,但令人遗憾的是,一直未有中译本。此次中译本的问世,弥补了遗憾。全书分为 10 章,立体地解读了清代社会全盛时期的面貌,展现给读者政治史和社会史的平衡性。前 5 章纵向讲了清朝重大的事件,包括对各个皇帝的评价,他们在中国史上的地位。后 5 章从横的方面讲清代前中期士人的社会角色、女性、性别、家庭、婚姻、社会的稳定与变迁、经济发展。这部书纵横两个方面用八十万字的篇幅,对清代做了较为立体式的勾画。《清朝大历史》借用黄仁宇《中国大历史》一书的称呼,从"国家认同"这一宏观的角度讨论清朝的政治治理和民生问题,思考满汉对立如何"一体化"构建出多民族大一统国家。全书共 16 章,有一半的内容涉及政治史,作者强调清朝政治接续明朝及延续历代王朝的"治统合法性",对于清朝统治者的政治纲领、文化政策、民族政策、社会政策等方面进行了讨论,并给予积极评价。该书另一半内容讨论社会史、文化史。作者在这方面具有深厚积累,讨论了清朝的人口、经济、社仓、矿政、科举、基层社会、节庆、娱乐、日常生活等诸多方面,这些讨论都是以其多年来的专题论文为基础,并非泛泛之论,因而更具新意。以一人之力撰写本书,实非易事。在近年来学术研究碎片化的风气下,这种努力尤其可贵。如果没有作者多年来的勤苦用力,这是难以实现的工作。

从制度方面讨论清史的著作,也颇为引人注目。李文杰《辨色视朝——晚清的朝会、文书与政治决策》（上海人民出版社）借助档案、文集等史料，研究晚清的朝会制度，以及朝会所处理的题本和奏折等文书的流转过程，又进而分析清朝的政治决策程序。该书分为上、中、下三编，上编为"朝会的变迁"，对御门听政、早朝、垂帘听政、见大起（御前会议）做了较为细致的描述；中编为"中枢与文书"，讨论光绪帝的奏折批阅、军机章京的职责与选任、总理衙门的奏折流转及权力运作、内阁与军机处的改革等问题；下编为"会议决策与晚清变局"，论述廷议与决策、议会与会议、御前会议与筹备立宪三个问题。作为制度史研究著作，该书富有新意，作者重新思考了清代"高度专制"的说法，认为在某些时段，其实是"一种小范围的精英治国"；对于军机处的评价，作者也不认为是专制发展到顶峰的象征，而是强调这一制度"能彻底阻隔权臣奸相"的出现，其正面意义更为突出。上述观点，对于史学界深入认知而不是概念化地理解清代的专制制度具有启发意义。该书在讨论制度问题时，能够进入历史情境之中，涉及诸多朝会的细节，如具体时间、人物的位置、讨论的氛围、文书的流转等，令人无枯燥乏味之感，相当难能可贵。黄丽君《化家为国——清代中期内务府的官僚体制》（台湾大学出版中心）一书分为上、下编，共七章，考察18—19世纪内务府官僚体制的发展历程，认为清初包衣的个人仕途与家族兴衰高度依赖帝王意志，这与体制未备的结构性因素有关。乾嘉之际，随着考课、科举、捐纳的制度化，包衣行政表现的重要性增加，相对拥有更多的自主性。不过，却也随之产生"权移下人"之弊。薛刚《清代文官考核研究》（中国社会科学出版社）对清代文官考满、京官京察、地方官大计、地方大员年终密考、清末考核州县事实五个方面进行了分析，涵盖了制度源流、内涵与发展脉络，考核的实施效果与实质作用等问题。姜金顺《康熙朝奏折中的经世官员及其典范化》（《史林》第2期）认为康熙朝经世官员存在很多难以回避的缺点，很难通过常规选任程序进行选拔，只能通过特殊选任程序进行选拔。由于豁免缺点的条件不同，经世官员分别被时人称为"廉吏"或"循吏"。在18世纪的官箴书中，经世官员所受的处分被解释为坚持人地相宜原则而做出的自我牺牲，原本被视为升迁障碍的缺点反而变成理应效仿的优点。通过这种方式，经世官员演变成为州县官员的典范。赵晓华《清代救灾人事制度的成效及困境》（《河北学刊》第3期）认为派设临时救灾官员，是清代救灾人事制度的重要组成部分。清代的临时救灾官员是对地方赈济力量的有益补充，但在救灾实践中，办赈官员对地方形成一定扰累，加以办赈官员素质的影响，使得清代救灾人事制度在清中叶后陷入困境。张建《八旗汉军火器营制度考》（《清史论丛》第2辑）认为八旗汉军火器营成立于康熙二十八年，下辖领催、鸟枪马甲和棉甲人，官制分为5级。火器营于康熙三十六年裁并后，汉军才有鸟枪营、炮营。所谓八旗汉军火器营下辖"汉军骁骑火器营"和"汉军鸟枪营"的观点是对史料的误读。从满汉关系角度讨论清史的著作，首先应提到刘小萌《清史满族史论集》（中国社会科学出版社）。该书收录了作者30余年来撰写的58篇论文，近百万字，上、下两册，内容分为三编，分别是：清初史、八旗制度与社会、旗民关系，又以第三编，即旗民关系的讨论为重点。研究的时间跨度从明末延续至晚清。作者概括该书的特点有四个方面：从满族角度研究清史，从八旗角度研究满族史；满、汉文档案、文献并重，努力挖掘契书、碑文、家谱等史料；围绕清代满汉关系（旗人与民人关系）展开，并拓展范围；运用传统实证史学方法解决问题。其实，该书还有一个特点，即文献研究与田野调查相结合，这也是作者研究一直以来的特色。比如"清代北京俄罗斯人与中俄文化交流"一文中，就加入"俄罗斯大使馆内历史遗迹的考察"报告，令读者贴近历史现场，相当引人入胜。还应当注意到邱源媛《清代旗民分治下的民众应对》（《历史研究》第6期）一文。该文讨论清代旗民分治政策下的民众应对，认为在看似森严的制度和法律背后，存在许多投机、变通的空间，由民入旗以谋求土地利益、由旗入民而获得仕进之资的现象大量存在。该文提示我们清代族群关系、基础社会和民众生活的复杂性和多样性。常建华《康熙朝的珐琅器礼物与皇权》（《中国史研究》第3期）认为康熙五十五年以降朱批奏折中有关珐琅的记载较多。康熙帝命令工匠制造珐琅器有华洋竞胜的原因。《万寿盛典初集》记载皇室成员进献的礼物中，有皇四子胤禛费尽心思进献的珐琅器物。康熙帝赏赐宠臣画珐琅器物，被大臣视为家传宝物。清廷制成画珐琅高档奢侈品，成为皇权神圣的象征。鱼宏亮《发式的政治史——清代薙发易服政策新考》（《清华大学学报》第1期）一文角度独特，作者利用清宫档案和宫廷画像、中外史料，对清代薙发易服政策的实施与变通、宫廷内发式与服饰的流行、中外历史上有关发式与服饰的政治斗争等问题做了较为全面的讨论，试图重建传统关于薙发易服的历史评价。黄丽君《乾隆皇帝的民人嫔妃》（《新史学》第三十一卷第三期）关注乾隆帝的几位来自民间的嫔妃，认为她们的入宫并非经由"南巡"，而可以确定的是她们的优伶身份。入宫之后，这些嫔妃的娘家多改入内务府三旗，她们本人际遇不同，多数未曾生育，默默无闻。其中纯惠皇贵妃和庆皇贵妃颇受恩宠，民女的出身并未限制她们的地位。陈宝良《明清幕府人事制度新探——以"幕宾""幕友""师爷"为例》（《史学集刊》第4期）认为清代的幕府从临时开府转变为专设衙署，督抚成为固定地方官员，幕府与衙署趋于合一。明清幕宾、幕友、师爷通称幕僚，一身而兼有宾、友、师三重身份。崔岷《求民隐于京控的中挫："广兴案"与嘉庆帝的吏治重估》（《学术研究》第9期）考察1809年总管内务府大臣广兴因贪腐被处绞案件的前因后果，认为此案的核心在于力求扭转王朝颓势的嘉庆帝在"勤求民隐"方式上的探索，及其受阻后的反应，预示着"嘉庆新政"所遭遇的来自官僚系统的重重阻力。此案直接影响了嘉庆帝对其后政治、社会危机发生根源的判断。倪玉平《行政失控与政府治理——清嘉庆朝王书常冒领库项案研究》（《清史论丛》第2辑）讨论嘉庆十四年发生的工部书吏冒领库项案，认为此案是嘉道时期政府行政管理体系失控的重要表现，有关涉案人员虽然受到严惩，但是最终的效果并不明显。没有实质监管的权力运作，必然导致政府治理的失败和内部人员铤而走险。王书常、董建中《雍正朝除贱为良源起补正》（《清史研究》第1期）利用奏折等材料，认为雍正朝"除贱为良"的提议来源于年羹尧，其背后动机是他的一己私利，表明这项改革的源起有着偶然性。

关于西藏和边疆问题，下面几篇论文值得关注。钟焓《清代"西藏佛教世界"范围问题再探——以满人与藏传佛教的关系为中心》（《中国历史研究院集刊》第1辑）对20世纪80年代以来某些国外学者有关"西藏佛教世界"除了包括藏、蒙族群之外，还包括满洲上层在内的广大满人的观点加以反驳，认为清朝君权的形成基础与藏传佛教的君权理论及实践并无密切关系，国外学者的相关解读，多是对历史证据的曲解和误释。藏传佛教并未发展为满人的全民性信仰，清朝上层出于统治需要，也并未在本族群中推广藏传佛教。孙宏年、苗鹏举《清代西藏地方军事地理格局的演变》（《中国边疆史地研究》第3期）讨论有清一代西藏地方军事格局的演变,将其分为三个阶段:17世纪40年代至18世纪60年代,以防控内乱和准噶尔入侵为主,布防重点在西藏东、北部和西北地区;18世纪70年代至19世纪50年代,以防御廓尔喀和森巴为主,重点在西藏南部、西南部;19世纪60年代至1911年,以防御英属印度为主,重点在西藏西部、南部和东南边境。周伟洲《清代驻藏大臣巡边制度考》(《中央民族大学学报》第3期)认为,驻藏大臣作为清政府派往西藏的最高行政官员,巡边是其履行治藏职责的重要方面。巡边制度始于乾隆五十四年(1789)抗击廓尔喀第一次入侵西藏战争后,至乾隆五十九年抗击廓尔喀第二次入侵西藏战争后,形成定制。通过对巡边制度从确立到废弛演变过程的考证,可以看出,其兴废的根本原因在于乾隆、嘉庆时期各项制度都得到了较好执行,但是到了光绪年间,清政府经济困顿,吏治腐化,从而导致巡边等治藏制度逐渐废弛。王晓鹏《清代"内—疆—外"治理模式与南海海疆治理》(《社会科学战线》第5期)认为清政府以"内—疆—外"治理模式维持了中华"天下体系"内的长期稳定,从宏观角度来看,南海海疆是清代边疆的有机组成部分,构成了"内—疆—外"治理的关键环节;而在微观角度,《更录簿》等文献反映对外洋的管辖是清政府南海海疆治理的主要内容。

近年来,关于清代四川地方档案的研究取得了不少成果。这有助于我们从微观层面了解地方层面政治运作的细节。苟德仪《清代基层组织与乡村社会管理——以四川南部县为个案的考察》(中华书局)以清代四川南部县档案为主要资料,对清代南部县的乡村"基层组织"及其运作情况进行了全面探讨。根据作者的研究,保甲、里甲、乡约、团练是南部县的四种主要"基层组织",该书对这四种组织的结构、运作和历史沿革进行分析,尝试揭示它们相互之间的联系。尤其值得注意的是,作者在探讨清代南部县"基层组织"全貌时,揭示了一个时常被人们忽视的重要问题——即使在清代中后期,"里甲"在赋役催征和办理其他"公务"方面仍在发挥重要作用,并运用历史档案资料对此进行了翔实的论证,这具有重要的学术意义。

此外,赵轶峰《明清时代的帝制与封建》(《湖北大学学报》第1期)是一篇理论性的研究。作者认为清代封建表现在清初八旗旗主与王贝勒议政及设置"三藩",王贝勒世袭,八旗等级附庸以及继续明代的周边附属国朝贡,武臣世袭等方面,与明代有同有异,并非简单因袭。明清时人留下大量有关封建言论,概念内涵一致,都是与郡县对应的一种制度选择。清帝规避封建名目,却做诸多封建性制度安排,而多数思想家从民本出发,认为封建与郡县各有局限,主张因应帝制一统现实,以郡县为主而参用封建。现代史学对明清封建进行探讨,应取历史文献基本含义。华林甫《清朝政区边界复原与清史地理再现——清史地图集的编绘实践》(《清史研究》第5期)介绍了作者多年来主持编绘《清史地图集》的思考,强调最新的研究已将政区界线的研究精度从府级提升至县级。该图集的出版将有助于认识清代疆域盈缩、政区设置的全过程与地理面貌的变迁。李娜《清代乾隆朝南书房初探》(《清史论丛》第2期)梳理乾隆帝钦选南书房翰林入值情况,探讨此类翰林的特点,剖析乾隆数次整饬南书房翰林结党营私和泄密事件,认为此一时期,南书房的政治功能被逐渐弱化,文化功能得到加强。法国汉学家魏丕信编撰《中国官箴公牍评注及书目》(*Handbooks and Anthologies for Officials in Imperial China. A Descriptive and Critical Bibliography*, Leiden:

Brill，2020，2 Vols.）值得特别提出。这是一部研究中国古代官僚体系的大型工具书，上、下两卷。作者及其团队为之工作了近三十年。书中收录了 1165 种官箴书，编者为之做了较详细的叙录，其中清代著作占了大部分。编者将官箴书分成七类，即综合性著作、地方官吏指南、中央机构工作指南、专业技术指南、政书与赞美汇编、公牍选编、专题集丛书。此书并不是简单的目录罗列，而是一种评论性著作，体现欧洲传统汉学重视知识传承和规范的特点，以及"为学术而学术"的执着精神，对于研究清代地方行政体系，将是必不可少的参考工具书。

二、经济、社会

经济史方向上的研究成果相当多，其中一些涉及如大分流、土地制度等重要问题。马德斌《中国经济史的大分流与现代化——一种跨国比较视野》（浙江大学出版社）辑录了作者二十年来发表的十余篇经济史论文。其中并不都是关于清代经济问题的研究。跟清史研究直接相关的，是作者试图以一种跨国比较的视角，解释 18 世纪中欧经济社会发展的大分流的部分内容。作者认为 18 世纪后期英国发生的工业革命，是以更早的"金融和财政革命"为基础的，而这些"革命"的背后就是"一个政治制度的革命"。我们由此可以推论，中国与其他许多国家一样，并不具备像英国那样特殊的金融、财政、政治革命的条件，自然难以发生这一系列因素所凝成的"后果"。作者并不是简单地以量化方法谈经济，也重视经济背后的制度文化、国家治理能力等因素。李伯重、范·赞登《大分流之前？——对 19 世纪初期长江三角洲与尼德兰的比较》（《清史研究》第 6 期）基于 19 世纪 20 年代的数据，对于荷兰和长江三角洲的 GDP 结构和水平进行比较，认为荷兰当时的人均 GDP 约是长三角的两倍，但长三角的农业劳动生产率与荷兰、英国相当。不过，在工业和服务业的生产率方面，长三角与荷兰相比，存在很大差距。和文凯《市场经济与资本主义：大分流视野下的中国明清经济史研究》（《清史研究》第 6 期）将明清经济史与西欧经济史进行比较，认为重视市场经济与资本主义制度之间存在本质差别。以生产要素的流动性为突出特征的市场经济，是明清社会经济发展的一大成就，与工业革命前的西欧市场经济没有实质性的不同。但如果将资本主义理解为国家财政与民间金融市场的深度结合，明清中国与西欧就处于完全不同的状态了，而正是这一因素阻碍了 19 世纪下半叶中国工业经济的发展。仲伟民、邱永志《十六至十九世纪中日货币流通制度演进路径的分流》（《中国社会科学》第 10 期）探讨中日近代化道路分流的问题，认为 16—19 世纪中日两国货币流通制度演进发生了两次重要分流。第一次是 16 世纪中下叶，中国"主导权下移"，日本则是相反的"主导权上移"。第二次是 19 世纪下半叶，两国在建立近代货币金融体制的过程中出现更明显的分流。中国的货币金融制度既迟缓且混乱，货币主权也遭侵蚀；日本较早就建立起近代制度，确立了国家货币主权。赵思渊、刘志伟《在户籍赋税制度与地权市场运作中认识明清土地制度》（《中国社会科学》第 1 期）在梳理了明清时期土地制度的基本特征之后，认为明清社会中的土地制度应当被理解为市场机制、赋役制度、社会秩序的有机整合。明清土地制度始终未能摆脱以王朝国家的户籍赋役体制为基础的格局，但产生了一些新的土地市场机制。新机制虽然没有直接在王朝典章制度中获得合法性，但是在明代中叶以后王朝制度变革中获得生成和发展的空间。研究明清土地制度的变化，应该从这种结构性特征着眼，展开更深入的探讨。

除了对宏观问题的讨论之外，微观问题的研究也有显著的进展。赖惠敏《满大人的荷包——清代喀尔喀蒙古的衙门与商号》（中华书局）探讨清乾隆以来对蒙古边疆的治理、政府对中俄贸易的管理、对旅蒙商人的控制与利用，从多个视角揭示清代国家与市场、商人之间复杂微妙的关系。认为清人之所以能够成功地控制蒙古，商人在其中发挥了重要作用。不同于对扬州盐商、广州洋商的打压，清政府与从事中俄贸易的晋商却能够成功合作。这一结论否定了另外一种影响甚大的流行观点，即中央集权政治与商业发展是相冲突的。万志英《16—19世纪拉美白银在中国经济中的重要性变迁》（《中国钱币》第5期）认为，中国白银需求在刺激全球白银生产、促成首个全球贸易体系方面发挥了重要作用。16—19世纪中国的商业蓬勃发展离不开起初来自日本、后来主要来自拉丁美洲的进口白银。在三百年中，国际白银流动经历了反复而重大的变化，外国白银对中国经济的意义，以及中国与全球的经济关系也发生了变化。作者勾画了这一变化的轨迹。郭卫东《英国向清代中国输铅问题研究》（《中国史研究》第2期）认为铅是英国自产输华的第二大货物。铅在清代中国的用项关乎军国大计，即军火制作、茶叶出口与钱币铸造，是具有战略意义的物资。乾隆以降，中国的铅采掘业日趋衰败，耗铅量却不断加大，而英国是铅的富产区，"洋铅"愈发成为补充。铅是英国来华贸易长年赢利的项目，这在工业革命前产自英国的大宗输华货物中实不多见，其在华售价逐步走高，但涨幅有限；清朝铅进口量不温不火、涨落有序，乃需求端与供给端之间需要大致持平的展现。郑振满《明清时期的林业经济与山区社会——福建永泰契约文书研究》（《学术月刊》第2期）主要依据福建永泰县的现存契约文书，结合地方志、族谱等相关历史文献，考察了明清以来的林业经济与山区开发进程、山林的产权关系与经营方式，以及土客矛盾对山区聚落形态和社会组织的影响。作者认为，明清时期林业经济的快速发展，推进了福建山区的开发进程。在此过程中，土著家族利用里甲系统，控制了当地的山林资源，而外来移民则通过租借山场，发展多元化的林业经济。

在社会史方面，也有高质量的论著问世。有的论述侧重满族史。刘小萌《清朝遗迹的调查》（中国社会科学出版社）收录了作者20年间周游国内外寻访清朝遗迹的调查报告15篇。作者的游历范围除了东北、西南、西北边疆及俄罗斯、朝鲜边境地区之外，也包括内地的满族聚居区，重点关注清代建筑、陵墓、碑刻、历史事件遗址、满族后裔的境况等，尽力在现场为我们再现历史事件的原貌。书中以一个历史学家的身份发怀古之幽思，这是此书虽为调查报告，却能够打动读者之处。比如本书的第8篇"中、俄、朝三国交界处的考察：延吉—珲春—海参崴—会宁"一文，在实地考察中，揭示了清代东北的"南海"问题，指出这一地理概念就是今俄罗斯海参崴一带海域；又如第11篇"湖北、四川考察：荆州满城—成都满城—大小金川"一文，对于荆州、成都满城的记录，让人生动而具体地了解清朝驻防的历史，对于金川碉楼的详细描述及所附照片，也可以让人更深入地理解乾隆大小金川之役为何耗费巨大。此书利用域外和民间的官、私史料及田野调查，融合民族学、人类学、民俗学、宗教学、语言学的成果，值得借鉴。孙晓莹《简论清代北京内三旗所属内务府商人》（《清华大学学报》第1期）认为北京内三旗商人的主要工作是为内务府买卖物资以及增殖库银，其中绝大多数是不见于史册的小商人，但商业活动维持了内府经济的正常运转。内务府在顺治朝已开始设置商人，至康熙朝初步形成商人的管理条例，但管理松散。经过雍正朝的整治，至乾隆朝内三旗商人仅剩若干家，王氏的破产代表北京内三旗商人彻底衰落。内务府对商人的管理方式以及管理理念均不利于商人的发展，在内务府的不断盘剥下，商人无利可图，最终不免破产的命运。陈诗兰《满文〈黑图档〉交付卖粮银事例译注》（《史原》复刊第 11 期）对《黑图档》中一份名为"盛京掌关防佐领那山等为询问卖粮银交于何处事呈总管内务府"的档案做了翻译、注释。《黑图档》是盛京内务府的公文抄存档案，现存 1150 册，20 余万件，虽然已经陆续整理出版，但是满文档案大多未经翻译。这一份档案涉及康熙后期盛京皇庄庄头的一起渎职案件，以往少有人关注。

多数社会史论著的观察角度侧重传统的地方社会、婚姻、风俗等。白丽萍《清代长江中游地区的仓储和地方社会：以社仓为中心》（中国社会科学出版社）以湖北、湖南、江西三省民间性质的社仓为研究对象，对长江中游地区仓储与地方社会的互动进行了细致的考察，内容涉及社仓与地方政治变动、社会变迁、地方精英、基层社会组织、地方仓储体系以及地方社会控制、社会管理等问题。作者认为，清前期长江中游三省官督民办之下社仓的鼎盛与其社会救济效果之间形成鲜明反差，至晚清时期，同以江南地区为代表的社仓发展民间化趋势相反，长江中上游地区社仓的国家干预反而日趋强化，呈现地方社会变迁的丰富性。徐泓《明清社会史论集》（北京大学出版社）收录了作者讨论社会经济史问题的论文 8 篇，不过绝大部分论述的对象是明代，其中《明清福建社会经济的发展与社会风气的变迁》一文涉及不少清代内容，文中认为福建社会风气变迁与经济发展息息相关。从明初到清中叶，社会风气出现由淳朴而奢华，由奢华归于朴素，又由朴素再现奢靡的转变历程。张晓霞《清代巴县婚姻档案研究》（中华书局）以四川巴县档案中的 6000 余份婚姻类档案为对象，从形式和内容两个层面做了非常细致的研究。全书分为十章，前四章讨论文种、语言和称谓、管代书戳记和画押、"抱告"制度等；后六章分类讨论童养婚、退悔婚、孀妇再嫁、嫁卖生妻、犯奸娼妓等类档案，可谓用力勤苦。借助此书的研究，我们可以一窥乾隆至清末四川底层女性生活的丰富形态。该书多从档案学的角度展开，在史学现象的深入思考方面，尚需更进一步的挖掘。吴轶群《清代新疆边境地区城市对比研究——以伊犁、喀什噶尔为中心》（上海古籍出版社）认为清代新疆边境地区城市的发展道路不同，都经历了边疆政策变迁、边境变化、建置变迁等重要的历史演变。伊犁城市主要是受到边疆政策变化的因素影响，喀什噶尔则以传统城市经济发展和清政府的政治军事建置为合力，推动城市发展。新疆建省以后，伊犁和喀什噶尔的城市职能不断完善，都发展为边境综合职能城市。在这对比过程中可以发现，边境地区城市经过各阶段的发展，其功能由差异而趋同。屈广燕编著《海患、海难、海商——朝鲜文献中明清浙江涉海活动的整理与研究》（海洋出版社）分为资料篇和研究篇两篇，共 4 章，从海患、海难和海商三个方面展示明清时期浙江海商的生存环境和生存状态。作者只是初步整理了朝鲜时期的相关文献，并对相关问题进行初步分析研究。万四妹《明清新安医者群体研究》（中国科技大学出版社）从医疗社会史视角考察明清徽州乡村社会医疗体系的历史面貌，剖析在高度自治和充满弹性的徽州乡村社会环境下，多元的医疗资源与徽州乡村社会的互动，探讨明清徽州乡村社会折射的中国古代传统社会官方医疗资源与民间医疗资源的关系。

少数论文讨论社会类型，引人思考。鱼宏亮《跨越地理环境之路——明清北方地区的游牧社会与农商社会》(《文史哲》第3期) 利用地方档案、中外文献，对内亚史、长城带的模式进行了批判性检讨，从明清长城内外人民的流动、农业的拓展、商贸的往来等角度，指出在中古时代，不存在所谓的内亚区域与中国本部的截然划分，明清时期的北方地区农业与游牧区域的双向流动正是构成中国史的基本要素之一。

有几种著作讨论清代法律问题。美国学者胡宗绮《意欲何为：清代以来刑事法律中的意图谱系》(广西师范大学出版社) 一书，虽然在标题中突出清代这一时段，但其实研究的是晚清至民国杀人罪的谱系，并分析此类犯罪在传统律典中的层级结构。魏淑民《儒者之刑名：清代省例立法基础的再思考——基于儒家元典对〈福建省例〉的文本解读》(《史学月刊》第9期) 根据对福建的地方性法规《福建省例》的文本细读，不同意"清代省例更多体现官员个人及其群体的利益和经验"的观点，认为闽省官员重视当地风俗民风，有关条例往往具有基于儒家伦理的浓郁教化色彩。邱澎生《"是官当敬"？——检视十八世纪重庆商业诉讼的政治风险问题》(《清史研究》第6期) 分析18世纪商业书中的"是官当敬，凡长宜尊"这类劝诫，并通过当时重庆的商业诉讼案件，讨论在这类诉讼中的政治风险问题，认为清代的商业诉讼与地方司法之间可能存在某种良性互动关系。南希·帕克（Nancy Park）《官员与司法：清朝法律中的公、私违法》(《通报》第106卷，5—6分册) 从清朝官僚体系的组织架构与实际运行所息息相关的律例、则例、规范出发，讨论清朝有关官员管理的法律条令。论文首先分析公罪和私罪在法律上的界定，然后追溯传统法律中公私处分的历史源流，最后研究公私区分在清朝官员处分上的实际影响和程序后果。

三、学术、思想

由于清史领域材料极为浩繁，每个学者穷毕生之力都不可能读遍相关论文，那就需要借助比较公允的学术史评述来了解不同问题的研究状况。本年的学术史研究特别引人关注的方面是人民大学清史所的几位学者有一系列论著问世，这在以往是少见的现象。杨念群《百年清史研究史（思想文化卷）》(中国人民大学出版社) 从研究范式转换入手，总结了近代民族主义思潮、科学主义、"启蒙论"、"早期近代论"四种范式及其演变的线索，又选取八方面的主题，评析了其中有代表性的观点。作者的高度理论概括和提炼主题的能力令人印象深刻。不过，一些具体领域的讨论，如第六章对西学东渐问题的讨论，由于无法深入细节，稍显大而化之。朱浒《百年清史研究史（经济史卷）》(中国人民大学出版社) 先从研究范式的转换入手，然后按照时间线讨论不同历史时期的主题，即社会史论战时期、以生产关系为主线时期、现代化范式主导期、中国中心观时期。此书风格是体例谨严，文风平实，评述也较为允当。朱浒《时代变革与清史研究的成长契机》(《历史研究》第1期) 在考察清史研究百余年来的发展历程后，认为该领域的发展不单纯出于学术内部的驱动，更重要的是其从一开始就与社会现实密切相关。尤其是在诸多时代变革的关键节点上，清史研究的发展都与之有着契合的步调。在此意义上，清史研究得以成长的一个重要品性，不是躲进学术象牙塔内的"无用之用",而是表现强烈现实关怀的"有用之用"。胡恒、朱江琳《百年清史研究史（历史地理卷）》（中国人民大学出版社）通过对百年来清史地理研究著述的细致爬梳,针对若干清史地理研究专题,如疆域变迁、政区地理、人口分布与移民史、地理文献、舆图等,展开学术史评述,既力求对各专题进行较为系统、全面的梳理与总结,努力涵盖重要研究成果,又力图以问题为导向聚焦各专题研究的核心关切,反思既有研究路径,展望未来发展的可能。

此外,周群主编《清史研究发展与趋势（2020）》（社会科学文献出版社）共收论文28篇,涉及清史研究相关理论和学术话语、清史研究具体实证性和研究性文章,以及相关研究单位、宣传单位召开的代表性学术会议的新闻报道,集中反映国内2020年清史研究的发展趋势。所收论文均为已发表的学术论文,作者来自中国历史研究院、中国人民大学、中央民族大学等不同单位。巴斯蒂《1949年以前法国的清史研究》（《清史研究》第2期）的讨论分为三个方向：17—18世纪,学者的兴趣；1814年至"一战"前,国家层面的学术体系,以及实地考察的研究；"一战"至1949年。这大体相当于对法国汉学史的介绍。从中可以看出,从17世纪开始,中国的文化制度就受到法国知识界的高度重视,并影响了18世纪欧洲的启蒙运动。反观清朝,同一时期知识界除了对于法国的"奇技淫巧"较感兴趣之外,对思想文化、政治制度反应冷漠,几乎没有撰著问世。

还有一些讨论清代学术的成果。王记录《以史明道：清初的学术反思与学术史编纂》（《四川师范大学学报》第5期）依据其所梳理的清初32种学术史著作,认为清初出现了学术史编纂的热潮,并表现出三类思想取向：一是尊程朱而贬陆王；二是将汉唐经学纳入学术史视野；三是打破传统道统论范式,以学术宗旨为核心。黄爱平《清代浙东史学的文献特色与传承意识》（《中国文化》秋季号）通过对黄宗羲、万斯同、邵廷采、全祖望、邵晋涵、章学诚六位史学家学术精神的分析,讨论浙东史学传承发展的内在动力和精神理念,认为深厚的文献基础和自觉的传承意识,是此一史学流派得以赓续发展的最重要因素。项旋、高树伟《〈四库提要〉早期纂修史事新证》（《中国史研究》第3期）以重庆中国三峡博物馆藏翁方纲、姚鼐等纂《四库提要》稿为中心,做了细致的考证,认为三峡《四库提要》稿晚于分纂稿,而早于提要汇总稿,应属《四库提要》修订过渡稿,保留了修订过程中的原始面貌,对于厘清早期《四库提要》的纂修过程、格式、提要修订人员等问题,具有重要价值。胡恒《清实录内阁小红绫本下落考》（《文史》第2辑）对于五部《实录》中唯一无明确归属之"内阁小红绫本"的下落加以考证,确认了其现存3000余卷的去处,又追踪了其流传过程,对仍下落不明的四百余卷的卷目进行了整理,为这套实录未来的完整回归提供了线索。

本年出版了两部颇有分量的乾嘉学者年谱。李经国编撰《钱大昕年谱长编》（中华书局）以《竹汀居士年谱》及《续编》为基础,广事搜集,为乾嘉时期学术宗匠钱大昕作年谱长编,共60余万字,将已有的钱氏年谱大为扩充。此书并非一部乏味的资料汇编。我们借助此长编,可以了解乾嘉时期一个顶级学者的教育方式、成长历程、仕宦际遇、人生选择等丰富细节,比如其中三次引用乾隆帝朱批对钱氏的评价,显示弘历对文人学士的某种讥讽、轻蔑的态度,都是有趣而又难得一见的史料。王章涛《焦循焦廷琥年谱》（商务印书馆）以近千页的篇幅为乾嘉学术的代表人物焦循及其子廷琥编纂了这部年谱。此前已有数部焦循年谱问世，但此书在规模上超过以往，特点是对于谱主所处的社会环境、交游网络引述十分详细，追踪谱主的行迹也不辞琐屑，大量征引原文。全书不只是有助于我们研究焦循其人，更对于还原乾嘉时期的学林风气，理解那个时代的学术土壤，大有裨益。

从思想史角度进行的清史研究，还有以下几种。田丰《王船山体用思想研究》（中国人民大学出版社）专门论述王夫之体用思想的结构及其与传统道学的差异，从四个方面进行了深入研究，即道学体用概念史、船山天道之体用、船山心性之体用、船山经史之体用，结构严密、清晰。作者认为船山体用之基本含义是气作为宇宙全体的变合流行。民族文化历史可视为民族之性的生成丰富，其中最重要的资源，一则为先圣经典的传承与诠释，另一则为国史对丰富境遇的描述与持守。通过经学去理解经典，通过读史来磨练扩充其伦理政治德性，这个过程既是个体习性的体用相生，也是全民族历史不断生成并自身持守一以贯之的过程。陈力祥等《王船山遵礼之道研究》（北京大学出版社）认为"遵礼之道"在王夫之思想体系中占据枢纽地位。作者将文献资料与文化诠释相结合，形上构思与形而下的建构相结合，以遵礼之气、遵礼之理、遵礼原则、遵礼德性、遵礼策略、遵礼旨归等环节为线索，试图构建起王夫之遵礼之道的完整逻辑体系。章宜国《道公学私——章学诚思想研究》（北京大学出版社）对已有章学诚研究的范式进行重新审视，尝试以"道公学私"为中心重建章学诚诠释的新坐标，重新解释章学诚思想中的核心观念如"史意""六经皆史""圆神方智""通""史德""浙东学派"等，力图颠覆一百年来学界的"常规的章学诚形象"。美国学者罗威廉《18世纪中国的灵性观——德沛儒学化的基督教》（《清史问题》第1期）以简仪亲王德沛（1688—1752）的两部著作《实践录》《易图解》为中心，讨论其所使用的"灵性"观念，其内涵界定受到张星曜基督教著作的影响。作为朝廷亲贵，德沛总是尽量规避自己的基督徒身份，但他的思想受到了张星曜、利玛窦等著作的启发。作者进而认为，儒学和基督教思想在德沛身上得到了几乎不露痕迹的融合。此文推进和深化了陈垣先生多年前的研究结论。

四、文化、中外关系

我们来看文化史方面的论著，这其中至少有7部专著出版。丁志军《自在囚——明清塾师的生存状态》（巴蜀书社）关注明清时期私塾教育的实施者塾师群体，全书分为六章，分别讨论塾师之起源、明清塾师的构成、从业与日常馆课、塾师与乡土社会的关系、收入及经济地位、塾师的文化形象。作者认为明清时期普通塾师的职业活动虽带有工具化色彩，但从推广儒家思想、传播知识及维系基层文化的传续方面，塾师在基层的存在，与乡土社会人们的生活方式高度契合，具有重要的历史意义。美国卫周安《清代战争文化》（董建中等译，中国人民大学出版社）收录了作者多年来研究清代军事文化的论文，包括五章，分别为：军事文化与清帝国、纪念性战争、战争与帝国建设、军礼与清帝国、帝国的空间文化。作者试图证明文化转变在清朝建设过程中与军事开拓同等重要。乾隆以后，清朝政治文化生活中的军事指示物和主题无处不在，体现一种高超的统治技巧。总体而言，清中前期的统治者是当时全球权力的强有力竞争者。清朝后期在国际舞台上的孱弱是一种失常状态，并不正常。张艺曦《结社的艺术：16—18世纪东亚世界的文人社集》（联经出版公司）是一部多人合撰的论文集，从历史和文学的角度，探讨16—18世纪的文人结社活动，倾向于在时代的大脉络下，从政治、家族、地域性、城市生活、文化转型与身分阶层等面相切入，收录了14篇论文，多为讨论明代问题，仅4篇讨论清代文人结社。吴卫鸣《明清祖先像图式研究》（社会科学文献出版社）从图像学角度出发，大量搜集明清与祖先像有关的图像、实物原作及画稿，试图建立一个图像数量超过万件的数据库，并在此基础上进行图像分类与分析，同时结合封建章服制度、古代肖像画理论、传统技法及社会学思考进行研究。在图形资料的搜集上，此书颇有价值。段润秀《文化认同视角下的清代明史修纂研究》（人民出版社）讨论清中前期文化认同与官修《明史》之间的互动关系及影响，认为清前期官方有意识地接续"道统"和"正统"谱系，彰显官方在清朝享有"正统"建构过程中的历史文化认同，又通过分析官修《明史》过程中对本朝文化认同的阐述等，尝试说明清中前期史学活动与社会政治之间的密切关系。项旋《皇权与教化：清代武英殿修书处研究》（中国社会科学出版社）讨论清代武英殿的运行机制、其修书制度的渊源、流变，展现殿本的刻书、装潢、售卖过程，是一部以文献学视角研究书籍文化史的著作。作者在一些具体问题上做了深入考证，如认为《武英殿聚珍版丛书》为129种，而非学界普遍认为的138种，认为"殿本多为开化纸刷印"实属讹传等。正是这些细微处的考察，切实深化了相关问题的研究。洪江《清代云南释奠礼乐研究——以大理、临安及丽江地区为例》（中华书局）勾勒清代云南释奠礼乐的传承历史状况，在此基础上，以释奠礼乐在清代大理、临安及丽江的传承状况为例，分析清代释奠礼乐代表的儒学礼乐与云南传统音乐文化的嬗变与融合，并对释奠礼乐与云南传统音乐文化间的关系进行研究，探讨清代以释奠礼乐为代表的儒学礼乐在云南的多样化发展及其对云南音乐文化发展的影响及意义。

其他文化史论文尚有不少。胡劼辰《清代六种文帝类全书的出版史研究》（《"中研院"历史语言研究所集刊》第91本第2分册）从出版史角度考察中、日、美、欧各地所藏不同版本文帝类全书，梳理其流传过程，认为文帝类全书试图构建"儒教正宗"的特殊历史现象，虽有别于经学传统中的儒教，但同样是中国宗教光谱中的重要一环。李宗育《风励芨节——清代昭忠祠祀典及其死亡、暴力之书写》（《汉学研究》第38卷第3期）从制度和文本两个层面对于清代昭忠祠祀典加以探讨。作者通过描述晚清昭忠祠祀典制度及暴力书写日益兴盛的态度，试图揭示当时社会日益蔓延的暴力心态之一端。刘世珣《用作礼物赏赐的锭子药：清前期的药物知识及其在政治场域中的运作脉络》（《故宫学术季刊》第37卷第1期）讨论较少有人关注的清初宫廷锭子药赏赐一事，又进而发掘其背后的政治运作逻辑，视角独特。锭子药是含有朱砂成分的多种药物的总称，包括紫金锭、蟾酥锭等治疗疮疡病症的外科药物。但又不仅仅是药物，同时也是一种工艺品，具有医疗、药物、宗教性质。赏赐锭子药在清初已成为一种礼制，是皇帝驭下之术的重要环节，在政治场域中被灵活运用。赖毓芝《图与礼：皇朝礼器图示的成立及其影响》（《故宫学术季刊》第37卷第2期）主要讨论乾隆朝《皇清礼器图示》的成书过程，并以图像史的角度，关注其风格的来源，及与同时期其他宫廷图像生产的关系。黄金东《皇清职贡图刻本考述》（《文献》第6期）讨论乾嘉时期的三种《皇清职贡图》刻本的关系，认为乾隆武英殿刻本多为嘉庆翻刻本，而此书的创制，背后有着明显的政治内涵和动机。刘国宣《言外有世：论嘉道时期掌故著述的丛出现象——对日本内藤湖南学说的一个阐释》（《清史论丛》第 1 辑）发挥内藤湖南的一个观点：即掌故著述的大量涌现为清代中晚期史学的重要变化。作者考察《清史稿·艺文志》史部杂史类、子部杂家类著录，认为嘉道之际确实出现了掌故著述丛出的学术现象，这取决于政治、学术的交互作业，表现撰述者的现实关怀和经世意识，是晚清史学经世思潮的序曲。薛英杰《反同性恋立场：西方明清男风研究中的文化误读》（《文史哲》第 1 期）认为从 20 世纪 60 年代高罗佩的相关考察开始，西方明清男风研究深受反同性恋立场的困扰。随着中外学者的努力和相关中文文献译介工作的展开，大致在 2010 年之后西方汉学界基本就明清社会对待男风的宽容态度达成了一致意见。在这将近 50 年的研究历程中，西方汉学界逐渐纠正了从反同性恋立场出发所产生的错误认识，尝试摆脱以西方仇视同性恋的文化预设来解释明清男风的思路。陈宝良《明清时期的绍兴及其地域文化——兼及江南区域视野下之吴越文化》（《安徽史学》第 3 期）认为绍兴酒、绍兴师爷、绍兴话已是绍兴地域文化的标志。绍兴酒风行天下，应在清代中期以后。由于地窄民稠、识字率高、科举竞争加剧等诸多原因，绍兴人外出游幕、处馆、经商成风，足迹遍布各地。特殊的地理与人文环境，造就了绍兴人的内在性格处于多面性的矛盾状态，即俭啬、刚崛与狙狯并存。若是以江南区域为视野，吴文化与越文化在保持江南文化趋同性的同时，也不乏差异性。林存阳《挖掘尺牍价值　推进清史研究——以新出清代石门吴文照家藏尺牍为中心》（《中国史研究动态》第 4 期）从清代学术史的角度，对新出版的吴文照家藏尺牍的学术价值做了剖析，并给出较高的评价。罗丹宁（Daniel Burton-Rose）《清初苏州文人的扶乩信仰——以彭定求与文昌帝君玉局为中心》（《通报》第 106 卷，3—4 分册）一文，将苏州文人彭定求（1645—1719）作为清初长江三角洲士大夫阶层宗教生活丰富多样的一个缩影，借助《侍讲公年谱》，尝试对其预示"二元皆中"信兆做出尽可能详尽的描述，并探究其秉持的个人冥通方式对共同验占产生的冲击。作者选取的角度富有新意，揭示出传统士大夫内心信仰世界的一个独特面向。

　　在中外关系史方向上，本年有一些成果值得重视。在中国与周边国家关系方面，有下述研究。日本学者岩井茂树《朝贡、海禁、互市：近世东亚的贸易与秩序》（名古屋大学出版社）一书主题部分有六章，加上序章、终章共八章，其中第五、六章和终章讨论清代问题，分别是"清代的互市与沉默外交""南洋海禁的撤回及其意义""互市贸易与自由贸易的隔离"。该书认为清朝作为在明代边境的商业浪潮中兴起的政权，对于海外贸易天生不具有排斥性。清初的东南海禁，主要是为了孤立台湾的郑成功集团，防止后者与内地反清势力联合，与明初海禁存在根本性区别。台湾郑氏集团的归顺，为新的贸易体系扫清了最后障碍。此时日本也进入江户时代，江户知识人将明清易代视为"华夷变态"，拒绝被纳入朝贡体系，甚至自居中华。作者认为，面对日本方面的新变化，清政府采取的是与互市配套的"沉默外交"政策，即以广州为中心开展对外贸易，但回避皇帝与外国君主的直接接触，同时又限制外国商人的居住范围，隔绝他们与普通居民之间的往来。清政府对于海外贸易的实用主义倾向，在康熙年间日本方面颁布"海舶互市新例"时有充分体现。日本学者松浦章

《江户时代来访长崎中国船主书体之接受研究》(《关西大学东西学术研究所纪要》第 53 卷)讨论清代到访长崎的某些华船船主及商人的书法被日本所喜爱的史事,从一个极其具体细微的方面,探查中日两国在清朝交流的独特方式,将商业往来与文化接受的关系揭示出来。李立民《明清时期的民间"海上丝路"》(《历史档案》第 2 期)借助对第一历史档案馆有关明清档案的解读,认为民间海上经贸活动主要表现为"借贡兴贩"、特许贸易、走私贸易三种形式。在明清严厉的"海禁"政策背景下,民间海上经贸活动并未因此而中断。一方面,国家通过政策的调控与法律的约束以及与地方社会的协作等方式,形成了对民间海外贸易活动的掌控;另一方面,地方商人的利益诉求也得到了应有的关照。这种国家、地方、社会之间所形成的有效的协调机制,也为民间海上丝绸之路的正常开展,提供了保障。黄素芳《贸易与移民:清代中国人移民泰国历史研究》(上海古籍出版社)对有清一代中国人移民泰国的历史做了纵向梳理,全书分六章,重点又在第二、六章,即讨论清初中泰贸易、移民,以及清末华人社会的形成两部分。作者认为贸易与移民的互动是 17 世纪至 19 世纪中叶中泰交往的主要特征。此时期,朝贡贸易与私商贸易此消彼长,互为补充。贸易网络同时也是移民之路,贸易作为国人移民海外的捷径,被东南沿海居民充分利用。曾世豪《明清小说倭患书写之研究》(万卷楼图书股份有限公司)虽是以文学文本为依托的研究,却揭示了明清时期中日关系及国人的心态史变化的过程。该书主要依托"嘉靖大倭寇""万历援朝战争""甲午战争""乙未战争"四次中日两国的冲突,分析各个时期明清文学中的"倭患书写",认为这类明清小说也是"很好的历史范本",见证了中日之间的恩恩怨怨,塑造了国人对日人想象的基本心理结构,并一直延续至今。桂涛《17—18 世纪朝鲜士人眼中的清朝》(中国社会科学出版社)关注朝鲜王朝对 17—18 世纪清朝的看法,分为五章,分别讨论明清时期的正统论、清朝与朝鲜的"丁卯、丙子之役"、燕行录中的清朝、"胡无百年之运"与"小中华"意识、"主静"的意识形态:朝鲜朱子学与"小中华"意识这五个论题。作者认为朝鲜朱子学的世界观及其"主静"的思维方式,是导致朝鲜无法认同清朝正统性的根源所在。不过,这一观点很可能会引起争论。陈明《笔谈与明清东亚药物知识的环流互动》(《华东师范大学学报》第 3 期)以明清时期东亚(中、朝、日)的笔谈为中心,勾勒笔谈中有关药物知识交流的情形,梳理东亚药物知识的内部流通及其与外部接触,认识东亚医学知识的环流与多层建构。东亚笔谈对药物的讨论大致分为三个阶段,笔谈中有关药物知识的交流并非一条单向性的单一直线,也不是东亚三地相互的三条并行线,而是多层次的、相互交错夹杂的。在全球史的视野下来考察东亚地方医药知识的内部环流与外部的接触是十分必要的。

  讨论中西关系的论著也很多。邹振环《明清江南史研究的全球史意义》(《历史研究》第 4 期)从宏观的视野审视明清时期江南研究的特点,从逐步扩展的五个层面概述了这一主题所具有的理解全球史的范式意义。此文在方法论上为明清史研究引入全球史视角提供了一种借鉴。比利时学者钟鸣旦《18 世纪进入全球公共领域的中国邸报》(《复旦学报》第 5 期)以法国耶稣会士龚当信寄回欧洲的三封书信为基本材料,讨论了其中所涉及的有关雍正时期邸报的内容,认为这些记录不仅再现了当时邸报的实貌,是难得的历史文献,更重要的是,这些内容被欧洲三位启蒙思想家伏尔泰、孟德斯鸠、魁奈所采用。启蒙运动关于中国政治制度和治国之道的重要观点，正是建立在与邸报直接相关的文本基础上的。这些资料也证明中国的舆论在18世纪20年代即已进入全球公共领域。赵大莹《清中前期的东堂藏书》（《文献》第2期）主要利用惠泽霖神父《北堂图书馆西文善本目录》讨论乾隆以前东堂的创设和变迁，并将以往的藏书题识与现存藏书比对、复校，分析清中前期东堂藏书搜集、管理、利用的历史，及其专题特色与流动脉络。柳若梅《俄罗斯档案馆藏北堂西文书目考》（《文献》第2期）研究俄罗斯外交部档案馆所藏"北堂西文书目"。19世纪上半叶，北京天主教使团在撤离之际，将其来华三百年间积累的图书（即北堂藏书），委托给俄国东正教使团保管，俄国使团成员戈什克维奇首次为这批图书做了编目。1860年，这批藏书又被交还北京天主教团。之后，狄仁吉神父再次将藏书编目，1949年，惠泽霖神父第三次整理编目，并将其出版。该文揭示了北堂藏书的编目历程。马腾《近代早期满文在东亚与欧洲的流传：一种文字及其知识史》（Mårten Söderblom Saarela, The Early Modern Travels of Manchu: A Script and Its Study in East Asia and Europe, University of Pennsylvania Press, 2020）讨论满文从17世纪初产生至19世纪初在世界范围内传播的历程，包括8章内容，重点在研究东亚和欧洲学者对满文的学习兴趣，认为对满文的学习，也是中外文化、思想交流的一种方式。祝平一《正教与异端：明、清时期〈大秦景教流行中国碑〉的注疏研究》（《"中研院"历史语言研究所集刊》第91本第2分册）以阳玛诺、杨荣鋕、王先谦三人的景教碑注疏为讨论对象，认为这三种注疏反映了晚明以来入华基督教与反教士人的不同论述策略，成为研究正教与异端历史建构的绝佳案例。王宏志《"今尔国使臣之意，欲任听夷人传教？"马戛尔尼使团乾隆致英国王第二道敕谕中的传教问题》（《中国文化研究所学报》第71期）讨论马戛尔尼使团有没有提出在华传教问题，作者借助梵蒂冈传信部及那不勒斯东方大学档案，又参考英国东印度公司、故宫所藏中西文献，认为马戛尔尼本人的确从未向清廷提出准许在华传教要求，但使团中的翻译中国神父李自标，在马戛尔尼不知情的情况下，单独向和珅口头提出希望善待中国天主教徒的要求。这一结论澄清了一桩悬案。张绪山《亨利·裕尔与〈东域纪程录丛〉》（《史学集刊》第3期）讨论19世纪英国东方学家亨利·裕尔及其名著《东域纪程录丛》。裕尔以广博的东方人文地理知识和深刻、敏锐的考证、分析能力，将新航路发现之前、除了《马可波罗游记》之外的几乎所有西方有关中国的记载，都搜罗在该书之中，并做了令人信服的注释。该书对后来的西方汉学产生了巨大影响。王士皓《清末中国和阿根廷交往情况初探》（《历史档案》第3期）根据一史馆所藏相关档案，探讨清末两国的经贸往来和立约建交准备状况，认为务实的经贸交流推动了两国的友好关系。黎子鹏编著《清初耶稣会士白晋易经残稿选注》（台湾大学出版中心）对清初法国传教士白晋（Joachim Bouvet，1656—1730）的两篇讨论《易经》的中文手稿做了校注，手稿分别为《大易原义内篇》和《易稿》，认为二篇手稿从天主教神学的角度，对乾卦至否卦作了详细诠释，为《易经》注入新的意义，促成《易经》与《圣经》的首次深入对话。借助此书，我们可以了解18世纪初的某些传教士已经能够深入理解中国的儒家经典。此书对于我们更深层次地认知早期欧洲汉学史和中西文化关系史，具有不容忽视的价值。加拿大学者卜正民《全图：中国与欧洲之间的地图学互动》（"中研院"近代史研究所）既是一部地图学史著作，也是一部明清之际中西文化关系史著作。该书以1644年曹君义在南京出版的两份《天下全图》为中心，讨论分别藏于北京和伦敦的地图背后所体现的早期中西方绘制世界地图的尝试，认为欧洲人仰赖中国人对亚洲的知识，并不亚于中国人依靠欧洲人对世界的认识。我们今天所知道的世界地图，这是这种东西方相互作业的产物。该书分为两部分，第一部分为"南京：从中国描绘世界"，重点讨论《天下全图》的产生过程；第二部分为"伦敦：从世界描绘中国"，重点叙述中国地图在欧洲的传播历程。李华川《七种生年的迷雾——李安德神父生年考》（《清史论丛》第2辑）讨论清中期中国神父李安德的生年问题，由于李安德自己在不同时期、面对不同对象时的七种不同说法，这个问题一直笼罩在重重迷雾之中。在逐一分析了七种说法的出处和背景之后，作者认为李安德本人不清楚自己的生年，是造成悬疑和歧义的主要原因。作者进而借助李安德启蒙老师白日升的两处记录，推断李安德出生于1695年。日本学者田中有纪《圣贤能否预知一切？——八线表与江永天学中的西学中源》（《东洋史研究》第七十九卷第一号）研究经学家江永的"西学中源"说，从细微处考察其流露出来的对于圣贤学说的怀疑。

  以上是根据目前所能看到的成果，我们对2020年清史研究状况的综述。不过，笔者囿于所见和所学，本文仍有诸多遗漏、不足，尚希方家见谅及指教。如果再进一步对众多论著的特点加以总结，我们认为与以往相比，本年的研究有三个特点：首先，是广泛引入比较的维度和全球史的视角，尝试突破国别史的限制。邹振环《明清江南史研究的全球史意义》，钟鸣旦《18世纪进入全球公共领域的中国邸报》，马腾《近代早期满文在东亚与欧洲的流传：一种文字及其知识史》，马德斌《中国经济史的大分流与现代化——一种跨国比较视野》，仲伟民、邱永志《十六至十九世纪中日货币流通制度演进路径的分流》等论著代表了此一学术趋向。其次，对于近百年清史研究及其理论范式的总结，取得引起学界关注的成果。这以人民大学清史研究室的几位学者的著作为代表，即朱浒《百年清史研究史（经济史卷）》，杨念群《百年清史研究史（思想文化卷）》，胡恒、朱江琳《百年清史研究史（历史地理卷）》。最后，借助于新史料和新方法，传统领域研究取得重要进展，有一些传统观点被推翻，还有一些得到明显的深化和拓展。其代表性的论著是赖惠敏《满大人的荷包——清代喀尔喀蒙古的衙门与商号》、刘小萌《清朝遗迹的调查》、李文杰《辨色视朝——晚清的朝会、文书与政治决策》、苟德仪《清代基层组织与乡村社会管理——以四川南部县为个案的考察》、魏丕信编撰《中国官箴公牍评注及书目》、丁志军《自在囚——明清塾师的生存状态》、罗威廉《18世纪中国的灵性观——德沛儒学化的基督教》等。

古代思想史研究综述

陈冠华　张倩茹

2020年中国古代思想史学科，延续了2019年的发展势头，众多研究围绕道统论、地域学术流派、礼制风俗、人物思想等主题展开，涌现大批思想史专著与论文，思想史研究方法的讨论，促成了具有开拓性的学术探索。研究成果丰硕，充分显示出该领域的活跃程度，新旧热点交相辉映，揭示了未来的研究方向。下面首先概述2020年中国思想史研究的状况，接着分析本年度中国思想史研究的热点与焦点。本部分将以纵向的主题归纳方式，按朝代依次概述2020年度中国古代思想史研究涵括的主要议题及相关论文或专著的核心观点。

一、先秦思想

礼制、风俗思想研究。胡新生《〈尚书〉"肇称殷礼"的涵义与周初礼制变革》（《孔子研究》第3期）指出，汉代学者将《尚书·洛诰》中的"肇称殷礼"解释为启用商朝礼制，是因机械理解"周因于殷礼"和过于相信周公制礼传说而导致的误解；《洛诰》"殷礼"是指盛大礼典，"肇称殷礼"与周人因袭商礼无关；周初统治者将带有神秘色彩的商礼排斥于主流文化之外，这种礼制变革关乎中国礼制的走向，在中国礼制礼教发展史上具有重要意义。苏运蕾、郑杰文《水泽祭祀与生殖崇拜——论先秦郊野春祭》（《东岳论丛》第3期）指出，先秦时期在水泽附近举行的郊野春祭活动主要有民间春社、祷高禖和岁时祓禊等，且多伴随象征生殖的男女集会，反映了先民对生殖繁衍的重视；在倡导媒妁婚的周代出现仲春令会男女的政令，说明郊野春祭会合男女的旧婚配习俗在周代仍有遗留，但其受众群体范围大大缩小，仅针对鳏寡的男女，是媒妁婚之外的一种辅助婚配形式。

哲学、宗教思想研究。赵法生《殷周之际的宗教革命与人文精神》（《文史哲》第6期）指出，殷周之变完成了对殷商自然宗教的历史性突破而创立了一种新的伦理宗教，孕育了西周的人文精神，扩大了道德性天意所关照的社会领域，加强了天人之际的联系；西周人文理性的产生弱化了传统自然宗教，是新生的伦理宗教的产物。黄鸿春《"阴阳"张力与战国诸子气观念的历史维度》（《清华大学学报（哲学社会科学版）》第2期）认为，战国诸子气观念的主流与天道秩序挂钩，而与宗法分封制脱钩、与人心脱钩，重构了天人关系，为中国古代天道和人事一致的思想传统奠定了基础。刘黛《"取""与"皆弃的杨朱生命哲学——从文本、哲学到思想史》（《文史哲》第6期）认为，《列子·杨朱》中杨朱师徒与禽子的对话，展示了杨朱生命哲学中"不损一毫"与"不利天下"的内容，是指对外物"不与"

"不取",对自我不损不增;极端的不与、不取实际指向一种摒弃物利、遗世独立而专注于精神修养的养生观。江向东《〈白马论〉新诠》(《〈公孙龙子〉及其被忽略的文本》)["A New Interpretation of 'Báimǎlùn'(Discourse on White and Horse)"](*The Gongsun Longzi and Other Neglected Texts*,De Gruyter Press,2020)对公孙龙的白马论作了哲学新诠释。

思想与制度、政治的互动研究。白立超、黄朴民《论先秦时期战争方式演变与兵学思想递嬗关系》(《军事历史》第2期)指出,先秦时期的战争方式与兵学思想相互作用、相互影响;原始社会末期,早期防御观念产生;夏商时期,兵学思想形成;西周以"古司马兵法"为载体的军法和兵法产生;春秋普遍兵役制与《孙子兵法》同步出现;战国以政治伦理思想为本,兵书思想地域特征明显,兵书与诸子学术开始融合。金渡镒《关于先秦法家商鞅之"明"概念》(《哲学与文化》第47卷第2期)旨在揭示商鞅之明概念所具有的公开性、可理解性、确定性等特征,论文通过《商君书》分析上述特征如何与"明"概念相联系,进而比较商鞅之"明"概念与现代的"透明性"概念。

人物思想研究。李芙馥《先秦儒道仕隐观再探——从伯夷与叔齐归隐事件切入》(《孔子研究》第5期)指出,孔子对伯夷与叔齐归隐一事褒扬有加,而庄子对此则多有贬抑,说明先秦儒道两家在对待仕与隐的问题上既有其"异"也不乏其"同",并非简单的二元对立,而是以"道"为核心,以是否合于"道"为标准来评判出仕与归隐。

二、秦汉思想

思想与政治、制度的互动研究。冯渝杰《民意操控、皇权危机与党锢之祸——基于政治文化视角的考察》(《人文杂志》第3期)认为,汉末士人群体结成"清流"阶层,并以谣言为武器发起从地方串联至中央的舆论斗争运动,士人裁决、操纵、主导作为民意重要表现形式的"乡论",危及汉帝国的统治根基,引发了皇权合法性危机,最终导致党锢之祸。王子今《"一天下"与"天下一":秦汉社会正统政治意识》(《贵州社会科学》第4期)认为,秦汉凭借武力统一中国,且普遍宣传"天下一统""天下一致""天下一家"的政治意识,但战国至西汉时期同时还出现了"天下乃天下之天下,非一人之天下也"的意识,这是政治文化进步的体现,在帝制政治格局初步巩固的时代出现"不私一姓"的主张,值得重视。袁宝龙《秦汉新儒学转向与汉武帝边疆思想体系的构建》(《求是学刊》第1期)指出,董仲舒改造新儒学为汉武帝的边疆思想提供了思想基础、理论框架以及建构范式;汉武帝的边疆思想以公羊学的大一统理想为理论外衣,但其践行方式却与董氏新儒学观念迥异。韦春喜《秦汉之际士子的皇权、皇帝印象与游离心态略论》(《孔子研究》第5期)提出,秦汉之际,士子无法凭借道统与知识获得身份与价值认同,普遍疏离深受法家政策影响的秦帝国的大一统皇权。汉初统治者"共天下"的政治理念、任子仕进制度、具有管制性的思想文化策略等因素,都使士子难以消除对皇权、皇帝的消极印象与疏离心态,而封建制的推行,为士子走向藩国提供了制度契机。周展安《古典经史与理想政治——中国现代思想史上的"王莽问题"》(《开放时代》第5期)着眼于中国现代思想史上重新评价王莽新政的现象,研究家蒙文通、吕思勉、钱穆在不同经史脉络中对王莽重构,挖掘各自的思想和政治内涵。曾磊《门阙、轴线与道路：秦汉政治理想的空间表达》（广西师范大学出版社）利用历史地理学的研究方法探讨秦汉王朝国家如何通过人为规划、设计贯彻自身的观念和意图，将自然地理空间塑造为政治空间、文化空间，并详细分析汉代文化空间的流变等具体问题。

礼制思想研究。本年度中外学者从不同角度深入研究东汉光武帝的礼制改革运动与礼制思想。王尔《"创革"与"中兴"的争议及整合——从东汉建武年间南顿四亲庙与封禅礼的议论谈起》（《史林》第1期）认为光武帝同时设立"一祖二宗"的汉高庙和尊奉其父祖的"南顿四亲"庙，组成新七庙，此外又有"继统—绝统"的争议；两场礼议对经义的诠释皆着眼于现实，反映东汉立国之初一度存在"创革"与"中兴"两种观念的抵牾，光武最终选择"受命—中兴"说，是对二者的整合。王尔《"祀尧"或"祀高帝"？——东汉建武七年郊祀礼议的政治意涵及思想渊源》（《中华文史论丛》第1期）认为光武帝时期在郊祀以尧还是以高帝配天的问题上存在争议，光武帝主张以尧配天，杜林主张恢复高帝配天制度，祀尧与祀高帝之间的角力背后是对新汉朝属于创业还是中兴的认识分歧。三浦雄城《东汉光武帝与儒教的谶纬：从两汉之际的政治局势出发》（《後漢光武帝と儒教の讖緯：莽新末後漢初の政治情勢から》）（《东洋学报》第101卷第4号）探讨了东汉光武帝对谶纬进行儒学化诠释的时间、方式及意义。在儒家思想成为社会主导思想的背景下，这一时期儒学化的谶纬在帝王与天命的关系中扮演着重要的角色。

哲学、宗教思想研究。向晋卫、崔珊珊《"性与天道"与秦汉时期的思想演进》（《人文杂志》第3期）指出，"性与天道"关注的是有关性命、天道等超越性、终极性的问题，在任何思想体系中均居核心地位，该研究认为秦汉时期主流儒家对"性与天道"抱持"敬而远之"的态度，谶纬则反其道而行之，一定程度上弥补了主流儒家在这方面的知识不足；汉魏之际玄学家在儒道结合的基础上对"性与天道"进行新阐释，丰富了儒家思想的理论内涵。王煜《昆仑、天门、西王母与天帝——试论汉代的"西方信仰"》（《文史哲》第4期）指出，汉代形成了一个较有系统的关于西方的神仙信仰体系，昆仑、天门和西王母的结合成为这一信仰的主体，其核心为升天成仙，这是西方佛教传入中国且迅速为广大民众所接受的思想基础与背景。

人物、观念与思想研究。赵永春、刘月《多民族"中国"的构建：司马迁〈史记〉的"中国"观》（《西南民族大学学报（人文社会科学版）》第2期）认为，司马迁《史记》所使用的"中国"一词主要是用来指称国家政权，他把华夏汉族与少数民族称为"炎黄子孙"，这种多民族"中国"的构建，既是司马迁对中国多民族凝聚为"中国"的历史总结，也与儒家的"天下观"和"大一统观"密切关联。魏敏《商山四皓本事及接受研究》（生活·读书·新知三联书店）先后考察了史传中的商山四皓、四皓文化形象的演变历程、商山四皓的艺术接受与四皓文化域外传播的历程。

三、魏晋南北朝隋唐思想

思想与政治、制度的互动研究。田晓菲著，何维刚、雷之波译《南朝宫廷诗歌里的王权再现与帝国想象》（《中国文哲研究通讯》第30卷第1期）探讨刘宋王朝的君主们如何在物质和文字的层面上，把"地促不如中国"的江左营造为江南佳丽地，把建康营造为金陵帝王州的问题。徐冲《观书辨音：历史书写与魏晋精英的政治文化》（北京大学出版社）择取"献帝三书"、《续汉书·百官志》和《劝伐河北书》三组文本，分别从时代之史、制度之史和异族之史的维度，考察魏晋精英以多样化的历史书写实践活动所构筑的独具特质的政治文化。黄源盛《汉唐法制与儒家传统》（广西师范大学出版社）以儒家传统礼仪贯通全书脉络，考察两汉经义折狱与《唐律》立法原理，对两汉法制中的"春秋折狱"，提出"正常"与"不正常"的二元评价，并探讨《唐律》研究中礼与刑的本用关系、责任能力的本质与理论、轻重相举与法的确定性等问题。

宗教、哲学与礼学思想研究。刘苑如《入道弟子——〈周氏冥通记〉的宗教日常叙述》（《汉学研究》2019年第37卷第4期）以《周氏冥通记》为例，考察陶弘景在齐、梁扬弃虚玄，偏爱世俗的风尚下，剪裁拼贴其弟子周子良修炼成仙的过程，建构出学道求仙者的信仰世界与社会网络。纪志昌《南朝清谈：论辩文化与三教交涉在南朝的发展》（"国立"台湾大学出版中心）归纳史料中有关南朝谈辩的记录，观察"南朝清谈"在形式与内涵发展上的"复合性"特质，探讨三教交涉的模态与学理。古胜隆一《魏晋〈庄子〉注释史中郭象的地位》（《魏晋『莊子』注釋史における郭象の位置》，《东方学报》2019年第94册）从训诂、名物、义理等层面对照崔譔、向秀、司马彪的《庄子》注释与郭象《庄子注》，指出郭象在诸家《庄子》注的基础上阐发己说，超越其时代限制全面解读《庄子》，是一场与庄子相隔数百年的对话。佐野诚子《从为己到为他——郎余令〈冥报拾遗〉中窥见唐初〈金刚般若经〉的信仰面貌》（《汉学研究》2019年第37卷第4期）通过比较唐初郎余令《冥报拾遗》和唐临《冥报记》所引佛经的文本差异，揭示六朝《观世音经》向唐初《金刚经》的潮流转变；《冥报拾遗》的灵验内容也不再局限于自我救赎，通过为他人抄写或诵读《金刚经》，亦可获得救赎，此变化与七到八世纪佛教大众化及疑经信仰的兴盛同步。冯茜《唐宋之际礼学思想的转型》（生活·读书·新知三联书店）梳理了从赵匡、杜佑、聂崇义、刘敞、陈祥道，到李觏、王安石、张载、程颢、程颐、吕大临的礼学研究，最终以朱熹的礼学方法与思想为统摄。唐宋之际的思想家重新阐释礼的规范性来源和人性论基础，实现礼学思想与礼仪实践的历史转型。

文化观念与思想研究。刘晓《唐代南方士人的身份表达与士族认同——兼谈中古时期"南北之别"的内涵演变》（《人文杂志》第1期）指出，唐帝国的建立和巩固，改变了魏晋南北朝时期"南北之别"的时代内涵，南北地域冲突由政权合法性和文化正统性的争夺，转变为统一政权下权力获取和仕宦难易的差异。南方士人相对缺乏政治资源和仕宦网络，但又渴望参与"唐帝国"的政治和文化共同体中，主动承担"王化"的职责，教化南方士族之外的"荒蛮"群体，这强化了南北士人对华夏文化的认同与维护，是构成唐代士族认同的共同基础。周游《中唐文人鬼神观念的分歧：论韩愈〈原鬼〉的思想史意义》（《北京社会科学》第9期）认为，韩愈作《原鬼》描述的是抽象的"鬼"，宋代理学家在鬼神观念上与韩愈相一致，体现了唐宋"同"的一面，也凸显出韩愈在唐宋变革中的重要位置。毕罗《尊右军以翼圣教》（四川人民出版社）是意大利汉学家毕罗研究《集王圣教序》的专著，该书一方面论述《集王圣教序》的立碑动因和历史环境，另一方面探讨此碑的制作和书法特征，认为《集王圣教序》巧妙地融入了中国历史上三位影响力甚大的人物——玄奘、唐太宗李世民和书圣王羲之的事迹。路学军《隋唐之际山东士族的文化传承与变迁》（中国社会科学出版社）基于隋唐之际社会转型的历史背景，梳理山东士族文化渊源与文化境遇，剖析山东士族文化变迁与坚守相互交错的特质，揭示山东士族在家风、学风、政风等方面的演变脉络、文化内涵及其关联性，展现了这一时期文化结构和社会价值体系的独特意义。

四、宋代思想

地域理学学派及其互动的研究。学派研究是思想史研究的传统内容，近年学界开始跨越学派限隔，注意学派间思想交流与互动关系的探索。朱晓鹏《论南宋浙学对宋代道学的批判》（《浙江社会科学》第 2 期）认为，南宋浙学没有严格的师承和门户观念，不属于道学的任何分支，而与道学对立和竞争。刘玉敏《南宋湖湘学派与浙学的互动》（《船山学刊》第 2 期）揭示南宋湖湘学派与浙学学者之间往来互动的关系，他们在心性本体、治学、修养工夫和政治观上互相借鉴。陈代湘《南宋浙东学派与湖湘学派的学术交流与思想差异》（《船山学刊》第 2 期）指出，南宋湖湘学派与浙东学派的思想差异与冲突，表现为浙东学派"尚事功""重史学"，湖湘学派重"经世致用"。刘小勤《以正论统：湖湘学派的正统论思想》（《求索》第 3 期）探讨湖湘学派"正统论"的含义，及其对南宋义理史学和伦理化政治哲学的建构。

此外，王瑞来《蜀道通天下——道学发展史上魏了翁定位申论》（《文史哲》第 3 期）论述了魏了翁将朱熹的著作带到四川光大了蜀学影响，南宋后期大批蜀地学者星散四方，更使蜀学辐射到全国各地。纪晏如《邵雍迁居洛阳前期关系网络初探：以尹洙为线索》（《"国立"政治大学历史学报》第 53 期）以尹洙为线索考察邵雍皇祐元年迁居洛阳的例子，揭示洛阳士大夫如何通过做官或业儒彼此结交，建立起穆修、尹洙和李之才一系的古文运动和儒学学术网络。

宋代经学研究。相对于理学而言，学界对宋代经学的关注稍显薄弱。宋代理学兴起，引起了部分经学家的敌视，康凯琳《永嘉学派与〈春秋〉世变——以陈傅良〈春秋后传〉为例》（《东华汉学》2019 年第 30 期）借陈傅良《春秋后传》分析永嘉学派《春秋》学的内容、特色，以及与其他学派的互动关系，朱熹反对浙学有关《春秋》《左传》伯业盛衰的讨论，陈傅良融"世变/伯业"于《春秋后传》是为主动对抗朱学的批评。郭晓东《在史学与经学之间：朱子〈春秋〉观的再检讨》（《中国哲学史》第 2 期）分析朱子在不同的场合对《春秋》的不同说法：时而视《春秋》为史书但又无法否定孔子作春秋"致治之法垂于万世"的意义，时而视《春秋》为具有义理、书法与条例的经学但又怀疑后儒解《春秋》经之说，作者认为朱子对《春秋》的态度和认识不可避免地游移于经学与史学之间。孙逸超《今本〈大学或问〉考略》（《中国哲学史》第 5 期）比对不同版本《大学或问》，考订其刊刻、修改过程，体现朱子借助经传注释规定"理"之概念的思考。何俊《理学的知识考古：以敖继公〈仪礼集说〉为中心》（《浙江社会科学》第 4 期）以敖继公的《仪礼集说》为中心，分析敖氏复原《仪礼》的过程，以及敖门相关的经学研究，作者认为揭示敖继公的

《仪礼》复原工作，有助于理解理学的知识探求方式。

宋学转向内在的研究。宋学发展的一个重要转折是内向化，其表现为宋代理学的兴起。朱汉民《宋学的内圣转向与〈四书〉学身心工夫》(《中国文化》2019年第2期)认为宋学转向内圣，是对王安石从《五经》寻求富国强兵的外王路线的反动，因此，《四书》学成为部分宋代士大夫追求内圣的身心工夫论基础。刘峰存、丁为祥《从"体"到"本体"：理学话语系统的形成》(《陕西师范大学学报（哲学社会科学版）》2019年第6期)分析了构成宋明理学基本方法和理论体系的体与用、本体与工夫等概念的形成过程。吴震、金瑞《宋代新儒学与经典世界的重建》(《浙江社会科学》2019年第11期)从传统经学的角度指出，宋代新儒学创造性转化了汉唐经学知识范式，实现"经学理学化"的诠释，表现为朱子学建构了一套"四书学"及"家礼学"的新典范。

宋代"道统"研究。宋代理学道统的研究继续深入。梁涛《以〈大学〉理解儒学的意义及局限——兼论统合孟、荀》(《深圳社会科学》2019年第6期)接续古人思想，批评宋明理学过分强调内圣的道统论，认为应统合孔孟之道与孔荀之制以完善儒家思想体系，由此提出新道统与新《四书》的构想。李文娟《"道统"之兴起与"孟荀同尊"之余韵：论北宋初期儒者观念中的孟子和荀子》(《东岳论丛》2019年第12期)、《"道统"之贞定与"疑孟疑荀"之端倪——论北宋中后期孟学和荀学走向》(《国学学刊》第1期)揭示北宋初期儒者承接汉代以来"孟荀同尊"的余韵，到北宋中后期儒者开始"疑孟疑荀"，随着理学道统论的确立，荀学因政治立场、学术旨趣遭到否定，孟学与荀学被对立起来。

理学与政治、社会关系的研究。随着宋代理学研究的深化，除哲学探索外，其政治、社会实践的面向也越来越受学界重视。朱汉民《道者有其序，治者有所本：宋代士大夫追求的学术与政治》(《中国哲学史》第2期)指出宋代士大夫既承担"道统"，又试图主导"政统"的特点。崔海东《古代乡村善政：南宋儒者治乡的三重维度》(《深圳大学学报（人文社会科学版）》第1期)讨论了南宋儒者针对不同阶层的乡村成员，施行治乡策略。而王宇丰《"居敬"与"行简"：宋明理学中的事功面向之检讨》(《孔子研究》第3期)指出，宋明理学存在立言过高却不正视外王事功的弊端。

五、辽、金、元时期的思想

元代官学及其内容的研究。谢辉《元儒涂溍生科举易学初探》(《河南师范大学学报（哲学社会科学版）》2019年第6期)以涂溍生为例说明元代科举的命题特点及思想特色。申万里《元代官学的教与学》(《首都师范大学学报（社会科学版）》2019年第6期)述析元代官学里小学与大学的教学内容、形式和作用。蔡春娟《元代〈孝经〉与〈小学〉的地位及受学状况》(《首都师范大学学报（社会科学版）》2019年第6期)分析了元代教育中《孝经》《小学》的地位升降问题。张国旺《金元时期孔、颜、孟三氏弟子教育考论》(《首都师范大学学报（社会科学版）》2019年第6期)考察金元时期孔颜孟三氏子弟教育体系的内容与特点。

元代经学与理学研究。在经学方面，吴澄的经学著述引人关注，王启发《元代吴澄

〈礼记纂言〉的篇章认识与整合及经学史价值考述》（《中国社会科学院历史研究所学刊》2019年第11集）、《元儒吴澄〈礼记纂言〉对〈少仪〉篇改编的价值与意义解析》（《湖南大学学报（社会科学版）》第34卷第4期）和《吴澄对〈礼记·王制〉篇的改编及其意义解析》（《学海》第3期）三篇论文，是针对元代儒者吴澄所著《礼记纂言》的系统整理与持续研究，在整体把握《礼记纂言》的编撰体例及其经学史价值的基础上，作者通过文本比对分别考察吴澄对《礼记》的《少仪》篇、《王制》篇的改编情况，指出吴澄是在有所研究、有所解读、有所归纳的基础上为恢复《礼记》原貌而进行的调整和改动，作者认为吴澄的改编具有内在逻辑与合理性。在理学方面，邓凌《元代理学之主要问题及特点研究》（《青海民族大学学报（社会科学版）》2019年第4期）概括元代理学在夷夏之辨、道政之辨、朱陆之辨等问题上的发展。郭晓丽《试析元代哲学史研究向度》（《内蒙古大学学报（哲学社会科学版）》2019年第6期）从哲学史的角度，指出元代哲学以经世致用的实践见长。邓凌《元代儒家道统说探析》（《青海社会科学》2019年第6期）认为，元代道统说也体现"政学兼重"的特色。

六、明代思想

阳明学相关研究。明代哲学史方面，有关阳明学产生的背景、性质和工夫的研究较充分。张倩茹《正德九年朱陆之辨与王阳明〈朱子晚年定论〉关系新探》（《孔子研究》第1期）认为明代正德九年至十一年（1514—1516）的朱陆之辨为《朱子晚年定论》提供了写作基础。吴震、刘昊《论阳明学的良知实体化》（《学术月刊》2019年第10期）分析阳明学中良知既有主体性原则，也有客观实在的理性实体的品格。段重阳《"诚意"与"正心"：致良知工夫的两种路径》（《中国哲学史》2019年第6期）认为"诚意"和"正心"是致良知工夫的两种路径。傅锡洪《"严滩四句"本意考——兼论王阳明"本体工夫"的广狭二义》（《哲学与文化》第47卷第7期）结合王畿与钱德洪的论述分析王阳明"严滩四句"包含着有心工夫与无心工夫两重工夫论的含义，两者虽有广狭之分，但作为为学进路并无高下优劣之分，且均能达至工夫最高境界，这才是"严滩四句"的本意。

明代心学和气学的研究。心学和气学是明代思想发展的两个重要面向。本年度在心学研究方面，代玉民《王畿与王艮心学之异的三个向度》（《哲学与文化》第47卷第7期）比较王畿与王艮在良知认识、对待经典的态度和对待佛道态度上的差异，认为他们的心学思想看似相近实质相异。向清、雷定京《曾朝节心学思想发微》（《船山学刊》第2期）认为万历年间湖南理学家曾朝节的心学思想混融了"宣情达理"的甘泉之学和"根植性命"的心斋学说，提出"至道无因"的心论和"听灵山偈"式的静观体悟方法，把道德论与践履论合二为一。唐青州《心学视域下的魏校"天根之学"阐微》（《周易研究》2019年第6期）认为理学家魏校在一次与王阳明有关心体动静问题的学术交锋中，形成了自己独特的"天根天机，动静弗离"的天根之学：把工夫重点放在心体（即天根）未发前的"静存涵养"工夫上，旨在回归、静存和体认"喜怒哀乐之未发"的心体状态。张明《黔中王门孙应鳌"仁本"心学思想探析——以〈四书近语〉为中心的研究》（《贵阳学院学报（社会科学版)》2019年第14卷第5期）通过《四书近语》探析孙应鳌"仁本"心学思想的内涵、特点，及其在阳明后学中的地位和作用。牛磊《明儒蒋道林的"知几"工夫论》（《周易研究》2019年第6期）探析楚中理学家蒋信"知几"工夫论的内容："知几"是保任心体而不使逐物，"慎独"是对独知的惺惺常觉，两者意味着要在心体至微至寂之"几"上做功夫，才能逼近心体发动之端倪与萌芽处。陈伟良《"养中"与"格物"：蔡汝楠对王、湛之学的融通》（《中国哲学史》第2期）以甘泉后学蔡汝楠为例，分析其融通王、湛两家的思想尝试：以"养中"来消除"良知"与"天理"的紧张关系，以"格物"来统一"致良知"和"随处体认天理"。王璐《明代儒家省过工夫的发展脉络：以儒家修身日记为中心的考察》（《史学月刊》第6期）重述了明代理学家借修身日记落实省过工夫及其内在张力的旧议题。

在气学研究方面，肖永明、王志华《明代儒学气学传统的回归及走向——以"太虚"诠释为中心》（《哲学研究》2019年第10期）通过研究明代学者对"太虚"的诠释，指出明代儒学的气学取向。吴震《心学与气学的思想异动》（《复旦学报（社会科学版）》第1期）强调宋明理学中"气"的根源性存在。陈畅《明清之际哲学转向的气学视野：以黄宗羲〈明儒学案〉〈孟子师说〉为中心》（《现代哲学》2019年第5期）认为明清之际出现了气学的形上学建构，使心学向经史之学转型。

明代人物与思想研究。明代思想人物众多，值得深入发掘的不在少数。郑任钊《论戚继光的儒学修养》（《台州学院学报》第2期）认为，明代以成为"儒将""仁将"自期的戚继光，私淑阳明，阐发良知，提出修养心性要以"治心寇"为要务，同时注重下学工夫；在军务上，主张用儒学训练将才，将心学实践融入军务当中，提倡"身体力行""知行合一"，足见其儒学修养。王涵青《刘宗周〈论语〉诠释方法——从〈论语学案〉谈起》（《哲学与文化》第47卷第9期）分析刘宗周从早期向中期思想过渡中提出"主敬"工夫和"一以贯之"的方法论以统合理学与心学的纷争并解决二者的流弊，其理论特色与意图均体现在《论语学案》中。蔡龙九《道德的纯粹性——以刘蕺山〈人谱〉为核心》（《哲学与文化》第47卷第1期）分析了《人谱》中的因欲望产生的种种"过"的概念，以及刘宗周为对峙欲望提出的工夫论。艾静文《读书法：袾宏对晚明读者的学佛指导》（Jennifer Eichman "Reading Instruction: Zhuhong's Guide to Buddhism for a Late-Ming Audience"，*Asia Major*，[2020] 3d ser. Vol. 33. 1）分析明末高僧莲池袾宏编撰的《竹窗随笔》内427篇文章中讨论阅读方法与实践的篇目，指出该书不仅讲解驾驭净土经典、佛经注疏、禅宗语录所需要的不同技巧，还大量介绍明末文人的阅读文化，说明莲池袾宏此书不仅是针对当时的佛门中人，更是意在广泛吸引精英读者，传播其所认识和弘扬的佛教传统，并鼓励读者在书中修行；《竹窗随笔》因价廉便携，数百年来不断被翻刻刊行，说明该书拥有庞大的读者群；该文还注意到读者阅读时的自主性，认为这是莲池袾宏传授阅读技巧、解说佛经、引导读者时遇到的最大挑战。

阳明学讲学的研究。讲会和讲学是明代阳明学得以广泛传播的重要途径。翟爱玲《论明代洛阳王学的发展进程及其阶段性特征》（《洛阳理工学院学报（社会科学版）》2019年第6期）分述阳明学在洛阳的阶段性传播与思想特征。陈寒鸣《阳明后学在北京讲学活动述论》(《贵阳学院学报(社会科学版)》2019年第6期)叙述中晚明阳明后学在北京的讲会活动。曹晔《明代的理学讲会与地方礼教:以绍兴府为中心的考察》(《中国文化研究》2019年第4期)观察明代绍兴府阳明学讲会的发展和推动礼教的作用,以及地方士人对此的回应。吴兆丰《阳明后学赵志皋师承、讲学与思想考论》(《历史教学》第6期)考述万历年间内阁首辅赵志皋的师承、讲学和交游。李敬峰《寻求道德秩序的重建:晚明大儒冯从吾的"讲学"情结》(《哲学与文化》第47卷第4期)认为明末陕西理学家冯从吾力主讲学以觉民兴道,提升讲学的地位,收缩讲学内容至"孝悌仁义",强调躬行实践,体现了其通过讲学重建道德秩序的理想。

理学与地方教化。明代地方教化方式多样,理学家所热衷的讲学运动是其中一股重要的推动力量。孙伟《规制与化民:明初理学的基层控制及其成效》(《苏州科技大学学报(社会科学版)》第1期)认为明初统治者以程朱理学控制民众,推行极权政治。张卫红《草根学者的良知学实践:以明嘉靖至万历年间的安福学者为例》(《文史哲》第3期)讨论明中后期江西人数众多的草根阳明学者自主讲学、研磨心性,进而教化乡族,参与地方公益事业,协助官府治理地方社会的事迹。王格《王学中的三种庶民教化形式》(《中国研究》2019年第2期)分析了王学以"乡约""讲学""学校"三种方式教化庶民及其面临的困境。赵毅、武霞《明代基层士人中的蓝袍大王:传统士人精神的背叛者》(《西南大学学报(社会科学版)》2020年第2期)讨论明代儒学生员中存在品德不良、行为不端、肆意横行、武断乡曲的现象,说明了明代理学教化也不尽有效。

七、清代思想

明末清初人物与思想研究。钱谦益的相关讨论是本年度的新增热点。廖肇亨《钱谦益僧诗史观的再省思——从〈列朝诗集〉选评诗僧谈起》(《汉学研究》2019年第37卷第4期)以钱氏《列朝诗集》及小传为例,考察晚明清初江南士大夫钱谦益通过僧诗的选取与评鉴表达其"扬教抑禅"的僧诗史观和对寄身禅林的遗民儒者的同情。严志雄《陈寅恪论钱谦益"推崇曹能始踰越分量"考辨》(《中国文哲研究集刊》2019年第55期)从钱谦益、曹学佺在晚明政坛经历,及钱谦益对曹学佺的诗文评价,检讨陈寅恪谓钱谦益不欣赏曹氏诗文,却请曹氏作传写序是利用曹氏的政治价值之说。严志雄《从"近代词人"到"人文世界":钱谦益〈论近代词人〉组诗考论》(《中国文化研究所学报》第70期)进而通过钱氏的十六首绝句,指出他推崇的"风流"文士应兼具"山水、灵心、书画、彝鼎、学问",说明钱谦益深谙明中叶以降的文坛与文学思想。杨晋龙《不应存在的存在:〈四库馆臣〉的钱谦益身影考论》(《中国文化研究所学报》第70期)全面检讨《四库全书》抄录的84部对钱谦益有所评价的书籍,其中"推许"远远多于"诋訾",指出作为明遗民的钱谦益在明清的文学、史学、鉴赏上影响实在巨大,使四库馆臣无法贯彻乾隆的意旨,完全抹煞钱氏的存在。谢正光《钱谦益弟子何云生平考略》(《中国文哲研究通讯》2019年第29卷第3期)钩沉了钱谦益门人何云在晚明的政治参与和诗文活动。严志雄《〈落木菴诗集辑笺〉导论》(《中国文哲研究通讯》第30卷第1期)则梳理了钱谦益挚友徐波的生平与著述,并揭示徐波对于明末清初遗民文学与思想研究的价值所在。

此外，关于王夫之的研究，热度不减。郑任钊《"以经释经"：王夫之春秋学的解经特色——以许止弑君为例》（《船山学刊》第1期）认为，王夫之主张据经文以求本义，不受三传所束缚的《春秋》诠释方法，他在诠释《春秋》"许世子止弑其君买"时实践了这一主张，力主经既书弑则必为弑，打破三传许止非实弑之说，他所主张的"以经释经"，既是提倡实证考据的产物，也是对宋儒疑经改经之风的一种反拨。唐若严《王夫之的民族意识论述之辨析》（《衡阳师范学院学报》2019年第4期）提出，王夫之以气本论的哲学论证夷夏之防，主张夷夏之别是由天道所造成的所得之气不同，从而为夷夏之防提供本体论证据，进而从天道层面否决满清入主中原的合法性。郭钦《明末清初士大夫的家国伦理与学术趋向：以王夫之为中心》（《求索》第2期）认为，王夫之面对王朝更替，直面生死、气节、出处进退等家国伦理，从乱离、抗争、幻灭走向隐逸；孤忠持守、匡复道学的士大夫情怀，引发王夫之的学术反思、追问和总结，从而逃出现实政治转向文化生命的追求。

此外，袁天赐《李二曲研究的学术史回顾与问题》（《汉学研究通讯》第39卷第1期）从道统叙事、西方哲学史或思想史叙事、马克思主义叙事三个角度梳理学界对明末清初儒者李颙的研究，并揭示过往研究的不足之处。赵秀红《汤斌研究综述与展望》（《河南科技大学学报（社会科学版）》第3期）归纳了学界在汤斌家世与生平、汤斌传世文献整理、汤斌理学思想与治政实践、汤斌史学成就和文学成就等方面的研究进展与成果，并指出汤斌研究中仍存在研究范围、研究深广度、研究方法等方面的不足。

明末清初佛教思想研究。明末清初也是佛教大盛的时期，一方面大批明遗民遁入空门，另一方面禅门高僧迭出。刘家幸《晚明清初渡日华僧高泉性潡〈释门孝传〉初探》（《汉学研究》第38卷第3期）研究高泉性潡在福建受业学习世俗孝亲之举，并将之转化为佛门的大孝思想；高泉在日本与江户禅林和儒者交锋，仿照莲池袾宏等僧人的著作撰写《释门孝传》，成为江户时期僧俗两道孝传书写的典范，其孝亲观对后世孝僧影响深远。李广宇《明末湛然圆澄禅师之法脉研究》（《哲学与文化》第47卷第5期）认为，湛然圆澄针对明末禅宗传承乱象，提倡严遵法脉，同时承认禅者修行可"无师自悟"但又加上"无师印证不可出世"的条件，形成了圆融的法脉观。

清初理学思想及政治思想。清初理学转向研究，主要体现在哲学思想和政治思想两方面。在哲学思想上，黄燕强《"理学反动"说与清代学术思想研究》（《学习与实践》2019年第11期）考察20世纪初清代学术思想研究中"理学反动"说的内涵及其影响，揭示现当代中国学者对清代学术思想的性质、特征及其哲学方法论的认识。陈冠华《耿介〈中州道学编〉与清初理学风尚》（《中国社会科学院历史研究所学刊》2019年第11集）以耿介及其所编《中州道学编》为个案，指出清初独尊程朱的理学思想运动，加速了耿介与师门分裂，耿介编撰理学系谱著作《中州道学编》与师门立异，故意抹去理学中阳明一派在明代中后期河南理学历史上的存在与地位，是耿介深度参与清初理学思想转型的结果。申祖胜《清初理学对气学的回应——陆世仪的"即气是理"说及其对罗钦顺"理气为一物"论的评析》（《哲学与文化》2019年第46卷第8期）认为，清初陆世仪提出"即气是理"说，反对元明以来把"理""去实体化"后形成的理气一元论，坚决维护朱子理气二元的存在论框架。在政治思想上，张艳《清初庙堂理学之争：以崔蔚林与康熙帝的辩论为例》（《郑州航空工业管理学院学报（社会科学版）》2019年第6期）分析清初崔蔚林与康熙帝的《大学》辩论，指出庙堂理学由王转朱的趋向。辛晓霞《政治对清初理学的投射：基于真假理学视角的探讨》（《上饶师范学院学报》第1期）分析康熙朝的多次真假理学讨论，认为康熙以假道学斥责大臣，借理学真假整顿政治，以真理学之实行、实迹引导理学的方向，表明真假理学是政治标识话语权的有效方式，是一种政治性的学术现象，深远影响清初理学转向。王胜军《为"心学"正名：〈驳吕留良四书讲义〉卮言》（《嘉兴学院学报》第2期）分析朱轼等纂《驳吕留良四书讲义》的政治意图，展示清初阳明学遭批判、宋明心性之学衰微的历史情形。冯静武《刍议李光地视域中的阳明心学》（《中州学刊》2019年第11期）揭示李光地受清初独尊程朱的理学转向之影响，从同情到批判阳明学的转变过程。

清代学术思想研究。清代学术思想发达，与考据学的形成与发展息息相关。刘霞《清初陆元辅传嘉定古学的历史贡献》（《宁夏师范学院学报》第41卷第3期）梳理清初陆元辅传授嘉定古学（实学、朴学）的学术影响，认为他不仅奠定王鸣盛和钱大昕的朴学基础，还启发朱彝尊的经学思想，甚至是戴震学术观念和方法的先声。虞万里《高邮王氏四种成因探析》（《中国文化研究所学报》第71期）从王氏父子仕履行历、学术思想与四种著作成因及撰写先后，重论近百年来王氏父子著作权的公案，认为王引之有著作权，王念孙则既有发明权也有著作权。受考据学风刺激，清代儒者对《中庸》的诠释也呈现经学化的趋势，潘斌《清儒对〈中庸〉的遵从、辨疑及应用》（《哲学与文化》2019年第46卷第8期）以王夫之、李光地、戴震等为例，说明时人有意回避朱熹《中庸章句》，甚至对《中庸章句》的义理提出质疑，而多从实学或名物考证的角度阐发《中庸》。张沛《焦循对朴学的反思与革新》（《中国哲学史》2019年第6期）探讨焦循在清代考据学盛极而衰的背景下，提出回归经传本义、融通训诂义理和恢复致用精神，主张以"求通""求义""自得性灵"为考据学纠偏补失。此外，王豪《惠栋学术形象的变迁及其内涵》（《中国社会科学院研究生院学报》第2期）认为近代科学主义与科学话语流行、"求新"的学术取向，导致对汉学家惠栋"凡汉皆好，凡古必真"形象的偏见和误解。

清代礼学思想研究。清代是礼学研究兴盛的时期。潘斌《清人经典诠释的取向及特色：以"三礼"诠释为中心的考察》（《社会科学研究》第2期）指出，清人的"三礼"诠释多有求实经世的面向，乾嘉学者向"三礼"学寻求经世良方，乾嘉学者的"三礼"学有建构社会秩序的思索，晚清学者的"三礼"学有经世致用的思考，因此，清人的"三礼"诠释具有规模大、内容广、程度深的特色。潘斌《方苞的礼学思想及实践探微》（《哲学与文化》第47卷第7期）提出，方苞认为礼为圣人作制，礼的功能是顺人情和节制情欲，礼的依据是理、天理，方苞的修身实践即以此思想为指导。

清代书院、讲学与乡里实践研究。清代儒者的书院讲学活动较明代略显逊色，集中出现在明末清初。王剑波《变革和回应：明清赣州府立阳明书院与地方士人》（《赣南师范大学学报》第1期）阐述晚清赣州士人恢复阳明书院、深化官学、提倡道德教育与经世致用理念的努力。刘年中《官、师、生：锦江书院与清代蜀学复兴的三种力量》（《中华文化论坛》2019年第5期）论述了清代四川锦江书院在官府、师长、生员的支持下推动蜀学从式微走向繁盛。赵国权、张晨《颜元南游中州活动及其影响》（《郑州航空工业管理学院学报（社会科学版）》第 39 卷第 1 期）认为清初颜元南游中州，宣传自己的学术观点，抨击理学家空说心性，坚定其从喜好"陆王心学"、推崇"程朱理学"到主张"实学"的思想转变。张艳《明末清初上蔡张沐的学术传承及乡里实践》（《天中学刊》第 35 卷第 2 期）勾勒了上蔡张沐及其家族把学术思想运用到乡里建设中，凝聚宗族与学派力量，与地方官府合作筹策公共事务、教化民众、协助维持秩序的史事。唐屹轩《〈乾坤正气集〉与清中叶的纂修书籍风潮》（《"国立"政治大学历史学报》2019 年第 52 期）讨论嘉道年间顾沅、潘锡恩在林则徐、姚莹等官员的支持下，广泛搜集诗文资料以编纂两部《乾坤正气集》，意在兴起满汉士人的"正气"和"忠义"精神以应对清朝的内忧外患。

清代汉学与宋学之争。汉宋之争是清代学术思想史研究中的重要内容。刘辰《〈四库全书总目〉中的"朱陆之辨"：兼论乾隆反"门户"观念的影响》（《天府新论》第 3 期）认为《四库全书总目》之编撰，既尊崇程朱，以濂、洛、关、闽为宗，又不废金溪姚江之价值，承认朱陆各有所长，体现了乾隆皇帝反"门户"的指导思想。李辰《清代中期南北汉宋学之互动：以朱次琦与王筠学术交往为例》（《地域文化研究》第 2 期）以岭南儒者朱次琦与山西儒者王筠的学术交往为例，展现清代汉宋学在南北方学者间互动与传播的情形。

中西思想交流的研究。从十六世纪末开始，欧洲传教士东渡将西方学说传入中国，开启中西思想交流的历史。张西平《利玛窦儒学观的困境与张力》（《北京行政学院学报》第 1 期）分析利玛窦对儒家是否属于宗教的前后判断差异，指出利玛窦认识到儒学发展的阶段性，肯定"先儒"，批判"后儒"，但忽略了中国儒学发展的连续性与断裂性，体现了利玛窦儒学观的内在张力。郭芳如《天人之际：论黄宗羲对于天、上帝与灵魂的诠释》（《台大文史哲学报》第 93 期）论述了黄宗羲对天、上帝和鬼魂的诠释，指出黄宗羲的"天"和"上帝"的理解与西学不同，黄氏的人魂观与天主教的灵魂不朽说有根本差异，但黄氏区分人物之性的看法与西学三魂说相似。张云筝、田冰《康熙西学中用的思想与实践》（《北京教育学院学报》第 1 期）论述了康熙学习西方自然科学知识，解决中西历法之争，扶持西学在中国传播，注重西学中用，加强与西方交流，培养西学人才的一面。

八、热点分析

地域学派研究是中国学术思想史研究的重点，也是热点。中华孔子学会 2020 年年会以"孔子和儒家学说及其地域性展开"为研讨主题，即属显著例证。而该年度最为活跃的是，明清地域学派研究。张立新《宋明儒学分派研究衡论》（《贵州文史丛刊》2019 年第 4 期）概括了学术界既有宋明儒学分派理论。陈畅《东林学派的"新心学"建构：论明清之际哲学转向的一个新视角》（《中山大学学报（社会科学版）》第 3 期）分析东林学派建构"新心学"的过程。常新《三原学派及其经学传统》（《船山学刊》2019 年第 6 期）讨论三原学派的王恕、王承裕、马理、韩邦奇以心证经、以心考经的方法。孙钦香《"南中王门"的学派构成及其思想特征》（《贵阳学院学报（社会科学版）》2019 年第 5 期）指出"南中王门"学派在阳明良知学的范式内不拘泥门户多元发展的特点。

在地域学派研究中，尤以关学的讨论最为热门。李云《论明代关学的基本特征》（《西北大学学报（哲学社会科学版）》2019年第6期）概括明代关学的三个基本特征：勇于创造、兼收并蓄、传承张载关学学脉；批判性地继承和发展程朱理学；晚明关学的心学化。刘宗镐《崇实致用：关学多元理论中的统一精神——以现代学人的关学终结论为中心》（《中国哲学史》2019年第6期）讨论关学"崇实致用"基本精神的特点和现代学者对"关学终结论"的看法。魏冬《关学学人谱系文献中的"关学"观念及其意义指向：以〈关学编〉为中心》（《中国哲学史》2019年第6期）认为，明末《关学编》是关学学人谱系建构的地域、学理联系准则。甄洪永、李珂《论黄宗羲〈明儒学案〉对明代关学的新建构》（《武陵学刊》2019年第6期）提出，清初黄宗羲有意降低明代关学的学术价值和历史定位。刘峰《清末关学的朱子学面向：以贺瑞麟〈关学续编〉为中心》（《学术研究》第2期）揭示了清末贺瑞麟《关学续编》将关学程朱化的举动。常新《晚清关学中朱子学之学术空间》（《哲学与文化》第47卷第8期）指出，关学在清代中期未走向乾嘉汉学，而是沿着晚明以来朱子学和阳明学两轨并行发展，晚清关学学者李元春、贺瑞麟承接张载的关学传统，持守朱子学，批判考据学和阳明学，折射出晚清关学中朱子学的学术形态。陈俊民《张载关学的历史重构》（中华书局）梳理20世纪80年代以来作者亲历的关于宋元明清的关学概念和实质的论争，以及相应的研究状况，并对关学研究提出反思与展望，是一部"关学"学术史资料。

古代文化史研究综述

黄若然 纪雪娟 石 瑊

2020 年文化史学科的研究成果颇为丰硕。据不完全统计，核心期刊、集刊以及部分普刊发表相关论文千余篇。图书出版约 230 部，含中文原著 190 部、外文原著 10 部、译著 32 部。近五年来，文化史研究成果数量呈稳步递增。今年受新冠肺炎疫情影响，有关医疗知识的论文显著增多，涉及绘画图像、宗教与民间信仰等方向的论文亦数量可观。总体来看，本年度的研究方向表现五大特点：1. 学科理论回溯反思；2. 传统研究多元细化；3. 热点议题辟径出新；4. 海外汉学涌现热潮；5. 学术活动氛围浓厚。下文拟从这五个方面展开分析。

一、学科理论回溯反思

20 世纪 80 年代，我国史学界在传统史学的基础上提出建立文化史学科的构想。至 90 年代，欧美新文化史引入我国，推进了有关古代的物质生产、日常生活、社会制度、工艺美术等事象的微观探赜。新、旧文化史学的交织，一方面带动着我国传统文化领域的相关研究，另一方面也因其相对的差异性而使学界蔽于学科的本位问题。出于文化史学的模糊性及其研究取向的多样性，结合前人二十余年来的厚积深掘，本年度学界针对文化史之学科定位、学科交叉和书写范式这三项主要问题进行了反思。

有关文化史的学科定位，学界主要进行研究对象和方法层面的思考。张昭军教授在历年探讨的基础上再发两篇新论，一为《文化史学是什么？——兼论新旧文化史学的内在一致性》（《社会科学文摘》第 6 期），概括了文化史学的四大命题，即研究对象、历史观念、方法目标和功能任务，并指出新、旧文化史学都关注人民大众的历史，它们秉持进步史观而非一治一乱，目标是揭示历史事实的因果关系及其价值意义，在求真的基础上教化民众以求致用；另一为《文化史研究的三种取向》（《史学月刊》第 8 期），区分出"文化的社会史""社会的文化史"和"文化的文化史"三种途径。"文化的社会史"是历史视角下的文化史，文化史被当作与政治史、经济史并列的研究对象来进行外在的事实分析；"社会的文化史"是文化视角下的社会史，文化史被作为研究各种历史现象的方法来进行内在的价值解释；"文化的文化史"是文化视角下的文化史，文化史涵盖了研究对象和研究方法，从文化史的特性出发来研究文化史可解决主客冲突以及"泛化"和"碎化"的弊端。这两篇论文对新、旧文化史学作出共性提炼，论证了完全意义上的文化史学，并为文化史的研究方法提供了清晰的思路。有关专门针对研究对象的论文，可参见胡成《"后现代"之后的史学"长时段"——关于超越"新文化史"的反思》(《史林》第1期)。该文主要检讨新文化史的"碎片化"和"短时段"之局限性,结合马克思主义史学观强调须以底层民众为研究对象。杨忠秀、胡海波《马克思恩格斯文化观的革命性变革》(《兰州学刊》第3期)亦持唯物史观,凸显文化史对人类生存境遇的终极关怀。在学科方法层面,刘中玉《文化自觉与传统文化现代化》(《东南学术》第6期)探讨现代化进程中如何通过弥合或跨越中西对立的分际来应接时代新挑战的问题,认为在中西文化冲突的新变局下,研究历史需要有场景回归的意识和现实观照的自觉。结合全球化和文化自觉等理论来看,或可从历史叙事与构图的"书法"、加强传统的思路、文化自觉之于构建共同性原则的意义三个层面对传统文化现代化问题进行阐释,即跳出中西冲突的语境,综合运用中西传统思考未来的模式,从系统性研究入手传统文化,满足多元和谐的消费需求。这要求掌握历史叙事和构图的主动性,既通过制度分析来揭示历史遗产中的瑰宝,也用历史的方法去寻发文化精神。金寿福《布克哈特的历史方法论及其意义》(《社会科学战线》第1期)、黄敏《布克哈特对希腊精神的重估及其文化史逻辑》(《文学评论》第3期)、艾俊树《布克哈特历史理论与史学理论研究述评》(《史学月刊》第6期)回顾布克哈特的研究方法,即采用历史方法研究文化,借此把握人类精神的连续性。徐全民《本土社会文化史研究述论——基于四个研究机构学术实践的回顾》(《洛阳师范学院学报》第9期)通过梳理我国的文化史学史,提出了借鉴西方理论、提炼实需论题、创新本土理论共三项建议,这有助于坚定文化史学的整体发展取向。

以上范式思索既为文化史的研究方法提供借鉴,也显示文化史学科与其他学科的交叉性。正如王笛《西方新文化史对中国史研究的影响》(《历史研究》第4期)所言,西方新文化史的发展原本是融合人类学的结果,历史学界的各领域应当相互开放,文化史和经济史、社会史、政治史等史学内部学科可以彼此对话,与社会学、人类学、政治学、文学等外部学科也能相互融合。文化史为人文学科开辟了新的研究视野,而本年度的研究成果既与经济史、概念史、政治史等史学内部学科协同探索,又与美术学、文学、建筑学等外部学科相互借鉴。在历史学界内部,陈锋《文化史与区域经济史的研究理路》(《湖南社会科学》第1期)提出中国的区域文化和区域经济具有共性和差异,早期社会的三大经济带对应着三大文化区,此后又形成各具特色的经济文化区。方维规《关于概念史研究的几点思考》(《史学理论研究》第2期)对新文化史和概念史的视角进行互鉴,呼吁以"超越文化转向"的方式来避免文化史研究的泛滥性和琐碎性。对于外部学科,杨冰莹《对于图像的再发现:新文化史中的视觉研究》(《世界美术》第3期)梳理新文化史的视觉研究的方法,指出新文化史拓展了图像的范围和图像分析的手段,并把图像的地位从文字的附属材料转为一种独立的语言和文本。时代的观念和知识通过图像进行再现和传播,又反向支持了权力话语的意义生产。以上学科的交叉和视域的拓展使文化史的研究话题得到扩增。

在理论推新之余,国内学者也着手回顾上世纪至今的文化史成果,提倡对文化史的书写范式作出变革。本年度《写作》期刊第三期专设"'新文化史'的可能性及其限度研究专辑",登载了四篇论文回顾达恩顿的《屠猫狂欢:法国文化史钩沉》。唐小林《"把握住他者"与"重建整体"——读达恩顿〈屠猫狂欢〉》、刘祎家《"新文化史"的方法、书写策略及其限度——论达恩顿〈屠猫狂欢〉》、刘东《〈屠猫狂欢〉:小事件如何通往大历史?》、李超宇《"深描"还是"浅尝"?——评达恩顿〈屠猫狂欢〉》在肯定原著价值的基础上,一致批判达恩顿的研究方式未能综观历史整体的局限性。这些成果显出我国对新文化史基本方法的回溯反思,表明我国有必要汲取更加前沿的海外学术资源。李霖《从〈五帝本纪〉取裁看太史公之述作》(《文史》第1期)以《五帝本纪》为核心,运用史源学的方法综合考察《史记》对材料可能做出的取舍与裁断,借助"述"来探寻太史公的"作意"。通过对读《五帝本纪》及其史源《五帝德》《帝系》《国语》《尚书》等文献,可知《五帝本纪》凝结了太史公对王朝更迭问题的思考。《五帝本纪》的种种特异安排,或与太史公关于"易姓受命"的理论有关。这类成果显明著史方式的推陈出新不可脱离于传统史学,在会通西方视角的同时,务必立足于本土文化根基并凝练出具有中国特色的书写范式。

二、传统研究多元细化

本年度的文化史研究既延续了往年热点,也细化和深化了相关领域。有关农牧工商的物质生产、衣住行旅的日常生活、宗族聚落的社会组织、礼法君民的社会制度、各门艺术形态、宗教与民间信仰及思想文化等论题均不鲜见,尤其以礼俗文化、图像艺术和思想文化作为重点研究对象,而考古学的重大发现也为文化史研究提供了材料支撑。

首先,文化史研究擅于通过礼乐制度的地方实践以及中央集权与地方自治的纽带体现我国的礼俗文化互动现象。洪江《清代云南释奠礼乐研究——以大理、临安及丽江地区为例》(中华书局)勾勒出清代云南释奠礼乐的历史传承状况,以释奠礼乐为代表的儒学礼乐在云南的多样化发展及其对云南音乐文化发展的影响及意义。张树业《德性、政治与礼乐教化:〈礼记〉礼乐释义研究》(中国社会科学出版社)认为礼乐文化从根本上塑造了传统中国的价值秩序和公共生活形式,构成国人教养生活的根基,而对礼乐的义理诠释构成儒家思想的重要组成部分。张闻捷《钟离君柏墓礼乐制度研究》(《文物》第3期)分析春秋中晚期钟离君柏墓的列鼎制度和礼器组合,认为该墓属于五鼎等级的贵族墓,其礼乐制度更接近于中原地区的五鼎贵族墓,而随葬青铜礼器兼具中原与南方楚系礼器特色。就官方与民间的关系考虑,张新超《论汉代县属游徼的设立与演变——以考古资料为中心》(《古代文明》第2期)、崔星和王东《吐蕃大虫皮制度刍议》、薛洪波《秦律"家罪"考》(《中国史研究》第1期)则分别通过官制、军制和法制等层面探讨了统治阶层基于大一统王权对各项国家制度的创立原则和完善过程,而常建华《隐逸与治家:明万历浙江〈重梓遂邑纯峰张氏宗谱〉探析》(《史林》第4期)、苟德仪《清代基层组织与乡村社会管理》(中华书局)从家训乡约和保甲团练等方面显出地方宗族及组织的自治价值。

其次,石刻、陶塑、壁画、雕砖、漆器、木器、绘画等史迹形象不仅是文化史的研究对象,更成为重要的研究途径之一。从研究对象来看,谢继胜《榆林窟第三窟壁画与文本研究》(浙江大学出版社)考察榆林窟第三窟这一营建于西夏时期的窟室,挖掘梵、藏、汉与西夏文的文献记录信息,以探明榆林窟第三窟壁画的题材内容及其配置内涵。钟翀《宋元版刻城市地图考录》(《社会科学战线》第2期)以现存的宋元版刻城市地图作为一组古舆图史料群,通过辨析地图版本源流及舆图由来,考察图式与内容并归纳其区域性与制图学特征,揭示了宋元时期江南地区城市地图的资料特性与研究潜质。王素《梁元帝〈职贡图〉与西域诸国——从新出清张庚摹本〈诸番职贡图卷〉引出的话题》(《文物》第2期)介绍梁元帝《职贡图》的新出摹本之清张庚《诸番职贡图卷》。该本直接照录了十八国题记,其中七国题记不见于北宋摹本,三国题记可补北宋摹本题记阙如,其他多可据以对北宋摹本文字漫漶处进行辨识。《职贡图》的价值与意义在于写实,《梁书·诸夷传》的材料和划界方式皆是出于梁元帝及其《职贡图》的本意,从而它以世界史的角度反映出作为当时世界主体或中心的梁朝与作为附从或外围的各国之间的关系。韦正、马铭悦《也谈佛教造像的长安模式》(《敦煌研究》第3期)主张佛教造像的长安模式确立于北周时期,虽然长安地区北周佛教造像的特征吸收了其他地区,特别是成都地区南朝造像的因素,但其基本形体特征来源于北周时期长安本地的自我创造,即比拟了鲜卑显贵乃至皇帝的形体特征塑造而成。这与北魏政权崩溃后东西方同时出现的鲜卑化运动直接相关。隋唐时期长安地区佛像亦可称为长安模式,但与北周长安模式有着阶段性的差异。张春佳《莫高窟唐代团花纹样造型演变研究》(《敦煌研究》第5期)介绍莫高窟唐代具有代表性的团花纹样,通过对近1000个团花案例进行不同角度的比对,分析几类团花纹样的结构特征和跨越唐代四个时期的演变路线,并以此探讨团花纹样在唐代内部由于单体、层次、造型等细节演变而展示出来的整体装饰风貌的变化。这些成果显出学界对壁画、地图、图卷、造像、纹样等各类形象的关注。就研究方法而言,耿朔《层累的图像:拼砌砖画与南朝艺术》(人民美术出版社)对近年新出土散乱画像砖进行了细致的拼合、比对和复原,探讨拼砌砖画的制作过程,讨论了技术背后所反映的南朝社会与艺术问题,意在更全面地认识南朝时期艺术创作与政治制度的联系。邵会秋、侯知军《百兽率舞:商周时期中国北方动物纹装饰综合研究》(上海古籍出版社)全面收集中国北方地区商周时期装饰有动物纹的器物,根据北方青铜器各种动物纹装饰所体现的文化因素交融现象,讨论了中国北方青铜文化和欧亚草原文化以及中原文化的互动关系,剖析北方人群对动物纹装饰的选择以及其背后的意义。章义和、姚立伟《汉人灵魂乘车出游的节点与终点——以西汉后期至东汉时期墓室画像为中心》(《形象史学》2020上半年)考察了汉画中由马或神兽所牵引车辆前行图的节点和终点,勾勒出西汉后期至东汉前期汉人亡故后灵魂出游的三段旅程,即墓主从生前生活的家中到墓室、自墓室出发驶向西王母昆仑仙境、从昆仑仙境升入天界。天的表现形式在两汉之际是太一所在之地,东汉后期是代表天界的瑞应图像。将西汉后期至东汉的画像石中表现的汉人灵魂乘车出行过程与西汉前期马王堆汉墓T形帛画中的"远游北极"过程相对比,可知灵魂远游观念长期存在于汉代墓室画像中,但内容和表现方式在社会发展和民间信仰等因素的作用下有局部变易过程。谢继胜、才让卓玛《宋辽夏官帽、帝师黑帽、活佛转世与法统正朔——藏传佛教噶玛噶举上师黑帽来源考》(《故宫博物院院刊》第6、7期)从黑水城出土《药师佛》唐卡黑帽上师的身份辨别出发,利用近年在宁夏、甘肃等地发现的图像材料,结合《洛绒教法史》《贤者喜宴》《青史》等藏文史籍,分析黑帽与中原王朝尤其是唐宋以来王统正朔的渊源,以及西夏官帽对宋辽官帽形制的继承,进而讨论西夏后期帝师制度的出现及与僧官体系的联系。在此基础上梳理了噶举派藏巴帝师与热巴帝师在西夏长达数十年活动的史实,指出藏传佛教噶玛噶举的黑帽来源于西夏帝师制度,代表正朔地位的黑帽的把持与传承引导了藏传佛教活佛转世系统的建立，为蒙元至明代噶玛噶举教派用黑帽传承延续西藏地方与中原王朝的紧密联系，为汉地将大宝法王封号作为教派活佛转世体系，为清代达赖、班禅活佛转世系统的奠定，以及为后世中央政权与地方民族势力的交往等提供了范例。陈志平《唐宋书法史拾遗》（中华书局）以唐宋时期为主，通过分析《神仙起居法》《诸上座帖》等书法作品中的草书形象，探寻书法史上隐没于世的书家、作品和书法史现象。该书试图突破以政治时代进行历史分期的做法，补足了为历史烟尘所埋没的残碑断楮和书法史链条，在微观探讨之余具有审美趣味。美国学者迈克尔·安·霍利《回视：历史想象与图像修辞》（王洪华译，重庆大学出版社）延续尼采"艺术对历史的反作用"的观点，探讨艺术作品对艺术批判的预构，认为艺术作品与历代观众及其时代、种族、国家、个体与集体身份在特定视角下进行互视，这种主客双向的历史诠释为历史图像学方法论做出了贡献。

再次，文化史研究不仅关注历代思想家的学说，也着重考察宗教及民间信仰。梁治平《为政：古代中国的致治理念》（生活·读书·新知三联书店）择取"天下""为公""民本""家国""礼法"五种观念，对语词演变、观念结构、意义系统及制度形态进行考察，通过探索中国古代为政思想在政治、法律、军事、外交等方面的表现，以及对经济、社会、伦理、教育及宗教诸议题的影响，认为这些观念展现古代中国人的致治理念与实践，给今人认识传统和再思中国提供了更多可能。范荧《笔记语境下的宋代信仰风俗》（大象出版社）全面搜寻笔记文献，撷取其中最为典型的事例证以部分史著，就宋代宗教信仰中"习以成俗"的部分予以生动的描述，辅之必要的分析，向读者展现宋代信仰习俗的本真面目和鲜活细节。该书采用以类相从而非时序性的方式编排章节，介绍宋代最为流行的信仰习俗门类，如自然与自然物崇拜、鬼魂信仰、祖灵崇拜、佛教信仰、道教信仰、俗神信仰、巫术与禁忌等，其中论及佛、道的内容，但仅叙述其已成为习俗的事像而不涉及宗教理论、佛道仪轨等层面。宋学立《金元全真教对道教神仙谱系的继承与突破》（《世界宗教文化》第4期）以神仙谱系为切入点，探讨全真教对传统道教神仙谱系"大传统"的继承与创新，以及对唐宋内丹道教神仙谱系"小传统"的尝试性突破。传统道教神灵和唐宋内丹道教神仙谱系构成全真教的神仙谱系，该教从创立之初即通过以"五祖七真"陪祀三清、老子、玉皇等传统神灵和每年一度、持续长达近一个世纪的"真元会"庆典活动等方式来接续传统道教神谱，又通过跨越代际、跨越历史传承的遇异叙述为重塑内丹神仙谱系"小传统"打开了通道，前者有利于增进全真教的教团认同和凝聚力，后者在抬高某宗某系丹道辈分的同时也为全真教的宗系分化埋下了伏笔。这两种方向的探析路径分别体现为独立研讨和附论于物质形态的研究方式，另可参看廖宜方《王权的祭典：传统中国的帝王崇拜》（台大出版中心）、冯茜《唐宋之际礼学思想的转型》（生活·读书·新知三联书店）、杨富学《霞浦摩尼教研究》（中华书局）、张方《八仙考》（中州古籍出版社）等著作专门论述帝王崇拜、派系思想、民间宗教和仙人信仰等现象，而李虹《死与重生：汉代的墓葬及其信仰》（四川人民出版社）、尤李《道教与辽朝政权合法性的构建》（《中国史研究》第1期）、何利群《邺城遗址出土北魏谭副造像图像考释》（《考古》第5期）借助丧葬制度、政治策略和造像样式体现灵魂观念、道教信仰和佛教思想的社会影响。

在物质文化方面，文化史研究常与考古学、经济史结合，大多专注区域个案并凸显出地方性特征。杨泓、于炳文《中国古代物质文化史·兵器》（开明出版社）对古代兵器划出历史分期，结合考古发现和文献记载，研究不同时期的冶炼技术、兵器工艺和兵器形制，探讨兵器所反映的时代战争和军事信息。付琳《吴越之迹：江南地区早期国家形态变迁》（厦门大学出版社）从考古学文化区系研究角度分析江南地区新石器时代晚期以来从良渚到吴越等古扬州华夏化的不同文化演进、交流互动与谱系关系，阐述了聚落视角下的遗址景观、稻作农业文化促生国家文明、良渚文化早期国家的社会结构和形态特征、陆海边疆中吴越文明广域王权与国家政体的形成，展现环境因素对于聚落文化发展的影响。宋艳波等《安徽萧县金寨遗址（2016、2017）动物遗存分析》（《东南文化》第 3 期）鉴定出大汶口文化晚期的动物遗存均为哺乳动物，家猪是先民的主要肉食资源。葛威等《西山遗址出土器物淀粉残留物分析》（《考古与文物》第 4 期）通过对出土石器和陶器进行的淀粉粒分析，得出西周晚期的秦人种植和消费包括薏苡、小麦族、燕麦和山药等多种经济作物的结论。袁广阔、崔宗亮《河南虞城马庄第五层遗存的发现及意义》（《考古》第 3 期）梳理马庄第五层遗存反映出的仰韶时代中原和江淮地区考古学文化格局的演变。在仰韶文化早期，后岗类型对江淮地区的考古学文化施加了极大影响，一定程度上改变了其文化面貌。在仰韶文化中期，庙底沟文化受到了崧泽文化的强烈辐射，豫东南部一带被纳入崧泽文化圈，而崧泽文化因素的传播加快了中原地区的文明化进程。

出于文化事象的相通性，以上话题在论述过程中时有融会贯通，而本年度的考古发掘尤其为雕像玉器、墓志碑刻、遗址景观研究增闻添识。乔地《最早的微型鸟雕像出土或改变中国雕塑史》（《中国民族博览》第 15 期）介绍今年 3 月河南"许昌人"遗址出土的一座距今 13500 年的微型鸟雕像，它将中国艺术中鸟类的表现提前了 8000 多年，现被列入美国《考古》杂志评选的"2020 年度世界十大考古发现"。该雕像反映了古人类的精湛雕工以及对自然形象的观察模仿，而鸟足部前后的对称凹槽说明当时人类已掌握了重心平衡的原理，总体可供研究当时人类的技术水平、审美和意念表达能力以及区域间群体的迁徙与交流。蔡庆良主编的《实幻之间——院藏战国至汉代玉器特展》（台北"故宫博物院"）作为 2019 年 1 月至 2020 年 2 月在台北故宫博物院同名展览的图录，借用艺术心理学理论在战国汉玉器的艺术考古和文物策展思路上进行突破，探讨形制与比例、平衡与秩序所造成的视知觉，剖析玉器的蜿蜒形制和动感设计技巧，诠释出感知世界与物理世界的对话，辨析了战国"蛇"至汉代"兽"的母题转变。该书在整体叙述上采用起、承、转、合的创新章法，内容翔实而注释严谨，可谓玉器研究的典范之作。另外，今年河南洛阳发现 2600 多年前戎人王级大墓、内蒙古一匈奴墓群墓葬年代初定东汉前期、浙江余姚发现大规模史前古稻田等新进展为中华民族融合、匈奴丧葬习俗、社会经济格局提供了新材料。

三、热点议题辟径出新

受新冠肺炎疫情影响，本年度的医疗卫生史研究获得重视。医疗卫生史的研究基本结合实际案例，研究视角可分为行医群体、治疗经验和医疗观念。万四妹《明清新安医者群体研究》（中国科学技术大学出版社）将古徽州的新安医学看作明清中医学发展的一个典型缩影，它包括宫廷医官、地方医官以及族医、世医、女医等民间行医者，折射出中国古代传统社会官方医疗资源与民间医疗资源的流动和对接、医疗资源与地方社会的关系，为解决时下医疗卫生事业的现实问题提供借鉴和参考。美籍华人边和（He Bian）的《对症下药：近代早期中国的药学和文化》（Know Your Remedies: Pharmacy and Culture in Early Modern China）（Princeton University Press）通过明清时期医药系统的知识重新分类，解释了药业在公共话语中的核心地位。在中国的科学文明史上，药学作为一种商号企业和古典医药的分支，很难被轻易定性。虽然以国家药典（即所谓的本草）记录自然界的悠久传统在十六世纪后逐渐衰落，但如今世界各地无处不在的中国药店证明了中药的生命力，并体现精英文化和大众文化之间的互动态势。美国学者艾媞捷、琳达·巴恩斯编《中国医药与治疗史》（盛颜译，浙江大学出版社）梳理了先秦两汉巫医不分家、唐宋元明传统医学全面发展、清朝民国时期西医对中医的影响，以及当今全球化技术文化网络下中医的尴尬处境与抗争，具体探讨了驱邪、卜筮、静修、草药、诊脉、针灸等医疗方式，巫医、道士、僧侣、学者、官员等医疗实践者，以及生育控制、医科学校等相关现象。于赓哲《成仙初阶思想与〈神农本草经〉的三品药划分法》（《史林》第3期）认为《神农本草经》的药物三品划分法受到了秦汉以来"成仙长生初阶"思想的巨大影响。东汉后期，全社会有长期的"疾病焦虑"，早期太平道、五斗米道借用祛病的号召，使长生、成仙逐渐成为道教接近上层社会最便捷的手段，并通过服食炼丹、投龙仪式体现贵族化的特征。以《神农本草经》为代表的药物"医疗属性"曾一度从属于长生成仙目的，而"治病"被视为成仙长生的预备阶段，祛病、长生、成仙呈阶梯化递进关系，药物也相应存在着由粗到精的阶级，以此可划分出下中上三品药。但在本草药学发展的总趋势中，原本只能完成初阶任务的草木类逐渐占据上风，金石类尤其是曾备受青睐的服食、炼丹原料逐渐式微。在证圣法古思维模式笼罩之下，后世医家虽然不至于直接否定《神农本草经》之三品分类，但是在实践中逐渐以疾病本身为核心，并结合《黄帝内经》等论述进行了种种调整。宋镇豪《商代的疫病认知与防控》（《历史研究》第2期）、杨勇《简牍所见战国秦汉时期的自疗传统》（《社会科学战线》第6期）、余新忠《明清以来的疫病应对与历史省思》（《史学理论研究》第2期）既对古代个人保健和环境清洁的方式作出介绍，也力证传统医学中的巫术方技未必全属迷信，它们皆是防疫祛疾的经验结晶。这些成果对我国的医疗卫生传统作出提炼和反思，但有关生命、身体经验、医疗行为的文化内涵还有待于更深层次的探赜。

  我国的妇女生活文化史研究业已发展百年，今年的研究方向除女性的社会地位、日常生活和宗族组织之外，也涉及性别审美意识。美籍华人鲍家麟作为中国妇女史的倡导者，于今年出版《走出闺阁：中国妇女史研究》（中西书局），探讨了各时代的妇女思想和古代妇女生活地位，并以汉代皇后阴丽华、明末清初江南才女徐灿为个案作出详述。加拿大学者孟留喜《诗歌之力：袁枚女弟子屈秉筠（1767—1810）》（江苏人民出版社）以"女性性别认同"和"写作是一种社交活动"等理论为阐释框架，围绕18世纪江南文化生态与女性文学教育、诗歌写作与家庭文化、袁枚女弟子与"性灵"诗学、评点活动与女性诗歌话语共同体等事物的互动互联展开论述，审视诗人及其创作在中国文学及女性文学发展历程中的价值和意义。杨文胜《从"牝鸡无辰"到"共牢合卺"——由考古学统计资料看东周女性贵族社会地位之变迁》(《江汉考古》第 3 期)通过东周墓葬论证女性贵族在春秋中期的地位提升,而这标志着贵族家庭婚姻制度及财产所有制发生了重大变化,显示社会基本构成由大家族向核心家庭转换。宋若谷、沙武田《敦煌壁画中女性外道表现手法发覆》(《敦煌研究》第 1 期)考察敦煌壁画中的胡人女子、西夏贵妇和魔女等外道女性形象,表明了汉文化之女德标准及其对外来女性的偏见所引发的性别歧视现象。葛承雍《中古壁画与陶塑再现的挎包女性形象》(《故宫博物院院刊》第 1 期)指出中国古代女性挎包要比西方早出现几个世纪,各式挎包折射出女性鲜明的超前意识和服装审美。以上议题皆蕴含着推动性别史进一步发展的丰富素材和有益视角。

近年来,我国倡导的"一带一路"建设使得相关研究成果蔚为可观,研究路径大多是以经济贸易或艺术形态为纽带,意在展现古代东西方世界的文化交汇、交流与交融。鲍展斌《"海上丝绸之路"与中外货币文化交流》(中华书局)从唯物史观和货币学入手,对过去学术界一直认为海上丝绸之路到近代已经结束的论断进行反思,探讨宁波作为海上丝绸之路始发港的地位与作用,分析了近代宁波海上丝绸之路贸易及货币文化交流的特点,进而考察了中国货币在海外的文化影响及历史意义。美国学者杰弗里·勒纳(Jeffrey D. Lerner)《丝绸之路:从地方现实到全球叙事》(Silk Roads: From Local Realities to Global Narratives)(Oxbow Books)汇编各国学者的论文,探讨丝绸之路沿线的交流和转变,梳理从古代到中国、从非洲—欧亚大陆到美洲的"一带一路"倡议,强调了包括陆路和海路在内的网络多样性。沙武田《唐、吐蕃、粟特在敦煌的互动——以莫高窟第 158 窟为中心》(《敦煌研究》第 3 期)、张小贵等《敦煌祆庙渊源考》(《敦煌研究》第 3 期)、杨宝玉《后唐时期途经敦煌的赴印求法僧及相关史事》(《敦煌研究》第 5 期)、向云驹《东西方古代艺术审美与造型的文化史考略——以丝绸之路雕塑艺术为例》(《民艺》第 3 期)等论文分别从雕塑艺术、经变图像、书状校录、庙宇形制出发,考察丝绸之路影响下中国的中原与边境地区以及对外与中亚国家的多元互通关系。

在"一带一路"建设引发的研究狂澜之余,大运河保护开发项目也不可忽视。今年 11 月,由中国国家博物馆、首都博物馆、天津博物馆和河北博物院共同推出了"舟楫千里——大运河文化展",首次通过 170 余件重要的运河文物全面系统地展现了运河的开凿、通航、管理以及工程技术等方面的历史,展厅中尤其以《潞河督运图》《漕河祷冰图》《卢沟运筏图》等运河图作为亮点。此类研究以经济文化史为主,全汉昇《唐宋帝国与运河》(重庆出版社)作为 1944 年初版的探讨京杭大运河对唐宋经济发展之影响的经典著作,于今年得以再版,该作考察《旧唐书》《新唐书》《旧五代史》《新五代史》《宋史》《资治通鉴》《续资治通鉴长编》《全唐文》《册府元龟》等历史典籍中关于大运河的史料,描述从东晋以来中国经济重心从北方转到南方的历史进程,分析自隋以来运河之畅通与帝国国运兴衰的因果关系,得出运河通则国运兴、运河塞则国运衰的规律,表明京杭大运河对于经济发展的贡献。张荣生《大运河邗沟支道南通段盐运文化史迹概况》(《中国盐业》第 5 期)梳理大运河支流南通段的经济兴衰,表现运河与当地草煎盐业的共生共荣的关系。范金民《15—19 世纪大运河的物货流通与苏杭城市经济的发展》(《运河学研究》第 1 期)展现 15—19 世纪的京杭大运河作为南北物货大通道,成为苏杭经济发展的生命线,各种原材料、绸布、书籍和工艺品也得以交换。

四、海外汉学涌现热潮

在全球化的背景下，海外汉学研究犹如一面明镜，既供中国文化省察自鉴，也与中国文化彼此观照。自20世纪80年代国际汉学形成以来，国外学者在对中国的研究过程中不免要涉及我国文化，近年来以中国文化史为研究对象的成果增多。本年度美、以、日等国的学者至少出版了10本新著，内容涉及我国的日常生活、社会组织、思想文化以及对外的文化交流，具体包括饮食、医疗、语言、城市结构、佛教信仰、正统观念等事象。

从物质生活来看，中国的饮食生活一向是海外汉学的研究焦点。近年来各国对辣椒文化的研究别具一格。继去年我国学者曹雨出版《中国食辣史：辣椒在中国的四百年》以后，美国学者达白安（Brian R. Dott）《中国辣椒：文化史》（*The Chile Pepper in China：A Cultural Biography*）（Columbia University Press）采用史料、小说和民间传说，追踪辣椒在16世纪从美洲传入中国以后在烹饪、医学、语言和文化认同方面的功能，详细描述了辣椒的多功能性如何使其成为各地方菜的必要成分，以及它如何对精英和大众医疗产生了影响。英国学者斯图尔特·沃尔顿（Stuart Walton）《魔鬼的晚餐：改变世界的辣椒和辣椒文化》（艾栗斯译，社会科学文献出版社）在今年被译至我国，讲述辣味本是辣椒进化出的天然防御方式，它却吸引了全世界的厨师和受虐狂，使辣椒从拉丁美洲散布到世界各地。

在饮食等日常生活元素以外，中国的社会组织形态及相关的制度观念显然更受海外学者的关注。日本学者冈村秀典《中国文明：农业与礼制的考古学》（陈馨译，上海古籍出版社）依托考古材料，探寻公元前3000年以来中国农业和礼制发展趋势，并对各时代的陶器造型与功能、丧葬习俗等事象作出细节剖析。日本学者伊原弘《宋代中国都市的形态与构造》（宋代中国都市の形態と構造）（勉诚出版）通过地图和画像解析了宋代南京、开封、泉州等重要城市的形态变迁，展现当时的都市社会景观。美国学者戚安道（Andrew Chittick）《中国与世界史上的建康帝国》（*The Jiankang Empire in Chinese and World History*）（Oxford University Press）对南朝建康帝国进行了全面的重新评估，包括建康帝国的政治文化、军事战略、制度文化和政治经济，展示了它与中原帝国的不同之处以及与东南亚政权的相似性。作者认为建康君主运用三种不同的政治合法化手段（白话、大汉族主义和佛教），而中国化的政治合法化在6世纪基本上消失了，使得这个政权更像是邻近的南海国家。该书重新定位我们对中世纪东亚文化适应和民族认同的认识，对唐宋过渡时期给予新的评价，并为与东南亚和欧洲中世纪历史的比较提供了新的途径。日籍华人王柯《从"天下"国家到民族国家：历史中国的认知与实践》（上海人民出版社）以政治学角度思考历代民族与国家统治制度的互动关系，梳理了中国多民族统一国家的历史脉络、中国多民族统一国家思想在各个时代的发展演变。作者将中国的多民族统一国家思想的根源追溯到中国人对世界的原初认识以及人类与自然之间建立的契约关系，为了遵守这种契约关系，人与人之间、个人—共同体—社会—国家四者之间、文化与政治之间、权威与权力之间、民族属性与文化属性之间产生相应的关系。

在文化史的研究视角方面，以色列学者尤锐（Yuri Pines）《周史出土：清华简"系年"与中国早期史学》（*Zhou History Unearthed: The Bamboo Manuscript Xinian and Early Chinese Historiography*）（Columbia University Press）认为清华简"系年"等文献挑战了现有周代史料的相关解释，并据此解读周代的历史写作和历史事件。尤锐另与台湾学者李惠仪（Wai-yee Li）合著《中国文化关键词》（*Keywords in Chinese Culture*）（The Chinese University of Hong Kong Press），认为中国历史上的新观念、新方法往往意味着对重要词语的重新解读；断裂、延续、拐点等与特定词语的语言史密不可分。该书从不同的学科和时间角度分析了中国历史文化的一些关键词，侧重点从战国时期（公元前453—前221年）的哲学和历史文本到帝国晚期（16—18世纪）的文学和哲学，对各词的语义丰富性、发展轨迹以及在中国文化中的独特用法进行了综合研究。

以上海外原著尚有待于译入国内以飨读者，但学界早已意识到海外汉学的重要性，在今年出版了至少32本国外文化史译著。原作者大多来自美、加等美洲国家，其次是英、德、法等欧洲国家，日、韩等东亚国家亦有所见，这侧面体现世界学术交流的日益繁荣。在目前统计的32本海外译著中，有7本涉及艺术形态，4本涉及思想观念，3本涉及文化交流，3本涉及社会制度，2本关注文化比较，1本涉及物质生产，这说明过去西方对我国的文化史研究主要偏重于精神层面。美国学者鲁大维《神武军容耀天威：明代皇室的尚武活动》（杨柳青、康海源译，社会科学文献出版社）认为明朝军事大典同时包含了许多不同的意义和功能，它既是一种消遣方式、运动爱好和军事训练，也是一种政治符号、宫廷典制。在信息科技尚未发达的条件下，皇帝通过塑造军事大典壮观场面来与外界接轨，并利用文臣诗赋的平台来传播圣君形象。但明中后期随着政治文化变迁，知识分子愈发排斥大规模的军事大典，将其描述为虚伪无益之举，此后军事大典难再发挥展现皇帝魅力和彰显王朝军事力量的功能。加拿大学者王贞平《多极亚洲中的唐朝》（贾永会译，上海文化出版社）展现唐在"多极"亚洲中与突厥、回鹘、朝鲜、南诏、吐蕃等周边政权的互利相存关系，并对唐朝对外关系的中央与地方双重管理体系以及"德""义"在对外政策思想中的作用给予精辟诠释。德国学者顾有信《中国逻辑的发现》（陈志伟译，江苏人民出版社）考察逻辑学在中国的发展源流，揭示它对汉语言创造新概念的影响。韩国学者朴汉济《大唐帝国的遗产：胡汉统合及多民族国家的形成》（郭利安译，八旗文化）提出唐朝并非纯粹的汉人王朝，而是"胡汉统合"的多民族政权。美国教授奥雷莉亚·坎贝尔（Aurelia Campbell）《何为帝王所筑：明初建筑与帝国》（*What the Emperor Built: Architecture and Empire in the Early Ming*）（University of Washington Press）以北京紫禁城、武当山道教建筑群和汉藏边境的佛寺为中心，展示了这些建筑如何帮助永乐皇帝达到权力合法化。相对来看，欧美汉学家擅于采取西方的思维方式和论述手法进行文化史分析，而东亚汉学家则在理性品评之余加入情感判断。

在海外汉学勃兴的背景下，我国学者积极与海外汉学家接洽访谈。本年度的《国际汉学》秉承往年传统，发表了数篇相关文章，其中卞建华《汉学与翻译学研究的互促与并进——美国汉学家艾朗诺访谈录》（《国际汉学》第3期）与魏泓《中国早期历史在西方的接受与研究——加州大学伯克利分校戴梅可教授访谈录》（《国际汉学》第2期）对于文化史的研究有所启示。

总结

　　本年度文化史研究在学科交流上中西融贯，在传统论题的基础上细炼出新，整体可概括为学科反思、海外汉学及其译介、礼俗文化史、绘画艺术史、医疗文化史、女性生活史、"一带一路"及大运河等几大关键词。首先，新、旧文化史学在特殊性之余犹有兼容性，此两者在分行二十年后渐显出合作趋向。基于进步史观揭示历史事实的因果关系及其价值意义，面向人民大众以求致用，汲取西方经验并提炼本土特色将成为文化史发展的前进方向。其次，在具体研究中，文化史学科借鉴吸纳其他相关学科，打通学术壁垒，拓展问题视域。医疗文化史随今年情势而异军突起，其中的药物经验和应对手段为现实中的抗疫措施带来帮助。"一带一路"及大运河研究符合构建人类命运共同体的使命，有利于加强国家间的包容共享。礼俗文化史、女性生活史、绘画艺术史等成果加强了对中华民族传统文化的认知，为文化自信提供进一步的保障。但各个门类的海外新著尚有待于翻译，以便在全球化的潮流下增强交流研讨。文化史研究室近年来致力于"形象史学方法论"的构建，旨在打破王国维二重证据法（传统文献、出土文献的文本叙事），各家三重证据法（文本、口传与身体叙事），叶舒宪四重证据法（文本、口传、身体、图像和实物叙事）等方法的学科窒碍，综合运用形象叙事与文字叙事这两种文献资料，对形象的生产领域、传播途径、社会功能等进行综合性的分析，通过具体性和系统性的研究切实推进对中国古代传统文化的新思考和新阐释。这一学术追求超越了传统精英文化史学的范畴，具有一定的包容性与拓展性，既顺应也推动着当今文化史学科的整体发展走向。此外，今年本研究室的数名研究员对茶文化进行了深入剖析，内容涉及茶艺、茶道、茶器、茶画等各个层面，关于茶诗、茶联、茶乐等项目的团队研究也将在明年进一步开展。

古代社会史研究综述

邱源媛

2020年，新冠肺炎疫情冲击全球，面对巨大的全球危机，国内史学界迅速做出学术反应，社会史视野下的瘟疫史、灾害史、医疗史、生命史等成为热点领域。大量学术笔谈、对话、采访、论文出现在新媒体、报纸、期刊上，学者们从不同视角，对这场全球性灾害事件进行了讨论与反思，希望能以史为鉴，为防疫抗灾工作贡献绵薄之力，体现出历史学研究的资治作用和现实意义。同时，本年度在社会经济史、区域史等领域以及社会史史料的整理和利用方面有着突出的进展，成为今年社会史研究中颇受关注、值得深思的方向。本文在回顾年度研究成果的基础上，重点对这些问题展开讨论。

一、研究动态与热点

医疗史：瘟疫、医疗与生命。疫情最初阶段，新媒体最为迅速而集中地展现历史学者的社会责任心。1月23日，武汉封城，1月24日，澎湃新闻专访了南开大学的医疗史学者余新忠教授（https：//www.thepaper.cn/newsDetail_forward_5598558，2020年1月24日）。余新忠教授长期致力于医疗社会文化史研究，出版有《清代江南的瘟疫与社会》《清代卫生防疫机制及其近代演变》等专著，译有《瘟疫与人》（威廉·麦克尼尔著）等作品。专访中，余教授介绍了他对清代江南瘟疫、近代卫生防疫机制的研究，探讨了"卫生"作为一种文化观念的变迁、作为一种现代性的复杂面向，以及作为一种权力的省思。同时针对2020年春节前后爆发的武汉新型冠状病毒肺炎、2003年爆发的SARS、20世纪80年代艾滋病等疾病的出现如何改变人们的卫生防疫观念，缓和紧绷的医患关系能否从医疗社会史中寻求启示等现实问题分享了观点。1月23日武汉封城，到4月8日解封，在78天的时间内，澎湃私家历史一共刊载了58篇关于瘟疫、医疗、生命的文章，有访谈、随笔、对话、论文等形式，尤其是二三月份，疫情严重时期，几乎是每天一篇相关文章：1月29日，复旦大学历史学系高晞《世界历史上的疫情与应对》；2月6日上海师范大学康昊《黑船与传染病：德川幕府末期的霍乱大爆发》；2月6日，中山大学历史学系（珠海）杜丽红《清末营口的卫生行政：传统与现代医学的复杂因应》；2月10日，浙江大学历史系姬凌辉《遮断交通：1917—1918年的鼠疫防治》；2月27日，上海师范大学世界史系李文硕《疾疫围城：1853年美国新奥尔良黄热病大爆发》；2月29日，日本学者饭岛涉著，朴彦、余新忠、姜滨译《民国初年政府的公共卫生制度是如何建立的？》等，58篇文章围绕着疾病控制、行政管理、公共卫生制度、社会应对机制等问题，应时而生，将历史与现实紧密地联系在一起。

由于传播方式的不同，传统学术载体虽略微滞后于新媒体，在2月中旬也迅速展开多种线上活动。中国社会科学院古代史研究所《中国史研究动态》编辑部，在疫情严重的2月份，线上采访了数位学者，回顾中国古代的瘟疫和灾害治理情况，总结其中可资借鉴的经验，汲取相关的教训，来自古代史研究所陈时龙、雷博、牛来颖、吴四伍、邱源媛、王泽文等就中国历史上不同的阶段，古代国家治理体系是如何应对灾疫的，从中可以汲取哪些经验和教训，如何更新我们研究古代灾疫的视角与思路发表了意见，采访稿《中国古代的瘟疫和灾害治理——相关学者访谈录》发表于《中国史研究动态》2020年第3期。此后，《中国史研究动态》编辑部又邀约组稿笔谈"灾疫视角下的古代国家治理与应对"，在第5期刊发卜风贤《疫灾治理的历史使命与家国情怀：以国家史为视角》、余新忠《中国传统疫病应对成效探略》、赵现海《瘟疫史研究的科学、区域与观念视角——以明末鼠疫为例》等文。同一时期，《历史研究》编辑部邀请宋镇豪、焦润明、李华成等学者组稿笔谈《国家治理视域下的疾疫与医疗》，于第2期刊发宋镇豪《商代的疫病认知与防控》、焦润明《庚戌鼠疫应对与中国近代防疫体系初建》、李华成《14世纪西欧黑死病疫情防控中的知识、机制与社会》等文。流行性传染病（瘟疫）的防控和治疗，是世界各国都必须面对的重要问题，全面反映一国政府的治理能力。新型冠状病毒肺炎疫情引发的全球性公共卫生危机，既是对当代世界各国政府治理能力的一次大考，也是人类需要共同面对的一次前所未有的挑战。众多学者的数次笔谈以期从学术的角度，为当今防疫抗灾工作贡献绵薄之力，体现历史学研究的资治作用和现实意义。在关注疫情、反思疾病之下诸多社会问题的讨论中，学者们更加关注生命。《历史教学》第18期刊出了南开大学冯尔康等学者关于"生命史学"的一组深度笔谈，包括冯尔康《从群体史、生活史到生命史的研究（提纲）》、余新忠《瘟疫认知与生命史学》、闫爱民《瘟疫、群体、生活与生命史》，在整个人类生态环境史、医疗社会史背景下对生命本身进行更有益的思考。

此外，陈昊《疾之成殇——秦宋之间的疾病名义与历史叙事中的存在》（上海古籍出版社）一书共十章，三个部分，其一讨论秦汉到中古的身体书写；其二讨论汉唐之间墓葬文书与隋唐长安的疾病书写；其三讨论墓志所见的晚唐饥馑与疾病。该书涉及的材料由简帛、墓志、镇墓文、衣物疏、医学文献到发病书，从时段上跨越整个中古，从内容上交叉涉入了疾病史、医疗史、身体史与政治史。余新忠《中国历代疫病应对的特征与内在逻辑探略》（《华中师范大学学报》第3期）、杜丽红《清末东北防疫中的"财"与"政"》（《近代史研究》第6期）、行龙《个体灾害史：中国灾害史研究中的重要视角——从刘大鹏〈退想斋日记〉说起》（《河北学刊》第5期）等文章，对疫情时期国家的制度化控制、地方财政与中央的关系、个体灾害等方面的论述值得重视。

土地、市场与社会经济。20世纪80年代，傅衣凌、梁方仲等老一辈学者传承下来的社会经济史研究脉络，在社会史复兴的过程中起到了很重要的作用，直到现在社会经济史一直是社会史领域的重要方向，学者辈出，成果众多。关于中国土地所有制、土地制度以及相关问题的讨论，在"五朵金花"时代曾经是史学界最为集中的焦点问题之一，达到了学术界论争的高峰。80年代之后，随着史学界关注点的转变，相关研究曾经有一段沉寂。沉寂并不是无所作为，而恰恰是一种学术积累。近十几年来，学者们对于"旧"问题有了新的认识与理解，土地制度问题又逐渐成为学界热点。《中国社会科学》2020年第1期以"唯物史观视阈下的中国古代土地制度变迁"为题，组稿专栏论文，包括臧知非《战国秦汉土地国有制形成与演变的几点思考》，周国林《魏晋南北朝时期土地制度演变的轨迹》，耿元骊《隋唐土地制度变迁与时代分期》，李华瑞《宋代的土地政策与抑制"兼并"》，赵思远、刘志伟《在户籍赋税制度与地权市场运作中认识明清土地制度》等。生产资料所有制是社会生产关系的基础，土地是最重要的生产资料，深入剖析研究历史上的土地制度，是理解历史、认识历史、阐释历史的基础，更是理解、认识、阐释文化血脉、文明基因、制度体系，增强文化自信的基础。因此，它始终是中国马克思主义史学的优秀传统与鲜明特征。中国马克思主义史学诞生之后，特别是新中国成立以来，以对封建土地所有制形式问题的探讨为核心，中国古代土地制度研究成果丰硕，成就巨大，在国际史学界独树一帜，广受关注，允称中国风格、气派与气象。改革开放以来，随着新材料的发现和出土资料的增加，加之跨学科方法的运用以及视野的拓展等，史学界对于中国古代土地制度的认识愈加细腻与深入。在中国特色社会主义进入新时代的背景下，怎样在传承中国马克思主义史学优秀传统的基础上作出与新时代相匹配的创新性成就，进而为科学地揭示中国历史发展道路、中国历史发展规律奠定坚实的基础，从"历史的深处"去深刻理解习近平总书记关于"历史决定了我们"等重要论述，推进历史学方面的学术体系建设，深入探讨中国古代土地制度演变与国家治理、社会发展的密切关系，应是一个不可缺席的选项。专栏里的文章在继承、总结、分析以往研究成果的基础上，深入探讨了自战国至明清与土地制度变迁密切相关的主要问题，从土地所有制的性质、形式，户籍赋税、土地政策、土地法规与土地制度的关系，土地市场的运作实践等方面，阐释了中国古代土地制度演变的实质、特点与规律，反映了新时期中国古代土地制度研究的新成果及趋向，代表了新时代相关研究的水平。这是继史学界"五朵金花"问题讨论之后，又一次集中性地讨论中国古代土地制度问题。期待这组文章能够起一个示范作用，在守正创新的原则下，对建设中国特色社会主义新时代的中国马克思主义史学有所助益。

近年来，以中山大学刘志伟为代表的一群经济史学者提出"贡赋经济体制"，揭示出嵌入王朝贡赋体制之内的市场机制。他们思考的方向，并不仅仅是认识到市场经济的局限性，强调财政、国家权力以及社会制度和文化因素对经济运行和发展的影响，而是思考从"经济的"实质意义的经验事实中，建立起一种分析非市场体制的经济理论模型，即贡赋体制下的市场运作模式和"食货"体系中的市场机制问题。盐业经济典型地体现了古代中国贡赋体制"食—货"一体的性质，体现了王朝的财赋国用与市场流通之间不可分离的关系。从食盐生产、流通与消费环节中获取资源是历代王朝国家立国的经济基础，食盐流通也自然成为最早生长出市场交换关系以及市场机制成长的场域。盐史的研究可以深化我们关于中国王朝贡赋体制的理论解说的认识。《中山大学学报》第5期组织的专栏包括刘志伟《贡赋经济体制研究专栏解说》、叶锦花《财政、市场与明中叶福建食盐生产管理》、李晓龙《市场流动与盐政运作：明代两广盐业布局的重构过程研究》、徐靖捷《从"计丁办课"到"课从荡出"——明代淮南盐场海岸线东迁与灶课制度的演变》、陈锋《清代食盐运销的成本、利润及相关问题》等论文。中山大学明清经济史研究团队将盐政作为主要的研究领域之一，耕耘了三十余年。团队的一群年轻学者在"问题意识""微观材料""宏观视野"等方面，走出了引领新方向的研究路径，取得了许多重要进展。该辑发表的四篇论文，有三篇（叶锦花、李晓龙、徐靖捷）是团队从不同角度分别对明代中期以后不同盐区研究的成果。叶锦花的论文直接将福建盐业体系拉出单纯财政观点的视角，揭示了明中叶福建生产管理方面的制度变迁，是政府从对抗食盐市场到顺从市场调节机制的结果。文章精彩地展现了在对抗市场趋势的努力失败后，福建运司如何配合明中期全社会的市场化走向，改变生产管理策略，放开食盐生产环节的管控；同时在财政需要推动下，将原来的场外盐生产纳入盐政体系，增加盐课课入。李晓龙的论文考察了明代两广盐业生产的地理空间此消彼长的过程，揭示了这个过程中所发生变化的市场动力机制，并从两广盐政运作的宏观高度，对其进行了精妙的解释，说明在以往被认为由政府依据财政需要设定生产格局和贸易规定，与市场格格不入的食盐流通，其实也深受市场机制的作用。徐靖捷的论文将两淮盐场从"计丁办课"到"课从荡出"的转变，置于盐场地理变迁的视角，通过对作为灶户差役的盐课向盐场荡地税收转变的分析，讨论了明代盐法的制度框架与盐商经营的市场动力之间的互动机制，对两淮盐场基本制度的演变提出了富有理论挑战的认识。陈锋教授是多年研究清代盐政的大家，他从清代食盐运销的成本、利润及相关问题着眼，展示了在盐政中财政机制与市场机制的辩证关系。从他根据大量史料作出的分析中，我们看到食盐市场中的成本概念含义、价格机制和盐商经营利润率的形成，都体现出食盐流通中市场与财政机制如何相互影响，为我们从盐业经济领域建立关于贡赋经济体制的认识，提供了很好的实证性研究基础。

　　台湾"中研院"近代史所赖惠敏《满大人的荷包——清代喀尔喀蒙古的官与商》（中华书局）、华东师范大学周健《维正之供：清代田赋与国家财政（1730—1911）》（北京师范大学出版社）是本年度出版的重要研究论著。《满大人的荷包》一书探讨喀尔喀蒙古的库伦、恰克图、乌里雅苏台、科布多的商业，重点在于关注清朝如何针对蒙古这一特殊地方与族群实施统治。在喀尔喀蒙古任职的官员几乎都是满洲人，清朝统治喀尔喀蒙古花费相当少的经费，却能有效地、稳定地治理一百多年，离不开商人的协助，得益于商人势力的介入。作者认为商人对于协助清王朝统治喀尔喀蒙古，有着天时、地利、人和三方面的优势。天时优势，指清朝与准噶尔长期征战，耗费数千万两白银的战争经费，为大批商人进入该地区进行商业活动提供了机会。地利之便，对喀尔喀蒙古来说，清朝设置台站不仅是政治、军事的作用，也促使商贸活动更为便捷、安全，同时商民（以汉人为主）在沿途开垦土地，不用缴纳田赋，从未清丈，在农业上获益难以估计。人和因素，在喀尔喀蒙古的诸多事务中，商人一直是朝廷倚重的对象，政府让商人按行业组织起来的主要理由就是配合清廷或任何衙门获取、掌控各种物资的需要，为清廷协运军需，垫付开支，服从管理并缴纳种种规费等。与清代其他地区不同，喀尔喀蒙古地处边陲，政商关系呈现非常融洽的状况。中国社会科学院毕奥南在《评〈满大人的荷包〉边吏钱袋与商贸关系的透视》中说该书"以喀尔喀蒙古的恰克图、库伦、乌里雅苏台、科布多四地官衙与商业为考察对象，对四地官衙组织及财政开支有抽丝剥茧般分析；对四地商业组织、经营方式及效益、与蒙旗社会关系、政商关系互动等问题的探讨，似镜湖投石激泛涟漪，予人诸多启发，并促使我们重新审视相关研究"（https：//www. thepaper. cn/newsDetail_ forward_ 10302673）。《维正之供：清代田赋与国家财政（1730—1911）》指出，田赋是清朝的"维正之供"，关系国计民生甚巨，它长期占国家财政收入的70%以上，也是民众最主要的赋税负担。田赋联系着皇帝、官僚、缙绅与小民，以其为切入点，可以观察到国家、社会的运转方式及其相互关系。清朝以"永不加赋"为祖训，雍乾之际"耗羡归公"后，田赋正额的规模相对固定。在中央集权的财政管理体制下，地方官吏从田赋等税收中建立起额外收支体系，以应对18世纪中期以降日益显著的额定经费缺口。咸同年间的一系列财政合理化改革，也未能改变这一基本结构。田赋制度运作中的两重性（额定、额外收支并存），与高度中央集权之下的分散性（表现为"包征包解"模式），成为清代财政管理之常态，对于当日之吏治民生与国家治理产生重要而深远之影响。该书依据大量的清代档案、政书、文集与方志，贯通"古代"与"近代"，结合制度、人物与史事，对清代田赋制度、政府财政与国家治理问题进行坚实的讨论。

族谱、宗族与地方社会。本年度关于族谱、宗族等问题的研究，依然是社会史领域的热点话题。近年来，北方宗族研究引发学术界关注。南开大学常建华《明清北方宗族的新探索（2015—2019年）》（《安徽史学》第5期）梳理总结了2015—2019年的相关研究，认为明清北方宗族研究异军突起，山西、山东的研究形成热点，京畿河北地区的研究别开生面，改变了以往南强北弱的研究局面。以往宗族研究重视功能与结构、制度与世系的思路，近来的趋势是从功能向结构、从制度向世系的变化，并出现了一些值得注意的成果，如钱杭、任雅倩等学者对山西、山东有关宗族门、房与宗族结构的研究，邱源媛、金晙永等学者对清代满族认同与地域结构的探讨，可以在同南方宗族的比较研究中得到新的认识。在族谱、家谱研究中，张舰戈《徽州普通家族的谱系构建——歙县刻工家族虬川黄氏族谱编纂考》（《安徽大学学报》第4期）以歙县刻工家族虬川黄氏族谱编纂为题，考察了徽州普通家族的谱系构建。邱源媛《家训与家谱：中国古代家风塑造中的文本传承》（《中国社会科学报》11月13日）认为中国古代家风的塑造途径是多样的，除了亲子间的耳提面命与言传身教之外，还有以文字形式表达的教诲和训诫，家训与家谱是中国古代家风传承中的重要文本载体。利用族谱、家谱建构家族历史是学者们解构家谱的主要面向，黄敬斌《清代秀水葛氏的族谱编纂与宗族构建——上海图书馆藏稿本〈稚川族谱〉研究》（《复旦学报》第4期），张俊峰、张瑜《结构与建构：沁河流域的宗族实践——以山西阳城县张氏家谱为中心》（《宗教学研究》第1期），分别以嘉兴《稚川族谱》、山西阳城县张氏家谱为中心探讨了家族的建构与攀附行为。此外，非汉族地区的家谱研究值得学界关注，龙泽江《苗族土司家谱〈龙氏家乘迪光录〉概说》（《原生态民族文化学刊》第5期）、杨春君《圣谕入苗疆：清代以来清水江地区家谱编修中的圣谕及其运用》（《原生态民族文化学刊》第3期）、汪受宽《永登鲁土司家谱的研究与整理》（《社科纵横》第3期）、代维《祖先记忆与国家认同：明清河湟土司家谱研究》（《西北民族大学学报》第6期），从不同角度，通过具体的族谱文献资料，展现了"国"（王朝国家）和"家"（家谱）相互建构的过程，有利于重新理解国家与地方的关系。

民众、日常及其他。社会生活史一直是近年社会史研究的重要增长点，本年度陆续推出了多部优秀成果，涉及儿童、女性、日常生活的广泛领域和诸多方面，生活史研究的蓬勃开展在相当程度上拓宽了研究的广度,增加了研究的深度。王子今《插图秦汉儿童史》(未来出版社)是一部秦汉史、秦汉生活史、秦汉儿童史的最新学术成果,研究和通俗兼具。作者精心谋篇布局,分为《叙说:秦汉史与秦汉儿童史》《"宜子孙"理想》《"婴儿""婴女"命运》《儿戏:游艺生活》《蒙学》《儿童劳动和劳动儿童》《社会犯罪、社会灾难、社会动荡与受害儿童》《社会上层儿童生活》《"小子军"与少年吏》《民间意识中的"小儿鬼"》《神异的"童男女"》以及《代结语:秦汉社会的"童心"观察》12个部分,内容广泛而丰富,较为全面、立体、细致、生动地描绘了秦汉时期的儿童生活,是一幅以秦汉儿童生活为主题的精美画卷。张伟然《女性与亲情文化:基于湘东南"讨鼓旗"的研究》(北京师范大学出版社)是2020年年底推出的一部作品。该书基于作者及其亲族长辈的亲身经验、经历,结合地方文献,探讨了较广泛地存在于湘东南一带的"讨鼓旗"习俗,分析其形成的历史人类学逻辑,并延伸探讨湘东南一带迥异于北方民歌《小白菜》流传地域(黄河中下游平原)的女性对于不同类型子女(丈夫与前妻所生子女、本人与前夫所生子女)的亲情差异,在此基础上,结合历史人类学与历史文化地理理念,提出"亲情的地域类型"学术概念。常建华长期以来在推进社会生活史研究方面做了很多工作,本年度发表了专业论文《生活与制度:清中叶东北奉天地区的移民与日常生活》(《河北学刊》2019年第6期、2020年第1期),以东北的移民群体为考察对象,利用清嘉庆朝刑科题本档案,讨论了移民社会的日常生活与各层级制度之间的关系。同时,常建华还在《北京日报》发表《在具象而个性的日常生活中发现历史——社会生活史:建立以人为中心的历史学》(《北京日报》12月7日)一文,呼吁重视社会生活史的研究,建立以人为中心的历史学,并在《河北师范大学学报》(第4期)上组织"日常生活史研究"专题,收入吴晓璐《女性、家庭与国家:战时重庆女性日常生活中的生育与妇产医疗》、王书吟《哺育的现代化:近代上海奶妈群体与市政公共卫生管理的历史考察》、张雨《明代老年人的休闲生活》、周子峰《第二次世界大战后香港华人殡葬文化的演变(1945—2018年)》四篇论文,从不同角度展示了不同年代和地域的普通中国人在生命进程中所走过的日常生活道路。邱源媛主要关注了华北地区的旗人群体与旗人社会研究,本年度发表《清代旗民分治下的民众应对》(《历史研究》第6期)一文。该文指出,清代实行旗民分治政策,旗人不隶州县,不入民籍,由八旗系统单独管理。在制度和法律层面,"旗"与"民"是清代社会人群的基本分野,然而民众的实际生活从来不是如此泾渭分明。在直隶地区为数众多的投充人群当中,"舍民称旗"或"讳旗称民"的现象普遍存在。同一家族甚至同一家庭内部,家族成员既有民籍又有旗籍的现象并非个案,某些成员甚至不断变换"旗""民"身份,游弋于八旗系统与府州县系统之间。看似森严的制度与法律存在模糊地带,诸多政策漏洞为投机者提供了空间,或由"民"入"旗"以谋取土地利益,或由"旗"入"民"以获得仕进之资,呈现旗民间的双向流动。深入考察清代错综复杂的旗民籍属、关注二元制度共存的交错地带,有助于矫正以往"旗""民"对立模式的片面理解,更清晰地认识清代旗民分治下族群关系、基层社会及民众生活的复杂性和多样性。

二、社会史史料的整理与利用

民间文书、官方档案。民间文书、档案史料的搜集、整理工作是推动社会史发展的重要动力。在持续重视徽州文书、黑水城文书、福建契约文书、浙江石仓文书、《巴县档案》、《淡新档案》、《宝坻档案》、《龙泉档案》、《南部档案》等传统文书之外，贵州清水江文书整理出版成为近年来学术界新的焦点。清水江文书又称"清水江民间契约文书"，是中国贵州清水江流域少数民族地区珍贵的民族民间文献遗产，主要指明末以来直至20世纪50年代共约400年的历史长河中，贵州清水江中下游地区苗族、侗族林农为了经营混林农业并与木商贸易而形成的大量民间契约和交易记录。2020年12月12日，《贵州清水江文书·黎平文书》发行仪式在凯里学院举行。目前整理并大型影印的清水江丛书主要有张应强、王宗勋主编《清水江文书》第1—3辑，张新民主编《天柱文书》第1辑，李斌主编《贵州清水江文书·黎平文书》第1—3辑，贵州省档案馆等编《贵州清水江文书·黎平卷》第1—3辑、《贵州清水江文书·三穗卷》第1—2辑、《贵州清水江文书·剑河卷》第1辑、《贵州清水江文书·天柱卷》第1—2辑、《贵州清水江文书·岑巩卷》第1辑、《贵州清水江文书·锦屏卷》第1辑，谭洪沛主编《九寨侗族锦屏文书辑存》等，是贵州清水江地区苗族、侗族、汉族等民族数百年以来的生产、生活实物见证和历史真实记录，是人们不断调整和分配资源、财产的法权表达，是文献学、历史学、民族学、人类学、法学、经济学、生态学等学科研究的珍贵历史文献。目前已出版的清水江文书，选录了1949年以前保存完好、内容完整、文献价值高的文书，包括田、土、山坡、地基、房屋、林木买卖等契约，以及税单、账单、礼单、诉状、书信、证书等，均来自清水江流域各个乡镇侗族、苗族家庭的私家珍藏，是研究西南少数民族地区社会经济发展史的重要史料之一。

官方档案整理方面，2020年，中国第一历史档案馆开放馆藏军机处录副专题档案29471件，开放宗人府档案202288件。清代档案是清王朝中央、地方的各种机构在处理日常公务活动中形成的文书、图籍、档册等，包括清宫内阁大库、国史馆大库、方略馆大库及宫中各处庋藏的大内档案，以及其他中央机构和地方机构的档案。中国第一历史档案馆是目前全国最为集中、数量最大的清代官方以及皇家档案收藏单位。该馆保存清代历史档案共1200余万件（册），其中完好、比较完好，能够供社会利用的1000余万件（册），残破、严重残破，暂无法利用的200余万件（册）。在能够利用的1000余万件档案中，汉文档案有800余万件（册），满文档案200余万件（册），另有蒙文档案5万多件（册），还有少量藏文、维吾尔文、托忒文等少数民族文字及英、日、俄、德、法等外国文字的档案，档案时间从清入关前之天命前九年（1607）至宣统三年，另有溥仪退位后1912年至1924年出宫前以及其在天津、东北时的档案。与全国地方各级档案馆、图书馆所存清朝档案比，中国第一历史档案馆所藏档案的特点，一是绝大部分档案是清朝中央国家机关的官文书和清朝皇家的档案，只有极少部分是地方政权机关和个别重要人物的全宗档案。二是档案内容，涵盖了有清一代国家政治、经济、军事、文化、民族、宗教、天文、地理、外交事务、重大历史事件、重要典章制度、重要历史人物等各个方面。截至2020年年底，中国第一历史档案馆共开放内阁全宗档案题本、满文题本共 160 万余件,军机处录副及档簿档案 80 万余件,宫中朱批 59 万余件,内务府奏案,呈稿及来文共 64 万余件,宗人府档案 48 万余件,宪政编查馆共约 3000件,修订法律馆 152 件,京师高等审判厅档案 2692 件,刑法部 15 万余件,民政部 4 万余件,另外开放专题档案 22 万余件,以及满文朱批、实录全文数据库 14 万余件,共开放档案近 470 万件。

　　文书和档案等史料的大批量整理,有力推动了相关领域的研究工作。清水江文书的整理出版带动一大批关于贵州乃至西南区域史的研究(详见下文区域史研究),中国第一历史档案馆的官方档案公布,则为清代政治、制度、法律等多个领域的学者带来福音,社会史学者对此批档案也相当重视,如常建华《清乾嘉时期的安徽地方社会职役——以刑科题本为基本资料》(《徽学》第十二辑)、谢晓辉《清代湘西改土归流州县法律安排与司法实践》(《广西民族大学学报》第 4 期)、胡英泽《清代山陕滩案中的征租问题研究》(《清史研究》第 6 期)、邱源媛《清代旗民分治下的民众应对》(《历史研究》第 6 期)等,均是利用刑科题本、内务府来文、内务府呈稿、朱批奏折等新推出档案做出的成果,引起学术界较好的反响。

　　非文献史料的利用:口述史研究。相对于文字类史料而言,非文字化的口述史研究是社会史领域的另一个焦点。由定宜庄主编的"北京口述历史系列",自 2012 年北京出版集团推出,目前共出版了 3 辑 14 部以北京城市史为主题的口述史研究专著,在国内外学术界产生了相当大的影响,在社会史、城市史、口述史等研究中独树一帜。"北京口述历史系列"第一辑五种,2014 年出版,定宜庄、张海燕、邢新欣《个人叙述中的同仁堂历史》,定宜庄、阮丹青、杨原《宣武区消失之前》,邱源媛《找寻京郊旗人社会》,杨原《诗书继世长——叶赫颜扎氏家族口述历史》,胡懋仁《学院路上》。第二辑五种,2017 年出版,定宜庄《八旗子弟的世界》《城墙之外》《府门儿·宅门儿》《胡同里的姑奶奶》《生在城南》。第三辑四种,2020 年出版,定宜庄、苏柏玉《"文物人"与"人文物":常人春常寿春兄弟口述》,张龙翔《八十年来翰墨缘:米景扬口述》,杨原《变迁中的北京"勤行":陈连生口述》,宝贵敏《行走京城草原间:在京蒙古人口述》。作者们尝试从不同的视角解读北京历史文化,展现了团队对北京历史文化多元立体的理解,以及在口述史研究范式上的不断尝试。在北京百年近现代史中,个人与社会、家族与族群、地方与中央、区域与整体,这些关系是如何相辅相成,这些不断相互作用的力量,在接踵而来的外力冲击下,带给北京城以及城中的每一个人迂回曲折的历程。"北京口述历史"中由这些访谈者与口述者合作书写的历史,已不能简单地被视为"民间记忆",它们与各类档案文献,共同构成北京城市的"集体记忆",成为北京近现代史不可抹去的一部分。

三、区域社会史研究新发展

　　近年来,区域史研究成为学者们试图加深理解国家历史乃至全球历史的重要研究取向之一。学者们超越王朝国家的框架,从区域的脉络解释中国历史结构,丰富并发展了国家视角下的历史叙述。在强调将地方作为研究主体的同时,区域史研究也要避免另一个误区,即碎片化。任何区域研究都需要将地方置放在更为宏观的视角之下，国家即是不能忽视的一个层面。在全球绝大部分地区，推动大历史发展的主体力量，毫无疑问是国家，国家视角依然是史学研究中最为重要的视角之一，也是史学研究避免碎片化的坚实基点。区域史不等于地方史，区域研究也并非地方研究，区域本身即是一个整体，不同的区域被视作"中国原理"的一个个切面，"我们看到中国不同的区域，社会和文化千差万别……正是这些在不同时空的千差万别的'正统'和'标准'，构成了中国的大一统"（刘志伟《在历史中寻找中国：关于区域史研究认识论的对话》，东方出版中心，2016年版）。2020年度区域史研究成果众多，下文重点介绍近年来影响较大的两个热点问题：西南区域史研究、南北区域史对话。

西南区域史研究。随着清水江文书的发掘、整理、出版，清水江流域的研究异军突起，带动了贵州西南、湖南西部、广西，乃至整个西南区域史研究的热潮，涌现一批优秀的中青年学者，有贵州凯里学院的李斌、吴才茂、谢景连，中山大学的张应强、温春来、谢晓辉、任建敏，暨南大学黄忠鑫，中国社会科学院卢树鑫，香港中文大学石颖，云南大学张强，等等，涉及社会史、经济史、民族学、人类学等多个领域。在推出高水平研究论著的同时，他们还有意识搭建多种平台，注重相互之间的对话和交流。区域民间文书的大量出现让学者从新的视角思考西南地区，从传统的改土归流开始关注贸易流动、明清王朝对西南地区的资源开发，林木、铜、铝、铅等山地资源如何逐步进入王朝市场化的贸易体系中，一系列资源整合的过程也是明清王朝统治逐步深入西南的过程。张强《清代清水江流域田土典价及影响因素——基于"清水江文书"的考察》（《原生态民族文化学刊》第6期）、吴才茂《亦谱亦志：清代西南土司族谱编纂的方志化研究——以亮寨蛮夷长官司为例》（《原生态民族文化学刊》第5期）利用清水江文书对田土典价、族谱编撰等问题的讨论，卢树鑫《再造"土司"：清代贵州"新疆六厅"的土弁与苗疆治理》（《近代史研究》第1期）利用官方档案对清代贵州"新疆六厅"治理的考察，凌鹏《习俗、法规与社会——对清代巴县地区"减租"习俗的法律社会史研究》（《四川大学学报》第1期）对清代巴县地区"减租"的研究，任建敏《咸同年间广西浔州的"堂匪"、团练与地方权力结构的变动》（《近代史研究》第1期）对咸同年间广西浔州地方社会的论述，宋健、黄忠鑫《雍正时期湘桂走廊水陆驿道的复原与考察》（《运河学研究》第4辑）对雍正时期湘桂走廊水陆驿道的复原，谢晓辉《清代湘西改土归流州县法律安排与司法实践》（《广西民族大学学报》第4期）、《从西南边缘看中国社会的整合：问题意识、研究范式的梳理与述评》（《原生态民族文化学刊》第6期）围绕湘西改土归流下的司法与实践的考察以及从西南边缘思考中国社会，是本年值得关注的研究。

清水江研究丛书是近几年来较为重要的西南研究系列丛书，由中山大学社会学与人类学系的张应强教授主持，第一辑2019年出版，包括罗兆均《人神之间：湘黔桂界邻地区飞山公信仰研究》、谢景连《"插花地"：文化生态、地方建构与国家行政》、朱晴晴《移民、市场与社会：清代以来小江地域文化的演变》、钱晶晶《历史的镜像：三门塘村落的空间、权力与记忆》、孙旭《集体中的自由：黔东南侗寨的人群关系与日常生活》。第二辑2019—2020年出版，包括王彦芸《江河、商镇与山寨：都柳江下游的人群互动与区域结构过程》、刘彦《姻亲与"他者"：清水江北岸一个苗寨的历史、权力与认同》、黄瑜《山水"峒氓"：

明清以来都柳江下游地区的家族、婚姻与仪式传统》、邓刚《从"锹里"到"锹家"：清水江下游三锹人的移民历史与认同建构》、何良俊《商绅分野：近代都柳江下游长安镇地方精英研究》等几种著作。"清水江研究丛书"基于"清水江文书"的搜集、整理、出版，以及清水江流域的研究，对区域社会文化发展历史进程纵观式考察。丛书的主持人中山大学张应强长期推进的相关学术工作，包括清水江文书的收集、整理与研究，以及指导研究生在清水江两岸及更大地域范围的苗乡侗寨开展人类学田野调查等，可视为既带有某种共同关怀，又因田野点不同或研究意趣迥异而进行的学术尝试。目前已经出版的十本专著，从史学、人类学、社会学等角度，讨论地方信仰文化、移民社会，关注区域结构过程等问题，既有明清时段的历史思考，也有对当下人群、社会的考察，是学者们围绕共同主题而研究取向路径各异的系列工作成果，也是在特定地域范围内密集布点开展深入田野调查，同时充分兼顾历史文献收集解读的研究范式探索。

南北区域史对话。以"南北区域史对话"为主题的系列学术活动是近年区域史的重点问题，旨在推动中国南方与北方区域史研究的合作交流，尤其是希望促进多语言、重制度的北方民族区域史研究与重视田野、关注乡村的南方社会史研究团队之间的沟通与合作，在研究思路、研究范式等方面，就民间文献、田野调查、基层社会、族群问题等具体层面展开对话。这些学术讨论呈现南方与北方、华南与中亚、中原与域外等领域对话的学术趋势，对话焦点并没有局限于社会史一隅，而广泛推及社会史、制度史、政治史、民族史、人类学、语言学等领域的相互碰撞，吸引了不同断代、不同年龄、不同研究背景的海内外学者，对话主题的跨越性、延展性、长时段性为学者们提供了宽阔的比较视野，也从而碰撞出新的问题意识。中国社会科学院古代史研究所社会史研究室是"南北区域史对话"重要的参与学术单位，自 2016 年起，发起、参与、组织了包括论文专刊、学术会议、学术讲座、田野工作坊等多种形式的南北区域史学术交流，与北京大学、中山大学、厦门大学、内蒙古大学、贵州凯里学院等高校研究院所建立了良好的合作关系。该研究室组织以及参与的重要学术活动有：2016 年组织全美亚洲年会亚洲分会（AAS-in-Asia）的"国家与社会的碰撞"专题研讨会（日本京都）、2017 年参与香港大学举办的"再谈中国北方"（Re-Thinking China's North）国际学术研讨会、2017 年组织《历史人类学学刊》第 15 卷第 2 期专刊"重探'帝国'与'地方社会'"、2017 年在台湾"中研院"组织"制度与族群：明清华北地区非汉族群的形塑与治理"讨论会。2019 年 7 月，社会史研究室以召集人身份，与中山大学、北京大学合作，在北京大学举办工作坊"书谱石刻：中古到近世华南与西域研究的对话"，此次会议邀请了中国社会科学院、北京大学、中山大学、厦门大学、中国人民大学、内蒙古大学、陕西师范大学等高校宋元明清不同时代的 19 位学者，分别以族谱资料、石刻史料、文书流通等三个主题，对东北、西北、华北、华南、江南、海疆不同区域的制度建设、基层社会与族群问题展开了讨论，是南北区域史研究的重要会议。工作坊结束后，又开展了以"游牧与农耕"为主题的田野考察，来自中国社会科学院、厦门大学、内蒙古大学等高校和科研院所的 10 位学者，赴内蒙古武川县、达茂旗、固阳县、土默特左旗、土默特右旗等地，从代表南北方游牧与农耕的不同视角，讨论这一片农牧交错地区的社会结构、人群构成、祭祀活动。2019 年 11 月，社会史研究室又与中山大学合作，在中山大学历史学系（珠海）举办

"明清体制与田野研究范式"学术对谈，来自南北区域史研究领域的学者就"清史"与"明·清史"不同研究路径与视角展开讨论。2020月10月，参加由北京师范大学、中山大学联合举办的"进京找庙"田野工作坊，对北京的五顶、内外城寺庙等处进行了考察。2020年12月，与中山大学合作，组织"社会组织的生态环境：长白山与珠江口的对话"田野工作坊等。以上诸次学术活动，以"南北区域史对话"为主题，在学术界产生了不错的影响，不同断代、不同领域的学者均有积极的互动与反馈，同时还吸引了包括澎湃在内的新媒体关注。

总体来说，2020年度虽然受到疫情的影响，但社会史研究领域依然呈现蓬勃的学术气象。医疗社会史尤其值得重视，同时社会经济史、区域史也是重要的推进方向。史料的挖掘与刊布从来都是学术研究的本根，无论民间资料还是官方档案，2020年度均是丰收的一年。网络工作方式打开了一扇新的窗户，缩短了学者们彼此之间的空间距离，促进了学术讨论与交流，中青年学者在新的技术沟通方式下显得更为活跃，也由此给学术界注入了更多活力。

古代中外关系史研究综述

孙 昊

古代中外关系史研究具有鲜明的问题意识，有研究方法上重视多学科交叉、国际性强等特点。2020年古代中外关系史学科发展的重点领域依然在"一带一路"，传统"丝绸之路史"、海上丝绸之路研究的相关成果蔚为大观。学界继续深入挖掘东亚传统汉字文化圈、海洋史、中亚—西亚等各方面的多语种文献、考古资料，力求透物见人，揭示古代中外人群与物质交流的微观景象。同时，一些学者也敏锐地意识到要摆脱微观博古研究的局限，去思考古代中国与周边国家、地区和部族关系史，并在此基础上尝试探索古代中国史与世界历史研究的融合，推进中国特色全球史理论的探索。

一、"丝绸之路史"揭示古代中外跨文化交流的繁荣图景

古代"丝绸之路史"一直具有深厚的研究传统与学术底蕴，本年出版了若干综合性研究刊物和论文集。重要学术集刊包括罗丰主编《丝绸之路考古》第四辑（科学出版社），刘进宝主编《丝路文明》第五辑（上海古籍出版社），沙武田编《丝绸之路研究集刊》第五辑（商务印书馆），余太山、李锦绣主编《欧亚学刊》新十辑（商务印书馆）。这些集刊聚焦考古、艺术、语言学等跨学科研究，刊载近年国内外研究成果，体现了学界鲜明的问题意识。同时，在陆上丝绸之路传统一直关注古代中国与中亚、南亚地区的交往史，重视域外人群在古代中国的历史活动。敦煌学、西域多语种文书、考古发现成为支撑这一研究方向的资料基础，推动这一方向的研究继续向宗教文化、社会活动、人群流动等微观、专门的领域发展。

敦煌、吐鲁番文书的整理与研究依然是古代"丝绸之路史"研究者从事的重要工作。《旅顺博物馆藏新疆出土汉文文献》由中华书局出版，全面公布旅顺博物馆所藏新疆出土文献的汉文部分，共计26000多枚残片，涵盖3世纪以降1000多年吐鲁番地区的各类汉文典籍与官私文书，是目前所知国内敦煌吐鲁番文献唯一尚未公布的大宗藏品，被称为敦煌吐鲁番文献"最后的宝藏"。孟宪实、王振芬主编《旅顺博物馆藏吐鲁番文献整理与研究》（中华书局）收录论文36篇，是该课题组的配套研究成果。此外，张铭心《吐鲁番出土墓志汇考》（广西师范大学出版社）、黄楼《吐鲁番出土官府帐簿文书》（社会科学文献出版社）等也都是吐鲁番这一陆上丝路中转站的出土文献的代表著作。

多语种题记见证了陆上丝绸之路多民族融合与交流的历史过程，可以说丝绸之路也是一

个自东而西的题记之路。А. П. 扎比亚科《阿穆尔河（黑龙江）沿岸地区阿尔哈拉河岩画中的早期女真文书：历史、研究成果与新材料》（《欧亚译丛》第5辑，商务印书馆）介绍了在俄罗斯阿穆尔河下游沿岸发现的女真题记与岩画群的发现与研究。中国学者在大兴安岭也发现了多语种题记群。青格力在中国社会科学报和《西北民族研究》刊发报道和研究文章，介绍了大兴安岭地区分布有相当规模的辽金元时期汉文、回鹘蒙古文、八思巴文、女真文、契丹文、阿拉伯文、藏文默书题记，其中一部分题记年代集中于元代初期，涉及了弘吉剌部相关历史人物，这些多语种的题记能够证明大兴安岭地区在12—14世纪已经成为多元文化的交流汇聚之地，印证了当时草原丝绸之路的东西贯通与人员交流的历史面貌。丝绸之路传统的核心节点龟兹石窟题记整理与研究也取得丰硕的成果。赵莉、荣新江主编《龟兹石窟题记》（中西书局）对古龟兹国传世的婆罗米文石窟题记进行释读与研究，方便学界进一步掌握古代丝绸之路的多元文化交流。

古代阿拉伯语文献也是研究古代中外关系史，尤其是丝绸之路跨文化交流历史的重要资料。今年伊拉克学者玉素福·阿哈迪在德黑兰出版了《动物的自然属性》［*Sharaf al-Zamān Ṭāhir Marwazī，Ṭabāʿiʿ al-ḥayawān*，Yusūf al-Hādī（ed.），2Vols.，Tehran：*Mirās-i Maktūb*］最新校订整理本，该本根据印度事务部图书档案馆所藏写本（No. 1949）、大英博物馆图书馆藏写本（No. 21102）和洛杉矶图书馆写本（No. 52m）校订整理而成，并附有整理者详细的注释。

就研究而言，今年古代丝绸之路研究注重利用考古、出土资料，从图像史、动物史、人群流动等不同视野，探索跨文化交流。何志国《西南丝绸之路早期佛像研究》（华东师范大学出版社）指出印度佛教艺术通过西南丝绸之路传入古代西南地区，形成独具特色的艺术形式。霍巍《斯里兰卡"佛祖迹图"的考察与初步研究》（《故宫博物院院刊》第3期）、《王玄策与唐代佛教美术中的"佛祖迹图"》（《世界宗教研究》第2期）利用中外佛足迹图的实物资料探索我国古代佛足迹图的来源与传入路线。还有的学者利用近年新出土文物的纹饰分析古代中国与中亚、欧洲的联系，如康马泰《青海新见非科学出土奢华艺术品：吐蕃统治区域的伊朗图像》（《敦煌研究》第1期），刘念、崔剑锋等《新疆营盘墓地出土人面纹玻璃珠来源新探》（《文物》第8期）。

跨文化人群的交流一直是古代丝绸之路研究的传统领域，今年成果颇丰。在文献方面，意大利学者安德烈欧塞著作《讲述世界：马可·波罗、鲁思蒂切洛〈寰宇记〉的历史与命运》（Alvise Andreose，*Raccontare il mondo：Storia e fortuna del devisement du monde di Marco Polo e Rusticello da Pisa*，Edizioni dell'Orso）从抄本学、文献学对《马可·波罗游记》多种抄本进行研究，并考索其编纂成书、流传的过程。郭筠《阿拉伯地理典籍中的中国》（商务印书馆）梳理了7—15世纪阿拉伯典籍中关于中国记载的来龙去脉，勾勒出阿拉伯世界关于"中国形象"的具体认识。葛承雍《胡汉中国与外来文明》（全五卷）（生活·读书·新知三联书店）是作者著述的结集，内容涵盖了古代中国与中亚等地人群文化交流的方方面面。杨瑾《唐代墓葬胡人形象研究》（人民出版社）则讨论在唐代社会的外来人群的集体形象与社会状态。彭晓燕等学者主编《在蒙古欧亚的丝绸之路上：将军、商人与知识分子》（Michal Biran，Jonathan Brack and Francesca Fiaschetti，*Along the Silk Roads in Mongol Eurasia：*

Generals, *Merchants*, *and Intellectuals*，University of California Press）通过描写行走在元朝与伊斯兰世界、西方基督教世界之间的军人、商人与僧侣群体，揭示蒙古统治的欧亚丝绸之路的繁荣景象。杨宝玉《后唐时期途径敦煌的赴印求法僧及相关史事》（《敦煌研究》第 5 期）则探讨了僧侣群体在中外文化交流中的重要史事。林梅村著《塞伊玛—图尔宾诺文化与史前丝绸之路》（上海古籍出版社）以及邵会秋根据俄国考古学家爱莱娜·库兹米娜著作英译本译介的《印度—伊朗人的起源》（上海古籍出版社）从欧亚史前考古文化的视角，阐释了古代欧亚草原游牧民对史前丝绸之路的开拓与发展过程，并讨论了他们对周边文明发展的影响。此外，王国豪《论粟特对东部回鹘建筑的影响》（Lyndon A. G. Arden-Wong, A Discussion Concerning the Sogdian Influence on Eastern Uighur Architecture，《欧亚学刊》新十辑），以及简·贝尔曼、苏珊娜·赖歇特《蒙古世界帝国的第一座首都哈剌和林：非城镇社会中的一座帝国城市》（Jan Bemmann and Susanne Reichert, "Karakorum, the First Capital of the Mongol World Empire: An Imperial City in a Non-Urban Society", in *Asian Archaeology*, vol. 29）探讨了蒙古草原多元文化交融与回鹘、蒙古游牧社会城市建设之间的关系。森安孝夫《丝绸之路世界史》（『シルクロード世界史』，講談社）提出粟特—回鹘人的文化、经济活动联通了丝绸之路东西方的历史，构建了丝绸之路的世界体系。毕波《粟特人在焉耆》（《西域研究》第 1 期）、白玉冬《12—13 世纪粟特—回鹘商人与草原游牧民的互动》（《民族研究》第 3 期）则讨论了粟特、回鹘商旅在绿洲与蒙古草原上的重要中介作用。此外，利用体质人类学探索草原丝路人群交流的成果也比较可观。《西域研究》本年集中刊出系列文章，主要有王尹辰等《早期铁器时代新疆东天山地区与欧亚草原的基因交流》（《西域研究》第 3 期）、魏东等《楼兰地区汉晋时期墓地的考察与初步认识——兼析楼兰孤台墓地的颅骨形态学特征》（《西域研究》第 3 期）。外来人群与古代中国社区的文化嵌套与融合也是学界关注的问题。乌云毕力格《丝路沿线的民族交融：占星家与乌珠穆沁部》（《历史研究》第 1 期）、刘迎胜《从周密别十八/五国城的信息来源探视江南蒙古、色目—汉族士人的文化交流》（《清华元史》第六辑，商务印书馆）等文章选取史事个案，讨论了域外带有西亚、中亚族群背景的人群在中国境内的文化交流与融合问题。

近年南方丝绸之路研究随着考古学、人类学等跨学科方法的发展，极大扩展了陆上丝绸之路研究的视野与范围。青藏高原考古是近年的文化热点，青海乌兰泉沟吐蕃时期壁画墓、都兰热水墓地、西藏羊同古国的出土资料丰富了人们对于高原中西交流的认识，在今年有一些研究成果集中问世，主要有仝涛、孟柯《青海乌兰县泉沟一号墓发掘简报》（《考古》第 8 期）。《中华文化论坛》2020 年第 6 期刊发"高原丝绸之路与文化交融互动"专栏系列文章，包括张长虹《汉藏佛教的交流与融合：汉藏罗汉名号与座次考》、霍巍《近年来青藏高原吐蕃时代考古新发现及其意义》、仝涛《喜马拉雅的丝绸之路与古国风俗考：时代背景与考古新证》等论文，集中展现了近年青藏高原考古成果，对青海乌兰泉沟吐蕃时期壁画墓、都兰热水墓地、西藏羊同古国考古与文献成果的评述分析，揭示了中外古代文化在青藏高原的交融面貌。汤洪著《古代巴蜀与南亚的文化互动和融合》（中华书局）从古代物质文化、宗教文化和南方语言文学艺术三个方面探讨了古代巴蜀与南亚存在的文化互动关系与融合。林文勋主编《互动与交流：全球史视野下的丝绸之路》（云南大学出版社）收录论文 23 篇，从全球史视角对南方丝绸之路的历史与现状进行审视，内容涉及从古至今若干方面内容。

二、从"海上丝绸之路"思考中国历史命运

海上丝绸之路史研究近年得益于水下考古、多语种文献的发掘，以及海洋史视野的推动，在路网研究、器物流通等方面的讨论都得以深入发展，并对近代早期海上丝路与世界贸易体系之间的关系进行理论探索。其终极归宿则在于通过这些思考讨论海上丝绸之路对中国历史命运的影响与启示。本年度中国中外关系史学会会刊《中国中外关系史论丛》（第26辑）（中国社会科学出版社）就以此为题，组织会员学者进行讨论，展现了自古至今的海上丝绸之路的多层面相。此外，还有以下研究较具代表性。

在海上路网与贸易研究的基础资料建设方面继续得到全面加强。"海上丝绸之路稀见文献丛刊"影印出版了几种重要文献，主要涵盖以下几个方面的主题：古代取经僧人见闻录1种，即《佛国记两种》（全1册）；明清时期日本对中国商船与民间习俗的调查报告、官私见闻录3种，包括《唐船风说书》（全40册）、《清俗纪闻》（全2册）、《增补华夷通商考》（全1册）、《清朝探事·新泻新繁昌记·琉客谭记》（全1册）；西方来华使团与传教士编辑的文献（刊物）2种，包括《荷兰东印度公司使节团访华纪实》（全2册）、《中西闻见录》（全8册）。这些影印文献一直是中外海上交通研究的重要基础资料，为国内研究提供了极大便利。

在海上路网与贸易方式的讨论中，王小甫《香丝之路：阿曼与中国的早期交流》（《清华大学学报》第4期）指出公元1世纪从中国到阿曼之间的"香丝路网"就已经有效地运作。胡德坤、王丹桂《古代海上丝绸之路与新加坡早期港口的兴衰》（《史林》第4期）剖析了古代新加坡港口在海上丝路通道中的重要地位。廉亚明《阿拉伯、波斯史料中的海南岛》（《中山大学学报》第2期）、杨晓春《〈诸蕃志〉"南毗国"条地名补释》（《海交史研究》第2期）、陈春晓《中古时代印度西海岸地名考——多语种文献的对勘研究》（《海交史研究》第2期）则考察了海上丝路沿线的历史地理相关名词。

货币流通也一直是海上丝绸之路史研究的重要领域，在这方面今年鲍展斌著有《海上丝绸之路与中外货币文化交流》（中华书局）一书，该书对海上丝绸之路与中外货币文化交流进行了全面系统的研究，考察中国货币在海外的文化影响及历史意义。

在中外器物的海上流通方面，水下考古极大丰富了相关研究的认知。本年关于黑石号考古出版了两部著作。《宝历风物："黑石号"沉船出水珍品》（文物出版社）、《大唐宝船：黑石号沉船所见9—10世纪的航海、贸易与艺术》（上海书画出版社）向读者介绍了唐代海上丝绸之路的商品贸易与航海历史的基本信息。其他学者还围绕器物的流通发表专文。如《海交史研究》刊发了相关系列文章，包括第2期上所刊发的丽明《元代泉州印度教遗存"金翅鸟石刻"的重新解读》；第3期刊发的高良仓吉的《舶来于中国的琉球青石考略》，何康《海交史视野下的鹦鹉螺杯》以及贺云翱、干有成的《考古学视野下的宁波越窑青瓷与东亚海上陶瓷之路》等。其他相关文章还有求芝蓉《元代医籍中的西域药物"南乳香"考》（《西域研究》第2期）、钱江《元大德年间的南海渤泥国沉船与龙泉青瓷》（《国家航海》

第 25 辑）。

僧侣、商旅在海上丝路的流动与融合也是本年研究的一个方面。榎本涉《僧侣和海商们的东中国海》（『僧侶と海商たちの東シナ海』，講談社）讨论了东海上活跃的海商与僧侣群体。学愚编《佛教文化与海上丝绸之路》（中西书局）探讨了佛教通过海上丝绸之路的传播，以及与当地文化的融合状态。穆罕默德·巴格尔·乌苏吉《波斯湾航海家在中国港口的遗迹：广州、泉州、杭州》（四川人民出版社）介绍了来华古代伊朗商人群体在中国港口城市的历史文化遗迹与文物状况。贾志扬《宋元时期沿海穆斯林群体发展中的移民身份》（《丝路文明》第四辑）分析了穆斯林商旅在中国的融合过程。

在丰富研究资料的基础上，一些学者着重探讨了海上丝绸之路对中国历史进程，乃至以中国为中心的前近代全球化问题。葛金芳《两宋经济结构变迁与海上丝路勃兴》（《国际社会科学》第 3 期）剖析了中国经济中心南移与海上丝绸之路繁荣的辩证关系。谢丰斋《古代"丝路贸易"的延续：16—18 世纪中国南海"世界贸易中心"的形成》（《世界历史评论》第 1 期）着重论证近代早期"大航海时代"促使南海成为世界贸易中心，并尝试将朝贡贸易与白银界定为国际贸易体系的规则与世界货币。万明《明代中国与爪哇的历史记忆：基于全球史的视野》（《中国史研究》第 2 期）利用印度尼西亚古代关于爪哇井里汶的中国记忆与书写，论证早在大航海时代以前，中国与东南亚已经开启了全球化的海上贸易网络。吴春明《从沉船考古看海洋全球化在环中国海的兴起》（《故宫博物院院刊》第 5 期）运用水下考古资料的统计与分析，论证了 9—19 世纪环中国海全球化体系由"四洋"贸易体系向环球航路转化的历史过程。

三、古代中外关系史研究的"区域转向"

"一带一路"史研究的繁荣发展，也促使学界认识到跨文化人群的生态—文化嵌套格局，相应的经济生产方式，以及古代区域政治秩序决定了人与物流转的方式。因此，很多学人从边疆、内陆欧亚等不同层次的空间范畴，探讨古代中国与域外交往方式发生的区域基础与历史秩序。有的学者将之概括为"区域转向"，主要有如下几个理论侧面值得关注。

强调边疆区域在跨文化互动中的核心地位。边疆地区一直都是中外文化汇聚与交融之地，前述丝绸之路史的成果大多都是基于西北边疆的历史时空而展开的。因此，西北边疆研究也成为"区域转向"研究探索的重要领域。黄达远《区域视角下的西北：地缘与空间中的农耕、游牧与绿洲》（社会科学文献出版社）从农耕—游牧的互动、多民族文化嵌套的廊道社会等方面界定了西北的绿洲社会，并认为边疆的过渡地带是古代中国历史进程的重要推动力量。张爽《论5—6 世纪柔然帝国与欧亚丝路贸易的关系》（《中国社会经济史研究》第 2 期）则选取柔然帝国的历史个案，从地缘区域格局的角度论证柔然帝国的兴衰取决于其对绿洲资源的控制。

近年考古人类学界已经揭示出内陆欧亚是一个多元生产方式并存的干燥草原—森林—农业复合历史地域，在不同条件下存在不同文化方式的转化。古代中国正是通过切入内陆欧亚，构建亚洲内陆边疆，才实现与欧亚大陆其他文明的互动与交融。这一论点在今年得到中国考古学者的回应。曹玮等著《古代中国：边疆地区公元前3000年至公元前700年的金属制品、墓葬习俗和文化认同》（上海古籍出版社，该书译自 Katheryn M. Linduff, Yan Sun, Wei Cao and Yuanqing Liu, *Ancient China and Its Euraisan Neighbors: Artifacts, Identity and Death in the Frontier, 3000-700 BCE*, Cambridge University Press, 2018.）讨论了亚洲内陆边疆多元文化群体认同与互动，塑造了中国北方的历史文化格局。于建军《农牧文明的边界——人类学视野下的早期欧亚草原考古》（《丝绸之路考古》第4辑）、丛德新《欧亚草原史前游牧考古研究述评》（《西域研究》第4期）、魏坚等《中国北方农牧交融与畜牧业起源发展进程的思考》（《西域研究》第4期）也都结合具体考古实践与上述学说相呼应，指出内陆欧亚农耕—畜牧交互发展的辩证关系。

中国与周边国家关系史研究的新探索成为又一热点。随着"一带一路"历史研究的推进，如何阐释古代中国与周边国家、地区和部族的历史关系成为一个被日益关注的问题。这不仅是前述"从边疆看中国"问题在中外关系史领域的延伸，也对理解当前中国与周边国家关系具有重要启示意义。这一新的探索，摆脱传统的中外友好关系史的研究思路，紧密围绕边疆涉外关系等敏感领域展开研究。今年主要在以下几个方向有所进展。

其一，中国与朝鲜半岛关系史研究的发展。中国与朝鲜半岛关系史研究一直是中国周边关系史的重要领域。孙卫国《改革开放四十年来古代中国与朝鲜半岛关系史研究述要》（《暨南学报》第9期）回顾总结了古代中国与朝鲜半岛关系史研究的学术发展趋势。李磊《"韩"号的建构与解构：汉魏朝鲜半岛上的权力竞争与族群聚散》（《学术月刊》第5期）梳理了在汉魏进出朝鲜半岛背景下，半岛古国号"韩"的演变历程。《唐史论丛》第30辑刊载了张晓舟《〈隋书·百济传〉所见"通和"事件与7世纪初的济丽关系》、徐光锡《白江之战后唐、倭、新罗的互动关系》等文。本年壬辰倭乱视野下的中国与朝鲜半岛关系史继续成为关注热点。孙卫国《近百年来中国对万历朝鲜之役研究的回顾与总结》（《史学月刊》第2期）对该问题研究的学术史进行了回顾与展望。具体的研究有孙卫国《明抗倭援朝水师统帅陈璘与露梁海战》（《南开学报》第4期）、杨海英《明代万历援朝战争及后续的海运和海路》（《历史档案》第1期）、陈尚胜《万历二十五年春明朝兵部尚书调整研究》（《山东大学学报》第3期）、丁晨楠《壬辰战争后朝鲜对遣使日本的论争与决策：以新发现的〈银台日记〉为中心》（《当代韩国》第2期）等。

同时，在古代中国与李氏朝鲜关系史方面也有一定的进展。朱玫《中国古代地方行政制度在朝鲜半岛的接受与变迁：以朝鲜朝"面里制"为中心》（《中华文史论丛》第2期）探讨了李氏朝鲜对中国古代地方制度的接受与转化问题。黄修志《朝鲜王朝的"哈姆雷特时刻"及对华观念的"冰山性"》（《复旦学报》第3期）从观念史角度讨论朝鲜王朝的对华观念。刘喜涛《朝鲜前期赴京朝天使臣违禁贸易之再认识》（《中国边疆史地研究》第3期）以朝贡贸易为个案进行了讨论。古代中国与朝鲜半岛陆地与海洋边界问题也成为本年学界关注的重点问题之一。具体可以分为几个热点问题。在间岛问题上，主要有李花子《韩边外与"间岛问题"关系考》（《清史论丛》2020年第1期）、易锐《清末中日"间岛"交涉与中国近代领土观念之形成》（《社会科学》第7期）等文章。在清朝与李氏朝鲜的越境交涉方面，主要有张心雨《边禁之下：朝鲜金仁述越境杀人案探究》（《清史研究》第5

期)、王桂东《明代朝鲜同女真人的交往——基于朝鲜通过"边疆地带"开展交往的视角》(《北京社会科学》第11期)。在古代中朝海洋边界研究方面,高志超《从岛陆到洋面:明清时期中朝对黄海北部海界认知及演进》(《中国历史地理论丛》第3期)较具代表性。

其二,古代中国与东南亚关系史研究深入东南边疆与周边关系史研究。杨勇《论古代中国西南与东南亚的联系:以考古发现的青铜器为中心》(《考古学报》第3期)利用考古新发现分析和认识边疆地区跨区域、文化的族群迁徙与文化交融。东南海域关系史研究继续成为本年关注的热点。在琉球问题方面,谢忱、谢必震《中琉历史关系研究的回顾与展望》(《海交史研究》第1期)对古代中国与琉球关系史研究的成就进行了总结与分析。谢忱《琉球〈历代宝案〉的整理及启示》(《历史档案》第4期)、《乾隆年间〈奉使琉球图卷〉探析》(《海交史研究》第3期),孙雨晨《形象的史料——历史的留存:清代琉球册封图像〈南台祖帐图〉探微》(《美术学报》第1期),郭满《中国、东亚与世界:琉球国藩属地位的三重变迁》(《边界与海洋研究》第5期)等文章运用新资料探讨了明清时期与琉球的历史关系。陈博翼《稀见环南海文献再发现:回顾、批评与前瞻》(《东南亚研究》第3期)探讨了几百年来西方对环南海地区的调查遗产,主张吸收多方面的知识体系,建立坚实的文献基础,才能对环南海地区有切实的理解、判断。

其三,中国与周边外交秩序的宏观研究进一步深入推进。陈奉林《东方外交史:历程与前瞻》(《中国社会科学评价》第2期)、杨昕沫《东方外交史研究的体系、原则与中国学派》(《世界历史评论》第2期)围绕"东方外交史"的学科体系建设与研究方法进行总结与探讨,认为应该摆脱以西方视角为中心的古代国际关系史体系,以古代中国与周边关系为中心建立带有中国学派风范的东方外交史研究体系。关于古代中国王朝与周边国际秩序的研究成果颇丰。王义康《罩于风教:唐王朝的政治秩序》(社会科学文献出版社)重点对唐王朝国家体制内的四夷秩序与对外关系体制做出明确区分。王贞平2013年探讨唐朝与周边关系的著作 *Tang China in Multi-Polar Asia: a History of Diplomacy and War* 译成中文《多极亚洲中的唐朝》(上海文化出版社)也在2020年出版。韩国学者金成奎专著《宋代东亚国际关系与外交礼仪》(《송대 동아시아의 국제관계와 외교의례》,신아사)以及薛晨《皇帝们的时代:900—1250年东亚大陆多元化的帝国权威与"辽代世界秩序"的形成》,(Xue Chen, "Age of Emperors: Divisible Imperial Authority and the Formation of a 'Liao World Order' in Continental East Asia, *900 – 1250*", in *Journal of Song-Yuan Studies*, Vol. 49)探讨了辽宋金时期的涉外国际关系与外交制度。邱轶皓《早期蒙古时代外交实践中的礼物交换》〔Qiu Yihao, "Gift-Exchange in Diplomatic Practices During the Early Mongol Period", in *Eurasian Studies* 17 (2019)〕探讨了13世纪的蒙古帝国对中亚、西亚外交实践中辽宋金外交制度的继承与革新。

四、古代中国与域外文明的区域互动与比较研究

这一问题有两种基本研究路径。其一,探索古代中国与欧亚大陆其他文明的交往秩序与互动网络。村冈伦主编《阅读最古老的世界地图:从〈混一疆理历代国都之图〉看陆地与

海洋》（村冈伦编《最古の世界地図を読む：混一疆理歴代国都之図見る陸と海》，法藏館）是对龙谷大学藏《混一疆理历代国都之图》整理、保护与研究的一次总结，并由滨下武志、村冈伦、中村和之等人阐释了该图对理解海陆丝绸之路、蒙古帝国跨区域交通，以及东北亚古代史的重要意义。就交往秩序而言，《文物》2020 年第 2 期刊载了两篇讨论梁《职贡图》的文章，即罗丰《邦国来朝——台北故宫藏职贡图题材的国家排序》、王素《梁元帝〈职贡图〉与西域诸国——从新出清张庚摹本〈诸番职贡图卷〉引出的话题》，讨论了中古时期以梁为中心的世界各国的等级关系。这种研究实际上是对日本学者前几年利用梁《职贡图》构建东部欧亚区域研究的一个学术呼应。关于这一学说，日本学者本年也有丰硕成果问世。古松崇志《称霸草原：蒙古之前》（《草原の制霸：モンゴルまで》，岩波新書）运用东部欧亚视野重新书写 10—13 世纪中国的历史；铃木靖民《古代日本与东亚》（铃木靖民《古代の日本と東アジア》，勉誠出版）进一步阐发了东亚史与东部欧亚历史的理论关联。日本唐史研究会会长古畑彻主持的日本唐代史研究会《唐代史研究》（第 23 号）围绕 "东部欧亚" 区域说集中刊发了 5 篇论文，包括古畑彻《2019 年度夏期研讨会 "思考东部欧亚论"》（古畑徹《2019 年度夏期シンポジウム東部ユーラシア論を考える》）、森部丰《中国 "中古史" 研究与东部欧亚世界》（森部豊《中国〈中古史〉研究と東ユーラシア世界》）、古松崇志《再论 10—12 世纪欧亚东方的 "多国体制"》（古松崇志《10—12 世紀ユーラシア東方における〈多国体制〉再考》）、桥本繁《古代朝鲜出土文字史料与东亚文化圈》（橋本繁《古代朝鮮の出土文字史料と東アジア文化圏》）、广濑宪雄《日本史立场下的东部欧亚（世界）论》（廣瀬憲雄《日本史からの東部ユーラシア（世界）論》）。这些研究力图进一步构建以农耕—游牧社会互动网络、多极中心为特征的东部欧亚历史区域背景，并在这一区域框架内阐释中国历史发展进程，通过区域网络解释日本与中国、欧亚大陆其他文明的历史联系。

其二，欧亚范围内跨文化的比较研究。两部著作分别围绕都市经济与政治权力两个不同的标准进行比较阐释。妹尾达彦《欧亚非大陆的都市与社会》（妹尾達彦《アフロ・ユーラシア大陸の都市と社会》，中央大学出版部）将以中国为代表的欧亚东部区域与其他中、西部地区的都市社会进行纵向的历史比较。沃尔特·沙伊德尔编著《古代中国与罗马的国家权力》（生活·读书·新知三联书店）对古代中国与罗马国家治理各方面组织形式及其政治文化进行比较探讨。Jeffrey D. Lerner and Yaohua Shi 主编《丝绸之路：从地方现实到全球叙事》（*Silk Roads: from Local Realities to Global Narratives*，Oxbow Books）比较了欧亚大陆不同经济与文化区丝绸之路的历史与现实因应关系，运用跨学科方法表达了对丝绸之路多元文明共生，相互依存关系的理解。

五、总结与展望：从 "交错的历史" 探索古代中国与世界的关系

本年度古代中外关系史研究重视基础资料的深入剖析，能够有意识地结合考古、人类学、社会学、国际政治的一般原理对相关史事进行分析与讨论。问题仍在于研究者受知识背景与所专攻学术圈的限制，各自的研究领域相对分散，缺乏集中的整合思考与对话。中外学

者已经开始探索运用区域分析的方法，对基础研究提供的零散信息进行整合，建立阐释古代中国与世界联系的中层理论。"区域转向""中国周边学"等议题与实践应运而生，交往方式与网络成为这些探索实践的重要关键词。他们的最终趣旨则是要打破专门资料分析学之间的区隔，实现古代中国与世界历史关系的融通。本年度两组笔谈不约而同触碰到古代中外关系史学科发展的关键要点，指出了相似的发展方向，是为本文的展望附于此。《历史研究》2020年第4期提出中国史与世界史融合的口号，组织5位学者围绕中国史在世界历史中的地位（邹振环、陈怀宇），西方文化对中国的影响（王笛），两史融会之道：比较研究与超越国别史范畴（夏伯嘉、王晴佳）等话题展开讨论。《中华文化论坛》2020年第2期组织中外关系史学会的学者围绕中外关系史学科的建设进行笔谈（万明、陈奉林、李雪涛、赵现海），他们认为目前古代中外关系史研究亟需突破微观研究的碎片化困局，构建系统的学科理论框架，提出中国史与世界史的深度融合，运用全球史交错、互动的理论与方法，中国与周边国家关系史的分析框架去揭示中国立场下的古代中外关系"交错的历史"图景。

历史地理研究综述

孙靖国

2020年度，不少学术活动因受新冠疫情影响而改为线上活动。影响较大的活动有：2020年8月10—21日，复旦大学中国历史地理研究所举办的"2020年暑期学校"，主题为"地图与地理：过去、现在与未来"，由王家耀、葛剑雄、李孝聪、汪前进等来自北京大学、中国社会科学院、中国科学院大学、复旦大学等机构的21位学者授课，为该暑期学校2009年创办以来规模最大的一次。10月30日至11月2日，"中国环境科学学会环境史专业委员会第二届年会暨多学科视域下的环境史研究学术研讨会"在沈阳召开，来自中国社会科学院、南开大学、厦门大学等机构的学者参加。10月30日至11月1日，在云南大学召开"第六届历史GIS沙龙"，主题为"历史地理信息化的现状与趋势"，来自中国科学院、中国社会科学院、复旦大学、北京师范大学、南京大学、浙江大学、云南大学等单位的数十位学者参加。总体来说，历史地理学研究仍呈现出比较繁荣的发展态势，传统的研究领域、研究方法得以充分发挥，新的研究领域、研究方法不断开拓，历史地理学研究的广度和深度持续更新。

一、重要学术成果和研究动态

2020年度，有多部学术刊物以专题形式发表历史地理学研究论文，如《苏州大学学报》第1期主题为"历史灾害地理研究"（主持人段伟），论文有潘明娟《旱涝灾害背景下的汉长安城水资源利用》、段伟《清代政府对沉田赋税的管理——以江苏、安徽、山东地区为中心》。《云南大学学报》前5期均刊载历史地理专题论文。第1期主题为"黄河保护与治理的历史经验与启示"（主持人邹逸麟），论文有吴朋飞、刘德新《审视与展望：黄河变迁对城市的影响研究述论》，孙涛《1644—1855年间黄河决溢的时空分布规律初探》。第2期主题为"文明的图籍表达"（主持人成一农），论文有李孝聪《试论地图上的长城》、冯令晏《元前文献图籍所载黄河河源》。第3期论文有王建革《太湖流域的治水传统与水生态文明的承传》、耿金《环境史研究的"在地化"表达与"乡土"逻辑——基于田野口述的几点思考》。第4期论文有蓝勇、唐敏《历史时期中国酸食空间分布及成因研究》，王晗《历史地理学研究中GIS的认知过程及其人类因素考量》等。第5期主题为"17、18世纪中西地图对海洋的表现"（主持人孙靖国），论文有孙靖国《陈伦炯〈海国闻见录〉及其系列地图的版本和来源》、丁雁南《地理知识与贸易拓展：17世纪荷兰东印度公司手稿地图上的南海》。《首都师范大学学报》第 6 期刊载专题为"中国历史上的水域空间"栏目（主持人游自勇、孙靖国），论文有孙靖国《〈江防海防图〉再释——兼论中国传统舆图所承载地理信息的复杂性》、张兴照《〈禹贡〉"九河"与黄河分流》、孙景超《国家与地方视野下的运河工程——以唐—元时期练湖为中心的讨论》等。《形象史学》亦辟有"地理图像"专栏，刊发了成一农《〈古今形胜之图〉系列地图研究——从知识史角度的解读》，郑诚《19 世纪外文北京城市地图之源流——比丘林的〈北京城图〉及其影响》，杨雨蕾、李欣楠《从边地到胜境：图绘明清山海关地区》，周妮《从濒海水乡到东方大都市：古地图所见松沪景观及环境变迁》与刘哲怡《宗教时空与科学时空的耦合：从赫里福德地图到现代理论物理假说》等多篇文章。这反映出历史地理学科研究学术阵地不断扩大，成果影响日益广泛，讨论也愈加系统。

本年度比较重要的专著和论文集数量比较多。徐建平《中国近现代行政区域划界研究》（复旦大学出版社）将清末民初的不同地域、不同层级的政区边界法定化过程作为研究对象，展现了近现代政区边界从界限到界线的过程，并分析了该过程背后的自然、政治、经济、文化等多因素的相互影响。孙景超《宋代以来江南的水利、环境与社会》（齐鲁书社）从水利、环境与社会三个角度出发，透过探讨江南地区的区域水利环境变化以及由此引发的社会问题，为讨论宋代以来江南历史的发展提供了新的视角与论证。王晗《陕北黄土高原的环境：1644—1949 年》（中国环境出版集团）对清代以降陕北黄土地带的垦殖、人口和自然环境变迁进行了研究。刘炳涛《明清小冰期：气候重建与影响——基于长江中下游地区的研究》（中西书局）对明清时期长江中下游地区的温度、降水（梅雨）及极端气候事件进行重建，分析了气候变化的特点。华林甫主编《新时代、新技术、新思维——2018 年中国历史地理学术研讨会论文集》（齐鲁书社）共收入论文 37 篇与综述 1 篇，覆盖了理论与方法、历史政治地理、历史聚落与人口地理、历史社会文化地理、历史自然地理和地图研究等领域。

二、学术热点和新进展、新观点

面对突如其来的疫情，历史地理学关注现实的传统再次得以发挥，诸多论文针对历史时期疾疫与灾害的时空分布特征，总结规律，为现实的抗击疫情提供历史经验。如王晓伟、龚胜生、李孜沫、张涛、石国宁《宋元时期中国疫灾空间格局与环境耦合研究》（《干旱区资源与环境》第 1 期）对 960—1368 年中国疫灾分布的地理格局，以及其背后的环境机理进行分析。龚胜生、王晓伟、张涛《明代江南地区的疫灾地理》（《地理研究》第 8 期）认为，明代江南地区的疫灾的总体趋势是愈加频繁，其原因大多为水灾所引起，分布重心始终位于吴县境内的太湖。龚胜生、石国宁、李孜沫《民国时期江南地区疫灾地理研究》（《历史地理研究》第 1 期）指出，民国时期江南地区疫灾高发，尤其是秋夏两季，而且疫灾发生愈加频繁，民国是江南地区历史上疫灾最频繁最严重的时期。其地理分布主要集中在交通沿线城市，人口稠密区、水旱灾害严重区是疫灾频发与严重区域。卜风贤《疫灾治理的历史使命与家国情怀：以国家史为视角》（《中国史研究动态》第 5 期）指出，疾疫"属于群体性灾难，必然危及国家根本。对瘟疫和疫灾的历史研究，应该基于国家史的视角去审视思考，由疾疫病患的个体生命史和生存史研究提升扩展到疫情蔓延与社会发展双相缠绕的国家史研究"。余新忠《明清以来的疫病应对与历史省思》（《史学理论研究》第 2 期）指出，明清时期国家对疫病治疗缺乏制度上的规定，近代以来，国家层面逐渐建立了现代卫生防疫机制，应对疫病的观念也日益积极。卜风贤《中国传统医学典籍中的疫灾书写——基于吴有性〈温疫论〉的初步考察》（《青海民族研究》第 3 期）指出，传统医学典籍中疫灾书写的概念，与《五行志》中的疫灾认识完全不同。柳正权、肖普燃《北宋瘟疫治理的法律制度探研——以开封为视域》（《中国政法大学学报》第 6 期）认为，北宋都城开封瘟疫频发，为此，北宋政府建立了比较全面的治理制度，对于瘟疫治理起到了积极的作用，这些智慧值得今天借鉴。李孜沫《地理环境对清代疫灾空间分异格局的影响》（《干旱区资源与环境》第 10 期）综合运用 GIS 空间分析、地理探测器、SPSS 相关分析等方法，探讨地理环境对清代疫灾分布的影响。李孜沫、陈丹阳、王晓伟《清代疟疾流行的时空特征、危险模拟与边界探测》（《热带地理》第 4 期）对清代疟疾流行年份的广度、流行地域格局等问题进行了分析。桑东辉《古代"抗疫"措施及伦理困境——以汉晋时期"时疫"为例》（《武陵学刊》第 6 期）对汉晋时期作为国家意识形态的儒家伦理在抗疫方面的双重作用进行了反思。

此类的研究还有余新忠《中国历代疫病应对的特征与内在逻辑探略》（《华中师范大学学报》第 3 期），龚胜生、谢海超、陈发虎《2200 年来我国瘟疫灾害的时空变化及其与生存环境的关系》（《中国科学：地球科学》第 5 期），龚胜生、石国宁、李孜《民国时期江南地区疫灾地理研究》（《历史地理研究》第 1 期），龚胜生《疫灾的历史地理学思考》（《中国社会科学报》2 月 17 日），余新忠《中国传统疫病应对成效探略》（《中国史研究动态》第 5 期），李并成《民国甘肃疫灾与畜疫灾研究》（《甘肃社会科学》第 5 期），李孜沫《清代鼠疫流行的时空特征及其危险分区》（《干旱区资源与环境》第 9 期）等。

古旧地图仍是历史地理学科发展最快的研究领域之一，近年以来，古旧地图的研究已经从以往以地图为对象的地图学史研究，扩展到以古旧地图为史料，挖掘其背后的历史背景、地理感知体系，以及依托古旧地图建立 HGIS 数据库等方面的研究（具体见下文），体现广阔的研究前景。

三、理论动态

值得注意的是，在历史自然地理领域，从对自然地理要素变迁的考察，到更深刻的环境变迁与人类社会相互作用关系的探讨，成为近年的趋势，也就意味着更加关注"人"的因素。潘威等《清代黄河河工银制度史研究》（中国社会科学出版社）利用大量清代河工档案，特别是清代河道钱粮奏折，从河工财政运作的角度入手，揭示有清一代支撑河务运作的财务制度。鲍俊林、高抒《沙岛浮生：明清崇明岛的传统开发与长江口水环境》（《史林》第 3 期）对长江口水文和沙洲的频繁环境变动对地方生计和沙地管理所带来的调整进行了研究。文彦君等《18～19 世纪之交华北平原的气候变化与粮价异常》（《中国科学：地球科学》第 1 期）基于从"清代粮价资料库"与《清代道光至宣统间粮价表》中提取的 1736—

1850年保定府小麦价格数据，分析了18—19世纪之交华北平原气候转折与粮价变化的对应关系。耿金《中国水利史研究路径选择与景观视角》（《史学理论研究》第5期）指出，当前水利史研究需要更多呈现水利背后复杂的人与自然关系，景观史介入是更新中国水利史研究视野与路径的极好尝试。此类研究还有李嘎《滹沱的挑战与景观塑造：明清束鹿县城的洪水灾难与洪涝适应性景观》（《史林》第5期》）、韩健夫《嘉靖七年特别极端干旱对"嘉靖革新"的作用机制研究》（《历史地理研究》第3期）等。

四、历史地理学学科理论、总论与发展史领域的代表性成果

专著与译著方面，朱悦梅《中国历史地理学概论》（科学出版社）是本年度出版的历史地理学通论，分为中国历史自然地理学、中国历史人文地理学和历史地理文献三部分内容。埃尔斯沃思·亨廷顿（Ellsworth Huntington）著作《文明与气候》由吴俊范译成中文出版（商务印书馆）。

本年度，《中国历史地理论丛》"近70年来中国历史地理研究的主要进展"专栏继续对多个领域的历史地理成就进行总结，具体有：史红帅《近70年来中国历史城市地理研究进展》（第1辑）对近70年以来中国历史城市地理研究的发展历程、代表性研究论著进行了梳理，对中国历史城市地理的阶段性特征进行了总结，并分专题领域进行了探讨。潘威、王哲、满志敏《近20年来历史地理信息化的发展成就》（第1辑）回顾了中国历史地理信息化的基本发展历程。从平台、组织、数据、应用、新技术实验和研究视角等角度介绍了历史地理信息化所取得的成就。指出："历史地理信息化是20世纪90年代后期发展起来的历史地理学新兴方向，历史地理学不可能回避信息时代这一大背景，新技术、新方法的利用将有力推动历史地理学取得更大发展"。安介生、周妮《70年来中国历史民族地理研究的主要进展》（第2辑）对中华人民共和国成立70年以来历史民族地理的发展过程进行了梳理，指出，改革开放以来，随着研究成果的不断涌现，历史民族地理已经初步成为历史人文地理研究领域的一个重要分支。车群、曹树基《70年来中国历史人口地理研究的问题与进展》（第2辑）认为，中国历史人口地理学研究当务之急的工作是"尽可能科学地完善各个朝代不同时段的面板数据，并与不同时期的全国分区地图相结合，以便绘制出尽可能多的分时期的中国分区人口地图"，并指出："由于数据较多，研究基础厚实，宋元时期的人口地理最有可能取得突破"。龚胜生、王无为《近30年中国历史医学地理学研究的成就与展望》（第4辑）指出，中国历史医学地理学已形成6大研究领域，即历史疫灾地理、历史传染病地理、历史药物地理、历史疗养地理、历史地方病地理、历史长寿地理。中国历史医学地理学研究存在学科发展不平衡、理论体系不完善、研究队伍较分散、研究方法待集成等问题。

在学科发展史方面，刘景纯《清代中晚期西北史地学认识的几个问题》（《中国历史地理论丛》第4辑）分析了清代中晚期西北史地之学成为"显学"的因素，认为其既有偶然因素，也有时代因素。毛曦《辅助科学：民国史学中的地理学与历史地理学》（《历史教学（下半月刊）》2020年第7期）与毛曦、董振华《名称、内容与意义：民国时期的历史地理学课程》（《天津师范大学学报（社会科学版）》第5期）中对民国时期大学史学界对历史

地理学科属性的认识,以及课程开设情况进行了研究,指出民国时期历史地理学科的发展情况体现出其处于转型时期的诸多特征。吕卓民《李之勤先生的历史地理学贡献》(《中国历史地理论丛》第 1 辑)和陈隆文、代玄烨、尚群昌、梁允华《陈昌远先生的历史地理学贡献》(《中国历史地理论丛》第 1 辑)对李之勤与陈昌远二位前辈学者的学术贡献进行了梳理。

本年度有多篇文章对国外历史地理学的发展进行了评介,如张博《从近 20 年〈历史地理学杂志〉的相关文章看西方历史动物地理研究的新动向与启示》(《史学理论研究》第 1 期)、石家宜《参与式历史地理研究:理论、方法与评价》(《中国历史地理论丛》第 2 辑)和安介生《他山之石:英美学界景观史范式之解读》(《复旦学报(社会科学版)》第 6 期)等。

另外,尹玲玲《"洪水"新解——兼及中华文明起源问题的学术史梳理》(《史林》第 5 期)和刘宗迪《三星在天:夏墟地理与传说考辨》(《史林》第 5 期)在结合地理环境研究中华文明起源问题方面进行了讨论。

五、历史自然地理领域的代表性成果

(一)**历史气候研究**。在历史气候研究领域,如前所述,学者在利用多种手段复原历史时期气候图景与变化过程的同时,对气候变化对人类社会的影响、人类社会的应对等"人"的因素愈加关注,体现了新的研究趋势。张琨佳、陈思颖、苏筠《公元 1500—2000 年印度尼西亚—菲律宾强火山喷发对中国中东部旱涝格局的影响》(《古地理学报》第 1 期)探讨了世界强火山运动对中国降水的影响,指出:印度尼西亚—菲律宾一带的强火山喷发对中国的旱涝格局有一定的影响,随着时间推移,旱涝格局发生变化。郝志新、吴茂炜、张学珍、刘洋、郑景云《过去千年中国年代和百年尺度冷暖阶段的干湿格局变化研究》(《地球科学进展》第 1 期)、郑景云、张学珍、刘洋、郝志新《过去千年中国不同区域干湿的多尺度变化特征评估》(《地理学报》第 7 期)、丁玲玲、郑景云《1735—1911 年汉江流域季节旱涝等级序列的重建与特征分析》(《地理研究》第 3 期)、成赛男、郑薇薇《1895—1940 年温州地区影响台风的识别——兼论日记资料的可靠性》(《新时代、新技术、新思维:2018 年中国历史地理学术研讨会论文集》)等论文都对中国以及部分区域不同尺度历史时期的气候变化进行了复原与重建,探讨了变化的规律与特征,以及对今天与未来气候变化的研究价值。

关于气候变化与人类历史重大事件关系方面的研究,王晓晴、章典、裴卿、张盛达、李腾《唐代治乱分期与气候变化的关系》(《古地理学报》第 1 期)将唐代划分为治世与乱世 5 个时期,将唐代战争、农业丰歉和人口增长作为指数进行分析,认为气候变化是影响唐代社会治乱变化的重要原因之一。

(二)**历史水文研究**。潘威、庄宏忠、李雪欣《清代黄河志桩水位记录与数据应用研究》(中国环境出版集团)利用清代以来的大量档案记录、日记、古旧地图和地方志材料系统研究了黄土高原地区气候—水文变化的过程。论文方面,任超逸《中古时期肥水与巢湖

流域连通问题考辨》(《历史地理研究》第 1 期)对《水经注》以来认为肥水、巢湖两流域河道存在沟通情况(包括自然和人工)的说法进行了考订,认为在中古时期,两流域始终没有连通。葛少旗《〈水经·浊漳水注〉"桃水"辨》(《历史地理研究》第 2 期)经过考证,认为古桃水实际上是指今天的甘陶河、冶河至冶河故道一线。夏增民《明代武昌府城江岸修筑的初步研究》(《中国历史地理论丛》第 2 辑)对明代武昌府城江岸堤坝修筑情况及其位置进行了梳理与考订,指出此堤岸确定了武昌城沿江江岸基线,使得城市空间扩展至江边。陈斌《石寨山文化时期滇池水域》(《思想战线》第 3 期)指出滇池水位在历史时期,虽然总体趋势为下降,但也存在反复,唐代中期达到最低水位后,又有快速上升。邓辉、卜凡《历史上冀中平原"塘泺"湖泊群的分布与水系结构》(《地理学报》第 11 期)系统复原了北宋"塘泺"的空间分布范围与内部水系结构,指出北宋"塘泺"的自然地理基础是分布在冀中凹陷带上以白洋淀、文安洼、团泊洼为代表的三大洼地,以及分布在这些洼地内的天然湖泊和河流。北宋出于军事防御目的,扩大原有湖泊的水面,并将其进行串联,导致其相互联通,从而形成历史时期冀中平原最大的湖泊系统。张莉、鲁思敏《近 250 年新疆呼图壁河中下游河道演变及其影响因素分析》(《西域研究》第 3 期)基于 ArcGIS 平台,复原了近 250 年以来呼图壁河中下游河道及其渠道体系的空间变化过程。杨霄《1570—1971 年长江镇扬河段江心沙洲的演变过程及原因分析》(《地理学报》第 7 期)对淮河入江口外沙洲群的形成年代与演变过程进行了考证。王建革、袁慧《清代中后期黄、淮、运、湖的水环境与苏北水利体系》(《浙江社会科学》第 12 期)指出,随着黄河河身的淤高,蓄清刷黄的治理模式难以推行,促使官方将水流控制点集中到山盱五坝区域,使得水灾加重,也促进苏北地区的圩田体系和垛田体系的增长。双静如、王尚义《明清时期文峪河中下游河道变迁及原因初探》(《山西大同大学学报(社会科学版)》)发现明清时期文峪河中下游河道的 11 次异动中 10 次自然变迁均受着汾河中游河道变迁的影响,并与中上游生态环境的变化有着密切关系。王建革《江南治水传统与现代水环境的恢复对策》(《复旦学报》第 6 期)梳理了古代江南水利的经验。张忍顺、高超、汪亚平《公元 9 世纪以来长江潮区界的迁移过程重建》(《古地理学报》第 6 期)发现长江干流在被大型水利工程截断以前,长江潮区界持续向下游移动。其他研究还有王申、曾剑、韩曾萃《钱塘江河口涌潮强弱的历史变迁(1471—2001)》(《中国历史地理论丛》第 2 辑),王宏《六朝建康城青溪故道考》(《历史地理研究》第 3 期)等。

(三)历史灾害研究。如前所述,出于为抗击新冠肺炎疫情总结历史经验,本年度历史疫灾研究非常活跃,成果频出,此方面研究前面已经评述。与此同时,历史灾害研究亦有诸多成果,特扼要评述如下。专著方面,夏明方《文明的"双相"》(广西师范大学出版社)在作者长期以来中国灾害史与生态环境史领域研究基础上,运用通俗的论述阐发作者关于自然灾害、救荒、生态环境与中国历史发展等方面的思考。学科理论方面,卜风贤《中国农业灾害史研究的基本问题及学术旨向》(《中国社会科学评价》第 3 期)指出,"虽然目前关于农业灾害历史演进、历史农业灾情特征及农业减灾救荒史等基本问题的专题研究进展顺利,但仍存在研究方向不明确、研究领域未能充分拓展以及研究范式固化等问题。有必要从传统农业、粮食安全和农业遗产等三个维度进一步推进农业灾害史研究,以期从科技史、社会经济史和文化史三个方向充分拓展农业灾害史的学术空间,形成既具有显著灾害史分支学科特性、又能兼容统筹于农业史学科体系的农业灾害史学术领域"。魏柱灯《清代苏沪地区饥荒的时空变化及其环境因素》(《地理科学进展》第 8 期)构建了清代苏沪地区逐年的饥荒指数序列,复原其分布的空间特征,并对影响其特征的因素进行了探讨。卜风贤、王璋《灾害史研究的学科归属》(《自然辩证法通讯》第 4 期)将灾害史研究归并于科技史三分法体系下的应用科技史序列,与历史学领域的灾害史研究并行不悖。

在水旱灾害方面,有陈业新《历史时期水旱灾害资料等级量化方法述论——以〈中国近五百年旱涝分布图集〉为例》(《上海交通大学学报》第 1 期)对《中国近五百年旱涝分布图集》的资料、方法等问题进行了评述。陈业新《历史地理视野下的泗州城市水患及其原因探析》(《学术界》第 5 期)指出,泗州城水患是地势低洼、周边湖泊众多、降水充沛等自然因素与明清治河所导致洪泽湖水位增高等人为因素双重作用的结果。蔡群、朱圣钟《明清时期沱江流域水灾时空特征》(《三峡大学学报(人文社会科学版)》第 1 期)对明清时期沱江流域水灾发生的时段分布进行了研究,发现主要集中在 18 世纪和 19 世纪;对水灾的空间分布格局也进行了分析。此领域的相关研究还有苏新留、邢祎《明末大旱及其对河南社会的影响》(《中州学刊》第 3 期),蓝勇、张亮《中国古代的城市内涝与治理》(《中国应急管理报》8 月 25 日),任鑫帅、崔建新《辽金时期西辽河流域旱涝序列重建与特征分析》(《干旱区资源与环境》第 12 期)等论著。

在其他灾害研究领域,王大学《灾害、环境与慈善的相反相成:以乾隆朝直隶乡村社会保障建设为中心》(《历史地理研究》第 1 期)对乾隆十三年畿辅义仓与留养局系统分布的空间特征进行了研究。萧凌波《1736—1911 年华北饥荒的时空分布及其与气候、灾害、收成的关系》(《地球科学进展》第 5 期)发现温度、降水与歉收、饥荒呈显著负相关,旱灾与歉收、饥荒的相关关系较水灾更为显著;有效的社会应对有利于减少歉收和饥荒发生;饥荒多发区主要分布在汾河谷地、河南中南部以及冀鲁豫交界处。王建华《区域史视野下物候异常与气候变化的关系——以晋东南区域自然灾害为例》(《上海地方志》第 2 期)指出晋东南自然灾害与物候异常长时段的波动曲线是趋于一致的,而这个曲线也在某种程度上反映了中国历史气候的变迁。此类研究还有王洋、殷淑燕、徐潇悦、刘静《气候变化背景下明代华北地区人口大量死亡事件研究》(《干旱区资源与环境》第 9 期),殷田园、殷淑燕、李富民《明代生命损失型地震的时空分布特征及成因分析》(《浙江大学学报(理学版)》第 2 期)等。

(四) 历史环境研究。如前所述,近年以来的一个趋势,就是作为历史地理传统分支学科的环境变迁与新兴的环境史相结合,呈现兴旺的局面。本年度,王利华教授主编的"中国区域环境变迁研究丛书"有多部论著出版,如刘荣昆《林人共生:彝族森林文化及变迁》,姚文波《历史时期董志塬地貌演变过程及其成因》,耿金、和六花《矿业·经济·生态:历史时期金沙江云南段环境变迁研究》(以上均为中国环境出版集团出版),胡安徽《历史时期武陵山区药材产地分布变迁研究(618—1840)》(厦门大学出版社)等。

在理论方法探讨方面,《史学集刊》第 2 期组织了多篇笔谈,针对近年来中国环境史研究的新动态,对其理论与方法进行探讨,分别为:王利华《"盲人摸象"的隐喻——浅议环境史的整体性》、梅雪芹《生态生产力标准——环境史研究中历史评价尺度的创新及其意义》、周琼《区域与整体：环境史研究的碎片化与整体性刍议》、滕海键《论经济史研究的生态取向》，从不同角度对若干问题进行研究。周琼《史料与问题：环境史学科体系构建的两条腿》（《昆明学院学报》第 1 期）进一步呼吁更多学者加入环境史学科的建设。

在具体研究中，李并成《敦煌资料中所见讲究卫生爱护环境的习俗》（《中国历史地理论丛》第 2 辑）挖掘了敦煌文献及壁画中一些讲究公共卫生、爱护环境史料中所体现的良好卫生习俗对于今天的积极借鉴意义。刘祥学《明清以降漓江上游地区的人类活动与环境变迁研究》（《历史地理研究》第 2 期）指出：明清以降，随着外来人口在漓江上游地区进行垦殖活动，导致山区自然环境变化，泥沙被雨水冲刷入漓江，促进了桂林段漓江河床与沙洲的变化，最终也推动了居民分布的变化。鲍俊林《传统技术、生态知识及环境适应：以明清时期淮南盐作为例》（《历史地理研究》第 2 期）对明末清初至 20 世纪中后期江苏淮南盐区制盐技法的演变历程及其关键影响因素进行了分析。张力仁《旱灾、饥荒与清代鄂尔多斯地区蒙地的开垦》（《中国历史地理论丛》第 4 辑）指出，正是干旱、饥荒严重多发，才促使清代鄂尔多斯蒙地的开垦。孙冬虎《从皇家苑囿到京郊乡村：南苑环境史上的重大转折》（《前线》第 7 期）对京郊南苑地区地理景观、风貌的变迁历程进行了梳理，指出其在清末光绪年间经过迅速开垦，从皇家苑囿变为京郊乡村，是国家制度和政策影响土地利用方式的典型例证。白如镜、李嘎《当代中国城市水利史研究述评》（《社会史研究》）对中国城市水利史研究进行述评，在充分肯定其成果积累与影响扩大的同时，指出仍有不断改进之必要。

（五）**历史地理信息系统（HGIS）研究**。作为历史地理学中年轻的分支学科，如何更好地发挥其作用，多名学者进行了讨论。赵耀龙、巢子豪《历史 GIS 的研究现状和发展趋势》（《地球信息科学学报》第 5 期）回顾了历史 GIS 产生的背景、研究现状，并从历史资料的空间化与数字化、历史地理时空大数据、历史地理空间框架构建及历史地理信息服务、历史地理时空过程及模型构建、历史地理信息科学和技术学科体系的形成等角度展望了历史 GIS 的发展趋势。前引文王晗《历史地理学研究中 GIS 的认知过程及其人类因素考量》指出，GIS 在历史地理不同学科中使用情况不同，在历史自然领域运用广泛且影响较大，而受历史文献数据化标准问题的影响，在人文地理研究领域，GIS 技术运用情况则略显滞后。秦昆、林珲、胡迪、许刚、张晓祥、卢宾宾、叶信岳《空间综合人文学与社会科学研究综述》（《地球信息科学学报》第 5 期）对地理信息科学与诸多人文社会科学深度融合的思路、框架和方法进行了论述，并对空间综合人文学与社会科学研究的关键问题和未来发展方向进行了展望。在具体研究领域，有刘颖、赵耀龙、杨锦、邓戈、欧珠《藏语方言时空数据共享服务平台的设计与实现》（《热带地貌》第 1 期），张逸卿、胡迪、于璐、冯庆普、张余淑《南京市历史地名名录数据集》（《中国科学数据（中英文网络版）》第 1 期）等研究成果。

六、历史人文地理领域的代表性成果

（一）**历史政治地理**。历史政治地理是中国历史地理学的传统分支学科，历史悠久，本年度仍有诸多成果发表。

先秦秦汉至南北朝时期政治地理研究方面,徐少华《曾侯与钟铭"君庀淮夷,临有江夏"解析》(《中国史研究》第2期)指出曾侯与钟铭所言"君庀淮夷,临有江夏"一辞,是从西周晚期以降尤其春秋时期的形势出发,来描述西周早期曾侯受封立国的情景,这种时间的错位需要我们特别注意。朱圣钟《西周巴国疆域考》(《西部史学》第1期)厘清了西周时期巴国疆域疆界,并对部分认识误区进行了辨析。鲁西奇《齐国的乡里控制体系及其变化》(《文史哲》第1期)对西周至战国时期齐国城乡控制体系的格局与流变进行了梳理与分析。鲁西奇《封、疆、界:中国古代早期对于域界的表示》(《史学集刊》第1期)指出"封"是人工堆筑的土垒,"疆"则为人为画出的界线,而"界"则是有具体的地理事物作为标识的人为划分。关于这一时期的研究还有龙啸、方辉、加里·费曼、琳达·尼古拉斯《秦汉黔陬县地望考》(《中国历史地理论丛》第1辑),张韶光《试论简牍所见秦对边缘地区的管辖》(《史学月刊》第8期),欧扬《岳麓秦简秦郡史料补议》(《中国历史地理论丛》第2辑),崔建华《肩水金关汉简"河东定阳"辨正——兼论宋人著录"周阳侯甗鎘"的真伪》(《中国历史地理论丛》第2辑)等。

隋唐宋元时期政治地理研究领域,屈卡乐《唐后期团练、防御州考述:以唐会昌五年为时间截面》(《历史地理研究》第3期)指出:唐中央政府设置团练、防御州政治意图有三:军事上拱卫京师;维护漕运安全;归还州刺史军权,限制方镇军权。杨蕤《〈中国历史地图集·西夏幅〉补释》(《中国边疆史地研究》第1期)中指出,西夏文文献和考古出土资料将成为《中国历史地图集·西夏幅》修订的重要信息补充和资料来源。曹流《差异与变迁——〈亡辽录〉与〈辽史·地理志〉所载刺史州异同探赜》(《中国边疆史地研究》第3期)指出,《亡辽录》和《辽史·地理志》二书由于史源不同,加之所采刺史州的时段不同,所以记载有所差异,而二书都无法展现有辽一代刺史州变化的全貌。王旭《论宋代基层区划:乡的边界及其划界原则》(《历史地理研究》第2期)认为宋代乡的划界大体遵循"山川形便"原则。其他相关研究还有杨长玉《唐蕃接触中的河西九曲》(《中国史研究》第3期),王庆昱《唐折冲府献疑一题》(《中国历史地理论丛》第4辑),齐子通《次赤县与唐宋之际皇陵属县管理制度变迁》(《江西社会科学》第3期),龚延明《宋路级地方行政区划名与实》(《清华大学学报》第4期),郭声波、李培生《北宋茂属十七羁縻州地望考》(《中国历史地理论丛》第2辑)等。

明清时期仍是历史政治地理研究最集中的时段,李成《地方势力与地方行政区划的设置——以明代湖广黄安建县为例》(《中国历史地理论丛》第2辑)以由地方士绅发挥重要作用的黄安建县过程为案例,讨论地方力量对政区设置的影响。张骏杰《明显陵与湖广政区的演变》(《中国历史地理论丛》第2辑)对明代嘉靖帝因拱卫显陵而导致的湖广一系列政区的变化过程进行了梳理。谢湜《"封禁之故事":明清浙江南田岛的政治地理变迁》(《中山大学学报》第1期)对明清时期海岛管理政策、海岛垦殖与社会发展等问题进行了探讨。管书合《柳条边始建年代考略》(《中国边疆史地研究》第3期)认为柳条边始建年代应在天聪七年,经崇德三年的扩展而大致成形。张轲风、戴龙辉《清前期"边缺"与边疆治理述论》(《中国边疆史地研究》第4期将清代"边缺"分为四种类型,对其制度实施与清代的边疆治理之间的关系进行了论述。高茂兵《清末民初同城治所裁并初探》(《历史地理研究》第 1 期)对清末民初由江苏省推广向全国的裁并同城治所的做法过程与措施进行了梳理与探讨。

厅制是清代的具有特色的政区建置,本年度有多篇文章围绕厅制进行研究,王启明《清代西北边疆厅的历史嬗变——以吐鲁番为例》(《中国边疆史地研究》第 2 期)考订了吐鲁番直隶厅的设置时间和演变过程。段伟《清代政区名演化个案研究:从杂谷厅到理番厅》(《历史地理研究》第 3 期)对清代杂谷直隶厅(理番厅)的政区名做了梳理与研究,指出乾隆年间就已经出现杂谷厅俗称为理番厅的现象,嘉庆之后更是普遍,这种俗称影响了中央和地方官员、学者的认识。

对明清时期政治地理进行研究的论文还有齐创业、黄忠鑫《明代安庆、徽州地区兵备道分合演变考论》(《历史地理研究》第 2 期),段伟《挣脱不了的附郭命运:明清时期凤阳府临淮县的设置与裁并》(《复旦学报》第 4 期),李淮东《明代"中国"西部疆域形成史论——以明朝经略西藏为中心的考察》(《中国历史地理论丛》第 2 辑),罗勇《明代滇缅边境土军千户所与州县关系研究》(《历史地理研究》第 3 期),宋可达《试论浙、赣省界的形成——以明初广信府的改隶为中心》(《中国历史地理论丛》第 2 期),李金飞《清代疆域"大一统"观念的变革——以〈大清一统志〉为中心》(《中国边疆史地研究》第 2 期),王月《乾隆朝热河道设置考论》(《历史档案》第 1 期),黄博《清代西藏的"阿里总管"体制》(《中国历史地理论丛》第 4 辑),易锐《清前期"版图"概念考析》(《中国历史地理论丛》第 1 辑),吕昭义、陶亮《1890 年〈中英会议藏印条约〉谈判中的中锡边界交涉》(《中国边疆史地研究》第 2 期),郭红、郭嘉《清末民初广西的弹压委员与改土归流》(《中国边疆史地研究》第 2 期),何星《晚清〈中俄科塔界约〉及其相关问题研究》(《社会科学战线》第 7 期)等。

(二)历史经济地理。在历史农业地理领域,运用数量模型探讨耕地演变成为近年新的研究方式,李美娇、何凡能、杨帆、赵亮《明代省域耕地数量重建及时空特征分析》(《地理研究》第 2 期)重建了明代典型时点省域耕地面积。霍仁龙、杨煜达、满志敏《1700—1978 年云南山地掌鸠河流域耕地时空演变的网格化重建》(《地理学报》第 9 期)设计了历史时期山地小尺度区域耕地网格化重建模型,重建了 1700—1978 年具有明确时间和空间属性的网格化耕地格局。此类研究还有张莉、刘建杰《清末民国时期新疆玛纳斯河流域耕地格局重建》(《资源科学》第 7 期),方修琦、赵婉一、张成鹏、张頔旸、魏学琼、邱维理、叶瑜《全球历史 LUCC 数据集数据可靠性的评估方法及评估案例》(《中国科学:地球科学》第 7 期)等。

边疆地区的垦殖和农业地理在本年度成果较多,侯甬坚《屯田区概念与西域屯垦史研究》(《西域研究》第 3 期)对屯田区的基本内涵进行了归纳,提出应在屯田区域研究中注意淬炼和使用行之有效的复原方法,以在新的高度和层次上推进西域屯垦史研究。荆磊、王龙、蒋洪恩《吐鲁番晋唐时期的农业活动研究——以吐峪沟石窟作物遗存为例》(《农业考古》第 1 期)根据新疆吐鲁番晋唐时期出土的粮食作物遗存,指出当地存在多种粮食作物并存的局面,说明农业水平已经达到较高的程度。王启明《清代伊犁与乌鲁木齐等地水稻种植始末钩沉》(《历史地理研究》第 3 期)对伊犁和乌鲁木齐两地的水稻种植情况与特色进行了研究。潘威《清代民国时期伊犁锡伯旗屯水利社会的形成与瓦解》(《西域研究》第 3 期)指出,嘉庆前期,锡伯营自建了一套完备的农田水利体系,其模式一度推广到更大地区。辛亥革命后,锡伯营水利社会陷入瓦解境地。马勇、张勃林《论清代临安府地区农业地理的演变与空间分异》(《云南民族大学学报(哲学社会科学版)》第 6 期)对清代云南临安府地区由于自然条件与社会经济文化所导致的空间差异进行了复原与分析。

历史工商业地理方面,范金民《明代徽州木商经营活动述略》(《安徽大学学报(哲学社会科学版)》第 2 期)对明代徽州木商在全国范围内的经营活动历程进行了梳理。许檀《清代晋商在禹州的经营活动——兼论禹州药市的发展脉络》(《史学集刊》第 1 期)指出:清代禹州的商业本以杂货转运为主,到清代后期逐渐成为华北三大药市之一。此领域研究还有黄嘉福《两宋燃料分布、控制与开发——兼论"传统燃料危机论"与"燃料革命论"之不成立》(《中国历史地理论丛》第 4 辑)、马欢《1884—1939 年中药材埠际贸易的变迁研究》(《历史地理研究》第 1 期)、王振忠《从〈燕行事例〉看 19 世纪东北亚的贸易》(《清华大学学报(哲学社会科学版)》第 6 期)、胡明《明清河南区域粮食种植结构商品化与集镇城镇化研究》(《中国农史》第 1 期)等。

在其他领域,张欣、赵小平《盐业资源与地域发展:以河东盐的历史演进为中心》(《思想战线》第 3 期)指出,凭借河东盐的辐射效应,河东地域发展呈现"因盐发展"的"资源型"地域的特点。尚群昌《秦汉中原地区水井类型及地域分布探究》(《中州学刊》第 7 期)指出,秦汉中原地区水井可分为土井、瓦井、陶圈井和砖井,以环嵩山地区、南阳盆地和黄淮平原西南部最为集中。许起山《江南与江北的互动——绍兴和议后宋廷对北部沿边地区的开发和治理》(《暨南学报》第 8 期)研究了南宋时期对淮东、淮西、京西、湖北四路经济的经营及其发展。潘威、李瑞琦《清代嘉道时期河工捐纳及其影响》(《中国经济史研究》第 6 期)对清代嘉道为开辟河务财政来源而逐渐常态化的河工捐纳制度的背景进行了分析,指出其成功地应对了道光时期的大规模水灾,但也产生了长期的不利影响。

本年度历史经济地理领域还有朱圣钟《早期巴人农业经济结构及其生态背景》(《古今农业》第 2 期),卜风贤、王璋《传统农业减灾与稳产的技术二重性》(《科学技术哲学研究》第 1 期),李并成《敦煌文献中所见唐五代时期的水利官吏》(《历史地理研究》第 1 期),双静如、王尚义《明代山西粮食生产研究》(《三门峡职业技术学院学报》第 2 期),韩强强《清代陕西蔬菜的区域差异及其影响因素》(《中国历史地理论丛》第 1 期),郑振满《明清时期的林业经济与山区社会——福建永泰契约文书研究》(《学术月刊》第 2 期),刘鑫凯、朱宏斌《清代马铃薯在陕西的引种与传播》(《中国历史地理论丛》第 2 辑),张俊峰《黄土高原的山水渠与村际水利关系——以〈同治平遥水利图碑〉为中心的田野考察》(《历史地理研究》第 2 期),段伟《清代政府对沉田赋税的管理——以江苏、安徽、山东地区为中心》(《苏州大学学报(哲学社会科学版)》第 1 期)等。

(三)**历史城市与聚落地理**。本年度历史城市地理的专著与论文集有:成一农《中国城市史研究》(商务印书馆)对中国城市史研究的对象、概念、学术史等进行了梳理,并对未来进行了展望。李令福《西安学与中国古都学论集》(中国社会科学出版社)出版,汇集了作者近十几年来关于西安与古都研究的论文。

在城址考订方面，马孟龙《秦汉上郡肤施县、高望县地望考辨》(《文史》第 2 期)、《西汉归德、中阳、西都地望新考——以张家山汉简〈二年律令·秩律〉为中心》(《陕西师范大学学报》第 2 期)对秦汉时期多座县城的城址进行了考证。王红星、朱江松《江陵城、南郡城、荆州城辨正——以考古资料为中心》(《历史地理研究》第 2 期)对历史时期今荆州一带的多座城址进行了辨析。尹弘兵《鄀城遗址性质考辨》(《长江大学学报（社会科学版）》第 2 期)亦对此问题进行研讨。齐子通《如影随形：唐宋之际都城东移与北都转换》(《中国史研究》第 2 期)对唐宋时期都城格局的变化因素进行了分析。蓝勇《文献与田野三视阈：中古州县治城位置考证方法研究——以唐代昌州治所变迁及静南县治地考辨为例》(《历史地理研究》第 1 期)以唐代昌州治所变迁及静南县治地考辨为个案，提出文献分析与田野中的记忆、形胜、文物三视阈相结合，考证研究中古时期州县治城位置的方法。李嘎《明代山东海疆卫所城市的选址与历史结局——兼论该类城市在山东半岛城市发展史上的地位》(《清华大学学报》第 4 期)对于明代海疆卫所的选址机制与对后世影响进行了系统研究。

关于城市作为"面"的内部形态与空间结构研究，贾鸿源《北宋东京内城里坊布局新识》(《中国历史地理论丛》第 4 辑)对北宋东京内城里坊位置、范围、建筑等进行重新考订，并对东京内城里坊的面积、坊界划分特点等进行总结。郝园林《清代新疆"伊犁九城"建置始末——兼论满城形制的渊源》(《清史研究》第 3 期)将清代新疆满城的形制追溯到明代的卫所城。郭岩、杨昌鸣、张雨洋《场域视角下清代北京宣南雅文化核心区范围及空间关联特征》(《地理研究》第 2 期)从场域视角出发，用 GIS 分析方法对清代北京宣南"雅文化核心区"进行探析。梁敏玲《"捕属"与晚清广州的城市社会》(《中国历史地理论丛》第 4 辑)以"捕属"这一广州区域的演变为题，对珠江三角洲地方基层治理区域体制进行了思考。该领域研究还有刘雅媛《传统城市空间的近代转型：以上海县城为例 (1905—1914)》(《中国历史地理论丛》第 1 辑)，高衡《民国西安开辟的防空便门考述》(《中国历史地理论丛》第 2 辑)，陈云霞《近代上海虹庙的转型与城市社会空间构建》(《历史地理研究》第 2 期)，肖爱玲、赵昕宇《唐文宗庆成节活动空间转移及其政治文化隐喻》(《济南大学学报》第 4 期)等。

关于历史城市地理的理论，毛曦《中国城市史研究的地理取向——兼论聚落地理学视阈中的城市史研究》(《中华文化论坛》第 3 期)认为，从聚落地理学来看，城市史学应该加强以城市为中心的区域历史聚落地理的专门与整体综合研究、城乡关系史的聚落地理学研究、聚落类型及规模与区域城市化研究、城市史的人地关系研究。刘新光《"实中城"考原》(《国学学刊》第 3 期)对魏晋至隋唐时期文献中常见的"实中城"的名实进行了辨析。

在城市与周边地理环境的互动方面，潘明娟《旱涝灾害背景下的汉长安城水资源利用》(《苏州大学学报》第 1 期)指出，正是旱涝气候灾害，导致西汉时期长安城不断整合与完善供水系统，推动了城市的发展和建设。这方面的研究还有冯晓多《城镇与环境的互动：以宁夏地区明代军城为中心》(《中国边疆史地研究》第 3 期)，张蕾、何捷《豫东平原古城淮阳城湖湿地历史景观探析——兼论科罗纳（CORONA）影像资料的解读与运用》（《中国历史地理论丛》第 2 辑）等论著。

在聚落地理方面，张达、周宏伟、黄天锋、张广义《湖南省历史早期聚落遗址时空分布特征及其影响因素》（《山地学报》第 5 期）对新石器至商周时期湖南省聚落遗址的空间分布及其机制进行了研究。欧阳琳浩、谢湜、梁育填《明清时期军屯制度对南岭山地乡村聚落变迁的影响——以蓝山县南部村落为例》（《中国历史地理论丛》第 2 辑）指出，明清卫所军屯及其转型所带来的土地拓展过程，形塑了南岭山地存留至今的历史事实和族群聚落景观。田磊、王开队《历史地理学视阈下传统村落历史信息的数据化处理——以徽州传统村落为例》（《江汉论坛》第 2 期）对传统村落研究的数据化处理方面的各个问题进行了分析。刘超建《晚清民国乌鲁木齐地区村落类型与社会治理——以个案分析为中心》（《中国边疆史地研究》第 1 期）通过对晚清民国乌鲁木齐不同类型村落个案的分析，探讨乡村社会治理的空间差异性。王振忠《晚清民国徽州的日常生活与乡村治理——以稿本〈开检可观〉为例》（《安徽大学学报》第 1 期）指出很多源远流长的徽州乡村民事惯例在晚清民国时期发生了一些变化。

（四）历史文化地理。历史文化地理是历史地理学近些年来快速发展的分支学科之一，得到诸多学者的关注，刘志伟、段渝、徐少华、张晓虹《中国区域文化研究：理论、方法和史料拓展》（《人文论丛》第 1 期）对区域文化研究各方面问题进行了讨论。古帅《黄河因素影响下的山东西部区域人文环境（1855—1911）》（《中国历史地理论丛》第 2 辑）对黄河铜瓦厢改道所导致的山东西部人文地理环境的变化进行了梳理和分区研究。邹振环《晚清书业空间转移与中国近代的"出版革命"》（《河北学刊》第 3 期）发现，从空间上考察，晚清开始的"出版革命"是从江南书业向上海的空间转移开始的。

地理感知逐渐成为历史文化地理研究的重要课题之一，张轲风《云象、望气、矿藏："金马碧鸡"传说的生成过程》（《中国历史地理论丛》第 1 辑）对形成著名的"金马碧鸡"传说由来的成说进行了辨析，认为：云南大姚一带山区的云象奇观和丰富的铜、碧矿藏资源是该传说生成的基础，在西汉"崇祥重祀"的社会背景下，望气之术则成为贯通二者的思想纽带，并将之解释为一种"金碧其质、鸡马其形"，代表金玉之气的祥瑞吉兆。蓝勇、陈俊梁《唐宋历史记忆与巴蜀分界线复原——兼论历史研究中的"后代记忆"的科学运用》（《四川师范大学学报》第 2 期）基于唐宋时期的历史记忆，复原了先秦秦汉时期巴蜀之间的分界线，并对运用后世记忆研究历史的方法进行了分析。

宗教地理方面，王开队《因地而生：历史时期的佛教与徽州社会》（《江汉论坛》第 5 期）对汉晋至明清时期佛教在徽州地区的发展历程进行了梳理。王开队、田磊《明嘉靖朝皖南佛教寺院的空间分布——兼论历史佛教地理研究中的空间选择及相关问题》（《黑龙江社会科学》第 5 期）对佛教分布与区域社会经济文化之间的关系进行了分析。胡元超《昭陵封域寺观补考》（《中国历史地理论丛》第 4 辑）对唐太宗昭陵封域内的寺院进行了考证。

此领域研究还有魏超《越南阮鹰〈舆地志〉对"越地"的空间想象与诠释》（《浙江师范大学学报》第 2 期），沈登苗《清代全国县级进士的分布》（《社会科学论坛》第 1 期），李艳《从 [f] 声母缺失看陕南镇坪移民》（《中国历史地理论丛》第 1 辑）等。

（五）历史地图与古地图。本年度，围绕《清史地图集》的编绘，有多篇研究历史地图的文章发表，华林甫《清朝政区边界复原与清史地理再现——〈清史地图集〉的编绘实践》（《清史研究》第 5 期）对《清史地图集》的学术创新点、考证路径、编绘方法等进行了总结与阐述。陈冰《〈清史地图集·湖北图〉飞地绘制探微》（《清史研究》第 5 期）对宣统三年湖北 16 块跨县界的飞地的绘制进行了研究。赵逸才《清末奉天、锦州二府的县级政区格局及其边界形态》（《清史研究》第 5 期）对宣统三年奉天、锦州二府的县级政区及其边界进行了研究与复原。

历史地图是历史地理学研究成果重要的呈现形式，近年来，编制历史地图集在很多地方展开，但相应的历史地图绘制方法、经验等方面的总结与研究成果却不多见，期待随着历史地图集的编绘工作，这一领域的成果能够不断涌现。

古地图是近年来历史地理学界重要的学术增长点，本年度此领域的论著亦不断涌现。成一农《中国古代舆地图研究（修订版）》（中国社会科学出版社）在原版的基础上进行了大量的修订，增加了对中国古代全国总图的最新研究，补充了清代前期的全国总图的出处和版本。李孝聪《试论地图上的长城》（《云南大学学报》第 2 期）对中国古代地图上所绘制长城的政治文化内涵进行了剖析。成一农、陈松《中国古代的河源图研究——基于知识史的一些解读》（《学术研究》第 6 期）通过对中国古代河源地图的研究，发现唐代以后多次对河源的实地考察并未撼动传统的"伏流重源"说的主体地位。孙靖国《古地图中所见清代内外译划分与巡洋会哨》（《中国边疆学》第 13 辑）对古地图在研究清代海域管理方面的史料价值进行了分析。钟翀《宋元版刻城市地图考录》（《社会科学战线》第 2 期）在系统整理宋元方志、《永乐大典》及后世方志等文献城市地图的基础上，深入辨析其版本源流与由来，并对图式与内容进行综合考察。这一领域的研究还有成一农《明清海防总图研究》（《社会科学战线》第 2 期），成一农《图像如何入史——以中国古地图为例》（《安徽史学》第 1 期），纪展鸿、钟翀《民国川沙县城的"细描"——基于民国实测地图与建筑基底图的城镇平面格局复原与分析》（《上海城市管理》第 6 期）等。

在整理与研究海外收藏的中国古地图方面，《社会科学战线》第 11 期刊发了华林甫、赵逸才《清末农安县下政区的地域联系与空间结构——德藏晚清吉林舆图研究之三》和陈冰《清末吉江两省在江北五站地区的边界纠纷及其解决——德藏晚清吉林舆图研究之四》，对多幅德藏晚清吉林地图进行了历史地理学的研究。郑永华《两张英藏晚清广州洪兵舆图成图时间再考——兼及舆图成图时间考证的"断限逼近法"》（《历史地理研究》第 2 期）对两幅英藏清代地图进行了考证。

由于中国古代地图大多未采用投影法绘制，所以民国时期的大比例尺地图就成为研究历史地理的重要辅助资料，徐建平《基于地图数字化的民国政区复原——以 1934 年版〈中华民国新地图〉为例》（《历史地理研究》第 3 期）发现被认为民国时期质量最高的民用地图——1934 年版《中华民国新地图》曾存在资料的时代差异。任玉雪、邓发晖《〈中国大陆五万分之一地图集成〉所收地图来源分析》（《历史地理研究》第 3 期）指出，日本所出版影印的《中国大陆五万分之一地图集成》所收地图主要为中国政府测绘，今日所见为日本窃取之后加以改制与发行。李鹏《图绘大川：晚清〈峡江救生船志〉航道图研究》（《学术研究》第 6 期）和李鹏、葛晓晶《国家力量与科学追求：20 世纪 30—40 年代川江航道测绘与航图制作》（《长江文明》第 2 期）对长江图进行了系统研究。

近年来，引介国外地图学史研究成果和古地图领域的中外交流史研究成果不断涌现。依托国家社科基金重大项目"《地图学史》翻译工程"，《思想战线》第 2 期刊发了两篇相关论文：成一农、马修·H. 埃德尼、包甦译《〈地图学史〉项目与未来中国地图学史研究：访马修·H. 埃德尼教授》、成一农《对中国古地图和地图学史研究未来的展望——对马修·H. 埃德尼教授访谈的回应》，充分讨论了中国地图学史发展和与国外地图学史交流的前景。姚大力《〈大明混一图〉上的两个印度》（《复旦学报》第 1 期）通过《大明混一图》上出现的两个印度的地理现象，解读了中西交流史上的重大问题。何国璠、韩昭庆《波特兰海图研究及存在问题的分析》（《清华大学学报》第 2 期）对西方海图史上的重要类型——波特兰海图进行了评述。林宏《已佚 1590 年单幅中国大地图研究》（《中国历史地理论丛》第 1 辑）复原了耶稣会士在中国舆图基础上所绘制单幅中国大地图，进而影响西方中国地图绘制历史。此类研究还有林宏《罗明坚中国地图集之"改创型"图稿的地图要素分析》（《国际汉学》第 4 期）、胡恒《如何绘制罗马？——18 世纪罗马"平面地图"中的历史与现实》（《同济大学学报》第 3 期）等。

（六）古代地理文献研究。在古代地理文献研究领域，杨萧杨《〈山海经·中山经〉河洛地区山川考述》（《历史地理研究》第 1 期）对山海经中河洛地区诸山川的地望进行考证，并探讨《山经》时代人们对地理环境的认知。李晓杰、杨智宇、黄学超、杨萧杨、赵海龙、袁方《〈水经·洛水注〉校笺及水道与政区复原（上）》（《历史地理研究》第 3 期）对《水经注》所记载的洛水水道及城邑进行考释和复原。何沛东《近代方志印数考》（《图书馆杂志》第 4 期）总结出近代方志印数多在几百部。吴松弟《中国旧海关内部出版物的形成、结构与学术价值》（《史林》第 6 期）对旧海关内部出版物的情况与学术价值进行了总结与梳理。江田祥、徐晶《明代〈桂林郡志〉的编纂及其成书时间考辨》（《广西地方志》第 3 期）考订了《桂林郡志》的成书时代。此领域的研究还有吴锐《"岛夷"还是"鸟夷"——刘起釪先生〈尚书校释译论·禹贡篇〉商榷》（《中国历史地理论丛》第 2 辑）、骆详译《〈通典〉〈元和志〉和两〈唐书〉载唐代江南道十五州领县数据系年及数据来源辨证——对史籍中数据采集的思考》（《史林》第 5 期），费杰《16—20 世纪中文地理文献中的冰岛》（《国际汉学》第 3 期）等。

（七）历史交通地理。本年度，一带一路研究仍然持续热度，有学者将视角延伸至海外，胡德坤、王丹桂《古代海上丝绸之路与新加坡早期港口的兴衰》（《史林》第 4 期）指出室利佛逝的式微和元朝海上丝绸之路的繁盛，直接促使 13 世纪末 14 世纪古新加坡崛起成为繁荣的国际港口和区域商业中心。而明朝中国海洋贸易政策的变化，直接导致 14 世纪之后古新加坡港口的湮没。新加坡早期港口的兴衰与海上丝绸之路息息相关。孟彦弘《游牧与农耕交错、东西与南北交通视野下的河西走廊——以隋及唐前期的凉州为例》（《中国人民大学学报》第 4 期）、李鸿宾《唐朝地缘政治中的河西走廊》（《陕西师范大学学报》（第 2 期）、荣新江《唐贞观初年张弼出使西域与丝路交通》（《北京大学学报》第 1 期）都对西北丝绸之路进行了研究。杨海英《明代万历援朝战争及后续的海运和海路》（《历史档案》

第 1 期）对万历援朝战争时期辽东和天津、辽东粮食海运和海路等细节进行了考证和说明。李振德、张萍《清至民国西宁至拉萨道路（青海段）分布格局的变迁——基于古旧地图及数字化的分析》（《历史地理研究》第 2 期）通过对古旧地图的数字化分析，对清代至民国时期交通道路进行了研究。刘玉青《明清时期珠江三角洲津渡变迁研究》（《中国历史地理论丛》第 2 辑）对珠三角地区的津渡体系及其变迁进行了分析。

该领域相关研究还有王小甫《香丝之路：阿曼与中国的早期交流——兼答对"丝绸之路"的质疑》（《清华大学学报》第 4 期），王蕾、卢山冰《汉唐时期阳关的盛衰与丝路交通》（《西北大学学报》第 6 期），石云涛《唐诗中的丝绸之路回鹘道》（《河北学刊》第 5 期），张弘毅《唐代河湟地区的道路交通》（《江西社会科学》第 8 期），霍巍《宋僧继业西行归国路经"吉隆道"考》（《史学月刊》第 8 期），张多勇《北宋延州与西夏盐州的道路及龙州、藏底河城考察研究》（《宁夏社会科学》第 4 期），王绍东《再论秦直道是昭君出塞的最可能路线》（《南开学报》第 4 期），周松《嘉峪关变迁与明代交通地理之关系——基于史源学的研究》（《中国边疆史地研究》第 2 期），王子今《"秦桥"考议：再论秦交通优势》（《史学月刊》第 5 期），苏海洋《论丝绸之路形成的地理机制》（《江苏社会科学》第 3 期），孟祥晓《从运漕到停漕："保漕"视域下明清卫河地位的变迁》（《南开学报》第 3 期），纪昌兰《宋代明州航济亭设置时间考辨》（《中国史研究》第 2 期），吴同《北宋汴河、淮南运河的通航能力与漕粮定额》（《中国经济史研究》第 5 期），张钦《〈藏行纪程〉所载滇藏交通研究》（《中国边疆史地研究》第 1 期），王子今《汉帝国交通地理的"直单于庭"方向》（《中国历史地理论丛》第 1 辑），卜凡《"澶渊之盟"以前宋辽战争交通道路考》（《中国历史地理论丛》第 2 辑），吴朋飞《明初南北转运中的中原运道》（《中原文化研究》第 5 期），郭声波、苏阳《吐谷浑交通格局新论》（《黑龙江社会科学》第 5 期），刘晨曦《民国东北齐克铁路对中东铁路的冲击及对沿线城镇的影响》（《地域文化研究》第 2 期），吴滔、胡晶晶《华洋杂处下的西津渡：19 世纪京口江岸区域的社会秩序》（《地方文化研究》第 1 期）等。

（八）历史军事地理。历史军事地理是历史地理学的传统分支学科之一，有着深厚的传统，本年度，孙闻博《范雎"远交近攻"与秦对外战略的北移》（《西北大学学报》第 1 期）对战国后期秦国的战略布局进行了研究。魏坚、郝园林《北魏六镇军政地位的考古学观察》（《河北师范大学学报》第 4 期）从考古学角度对北魏六镇的军事地理体系进行了研究。黄忠鑫、廖望《明清时期雷州半岛诸州县佐杂与海防布局的变化》（《中国历史地理论丛》第 4 辑）对明清时期雷州半岛的基层官员设置与海防布局的演变进行了分析。孙宏年、苗鹏举《清代西藏地方军事地理格局的演变》（《中国边疆史地研究》第 3 期）指出清朝中央政府在西藏地方的军事防御体系因防御目标的变化而调整。

该领域研究还有雷晋豪《说"淮汭"与"豫章"：吴师入郢之役战争地理新探》（《历史地理研究》第 1 期），刘兵《并州西部的拓跋南界》（《中央民族大学学报》第 3 期），王乃昂《唐玉门关地望新探——基于历史文献与考古遗存互证》（《中国边疆史地研究》第 1 期），武文君、杨军《分镇边圉：辽朝部族军驻防研究》（《中央民族大学学报》第 4 期），陶莎《澶渊之盟后辽朝战略布局的演变》（《社会科学战线》第 6 期），林建《城寨之外：

北宋西北沿边"崖巉"考》(《中国历史地理论丛》第 2 辑),张晓非《西夏卓啰和南军司驻地新考》(《宁夏社会科学》第 4 期),张多勇《西夏通吐蕃河湟间的交通路线及沿路军事堡寨考察》(《中国历史地理论丛》第 2 辑),赵毅、杨维《论明初西域经营策略——以关西七卫、西番诸卫比较为中心》(《辽宁师范大学学报》第 1 期),王双琳、范熙晅《明长城辽东镇陆海协同军事防御体系布局研究》(《建筑与文化》第 9 期),何俊宇《明代梧州府军事地理研究》(《广西地方志》第 3 期),孙炜、段超《以卫治功:明朝对湖广土司的军事管治》(《中央民族大学学报》第 4 期),周妮《清代湘西苗疆营汛体系探研》(《历史地理研究》第 2 期)等。

(九)**历史人口地理**。曹树基、袁一心《清代前期的"禁派丁盐"与华北地区的人口数据》(《社会科学》第 8 期)发现清代前期枣强等县的人口数据之所以准确,是因政府销售盐引时需要掌握准确的人口,故而与盐引配合的人口是实际人口,不仅包括男性人口,而且包括女性人口。在一些明代后期至清代前期的县级数据中,"丁"也不一定是纳税单位,其中有些是男性人口,有些是全县人口。此类研究还有白玉军、杨煜达《山地聚落历史人口的重建:以近三百年云南峨山沿河村为例》(《历史地理研究》第 2 期),熊昌锟、夏静《清代赣南土客"冒籍"之争与"恩户"的设置》(《中央民族大学学报》第 3 期),牟振宇《1945—1949 年间上海人口的时空数字化分析》(《南京大学学报》第 5 期)等。

(十)**地名史**。地名史也是历史地理学发展较早的学科之一,本年度亦有多篇文章探讨相关问题,肖启荣、黄锦前《"邛""江"考辨》(《中国历史地理论丛》第 1 辑)认为,东周时期表示国族名的"邛",应系山东邛成,即位于今鲁西南地区成武县和单县之间之"邛",而非在今河南息县西南即南土地区的嬴姓江、黄之"江"。姚大力《河西走廊的几个古地名》(《西北民族研究》第 3 期)对河西走廊的"张掖""甘州""祁连""焉支"等几个非汉语地名进行了讨论。王璞《"泥婆罗门"疏证》(《历史地理研究》第 3 期)对汉文史籍所载吐蕃南疆史事常见的"泥婆罗门"一词进行了研究,指出"门"应该是门隅(Mon-yul)或门巴(Mon-pa)之简称,"泥婆罗"与"门"应为两个部落或属国的名称。此领域的研究还有徐俊刚《罗振玉藏"元年钺"铭文所见地名"广望"考》(《历史地理研究》第 2 期),白玉冬《"贺兰"释音释义》(《中国历史地理论丛》第 1 辑),王长命《〈世界境域志〉所记唐地"布格舒尔"地望考》(《历史地理研究》第 1 期),孙昊《渤海"震国""振国"释诂之争》(《中国社会科学报》10 月 14 日),张明、林芊《苗界苗疆考——对明清时期贵州"苗民"聚居地称谓演变的历史考察》(《地域文化研究》第 1 期),吴朋飞《黄河与以"黄"命名的县级地名》(《三门峡职业技术学院学报》第 3 期)等。

(十一)**历史海洋地理**。近年以来,海洋研究成为热点,历史地理学者亦围绕海洋进行多维度研究,刘义杰《南海海道再探》《南海海道三探》(《南海学刊》第 1、3 期)以海道针经和更路簿为依据,对南海海道的分布、走向、网络,及其演变和与海上丝绸之路之间的关系进行了复原与探讨。龚缨晏、陈中一《近 40 年来宁波港史研究回顾与展望》(《海交史研究》第 1 期)对宁波港历史研究的成果和前景进行了总结与分析。丁雁南《两个"帕拉塞尔"之谜:地图史理论变迁与西沙群岛地理位置认知的演化》(《南海学刊》第 6 期)梳理了西方对西沙群岛进行地图表现的历程与误读。周鑫《汪日昂〈大清一统天下全图〉与

17～18世纪中国南海知识的生成传递》(《海洋史研究》第1期)对清代颇有影响力的《大清一统天下全图》系列中的南海知识来源进行了研究。高志超《从岛陆到洋面：明清时期中朝对黄海北部海界认知及演进》(《中国历史地理论丛》第2辑)对明清时期中朝北部海域海界的认知过程进行了梳理。李玉尚《清代黄鱼汛护渔初探》(《国家航海》第2期)对清代的督巡渔汛制度及其背景下的清代海上军事力量、海洋政策和政治体制的兴衰变动以及民间的强大活力进行了研究。近些年来，海洋权益成为学界关注的重点，但历史研究如何与现代法理研究相结合，是一个需要深入研究的问题。李永、张丽娜《论历史性权利在海洋划界中的作用》(《中国边疆史地研究》第1期)对这一问题进行了探讨。

回顾2020年，中国历史地理学科一方面筑牢传统研究领域，另一方面积极与诸多相关学科互相交叉与融汇，探索出了新的研究领域。在以后的研究中，应继续进行多维度研究，加强历史学与地理学学科方法的融合，以更好地发挥本学科"时空兼具、文理交融"的优势，做出应有的学术贡献。

史学理论与史学史研究综述

靳 宝

正如刘江在《平淡中的创新与突破：评 2019 年的中国史学史研究》（《河南师范大学学报》第 4 期）中所说，近年来中国古代史学史研究在整体上呈波澜不惊、探索发展的态势。2020 年中国古代史学史研究在稳步前行中继续寻求突破。

一、综合性研究

关于中国古史分期和社会性质问题，自 20 世纪 30 年代初社会史大论战以来，就成为中国史学发展进程中重要的历史理论问题备受关注。改革开放之后，这一重大历史理论问题探讨缘于多种因素而逐渐趋于消沉。近几年，随着探讨重大理论问题的学术研究回归，中国古史分期和社会性质问题再度受到史学界关注和深入思考。2020 年，同样有几篇这方面的重要成果。徐义华《中国古史分期问题析论》（《中国史研究》第 3 期）通过考察政治与血缘以及国家与宗族的关系，从宗族的视角将中国古代分为氏族社会（夏之前的新石器时代），贵族社会（夏、商、周三代），豪族社会（秦汉至隋唐）和宗族社会（宋代至清代）四个时期，且每两个时期之间有一个过渡期。由此对每一时期维护社会形态的中坚力量作了深入分析，指出在贵族社会和豪族社会阶段，国家中存在一个稳定的中坚力量，承担部分国家任务，降低了国家统治成本，但容易形成对君主权力的制衡；而在平民化宗族社会中，社会中坚力量由国家分割资源建立和维护，对君主有依附性，因此君主权力日益加强，但建立和维护社会中坚力量的成本高昂，导致国家财政负担不断加重。和以往相比，这是一个全新的理论认识，视角新颖，为今后中国古史分期和社会性质问题的深入讨论开辟了新的路径，打破了传统思考方向与模式，具有一定启发意义。黎虎《中国古史分期暨社会性质论纲——兼论中国传统社会的主要矛盾问题》（《文史哲》第 1 期）则从权力掌控与人口掌控这两个中国古代历史发展演变的关键，来破解中国古史分期之谜，进而认识中国古代社会性质，提出中国古代历史先后经历了"无君群聚"社会（太古至夏以前）、"王权众庶"社会（夏商西周至战国时期）和"皇权吏民"社会（秦至清）三个时代，同时指出从第二时代到第三时代，权力掌控从多元性、层级性、分散性的相对掌控，到专制集权一元性、全面性的绝对掌控，并从专制走向独裁；人力掌控则由血缘性、群体性的相对掌控，到地域性、个体性的绝对掌控，表现为由"众庶"转变为"吏民"。这一研究同样推动了中国古史分期和社会性质的深入探讨，具有重要学术意义和理论价值。

如何认识和评价中国史学发展特点及其传统,彰显了学界对史学理论的高度重视和深入思考。瞿林东《中国史学之连续性发展的特点及其深远的历史意义》(《河北学刊》第 4 期)对中国史学之连续性发展的特点及其深远的历史意义作了深入探讨和理论总结,认为中国文明的连续性发展,孕育了中国史学的连续性发展;中国史学的连续性发展,以其固有的特点即史官、史馆制度的存在,撰写本朝史、前朝史的传统和史学家对自觉的史学发展意识的坚守等,蕴含着深远的历史意义:一是以丰富的、多种表现形式的历史撰述,雄辩地证明与阐说中国文明不曾中断的历史事实;二是从精神和情感层面揭示出中国历史上各族间历史文化认同之趋势的存在与发展,以及中国之所以成为统一多民族国家的历史必然性;三是为史学自身积累了厚重的思想遗产和学术话语,成为当今历史学话语体系建构的历史渊源。常征江《中国古代褒贬史学论略》(《求是学刊》第 1 期),对中国古代褒贬史学这一重要传统作了系统考察,认为褒贬史学发端于春秋笔法,是包括表现形式、书写原则、重要理念与核心精神四个相联结的层面的整体,不仅仅体现在一部或几部史籍之中,而且贯穿于中国古代史学实践活动之中,因而它成为影响中国古代史学的重要传统之一。时培磊《中国古代史学"国可灭,史不可灭"理念探析》(《南开学报》第 5 期)对中国古代史学"国可灭,史不可灭"理念进行了探析,认为"国可灭,史不可灭"理念产生于宋元之际,其形成既与传统史学观念的积淀有关,又与少数民族政权史学意识的增强密不可分。这种理念进一步提升了史学的地位和独立性,开拓了史学多途径探索的空间,对于促进中华历史文化脉络的全面承袭,加强中华民族文化认同与融合都有重要价值。

二、"通史家风"与三大体系研究

"通史家风"是中国史学优良传统之一,追求通识又是中国传统史学与马克思主义史学内在的结合点。《史学月刊》于 2020 年第 7 期组织"中国史学史上的'通史家风'"笔谈,意在坚持马克思主义史学特色,光大中国史学优良传统,在当代史学中提倡通识眼光和整体性思维,以推动中国史学的健康发展。瞿林东《论"通史家风"旨在于"通"》通过对中国史学上"通史家风"的形成过程进行考察,指出中国史学的"通史家风"旨在于"通",这是中国史学的一个特点,也是一个优点。作者进而指出,第一,历史评论和史学批评重在把握分寸;第二,通史之作与重大问题的提出相关联;第三,展现"通史家风"之"通"的多样性,进一步凸显中国史学的历史价值。陈其泰《中华民族壮阔历史道路所凝成的杰出思想》对司马迁提出的"通古今之变"这一杰出思想所产生的条件作了分析,认为正是由于中华民族如此走过连续发展、气势恢宏的道路,正是古代先民有如此发达的历史智慧,正是西汉时期有如此昂扬蓬勃的时代精神,加上司马迁本人的雄奇创造力,才能产生"通古今之变"这一揭示出历史学的根本任务和核心观念的思想。也只有如此,才能理解司马迁的经典箴言为何有如此久远的生命力,到了两千余年后的今天还能发挥出指引、激励史家进取和创新的力量。王记录《"通史家风"与"断代为史":在古今之变与王朝正统之间》通过考察通史家风与断代为史这两种史学传统的主旨,认为"通史家风"的主旨只能是"通古今之变",是围绕"通古今之变"而形成的别具一格的理论体系:"通古今之变"是

"通史家风"的思想核心,强调的是以整体联系的"通识"眼光看待社会历史的变化,探求社会历史的事理法则;"别识心裁"是"通史家风"的理论特色,强调的是撰述历史必须要有"成一家之言"的胆魄,要有对历史发展的独特见解。作者进而指出,"断代为史"中的"通古今"观念与"通史家风"中的"通古今之变"观念在宗旨和目的上有着本质的不同:"断代为史""通古今"的根本目的不是要考察历史盛衰、探求历史变因,而是要把王朝的历史放到古今变化中,以一种脱离历史实际的神意的方式建构其不可替代之地位,说明王朝统治的合法性与合理性。"通史"和"断代"二者奇妙地共存于专制社会的史学体系之中,体现了传统史学的诸多本质特征。李振宏《通史·通识·整体性:当下史学需要通识性眼光》认为章学诚看重通史,就其本质而言,是其"通识"。通识的核心在于思维的整体性,在于对研究对象的整体性把握。能不能有通识,并不取决于史著之体裁,断代史依然可以有通识的眼光,有宏大的历史构建。当下中国史学发展所需要的,仍然是中国传统史学重视通识的优良传统。

《中国社会科学报》2020年5月22日史学版也刊登了一组讨论中国古代史学通史精神的文章,包括杨艳秋《中国史学通史精神别具民族特色》、陈其泰《通史与断代史编纂的两项命题》、王记录《通史精神:中国史学的优良传统》、谢贵安《纵贯与横截:通史与断代史的功能及关系》、牛润珍《论历史编纂的通与断》、李勇《断代史要有"通"的精神》、向燕南《通史之"通"既是体例更是精神》、邹兆辰《时代需要优秀通史和断代史》八篇研究论文。虽然每篇文字不多,但这也体现史学界对中国古代史学通史家风这一优秀传统及其当代史学意义的关注和思考。此外,马新月《中国古代史学会通思想探研》(《史学史研究》第3期)对中国古代史学的会通思想形成过程作了考察,认为中国古代史学会通思想是对传统通史撰述精神的传承与创新,体现了中国古代史学注重历史撰述的客观性、史学认识的通识性以及突出史家独断之学等特点。

在"三大体系"建设推动下,史学界近年高度关注中国史学史学科体系、学术体系和话语体系的考察和总结,几乎每年都有新的文章发表。向燕南《是学科基础也是学科方法:史学史学科地位解析》(《史学理论研究》第5期)从学科设置、历史认识论、历史研究方法三个方面对史学史在历史学整个学科中的地位进行反思,认为史学史在历史学的整个学科中占有极其重要的地位,建立史学史学科的自觉有助于推进对历史的求真。乔治忠《论史学理论与史学史之间的关系》(《史学理论研究》第1期)在厘清史学理论与历史理论区别与联系的前提下,对史学理论与史学史学科二者之间的关系作了理论思考,认为史学史研究的可靠成果,应是史学理论研究的基础,揭示史学发展的规律是史学史学科与史学理论研究共同的任务,将二者结合在一起的探索,大有学术开拓、理论创新的广阔前景。晁天义《阐释学对历史研究的启示》(《史学理论研究》第3期)对阐释学与历史研究的关系作了理论分析,认为阐释学为历史研究提供了重要的认识论和方法论启示,如何立足当代中国历史研究的理论与实践,在坚持唯物史观的前提下努力汲取中西方阐释学的丰富资源,加快构建具有中国特色的历史阐释学,是当前中国历史学学术体系建设的重要内容。刘开军《中国古代史学概念的界定、意蕴及其与史学话语的建构》(《江海学刊》第5期)回顾了中国古代史学概念史的发展历程,认为概念化是史学从实践层面走向理论阐释的一个重要环节,史学繁荣的时代往往是概念的井喷期。厘清史学概念史上新旧概念的缘起与流变，无异于是对古代史学话语变迁的一次深度梳理。在这样回环往复的厘清与辨析中，古代史学话语体系也逐渐显现它清晰的轮廓。朱露川《论中国古代史学话语体系中的"叙事"》（《四川师范大学学报》第5期）通过对"叙事"这一中国古代史学理论范畴的梳理，提出当前中国学界运用的"叙事"一词，其中蕴含的西方叙事学或后现代历史叙事学的理论背景，在解释中国叙事经验时不免显示出局限性。因此，中国史学应当而且有责任突显自身的叙事传统、风格和话语。对于中国史学的叙事传统与理论成就的深入发掘和系统研究，是加快构建中国史学话语体系、学术体系的重要一环。

三、史学批评研究

中国古代史学批评研究是20世纪80年代中期以来逐渐开拓出的一个崭新而独特的史学理论领域，成为中国史学史研究新的学术增长点，赋予中国史学史一个新的生命力。这一重要新领域，瞿林东先生做出了突出贡献。他所主编的七卷本《中国古代史学批评史》（湖南人民出版社）是这一领域的最新成果。该套丛书是2015年立项，历经集体合作之力4年多打磨而成，首次对中国历史上各个时期的史学批评现象、观点和代表性成果作出系统的研究和阐释。该书将中国古代史学批评划分为七个阶段：中国古代史学批评的开端（先秦秦汉时期）、中国古代史学批评的初步发展（魏晋南北朝时期）、中国古代史学批评的深入发展（隋唐时期）、中国古代史学批评的兴盛（五代两宋时期）、中国古代多民族史学与史学批评（辽夏金元时期）、中国古代史学批评的拓展（明时期）、中国古代史学批评的集大成（清时期）。由于中国历史和中国史学发展的连续性特点，这七个阶段是前后衔接、上下贯通的，同时又各具特点。同时，该丛书每一卷作者高度重视和关注中国古代史学批评在其发展过程中具有普遍性或规律性的问题，努力尝试作出一些思考和回答。该书提出的史学批评史上的诸多概念、观念等，又吸引着研究者进一步探索中国古代史学话语体系及其特点这一学术高地。配合《中国古代史学批评史》7卷本的出版，《史学理论研究》于2020年第2期组织刊发一组中国古代史学批评研究的文章，分别为瞿林东《为什么要研究史学批评》、陈安民《"实"与"信"：中国古代史学批评的"求真"指向》、刘开军《"考索之功"与史学批评》、朱志先《中国传统史学理论与明代史学批评的互动关系》、邹兆辰《史学批评与史学话语体系的构建》，从中国古代史学批评在中国史学发展中的作用、中国古代史学批评与传统史学理论的关系、中国古代史学批评与西方史学批评的比较、中国古代史学批评与史学话语体系构建的联系等视角，探讨中国古代史学批评的内在价值、研究方法和中国特色。对为什么要研究史学批评这个问题，瞿林东先生谈了几点认识。他指出，史学批评是一种关于史学的思考，即它是怎样的，它为什么是这样的；史学批评是一种动力，它在继承、批评前人论著的基础上，推动新的历史撰述的面世；史学批评也是一条通往史学理论研究的路径，史学理论的成果也在史学批评中不断积累起来。由此言之，史学批评使人们更深入地认识史学，更深入地认识史学的发展，更深入地认识史学理论的生成与积累，进而更深入地洞察中国史学上那些史学批评家的学术胸襟与史学情怀。对于中国古代史学批评研究的重大学术价值,邹兆辰概括为四点:第一,有关史学批评的研究揭示出中国古代史学中的史学批评这一现象,抓住了对史学发展中具有影响力的一些关键点进行新的探索;第二,关于史学批评问题的各种论述涉及内容非常广泛,涵盖了史学史的诸多问题,并且形成了体系,初步构成了一个史学批评的范畴;第三,史学批评的研究使当代史学工作者与古代史家有了对话的条件,通过这种对话便能延续中国史学的这一优良传统,在史学批评中推动当代史学的发展;第四,史学批评问题的提出虽然是史学史的范畴,但其影响力不仅在于史学史,而是涉及整个史学研究,对于今天的史学研究仍然具有十分重要的参考、借鉴价值。陈安民通过简要梳理中西史学批评发展历史,认为中国古代史学批评与史学求真有着密不可分的关系,并与西方古典史学有着同多于异的理念。刘开军专就章学诚强调"考索之功"与史学批评的关系作了初步探讨,认为章学诚强调"考索之功"虽有其"乾嘉语境",但此说对于开拓史学批评研究的新局面,仍不无启迪意义。朱志先对中国传统史学理论与明代史学批评的互动关系作了考察,认为明代大量的史学批评实践拓展了史学理论的内容,使其变得更加丰富多彩。

瞿林东《论唐代杂史、笔记中的史学批评》(《兰州大学学报》第4期)还对唐代杂史、笔记中的史学批评作了专门探讨,认为唐代杂史、笔记包含着作者们的史学意识与史学批评意识,以至于鲜明的追求信史的目标。其批评的对象,有关于史家言行、史书价值方面者,是谓史学批评之常态;也有关于学术门类、史学流变、学风转换者,则显示出史学批评的深入和特点。综而观之,唐代杂史、笔记中的史学批评呈现极为活跃的面貌。陈其泰《"必新制度而驰才力"——皇甫湜对〈史记〉精彩评论的启示意义》(《渭南师范学院学报》第1期)探讨了皇甫湜对《史记》精彩评论的启示意义,认为唐代著名史评家皇甫湜著《编年纪传论》,在前代史家认识的基础上,精辟地提出司马迁著《史记》的杰出成就是"革故典,开新程","必新制度而驰才力",这是评论《史记》见识卓异的经典性论断,给予我们深刻的启示是:司马迁创立的纪传体,并不是简单地做到体裁形式的更换,而是实现了著史体系的重大突破,用多角度、多线条观察和记载客观历史。而司马迁之"驰其才力",则根源在于具有拥抱全民族文化的胸怀,因而能尽情展现其卓越的历史叙事技巧。王记录、丁文《在史法与史义之间:刘知幾的经史观与史学批评》(《河北学刊》第5期)对刘知幾的经史观和史学批评的关系作了深入考察,认为刘知幾从史法和史义两个不同的层面来看待经史关系,并以经史互释的方法进行史学批评,消解了经学的神秘化和神圣化,实现了经学的理性回归,彰显了史学的社会价值,试图通过经史互补,为经史之学的发展寻找出路。崔壮《论纪庆曾对〈明史〉编撰的批评》(《江南大学学报》第5期)通过探讨纪庆曾对《明史》编撰的批评,认为纪庆曾提出诸多具体的改撰意见,包括列传和表的删并,文字润饰以及史事的选择与铨配三个方面,其中不乏切中要害的真知灼见,体现了他在明史与传统史学领域的极高造诣,有些主张甚至可以视作历史编撰的一般法则,为已至穷途的旧史体添入几分新意。刘开军《周中孚〈郑堂读书记〉史部提要考论》(《史学史研究》第2期)对周中孚所著《郑堂读书记》作了考察,认为周中孚评述自先秦至清代中期的史家与史书,与他多年的积累和目录学、文献学功底有关,但他所撰史部提要,实亦有所凭借。周中孚评骘古今史书的标准大体不离资政和考证,总体倾向是褒奖清朝史学而贬低明代史家。这种史评倾向并不是皇朝易代在史学批评上的折射这么简单,而是清代中期汉宋之争在史学批评上的一次回响。常征江《刘知幾褒贬史学思想述要》(《南开学报》第 5 期)对《史通》褒贬史学思想作了探讨,认为刘知幾通过分析经与史之间的关系,强调史书撰著要体现《春秋》经义,同时激励后世史家做到明辨是非、褒贬公正。面对史书撰著中存在着褒贬予夺与"直书实录"之间可能的紧张与矛盾,刘知幾希望以"名教"调和两者,则体现着古代史学理论所遭遇的一种困境。

四、历史编纂学研究

历史编纂学是中国古代史学史研究的一个重要领域,已产生了诸多成果。近些年,关注史料来源和编纂过程的探讨越来越成为一种史学研究趋势。苗润博《〈辽史〉探源》(中华书局)一书就是一个典型体现。为了彻底厘清元修《辽史》的史源问题,该书首先对《辽史》各部分的文本来源作总体性探讨,其次分专门章节分别考证《辽史》中元代史官编纂因素较多的部分。作者通过系统考证《辽史》各部分的文本来源、生成过程、存在问题及史料价值,力图呈现《辽史》本身的生命历程,并注重对元朝史官编纂建构的叙述框架加以离析,开辟出全新的问题空间。同时,将《辽史》放置在整个中国古代正史文本生成、流变的大背景下,凸显其所具有的普遍性与特殊性意义,推动正史史源研究走向精耕细作。作者还透过《辽史》这一典型案例,对传统的史源学研究作出方法论层面的反思,探索历史学视野下文本批判的可能路径。陈君《润色鸿业:〈汉书〉文本的形成与早期传播》(北京大学出版社)一书,详细考察了《汉书》文本的形成与早期传播,努力探求文本背后知识与权力复杂而微妙的关系,尝试获得关于《汉书》的一种系统性和整体性理解。作者认为,《史记》与《汉书》确立了帝制时代中国历史写作的基本范式,但二者又有根本的不同。司马迁《史记》颇以《春秋》自比,洋溢着个人情怀与批判精神;班固《汉书》则是以"文章"颂美汉室之"成功",对皇权积极配合。汉代以后,以《史记》《汉书》为代表的"正史"开始取代"正经",成为帝制时代王朝制作的典范。在这一经史范式的转换中,《史记》因其不尽符合统治者的需要而被有意忽略,《汉书》则以其在现实考虑与历史写作之间灵活的把握获得皇权的青睐,遂成为新的"帝典"范型。赵四方《结构、文本、叙事:〈十二诸侯年表〉与〈史记〉编纂新论》(《史学理论研究》第 3 期)从结构、文本与叙事的视角对《史记》中《十二诸侯年表》进行重新考察,在与《史记》相关篇目的互证中,揭示出二者在历史编纂和历史叙事上是相辅相成的。他认为,《年表》与相关《本纪》《世家》在多方面呈现同构性,对司马迁以《年表》为基础,对相关《本纪》《世家》中所"嵌入"大量叙事文本的详细分析,不仅可以促进《史记》编纂过程的研究,而且有助于对司马迁关于"十二诸侯"的历史叙事主线进行考察。温拓《多重层累历史与双重正统建构:宇文部、北周与契丹先世史叙述的考察》(《民族研究》第 6 期)对宇文部、北周与契丹先世史叙述进行了考察,认为宇文部到北周先世传说层累过程,体现了北周统治者为建构自身正统性做出的一系列努力,其不仅模仿《魏书·序纪》编纂了宇文氏的先世传说,同时亦将十六国时代有关宇文部政权的文本一并进行修改,使得北周政权的合法性得以解释;契丹建国之初同样利用了拓跋传说故事解释自身政权正统性问题。伏煦《〈史通〉外篇的成立及其撰述方式》(《史学史研究》第1期)探讨了《史通》外篇的成立及其撰述方式,通过追溯《史通》的学术渊源,并从理论体系的角度审视《史通》内外篇,认为内篇效仿了《文心雕龙》骈体专题论文的批评文体及其理论系统,外篇则在文本考证方法和述学文体两方面继承了《论衡》,弥补了内篇所缺乏的专书的专题研究。因而,《史通》外篇的成立,是由史学需要专书研究的性质与骈文在论述文本考证方面的不足,以及《史通》自身的学术渊源共同决定的,不能将其简单视作刘知幾著述的初稿或者读书札记。陈新元《〈元史〉列传史源新探》(《中国史研究》第2期)探讨了《经世大典·臣事》中天历功臣传这一传记书写模式形成的政治背景,对《元史》中有哪些传记出自《经世大典·臣事》作了初步考证,并进一步指出《经世大典·臣事》是明初第一次开局修《元史》时列传部分最重要的史料来源。同时,该文也对《臣事》传记的史源进行了分析。

从新的视角审视中国古代历史编纂思想,也是值得关注的研究现象。段润秀《文化认同视角下的清代〈明史〉修纂研究》(人民出版社)一书,主要阐述《明史》修史过程中诸多的重大政治、学术与社会问题,进一步分析、探究满汉民族矛盾的变化、清初政权的逐步巩固、民族文化认同与排异、清初文化政策的调整及《明史》成书后的社会影响等,深入探究清初至中叶文化认同与官修《明史》之间的互动关系及影响,从而深入揭示清初至中叶史学活动与社会政治之间相得益彰的密切关系,以此积极回应"新清史"学派的某些不恰当观点。王坤鹏《社会政治变动与西周晚期的历史表述》(《史学月刊》第4期)考察了西周晚期至东周之初这一早期史学发展过程中的一个重要节点,认为受西周晚期社会政治变动的影响,该时期的历史表述产生了诸多重要变化:其一,表述主题由原来侧重表述天命、族群及周王朝的发展,转而侧重贵族家族或诸侯功业等主题,开东周诸侯国史述作之风;其二,历史表述的内容与主旨渐趋丰富多元;其三,述作群体扩大,人数较多的中下级贵族及普通士阶层开始成为历史表述的主体,部分贵族士大夫摆脱旧观念的约束,就历史与政治发表看法,实为春秋家史兴盛局面的滥觞。李锐《〈赵正书〉研究》(《史学集刊》第5期)从《赵正书》所述胡亥"燔其律令及故世之藏"及湖南益阳兔子山二世元年文告中发掘有价值的史料,指明《赵正书》有可信度,进而考察秦始皇晚期的统治术及汉初的统治术,指出胡亥模仿秦始皇,而与扶苏不同,其统治术更合于当时情景,所以其继位是有合理因素的。当前的材料或许还不能让学界都信《赵正书》而不信《史记》的沙丘之谋,但是至少可以纠正只信《史记》而不信《赵正书》的倾向。石洪波《偏传主倾向:〈史记〉求真精神的新视角》(《北京师范大学学报》第3期)关注到《史记》的偏传主这一史学倾向,由此认识《史记》的求真与求善精神相统一这一中国史学特质。作者认为,《史记》的偏传主倾向之所以出现,是因为客观史实本身具有争议,史家被迫在求真不得的情况下作出了"妥善"处理。它体现了《史记》将求善精神融入求真之中的高超手段,从而展现求真与求善相统一的中国史学特质。王记录《以史明道:清初的学术反思与学术史编纂》(《四川师范大学学报》第5期)对清初学术史编纂作了深入考察,认为经历了鼎革之变的清初学者,在反思历史兴亡的同时反思学术精神,出现了学术史编纂的热潮。这些学术史著述基本表现三类明显的思想取向:一是尊程朱而贬陆王,强化门户意识,捍卫理学的道统正宗地位,以重振理学;二是把汉唐经学家纳入学术史视野,贯通理学和经学,重新梳理理学源流,同时折衷朱陆,淡化理学宗派意识,以挽救理学颓势;三是冲破传统道统论范式,以学术宗旨为核心,博采兼收,共尊程朱陆王,试图挣脱学术一统的枷锁,建构新的道统谱系和学术体系。清初学者对学术史的多元建构,以及在儒学框架内对学术源流的多元探索,在中国传统学术史上占有重要地位。

此外,还有学者对其他一些历史编纂成就作了探讨。聂溦萌《编年史与晋宋官修史运作》(《中国史研究》第2期)考察了编年史与晋宋官修史运作的关系,认为魏晋南北朝时期官修史发展的重要方面是运作环节的增加,这有助于保障从原始资料到官修史书的顺利转化。东晋末与刘宋的官修史一脉相承,将晋宋的官修史连续起来观察,可以了解编年史如何在官修史运作中发挥作用,并理解东晋初干宝针对编年体晋史的主张如何影响了后代的官修正史。魏志江、陈卓《〈高丽史〉版本源流与编纂体例考》(《史学史研究》第1期)考察了《高丽史》的版本源流与编纂体例,认为《高丽史》历经五次修纂,先后有甲寅字本、乙亥字本和木刻本以及手抄本,但存世不多,流传不广。现存最早的《高丽史》版本,为韩国首尔大学奎章阁收藏的乙亥字铜铸字本,然已残缺不全。其所藏太白山史库本和韩国东亚大学收藏的《高丽史》,则是以乙亥字本为蓝本雕版印刷的木刻本,并非活字本,但为现存较早的全本和善本。英国剑桥大学收藏的《高丽史》是流布海外抄本中唯一的全本。谢保成《〈旧唐书·吴筠传〉与〈道藏·吴尊师传〉雷同问题探究》(《史学史研究》第2期)针对《旧唐书·吴筠传》与《道藏·吴尊师传》雷同问题作了探究,认为《吴尊师传》是"出于依托",同时《吴筠传》也有问题。朱振宏《今本〈大唐创业起居注〉成书时间小考》(《史学史研究》第1期)考证了今本《大唐创业起居注》的成书时间,认为现今所留存的《大唐创业起居注》并不是原始的版本,从《大唐创业起居注》的内容分析,该书完成时间,推断当在武德五年。吴凤霞《元人历史编纂思想探析》(《廊坊师范学院学报》第2期)对元人历史编纂思想作了探析,认为元代史官、文人在阅读经史和修史实践中对史书编纂中的相关环节有一定的思考和认识:史料的搜求须广博全面、采用史料应取信舍疑或有益于社会、著史之法应有区别与变化、不同史体史例应各有特点。他们中的一些人还重视史意,强调史文与其他文字不同。他们的言论闪耀着理性的光芒,反映了元人对以往历史编纂思想的继承与发展。时培磊、程彩萍《〈明孝宗实录〉编纂思想探析》(《史学史研究》第1期)对《明孝宗实录》的编纂思想作了探析,认为《明孝宗实录》编纂方式带有资料汇编的性质,该书在诏令、奏疏的收录和人物传记的撰写及评论等方面都体现了直书实录的编纂思想,而且还首次专设"稽考参对"官以保证纂修质量。孝宗皇帝被誉为"中兴圣主",后人对其虚怀纳谏、勤于召对等事迹的传播,以及对其施政措施的借鉴主要来源于《明孝宗实录》的记载,反衬了实录纂修中垂训后世、以史资治的思想。《明孝宗实录》还是一部以帝王为中心的编年史,纂修官出于君臣之义以及现实考虑,又要塑造出高大丰满的贤君形象,体现了为尊者讳的编纂思想。鞠明库、王何芮《张良知〈中都储志〉的编纂及其史料价值》(《史学史研究》第2期)对嘉靖年间张良知《中都储志》的编纂及其史料价值作了探讨,认为《中都储志》是南京户部员外郎张良知编纂、后人补辑的一部记载明代中都粮储的专志,体例严谨,内容丰富,详略精当,所记中都储务,可与地志相补充;所载仓政,可补会典之缺略;所存丰富仓文,可补文献之不足。该志保留了明中都大量粮储、军卫、经济史料,对研究明代中都史、仓政史、经济史、军事史均具有极高的史料价值和文献价值。南炳文《辽宁省图书馆藏〈大明光宗贞皇帝实录〉考论》(《史学史研究》第3期)考察了辽宁省图书馆藏《大明光宗贞皇帝实录》,认为辽宁省图书馆所藏《明光宗实录》是更好一些的版本,虽仍属初修本系列,但该书卷首所收文件多于国内所藏红格本、广方言馆本,正文缺漏较少,错讹率较低,具有不可忽视的价值。杨绪敏《从〈左编〉〈右编〉看唐顺之的历史编纂学》(《史学史研究》第3期)从《左编》《右编》考察了唐顺之的历史编纂思想,认为《左编》主要编录历代君臣事迹,在编纂体例的设计上独具匠心,对相关史料有目的地进行取舍剪裁;在记事的同时,往往还加以评论,或引他人之评论,或直抒胸臆;在人物的分类上,使圣贤与昏庸、忠与奸、贤与不肖,泾渭分明,起到了寓褒贬于分类之中的作用。《右编》虽属诏令奏议类的抄纂,但紧紧围绕经世资治这一主题精心设计体例,认真筛选材料。两书编纂带有鲜明的以史经世的色彩,但也存在体例不纯,分类混乱,剪裁失当,人物各传记比例失调等缺失。李鸣飞《钱大昕〈元史稿〉故实考辨》(《中国史研究》第3期)对钱大昕遗著《元史稿》编撰作了考察,认为钱大昕所作的工作只是在明修《元史》的基础上改订文字,删省传记,又补入《元史艺文志》与《元史氏族表》等而已,并非新作一部《元史稿》。岛田翰自称曾见到钱大昕残稿一事固不可信,钱大昕之子钱东壁、钱东塾所作《行述》所谓有"纪传志表皆已脱稿"的《元史稿》也是夸大之辞。

五、史学思想研究

陈其泰《阐释学视野下公羊学"三世说"的精彩演进》(《探索与争鸣》第9期)以阐释学视野探讨了公羊学"三世说"的精彩演进,认为春秋公羊学"三世说"这一核心命题,在漫长的历史年代经由儒学思想家大胆而精心的持续阐释,竟在西汉和晚清两度风靡于世,对中国社会进程和学术演进产生了巨大而深远的影响。大力发掘、总结这一典型的中国本土历史阐释学的珍贵成果,将为构建具有民族特色的当代阐释学体系提供诸多有益的启示。

关于司马迁的史学思想研究向来是《史记》研究的重点。陈其泰《创造性阐释司马迁的杰出史学思想》(《陕西师范大学学报》第3期)提出要创造性阐释司马迁的杰出史学思想,认为在当代学术语境下对司马迁"通古今之变"的杰出思想作创造性阐释,具有重要的理论价值和实践意义,并提出从三方面作深入探讨:一是从记载夏、商、周三代历史,看司马迁深深扎根于中华文化沃土而形成的卓越史识;二是在《项羽本纪》《高祖本纪》两篇中,司马迁如何站在"通古今之变"的高度,从两种政治胸襟与决策的对比,总结刘胜项败的经验教训;三是司马迁著史所树立的"述往事,思来者"的使命意识,和他要究其底蕴、"稽其成败兴坏之理"、探求具有规律性之认识的撰著宗旨。这对于我们克服只满足于现象罗列的做法和克服"碎片化"倾向,具有重要启示意义。赵永春、刘月《多民族"中国"的构建:司马迁〈史记〉的"中国"观》(《西南民族大学学报》第2期)从多民族"中国"构建这样一个角度探讨了司马迁《史记》的历史观问题,认为司马迁《史记》所使用的"中国"一词,主要的还是用来指称国家政权。书中不仅将华夏汉族说成"炎黄子孙",还将少数民族说成"炎黄子孙",构建了范围更大的多民族"中国"。这种多民族

"中国"的构建,既是司马迁依据历史文献记载,对中国多民族凝聚为"中国"的历史总结,也与儒家的"天下观"和"大一统观"密切关联,更与司马迁生活在西汉大一统时期强调"大一统"的现实需要分不开,值得我们进一步探讨和研究。王晖《〈五帝本纪〉得与失:论司马迁的上古史观》(《史学史研究》第2期)通过讨论《五帝本纪》得与失进而分析司马迁的上古史观,认为司马迁《五帝本纪》坚决摒弃时人众口一词的"三皇"说,反映了司马迁审慎的上古史观念。在众说纷纭的"五帝"说中,司马迁采用《大戴礼记》中《五帝德》和《帝系》做基本框架,淡化炎帝凸出黄帝,不仅反映了他的儒家道统观念,而且也反映了他的历史认识论。《五帝本纪》的写作方法可称古之典范,司马迁最早把儒家相传的文献、战国诸子和西汉出土所见的古文《尚书》《左传》等相互印证,而且亲自到全国各地进行实地考察,这就使得《五帝本纪》比《五帝德》更丰富详实,也纠正了其中的一些错误。《五帝本纪》的不足,体现在司马迁继承了《五帝德》的基本框架,把颛顼与帝喾、帝喾与尧完全看成父子关系,有些重要部落的首领人物如少皞未能纳入五帝时代,未能使用有大量五帝资料的《山海经》,把《舜典》流放"四罪"和《左传》文公十八舜流放"四凶族"分成尧舜两个不同时代的故事。这些都是其缺失部分,也是值得研究者注意的。

魏晋南北朝史学的正统之辨,是中国传统史学正统思想发展的重要阶段。汪高鑫《魏晋南北朝史学的正统之辨》(《郑州大学学报》第4期)对魏晋南北朝史学正统之辨的基本特点进行了归纳,一是依据五德相生原理以明确朝代德属的相承相继关系,由此确立朝代的正统地位;二是出于维护本朝正统地位的需要,对分裂并立政权的正统问题进行论辩;三是各政权特别是北方民族政权通过历史认同,包括血缘认同、中原认同和夷夏之辨等,以维护其正统地位。张国刚《唐宋经世史学之新高度》(《历史研究》第1期)对唐宋经世史学作了深入分析,认为隋唐是继秦汉之后的又一个大统一时代,宋代印刷术更加成熟而普及,是士大夫政治的巅峰时期,唐宋史学也因之而显示出令人瞩目的新气象。经世致用作为中国传统史学发展的重要推动力,随着"史馆"这一官方专门修史机构的设立,更显出其价值。江湄《"国亡史作"新解——史学史与情感史视野下的元好问碑传文》(《社会科学战线》第5期)从史学史与情感史双重视野考察元好问在"国亡史作"观念下所作的碑传文,认为金亡前后,元好问以"国亡史作"的忧愤之情和自觉意识撰写了大量的碑传文,叙写中呈现了汉族士大夫知识分子在金、元两个北族王朝易代之际,其民族意识、文化立场、政治认同相互纠葛的复杂状况,折射出他们以"中州文脉"为中心,形成超越种族、王朝和地域的"中州"士的认同意识和归属感。这不但为他们自身在动乱时代的人生选择建立思想基础,也为"大一统"王朝的再兴准备了国家想象,更使"国亡史作"作为中国文化的历史意识进入了一个新的发展阶段。郑素燕《试论姚鼐的史学思想》(《史学史研究》第3期)分析了姚鼐的史学思想,认为姚鼐是清代桐城派的集大成者,虽以诗文名天下,却在所作笔记、传记以及文集中,蕴含了丰富的史学思想。综观姚鼐的史学思想,主要表现在四个方面:讲天命、更重人事的天人观,信以传信、疑以传疑的直书观,为人物立传"当以贤能"的史传原则,义理、考据、辞章三者合一的史学方法论。

章学诚是中国传统史学杰出的理论家,《文史通义》是继《史通》之后又一部中国古代史学理论精品之作。自然,史学界对章学诚及《文史通义》研究,成果很丰富。如果推进这一"老问题"研究，取得新意，实属不易。章益国《道公学私：章学诚思想研究》（北京大学出版社）一书，就是这方面的努力和尝试。该书重检了章学诚研究的旧范式，以"道公学私"命题为中心重建了章学诚诠释的新坐标，从而对章学诚史学思想中的核心观念如"史意""六经皆史""圆神方智""通""史德"等均在移步换景中作了重新解释，一定程度上颠覆了百年来学界的"常规的章学诚形象"。对章学诚的不同诠释，进而引发对整个传统史学的新认识，也是该书的一大亮点。该书在传统史学的语境下探讨了历史学的科学性与艺术性之争、历史认知的语言学基础、历史认知的默会维度、史家的主体性、历史学界的共识形成等当今史学理论的前沿问题；同时把章学诚重新置入传统文化整体的思想背景下和哲学艺文论参验比较，恢复近人在以今释古中的"辉格式解释"中造成的"消耗性的转换"，使"文史"之"通义"灼然再现，使章学诚成为理解中国传统文史之学的合适的入门。崔壮《"古人之遗意"与章学诚的史学革新论》（《清史研究》第1期）专门讨论了章学诚的史学革新论，认为以往关于章氏的史学变革主张与思想研究忽略了章氏的变革史学与其所谓"吾言史意"之间的关系。该文详人之所略，从师法"古人之遗意"的视角对章学诚在方志与纪传体史书编纂领域的理念和设想进行较为全面的考察，并探究其史学创造的灵感来源，以及这些创造所反映的学术视野与治学追求，得出：章学诚对于史书体裁体例属性与功能的理解、诠释与把握，一方面体现了对于"古人之遗意"的效仿，另一方面体现了其本人的独特性与创造性，二者在"成一家之言"的追求中实现了完美融合。赵鹏团《〈文史通义〉中的"家学"问题与章学诚"三书"说新探》（《中国地方志》第3期）对《文史通义》中的"家学"问题与章学诚"三书"说作了探讨，认为章学诚标榜为"家学"的史学理论，是以目录学为根基的历史编纂学；以目录学之法治方志，是章学诚方志理论的学术本色。"三书"说阐述的是两种不同的治学途径。

　　经史关系是中国古代史学思想研究的重要内容。陈壁生《经史之间的郑玄》（《哲学研究》第1期）考察了经史之间的郑玄，认为郑玄把古文经典纳入经学体系，他的注经目标是"究先圣之元意"，其基本背景是体现在《汉书·艺文志》中把经学理解为"王官学"的体系。把经学视为王官学，容易导出经学就是历史。在郑玄的体系中，经书是自伏羲至孔子所遗的文献集合，而历史只是理解经书的一种方式，作为文献的经书本身是独立的。经书的独立性与解经方法的历史化，既维系了经部的独立地位，又塑造了中国的经史传统。张建会《试论荀悦"古文"经学观与晋初史学》（《湖州师范学院学报》第1期）讨论了荀悦"古文"经学观与晋初史学的关系，认为荀悦家族与东汉末魏晋政治、学术相起伏，更是对晋初史学之发展发挥重要作用。荀悦家学推崇古文经学，重视《左传》"典经"的作用。荀悦《汉纪》的面世，更是改变了纪传体一枝独秀的现状，使编年体史书在汉唐之间繁荣发展，进而使得史学解脱于经部春秋类的附属地位并走向繁荣发展。王记录、张志霖《两难之境：崔述的经史关系论与考信辨伪》（《河南师范大学学报》第5期）对崔述的经史关系论与考信辨伪作了考察，认为崔述从"圣人之道体用同原"角度看待经史关系，把六经的史料价值及其蕴含的圣王之道统一起来，作为他考信辨伪的基础。在考信辨伪过程中，崔述一方面坚持以六经为最可信之史料，秉持历史主义的方法，考证古史古书的谬误，提出了自己的古史新说；另一方面又坚持尊经卫道，维护儒家道统。崔述欲求古史古书之真，理应先考后信，却又被严重的经学思维模式止住了求真的脚步，变成了先信后考，歪曲了历史，使考信辨伪陷入了两难境地。考信辨伪是一种批判性学术活动，与经学思维的圣人崇拜、经书崇拜、道统崇拜和非批判性格格不入。正是这种把圣人、经典、道统当作终极真理的经学思维模式，差点窒息了崔述考信辨伪的生命。郭晓东《在史学与经学之间——朱子〈春秋〉观的再检讨》（《中国哲学史》第2期）对朱子《春秋》观作了再检讨，认为朱子在不同的场合，对《春秋》的说法颇有出入。其或视《春秋》为史学，亦否认《春秋》有义理、书法、条例。但朱子同时又无法否认孔子作《春秋》是"致治之法垂于万世"，在这一经学的意义上，朱子又不得不承认《春秋》有义理、书法与条例。在经学维度上看《春秋》，朱子对后儒之解经颇存怀疑。这种疑虑使得朱子对《春秋》的态度不自觉地由经学转向史学。但如果纯然视《春秋》为史学，这样不仅取消了孔子作《春秋》的意义，而且使得儒家五经之一的《春秋》学成为专计较利害的功利之学，这又是朱子所极力拒斥的。这或许就是朱子的两难之处，从而使得朱子对于《春秋》就不可避免地在经学与史学之间游移。于子强《苏洵的史学与易学》（《成都理工大学学报》第1期）对苏洵的史学与易学作了考察，认为苏洵作为苏氏蜀学的开拓者，在易学与史学领域也颇有创获，在中国传统史学与易学的发展中是继往开来的重要人物。苏洵的主体思想"权""衡""几"就是参证着《周易》中"变""不变""知几"的思维而建构的学说。同时，他也援史入《易》，以具体的史料印证《周易》当中的卦爻辞。他的经史关系论也间接说明了易史之间的互动，并推动了宋朝易学与史学两个学术领域的良性沟通。

六、历史书写研究

朱露川《从类叙法到类叙法之论：关于中国古代史书叙事一项方法论的考察》（《人文杂志》第10期）考察班固《汉书》创立"类叙法"的历史渊源，并探讨其具体表现形式、功能和优点，进而阐述清人讨论"类叙法"的方法论启示，认为"类叙法"是《汉书》创立的史书记人方法，经过1700余年的发展，被乾嘉学者总结为一项史书叙事方法论，探索和辨析中国古代历史撰述方法，总结和审视古代史家关于"类叙法"的理论性探索，有利于丰富史学遗产中关于史学方法和方法论的研究。朱露川还在《文史知识》上发表了系列文章（2020年每期一篇），从多个层面探讨中国古代史书叙事发展脉络、主要特征及理论建树，可谓中国史学史研究中史书叙事研究的一大开拓。夏含夷、孙夏夏《出土文献与〈诗经〉口头和书写性质问题的争议》（《文史哲》第3期）根据最近出土的几种《诗经》及与《诗经》有关的早期写本，对西方学者多有论证《诗经》产生于口述文化环境中，在《诗》的创作和传授过程中，书写没有起到多少作用这样一种认识，提出了质疑，并根据一些写本以及其他出土文字数据，论证了书写在《诗经》早期历史的每一阶段都曾起到重要作用。

传统观点认为，春秋笔法是孔子设立褒贬的标准，是一种历史书写主观意识的体现。骆扬《试论春秋笔法及其历史书写中的客观性》（《北京师范大学学报》第2期）则对以往认识提出了新的看法。他认为，《春秋》的书写中包含了反映客观历史与反映主观意识两个层面，两者之间存在着一种张力。而史官（孔子）的判断又分为两个层次：一是对史实的认定，但其认定的事实受礼法传统的影响，要理解他们对客观真实的认识不应超越那个时代的意义体系；二是史官的书写规则。这种判断在长期的历史传统中客体化为春秋笔法，是那个时代历史观念的一种客观体现，在史官传统及主体间的相互认同中不断得以固化和加强，是历史真实赖以存在的条件。在《春秋》的书写中，史官并非不注重历史记录的客观真实性，但他们试图通过凸显自身主体性的方式更好地展示心中的历史之真。这种主观意识来源并受限于客观存在的历史传统，背后体现了时代的客观合理性。所以，春秋笔法是一种书写客观历史之真的特殊总结。《左传》为编年体史书，这似乎是史学界的共识。然而，正如白寿彝先生所指出的，中国古代史学上史书体裁是发展的，是相互融合的，没有单一的绝对的体裁存在于史著之中。《左传》虽然是编年体史书，但也有纪事本末体的运用。清华简《系年》的发现，再度引发了关于纪事本末体形成的讨论。张高评《〈左传〉叙事见本末与〈春秋〉书法》（《中山大学学报》第 1 期）从《春秋》书法来认识《左传》中纪事本末的成功运用。他认为，原始要终、本末悉昭，为古春秋记事之成法，孔子作《春秋》因之。左丘明本《春秋》而为传，承比事属辞《春秋》之教，薪传张本继末、探究终始之历史叙事法。《左传》体虽编年，然于世局变革之际，往往出于终始本末之叙说。故"文省于纪传，事豁于编年"之纪事本末体优长，已胎源于斯。杨庆云《春秋笔法与讽语耦合之修辞滥觞》（《北京师范大学学报》第 1 期）从修辞角度对春秋笔法作了思考，认为孔子笔削鲁国旧史作《春秋》，创建春秋笔法寓存微言大义而成为教化新文本，将弦歌讽喻之声的古诗讽语功能，演化为"属辞比事"之文章修辞。在聘问歌咏衰亡之后，春秋笔法成为讽语的载体，开启文章修辞学之滥觞。马卫东《〈左传〉叙事成就与中国古典史学的诞生》（《社会科学战线》第 8 期）通过考察《左传》叙事成就来认识中国古典史学的诞生，认为《左传》以叙事的方式，全方位地叙述了春秋时期黄河、长江中下游地区齐、晋、秦、楚、鲁等几十个诸侯国 255 年间的历史，堪称中国古代叙事史的第一个范本。《左传》历史叙事的重大成就在于：实现了从历史记事到历史叙事的飞跃，用历史叙事方式全方位叙述历史，以多种史料的广泛收集与辨别、取舍为叙事的依据与前提条件，在叙事中孕育了纪传、纪事本末体的雏形，首创以文辞叙事的历史文学样本，开启了中国史学以史为鉴叙事传统之先河。《左传》与希罗多德的《历史》，几乎同时问世于中西文明的轴心时代，可谓轴心时代中西古典史学的双璧。赵琪《从"好聚鹬冠"看〈左传〉的历史叙事特点》（《北京师范大学学报》第 5 期）认为刘向、郑玄、颜师古对"好聚鹬冠"的不同理解，造成了双方对子臧被杀事件的不同历史解读。虽然双方观点不同，但却都承认或者说默认了《左传》历史叙事的合理性，即"好聚鹬冠"是子臧被杀的原因所在。通过对《左传》中相关历史叙事的分析，可以看到《左传》的历史叙事是分析与叙事的结合，并具有鲜明的"尚礼"的特点。子臧因服饰不合礼制而被杀，应当被看作《左传》作者研究历史的成果，而非客观历史本身。结合当时郑文公对群公子杀、逐的大背景来看，子臧被杀的真正原因当是父子相残的政治斗争，"好聚鹬冠"只是郑文公杀子臧的借口而已。董芬芬《〈春秋〉〈左传〉十二公文本的生成及蕴意》（《文史哲》第 1 期）对《春秋》《左传》十二公文本的生成及蕴意作了探讨，认为十二之体最早生成于"《左传》原本"的十二公，源自史官所熟悉的历法数字十二及月令文献的十二月体。左丘明以十二表达循环往复、生生不息的历史哲学，借这一"天之大数"

赋予史书以神圣性和权威性。

　　黄爱梅《〈越公其事〉的叙事立场及越国史事》(《社会科学战线》第8期)对清华简《越公其事》的叙事立场及越国史事作了探讨,认为《越公其事》是一篇重要的涉及越国史事的战国文献,明显带有"抑吴扬越"的叙事立场,其原作者很可能是越人。楚人则因"抑吴"的相同立场接受了此篇文献,同时按照本国的习惯用语改写了其中对于越王的称谓。这也许揭示出战国时期历史文献在转写、流传过程中的一个小细节。同时由于《越公其事》的叙事立场,其所述越国史事有较高的可信性。其中提到勾践在振兴越国过程中,特别注意整顿地方大小聚落及边邑,体现了君主权威对社会基层组织的渗透和控制;并通过"正乐"的方式,以和合越民、凝聚越国人心。这些都是以往文献记载未曾提及的内容,对我们了解春秋晚期越国君主权力集中、向独立国家形态转型的进程,提供了新的线索。路新生《"赵氏孤儿"历史书写的美学剖析——兼论历史的"客观性"》(《陕西师范大学学报》第3期)讨论了"赵氏孤儿"历史书写的美学剖析,在此基础上探讨了历史的"客观性",认为《史记·赵世家》中关于赵氏孤儿的叙述,可作为《史记》具有历史美学特质的一个范本,蕴含着司马迁著史的高度人文关怀和深厚的道德伦理力量,对中华大众及民族精神之培育产生的影响至今仍在继续,这也是赵氏孤儿得以传承数千年而不衰的原因所在。王文涛、苑苑《伊尹事迹在汉代的传播——关于史实与史料关系的个案考察》(《安徽史学》第5期)通过考察伊尹事迹在汉代的传播,探讨了史实与史料的关系,认为不少伊尹资料首先出现在汉代,是先秦以来托言圣贤和新造资料为自己学说服务的反映。考察伊尹史迹的记载、传播及其形象的文化意义,有助于通过科学辨识史料来了解史实,正确认知中国古代早期的著名人物,弘扬中华优秀传统文化。

　　钱茂伟、王松《由〈春秋〉纯儒而"益世"儒宗——〈汉书〉对董仲舒武帝朝地位的重构》(《史学史研究》第1期)考察了《汉书》对董仲舒武帝朝地位的重构,认为《史记》中的董仲舒不过是专治《春秋》的纯儒,而这一认识在《汉书》中发生了变化。在武帝朝并未被过于重视的《春秋》纯儒董仲舒,随着汉代政治形势及学术倾向的变化,至元帝时地位已经远远高于武帝时期。至刘向时董仲舒始被鼓吹为对武帝朝政治有重大影响的儒宗。班固接受了刘向的说法,并为董仲舒符合两汉的儒宗标准而刻意通过种种手段提高了他在武帝朝的政治参与度,于是董仲舒从《史记》的纯儒一变而为《汉书》中"于世有益"的儒宗。沈刚《虚实相间:东汉碑刻中的祖先书写》(《中国史研究》第2期)对东汉碑刻中的祖先书写作了探讨,认为东汉碑刻文献对先秦远古祖先的书写多追溯祖先源头或姓氏由来,虽遵循先秦经典的形式而内容多玄远不经;对秦代和西汉近世祖先的描写强调支系流布,但也未必真实;对服属之内父祖的书写则以官职的高低有无为准,如实书写。碑主身份与祖先描写关系密切,立碑者与碑主的关系有时也会影响到碑文内容。祖先书写的知识来源主要有儒家经典与谶纬,私谱与姓氏书,以及当世史籍等。大族兴起与儒学昌盛是东汉碑刻中祖先书写的社会基础。王怀成《三国两晋孙权历史形象演变——以〈三国志〉裴松之注为中心》(《四川师范大学学报》第2期)以《三国志》裴松之注为中心考察了三国两晋孙权历史形象演变,认为三国史家多视孙权为年轻有为、英姿勃发的英雄;西晋史家在记录史实的基础上,都着重于以道德、德行、仁爱等为标准对孙权进行褒贬;东晋史家多责孙权缺乏政治道义和深谋远虑。故裴松之注引的两晋史籍使得孙权的历史形象和地位不断下降，声名日渐消沉，遂在三国核心政治人物中显得最为平庸。裴注之后，孙权的历史形象基本定型。孙权历史形象的发展和演变，与三国两晋史家的政治立场和思想基础有密切的关系，历代史家逐渐以更为客观的眼光分析和审视前朝历史，孙权的是非功过遂日益明晰。

张赟冰《〈皇明启运录〉与明兴史事的书写》（《史学史研究》第3期）对陈建《皇明启运录》与明兴史事的书写作了考察，认为《皇明启运录》的编撰，并非以《龙飞纪略》为蓝本，而是独立撰成。它的成书，主要体现了明代史学不断积累与发展的内在脉络，其史料取舍主要围绕"开国"的主题和资治的宗旨，为了表彰人物和论说事理的需要，常常不严格遵守编年体的体例，有时甚至对历史进行有意无意的建构。《皇明启运录》对明兴史事的书写，反映了明代中期政治与学术的某些面相。何艳君《史实、传闻与虚构中的"赵匡胤妹妹"——试论不同文本对历史人物的叙述、改编和创造》（《四川师范大学学报》第5期）通过"赵匡胤妹妹"的不同书写，探讨不同文本对历史人物的叙述、改编和创造，认为正史对"赵匡胤妹妹"的记载相对真实可靠，却又简单制式，隐藏了个性化、私人化和情感化的信息，使这一人物显得较为空洞模糊。文人笔记中的记载则使之呈现另一个可能的侧面，与正史的相关记载有区别，而与戏曲小说等俗文学艺术作品中的形象更为接近。在戏曲小说等作品中的"赵匡胤妹妹"，相比历史真实性，更注重艺术真实性。周毅《清代安庆方志中的"忠节"书写及其演变——以抗清殉节者的"忠节"书写为中心》（《史学史研究》第1期）认为清代安庆方志中"忠节"书写的不断变化，体现了满清政权为重构易代之际历史，重建伦理道德秩序，以确立在意识形态领域的统治，而逐步调整针对抗清殉节者的旌表政策，最终采用以"教化"而"去政治化"的历史书写范式的过程。当然，体现清廷意志的国家话语贯彻到方志书写的过程中，也不可避免地会与凸显地方意识的地方话语产生纠缠甚至争夺，并最终在"教化"的层面上趋向了一致。刘道胜《徽州方志中的人物志书写刍议》（《史学史研究》第2期）对徽州方志中的人物志书写作了考察，认为徽州方志对载入"义行"的人物描写具有历史选择性和叙事精英化倾向。

七、其他相关研究

宋代史学发达，史学成就突出。因受时局转换以及史风、政风、学风乃至文风等诸多因素的综合影响，不仅南、北宋之间史学发展存在诸多差异，而且在南、北宋不同时段，史学发展也具有明显的不平衡特征。学界关注北宋中期史学发展兴盛状况者较多，而对于南宋前期史学发展的整体兴盛状况涉及较少。基于此，燕永成《南宋前期史学兴盛问题探究》（《人文杂志》第6期）从史学自身发展变化以及学风、政风对史学影响方面，对南宋前期史学兴盛状况作了深入考察，认为正因处于史风、学风和政风交融发展的兴盛时期，由此便造就了南宋前期史学发展的兴盛局面，并且该局面对南宋后期以及元代史学均产生了直接影响。施建雄、高慧媛《传统学术中历史研究的方法论价值——李心传史学研究的新视角》（《史学史研究》第2期）从传统学术中历史研究的方法论价值这一新视角认识李心传史学，认为史著中的自注考异形式虽然开创自司马光，至李心传撰著《建炎以来系年要录》之时，则将其向前大大地推进了一步。李心传已相当自觉地做到了从思辨的角度进行探索，并已涉及现代学术研究中的诸多意涵，包括问题意识、观察视角、手段运用等等。他的史著不仅为我们呈现了传统史家判断历史真实性的钥匙，同时还上升到主观和客观方面的思考，进而归结到方法论层面上的总结。单磊《赵翼对陈垣早期治学的影响》（《史学史研究》第2期）讨论了赵翼对陈垣早期治学的影响，认为陈垣早年对以经世致用、主通明变为特色的赵翼史学颇感兴趣，青少年时代通过研读《廿二史札记》和《陔余丛考》汲取学术养分，并借助赵翼提供的史学资源，结合时代要求，将一些关乎社会现实的问题引向深入，体现继承性与发展性的统一。在20世纪初民族、民主运动激荡的历史背景下，陈垣史学表现的民族大义和反专制思想，在一定程度上是对赵翼思想的超越和升华。李金华、乔治忠《晚清幕府史学活动的经世意义及其局限性》（《河南师范大学学报》第1期）对晚清幕府史学活动的经世意义及其局限性进行了讨论，认为清季在官方史学式微的情况下，私家史学发展迅速，而地方官员所开幕府对于晚清史学的整体发展也具有重要推动作用。幕府通过改革书院、兴办书局，将官方与私家史学活动连接起来，成为晚清时期史学发展的独特现象。晚清幕府的史学活动虽然促进了史学的繁荣，但由于幕府史学以维护传统的文化秩序为宗旨，非但没有挑起近代史学转型的重任，甚至阻碍了中国历史发展的近代化进程，不可避免地走向了衰落。本年度中国古代史学史研究的重要成果，还有陈金海《〈史记正义〉引〈竹书纪年〉辨异一则》（《史学史研究》第3期）、朱露川《荀悦〈汉纪〉书年辨误三则》（《北京师范大学学报》第5期）等文。

综上所述，2020年中国史学理论及史学史研究取得了一些成就，或关注重大理论问题的深入讨论，回顾和反思中国史学史学科的发展之路，探索中国史学史未来发展方向和路径问题，或从新视野或新方法尝试突破以往研究范式和认识，对于今后中国史学史研究具有重要推动意义。当然，本年度中国史学史研究还存在一些不足，如重复性研究依然存在，贯通性研究相对较少，整体性、深入性探讨还需继续开拓。

第三篇
学术动态

学术会议信息

【云端论坛系列活动】

由于2020年新冠肺炎疫情的爆发，线下学术交流日常活动受到了极大的影响，中国历史研究院古代史研究所"宋元明清制度、文化传承与融合研讨班"尝试以云端学术研讨会的形式组织展开学术对谈，实现学术成长的新生态。云端会议给学术发展带来诸多新态势，包括：一是疫情期间，在保证学者们安全的前提下，能够顺利开展学术活动，使得学术交流活动能够持续进行，实现从线下到线上的转移；二是在当前疫情形势下，依托中国社会科学院的顶级平台资源，主动设置重大主题，讲述好中国故事，以国际的视野进行跨朝代、跨研究室、跨学科之间的新型学术交流，提升学术交流水准；三是通过这一系列学术活动，挖掘学术青年力量，以新的形式给更多年轻人提供一个交流的平台，尝试学术活动新样态的探索。

2020年创办云端论坛基于两个重要原因：一是中国古代史研究所元史研究室和宋辽西夏金史研究室的会议安排。研究室决定从1月初开始筹备学术会议，原计划于2020年3月20—22日由中国古代史研究所元史研究史和宋辽西夏金史研究室与上海大学外国语学院、文学院历史系联合主办"宋元与东亚世界"高端论坛暨宋元多边外交及东亚秩序学术研讨会。会议筹备顺利，至2020年元旦前后，会议筹备组已经发出邀请函，参与者均收到会议回执。但是，因为疫情的影响，大会不能如期召开。经过主办者的精心讨论和果敢决定，会议计划改成线上会议，通过云端会议形式，按时召开"宋元与东亚世界"高端论坛。二是年初成立的"宋元明清制度、文化传承与融合研讨班"的学术活动受疫情影响，大家不能进行面对面的交流，也有组织线上会议的倡议。"宋元明清制度、文化传承与融合研讨班"组建，缘起于2020年1月14日古代史研究所召开的一年一度的学科综述会议。2019年宋、元、明、清学科综述分别由王申、罗玮、解扬、吴四伍四人承担。宋元明清学科间有很多交叉点，大家觉得跨朝代的交流特别重要。1月15日，在元史研究室主任乌云高娃的倡议下建立微信群，成立"宋元明清制度、文化传承与融合研讨班"，初步确定好春节之后，开始定期开展学术研讨活动。研讨班成员开始只限于古代史研究所断代史和专门史研究室的部分学者，即宋辽西夏金史研究室、元史研究室、明史研究室、清史研究室、通史研究室、社会史研究室、文化史研究室、中外关系史研究室、历史地理研究室、思想史研究室和编辑部从事宋元明清史研究的中青年学者，并结合支部工作，开展不同研究室、不同支部之间的交流。后来，随着云端论坛的影响力扩大，研讨班成员扩展到全国多所高校的中青年学者。从3月30日开始筹备云端论坛第一场到10月5日，在乌云高娃、邱源媛、解扬、孙昊、吴四伍、罗玮、雷博、王申、常文相、张晓慧和上海大学舒健的组织下开展12场云端论坛。4月2日到7月31日开展10场云端论坛主场会议，主讲人包括中国历史研究院各研究所、全国部分高校的中青年学者、博士、博士后。另外，于6月14日、10月5日分别与中国社会科学院大学和上海大学外国语学院、文学院历史系联合主办"新莺初啼"云端论坛本科生专场，受到学术界、媒体工作者的广泛关注，得到学人的高度认同。

2020年，云端论坛先后举办了以下主题的活动：第一场：大元史如何链接新清史（4月2日）；第二场：宋至明：货币形态与国家财政（4月10日）；第三场：古代中国与欧亚世界（4月17日）；第四场：军事体制与王朝运行（4月24日）；第五场：古代国家的治理能力与救灾经验（5月8日）；第六场：宋元明清东亚传统国际秩序与社会（5月15日）；第七场：宋元明清海外贸易中的商品与货币（5月29日）；第八场：宋元明清政治思想与政治文化（6月19日）；第九场：明清易代与制度变迁——以卫所和八旗为中心的讨论（7月10日）；第十场：辽金重大考古发现与历史研究（7月31日）。新莺初啼云端论坛本科生专场则先后举办了两场，即6月14日新莺初啼云端论坛中国社会科学院大学专场和10月5日新莺初啼云端论坛上海大学专场。

云端论坛在会议内容上持续创新，在跨学科讨论、重大现实问题关怀、学科发展前沿等方面大胆设置议题，邀请相关领域的年青新锐担当主讲人，同时邀请德高望重的老专家为点评人，组织形式新颖，学术争论热点频现，很快受到学界关注。会议组织的腾讯会议室，每场300人的限制很快达到，很多学子苦于无法收听。具体来说，4月2日，云端论坛第一场主题讨论如何将元史和清史研究置于欧亚史乃至全球史之中，如何在拓宽视野的前提下进行区域史的研究，演讲者回应了这些问题，指出需要不同断代、不同学科研究者间的对话。4月10日，云端论坛第二场讨论侧重经济史，以"宋至明：货币形态与国家财政"为主题。学者们围绕主题展开了以下两方面的对话：如何跨越断代，以通贯的视角来理解传统中国的货币与财政；如何更好地融合货币史与财政史研究。4月17日，云端论坛第三场侧重跨学科对话，邀请国际关系学、北方民族考古、边疆民族问题研究资深学人与世界史、中国古代史青年学者一同研讨，围绕"欧亚区域"及相关问题对于古代中国的适用性问题进行热烈讨论。4月24日，云端论坛第四场围绕宋元明清军事史前沿问题的研究展开报告与讨论。传统的军事史研究主要重在军事制度史研究和战争史研究领域，而现在的前沿研究已经延伸到军事制度与国家体制的互动、战争与自然环境的关系和战争中的科学技术等综合性领域，日益体现了军事史"交叉学科"的本来属性。宋元明清等朝代开创、继承和发展了诸多仓储、水利、赈灾、地方治理等救灾制度，对中国历史发展起到了不可估量的作用。5月8日，云端论坛第五场以"古代国家治理能力与救灾经验"为主题，讨论关注两大救灾焦点：一是宋元明清的救灾经验总结，二是救灾所反映的国家治理能力高低。5月15日，云端论坛第六场就"古代东亚国际秩序"这一主题及相关问题展开了讨论。5月29日，云端论坛第七场就海外贸易中的商品与货币展开交流，从内外两个层面考察传统中国的经济活动。此次学术讨论涉及两大问题：一是传统中国的商品与货币如何影响外域，二是海外贸易活动如何反作用于传统中国王朝自身。6月19日，云端论坛第八场讨论涉及君王、宰相与宦官三个不同的角度，报告与讨论非常热烈，学术对话的质量很高。7月10日，云端论坛第九场讨论明清易代与制度变迁，主要以卫所和八旗为中心进行跨朝代的讨论。7月31日，云端论坛第十场以"辽金重大考古发现与历史研究"为主题进行考古学与历史学交叉学科的对话。

2020年4—10月云端论坛共召开12场，在国内外产生很大的影响，尤其，新莺初啼本科生专场，受到中国历史研究院和中国社会科学院大学领导的高度关注，对中国社会科学院大学科教融合、本硕博连读等学术创新探索有所裨益，也是对中国历史研究院的定位，指导全国学术、学科融合这一指导思想的具体落实。云端论坛是学术界一些中青年史学家面对疫情特殊情况下的一种全新创新，目的是利用中国历史研究院的国家级研究判断，聚集国内外顶级的年轻学者，围绕最为关注的问题，打通朝代、时段、领域的限制，实现史学"碎片化"的真正突围。云端论坛这一学术新样态，坚持主题明确，选取学界最热门、最重要的议题，为学界了解学术发展最新动态提供权威信息；云端论坛坚持讨论自由，坚持由中国社会科学院的史学新锐主持，邀请国内外最富创新力的同仁，自由讨论，不设限制，特别是要求青年学者交流正在聚焦的问题，正在思考的问题，希望在交流中碰撞火花；云端论坛坚持义务宣传，碍于现实条件，云端论坛组织依赖学界朋友的热心和支持，基本是零报酬的组织，给学界在疫情的特别艰难时刻，提供一种学术的讨论平台。云端会议论坛其内容涉及政治、经济、军事、中外关系、灾害治理、东亚贸易、政治文化、八旗、卫所制度、辽金考古与历史研究等，在学界产生了持久的影响。以目前来看，尚无一个论坛能够在会议的持久性、主题的多领域性、观众的高聚焦方面与之抗衡。未来学术论坛，坚持学术至上，精品服务的路线，在主题的选择、受众的限制、讨论的深度等方面仍将持续创新。云端论坛在国内外学术圈产生十分积极的学术影响。北京大学等国内高校，很快开始模仿云端讲座，台湾和马来西亚的学者也开始召开网络会议。我们云端论坛的优势在于，依托中国社会科学院中国历史研究院等顶级国家资源平台，联合跨研究室、跨研究所，部分高校的中青年学者一起讨论相关问题，不拘泥一朝一代，不限定特定领域，而是以问题为中心，以现实为指归，不仅梳理宋元明清朝代的贯通、制度和文化的传承，更重视全球视角下多种专业领域的跨界发展与有机融合。

（乌云高娃）

【数字人文视角下的中国历史研究线上研讨会】

2020年6月6日，由北京大学数字人文研究中心、北京大学人文社会科学研究院、北京大学历史学系和北京论坛联合主办的北京论坛云端国际论坛系列——"数字人文视角下的中国历史研究"线上研讨会成功举办。在议题之外，此次会议通过哔哩哔哩、中国网、百度等平台进行网络直播，新华社、光明日报、中国文化报等媒体提供媒体支持，在形式上也体现了历史研究与数字传媒技术的交融。来自北京大学、美国哈佛大学、德国马克斯·普朗克科学史研究所、荷兰莱顿大学、台湾"中研院"的5名学者分别作了主题报告。此次线上研讨会在北京论坛"文明的和谐与共同繁荣"的宗旨之下，邀请了在中国历史研究领域卓有建树的资深学者，围绕数字人文方法如何推动历史学发展，传统史学的格局将如何改变，研究者如何充分利用信息技术工具来从事研究，数字人文方法面临的挑战与需要突破的瓶颈等前沿学术问题，展开了深入的交流和对话。邓小南指出数字人文可以说是迄今为止在人文领域理念最为开放，成就最为显著的一种跨学科的研究方式。它提供了多学科交流的平台，提供了新的研究工具。信息技术与人文思维携手，则需要通过"材料"的全面整合与"议题"的充分挖掘才能更好地实现。魏希德（Hilde De Weerdt）发言的题目为《数字历史需要什么？想象力、评测、合作》，她认为数字历史研究最需要研究者的想象力，她还介绍了MARKUS 平台等较为成功的数字研究平台的功能。包弼德（Peter K. Bol）在《从轶事到数据：传记数据的网络和空间分布》发言中以中国历代人物传记资料库（CBDB）和中国历史地理信息系统（CHGIS）为例，指出这些数据平台或能激发研究者在历史地理及社会关系等领域的新思路。薛凤（Dagmar Schäfer）发言的题目为《看待史料的新视角——利用数字人文进行历史研究》。她认为数字人文的创新有两个方向，一是方法，二是技术。把历史数据置入一个新的结构或做成一个新的数据库时，研究者也可能会对相关历史事件有新的了解，发掘出新的意义。陈熙远介绍了他所在的数位文化中心的规划和发展方向，以及相关数据库的设计逻辑和主要功能。他认为数字人文研究者需要并重文本分析和图像分析。上述学者的发言展示了目前国际上有关中国历史研究最主要、最前沿的几种数字人文数据库平台。各位学者也从本人擅长和关心的学术领域讨论了数字人文的发展前景、取得的成果和存在的问题。这对于推动中国历史研究与新技术的结合具有示范意义。

（王　申）

【从历史到现今：信息沟通与国家秩序线上工作坊】

2020 年 6 月 20 日、6 月 27 日、7 月 4 日，北京大学人文社会科学研究院举办"从历史到现今：信息沟通与国家秩序"线上工作坊。信息沟通与国家秩序之间的关系是一个贯穿古今的恒久议题。研究不同历史时期的信息沟通在社会秩序的构建、维护、破坏、瓦解和重建当中的运作机制，不仅有助于加深我们对于民族历史与民族性格的理解，也有助于为当下社会秩序的和谐稳定提供帮助。在过去的十多年中，围绕"信息"的研究一直是历史学学术热点之一，已经取得相当丰厚的成果，但也有待于进一步推向深入。此次系列工作坊围绕核心议题，综合利用古代史、近现代史、社会学等跨断代、跨学科的研究成果，以期形成新的突破。2020 年 6 月 20 日的第一场工作坊会议由北京大学历史学系邓小南教授主持，中国人民大学历史学院刘后滨教授、北京大学历史学系李伯重教授、北京大学社会学系渠敬东教授分别作了《安禄山起兵与唐王朝的信息处理》《信息收集与国家治理——清代的粮价与雨泽奏报系统》《信息的社会机制》等演讲，与谈人有方震华、赵世瑜、张静等人。第二场由"中研院"近代史所黄克武教授主持，澳门大学历史系茅海建教授、南开大学历史学院江沛教授、北京大学历史学系王奇生教授分别作了《清代的驿递、书信与〈缙绅录〉》《近代媒体与五四运动的空间转换》《联络技术与权力机制——莫斯科与中共革命》等演讲，与谈人有唐启华、应星、韩策等人。第三场由北京大学社会学系渠敬东教授主持，荷兰莱顿大学区域研究所魏希德教授、北京大学社会学系周飞舟教授、清华大学社会科学学院孟天广教授分别作了《建构国家理论——18 世纪欧洲对中国治理形态的阐释》《政府行为中的信息沟通问题》《信息与治理——数字时代的国家—社会关系转型》等演讲，与谈人有平田茂树、景跃进、黄宽重等人。

（邱源媛）

【多元文明共生的亚洲青年学者系列讲座】

"多元文明共生的亚洲"是 2020 年 6 月至 2021 年 1 月由厦门大学人文学院历史系主办，厦门大学海洋文明与战略发展研究中心承办的青年学者系列讲座，组织者为厦门大学历史系陈博翼副教授，参与者是来自国内外各大高校、研究院所的青年学者。该系列学术活动为不同研究领域、不同研究时段的学者之间进行对话搭建了桥梁。系列讲座第一部分"从东北亚、内亚到大陆东南亚"共 9 场，分别是丁晨楠《谚文史料与东亚史、朝鲜史研究》（6 月 22 日）、包呼和木其尔《北元至清代蒙古贵族"财产"分配的演变》（6 月 29 日）、邱源媛《八旗制度与十七世纪以来的华北地方社会》（7 月 6 日）、贾建飞《从因俗到趋同：清代回疆刑案司法中的地方法律及其变迁》（7 月 13 日）、石颖《边界观念与形态的明清之变：一个川黔交界的例子》（7 月 20 日）、胡箫白《朝贡路与游方僧：明代西北边地的宗教地景》（7 月 27 日）、王令齐《神庙与布施：缅甸泰米尔与孟加拉国移民的记忆与空间重建》（8 月 10 日）、李宇晴《神话与仪式：泰国神话在日常节日仪式中的体现》（8 月 17 日）、韩周敬《越南西原嘉莱人的古国：水舍与火舍》（8 月 24 日）。第二部分"从印度洋、海岛东南亚到列岛"共 9 场，分别是曹寅《"撕毁国父画像，以示决裂"：中国海员战时工作队与 1942 年加尔各答华人暴乱（1942—1945）》（11 月 17 日）、谢侃侃《战前印度尼西亚与马来亚共产主义运动比较研究》（11 月 24 日）、朱庆《二战前新加坡的中华商会、西商会及印度商会比较研究》（12 月 1 日）、宋燕鹏《神缘、地缘与血缘的交织：马来西亚西海岸华人移民社会的形塑途径》（12 月 8 日）、刘志强《法国远东学院占婆研究专家蒲达玛（Po Dharma）其人、其事、其著》（12 月 15 日）、李颖《图像与秩序：吴哥艺术中的神王理念及其表达》（12 月 22 日）、叶少飞《16 至 17 世纪越南日本古文书中的"真""假"国王与东亚世界秩序》（12 月 29 日）、黄霄龙《宗教起义的前奏曲：日本北陆 14 至 16 世纪的地方势力全景》（1 月 5 日）、吴杰伟《海上丝绸之路的东向延伸研究》（1 月 12 日）。2020 年 11 月 28—29 日，"多元文明共生的亚洲"青年学者工作坊，召集了来自哈佛大学、普林斯顿大学、牛津大学、哥伦比亚大学、芝加哥大学、密歇根大学、北京大学、清华大学、中央民族大学、北京外国语大学、浙江师范大学、云南大学、深圳大学、厦门大学等国内外高校的 16 名专家学者参加线上研讨，相关演讲依次为陈博翼《菲利浦·布亚与印度洋世界体系》、曲洋《"如蜂饮蜜"：印度古典文学中的动物与修辞》、任超《南亚近现代史研究议题及取向简述》、冯立冰《冷战期间福特基金会对印度农业发展的援助》、孔令伟《恒河溯源：清朝情报网与首次喜马拉雅测绘》、蔡伟杰《洋泾浜语与清代晋商的跨区与跨国贸易》、文欣《敦煌文书与丝绸之路》、昝涛《奥斯曼帝国与中亚关系的几个片断》、施越《沙俄的草原边疆难题：以沙俄对小玉兹的政策为例》、何彦霄《一位叙利亚国王在中亚：公元前 206 年一段隐蔽的全球史》、袁剑《如何在中国语境中理解中亚——〈重新发现中亚〉一书编纂由起与内容》、曲天夫《古代两河流域的"法典"》、刘昌玉《乌尔第三王朝：百年王朝的百年研究》、温爽《美国阿拉伯问题研究历史与现状》、张湛《语文学的未来与未来的语文学》。

（邱源媛）

【清代经济史高端论坛】

2020年7月4—5日，由中国人民大学清史研究所《清史研究》编辑部主办的"首届清代经济史高端论坛"在线上举行，参与者有来自海内外的二十余位学者，论坛同步向公众开放直播。论坛由六场主题会议与圆桌讨论会组成。六场会议主题分别为："大分流之后""士绅、科举与基层治理""货币与货币制度""货币与财政""法律与经济""环境与经济"。其中和文凯在《市场经济与资本主义：大分流之后的中国明清经济史研究》的报告中，对市场经济与资本主义的定义及其在制度上的根本区别给出了新的解释，并以此回答中国经济在1842年开埠之后工业发展何以缓慢的问题。陈志武从资本主义的定义、"大分流"的讨论对象、现代财政国家的形成对市场经济向资本主义转化的影响三个方面作了评议，指出对大分流的讨论，需要超过农业经济本身，应着重从资本化的角度来理解。龙登高《士绅，还是民间组织？传统中国基层治理之道》系统论述传统民间组织及相关的产权制度、市场制度与运行机制，揭示民间公共品供给与基层秩序的内在逻辑，认为士绅持续发挥作用，并具有普遍意义的现象背后，是各种民间组织及相关的制度支持。圆桌会议的主题为"清代经济史研究再出发"，到场学者相继发表了对于清代经济史研究的学术脉络、既往成就以及未来发展方向的看法。李伯重指出，在中国这样一个幅员辽阔的国家中，需要注意地区差异，要将微观研究与宏观研究相结合。他认为，要从地方入手广泛搜集一手资料，在扎实的个案微观研究基础上，书写全中国宏大经济史的面貌。

刘志伟提出，研究中国历史上经济发展需要一套非西方的经济理论和体系的逻辑和概念，这也是他在自己近几年的研究中用"贡赋体制"来解释传统市场的运作机制的原因。陈志武主要提出三点：首先，清代经济史研究里涉及中西交流碰撞，在做中西对比时，更多地要以多方面的现代经济因素来理解，而不仅仅是从农业的角度出发；其次，需要充分理解资本市场和资本本身；最后，应该继续推动量化历史研究的工作，以便深化对研究对象的理解。龙登高就如何理解传统中国制度与文化的问题表达自己的看法。他认为一方面不能把中国传统视为完全的"黑"与"恶"，并将之解释为无法走向工业革命的原因；另一方面，要注重中国自身传统经济历史演化的过程，通过关注清代的市场经济、法人产权和制度，有利于我们去挖掘清代的制度遗产和文化遗产。和文凯主要强调经济史研究应该具有比较视野，从比较的角度认识微观与宏观、区域与国家之间的关系，以及中外不同的历史过程及其背后的影响因素。朱浒认为，清代经济史研究在学界整体的地位与话语权相对有些衰落。最近20年的清代经济史资料整理取得巨大进展，但是经济史进展水平却并不令人满意，这对当下经济史学界来说既是责任也是挑战。他指出经济史研究不是某一个学科的阵地，经济学和历史学两个不同学科背景的学者应该加强交流，以学术本位为出发点，而不是从学科本位出发，最终推动清代经济史研究的发展。

（李华川）

【复旦大学中国历史地理研究所举办暑期学校】

2020年8月10—21日，复旦大学中国历史地理研究所举办暑期学校，主题是

"地图与地理：过去、现在与未来"，共邀请王家耀、汪前进、葛剑雄、李孝聪、黄义军、王妙发、成一农、丁雁南、钟翀、孙靖国、白鸿叶、杨迅凌、张文晖、龚缨晏、徐永清、王振忠、华林甫、韩昭庆、胡阿祥、陈刚、唐曦共21位学者进行讲授，围绕着地图学理论、历史地图编绘、历史地理信息系统、古地图的史料价值和研究方法、中国历史地图发展历程、日本地图学史、世界地图学史、中外地图学交流、古代城市地图、古代海洋地图、利玛窦世界地图、古代商编陆程图记、古旧地图数字化、地图管理、多家机构地图收藏情况、珠峰测绘历史、地图信息设计等诸多领域进行探讨，此次暑期学校是历年以来复旦大学中国历史地理研究所暑期学校规模最大的，体现了近年来中国地图学史研究的最新成果，以及与世界地图学史以及多学科交融的情况。

（孙靖国）

【凉州与中国的民族融合和文明嬗变学术研讨会】

2020年9月18—20日，由中国社会科学院古代史研究所、中共武威市委、武威市人民政府主办，中国社会科学院古代史研究所宋辽西夏金史研究室、中国社会科学院古代史研究所元史研究室、中共武威市委宣传部、武威市凉州文化研究院承办的"凉州与中国的民族融合和文明嬗变"学术研讨会在甘肃省武威市举行。来自中国社会科学院、清华大学、香港科技大学、浙江大学、兰州大学、西北师范大学、甘肃省社会科学院、南京师范大学、首都师范大学、上海师范大学、浙江理工大学等研究机构和高校、博物馆的50余位专家学者与会，提交论文40余篇。此次研讨会的目标是共同梳理中国各民族交流融合、多元一体的历史脉络，探讨中华文明嬗变演化的逻辑与动力。在大会主题发言阶段，刘迎胜《丝绸之路与中国——贡献者与受益者》梳理了丝绸之路中冶炼技术、谷物、畜牧业、墓葬文化等方面的传播过程。吕宗力《五凉政治文化中的谶言与谶谣》分析了五凉时期多种谶言和谶谣的内容与政治文化意涵。刘进宝《"五凉文化"孕育下的敦煌学》认为五凉历史文化是敦煌学产生的基础，正是在五凉文化的基础上，产生了敦煌石窟艺术。严耀中《论昙无谶的佛学》分析了五凉高僧昙无谶的佛学造诣及其贡献。杨富学《唐回鹘绢马互市实质解诂》指出唐与回鹘绢马互市的本质在于唐希望通过经济手段对回鹘施行羁縻，以对抗吐蕃。何玉红《走向以"人"为中心的丝绸之路研究》则对如何以"人"为中心展开思路研究提出了几点意见。分组讨论涉及的议题十分广泛，包括陆上丝绸之路的贸易与文化研究、南北朝五凉政治与文化研究、五凉时期佛教传入与中国化研究、唐五代归义军研究、宋代西北经略与宋夏关系研究、凉州会盟与元代蒙藏关系、丝绸之路艺术与文化遗产保护研究等方面，以宋元为中心，并向前后临近的断代辐射。有学者以武威铜奔马为研究对象，讨论其所蕴含的地缘知识体系及时代风尚，指出武威铜奔马在造型上将"天马信仰"的载体或象征物推到了一个艺术高峰。有学者指出北魏无论是从初识佛教还是佛教的发展、兴盛都与凉州有着密切联系。其中凉州僧人迁移至平城，起到了巨大的作用。有学者将西夏、辽、宋及其藩属国等东亚地区视作具有一定结构的历史世界，研究西夏从方镇到国家的历史。通过此次研讨会，与会学者深入挖掘了凉州文化，探讨了凉州在丝绸之路上的节点意义，并从多个角度分析了与凉州有关的重大历史事件、历史人物，这对于进一步传承和弘扬凉州文化无疑具有较为重要的意义。

（王 申）

【"宋代文史交叉研究"论坛】

2020年9月19日，由华东师范大学中文系古籍所教授刘成国、浙江大学人文高等研究院驻院研究员傅俊召集的"宋代文史交叉研究"论坛在线上召开，此次论坛为浙江大学人文高等研究院五周年系列学术活动之一。来自中国人民大学、浙江大学、厦门大学等十余所高校和研究机构的学者分别作主题报告与讨论。包伟民首先发表引言，认为文学史界学者应考虑如何尽可能地"由文及史"，而这需要了解历史学对于相关时期的研究成果，近年来一些文学史界的中青年学者对此种研究取向展开了许多有意义的尝试；历史学界学者目前的研究越来越偏向社会科学化，运用文学史料来讨论宋代以后的历史问题则仍有难度。论坛共分为三场，第一场的主题为"文史互证"。李全德的报告《〈辨奸论〉问题的重提与再判》从文本中寻找蛛丝马迹，指出《辨奸论》《墓表》《谢书》都有可能是伪作。钱建状《苏轼谪居时期的日常生活及其政治制度背景——以"迁居"为讨论中心》从苏轼改善居住环境出发，分析了他在贬谪时期诗文创作的内容。张卫忠《宋代官制知识在文学研究中的运用和思考》以柳永《玉楼春·星闱上笏金章贵》一词为例，探讨了复合官制在文学作品中的表现，指出某些文学研究不宜"硬用"官制知识。田志光《宋代宰辅贴职问题研究》主要分析了宋代宰辅贴职制度。第二场的主题为"文本分析与叙事"。吴铮强《韩琦传记的庆历新政叙事》基于李清臣《行状》等资料，分析韩琦传记的庆历新政叙事及其政治背景。魏峰《文天祥〈瑞山康氏族谱序〉辨伪》分析了文天祥撰《瑞山康氏族谱序》的形成过程，提示研究者应该审慎使用后代家谱中的宋代资料。成玮探讨了欧阳修在《归田录》中为他人讳、置身事外的叙述姿态，分析了北宋前期笔记在当时的流布方式与流布速度。王启玮《解谜人苏轼：北宋后期舆论场中的"流俗宗主"与匿名文字》以苏轼为线索分析了北宋后期作为政治污名的"流俗"。李贵《宋代文学中的东京声音景观》分析了东京声音空间、身份认同和语言表达的关系。第三场的主题为"方法、省思与前瞻"。包伟民分享了写作《陆游的乡村世界》的余论，并交流了在写作方法上的困惑。林岩以范成大为例，分析了对于南宋退居型士大夫的研究进路。马里扬发表了题为《论宋人文章的作伪之风》的报告。王茂华《以文证史的价值与局限》从渊源、成就、局限、展望等角度，回应了论坛的主题。此次论坛以中青年学者为主体，从具体的研究成果展示了文学研究界和史学界交叉研究的现状。

（王 申 陈冠华 张倩茹）

【萨彦—阿尔泰周边地区的民族和文化：第七届哈卡斯语言年国际学术研讨会暨哈卡斯语言奠基者D.F. 帕塔恰阔娃100周年诞辰和M.I. 博尔果亚科夫90周年诞辰国际学术研讨会】

2020年9月23—24日，萨彦—阿尔泰周边地区的民族和文化：第七届哈卡斯语言年国际学术研讨会暨哈卡斯语言奠基者D.F. 帕塔恰阔娃100周年诞辰和M.I. 博尔果亚科夫90周年诞辰国际学术研讨会在俄罗斯哈卡斯共和国首都阿巴坎在线召开。来自日本、中国、荷兰、吉尔吉斯斯坦、土库曼斯坦、阿塞拜疆等国及俄罗斯哈卡斯、图瓦、阿尔泰、鞑靼斯坦、雅库特、布里亚特、巴什科尔托斯坦、萨哈等共和国的60余位学者提交了会议论文。会议主要围绕四个主题展开：1. 西伯利亚的突厥语言：过去、现在和未来；2. D. F. 帕塔恰阔娃和M. I. 博尔果亚科夫对哈卡斯语言学的奠基和发展的贡献；3. 南西伯利亚及周边民族历史文化遗产；4. 西伯利亚的古今民族。内容涉及西伯利亚地区民族语言、历史、史诗、宗教、民俗和南西伯利亚古代、近现代历史，南西伯利亚岩画以及哈卡斯语言、文学、宗教、民俗等方面内容。此次会议是疫情下组织的一次规模比较大的有关西伯利亚、南西伯利亚地区语言和历史文化研究的国际学术会议。

（孙　昊）

【第六届中韩人文学论坛】

2020年9月25—26日，第六届中韩人文学论坛举行。论坛通过线上线下结合的方式，在首尔和北京同时举行，分为文学、历史、哲学及语言教育文化等四个分论坛进行。历史分论坛又分为四个小议题：中韩历史上的朝代更替，从思想史的角度看中韩历史，从古文书的角度看中韩历史，从克服灾难（战争、自然灾害、海盗、流寇等）的过程看中韩历史等进行学术讨论。中韩两国共有8位学者发表了论文，另有中韩8位学者针对这些论文进行了讨论。会场上学者们彼此回应，学术气氛异常活跃，达到了两国学者相互交流学术，加强人文纽带的目的。

（孙　昊）

【中华孔子学会2020年年会暨"孔子和儒家学说及其地域性展开"学术研讨会】

2020年9月26—27日，由中华孔子学会、四川大学中华文化研究院主办的中华孔子学会2020年年会暨"孔子和儒家学说及其地域性展开"学术研讨会在四川大学举行。来自全国各地八十多所高校、科研和文化教育机构的一百五十余位专家学者参会。会议以"孔子和儒家学说及其地域性展开"为主题，以大会主题发言和分组讨论的方式进行。大会主题发言的内容包括张学智《中国哲学的起源与地域特点》、董平《天人之际：中国传统文化中的"边界"意识》、李景林《从"论才三章"看孟子的性善论》、景海峰《明代岭南心学的思想旨趣及特征》、白奚《"心之全德"：程朱理学对"仁"的价值提升》、肖永明《〈孟子〉"诛一夫"的诠释与儒家政治伦理观念的展开》、刘学智《关于关学地域问题的一点思考》、蔡方鹿《试论巴蜀儒学的兼容性》、徐仪明《作为儒家的医圣张仲景》、黄开国《论汉武帝以来经学的分派分期》、解光宇《儒学是徽州文化的灵魂》、李振纲《成德立人："仁"的实践性》。分组讨论设置了孔子周游与地方名贤、儒学流派与地域文化、"六经"中的地域文化史料、儒学学案的地域特征、地域文化中的儒学因素研究、地域儒学人物与流派研究、地域儒学发展与学术史研究、地域儒学交流与互动研究、地域儒学的共性与差异研究、儒释道三教的地方互动研究等十个分议题，此外，会议还包括了"西部儒学""丝路儒学"等特色议题，与会学者就思想、地域、经学、理学、人物等角度进行了深入研讨。

（陈冠华　张倩茹）

【第23届全国史学理论研讨会】

2020年9月26—27日，由中国社会科学院历史理论研究所《史学理论研究》编辑部、中国社会科学院史学理论研究中心、四川大学历史文化学院主办的第23届全国史学理论研讨会在成都召开。来自国内知名高校和科研机构的专家学者近百人参会。此次研讨会的主题是"新时代史学理论与史学史研究的新进展"。就中国古代史学理论及史学史研讨,天津师范大学历史文化学院张秋升教授作了主题报告,其他11位学者进行了发言。张秋升教授从史料采择、史书体裁、史书义例这三个方面,对儒家思想影响下的古代历史编纂作了探讨,认为历史编纂中的这三个方面均与中国古代史学的政治史传统密切相关,儒家思想是古代历史编纂的指导思想。其他学者多数讨论了明清史学的相关内容。如有学者针对赵翼的野史观提出了自己的认识,认为赵翼野史观是开明的,赵翼野史观念与实践自相矛盾,实和乾嘉时代反对猎奇述远之风、端正实事求是的学风以及个人"意识中的理想"与"意识松弛下自然而然、不太自觉的行为"的分离有很大关系。有学者对乾嘉考据学与古史辨运动之间的学术关联作了重新考察,提出乾嘉正统考据学应该被视为"古史辨运动"得以兴起与发展的重要本土学术资源之一,而通过这一澄清工作,不仅可以进一步挖掘这场运动的学术来源,还能够彰显乾嘉正统考据学在近代学术转型中起到了作用。"重修《宋史》"是明清学林的一大学术话题,有学者尝试从学术、政治与社会的多重脉络考察这一学术话题,并分析其史学意义。地方采纂是明朝官方纂修实录期间实行的一项史料征集制度,有学者对《明实录》地方采纂进行了考察,认为围绕该制度引发的史学批评与反思,实为明代史学理论的重要组成部分,反映出时人对于编纂出理想《明实录》的期待;同时在这一制度下,官方史学与民间史学之间形成了一种良性互动。吴三桂的政治抉择与作为,深刻影响了明清之际的历史走向。有学者对明清易代之际吴三桂乞师的不同历史书写作了考察,认为从这些不同文本可以看出吴三桂形象在不同政局下所体现的各不相同的作用,且这种书写差异,与不同时期吴三桂身份角色的变化,及其与明遗民和清朝官方关系的疏离,有着不可脱离的关系。明清史学方面,还有学者对晚清以来巴蜀史学的转型及发展演变的考察,对清初史家的忠义论的探讨,对清修《明史》在越南的流传和影响的梳理,这些都是视角新颖且比较有见识的论述。除了明清史学这一主题外,还有学者对中国古代史书叙事传统、司马迁"究天人之际"作了探讨。

(靳 宝)

【《清史论丛》创刊四十周年学术研讨会】

2020年9月28—29日,由中国社会科学院古代史研究所清史研究室、《清史论丛》编辑部共同主办的"砥砺四十年,奋进新时代——纪念《清史论丛》创刊四十周年学术座谈会"在北京举行。《清史论丛》创刊于1979年,是国内清史学界历史最为悠久的学术刊物,它坚持不看作者出身、只重论文质量的选稿原则,刊发了一大批精品力作,在海内外产生了积极而广泛的影响。中国社会科学院副院长、中国历史研究院院长高翔出席开幕式,并发表情真意切的演讲。来自中国第一历史档案馆、清华大学、中国人民大学、故宫博物院、辽宁省社会科学院、东北师范大学、山东大学、云南师范大学等高校与科研机构的50余位学者参加了会议。与会学者指出,四十年来,《清史论丛》始终站在学术前沿,刊发的不少文章都是相关领域迄今不能绕过的代表性成果,有些至今都具有前沿性,不少学者的研究和成长也得益于此。该刊陆续发表的社科院经济所吴承明、汪敬虞、李文治、方行、章有义等,历史所杨向奎、王戎笙、何龄修、郭松义、周远廉等,近代史所刘大年等,人大清史所王思治、李华等，武汉大学吴量楷等学者的文章，为推动相关研究打下了坚实基础。如郭松义的文章关注西来农作物在中国传播的历程，对于了解那个时代中国和全球历史之间关联的细节具有启发意义。再如韩恒煜的《试论清代前期佃农永佃权的由来及其性质》等文章，对于深入考察明清社会结构大有裨益。大家认为，未来的学术期刊，专业化、专题化是不可逆的趋势。学术期刊要专业化，要专题化，必须专家来办。清史研究室办清史研究的专业期刊，是符合学术规律的好做法。40年来，《清史论丛》薪火相传，坚守与开拓并举，开设了专题研究、学术争鸣、读书札记、书评综述等栏目，不仅继续深入探讨清代政治、经济、社会、学术、思想等领域问题，为构建中国特色清史研究学科体系、学术体系、话语体系作出新贡献，而且弘扬以史经世的优良传统，力争在服务社会、服务国家、服务现实中发挥更大的作用。

（李华川）

【清华大学"中国边疆与亚洲研究"学术工作坊】

2020年10月11日，由清华大学人文学院历史系和日新书院联合主办的"中国边疆与亚洲研究"学术工作坊在蒙民伟人文楼举行。此次工作坊围绕中国边疆与周边国家和地区关系史问题进行研讨。共有来自全国高校、科研院所的20位学者参加。工作坊以边疆为线索，分为边疆史、东南亚史，以及东亚区域关系三个主题进行研讨。研究范围涵盖在从边疆研究的资料收集、整理到研究方法、研究路径等方面上如何深入，也讨论了边疆在中国研究和世界文明研究中的价值与意义，讨论了中国史、世界史、民族学、国际关系、外交政策、全球战略等学科如何消除壁垒，进行交叉研究，如何展开跨学科研究的可能性与可行性，在多个问题上交流得非常深入，获得了不少具有突破性和建设性的意见。

（孙　昊）

【紫禁城建成600年暨中国明清史国际学术论坛】

2020年10月12—13日，紫禁城建成600年暨中国明清史国际学术论坛在故宫博物院举办。2020年是紫禁城建成600年和故宫博物院成立95周年，故宫博物院联合中国历史研究院、北京大学、清华大学、中国人民大学、文化和旅游部清史纂修与研究中心、中国第一历史档案馆、北京故宫文物保护基金会共同举办此次论坛。因疫情防控要求，部分专家学者以提供论文或视频发言的方式参会。参会专家学者近200人，收集论文160余篇，涵盖了明清史研究的各个领域。论坛包括五个议题：明代国家治理研究、清代国家治理研究、明清中央与地方研究、宫廷建筑与艺术研究、明清文物典藏研究。专家提交的论文研究领域，涉及都城营建、边疆治理、明清财政、边关贸易、职官制度、宫廷档案、建筑遗址、宫廷历史、学术史、典章文物等。探讨的范围除明清历史之外，更涉及艺术史、建筑史、宗教史等多个领域。其中朱诚如在主题报告《紫禁城与王朝气象》中认为，建宫定都向为国之大政，影响王朝的历史命运。紫禁城肇建于明朝"永乐之治"，定格于清朝"康乾盛世"，其命运与王朝盛衰密切相连。朱棣为多民族统一国家的巩固和发展，力排众议，肇建紫禁城迁都北京，天子戍边这一历史选择，深刻影响明清两朝的历史走向。清朝康熙、雍正、乾隆年间以百余年时长，通过修缮、扩建、添建、重建、翻新旧日的紫禁城宫殿，最终定格今天紫禁城的基本面貌，使之成为中华民族和世界物质文化瑰宝。并借助紫禁城这一宏阔的历史平台，创造出一个政治比较稳定、经济发展、文化繁荣的"康乾盛世"，使多民族统一国家得到巩固和发展。此次学术论坛有以下几个特点：一是联合举办方阵容强大，学术底蕴深厚；二是参会代表涵盖了全国各省区市，可以说是来自大江南北，五湖四海；三是汇聚了明清史界的一流专家学者；四是恭逢紫禁城建成600年，故宫博物院建院95周年。

（李华川）

【今注本二十四史·宋书（出版座谈会）】

2020年10月15日，由《今注本二十四史》编委会主办、河南大学历史文化学院承办的"《今注本二十四史·宋书》座谈会"在河南开封召开。此次座谈会以圆桌会议的形式进行，来自中国社会科学院、河南大学、郑州大学等单位的20余位学者参与了讨论。座谈会开幕式由河南大学历史文化学院院长张礼刚教授主持。在开幕式上，河南大学副校长孙君健教授、中国社会科学院古代史研究所所长卜宪群研究员分别致辞。孙君健教授指出《今注本二十四史·宋书》的发行适应了新时代新形势的发展需要。卜宪群研究员强调，《今注本二十四史·宋书》是一部创新性的学术作品，具有很高的学术价值，凝聚着编写者的学术智慧，并对朱绍侯、孙晓及其团队经历了20余年辛勤的耕耘后终于令著作出版表示衷心祝贺。开幕式结束后，座谈会由河南大学历史文化学院副院长祁琛云主持。座谈开始，河南大学荣休教授朱绍侯首先对各位编写者的辛勤付出深表感谢，同时表示《今注本二十四史·宋书》出版后要注重对多方意见的收集，力求建立相关机制进行长期收集意见工作，并有选择地接受，对已出版内容进行修改和完善。中国社会科学院古代史研究所孙晓研究员发言认为，《今注本二十四史·宋书》的特点主要是注重史实的疏通和历史的辩证，疏漏虽难以避免，但后续将不断完善、不断改进。其他与会代表或在回顾史书、史注发展历程的基础上，强调《宋书》在《二十四史》中价值独特，《今注本二十四史·宋书》在编撰过程中追求严谨、力求反映史实的特色。或从旧注存在疏漏的角度，指出为《二十四史》作注十分必要，《今注本二十四史·宋书》内容详尽，且体现了最新的研究成果，意义重大，必将对学界产生深远影响。又有参与编著的学者从个人角度谈及自己在编著工作中受益良多。与会学者也从各自的角度，为《今注本二十四史·宋书》的进一步完善建言献策，如提出《今注本二十四史·宋书》目前以繁体字出版，以后可以出版简体字版本，便于文化传播和大众了解该书。最后，中国社会科学院古代史研究所赵凯研究员进行总结发言。他指出，这部书体现了朱绍侯先生等老一辈学者力求严谨的学术态度以及面对困难竭力向前的学术精神。正是有这样的学术精神，严谨治学的态度和广纳建议的谦逊品质，有值得信任的团队才能推出这样有分量的作品。《今注本二十四史·宋书》作为丛书项目的第一批交付出版的作品，体现了学术温度和历史厚度，定会经历考验，展现光辉。通过座谈交流，与会学者回顾出版经历、交流学术观点。大家一致认为《今注本二十四史·宋书》是凝聚了多位前辈学者的无私付出与多年勤勉研究的学术成果，具有极高的学术价值。

（石　瑊）

【首届汉文化论坛】

2020年10月16—18日，由中共江苏省委宣传部、中国秦汉史研究会、中共徐州市委、徐州市人民政府共同主办，中共徐州市委宣传部及江苏师范大学具体承办，并由新华报业传媒集团、江苏省广电有线信息网络股份有限公司支持举办的首届汉文化论坛在徐州举行。首届汉文化论坛采取1+"X"模式，"1"即举办开幕式暨主论坛，"X"即安排举办五个平行分论坛。论坛旨在通过加强汉文化研究阐释，凝练汉文化独特价值和鲜明特色，进一步提升徐州汉文化品牌知名度、影响力，助推世界级汉文化传承与旅游目的地建设，更好地为江苏文化繁荣发展贡献徐州力量。来自北京大学、清华大学、中国人民大学、复旦大学、南京大学及哈佛大学、俄罗斯科学院、早稻田大学、韩国庆北大学等知名高校机构的教授、学人及研究者，以及国内外文旅行业领军人物、知名文化企业家、淮海经济区（四省十市）文旅界有关代表，以及中央、省、市级主流媒体及部分境外媒体等，约150人参会。江苏省副省长马欣，国务院发展研究中心原副主任侯云春，国家行政学院原副院长周文彰，中国社会科学院原副院长张江，故宫博物院原院长单霁翔，市委书记、市人大常委会主任周铁根等出席开幕式。在第二阶段主论坛中，单霁翔、周文彰、著名文化学者、河南大学文学院教授王立群、著名历史学家阎崇年，中国社会科学院历史研究院中国古代史研究所所长卜宪群，南京大学历史学院教授颜世安等知名专家学者进行主旨演讲。5个分论坛议题为："两汉思想文化的内涵与价值""两汉风俗的影响与传承""两汉文学艺术的成就与地位""徐州汉文化的特色与贡献""两汉文化与文旅融合发展暨青年影响力"。同时，该论坛紧密结合淮海经济区中心城市建设，筹划举办"四省十市"文化旅游发展联盟圆桌会议，围绕汉文化传承与区域文旅联动主题，进一步推动淮海经济区文旅发展交流互鉴、融合互通。在与会专家的讨论中，取得了三点共识：1.在揭示两汉文化的生成及演进方面，指出汉文化表现从自省走向自觉、从地域走向世界、从历史走向现代的特点。2.关于两汉文化的发掘与表达方面，着重在两汉文化的精神内涵、两汉文化的表现形态、两汉文化的理论体系三方面予以阐释。3.关于两汉文化的当代传承及时代使命方面，可归纳为复活文化记忆、建设精神家园、融入国家战略。

（石 洋）

【中国唐史学会成立四十周年纪念学术研讨会】

2020年10月17日，由中国唐史学会主办、陕西师范大学历史文化学院承办的"中国唐史学会成立四十周年纪念学术研讨会"在陕西师范大学长安校区举行，来自清华大学、北京大学、浙江大学、厦门大学、西北大学等单位的100余位专家学者参会。会议采取线上、线下同步举行的方式召开。陕西师范大学副校长党怀兴，中国唐史学会前会长、厦门大学前常务副校长郑学檬，中国唐史学会前会长、清华大学历史系教授张国刚等分别致辞。中国唐史学会会长、陕西师范大学历史文化学院教授杜文玉介绍了中国唐史学会的发展历程，指出四十年来，学会先后出版了《中国唐史学会论文集》《隋唐历史文化丛书》《唐代历史文化丛书》《唐研究基金会丛书》《中国唐史学会会刊》，以及核心集刊《唐史论丛》《唐研究》等系列出版物，在国内外具有较大影响；同时还指出学会存在的不足。会议第二阶段首先播放了短片《1980—2020：中国唐史学会四十周年历史回顾》。副会长薛平拴宣读了来自韩国和日本学者的贺信。中国唐史学会前秘书长牛志平在线上回顾了他在秘书处的工作经历，中国唐史学会副会长暨首都师范大学教授王永平、浙江大学历史系主任刘进宝等纷纷发言。最后，中国唐史学会秘书长拜根兴以"感恩""感谢""传承""努力"对此次会议进行了总结。

（刘琴丽）

【形象史学视野下的舆图文化学术研讨会】
2020年10月17—18日，由《形象史学》编辑部、云南大学历史地理研究所主办，云南大学历史地理研究所、古地图与丝绸之路研究中心承办的"形象史学视野下的舆图文化"学术研讨会在云南大学召开。来自中国社会科学院、云南大学、复旦大学、陕西师范大学等学术机构的学者及研究生20余人参加了会议。与会人员以古代舆（地）图承载的、强调可视化的形象史学为研讨核心，分享了14个相关学术报告，结合古代舆（地）图直观形象的特点，对相关史学问题进行了深入的交流。会议中，有关舆图与王朝统治、景观环境变迁以及地理认知等方面的主题颇受热议。在舆图与王朝统治方面，中国社会科学院刘中玉副研究员以地图史为基础，探讨了元代大一统形象的建构，指出由于上层统治阶级兴趣不足，导致元朝在中原地区的统治虽然效仿汉法，却并未深入地将治国与治道相融汇；此时的中西制图系统虽然有所交流，却并未在官方系统中得到大的发展。在基于古代舆图的对于古代王朝的宏观认识上，云南大学成一农研究员认为"帝国"与基于寰宇图和职贡图所阐述的"王朝"之间，就空间结构和政治结构方面的"疆域"与"天下秩序"而言，两个概念存在根本性的差异，现代认知者在探索历史时，尤需注意自身所处的角度。在古代舆图所反映出的关于景观与环境的变迁方面，浙江大学杨雨蕾教授结合实例，指出舆图由于承载着现实政治、文化等多方面信息以及对于塑造时人的地理认知的功用，因此明清不同时期的边疆舆图展现了边地地区逐渐内地化的过程。云南大学周妮博士后则通过梳理松沪地区方志地图与近代地图，提出该地区的自然景观随着人为改造产生了巨大的变化，而这种变化的过程又通过可视化的地图得以呈现。在古代舆图所带来的相关地理认知方面，复旦大学历史地理研究中心的丁雁南副研究员指出《耶鲁航海图》的多个展现"外罗"岛的地图应当为对同一地物进行多角度描绘的并立关系，而不是拓扑关系，这种地图绘制表现的方法是近代地图学在地形表现方法之前的一种实用的本土方法。此外，学者们还就中国古代舆图的版本、谱系和出版等问题发表了自己的见解。此次会议是近年来国内有关舆图研究高水平的学术活动。会议中，学者们强调了问题意识与认知视角在研究中的重要性；呼吁推进以形象化的史料来对历史进行多元化、多维度的探寻；大家相信较之单纯地追求考证功夫，提高思维认知方面的能力更是提升研究质量的关键所在。只有这样，才能在真正意义上推动史学观念和史学理论研究的进步。

（石　珹）

【"朝山问顶·进京找庙"田野工作坊】
2020年10月17—21日，北京师范大学社会学院与中山大学历史人类学中心联合举办"朝山问顶·进京找庙"田野工作坊，中山大学刘志伟、厦门大学郑振满、北京大学赵世瑜、北京师范大学鞠熙、中国社会科学院邱源媛等12位来自不同领域的学者踏访三山五顶、寻迹内城胡同，从寺庙活动及其遗迹中理解元明清王朝中心的社会历史。该期田野工作坊分为五个主题进行，分别是"五顶与香会""古道与朝山""水边的寺庙""寺庙与日常礼仪生活""从皇僧到艺僧"。工作坊成员每天考察一个主题，在田野现场展开讨论，并不断地与中国其他地区的研究经验互相比较，思考中国社会，也从街巷角落反观王朝历史。

（邱源媛）

【中华文化与中国历史思想学术研讨会】

2020年10月23—25日，由中国社会科学院历史理论研究所历史思潮研究室与古代史研究所古代文化史研究室联合主办的"中华文化与历史思想"学术研讨会在北京召开。来自中国社会科学院中国历史研究院、南开大学、北京师范大学、山东大学、中国人民大学、四川大学、中国国家博物馆、中央民族大学等全国10余所高等院校及研究机构的40余位专家学者参会。此次研讨会的主题为"中华文化与中国历史思想"，旨在顺应当前史学研究本土化发展大势，在中外文化比较中，探究彰显中国主体性的历史思想、历史理论、史学理论，系统、全面、完整、清晰地展现中国历史的文化根脉、历史根基、思想渊源与内在气韵。历时3天的会议既是有益的尝试，也是良好的开端，对加快构建中国特色、中国风格、中国气派的历史学学科体系、学术体系、话语体系具有重要的学术价值和理论意义。此次研讨会围绕中华文化与历史兴衰、中国文化思想与历代社会治理、中华文化视野下的历史观念、中国史学理论与历史理论专题、华夏文明的包容性与内外文化交流、中国社会文化思潮与史学思潮等议题展开了充分的交流与讨论。乔治忠教授、汪高鑫教授等20余位专家学者做了主题报告，30余位学者参与点评。南开大学历史学院荣誉教授、廊坊师范学院特聘教授南炳文在《论历史认识的检验标准》主题报告中指出，历史认识的检验标准问题是历史认识论与史学理论的重要问题。在马克思主义史学的语境中，历史学的学术实践是一种现实的"社会实践"，史学界共同进行的历史学学术实践，是检验历史认识的唯一标准。北京师范大学汪高鑫教授在《传统史学资政理念的思维特征》报告中，强调发挥史学经世致用的功能是中国传统史学的重要理念，从宣扬"神器有命"、彰善瘅恶、以史为鉴、以史资政、颂扬功德、正统之辨六个方面阐述了传统史学经世理念中的历史思维特征。主题报告后的圆桌会议由天津师范大学张秋升教授主持，与会专家学者就会议主题和大家的发言继续讨论、交流。各位专家学者就此次研讨会的主题达成共识，指出此次会议将跨学科和文化的比较与融合结合起来探究中国历史思想，不但为各领域的专家提供了争鸣切磋的平台，拓展了史学研究的视野，而且契合新时代历史研究的发展路径、现实诉求，是历史思想研究的新尝试。中国社会科学院古代史所古代文化史研究室主任刘中玉副研究员在总结发言中表示，当前历史研究正面临话语困境，党和国家之所以提出构建"三大体系"，既是学科发展的要求，也是时代赋予的使命。学者们要对此做出新的探索，要探究新的路径，而"中华文化与中国历史思想"学术研讨会就是推进新时代历史学发展和创新的一次成功尝试。

（石　珹）

【第五届北庭学研讨会暨北庭故城考古四十周年纪念会】

2020年10月24—25日，第五届北庭学研讨会暨北庭故城考古四十周年纪念会在北京的中国历史研究院举办。此次会议由中国社会科学院考古研究所、新疆维吾尔自治区社会科学院、新疆维吾尔自治区文博院、新疆维吾尔自治区文物局、新疆昌吉州人民政府主办,中国社会科学院考古研究所边疆民族考古研究室、新疆昌吉州文学艺术界联合会、吉木萨尔县人民政府承办。会议以"北庭与丝绸之路"为主题,从古代城市与丝绸之路、北庭故城考古四十年、北庭历史与边疆治理、丝绸之路的考古发现及研究、北庭故城及大遗址的保护开发与利用等方面进行学术交流和研讨。北庭是唐代北庭大都护府所在地,曾是天山以北军政、经济、交通、宗教与文化的中心,处于丝绸之路北道的交通要道,久负盛名。作为丝绸之路上一个核心的城市体系,北庭是连接东方与西方、草原与绿洲的重要节点和枢纽,是展示中华文明灿烂成就和中华文明对世界文明重大贡献的珍贵文化遗产。研讨会分为7组,52位专家学者交流发言。围绕丝绸之路上的北庭和北庭故城考古这一主题展开学术交流,展示了北庭及古代北庭地区的考古、丝路文化交流、佛寺壁画、城市建设与布局、人物、军事、经济等研究的最新成果,对古代西域史、中亚史、东北亚史研究也进行了深入探讨。

(孙　昊)

【求真务实——林甘泉史学研究理论与方法座谈会】

林甘泉先生是当代中国最具代表性、最具影响力的马克思主义史学家之一。深厚的理论基础、扎实的史学功底、强烈的现实关怀和炽热的爱国情怀,铸就了林先生视野开阔、问题宏大、求真务实的学术研究理路,使他在先秦秦汉史、经济史、史学史、史学理论等领域取得了卓越的成就。2020年10月25日,在林甘泉先生逝世三周年之际,为深入总结他的史学研究理论与治学方法,更好地推动史学研究走向深入,由中国社会科学院古代史研究所秦汉史研究室、郭沫若纪念馆、中国国学研究与交流中心、中国秦汉史研究会、中国郭沫若研究会、中国历史研究院海外中国历史文献研究中心等单位举办的"求真务实——林甘泉史学研究理论与方法座谈会"在中国社会科学院顺利召开,来自全国各地的70余位专家学者参加了这次座谈会。中国社会科学院古代史研究所党委书记赵笑洁同志在致辞中指出"求真务实"是林甘泉先生毕生坚持的治学态度,这突出地表现在他始终坚持以马克思主义为指导来研究中国历史,把马克思主义基本理论与中国历史实际相结合,做出符合中国历史实际的解释。林先生的史学观点和研究实践,不仅丰富了马克思主义史学的内容,显示了马克思主义史学强大的生命力,也为在新的历史时期如何运用马恩经典理论来研究中国历史,在各种学术思潮暗流涌动的今天如何坚持马克思主义史学,以求真务实的态度进行史学研究提供了生动的例证。随后,林甘泉先生家属代表林征的发言主要追溯了前辈学者对于林先生的重要影响。参会嘉宾、中共中央党史和文献研究院金冲及研究员高度认可林甘泉先生是中国史学界生于20世纪30年代一批人中的突出代表。中国社会科学院古代史研究所陈祖武研究员认为林甘泉先生的两个观点值得后来者重视和坚持:一是要用马克思主义社会经济形态学说来辨析和解决史学概念上的分歧,二是要认识到中国文化,乃至整个中国历史有自己独特的发展道路,在研究中必须把这一特点把握住,讲清楚,不能盲目地被西方中心的论调牵着走。北京师范大学终身教授刘家和谈到自己和林甘泉先生的学术研究殊途同归,说到底就是要维护中国历史的尊严，守护中国历史在世界上的合理性与合法性。因受新冠肺炎疫情影响，部分学者不能到场，他们以提前录制视频的形式参与了会议讨论。与会者一致认为马克思主义是林先生史学的底色。他研究历史问题，善于从大处着眼，重视理论的指导作用，同时又谦虚谨慎，讲求实证，提倡学术争鸣与共商。这些是林甘泉先生"求真务实"史学思想留给后人的宝贵财富。

（石 珺）

【纪念朱子诞辰890周年学术研讨会】

2020年10月28—29日，由清华大学国学研究院、清华大学哲学系、中华朱子学会联合主办的纪念朱子诞辰890周年学术研讨会，五十多位专家学者围绕朱子思想诠释、朱子与宋代理学、朱子与明清儒学等问题进行广泛而深入的探讨。研讨会设置了主题演讲、大会发言和分组讨论等环节。主题演讲包括成中英《论朱熹本体思考的具体现代性与其本体生活世界的五层次》、朱汉民《朱熹对中庸之道的诠释与建构》、朱杰人《朱子道统谱系中的韩愈》、陈来《论古典儒学中"义"的观念——以朱子论"义"为中心》。大会发言的内容有蔡方鹿《四川省朱熹研究工作及未来展望》、向世陵《"同体"之爱与朱熹社仓的创设》、吴震《张载道学论纲》、何俊《程朱理学的话语塑形》、肖永明《学术与政治权力交互作用下朱熹形象的塑造——以南宋后期为中心的考察》。分组讨论设八个主题：1. 理学经典与文献：顾宏义《朱熹〈张忠献公浚行状〉考异》、许家星《〈四书集注〉的初本与改本及朱子定见》、程旺《四书图学的理论价值及其可能》、汤元宋《"消失"的书信：南宋道统的第三次运动与朱熹文献的最终形成》、赵金刚《类编与思想诠释——〈朱子语类〉与朱子学》；2. 理学与礼学：殷慧《宋明理学视野中的修身以礼》、陈壁生《朱子的理教与礼教》、李记芬《荀朱思想比较——以"复礼为仁"为中心》、和溪《礼俗流变中的神圣空间——朱子祠堂制度的建构》、张倩茹《魏校与后大礼议时期的嘉靖政坛与学坛》、王硕《朱子的测义与乐喻的变迁——"金声玉振"诸说试析》；3. 朱子思想诠释：杨柱才《太极之体与太极之道——朱子道体思想的一种诠释》、翟奎凤《"虚灵不昧"与朱子晚年明德论思想跃动的禅学背景》、田智忠《当"道体"遭遇"理本"——论朱子"道体论"的困境及其消解》、李卓《真知与乐行》、赖区平《罕言、详言、雅言：朱子的儒学史观》、王鑫《义利之辨：一种形而上式的思考》；4. 朱子学的发展：郭晓东《如天如渊与其天其渊：〈中庸章句〉对"至圣"章与"至诚"章的诠释及船山的批评》、孙宝山《蔡清对〈四书集注〉的阐释和突破》、高海波《宋明理学意志思想的深化——从朱子到王夫之》、邓庆平《黄榦的五行次序说》、张品端《日儒山崎暗斋的朱子学思想》、李可心《顾宪成对于朱子格物说的理会》；5. 朱子与北宋理学：唐文明《气化、形化与德化》、傅锡洪《从"无极而太极"到"天理自然"——兼谈周程授受关系》、陈睿超《朱子〈太极图〉诠释对于北宋"五子"易学哲学的综合》、李震《朱子对邵雍成卦学说的继承与发展》、胡荣明《为圣人辩护：宋代理学家对"舜不告而娶"的诠解》；6. 朱子与南宋理学：杨少涵《十三经无"真"字——兼谈"朱子道，陆子禅"》、李丽珠《从太极概念诠释看理学建构的两种路径——朱熹与张栻太极思想异同比较》、朱雷《朱、陆〈太极图说〉之辩的再讨论》、焦德明《朱子中和旧说时期的"敬"论——兼论张栻与朱子在工夫论上的相互影响》、肖芬芳《叶适和朱熹：学术思想交涉和三代道统论争》；7. 朱子与明清儒学：秦晋楠《从诠释史看理学中的理气关系问题》、杜保瑞《对顾东桥捍卫朱熹学说正面挑战阳明大学诠释的理论解析》、方遥《李光地的六艺、格物之学》、申祖胜《吕留良的〈中庸〉诠释及其思想建构》、曹润青《早期康有为对朱子学说的吸纳与批判》；8. 道学·佛老·政治：徐公喜《论1194年宋宁宗罢黜朱熹经筵原因》、朱人求《朱子战争观管窥》、李春颖《弥近理而大乱真——朱子辟佛思想的特点》、王琦《朱熹理学化的帝学思想——以〈经筵讲义〉为中心的考察》、刘沁《"本质之体"与"体质之体"——论朱熹体用观的两层含义》。

（陈冠华　张倩茹）

【第二届新时代史学理论论坛】

2020年10月29日，由中国历史研究院主办，中共云南省委宣传部、云南大学承办的"第二届新时代史学理论论坛"在昆明召开。来自中国历史研究院、北京师范大学、华东师范大学、南京大学、云南大学等90余名专家学者参会。学者们围绕论坛主题"时代变局与史学发展"进行分组讨论，涉及中外史学理论及史学史、马克思主义史学以及中国历史的诸多话题。关于中国古代史学理论及史学史讨论，除了有关历史理论的概念及其演化、史学研究的碎片化问题等综合性研究话题的探讨，多少涉及古代部分外，更多的是对中国古代史学的诸多具体问题进行研究。有学者对中国古代史家的身份认同与形象建构作了深入分析，认为在中国史学发展史上，史家形象的理论建构常常与史家的身份认同危机相伴随，史家在化解自我身份认同危机时的阐释，也为中国古代史学留下了丰厚的史学理论遗产。有学者对前四史中的民族传记及与秦汉民族史研究的关系作了考察，认为前四史的民族传记开创了统一多民族中国民族历史的叙事范式。有学者对明代学人的史学批评及其精神进行了分析，从知人论世、中和平允、不可有成见等方面归纳了明代学人的史学批评成就，并指出发掘和总结中国古代史学批评精神中的宝贵遗产，对于加深中国古代史学批评的研究具有重要意义。有学者对宋明以来集录碑传作了考察，认为宋明以来集录碑传而成为专书，不仅是学者们的自觉行为，也是一种优良的史学传统。有学者讨论了清代前期官方对南明史著述的处理，认为清代官方对南明史著述的处理经历了从顺治、康熙朝的相对宽松发展到雍正、乾隆朝的大肆禁毁及删改这样一个变化，这也表明清代史学与政治的关系。特别是乾隆朝的大肆禁毁，充分体现了清代学术屈服于政治的一种扭曲的运作模式。这方面文章，还有对《汉纪》与新编年体史学的演进、王充《论衡》的史学理论体系等作了讨论的，都提出了作者自己的思考和认识。新时代史学理论论坛是中国历史研究院成立后着力打造的学术品牌。第二届新时代史学理论论坛旨在总结和反思中国历史学中的历史理论和史学理论，以习近平新时代中国特色社会主义思想为指导，提高研究水平和创新能力，推动新时代相关历史学科融合发展，总结历史经验，揭示历史规律，把握历史趋势，加快构建中国特色历史学学科体系、学术体系、话语体系。

（靳　宝）

【"我与甲骨缀合"讲坛】

由中国社会科学院古代史研究所先秦史研究室主办的"我与甲骨缀合"讲坛第一讲、第二讲、第三讲分别于2020年10月26日、11月11日、11月12日依托腾讯会议在线上成功举行。此次讲坛是在新冠疫情流行期间，在既要维持正常的学术交流又要保证学者们安全的前提下所作出的一次尝试。参与者包括海内外各高校和研究机构研治甲骨的专家学者及研究生，最多上线人数达二百人。第一讲由复旦大学出土文献与古文字研究中心的蒋玉斌主讲，题目是"关于甲骨缀合的一些思考"。蒋先生的讲座主要分为三部分，第一部分蒋先生结合自己的缀合实例，讲述了自己在甲骨缀合过程中的一些趣事，分享了关于甲骨缀合的经验与知识，同时还公布了几组尚未发表的缀合。第二部分蒋先生主要谈了对缀合方法的理解，在总结前人经验的基础上，蒋先生将甲骨缀合方法分解为"依据或参考要素""基本步骤""基本方式"三个问题，强调了"动手实践"的重要性。第三部分蒋先生介绍了对缀合工作特征的认识，点明了甲骨缀合对甲骨材料整理的意义，缀合的本质就是对甲骨材料严谨、细致的研究，而缀合的必然性与偶然性、唯一性与可验证性为甲骨复原带来了无限可能。第二讲由台湾大学中国文学系张宇卫主讲，题目为"由误起兴的甲骨缀合经验"。张先生的讲座包含五个方面：1. 注意甲骨本身的信息：包括字体类别；甲骨材质与部位的推断；文例的建构（同文与类似文例、事类的归纳）；刻写的位置规律；残缺文例。2. 掌握他人的缀合信息：尽量阅读缀合的文例，增加对文例的敏感度；掌握残缺的文例，加深印象，方有加缀的可能；思考琢磨别人的缀合方法（包含资料搜集与掌握、字体、甲骨部位等）；内心存疑的缀合，多加记忆与描摹；可从别人缀合的成果，延展检索相关文例。3. 建立自己一套帮助缀合的工具书或方法：方便检索文例的书籍与网站；已有的缀合整理，以及自己的补充或更正；对自己有兴趣的部分制作摹本或有效地整理；熟悉或分类各著录书的编排，方便检索；注意旧著录或新著录书籍中《合集》《合补》未收者。4. 缀合过程中的另类收获。5. 缀合中有趣的观察。第三讲由政治大学中国文学系林宏明主讲，题目是"谈谈我的缀合甲骨经验"，林先生的讲座主要包含五部分内容：1. 个人的甲骨拼合方法：随着对甲骨的认识展开。2. 印象深刻的几种缀合类型。3. 缀合经验，谈了新手第一组缀合的因素。4. 对甲骨缀合经验的总结。5. 对计算机缀合谈了自己的认识。此次讲坛的三位主讲人根据自己的缀合经验为海内外研治甲骨的学者带来了一次缀合盛宴，与会学者进行了热烈的讨论，彼此交流了自己的研究方法，此次论坛对甲骨缀合研究起到了重要的推动作用。

（赵孝龙）

【第六届历史地理信息系统（GIS）学术沙龙】

2020年10月30日—11月1日，由中国地理学会历史地理专业委员会主办、云南大学历史与档案学院和《南京大学学报》编辑部承办的"第六届历史地理信息系统（GIS）学术沙龙"在昆明举办，主题为"历史地理信息化的现状与趋势"，来自中国科学院、中国社会科学院、复旦大学、北京师范大学、南京大学、浙江大学、云南大学等单位的70余位学者参加。会议围绕"图像史料与GIS技术""气候与社会""历史上的信息网络""数字人文""水与历史""产业前景""长三角研究""地表过程""历史文化地理""历史GIS应用"等列举了10个主题进行讨论，会议体现历史地理信息系统研究的最近成果，有利于促进历史地理信息化建设与多学科研究协作。

（孙靖国）

【中国古文字研究会第二十三届学术年会】

2020年10月30日—11月2日，由中国古文字研究会主办，河南大学甲骨学与汉字文明传承发展研究中心、河南大学黄河文明与可持续发展研究中心、黄河文明省部共建协同创新中心、河南大学文学院共同承办的中国古文字研究会第二十三届学术年会以线上线下相结合的方式在河南省开封市隆重举行。来自中国社会科学院、北京大学、清华大学、浙江大学、复旦大学、南开大学、中山大学、吉林大学、上海交通大学、武汉大学、四川大学、南京大学、湖南大学、山东大学、中国人民大学、西南大学、安徽大学、首都师范大学、华南师范大学、郑州大学、河南大学、中华书局、语文出版社、上海古籍出版社、故宫博物院、上海博物馆、山东博物馆、中国文字博物馆等高校与科研机构的近二百位代表和嘉宾现场参会，会议共收到论文130余篇。开幕式上，河南大学甲骨学与汉字文明传承发展研究中心研究员张重生教授发布缀多多——首款AI甲骨缀合软件的成果。缀多多由河南大学和首都师范大学联合研发，主要研发人为张重生、首都师范大学甲骨文研究中心莫伯峰、河南大学甲骨学与汉字文明传承发展研究中心门艺。目前，利用缀多多软件已成功缀合约40组甲骨，这是历史上第一次真正意义上实现了人工智能驱动的甲骨缀合，得到古文字学界的高度关注和认可。缀多多还可以广泛用于文物数字化修复，如简帛缀合、彩陶复原等，在文物考古等学界具有极广阔的应用前景。此次大会邀请六位著名专家学者做大会主旨报告，并设置四个分论坛。充分借助网络在线资源，海内外近二百位专家学者围绕着"甲骨文、金文、简帛、古文字综合研究"四个主题进行深入讨论。在甲骨组，对文字和卜辞的释读仍然是大家关注的重点问题。多位学者提出了自己对某些甲骨文字的释读意见，有的学者还对前人的解释提出了补充意见，从而使文字和卜辞的文意更加完整。还有学者对卜辞的某些语法问题提出了自己的见解。此外，有的学者还运用甲骨卜辞对商代历史等进行分析，有的学者通过甲骨文字提出卜骨新的判断标准。在金文组，学者关注的重点和焦点主要集中在对文字和铭文的考释以及金文语法两个方面。例如，有的学者对"民""贼""稻糕糯粱"等进行考释，有的学者对"两周金文'至'语法"以及金文动词等进行分析。在简帛组，重点问题主要集中在文字考释和对新材料的解读及运用这两方面。例如，学者们对"缝"等文字的考释以及对清华简简文的释读。在古文字综合研究组，大家关注的问题较为分散，主要集中在对陶文的释读、出土文献与传世文献互相印证等方面。此次会议持续三天，学者们在增进学术交流的同时，也对推动古文字学科的建设上升到一个全新的发展阶段起了重要的作用。

（赵孝龙）

【第六届国际妈祖文化学术研讨会】

2020年11月1—2日，由中国社会科学院古代史研究所、中国海洋发展研究会、莆田学院等单位联合主办的"第六届国际妈祖文化学术研讨会"在妈祖文化发祥地福建莆田市湄洲岛举行。来自国内，以及马来西亚、日本、越南、泰国、澳大利亚等国家的众多妈祖文化研究的知名学者参会。莆田市委常委、宣传部部长吴桂芳在会议上提到"妈祖文化起源于莆田，全世界范围内，现有上万座妈祖分灵庙，妈祖信仰者3亿多人，（妈祖信仰）已经发展成为世界性文化现象"。他希望各位专家学者共同传承与弘扬妈祖文化的精神内涵，为促进21世纪海上丝绸之路及其沿线国家和地区的民心相通，构建海洋生命共同体和人类命运共同体提供更坚实的理论支撑。中国社会科学院古代史研究所所长卜宪群研究员在开幕式致辞中表示，妈祖文化是海上丝绸之路发展的文化起点和文化纽带，目前妈祖文化已传播到国内28个省市以及世界40多个国家和地区。学者应在更高站位研究妈祖文化，提炼妈祖文化内涵，为当代社会建设性发展作贡献。在两天的会议中，与会者分作三组，围绕"妈祖文化与中华民族认同研究"这一主题，就"妈祖文化与中华民族共同体意识研究""妈祖与海丝文化关系研究""妈祖文化与妈祖文献史料发掘与研究""妈祖文化与文体艺研究""妈祖文化海外传播研究""妈祖文化中国区域传播研究"等议题，展开深入研讨和交流。福建省妈祖文化研究会副会长兼秘书长、莆田学院妈祖文化研究院副院长林明太教授表示，妈祖文化所形成的民族"认同"、文化"认同"是此次研讨会的焦点，其拓展的"认同"核心包括"妈祖文化与中华民族的共同体意识"以及"妈祖文化与台港澳同胞、海外华人华侨的文化认同"。此次研讨会就妈祖文化与中华民族认同展开主题讨论，紧扣时代发展脉搏，具有重要的时代价值。莆田学院校长宋建晓教授在闭幕式致辞中指出，妈祖文化是劳动人民千百年来尊崇、信仰妈祖过程中遗留和传承下来的物质及精神财富的总称，是中华民族重要文化瑰宝之一。莆田学院作为地方本科高校，弘扬和传承妈祖文化是义不容辞的历史使命。学校将继续推进妈祖文化研究，深入挖掘妈祖文化蕴含的人文精神、道德规范，结合时代要求继承创新，让妈祖文化展现永久魅力和时代风采。

（石　珹）

【古代东亚文字资料研究的现在与未来——以韩国、中国、日本出土木简资料为中心国际学术会议】

2020年11月5—7日，由韩国庆北大学人文学院人文韩国振兴（HK+）事业团主办的"古代东亚文字资料研究的现在与未来——以韩国、中国、日本出土木简资料为中心"国际学术会议，以视频连线的方式召开。来自韩国庆北大学、首尔大学、中国社会科学院古代史研究所、首都师范大学、南开大学、武汉大学、湖南大学、香港中文大学、台湾"中研院"、湖南省文物考古研究所、甘肃省考古文物研究所、荆州博物馆、长沙简牍博物馆、甘肃简牍博物馆、日本早稻田大学、立命馆大学、爱媛大学、金泽大学、国立历史民俗博物馆、奈良文化财研究所等三国著名学术机构的48位学者提交了报告论文。在主旨演讲中，庆北大学名誉教授朱甫暾以《韩国木简研究的倾向与期待》为题，强调了韩国木简在东亚木简文化，特别是中日之间中的桥梁作用。早稻田大学文学学术院教授李成市以《从日本的视角看韩国木简研究动向》，分析了日本国内研究韩国木简的学术出发点，并总结了目前的成果对理解日本木简制度、"律令国家论"和日韩交流史的意义。具体研讨分10个专场，每场包含议题相近的3—7篇报告。第1场邀请参与整理近年新出土简牍的学者介绍资料概况与工作进度，分别由张春龙、彭峪、杨博、李志芳介绍了益阳兔子山遗址七号井简牍的整理收获、青岛土山屯汉墓发掘及出土简牍情况、海昏简牍整理与研究的新进展、湖北荆州胡家草场出土西汉简牍。第2场至第10场为专题研究，分别围绕日韩简牍的整理、分析技术手段，中日韩出土木简所反映的礼制、文化和信息沟通，秦简所见相关制度、基层社会面貌及简牍与传世文献记录的比较观察，西北汉简所反映的制度与未来展望，日韩简牍中的用字及出土墓主，新出走马楼西汉简的新观察，东汉五一广场简、走马楼吴简探研等中心议题，展开具体而微的讨论。各位报告人皆系活跃在相关学术领域的一线研究者，部分还直接担负新出简牍的整理工作，所研讨的问题，能够反映近年简牍学、秦汉史、中日韩三国交流史、日韩文化史研究的前沿思考。在报告中，奈良文化财研究所、东京大学史料编纂所、京都大学人文科学研究所、台湾"中研院"史语所等机构还公布了联合宣言，主张跨国境共享汉字文化圈内有关文字的相关知识，达成三点共识：各机构协调合作，推进研究发展；开放各机构所藏文字研究资料，共享、公开并对外发布；共同积极推进发表文字研究的相关成果。

（石 洋）

【先秦时期的制度与社会学术研讨会】

2020年11月6—8日，由华东师范大学历史学系、《史学集刊》编辑部、《中国史研究动态》编辑部共同主办的"先秦时期的制度与社会学术研讨会"在上海举行。来自中国社会科学院古代史研究所、天津师范大学、南开大学、复旦大学、上海博物馆等国内高校和科研机构的44位专家学者到会，会议共收到专题论文38篇。此次研讨会共分两个会场，与会论文围绕着商周文字、地理与政治，西周时期的制度与历史，西周时期的金文、观念与史学，战国竹书、铜器、制度与文化，先秦时期的政治、思想与学术等问题，从不同的角度进行了深入探讨。在商周文字、地理与政治方面，有学者对甲骨卜辞中的斝、寻、谭三地进行了分析，认为斝地在鲁中泰安东南，寻地在鲁北章丘附近，谭地在鲁东沂水县北部，这些地名的考定有利于重新梳理武丁时期军政大事和商代民族等重大问题。有学者对王朝正统论和政权合法性进行了梳理，认为周人政权合法性和王朝正统论的理论表现在天命、地理、血统三端，即"三才"之道。在西周时期的制度与历史方面，有学者对西周王位继统法进行梳理，认为周邦在太王迁岐后实行的继统法是立子以贤，成王继位后，嫡长子继承制才成为全国施行的制度。有学者对审判权与西周国家权力进行分析，认为西周王朝司法模式的核心特征在于授权，即通过审判权的个别授予来实现王朝的司法职能。有学者对周代的主客制进行梳理，认为周人把以血缘关系为原则的主客制运用到政治中，在西周的政治和社会发展、演化中具有重要地位。有学者运用新的方法对英国剑桥大学菲茨威廉姆博物馆旧藏守宫"觥"进行分析，认为守宫"觥"并不是纯粹的觥器，而应是觥与尊的共生之器。这件折中器物之所以出在洛阳，是一种不得已而为之的举措，是西周王朝经略东方、重食轻酒器用原则的集中反映。这个观点得到评议人以及其他学者的一致赞同。学者们还对西周时期的个人命运转变、西周初期的分封、楷国青铜器等进行了讨论。在春秋时期的金文、观念与史学方面，有学者对新出的嬭加编钟铭文进行了释读，并判定其时代为公元前614年之后不久。还有学者根据嬭加编钟铭文对春秋时期"天命观"的发展演变进行探究。学者们还对春秋铜器铭文中的先世叙述、《左传》历史叙事等进行了探讨。在战国竹书、铜器、制度与文化方面，有学者对战国鸟形器进行分型分式，并探讨了它们的渊源关系。有学者分析了战国时期的诸子文化，认为战国时期是中国历史的一个夹缝期，此时的诸子文化为中华文化奠定了基础。学者们还对青铜器纹饰的演变、上博简的编连等进行了探讨。在先秦时期的政治、思想与学术方面，有学者对先秦时期的"忠"与"中道"进行讨论，认为春秋时期"忠"与"中道"是被普遍追求的君子之道，"忠"的内涵在战国以后才转变为对君主的服从。有学者分析了先秦民本思想的形成，认为清华简等新材料可以改变人们对先秦民本思想的认识。此外，学者们还在西汉皇后职官体系、宋代君臣《尚书》观等方面进行了探讨。此次会议期间，与会学者就共同关心的学术问题进行了热烈讨论。此次会议的举办对促进先秦时期的制度研究，拓宽先秦史研究领域都起到了很好的推动作用。

（赵孝龙）

【多元视角下的汉唐制度与社会青年学者工作坊】

2020年11月7—8日，由厦门大学历史系主办的"多元视角下的汉唐制度与社会"青年学者工作坊在厦门召开。来自国内各高校、科研院所的十余位学者以及厦门大学历史系师生共同参加了此次会议。会议共设有四场专题讨论及一场综合讨论。第一场主题为"汉魏南北朝边境地带的政治与族群"，北京师范大学历史学院博士后刘莹的报告题目为《北朝稽胡的"统一"》。该报告从区域人群身份变化的角度出发，描绘了北朝时期河、汾流域山居诸胡由多样化的族群名号逐渐统合为稽胡的演变过程。随着国家对人群控制的强化以及政治权力向地方的渗透，最终促使被黄河分割的河西羌胡之地与河东山胡区域统合为稽胡区域。第二场主题为"中古中国的制度、宗教与社会"，南京师范大学社会发展学院讲师陆帅的报告题目为《江南的具象：吴都建业的物质图景及其特征》。该报告择取吴都建业的城邑格局、生活空间分布、青瓷和墓葬形制等方面，展示了六朝早期江南地域历史的特点，即一是由大小私兵军团组成的孙吴政权所具有的高度军事性，二是江南开发过程中的拓殖色彩及其华夏边缘的文化心态。第三场主题为"唐代制度的时空运作"。陕西师范大学副教授胡耀飞的报告题目为《长庆镇州行营考》。该报告对唐长庆年间镇州行营的建置过程及作战情况进行了仔细梳理，并探讨了白居易《论行营状》对唐中后期施行的行营体制的反思。第四场主题为"梁武帝与南朝佛教的展开"。中山大学中文系副教授李晓红的报告题目为《梁武帝天监十六年"去宗庙牲"始末考论》，指出"去宗庙牲"是萧梁王朝礼乐制度转向崇释老的关键标志，这一转向体现梁武帝"孔释兼弘"的礼乐追求，并将之与其后萧梁的北伐、刘萨诃礼拜阿育王造塔、佛弟子修孝顺观念的兴起等现象进行关联思考。综合讨论由中国历史研究院古代史研究所助理研究员陈志远主持，与会学者围绕国家上层制度与基层社会的互动关系，文献学与社会学研究取径的异趣，史学的碎片化趋势及其克服展开了热烈讨论。

（陈志远）

【2020敦煌论坛：纪念藏经洞发现120周年学术研讨会暨中国敦煌吐鲁番学会会员代表大会】

2020年11月7—8日，由敦煌研究院与中国敦煌吐鲁番学会共同主办的"2020敦煌论坛：纪念藏经洞发现120周年学术研讨会暨中国敦煌吐鲁番学会会员代表大会"在甘肃敦煌莫高窟召开。大会共邀请150多位资深敦煌学专家学者与会。甘肃省委宣传部副部长王国强、甘肃省文物局副局长陈于柱、故宫博物院副院长赵国英、中国敦煌吐鲁番学会会长郝春文、敦煌研究院院长赵声良出席开幕式并致辞。郝春文在致辞中介绍了未来五到十五年间敦煌学界的重要工作规划，他希望国内敦煌学者能够继续保持开拓进取的研究态势，并欢迎国际敦煌学专家加入研究阵营，推动国际敦煌学研究工作取得进一步突破性进展。北京大学教授荣新江作了《敦煌吐鲁番文书与历史研究新视野》、浙江大学张泳泉教授作了《敦煌藏经洞之谜发覆》、敦煌研究院副院长罗庆华作了《数字敦煌：藏经洞文物数字化项目——流失海外敦煌文物数字化回归》的主旨发言，敦煌研究院研究员马德还介绍了敦煌遗书数据库。此外，专家们还聚焦敦煌藏经洞出土文物研究、丝绸之路多宗教多民族文明交融与文化互鉴研究、丝绸之路艺术与考古研究等议题展开专题发言和研讨。论坛还召开了中国敦煌吐鲁番学会会员代表大会、主席团会议、理事会全体会议，选举产生新一届的中国敦煌吐鲁番学会理事会和领导机构。

（刘琴丽）

【口述历史之夜 2020】

2020 年 11 月 7 日，中国传媒大学崔永元口述历史研究中心举办"口述历史之夜 2020"。"口述历史之夜 2020"是口述历史国际周的特别项目，口述历史国际周由中国传媒大学主办，中国传媒大学崔永元口述历史研究中心承办。自 2015 年起，一年一届，已持续举办六届。2020 年 11 月 7 日晚，在第六届中国口述历史国际周特别发布——口述历史之夜上，近 300 位线上参与者分享了研究中心数据库的开发历程，中国传媒大学教授崔永元补充讲述了数据库开发的背后故事。此次口述历史之夜长达近 3 小时，并首次采用线上"云分享"模式进行。中国社会科学院历史研究所研究员、博士生导师定宜庄在分享《"文物人"与"人文物"——常人春、常寿春兄弟口述》采访历程后，总结了做口述史的六条规范。一是必须是访谈者亲临现场，并对被访者做一对一访谈。二是每篇访谈都要对做访谈的时间、地点，以及被访者的状况做出交代。三是文字稿必须是根据现场访谈录音（或录像）转写而成。访谈者一方不得凭空添加任何增补、编造和自己的想象，即使有任何评论，也要以第三方的形式另行撰写。四是对转成文字的口述访谈材料中涉及的事件、人物和专用名词等，必要时需查找出处，并添加注释。五是对访谈材料进行反复的核实整理。例如再次或多次进行回访；访谈亲历同一事件的其他人士；将口述材料与历史文献做对比等，尽可能地对被访者提供的材料鉴别真伪。六是在核实整理的基础上，添加必要的背景梳理、考证文章，历史年表。中国人民大学历史学院教授姜萌分享了《公共史学概论》教材的编著目的。他说，该书更重要的是在理论化、体系化基础上促进实践质量提升，包括通俗史学、口述史学、影像史学、物质文化遗产保护与开发、非物质文化遗产保护与开发和数字公共史学等。大庆师范学院大庆精神研究基地执行主任陈立勇，广东广播电视台节目主持人、节目监制、中国播音主持金话筒得主骆伟瑜，美国斯坦福大学教育学硕士盛天意与云南省昆明一中分校金岸中学高三学生孙陈缘圆，先后就《大庆精神铁人精神口述历史研究》《骆驼声——岭南非物质文化遗产传承人口述史》和《见证者计划——疫情口述史》等口述项目进行了分享。

（邱源媛）

【第五届利玛窦与中西文化交流国际学术研讨会】

2020 年 11 月 13—15 日，由中国明史

学会、肇庆学院、中国明史学会利玛窦分会联合主办，中山大学西学东渐文献馆、广州与中外文化交流中心协办的第五届利玛窦与中西文化交流国际学术研讨会在广东肇庆举行，中外学者80余人参加了会议。由于新冠疫情的原因，此次国际学术研讨会采取线下研讨和线上发言同步进行的方式，意大利学者费利佩、埃里克赛·米克拉吉塞克等多位海外学者通过视频参加了研讨。会议围绕利玛窦生平、利玛窦在中国活动的方式、海外图书馆馆藏中西文化交流资料的价值与利用、明代知识分子对耶稣会士的态度等问题展开了热烈的讨论。会上，林金水先生提出了利玛窦学的概念，在学者中产生多重回应。利玛窦国际学术研讨会已经连续举办了四届，此届会议正值新冠疫情在全球肆虐，经过与会各方共同努力，会议得以按计划举行，维护了相关学术研讨的连续性，也为今后学术活动的应急处置提供了有益的经验。

（解　扬）

【清代中晚期学术思想史国际学术研讨会】

2020年11月12—13日，由台湾"中研院"近代史研究所主办的清代中晚期学术思想史国际学术研讨会召开，主题为重新探讨清代中晚期学术思想史。参会论文大致围绕以下五大议题展开研讨：1. 清代理学：田富美《清朱陆异同论争的一个侧面——论王懋竑〈朱熹年谱〉中鹅湖之会的书写》、杨正显《清中叶阳明学的复返——"王刘会"的成立与活动》、丘文豪《作为"经世"方案的"程朱陆王"之辨——以吴廷栋校订〈理学宗传辨正〉按语为例》；2. 清人的学术评价：何威萱《论方东树对顾炎武的评价》、林胜彩《从隐逸遗民到理学真儒——张履祥从祀孔庙的历程和意义》；3. 清代士人的经世思想与学问世界：赵世玮《永嘉经世学对孙衣言政经思想实践之影响及其产生之缺陷》、唐屹轩《嘉道时期士人的"整风整俗"——以陈用光、祁寯藻家族为核心》、张循《道咸时代一位地方士人的学问世界——读潘道根的〈隐求堂日记摘要〉与〈晚年书札〉》；4. 清代的儒学思想：贺广如《彭绍升的儒学观——从戴东原谈起》、吕妙芬《王廷佐与潘得舆的"人鬼说"——清中晚期儒学生死观之论》、马瑞彬（Ribbing G. Magnus）《"学术断不能有真是非"：陈澧与儒家"兼存"思想》；5. 晚清中西思想互动：范广欣《民本与民约：刘师培对社会契约论的理解》、陈以新《理雅各布、王韬与文化大同：以自主平等理想论为视角的新探》。与清中期学术思想相关的讨论，还有曹美秀《姚鼐的古文〈尚书〉观点》和刘继尧《武术与德性：晚清以降以武成德的建构与流转》的论文。

（陈冠华　张倩茹）

【先秦汉晋时期的社会结构与经济形态研讨会】

2020年11月14—15日，由《中国史研究动态》编辑部、重庆师范大学主办，重庆师范大学历史与社会学院、三峡文化与社会发展研究院承办的先秦汉晋时期的社会结构与经济形态研讨会在重庆师范大学举行。来自中国社会科学院、中国人民大学、复旦大学、南开大学、南京大学、武汉大学、四川大学、中山大学、山东大学、西北大学、南京师范大学、河北师范大学、西南大学、重庆师范大学等单位的60余名学者参会，提交报告论文48篇。在主题报告环节中，复旦大学文物与博物馆学系陈淳教授重新审视了中国的"二重证据法"；河北师范大学历史文化学院沈长云教授重论了中国古代社会形态；重庆师范大学历史与社会学院李禹阶教授指出了早期中国与埃及的历史发展道路有重大差异的原因；中国人民大学国学院王子今教授探讨了汉晋时期的履与礼的关系；中国文化遗产研究院葛承雍研究员指出通过关注亚洲周邻国家，延伸文化空间，促进文化交流互鉴；南开大学历史学院杨振红教授利用新出简牍深入探讨了战国秦汉社会转型中二十等爵制的起源、分层发展及其原理。小组发言分为先秦和秦汉魏晋两组，与会学者围绕研究理论与范式、早期文明起源、中外文明交流与互鉴、政治制度、社会构造、经济形态、汉民族形成等问题进行了深入热烈的讨论。学者们的报告既有长时段的宏观探讨，也有以小见大的微观研究，采用历史学、考古学、社会学和人类学等多角度的研究方法，打开了新的研究视野，探寻了新的研究方法，深化了研究深度。闭幕式中，四川大学历史文化学院彭邦本教授和中国社会科学院古代史研究所副所长邬文玲研究员分别作总结，认为此次会议一是关注了先秦汉晋时期宏大的经济形态和社会结构问题，有较强的理论深度，把握了历史发展的趋势和规律；二是对文献和考古材料进行了精详的考证，厘清了若干问题；三是开拓了新的研究领域，提供了新的研究维度。（据重庆师范大学网站"学术新闻"历史与社会学院 2020 年 11 月 16 日报道增订）

（石　洋）

【"海洋广东"论坛暨广东历史学会成立 70 周年学术研讨会、2020（第三届）海洋史研究青年学者论坛】

2020 年 11 月 14—15 日，由广东历史学会、广东省社会科学院历史与孙中山研究所（海洋史研究中心）联合主办的"海洋广东"论坛暨广东历史学会成立 70 周年学术研讨会、2020（第三届）海洋史研究青年学者论坛在广东台山上川岛召开，来自北京、上海等 20 多个省、自治区、直辖市的高校、科研机构、文博部门的学者代表 130 余人参加会议。广东是中国海洋文明与海上丝绸之路的重要发祥地，是中国走向世界的重要门户。以海洋为核心因子的岭南文化也构成中华文化的重要支脉。此次研讨会以"海洋广东"为主题，议题丰富多样，与会学者围绕海洋历史文献、历史上"海洋广东"与东亚海洋文明、"海洋广东"与全球海域交流、海洋史学理论建构等主题展开研讨。孙光圻《海洋史学理论建构与学术创新之我见》、刘志伟《地域社会研究的海洋视角——从地域社会中寻找流动的历史》、黄纯艳《宋代海洋政策的新变》、孙键《从水下考古发展看古代航海生活》、张应龙《赶海人：阿联酋迪拜的广东新侨》、朱明《21 世纪以来印度洋史研究的全球史转向》的主旨发言，对海洋史的理论方法进行反思、总结，对构建中国海洋史的学科体系和理论框架提出了新见。与此同时，2020（第三届）海洋史研究青年学者论坛也在同地举行，14 名海洋史研究青年学者参加会议，南京大学刘迎胜，暨南大学金国平、钱江等 8 位专家参与论文点评。会议闭幕式中还举行了圆桌讨论。

（孙　昊）

【唐宋时期的海上丝绸之路国际学术研讨会】

2020 年 11 月 19—20 日，唐宋时期的海上丝绸之路国际学术研讨会在上海博物馆召开。上海博物馆馆长杨志刚出席开幕式并致辞。此次研讨会线上线下同步进行，参会代表、嘉宾共 150 余人，分别为来自北京大学、故宫博物院、湖南省博物馆、深圳博物馆、香港海事博物馆、台北"故宫博物院"等国内高校、研究机构，以及来自英国牛津大学、伦敦大学、日本亚洲水下考古研究所、韩国庆北大学等单位学者。会议共收到论文及论文提要46篇，34位学者作现场学术报告，10位学者通过视频连线的方式作了线上报告。与会学者围绕"黑石号"出水陶瓷器、唐宋时期贸易瓷、唐宋时期海上丝绸之路的历史背景及其意义、唐宋时期海上丝绸之路相关考古发现与研究等议题作了论文讲演报告，从跨学科的视角，通过历史文献与考古材料的相互整合，就"黑石号"沉船出水陶瓷器的窑口、年代、装饰、工艺等问题进行了探讨，并对其涉及的唐代海上丝绸之路贸易路线、中西方文化交流等问题进行了深入交流，沉船出水的白釉绿彩器、唐青花、长沙窑瓷器等遗物是学者们讨论的热点。此次国际学术研讨会的举办，响应了国家"一带一路"倡议。通过会议，与会代表进一步探讨并深入认识了唐宋时期海上丝绸之路在中外文化交流与文明发展中的重要作用。

（刘琴丽）

【经学史重探——中世纪以前文献的再检讨学术研讨会】

2020年11月19—20日，"经学史重探——中世纪以前文献的再检讨"学术研讨会由台湾"中研院"中国文哲研究所主办。此次会议是"经学史重探——中世纪以前文献的再检讨"系列的第五次学术研讨会。会议以研讨中国中古以前的经学及经学史为主题。参会论文涉及六方面议题，并旁及文字学和早期史学的讨论：1. 春秋经研究：程苏东《刘向〈洪范五行传论〉所见〈春秋〉说考略》、简逸光《〈春秋正义〉引〈穀梁〉考》；2. 诗经研究：顾史考《安徽大学藏简〈君子偕老〉与〈毛诗〉〈君子偕老〉对读》、潘铭基《论〈诗经〉作者所属地域与〈方言〉之关系》；3. 孔子及《论语》研究：林素娟《〈孔子诗论〉中的"以色喻于礼"》、陈锋《〈盐铁论〉引〈论语〉考》；4. 礼学研究：李洛旻《论〈仪礼〉的"乃""遂"和"不"》、郭静云《〈缁衣〉第廿章儒家礼学"德"概念》、聂涛《南北礼学之分合：陆德明〈仪礼音义〉与贾公彦〈仪礼疏〉的比较分析》、程克雅《孔颖达、贾公彦礼学注释学之推源与勘证》、李蕙如《从"淫祀无福"看汉至唐代禁淫祀现象》；5. 易经研究：朱天助《郑玄和王弼注〈周易〉之比较》、谢向荣《〈周易〉"用九""用六"辞义综考》、留金腾《〈淮南子〉引〈周易〉考续篇》；6. 经学史方法论的探索：范丽梅《经学意义的重塑——写本提供理据与方法的总反思》、刘冬颖《辨伪：经典诠释的中国方法——以先秦诸子的辨伪实践为例》、王诗评《〈易〉学史书写纸回溯与反思——以汉代〈易〉学史为主之讨论》。此外，还有黄伟豪《异形与讹形：〈说文解字〉版本流传下的小篆变异》和古育安《"绝地天通"与楚人早期族史的建构：从〈尚书·吕刑〉〈国语·楚语〉到〈史记·楚世家〉》的研究。

（陈冠华　张倩茹）

【纪念义宁陈门五杰暨陈寅恪130周年诞辰学术研讨会】

2020年11月21—22日，由江西省文化和旅游厅、清华大学国学院主办，修水县政府、九江学院承办的纪念义宁陈门五杰暨陈寅恪130周年诞辰学术研讨会在江西九江修水县召开。受九江市委书记林彬杨，市委副书记、市长谢来发委托，潘熙宁代表市委市政府致辞，希望借此会推动"以诗书立门户，以孝悌为根本"的陈氏文化焕发新的光彩，进一步深入挖掘义宁陈氏文化的思想内涵、人文精神和时代意义，为弘扬中华优秀传统文化贡献九江力量，进一步推动九江文化和旅游业的发展。清华大学原副校长谢维和致辞。陈门五杰之一陈封怀先生之子、华南植物研究所教授陈贻竹代表陈氏后裔发言。广东省委党校教授、知名研陈专家张求会代表中国·江西陈门五杰文化研究会筹委会选读了《关于成立中国·江西陈门五杰文化研究会的倡议书》。开幕式结束后，与会人员参观了陈门五杰故里。研讨会上，省委原常委、宣传部原部长姚亚平作了题为《论陈寅恪及其学术思想的当下价值》的主旨演讲，陕西师范大学教授胡戟作了题为《陈寅恪先生对武则天研究的引领》、北京大学教授吴小安作了题为《比较视野中的陈寅恪与辜鸿铭探究》的主旨发言。之后研讨会分两组进行，专家学者围绕义宁陈门五杰的从政从学经历、学术著作、人际交往等方面，结合各自的研究方向对义宁陈门五杰的文化思想、治学方法与学术理念等多角度多维度进行了热烈讨论。

（刘琴丽）

【宋明理学和江南儒学的建构研讨会】

2020年11月21—22日，由复旦大学哲学学院、复旦大学上海儒学院、上海市儒学研究会主办的宋明理学和江南儒学的建构研讨会在复旦大学举行。来自中国社会科学院、北京大学、清华大学、中国人民大学、复旦大学、同济大学、华东师范大学等高校与研究院所共计30余位学者参会并发表报告，从哲学史、思想史、文化史、易学史、文献学、跨文化比较等视角，探讨宋元明清时期的重要人物及其思想。研讨会分宋明理学和江南儒学两大专场进行。宋明理学专场的研讨分四组报告：1. 吴震《何为阳明学的文化研究》、杨柱才《周敦颐思想学作提纲及思路》、肖永奎《王安石的天道性命论语政治改革思想》、王锟《北山四先生研究的新进展》、宋道贵《兼收并蓄：论魏了翁理学思想的理论特色》、徐波《牟宗三"五峰—蕺山"的存有论意义》；2. 何俊《还理于象：叶适易学的破与立》、谷继明《朱震易学部分提纲》、赵金刚《累编与思想诠释：〈朱子语类〉与朱子学》、赵正泰《论赵秉文"中和说"与朱子之异趣》、郭美华《船山〈问思录〉论善》、孙钦香《考镜源流、生生不已：新世纪以来大陆船山学的个案分析》；3. 高海波《王阳明"知行合一"说再议》、刘增光《浙中王门的孝论》、阮春晖《良知之教愈有发明：北方王门对阳明学的义理辨进》、程海霞《王艮的心学思想及其泰州学派》、张宏敏《海瑞与阳明学》、秦晋楠《再论阳明学中良知的道德自身意识问题》；4. 郭晓东《如天如渊与其天其渊：论朱子对〈中庸〉至圣章与至诚章的诠释及船山的批评》、刘克兵《宋代理学家知识体系论的建构与进路》、李敬峰《晚明大儒冯从吾的讲学情结》、王胜军《夏峰北学的心学趋向和风格》、刘昊《"一阴一阳之谓道"气学解释与明代理气论的新动向》、王格《物质还是精神：明清之际耶稣会士对"气"的理解》。

江南儒学专场的讨论也分四组报告：1. 刘丰《经世致用：〈周礼〉学与南宋儒学的发展》、杨柱才《陆九渊儒学在江南地区的影响和特色》、范立舟《宋代江南儒学的研究》、何益鑫《论子游在先秦儒家心性学说史中的地位》、吴震《江南儒学的世俗性转化》、赵金刚《大学大义：唐文治关于工科教育与国学教育的思考》；2. 胡海忠

《〈周易正义〉与江南易学》、申绪璐《论〈程氏遗书〉与洛学江南弟子》、孙钦香《儒学在江苏的历史传承及其思想特点》、阮春晖《北方王门讲会与区域学术共同体的形成》、郭美华《船山〈正蒙注〉的人伦与物理》、张宏敏《阮元与浙学》；3. 刘琳娜《"名教即真机"：耿定向论儒家道德的超越义》、刘昊《魏校与明代中期江南的思想界》、陈畅《东林学派、蕺山学派与明清之际的哲学转向》、包佳道《道南东林学统的早期建构：以徐有贞和邵宝为中心》、李卓《高攀龙的悟道历程与神秘体验》、金紫薇《黄宗羲对方孝孺政治伦理的吸收与突破》；4. 郭晓冬《常州学派与春秋谷梁学》、谷继明《略论吴派易学的源与流》、张猛《家庭与教化：江南儒学视域下的嘉兴传统家训》、徐波《江南视域下的"学衡派"》、姚莺歌《近现代中西交融视域下的〈大学〉新诠：以马相伯为例》、张天杰《陆陇其与清初江南儒学的转型》。

（陈冠华　张倩茹）

【秦史青年学者论坛】

2020年11月26—28日，由中国秦汉史研究会、西北大学史学部、西北大学历史学院、中国人民大学国学院、秦文化研究会联合主办的秦史青年学者论坛在西北大学举行。来自全国15家高校和科研机构的30余名青年学者参加会议。与会学者围绕政治史、制度史、思想文化史、简牍学四个方面进行了研讨。中国人民大学国学院孙闻博副教授对秦国崛起的相关问题进行了探讨。他梳理了秦东向伐戎的历史经过，对秦穆公东向战略与"东竟至河"的关系，晋惠公背约不予河西八城说、孝公"厉、躁、简公、出子之不宁"说出现的历史背景及其原因，秦惠文君称王与前代秦君政治军事活动的联系等提出了新的见解。中国社会科学院考古研究所刘瑞研究员针对栎阳是否为秦都的问题，提出文献中记述秦人都城的"居""城""都"只是用字不同，并不意味着它们的性质不同，进而依据栎阳城的遗迹、遗物以及相关的封泥、简牍指出栎阳应为秦都。山东大学历史文化学院代国玺教授对秦汉时期的粮食计量制度进行了详细探讨。他指出，斗、升和石一样亦有大小之分；量稻、量粟、量麦皆有专用的量器，量米则用标准量器；稻量、粟量、麦量的容积分别是标准量器的2倍、5/3倍、1.5倍。复旦大学出土文献与古文字研究中心周波副教授在释出张家山汉简《二年律令·秩律》442号简中"詹事"二字的基础上，指出《秩律》中存在太后、皇后两套宫官系统，长信詹事和詹事分别为各自主官，进而细致考辨了所属职官。中国社会科学院古代史研究所安子毓副研究员提出在五行说兴起的早期，五方五色是其核心，五行加入的时间较晚，并且一度处于从属地位。直到战国晚期，随着五行相胜说的引入，五行才取代五方五色成为这一体系的核心，形成了真正意义上的五行说。复旦大学出土文献与古文字研究中心广濑薰雄研究员认为睡虎地秦简、岳麓书院藏秦简中的"醯/醶/醶酒"应改释为"醶酒"，意为让酒变成醋；放马滩秦简中的"淘渷"应改释为"淘洿"，读为"淘汰"。文物出版社王伟编审指出张家山汉简《奏谳书》中的篇二应编于篇四之后，篇十九应编于篇二〇之后，进而对篇十八的文书性质及相关问题进行了全新探讨。西北大学史学部主任王子今、西北大学历史学院院长李军、中国秦汉史研究会副会长徐卫民、西北大学历史学院教授史党社、湖南省文物考古研究所研究员张春龙等秦汉史专家以多种形式对青年学者的报告进行了评议讨论，并对秦史研究的热点问题和新趋势等进行了阐述。与会学者表示，此次论坛为秦史研究领域的青年学人提供了一个很好的学术交流机会，青年学者的研究成果比较普遍地呈现引入新视角得出新认识，利用新材料提出新见解等特点。

（据《光明日报》2020年12月14日14版单印飞报道）

（石　洋）

【"东亚《论语》的传播和桂阳山城"国际学术研讨会】

2020年11月26—27日，韩国桂阳山城博物馆和韩国木简学会主办"东亚《论语》的传播与桂阳山城"的国际学术研讨会。会议有来自中国、日本、韩国的11位学者做了主题发表。其中，原韩国木简学会会长、早稻田大学李成市教授做了《东亚的文字材料与论语》、上海大学宁镇疆做了《从先秦礼典的角度审〈论语〉中两处"将命"的理解问题》、成均馆大学金庆浩做了《西汉儒教的国教化和〈论语〉的传播》、北京大学陈侃理做了《海昏侯〈论语〉初读——兼谈西汉中期的〈论语〉学》、庆北大学尹龙九做了《平壤出土竹简〈论语〉文本》，日本国立历史博物馆三上喜孝做了《古代日本〈论语〉木简的特质》的主题发表。中国社会科学院古代史研究所魏晋南北朝史研究室戴卫红研究员发表的题目为《吐鲁番文书中〈论语〉白文本的习书与抄写：兼论汉末魏晋南北朝时期〈论语〉研究及其传播》对学者关注较少的新获吐鲁番2006TSYIM4：5-1背面、2006TSYIM4：5-2背面古写本《论语·公冶长》《雍也篇》内容、书写特点进行总结，梳理汉末至魏晋南北朝隋唐学者《论语》注、疏以及研究的脉络，文章关注了韩国百济《论语》木简以及2020年9月份庆应义塾大学图书馆皇侃《论语义疏》写本，并对汉末魏晋南北朝《论语》注、疏向西北、朝鲜半岛、古代日本的流传做了探讨。

（陈志远）

【第十四届唐代文化国际学术研讨会】

2020年11月27—28日，由台湾淡江大学文学院、台北大学人文学院、（台湾）中国唐代学会主办，淡江大学历史学系、台北大学历史学系协办的"第十四届唐代文化国际学术研讨会"在台湾淡江大学和台北大学举行。来自中国大陆、中国香港、中国台湾、日本的60余位专家学者参会，会议共收到论文58篇。因受新冠疫情影响，会议采取线下和线上相结合的方式同步召开。会议第一天，台湾学者王三庆教授作了《从丝路遗珍到东亚秘藏——以应用文献为中心》、日本学者气贺泽保规教授作了《关于新发现的〈隋炀帝墓志〉及其墓葬之新阐释：作为唐初政治史的一个侧面》的主旨演讲；会议第二天，大陆学者杜文玉教授作了《唐大明宫西院、西掖考》的主旨演讲。随后，与会学者分三组展开小组讨论，每篇宣读论文都展开讲评和讨论。与会论文涉及的议题主要有藩镇与社会、文本解读、白居易研究、边界与天下秩序、儒与道、墓志考述、政事探微、制度与礼仪、古文运动、形象书写、律法与刑罚、地方治理等。会议讨论热烈，促进了中国大陆、台湾、香港和国际学者之间的学术交流。

（刘琴丽）

【第二届元史研究青年论坛】

11月28—29日，由复旦大学历史学系、中国社会科学院古代史研究所元史研究室和中国元史研究会联合主办，复旦大学历史学系承办的第二届元史研究青年论坛，在复旦大学召开。来自全国各地的 20 余名"80 后"青年学者与 10 余位资深点评专家采取线上与线下相结合的方式与会，围绕以下主题进行探研和交流：1. 蒙元时代的传说与记忆。曹金成《再论元代的"黄金家族（Altan Uruq）"：基于回鹘文和蒙古文文献的新考索》对于元代的"黄金家族"概念进行了全新阐释。魏曙光《宗教变迁视野下的成吉思汗祖先传说研究》将成吉思汗祖先传说置于宗教变迁的视野之中，以蒙古人对于"孛儿帖赤那"与"豁阿马阑勒"的认识为研究对象进行了考察。乌罕奇《〈瓦萨甫史〉所载鞑靼部落分支浅释》通过对比阅读《瓦萨甫史》和《史集》，讨论了蒙古初期部族的分类问题。2. 金元时期的钱粮与赋役。曹猛《元代钱粮计拨制度初探》以元代的税粮经理为核心，考察了元代计拨制度贯穿于都省、行省乃至基层州县勘定税额的过程。李鸣飞《元代中后期钞法探析》考察了元代中后期钞法所遇到的问题、较低印钞数在元代造成的影响以及顺帝至正十年进行钞法改革的原因。李春圆在《元代官府放贷及其历史定位》中指出，元代的官府放贷表现"蒙汉二元性"的不均衡榫合特征，与清代的官府放贷活动表现共通性。郑旭东《金代户籍税役制度再思考》考察了元朝户籍税役制度对金朝的继承与变革。3. 蒙元时代的军制与政制。陈家臻《元代六部尚书选拔问题研究：以刑部尚书为例》考察了元代六部尚书在选拔时理论设计与实际执行中的矛盾。陈新元在《四怯薛与各爱马：论元代怯薛的二元组织架构》中指出，元代文献的爱马有时可以指代怯薛的一种下属单位，爱马在怯薛管理体制当中主要处理日常行政事务。王翠柏《蒙承金制：金元之际蒙古汉军的军队编制与军官地位》考察了蒙古政权对于汉军军队编制与军官地位的一系列调整。郑鹏在《元代县衙内的司法运作：基于时间、空间与参与官员的考察》中指出，"县"在元代运作的时间节奏与空间结构呈现"简约治理"的特征。4. 元代的思想、观念、对外关系与元明易代。于磊《元朝对外关系的基本模式初探：以元朝对安南交涉为中心》讨论了元朝同安南交涉过程中的基本考虑及其背后所反映的国家安全理念。陈波《走海为业、忠勤王事：顾瑛家族与元明鼎革》考察了航海家族顾氏家族成员的生平活动。王煜焜在《壬辰战争时期的朝鲜军粮问题初探》中考察了朝鲜的军粮问题如何左右壬辰战争进程。张佳在《元代的夷夏观念潜流》中指出，元代的夷夏观念虽然并非士人的主流话语，但一直是元代思想界的潜流。周思成《元儒"治生论"考：十三世纪儒家经济伦理的同与异》考察了许衡"治生论"的意义与诉求。5. 元代的文献与文本。刘砚月在《钱大昕〈元史氏族表〉校勘释例》中指出校勘《元史氏族表》时应以他校法为主。于月《〈元史·明安答儿传〉勘误一则》通过考证传中明安答儿死亡地"钧州"为"均州"之误。罗玮《新发现河北大名藏元代〈藁城董氏世谱〉清嘉庆抄本初探》考察了《藁城董氏世谱》的真实性、文献源流与历史价值，为元史研究补充了新的材料。张良在《〈元史〉列传部分二次纂修考实》中指出洪武二年初修本元史列传的面貌与今之通行本并不一致，而这与《元史》成书时间过短有关。姚大力教授在会议总结环节中指出，青年学者有必要在未来的治学过程中平衡"博"与"专"的关系，要能从"专"入"博"，对自己的研究领域要有全面的认识和把握，要将理论与具体实证研究相结合。

（罗　玮）

【中国明史学会第十九届年会】

2020年12月5—7日，由中国明史学会和福建省宁德市蕉城区人民政府联合主办的中国明史学会第十九届年会在福建省宁德市召开，来自国内科研机构、高等院校及地方史志机构的110余位专家学者参加。与会学者围绕明代福建盐业、宁德海防与抗倭斗争、海上丝绸之路、闽东族群的形成以及建文帝归宿等议题展开了具体研讨。中国明史学会年会一向与明史国际学术研讨会合并举行，2020年本应召开第二十一届明史国际学术研讨会，但因新冠肺炎疫情限制了海外学者参会，仅有少量在华工作的外籍人士与会，因此本年度的明史国际学术研讨会暂停举行，单独召开年会。尽管海外学者参加者不多，但由于大批新生力量加入明史研究队伍，此次年会的学术质量并没有下降，参会论文的数量、质量都保持着稳步上升的态势，得到与会学者的一致好评。建文帝的归宿和踪迹问题近年来得到明史爱好者的广泛重视，全国各地有数十处宣称发现建文遗迹，并有地方学者为之投入了大量精力。这一方面为明史研究提供了新的文献资料和新思路，另一方面部分非专业人员的过分投入和非专业的研究方式，给严肃的学术研究乃至地方文化建设带来一定的负面影响。此次年会专门把建文帝归宿列为专门议题之一，与会学者以专业的视角、严谨的态度对各类建文遗迹乃至传说的性质、价值进行了研讨，厘清了部分误解，同时对部分非专业的研究方式起到了一定的纠偏作用。年会期间，同步召开了中国明史学会第十一届会员代表大会，审议并通过了最新修订的《中国明史学会章程》。学会代管单位中国社会科学院古代史研究所党委书记赵笑洁同志参加此次年会并出席会员代表大会。

（解　扬）

【"断峰与横云：宋元明历史的沟通与对话"工作坊】

2020年12月6日，由中山大学历史系主办的"断峰与横云：宋元明历史的沟通与对话"工作坊以线上会议的形式召开。来自北京大学、中国人民大学、武汉大学、浙江大学、上海交通大学、中山大学、中国社会科学院、台湾"中研院"、新加坡国立大学、美国克莱蒙特·麦肯纳学院等高校、科研单位的27名学者通过互联网与会。举办此次工作坊的目的在于通过学者们的交流对话，跨越各自的研究畛域，打破多个断代研究的阻隔。一方面，超越静态的"类型比较"范式，在连续的过程中把握12—14世纪历史的演进脉络，在表层的变动下揭示其中不变的深层结构与技术原理；另一方面，反思单一的"线性历史观"，重视不同政权与区域传统之间的互动与交融，在具体的关系与场景中理解王朝国家的运作。工作坊以年轻学者为报告主体，邀请研究议题相近的其他断代年轻学者一对一评议，再由资深学者总评。具体可分为三个议题：1. 技术原理与王朝统治议题。尹航《从元丰改制到三省合一：两宋中枢体制的渐变》梳理了两宋中枢体制在不同重要节点之间的演进过程。李鸣飞《金元时期"技术原理与王朝统治"一二三》讲述了某些涉及金元时期王朝统治的重要制度逻辑。王紫《明清两朝奏疏传递速度的比较》，指出在相似情况下晚明奏疏的传递速度远远慢于清朝。时坚、苗润博、杨芹分别评议，邓小南、平田茂树总评。2. 食货经济与财政体制主题。王申《王安石变法与宋朝财政核算体系的货币化转型》认为王安石变法是北宋逐渐采用货币作为财政核算工具的节点。李春圆《长时段视野关照下的元代史细部研究：以盐政与官府放贷为例》着重分析了元代盐政与官府放贷与其他断代相比的特点。申斌《税额原额化还是摊派对象原额化：核算视角下的明代财政原额问题》指出明代财政的"原额"包括多个层面的意义。曹猛、李晓龙、周曲洋评议，包伟民、刘志伟总评。3. 士人群体与乡村社会主题。吴铮强讨论了宋元明转型以及明清方志、族谱中的宋代史料与宋代书写。王锦萍利用田野调查和碑刻资料报告《宋金元明时期的华北社会变迁》、张艺曦报告《明中晚期江西阳明心学下达乡里的草根化运动及其中衰》，讨论了精英思想如何下沉至乡里。赵思渊、吴淑敏、周鑫评议，黄宽重、曹家齐总评。尽管打破断代研究的藩篱并非易事，此次会议的报告大多也只能呈现不同时段中相近议题的情况，相对缺少历史发展和演进的逻辑，不过类似的尝试仍然值得肯定，对于加深青年学者之间的情谊，了解各个断代的研究前沿，则无疑具有十分重要的意义。

（王 申）

【首届"宋元与东亚世界"高端论坛暨宋元多边外交及东亚秩序学术研讨会】

2020年12月12—13日，由上海大学外国语学院、中国社会科学院古代史研究所元史研究室、宋辽西夏金史研究室联合主办，上海大学文学院历史系协办的首届"宋元与东亚世界"高端论坛暨宋元多边外交及东亚秩序学术研讨会在上海市衡山北郊宾馆顺利召开。来自全国各地的近30位学者进行了深入的研讨。论坛主要内容如下。1. 宋元时代的东亚海域。魏志江介绍了东北亚海域世界研究的基本理论和发展方向。郭万平对比了宋孝宗与平清盛时期，宋朝与日本的海洋政策和实践活动。温海清重新检视了蒙古对外交往中的"臣服或毁灭"这一强硬不妥协政策及相关史事。王煜焜则探讨了十六世纪的"遣明使"与"倭寇"问题。2. 宋元与高丽。乌云高娃论述了元朝公主及其随行人员在高丽的活动情况。申万里探讨了蒙元之际的高丽洪氏家族与高丽政权的互动。陈波考察了高丽文献中关于孛罗丞相参与处理高丽事务的记载。马娟论述了元代的高丽移民相关诸问题。特木勒以清末文人文廷式的笔记为线索，考察了元明鼎革时期的耽罗。3. 宋元时代的佛教与僧侣。李雪涛对赞宁佛教的中国化主张展开研究。孙伯君梳理了西夏汉文佛经的翻译过程。赵莹波分析了宋朝时期东亚各国的"派遣僧"和"偷渡僧"，认为宋元时代的僧侣为东亚文化传播与交流做出了极大贡献。江静论述了蒙元时期中日两国僧侣的主要活动以及他们发挥的重要历史作用。康昊考察了"入元僧"传递的元朝政治情报和他们对元朝的认识，以及"入元僧"回国后的政治影响。4. 宋元时代的人物及其他相关研究。杨晓春考察了元末海商陈宝生的家世等相关史事。邱轶皓论述了元明过渡时期，忽必烈形象在官方话语中的变化及原因。张国旺考察了元代札付的种类、体式及其形成的过程与发挥的效力。蔡春娟对元代童子举进行了研究。张呈忠分析了王安石变法与南北地域的关系问题。康鹏通过辽帝汉式册礼的地点变迁，考察了辽朝五京地位和功能的变化。安琪考察了西川如见的《四十二国人物图说》，探讨了近世日本的民族图谱的演变过程。舒健考察了茶叶在东亚的传播以及宋元与日本、高丽的饮茶习俗等茶文化。此次论坛还特设了研究生报告专场，这是一次创新与突破，在为学术领域的青年中坚力量提供交流平台的同时，也为学术后备力量提供了宝贵的学习机会。此外，专家学者还就如何打破断代史壁垒、促进跨学科交流合作等问题提出了意见与建议。此次论坛不仅深化和推动了宋元与东亚世界及其相关问题的研究，同时也为"一带一路"倡议以及构建新型睦邻友好的外交政策提供了理论依据，具有十分重要的学术价值与现实意义。

（罗　玮）

【栎阳考古四十年学术研讨会】

2020年12月18—20日，由中国社会科学院考古研究所、西安市文物局、西安市阎良区人民政府主办，中国考古学会秦汉考古专业委员会、中国考古学会建筑考古专业委员会、西安市文物保护考古研究院、西安市阎良区文化和旅游体育局、阿房宫与上林苑考古队承办的栎阳考古四十年学术研讨会在陕西西安市阎良区举行。此次会议为展示栎阳城遗址考古新发现，进一步推进秦汉大遗址考古，纪念和总结栎阳考古四十年的工作经验而召开。来自中国社会科学院考古研究所、中国国家博物馆、中国文化遗产研究院、科学出版社、陕西省考古研究院、陕西省文化遗产研究院、西安市文物保护考古研究院、咸阳市文物考古研究所以及北京大学、中国人民大学、吉林大学等30多家研究所、大学、文物保护机构和出版社的学者参会。在会议中，栎阳城大规模发掘工作的开拓者之一、中国社会科学院考古研究所研究员李毓芳回顾了四十年来栎阳城考古的点滴。另一位开拓者、中国社会科学院学部委员、考古研究所研究员刘庆柱，阐释了为什么发掘栎阳城、关于大遗址如何做研究、考古人如何培养等问题，强调要明确学科定位，找准研究方法，抓住考古学的主要问题，以小见大，通过最小的实验对象，解决大的研究问题。目前主持发掘工作的中国社会科学院考古研究所研究员刘瑞以"栎阳考古新收获"为题作报告。他介绍，通过2018—2020年度的整体揭露，目前对3号古城北侧区域进行了较大面积的考古发掘，完整揭露了栎阳城遗址的4号、5号、6号、7号、8号、9号建筑，并发现确定了4号建筑东侧向南与3号建筑相连10号建筑。通过发掘，确定在6号建筑北侧的东西向墙基应在3号古城中具有重要的区划意义，目前发掘确定的一系列大型建筑，均集中分布在该墙基之南，而在其北侧则建筑甚为"稀疏"。此阶段发掘第一次在较大面积发掘的基础上，清理出了战国秦汉宫城区域内的"后宫"区。通过对3号古城核心区的一系列考古勘探、试掘和逐步的全面揭露，使我们对战国时期，特别是从战国中期延续到西汉初期的建筑特点、形制有了越来越清晰的认识。从考古清理看，栎阳城遗址3号古城的建筑规模大，等级高，与文献中秦人在栎阳城中不断进行的制度性改变的文献记载相近。此外，与会学者分别还以"考古发现与文献记载印证下的秦雍城研究""宝鸡下站祭祀遗址2020年发掘收获""咸阳城考古中的加法与减法""西安南郊新发现秦人墓地""雍王废丘的考古发现""长安城秦汉砖瓦陶文"等为题，进行了学术报告。（据"社科院考古所中国考古网"微信公众号《四十载耕耘，传承文明守初心——"栎阳考古四十年学术研讨会"纪实》编订）

（石　洋）

中国古代史重大学术工程及重大课题

一、国家社会科学基金立项

（著录次序：项目名称、项目主持人、所在单位）

重大课题

中国礼教思想史（多卷本），殷慧，湖南大学
中国少数民族儒学通论，杨翰卿，西南民族大学
新编中医哲学思想通史，徐仪明，湖南大学
乡约文献辑考及乡约文化与当代乡村治理体系建构研究，刘学智，陕西师范大学
甲、金、简牍法制史料汇纂通考及数据库建设，王沛，华东政法大学
元明清周边人群融入中华民族共同体的进程与路径研究，曾现江，西南大学
清代满文辞书史研究及新编《满汉大辞典》，刘厚生，东北师范大学
吐蕃时期敦煌文献的整理与研究，扎西当知，西北民族大学
海外藏回鹘文献整理与研究，吐送江·依明，兰州大学
三到九世纪北方民族谱系研究，韩昇，复旦大学
近代浙江畲族文书的搜集、整理与研究，曹大明，三峡大学
闽东文书的整理与研究，周正庆，暨南大学
中国历史上边疆与内地交往交流交融历程及其比较研究，罗群，云南大学
中国古代基层治理方式的变迁及其近代化转型研究，谷更有，河北师范大学
中韩日出土简牍公文书资料分类整理与研究，贾丽英，河北师范大学
中国古代农耕图像的搜集、整理与研究，王加华，山东大学
东亚古代乐律学史研究，黄大同，温州大学
犍陀罗与中国文明交流史（多卷本），孙英刚，浙江大学
中国公共卫生防疫史研究，杜丽红，中山大学
中国传统医学疫情防控史料搜集、整理与研究，肖永芝，中国中医科学院中国医史文献研究所
中国历史上的灾害与国家治理能力建设研究，展龙，河南大学
纬书文献的综合整理与研究，吕宗力，南京大学
4—12世纪帐、藏的文物与《营造法式》综合研究，朱永春，福州大学
17—20世纪国外学者研究中国宋元数理科学的历史考察和文献整理，吕变庭，河北

大学

"一带一路"视野下的西南茶马古道文献资料整理与遗产保护研究，刘礼堂，武汉大学

清朝西北边疆经略史，赵珍，中国人民大学

7—20世纪长江三角洲海岸带环境变迁史料的搜集、整理与研究，吴俊范，上海师范大学

中国考古学百年史（1921—2021），王巍，中国社会科学院考古研究所

华南地区现代人起源与演化研究，王伟，山东大学

长江下游社会复杂化及中原化进程研究，水涛，南京大学

多学科视角下的南岛语族的起源与形成研究，邓晓华，厦门大学

隋唐五代壁画墓与中古文化变迁研究，李梅田，中国人民大学

中国人民大学藏唐代西域出土文献整理与研究，孟宪实，中国人民大学

辽上京皇城遗址考古发掘资料的整理和综合研究，董新林，中国社会科学院考古研究所

兴化蒋庄遗址发掘资料整理与综合研究，林留根，南京博物院

刘家洼芮国都邑遗址考古资料整理与研究，种建荣，陕西省考古研究院

内蒙古和林格尔土城子遗址及周边墓葬考古资料整理与研究，陈永志，内蒙古师范大学

荆州胡家草场12号西汉墓出土简牍整理与研究，李天虹，武汉大学

洹北商城发掘报告（1996—2007），唐际根，中国社会科学院考古研究所

山西沁水下川遗址2014—2017发掘报告与综合研究，杜水生，北京师范大学

河北行唐故郡考古发掘资料整理与综合研究（2015—2020），张春长，河北省文物考古研究院

中国佛教方志研究与数据库建设（多卷本），曹刚华，中国人民大学

伊儒会通思想研究，季芳桐，南京理工大学

出土文献与上古文学关系研究，赵逵夫，西北师范大学

语录类文献整理与儒家话语体系建构及传承的研究，于雪棠，北京师范大学

中国历代释氏碑志的辑录整理与综合研究，冯国栋，浙江大学

中国古代杂传叙录、整理与研究，熊明，中国海洋大学

明代文学智慧大数据及平台建设，徐永明，浙江大学

明清释家别集整理与研究，李舜臣，江西师范大学

清代宫廷戏剧史料汇编与文献文物研究，高志忠，深圳大学

中国早期戏剧史料辑录与研究，黎国韬，中山大学

简帛阴阳五行类文献集成及综合研究，程少轩，南京大学

日韩所藏中国古逸文献整理与研究，金程宇，南京大学

徽人别集整理、研究与数据库建设，耿传友，安徽大学

东亚词学文献整理与研究，彭国忠，华东师范大学

日本天理图书馆藏汉籍调查编目、珍本复制与整理研究，郝润华，西北大学

海内外所藏汉族古代小说蒙古文译本整理与研究，聚宝，内蒙古师范大学

基于八思巴字文献资料的蒙、汉、藏语接触研究，正月，内蒙古大学

佛典语言的中国化，朱冠明，中国人民大学
商代甲骨非文字资料的整理研究和数据库建设，李雪山，河南师范大学
新修甲骨文字典，彭裕商，四川大学
草创时期甲骨文考释文献的整理与研究，程邦雄，华中科技大学
商周金文大词典，张桂光，华南师范大学
清华大学藏战国竹简的价值挖掘与传承传播研究，程浩，清华大学
楚系简帛文字职用研究与字词合编，俞绍宏，郑州大学
中越书籍交流研究（多卷本），刘玉珺，西南交通大学
存世宋刻本叙录，丁延峰，曲阜师范大学

重点项目
元代白云宗西夏文资料汇释与研究，孙伯君，中国社会科学院民族学与人类学研究所
敦煌本《吐蕃大事纪年》与吐蕃制度研究，张旭，中山大学
"北宋五子"政治思想研究，范立舟，杭州师范大学
湖南近代社会史论，周秋光，湖南师范大学
唐辽元漠南交通枢纽与线路走向研究，石坚军，陕西师范大学
敦煌寺院会计文书整理研究，王祥伟，兰州财经大学
周礼学史，丁进，湖南大学
春秋用诗与贵族政治研究，胡宁，上海大学
宦官家族与唐代政治，杜文玉，陕西师范大学
道教神学研究，李远国，四川省社会科学院
11世纪古藏文手抄本的整理与译解，德吉卓玛，中国藏学研究中心
《周易》文献学研究，顾永新，北京大学
存世宋刻本叙录，丁延峰曲，曲阜师范大学
周密《苹洲渔笛谱》笺疏及韵律研究，蔡国强，杭州师范大学
唐五代河南河东河北三道佛寺及相关文学资料辑考，黄大宏，西南大学
清代诗经著述考，郭万金，山西大学
土地祭祀与早期中国乐歌的生成，曹胜高，陕西师范大学
河洛文化与两晋诗风新变研究，冯源，河南工程学院

一般项目
汉初国家意识形态建构研究，侯新立，中国人民大学
法家政治原理研究，宋洪兵，中国人民大学
《孝经》学发展史，刘增光，中国人民大学
戴震学术成就及其对皖派朴学的引领，徐玲英，安徽大学
《庄子·齐物论》研究，王玉彬，山西大学
两汉易学卦气说诠释研究，刘春雷，烟台大学

先秦儒家情感哲学研究，李红丽，西北政法大学
"中庸"经学史研究，谌祥勇，重庆大学
郭象《庄子注》对先秦儒家思想的吸纳与转化，罗彩，广东工业大学
宋代治国思想研究，刘学斌，天津师范大学
传统观念视域下的辽宋金元时期国家和族群观念问题研究，王灿，肇庆学院
《魏书·刑罚志》译注，周东平，厦门大学
汉唐之际的女性身份与礼律秩序，景风华，四川大学
《至正条格》笺注，王阳，商丘师范学院
秦汉社会经济史新探，石洋，中国社会科学院古代史研究所
汉唐间的制度文献与制度文化，黄桢，四川大学
南北朝时期"青齐土民"研究，陆帅，南京师范大学
宋代财政审计研究，李永卉，江苏大学
元代北方文脉与儒学的演化，刘成群，北京邮电大学
元明云南族群空间的建构与国家认同研究，孙俊，云南师范大学
明初礼制变革研究，陈士银，扬州大学
中晚明士人教化宦官行动研究，吴兆丰，武汉大学
清代制钱供给与流通研究，许可，河北民族师范学院
清代永定河水利管理机制研究，赵卫平，佛山科学技术学院
清代土弁与贵州"新疆六厅"治理研究，卢树鑫，中国社会科学院近代史研究所
《尚书》新诠，立超，西北大学
《左传》的文献形成与历史书写，陈鸿超，温州大学
清季开官智研究，徐保安，山东师范大学
清代刑部研究，李明，华中师范大学
出土文献与秦汉乡里问题研究，张新超，西南大学
儒家经学刑德观对汉代法律的渗透与和合研究，汪荣，重庆师范大学
新见新莽官印封泥汇考，石继承，复旦大学
北朝国家与豪族研究，薛海波，南京师范大学
唐中后期"东南八道"政治和军事地理研究，于笛，广州大学
河朔三镇变迁与中晚唐政治研究，秦中亮，上海师范大学
宋代县域空间关系研究，王旭，扬州大学
宋代宴饮研究，纪昌兰，信阳师范学院
宋代乡村经济与农商社会的互动与嬗变，张倩，河北大学
北宋西北拓疆史，尚平，湖北师范大学
南宋中期中枢政治运作研究，韩冠群，上海师范大学
明清山东黄运地区环境史研究，高元杰，聊城大学
明代吏部研究，时亮，廊坊师范学院
明清赣东北的山区开发与社会变迁研究，廖涵，重庆大学

清代陕西城垣修筑工程研究，史红帅，陕西师范大学
清代长城沿线蒙汉杂居地区行政管理制度研究，王晓辉，大连民族大学
江永礼学研究，武勇，中央民族大学
《诗经·秦风》《石鼓诗》年代新考，程平山，南开大学
胡培翚年谱，陈功文，商丘师范学院
中国古代香料史研究，严小青，南京邮电大学
古代舟山群岛海洋史研究，冯定雄，浙江师范大学
战国至北朝的内亚战争技术与中国军事文化研究，常彧，深圳大学
国之漏卮：清代河工与国家财政，裴丹青，浙江师范大学
赵翼史学及其近代接受史研究，单磊，北京师范大学
清华简《摄命》校注与研究，黄杰，山东大学
《清华大学藏战国竹简》（壹—玖）所见人物名号研究，罗小华，长沙市文物考古研究所
先秦儒家历史观研究，陈典平，陕西师范大学
家学源流与汉代文化建构研究，黄卓颖，南京师范大学
日常生活视野下唐代的技术进步与社会变化研究，周尚兵，山东师范大学
唐代刑部尚书与皇权政治研究，王建峰，山东大学
唐宋农民比较研究，张成福，青岛理工大学
古犹太人入华研究，李大伟，陕西师范大学
隋唐长安城公共空间与城市传播研究，郝鹏展，陕西师范大学
北宋熙丰时期的两府研究，陈朝阳，洛阳理工学院
宋代医疗福利制度研究，杜菁，中国轻工业出版社有限公司
南宋理学的社会化进程研究，孔妮妮，上海师范大学
文化认同视域下的金代祭礼研究，徐洁，白城师范学院
戚继光军事思想在朝鲜半岛的传播与实践研究，刘晓东，鲁东大学
谈迁《国榷》研究，于泳，中国石油大学（华东）
明代长江中下游地区疫灾与医疗社会，尹阳硕，中南财经政法大学
清代杭锦旗研究，伊德日克，内蒙古财经大学
清代"忠义"与《清史稿·忠义传》研究，秦翠红，南京晓庄学院
清代甘肃省镇原县档案汇编，陈志刚，兰州大学
清代南书房初探，李娜，中国社会科学院历史研究所
清朝历史的教训，郭立场，信阳师范学院
先秦时期青铜鼎制作技术的发展与演变，廉海萍，上海博物馆
甲骨文所见商代的岁祭制度与变迁，李凤英，太原师范学院
《周易参同契》文献类辑与考释，屈燕飞，台州学院
两晋南北朝佛教出家女众信仰与社会，周玉茹，陕西省社会科学院
两宋时期台净合流研究，骆海飞，苏州大学

元代玄教研究，申喜萍，四川师范大学
《水浒传》版本研究，邓雷，福建师范大学
汉代小说史叙论，王守亮，齐鲁工业大学
中国古代戏曲曲词观研究，李亦辉，黑龙江大学
稀见文献与宋元诗文辑佚，赵昱，武汉大学
王肃《诗经》学研究，吴从祥，安徽大学
魏晋文人文献整理与文学创作研究，张振龙，信阳师范学院
宋神宗朝洛阳诗坛及其历代影响研究，庞明启，重庆邮电大学
清代考证笔记研究，李寒光，武汉大学
中国古代"文人"身份认同与个案研究，熊湘，江南大学
《穆天子传》综合研究，刘伏玲，江西师范大学
中国古典小说俄罗斯传播史，成文艳，山西大学
明清《西游记》阐释研究，陈宏，南开大学
古代小说人物研究新论，林莹，华东师范大学
明清笔记、小说与北京文化记忆研究，何卫国，中国艺术研究院
敦煌释门偈颂歌赞辑校，王志鹏，敦煌研究院
元人诗序文献整理与研究，杨匡和，洛阳师范学院
儒家早期孝道文献整理与研究，梁奇，上海大学
战国两汉文本形态与图像关系研究，张朋兵，天津师范大学
《吕氏春秋》接受研究（唐代—民国），李伟，上海交通大学
曹操故事的文本流变及其文化意蕴，李万营，中山大学
葛洪《抱朴子》接受研究，袁朗，华东师范大学
明代赋史，牛海蓉，湖南大学
清初博学鸿儒心态与诗学思想研究，代亮，济南大学
《尚书》文献序跋汇录，钟云瑞，曲阜师范大学
汉至隋代别集知见录，徐有富，南京大学
《玉照新志》校注，孙赫男，吉林大学
商周秦汉神仙观念考辨，曾建华，扬州大学
文人身份属性和政治角色的变化与汉魏六朝文学的发展，徐俪成，华东师范大学
陶渊明的历史世界、精神天地与艺术风貌研究，刘奕，上海大学
唐宋传体文研究，孙文起，江苏师范大学
宋代文学思想新论，林湘华，韩山师范学院
北宋士人文艺世界研究，韩立平，华东师范大学
屈大均与明末清初岭南诗派，王富鹏，广州大学
乾嘉常州诗人群体研究，伏涛，吉林师范大学
朱彝尊交游研究，崔晓新，鲁东大学
《字汇》研究，吴萍，中南林业科技大学

《说文解字》经学渊源考论，孟琢，北京师范大学
宋前道经疑难字词考释，谢明，宁波大学
唐宋禅宗语录句法专题研究，卢烈红，武汉大学
《论语》中古注疏词汇研究，孙尊章，江西农业大学
简帛佚籍异文整理与研究，陈送文，惠州学院
《经义述闻》研究，魏鹏飞，洛阳理工学院
汉学史视域中的西方《尚书》英译与传播研究，沈思芹，徐州工程学院
四库总目辨证，王勇，山东理工大学
《尚书孔传》训诂研究，邵妍，泰山学院
明代政书解题，何朝晖，山东大学
历代诗经著述总目提要，王承略，山东大学
明代中后期江南书画消费活动研究，陶小军，上海戏剧学院
魏晋玄学与音乐思想，过安琪，广西师范大学
敦煌莫高窟第85窟研究，郑怡楠，故宫博物院
唐前传世文献中的艺术物器研究，王玲娟，重庆师范大学
宋画中的宋人服饰，谭融，北京联合大学
秦始皇帝陵青铜马车图像资料整理及设计解读，宗椿理，洛阳师范学院
明代孙子学研究，梁娟娟，滨州学院孙子研究院

青年项目
中国古代文明中的治理思想及其与当代国家治理的契合融通研究，吴默闻，武汉大学
中国传统"正治"方略及其现代转化研究，张会芸，中国石油大学（华东）
中华优秀传统文化创造性转化和创新性发展的内在机理与实践机制研究，司明宇，北京化工大学
"尧舜禅让"观念研究，皮迷迷，首都师范大学
《大学》诠释研究，孟祥兴，曲阜师范大学
出土易卦材料及其相关问题研究，吴晓欣，湖南大学
清华简与战国"书"学研究，杨家刚，清华大学
先秦诸子"善"的观念史研究，李国斌，西南财经大学
先秦诸子乐论研究，王顺然，深圳大学
庄子命运观的跨文化研究，袁艾，清华大学
谶纬学与两汉哲学思想研究，何大海，陕西师范大学
司马光疑孟思想研究，汪楠，北京体育大学
理学体用观视域下儒家情境伦理思想研究，邹啸宇，湖南师范大学
宋代《春秋》学研究，闫云，中国社会科学院哲学研究所
宋至清图书易学研究，陈岘，湖南大学
徐光启"会通儒学"及当代价值研究，王静，山东财经大学

《毛诗》政治诗教的学理架构与当代意义研究，成倩，西安财经大学
刘宗周道德生成论研究，陈群，贵州师范大学
王阳明的情感与心性哲学研究，卢盈华，华东师范大学
近世日本儒家生态哲学思想研究，孙传玲，南京信息工程大学
《礼记》生态哲学思想研究，孟广慧，华北水利水电大学
戴震思想与中国现代美学的发生，杨宁，中国劳动关系学院
基于汉代墓葬的身体审美及生命意识研究，刘乐乐，湖南师范大学
中国传统多民族国家治理方略及其现代价值研究，王泉伟，中国海洋大学
出土文献所见秦及汉初刑制源流研究，黄海，中国社会科学院法学所
宋"故事"与宋代法律体系研究，喻平，湖南理工学院社会发展战略研究院
士人与礼的社会学研究，王绍琛，中国社会科学院
中国古代士阶层的社会福利思想研究，徐珺玉，云南师范大学
礼俗互动视域下江南蚕桑文化的传承与发展研究，张帅，浙江农林大学
汉文回鹘史料整理考释研究，王立，四川师范大学
明清时期文昌信仰在西南民族地区的传播与影响研究，杨荣涛，四川师范大学
清代新疆军府佐杂官群体与边疆社会治理研究，张伯国，陕西师范大学
西域散佚古籍收集、整理与研究，颜世明，淮北师范大学
藏传密教普巴金刚修法的传承与修习研究，李梦妍，清华大学
绰普噶举派哲学思想文献整理与研究，平措次仁，西藏大学
贵德汉藏民族交融带文化变迁与交融发展研究，看吉卓玛，青海民族大学
元明清时期藏文史籍有关中国历史的书写与民族关系研究，韩腾，重庆大学
瑶族传统医学的疾病叙事研究，王琴，中山大学
郭沫若的中国先秦社会学术思想研究，王舒琳，中国地质大学（北京）
加州学派的历史解释理论与方法的新突破研究，陈黄蕊，温州大学
新中国初期史学界的学术重构研究，朱春龙，扬州大学
中朝史学比较视野下的朝鲜王朝明史撰述研究，秦丽，南开大学
马彪著述辑注、整理与研究，来森华，湘潭大学
唐代北庭石刻文献整理与研究，陈玮，陕西师范大学
张家山汉简文本整理与研究，韩厚明，哈尔滨师范大学
《汉书》宋人校语辑校与研究，马清源，山东大学
两宋之际杂史辑佚与研究，许起山，暨南大学
晚清方濬师日记整理与研究，周天爽，中国国家博物馆
出土文献所见先秦象数易例研究，蔡飞舟，福建师范大学
空间方位观念与商周社会秩序研究，邓国军，湖南大学
先秦至秦汉蜀地华夏化进程研究，钟周铭，重庆工商大学
出土简牍所见秦汉仓储制度研究，谢坤，江南大学
出土资料所见秦汉货币运行体系研究，朱安祥，河北师范大学

西北汉简缀合研究，姚磊，信阳师范学院
战国秦汉三国蜀道及其枢纽地区军事地理研究，于天宇，中国社会科学院古代史研究所
礼学、政治与唐代郊庙礼制变迁研究，赵永磊，中国人民大学
唐朝交聘文书整理与研究，齐会君，中国社会科学院中国边疆研究所
唐代北方边地军人日常生活研究，刘啸虎，湘潭大学
唐代剑南军镇与西南边疆经略研究，陈乐保，湖北师范大学
唐蕃关系视野下的唐朝经营西域研究，郑红翔，西北大学
唐宋之际仕宦阶层的迁徙与地方士绅的形成研究，周鼎，扬州大学
中古南方边地族群变迁与国家治理研究，张兢兢，湖州师范学院
中国古代国家治理视野下的唐代王言研究，郭桂坤，华南师范大学
大一统视野下的元朝汗位继承问题研究，傲日格勒，内蒙古民族大学
宋代河政与地方社会治理研究，王战扬，河南大学
宋夏对峙格局下的陕西军政研究，闫建飞，湖南大学
元祐党籍视角下的北宋晚期政治演变研究，朱义群，福建师范大学
明代军事诉讼与司法审判研究，程彩萍，南开大学
明代南京官场政治生态研究，朱忠文，江西师范大学
明代土地契约规则与法律制度研究，徐嘉露，郑州航空工业管理学院
明清儒家先贤祭祀研究，贺晏然，东南大学
漕运旗丁家族与清代基层漕务运作研究，沈胜群，辽宁大学
清代碑刻中的价格数据整理与研究，阮宝玉，中山大学
清代皇室财政与皇权政治演变研究，冯佳，山东大学
清代民间合会资料整理与研究，王玉坤，安徽工业大学
清代群体性事件与官方治理研究，刘晨，北京大学
清代史学名师松巴堪布自传研究，德格吉，青海民族大学
清代乡村土地确权问题研究，赵思渊，上海交通大学
清代洋铜贸易研究，孙杰，浙江师范大学
明清时期长江舆图整理与研究，李鹏，陕西师范大学
晚清疆土观念变迁与舆图绘制研究，易锐，湖南师范大学
中古时期丝绸之路沿线（河西段）绿洲城市形态研究，李圳，西安邮电大学
明清华北门型族谱修撰与乡村社会变迁研究，任雅萱，山东大学
明清移民与浙南地方社会变迁研究，罗诚，暨南大学
清初岭南寺院与地域社会互动关系研究，李杰，中山大学
近代江南望族潘氏与苏州社会治理研究，张淑贤，中国社会科学院近代史研究所
波斯文《贵显世系》译释与整理研究，乌罕奇，内蒙古大学
基于波斯语文献的蒙古部族迁移与重构研究，于月，湖南大学
明代边疆地区军民建置研究，蔡亚龙，中央民族大学
吐蕃与周边地区文化交流史研究（7—10世纪），沈琛，南开大学

近代西人游记与中国边疆史地知识建构研究，李稳稳，中国社会科学院近代史研究所
清水江文书视域下贵州苗、侗社会经济研究（1644—1949），谢开键，南京师范大学
晚清国家治理新疆方略研究（1884—1912），王淼，西安建筑科技大学
法家建构史研究，贾坤鹏，河南大学
摩尼教中古伊朗语赞美诗在中亚和中国的创作研究，胡晓丹，北京大学
章学诚学术史观及其价值研究，薛璞喆，商洛学院
中国白铜在英国的传播与仿制研究（18—19世纪），黄超，暨南大学
中国原始农业转型研究，赵越云，西北农林科技大学
朝鲜王朝官方史学研究（1392—1910），张光宇，曲阜师范大学
17—19世纪朝鲜王朝的中国观察与自我区域角色定位研究，申佳霖，南京师范大学
安徽水阳江流域官山旧石器遗址出土遗物整理与研究，董哲，安徽省文物考古研究所
海南东南沿海史前文化与南岛语族考古，黄超，中国社会科学院考古研究所
宁夏隆德沙塘北塬遗址发掘资料的整理与研究，杨剑，宁夏回族自治区文物考古研究所
云南富源大河遗址出土石制品与人类行为研究，石晶，山西大学
春秋时期考古学文化时空框架的反思与重构研究，路国权，山东大学
蒙古高原南缘先秦时期生业形态变迁的考古学综合研究，冯宝，河北师范大学
欧亚草原东部早期游牧社会的复杂化进程研究，戴玥，天津师范大学
青铜时代中期西西伯利亚考古学文化格局演进研究，刘翔，西北大学
陕西宝鸡贾家崖遗址发掘资料的整理与研究，王洋，武汉大学
商代用玉制度的考古学研究，丁思聪，郑州大学
炭河里遗址考古资料的整理与研究，盛伟，湖南省文物考古研究所
以青铜器为中心的西周诸侯国文化认同研究，刘树满，陕西师范大学
战国至两汉错金银铜器工艺研究，黄凰，安徽大学
渤海国与唐王朝关系的考古学研究，武松，吉林大学
川渝地区"柳赵教派"考古遗存的调查与综合研究，张亮，四川大学
皮央·东嘎佛教遗存研究，卢素文，四川大学
关中地区商代青铜器矿料来源的科技考古研究，长孙樱子，西藏民族大学
汉代新疆边防城址的动物考古学研究，董宁宁，复旦大学
北朝隋唐五代墓葬出土神煞俑的考古学研究，卢亚辉，中国社会科学院考古研究所
汉唐时期丝绸之路音乐文物综合研究，周杨，厦门大学
夏至西汉时期北方地区原始瓷器研究，刘昕，山东师范大学
法称《诤正理论》译释及研究，甘伟，贵州民族大学
中观学中国化研究，丁建华，浙江工商大学
中国佛学知识体系演变史，范文丽，中国社会科学院哲学研究所
敦煌写本《瑜伽师地论手记》整理与研究，徐键，浙江财经大学
明清民国东南地区寺院经济与宗法制度研究，李伟，湖南大学
大理国写经密教文献的整理与研究，黄璜，江苏师范大学

本土化视域下的中国伊斯兰教山东学派研究，冯峰，廊坊师范学院
西南地区伊斯兰教本土化研究，李隆虎，贵州师范大学
宋元道教医疗社会史研究，张悦，郑州大学
元明时期关公信仰碑刻文献的辑录与研究，周努鲁，四川师范大学
中日文化对比视野下的古代日本禳疫仪礼及疫神信仰研究，姚琼，浙江工商大学
明清滇西少数民族民间信仰与地方社会研究，何正金，四川大学
"神"与中国文论的生命精神研究，孙盼盼，中国社会科学院外国文学研究所
古代戏曲形式批评关键词研究，傅涓，复旦大学
《周易》文本书写与结构的文学意味研究，孙鸣晨，辽宁师范大学
出土简帛上古"事语"形态研究，张阳，郑州大学
阮元刊刻《十三经注疏》研究，井超，南京师范大学
汉魏六朝经典解释体式研究，樊波成，华东师范大学
唐代南方地域文人流动与文学书写的文化学考察，刘晓，上海师范大学
唐诗文本变异研究，段雪璐，江西财经大学
南宋词坛地域性分布与两浙词学思想研究，赵惠俊，复旦大学
图像视域下的宋代文学阐释与传播研究，陈琳琳，北京大学
清代宗室戏曲活动研究，梁帅，郑州大学
中国古代俗文学的马来语翻译与传播（1882—1942），宋鸽，上海大学
英国藏中国戏曲文献的著录与研究，徐巧越，中山大学
戏曲生态学视域下之巴渝坊刻曲本研究，李将将，西华师范大学
清词自注研究，莫崇毅，南京大学
清代词韵学与清代词学关系研究，杜玄图，内江师范学院
清代近体诗律学研究，刘洋，中国政法大学
明代理学文论研究，刘洋，中国传媒大学
明清中国与琉球交往诗歌文献整理研究，吴留营，复旦大学
《潜夫论》文本的构建与东汉学术的演进研究，赵玉龙，内蒙古师范大学
两汉《左传》传播与经典化研究，罗静，北京外国语大学
元代传记文研究，李雪，南开大学
元代翰林国史院文人研究，姜学科，山东大学
"四书"在俄罗斯的传播与接受研究，张鸿彦，武汉大学
日本江户时代中国集部典籍流传东瀛研究，朱姗，中国社会科学院文学研究所
稿本《复堂日记》整理与谭献文学研究，吴钦根，湖南大学
藏羌彝走廊多民族创世神话的流变与传播研究，张翼，兰州财经大学
中国各民族灾难与救世类型神话研究，李鹏，廊坊师范学院
数字人文视域下的《诗经》德译与传播研究（1747—2019），庞娜娜，山东大学
明清闽南方言自造字研究，黄沚青，浙江师范大学
北京大学藏汉简《日忌》《日约》两种未刊数术文献的整理与研究，王强，吉林大学

玄应《一切经音义》写本文献整理集成与语言研究，李乃琦，浙江大学
北大汉简语词考释及相关问题研究，高中正，南京师范大学
甲骨文对读材料的收集、整理与研究，吴丽婉，清华大学
战国文字专字整理与研究，周翔，安徽大学
中国古代官修图书的学术文化贡献研究，孙儒，哈尔滨师范大学
中日典籍《唐历》文本的发掘整理和比较研究，姚晶晶，南通大学
中华竞渡文化源流的历史谱系研究，陈连朋，长江大学
明代书院武艺文献整理与研究，李守培，上海体育学院

冷门绝学专项立项

学术团队项目

中国社会科学院汉骨签研究团队，汉长安城未央宫出土骨签的整理、缀合与再研究，刘庆柱，中国社会科学院考古研究所

山西大学佛教考古研究团队，山西古代造像碑所见民族交融史料的整理与研究，杭侃，山西大学

陕西师范大学历史地理学研究团队，陕西古旧地图整理与研究，王社教，陕西师范大学

暨南大学历史海防地理学研究团队，明清广东海防地理史料的整理与研究，吴宏岐，暨南大学

西北大学天文学史研究团队，中国古代历法中的"步五星术"研究，唐泉，西北大学

中山大学中国戏曲与俗文学研究团队，《全明戏曲》编纂与俗文学编目整理研究，黄仕忠，中山大学

中央音乐学院琴学研究团队，宋代琴学文献史料的整理、编纂与研究，章华英，中央音乐学院

中央民族大学中华民族传统文化互鉴融通研究团队，蒙古族口头传统与蒙汉文化交融研究，朝格吐，中央民族大学

宁夏大学西夏学研究团队，"夏译汉籍"汇纂通考及数据库建设，彭向前，宁夏大学

中国社会科学院蒙古族文学研究团队，19—20世纪国外收藏多种失传记音符号记录蒙古语口头文学汇编、选译与研究，纳钦，中国社会科学院民族文学研究所

贵州大学因明学研究团队，陈那、法称因明量论原典汉语疏释与研究系列，张连顺，贵州大学

浙江大学敦煌学研究团队，敦煌残卷缀合总集，张涌泉，浙江大学

北京大学胡语文书研究团队，敦煌藏经洞及和田地区出土于阗语文书释读与研究，段晴，北京大学

中国文化遗产研究院敦煌与丝路研究团队，敦煌壁画外来图像文明属性研究，葛承雍，中国文化遗产研究院

北京师范大学训诂学研究团队，中国训诂学的理论总结与现代转型，王宁，北京师范大学

中国社会科学院民族古文字文献研究团队，基于汉语通语与方言研究的番汉对音数据库建设，孙伯君，中国社会科学院民族学与人类学研究所

中国第一历史档案馆满文文献研究团队，满文历史文献名词术语总汇，吴元丰，中国第一历史档案馆

复旦大学出土文献与古文字研究团队，中国出土典籍的分类整理与综合研究，刘钊，复旦大学

北京大学历史学研究团队，近出两周封国青铜器与铭文的综合研究，朱凤瀚，北京大学

吉林大学秦汉魏晋南北朝出土文献研究团队，秦至晋简牍所见地方行政史料汇编与研究，沈刚，吉林大学

学者个人项目

故宫博物院藏"乾隆四鉴"青铜器整理与研究，陈鹏宇，故宫博物院
三宝垄和井里汶编年史译注研究，陈博翼，厦门大学
禅让类出土文献综合研究，夏世华，中南财经政法大学
中国古代法律歌诀与图表的搜集、整理及研究，陈锐，重庆大学
广州十三行印章印迹整理研究，冷东，广州大学
"测天术"视野下的干支符号研究，李宪堂，南开大学
清民国时期青海藏事司法档案整理与研究，张科，青海民族大学
英国印度事务部涉藏档案整理与研究，张殿清，河北大学
13—14世纪欧洲文献中的蒙元史料译注与研究，马晓林，南开大学
多语种档案文献与清代八旗蒙古研究，哈斯巴根，中央民族大学
新发现珍稀徽州文书整理、研究与数据库建设，周晓光，安徽大学
丝绸之路古代地图整理与研究，席会东，西北大学
明代边海防地图整理与研究，孙靖国，中国社会科学院古代史研究所
中央苏区历史地图及历史地理文献的整理与互证，庞振宇，江西省社会科学院
台湾"西藏档"涉中印边境档案整理与研究，柳树，云南大学
出土东周秦汉荆楚地理资料整理与地域空间整合研究，郑威，武汉大学
丝路沿线早期砷铜冶金考古与文明互动，罗武干，中国科学院大学
中国古代经幢研究，汪晓云，厦门大学
古丝绸之路行记的整理与英语研究，陆志国，洛阳师范学院
蒙古文法律典籍汉译文本的整理与研究，杨强，西北政法大学
中国与东南亚瑶族《盘王大歌》系列传世唱本整理与研究，赵书峰，湖南师范大学
羌族"妮莎"古歌搜集、整理与研究，陈安强，四川省民族研究所
土家族掌墨师手稿整理与研究，杨健，湖南科技大学
英雄史诗《江格尔》活态传承调查研究及数字化保护，巴图，西北民族大学
新疆多民族传统弦乐器制作技艺数字化传承研究，杨帆，新疆艺术学院
南岭走廊少数民族梅山教经籍搜集、整理与研究，冯智明，广西师范大学

汉传佛教阿育王文献整理与研究，李利安，西北大学

古因明研究，姚南强，华东师范大学

《大哀经》梵文写本释读与研究，叶少勇，北京大学

《悉昙藏》整理与研究，周广荣，中国社会科学院世界宗教研究所

中国传统医学"无名方剂"挖掘、整理与研究，吴承艳，南京中医药大学

《黄帝内经》运气理论之古天文历法研究，贺娟，北京中医药大学

敦煌藏经洞绘画品叙录，陈明，鲁东大学

中国国家图书馆藏敦煌社会经济文书的整理与研究，陈丽萍，中国社会科学院古代史研究所

藏文古文献《韦协》《柱间史》《底吾史记》文本标注与语法研究，龙从军，中国社会科学院民族学与人类学研究所

"一带一路"视野下的藏文南亚文献整理与研究，看本加，西北民族大学

皖派绝学中理必文献的发掘、整理与研究，冯胜利，北京语言大学

闽南方言语音史研究，曾南逸，中山大学

新发现濒危松林语抢救性记录与研究，宋成，江苏师范大学

汉字型白族古文字的书写符号系统研究，王锋，中国社会科学院民族学与人类学研究所

两周金文的义化、声化及分化研究，陶曲勇，中国人民大学

简帛数术文献图文转换及相关问题研究，程少轩，南京大学

梵—汉悉昙学核心典籍《悉昙字记》直系文献整理与研究，陈开勇，浙江师范大学

走马楼三国吴简汇校集释、字词全编与数据库建设，李建平，山东师范大学

布达拉宫馆藏贝叶经整理与编目研究，多吉平措，西藏自治区布达拉宫管理处

二、教育部人文社会科学研究规划基金、青年基金项目

（著录次序：项目名称、项目类别、项目主持人、所在单位）

英语世界的《老子》哲学研究：基于中西思想视域融合的视角，规划基金项目，才清华，复旦大学

宋明理学对心理疾病的应对研究，规划基金项目，衷鑫恣，武夷学院

法眼宗与佛教中国化研究，规划基金项目，张琴，九江学院

明清性灵思潮与中国文学近代化研究，规划基金项目，曾贤兆，河西学院

宋代实用散文审美发展研究，规划基金项目，王晓骊，华东政法大学

明清之际诗学概念的孳衍与文学思想的转型研究，规划基金项目，王伟，华中师范大学

姚培谦年谱研究，规划基金项目，高磊，宁波工程学院

《艳异编》文献整理与研究，规划基金项目，任明华，曲阜师范大学

元代"面戏"研究，规划基金项目，李雪梅，山西大学

元人选元诗与元代文学研究，规划基金项目，张建伟，山西大学

两宋"论学"研究，规划基金项目，陆德海，苏州科技大学

《唐僧弘秀集》点校与考论，规划基金项目，张倩，西安建筑科技大学

金石文献、方志及其他地方文献与《全宋诗》的补正研究，规划基金项目，陈小辉，中山大学新华学院

繁昌窑青白瓷研究，规划基金项目，胡小兵，安庆师范大学

殷墟甲骨卜辞乐舞研究，规划基金项目，张晓慧，安阳师范学院

海昏侯墓出土饮食器具谱系及设计思想研究，规划基金项目，祝燕琴，常州工程职业技术学院

《古音正宗》源流谱系之文献研究，规划基金项目，彭岩，湖南科技大学

寿州窑黄釉瓷技艺传承保护与创新研究，规划基金项目，许怀喜，淮南师范学院

"制器尚象"——汉代器物及美学思想探究，规划基金项目，李雨红，南开大学

明清戏曲楹联整理与研究，规划基金项目，吕维洪，曲靖师范学院

史官文化视域下的新莽六书研究，规划基金项目，徐学标，山东工艺美术学院

北朝墓志文献整理与校注研究，规划基金项目，王力军，山西大学

中国上古神话中的"造物"研究，规划基金项目，熊承霞，上海理工大学

重庆地区唐宋摩崖造像的田野调查与图像研究，规划基金项目，侯波，四川美术学院

海外藏敦煌遗书音乐文献整理与研究，规划基金项目，刘文荣，四川文化艺术学院

南宋蔡元定音乐著述整理与研究，规划基金项目，吕畅，四川音乐学院

"一带一路"建设背景下我国古代丝绸工匠织造技术传播研究，规划基金项目，孙志芹，盐城工学院

汉唐时期西域木雕艺术研究，规划基金项目，木合牙提·加海，伊犁师范大学

湖南明清地方志书画史料整理研究，规划基金项目，刘鹤翔，中南大学

正史《五行志》怪异书写研究，规划基金项目，胡祥琴，北方民族大学

清代长城沿线蒙汉杂居地区军府治理研究，规划基金项目，王晓辉，大连民族大学

政以养民：十八世纪社仓积贮研究，规划基金项目，穆崟臣，东北大学

宋代笔记吐蕃文献整理与研究，规划基金项目，齐德舜，河南大学

新出秦汉简牍所见地理史料的整理与研究，规划基金项目，晏昌贵，武汉大学

意大利罗马中央国立图书馆所藏中国典籍的整理与研究，规划基金项目，刘海燕，福建师范大学

乾嘉考据学家的历算学成就及其"科学精神"稽考，规划基金项目，刘玲，江苏师范大学

唐代回鹘汗国汉文史料编年汇证，规划基金项目，王东，宿迁学院

宋代教育制度创新研究，规划基金项目，王凌皓，东北师范大学

中外古本《千金要方》异文汇证与研究，规划基金项目，曾凤，北京中医药大学

两宋文学中书法艺术的融入研究，规划基金项目，由兴波，吉林大学

明代《左传》学整理与研究，规划基金项目，李卫军，商丘师范学院

早期黄金艺术与文化交流——以新疆阿勒泰地区的考古发现为例，规划基金项目，刘艳，西北工业大学

清代生员与地方社会研究——以《清代南部县衙档案》为中心，规划基金项目，黎春林，西华师范大学

古代职官词集类辨考及相关制度研究，规划基金项目，沈小仙，浙江工业大学

当代西方对孟子思想的诠释及其成果回译研究，规划基金项目，旷剑敏，中南大学

"三礼"学与张载理学体系的建构研究，青年基金项目，李腾，聊城大学

中唐以来新《春秋》学演进逻辑研究，青年基金项目，张立恩，西北师范大学

敦煌《妙法莲华经》汉文写本整理与研究，青年基金项目，张炎，东莞理工学院

元明清时期山东僧人塔铭墓志收集、整理与研究，青年基金项目，高强，菏泽学院

隋唐净土思想在日本的发展与嬗变研究，青年基金项目，刘丽娇，湖南大学

《道藏》疑难符箓文献整理与研究，青年基金项目，刘芳，山东理工大学

汉学家韩南明清小说翻译的民俗传达与价值建构研究，规划基金项目，刘晓晖，大连外国语大学

清华大学藏战国竹简文本来源问题综合研究，青年基金项目，杨蒙生，北京语言大学

先秦汉语植物词汇的概念场研究，青年基金项目，牟净，东北师范大学

地域文化视角下明清山东方言小说俗语词研究，青年基金项目，张莉，齐鲁师范学院

明清潮州方言文献整理与研究及数据库建设，青年基金项目，张坚，汕头大学

岳麓书院藏秦简字词关系研究，青年基金项目，杨蕾，天津城建大学

中国神话在欧洲翻译史论（1689—1793），青年基金项目，王敏，外交学院

上古汉语全句功能范畴与标句词研究，青年基金项目，田源，武汉大学

虚词的韵律研究——以《经传释词》为例，青年基金项目，赵璞嵩，香港中文大学（深圳）

《恒言录》等七种清代俗语辞书及其所收俗语词研究，青年基金项目，王凤娇，烟台大学

《四书五经性理大全》在朝鲜半岛的传播及影响研究，青年基金项目，张炎钰，郑州轻工业大学

姚鼐年谱长编，青年基金项目，卢坡，安徽大学

昇平署昆剧折子戏演剧生态研究，青年基金项目，余治平，安顺学院

政治空间维度下的北宋宦游文学研究，青年基金项目，王启玮，北京大学

宋代文体新变与文体形态研究，青年基金项目，邬志伟，北京师范大学

《四库全书总目》对清代文学之建构研究，青年基金项目，王美伟，长江师范学院

明代公文批评史研究，青年基金项目，肖虹，常熟理工学院

元代散文的复古思潮与多元嬗变研究，青年基金项目，邵丽光，德州学院

南宋类书编纂研究，青年基金项目，温志拔，福建技术师范学院

海外藏《水浒传》稀见刊本整理与研究，青年基金项目，邓雷，福建师范大学

敦煌地狱题材图像的艺术人类学考察研究，青年基金项目，马丽娜，河西学院

清代扬州学派文章学研究，青年基金项目，余莉，湖南文理学院

明清刊刻广府唱本著录与研究，青年基金项目，李继明，华南师范大学

汉魏六朝幕府与文学研究，青年基金项目，郑真先，淮阴师范学院
明代进士策整理与研究，青年基金项目，潘志刚，黄冈师范学院
《楚辞听直》研究，青年基金项目，赵妍，吉林师范大学
明永乐重大历史事件与文学关系研究，青年基金项目，党月瑶，江南大学
魏晋南北朝史官制度与文学研究，青年基金项目，郑华萍，江苏警官学院
古代诗学形式批评范畴与批评意识研究，青年基金项目，王汝虎，曲阜师范大学
先唐书信发展史论，青年基金项目，刘银清，山东师范大学
赵嘏诗集校注，青年基金项目，张永吉，上海应用技术大学
老庄思想在德语世界的接受与变异研究，青年基金项目，唐雪，西南大学
《庄子》在爱尔兰的传播与接受研究（1880—1920），青年基金项目，蒋婧，西南交通大学
清代台湾宦游诗歌研究，青年基金项目，何李，厦门理工学院
《国朝山左诗钞》整理与研究，青年基金项目，耿锐，烟台大学
《长生殿》接受史研究，青年基金项目，王亚楠，郑州大学
《蒲室集》在日本的流传与接受研究，青年基金项目，车才良，井冈山大学
书学学术史视野下的王世贞《古今法书苑》编纂研究，青年基金项目，梁达涛，广东第二师范学院
16世纪末荷兰游记出版物中的中国图像研究，青年基金项目，吴瑞林，广西艺术学院
宋元山水画的空间美学研究，青年基金项目，张南，华中师范大学
北宋宫廷藏画流传研究，青年基金项目，肖伟，江苏城市职业学院
朝鲜半岛来华使臣音乐活动研究，青年基金项目，吴明微，闽江学院
太湖流域宗族村落建筑景观特征研究，青年基金项目，李元嫄，南京林业大学
明清城市演进视角下苏州园林基址变迁与营建机制研究，青年基金项目，张甜甜，南京林业大学
明代画作中的茶空间设计模型研究，青年基金项目，李丹，四川农业大学
四川地区公元25年—公元965年考古陶石人俑的服饰形制文化研究，青年基金项目，韩旭辉，四川师范大学
晋唐时期吐鲁番及新疆其他地区出土汉文文献书法研究，青年基金项目，石澍生，西北师范大学
明清时期山西碑刻文献中的民间画工研究，青年基金项目，薛艳丽，西北师范大学
明清海上丝绸之路中外美术交流研究，青年基金项目，刘静，西京学院
明代乐官制度研究，青年基金项目，李娜，许昌学院
考古出土云南古滇时期的乐器与乐舞图像研究，青年基金项目，方伟伟，云南民族大学
明清戏曲演出场所及其空间形态研究——以浙江地区为例，青年基金项目，张凯，浙江传媒学院
先秦时期越国青铜器具与礼制文化研究，青年基金项目，邓芮，浙江横店影视职业学院
北魏时期佛教造像艺术的中国化研究，青年基金项目，李梅，浙江理工大学

中日舞蹈交流史研究，青年基金项目，范舟，浙江音乐学院

《营造法式》小木作"积而为法"的应用与继承研究，青年基金项目，朱宁宁，中央美术学院

中国早期佛教石塔艺术特征与营建文化研究，青年基金项目，杨子墨，淄博师范高等专科学校

汉唐间史书叙事的方法及其成就研究，青年基金项目，朱露川，北京师范大学

明代长江水利地图集《江汉堤防图考》研究，青年基金项目，陈涛，赣南师范大学

宋代军人保障机制研究，青年基金项目，钱俊岭，华北理工大学

朝鲜半岛孔庙祭礼与中朝礼秩关系形成与发展研究（992—1800），青年基金项目，李佳，吉林大学

里耶简官文书语词分类辑考，青年基金项目，于洪涛，吉林大学

仕学之间：清末书院生徒群体研究，青年基金项目，黄漫远，江西科技师范大学

明清黄运地区河漕赋役与社会变迁研究，青年基金项目，高元杰，聊城大学

明末吕宋之中西文化交流研究，青年基金项目，肖音，南开大学

出土文献与晋国史研究，青年基金项目，谢耀亭，山西师范大学

渤海历史地理问题域外文献资料收集整理与研究，青年基金项目，秦菲，上饶师范学院

《元史氏族表》整理与研究，青年基金项目，刘砚月，深圳大学

从卫所到漕帮：明清漕运卫所的演变研究，青年基金项目，张程娟，苏州大学

出土文献与新莽东汉政区问题研究，青年基金项目，赵海龙，苏州科技大学

出土简牍与秦至汉初县制研究，青年基金项目，单印飞，西北大学

吴澄《礼记纂言》整理与研究，青年基金项目，朱军，西北大学

乾嘉道时期北疆农牧社会的协同发展研究，青年基金项目，刘壮壮，西北农林科技大学

明清医学方书的社会史研究，青年基金项目，刘希洋，中国海洋大学

明代义民义官与乡村社会研究，青年基金项目，向静，中国社会科学院大学

数术简帛与秦汉民间信仰研究，青年基金项目，杨继承，中山大学

丝路开通前中国北方农耕与游牧文明的交流与碰撞研究，青年基金项目，陈畅，南开大学

三国西晋时期南方地区社会与文化的考古学研究，青年基金项目，王音，南开大学

淮河流域商代大型居址与青铜手工业研究——以台家寺遗址为例，青年基金项目，何晓琳，武汉大学

庙底沟遗址第二次发掘的整理与研究，青年基金项目，宋海超，武汉大学

陕西三原天井岸汉代礼制建筑遗址考古资料整理与研究，青年基金项目，薛程，西北大学

唐长安城的公共空间与城市传播研究，青年基金项目，郝鹏展，陕西师范大学

宋代诗经版本系统研究，青年基金项目，李振聚，山东大学

中国古代月季、蔷薇、玫瑰文化起源及内涵研究，青年基金项目，罗乐，北京林业大学

西方中国简帛学史研究，青年基金项目，李真真，重庆邮电大学

清代小说《虞初新志》在日本的传播与接受研究，青年基金项目，李飒，东北师范大学
理学与明代医家身体观转型研究，青年基金项目，刘鹏，广州中医药大学
道教视阈中的朝鲜汉文小说研究，青年基金项目，王雅静，河南财经政法大学
魏晋南北朝礼学演化与王朝礼制关系研究，青年基金项目，马涛，湖南大学
丝路文明视阈下的中国古毯资料补遗与整理研究，青年基金项目，庞涛，华北电力大学
新见山西皮毛商人账簿资料整理与研究，青年基金项目，徐俊嵩，山西财经大学
张家山汉简《引书》与秦汉医学研究，青年基金项目，赵丹，上海中医药大学
文化消费视阈下明清江南地区环境营造技艺的宫廷传播研究，青年基金项目，华亦雄，苏州科技大学
南北朝隋唐道教造像碑记调查、整理与研究，青年基金项目，赵川，西南交通大学
"职贡图"图像话语问题建构研究，青年基金项目，王蔚，云南师范大学
诗画互文：宋元"荒寒"艺境的生成与嬗变研究，青年基金项目，董赟，中山大学

三、教育部人文社会科学研究规划西部和边疆地区项目

（著录次序：项目名称、项目类别、项目主持人、所在单位）

荀子与亚里士多德的政治哲学比较研究，规划基金项目，宋宽锋，陕西师范大学
主题分类视域下殷周金文动词的整理与研究，规划基金项目，寇占民，河池学院
麦积山佛教石窟语料库建设研究，规划基金项目，马英莲，天水师范学院
规范与描写视角下的《大明律》英译研究，规划基金项目，王建，西南政法大学
《三边赋》整理与研究，规划基金项目，李军，甘肃农业大学
黄河流域伏羲神话调查研究，规划基金项目，余粮才，天水师范学院
《史记》评点史研究，规划基金项目，王晓红，渭南师范学院
中国古代采诗制度与采诗活动研究，规划基金项目，王志清，西安电子科技大学
他者建构与自我观照：古代小说异族番邦书写研究，规划基金项目，许勇强，西安电子科技大学
中国古代艺术风格范畴关键词研究，规划基金项目，张兰芳，海南师范大学
清代基层治理中的"文书下乡"问题研究，规划基金项目，郑金刚，西北大学
中国古代医家地理分布的演变机理研究，规划基金项目，陈守聪，云南中医药大学
纪实、证道与想象：道教神仙文化书写的分化与互动研究，青年基金项目，李蕊芹，西安电子科技大学
诗学史视野中的南宋书院考论，青年基金项目，董晨，西安外国语大学
日常生活史视域下的唐诗名物研究，青年基金项目，田苗，西北大学
英国文艺复兴时期文学中的中国形象研究，青年基金项目，汤平，四川大学
日常生活史视野下的十六国北朝华夏化转型研究，青年基金项目，黄桢，四川大学

西汉近臣与政局研究，青年基金项目，张光晗，咸阳师范学院

陕北卧虎湾墓地考古发掘资料整理与研究，青年基金项目，同杨阳，西北大学

大理国写本佛经汉文白语俗字研究，规划基金项目，魏启君，云南财经大学

唐宋砖石墓葬及塔幢的仿木技术与设计方法研究，青年基金项目，喻梦哲，西安建筑科技大学

四、国家古籍整理出版专项经费资助项目

1. 闽海文献丛书（第二辑），广陵书社
2. 明人别集稿抄本丛刊（第一辑），国家图书馆出版社
3. 日本所藏稀见明人别集汇刊，广西师范大学出版社
4. 古文苑校注，中华书局
5. 稿本《明文案》（外一种），国家图书馆出版社
6. 李长吉歌诗补注，中华书局
7. 李翱文集校注，中华书局
8. 渭南文集笺校，上海古籍出版社
9. 许宗鲁集，陕西人民出版社
10. 陆陇其全集，中华书局
11. 牧斋有学集诗注，中华书局
12. 潘耒全集，凤凰出版社
13. 归懋仪集，人民文学出版社
14. 张潮全集，黄山书社
15. 江藩全集，凤凰出版社
16. 文廷式全集，江西人民出版社
17. 海源阁杨氏诗文校注，国家图书馆出版社
18. 袁昶全集，浙江古籍出版社
19. 杜诗汇评，凤凰出版社
20. 清诗话全编（乾隆期），上海古籍出版社
21. 稀见清人文话二十种，复旦大学出版社
22. 张惠言《词选》董毅《续词选》校笺疏解，黄山书社
23. 清代词谱要籍修订两种（词律、词系），上海古籍出版社
24. 古本戏曲丛刊十集，国家图书馆出版社
25. 清代宫廷大戏丛刊续编，北京大学出版社
26. 水浒戏曲集成，凤凰出版社
27. 杜甫资料汇编，中华书局
28. 清华大学藏战国竹简（柒—玖）文字编，中西书局
29. 宋元切韵学文献丛刊，凤凰出版社

30. 音义文献丛刊两种（群经音辨、文选音义全编校释），中华书局
31. 续一切经音义校注，中华书局
32. 中国方志中语言资料集成，社会科学文献出版社
33. 书画文献稿钞本集成，上海书画出版社
34. 山东出土汉画像石题记汇释，陕西人民美术出版社
35. 中国历代园艺典籍整理丛书，湖北科学技术出版社
36. 东都事略校证，中华书局
37. 春秋学要籍选刊三种（春秋经传集解、春秋谷梁传注、春秋集注），中华书局
38. 《读例存疑》新校本，天津古籍出版社
39. 中古姓氏佚书辑校，凤凰出版社
40. 名臣碑传琬琰集校证，上海古籍出版社
41. 杜凤治日记，广东人民出版社
42. 中国近现代书信丛刊［衍芬草堂故交遗翰、曾熙友朋信札、张尔田书札、章太炎家书（注释本）］，上海人民出版社
43. 韩国藏清人尺牍合集：大阵尺牍，复旦大学出版社
44. 姚鼐师友门人往还信札汇编，凤凰出版社
45. 王懿荣书札辑释，齐鲁书社
46. 吉林大学藏甲骨集，上海古籍出版社
47. 商周青铜器铭文暨图像集成三编，上海古籍出版社
48. 清华大学藏战国竹简（拾），中西书局
49. 长沙五一广场东汉简牍（伍、陆），中西书局
50. 五代十国墓志汇编，上海古籍出版社
51. 秦封泥集释，上海古籍出版社
52. 长安凤栖原韦氏家族墓地墓志辑考，三秦出版社
53. 香港藏敦煌遗书，广西师范大学出版社
54. 英藏敦煌社会历史文献释录（第十八卷），社会科学文献出版社
55. 法国国家图书馆藏敦煌藏文文献（27—35），上海古籍出版社
56. 俄藏黑水城文献·西夏文佛教部分（30、31），上海古籍出版社
57. 宋代史料丛编（第一辑），凤凰出版社
58. 贵州清水江文书（第六辑）（《黎平卷·第四辑》《剑河卷·第二辑》），贵州人民出版社
59. 邯郸学院藏太行山文书系列丛刊·明清文书，广西师范大学出版社
60. 周馥全集，黄山书社
61. 中国古代舆图整理与研究，中国地图出版社
62. 汉书地理志汇释，凤凰出版社
63. 日藏珍本湖北方志丛编，崇文书局
64. 法源寺志稿，中国书店出版社

65. 《水经注》校笺图释（洛水流域诸篇），中国科技出版传媒股份有限公司
66. 石经研究文献集成，天津古籍出版社
67. 礼记注疏长编（《檀弓》《王制》《月令》卷），广陵书社
68. 礼书，浙江大学出版社
69. 孝经文献丛刊（第一辑），上海古籍出版社
70. 东亚《近思录》文献丛书（初编），上海古籍出版社
71. 《中国佛教典籍选刊》四种（禅源诸诠集都序校注、景德传灯录、十不二门指要钞校释、金刚经宗通校注），中华书局
72. 僧宝正续传 南宋元明禅林僧宝传，中州古籍出版社
73. 宋刊《备急总效方》校注，上海科学技术出版社
74. 齐鲁珍存医籍汇刊，山东科学技术出版社
75. 张仲景传世医书考证，湖南科学技术出版社
76. 古代中医伤科图书集成，中国中医药出版社
77. 本草古籍辑注丛书（第二辑），北京科学技术出版社
78. 国家图书馆藏样式雷图档（畅春园卷、南苑卷、王公府第卷），国家图书馆出版社
79. 海外藏《永乐大典》（英国伦敦大学亚非学院卷、日本京都大学卷），国家图书馆出版社
80. 翁方纲手稿六种校释，广陵书社
81. 海外中文古籍总目四种（美国俄勒冈大学图书馆、美国密歇根州立大学图书馆、美国西来大学图书馆中文古籍目录，美国明尼苏达大学东亚图书馆中文古籍目录，美国克莱尔蒙特学院联盟图书馆中文古籍目录，新加坡国立大学图书馆中文古籍目录），中华书局
82. 美国芝加哥大学图书馆藏中文古籍善本书志·经部，国家图书馆出版社
83. 燕行录千种解题，北京大学出版社
84. 中华再造善本底本印章考释，国家图书馆出版社

重要奖项

第八届高等学校科学研究优秀成果奖（人文社会科学）

一等奖
孙亦平《东亚道教研究》
马重奇《明清闽北方言韵书手抄本音系研究》
裘锡圭《长沙马王堆汉墓简帛集成》
曾繁仁《中国美育思想通史（全9卷）》
罗时进《文学社会学：明清诗文研究的问题与视角》
王水照《王安石全集》
许结《中国辞赋理论通史》
郁贤皓《李太白全集校注》
陈望衡《文明前的"文明"——中华史前审美意识研究（上、下卷）》
刘成纪《先秦两汉艺术观念史（两卷本）》
俞为民《中国古代戏曲理论史通论》
陈伟《秦简牍合集（1—4卷）》
李零《子弹库帛书（上、下）》
刘琳《宋会要辑稿》
周振鹤《中国行政区划通史》
孙庆伟《追迹三代》
徐大同《中国传统政治文化讲录》
蒲坚《中国法制史大辞典》
张晋藩《中国少数民族法史通览》
方铁《方略与施治：历朝对西南边疆的经营》
王文光《中国西南民族通史》
孙麒麟《从长安到雅典——丝绸之路古代体育文化》

二等奖
刘学智《关学文库·关学文献整理系列》
唐凯麟《中华民族道德生活史（八卷本）》
朱汉民《湘学通论》

才让《菩提遗珠——敦煌藏文佛教文献的整理与解读》
姜守诚《出土文献与早期道教》
李天纲《金泽：江南民间祭祀探源》
刘仲宇《道教授箓制度研究》
王月清《无神论与中国佛学》
尹志华《清代全真道历史新探》
白于蓝《简帛古书通假字大系》
丁治民《〈永乐大典〉小学书辑佚与研究》
李守奎《清华简〈系年〉文字考释与构形研究》
李炜《清代琉球官话课本语法研究》
李无未《台湾汉语音韵学史（上、下）》
梁真惠《〈玛纳斯〉翻译传播研究》
毛远明《汉魏六朝碑刻异体字典》
王启涛《敦煌西域法制文书语言研究》
吴英喆《契丹小字再研究》
吴泽顺《清以前汉语音训材料整理与研究》
熊桂芬《从〈切韵〉到〈广韵〉》
徐正考《汉代文字编》
张桂光《商周金文辞类纂》
查洪德《元代诗学通论》
陈文新《明代文学与科举文化生态》
程国赋《论明清小说寓意法命名的内涵与特点》（论文）
过常宝《制礼作乐与西周文献的生成》
何宗美《〈四库全书总目〉的官学约束与学术缺失》
胡可先《新出石刻与唐代文学家族研究》
黄霖《关于〈金瓶梅〉词话本的几个问题》（论文）
蒋寅《科举试诗对清代诗学的影响》（论文）
李剑国《唐五代传奇集》（全六册）
钱林森《中外文学交流史·中国—法国卷》
饶龙隼《元末明初大转变时期东南文坛格局及文学走向研究》
肖瑞峰《刘禹锡诗研究》
谢伯阳《全明散曲》（增补版）
谢思炜《杜甫集校注》
徐雁平《清代家集叙录（三卷）》
徐正英《上博简〈孔子诗论〉"颂"论及其诗学史意义》（论文）
杨栋《元曲起源考古研究》
杨明《陆机集校笺》

叶舒宪《中华文明探源的神话学研究》
张剑《莫友芝全集》
朱万曙《徽商与明清文学》
朱志荣《中国审美意识通史（八卷本）》
陈传席《六朝画论研究》
郭亮《十七世纪欧洲与晚明地图交流》
李清泉《引魂升天，还是招魂入墓——马王堆汉墓帛画的功能与汉代的死后招魂习俗》（论文）
刘正国《中国古龠考论》
吴志武《〈新定九宫大成南北词宫谱〉研究》
向以鲜《中国石刻艺术编年史》
谢继胜《居庸关过街塔造像义蕴考——11至14世纪中国佛教艺术图像配置的重构》（论文）
许浩《江苏园林图像史》
延保全《中国戏曲文物通论》
杨民康《中国南传佛教音乐文化研究》
尹吉男《政治还是娱乐：杏园雅集和〈杏园雅集图〉新解》（论文）
张伯瑜《Chinese Traditional Instrumental Music》
张朋川《〈韩熙载夜宴图〉图像研究》
张燕《髹饰录与东亚漆艺——传统髹饰工艺体系研究》
朱栋霖《苏州艺术通史》
朱恒夫《中国傩戏剧本集成》
朱尽晖《西部道教造像艺术研究》
曹金华《后汉书稽疑（上、中、下）》
陈宝良《明代士大夫的精神世界》
陈尚君《旧五代史》
程妮娜《古代东北民族朝贡制度史》
戴建国《从佃户到田面主：宋代土地产权形态的演变》（论文）
杜建录《中国藏黑水城汉文文献释录》
龚延明《宋代登科总录》
顾銮斋《中西中古税制比较研究》
关晓红《从幕府到职官：清季外官制的转型与困扰》
郭丹彤《古代埃及象形文字文献译注（上、中、下卷）》
胡阿祥《南京古旧地图集》
胡铁球《明清歇家研究》
胡玉冰《〈西夏书〉校补》
黄兴涛《重塑中华：近代中国"中华民族"观念研究》

蓝勇《长江三峡历史地图集》
倪玉平《Customs Duties in the Qing Dynasty, ca. 1644—1911》
潘晟《宋代地理学的观念、体系与知识兴趣》
瞿林东《瞿林东文集》（10卷本）
孙继民《中国藏黑水城汉文文献的整理与研究》
汤开建《天朝异化之角——16—19世纪西洋文明在澳门》（上、下卷）
王彦辉《早期国家理论与秦汉聚落形态研究——兼议宫崎市定的"中国都市国家论"》（论文）
王子今《秦汉称谓研究》
吴仰湘《皮锡瑞全集》
夏代云《卢业发、吴淑茂、黄家礼〈更路簿〉研究》
谢湜《高乡与低乡：11—16世纪江南区域历史地理研究》
阎步克《从爵本位到官本位：秦汉官僚品位结构研究（增补本）》
叶美兰《中国邮政通史》
余新忠《清代卫生防疫机制及其近代演变》
张生《钓鱼岛问题文献集》
张希清《中国科举制度通史》（五卷本）
章清《清季民国时期的"思想界"著作》
郑师渠《历史视野下的中华民族精神》
段清波《中国历代长城发现与研究》
韩建业《早期中国——中国文化圈的形成和发展》
霍巍《青藏高原考古研究》
杨建华《欧亚草原东部的金属之路：丝绸之路与匈奴联盟的孕育过程》
白玉冬《九姓达靼游牧王国史研究（8—11世纪）》
崔明德《中国古代北方少数民族迁徙方向及特点》（论文）
段红云《清代中国疆域的变迁及其对中国民族发展的影响》（论文）
李克建《儒家民族观的形成与发展》
瞿明安《中国西部民族文化通志》
石硕《交融与互动：藏彝走廊的民族、历史与文化》
张延清《吐蕃敦煌抄经研究》
田建平《宋代出版史》（上、下册）
王承略《二十五史艺文经籍志考补萃编》
王余光《中国阅读通史》
吴平《中国编辑思想史》
郭齐家《中国教育史》
崔荣荣《明代以来汉族民间服饰变革与社会变迁（1368—1949年)》
汤羽扬《中国长城志·建筑》

王洪伟《钧窑通史》

三等奖

曹峰《近年出土黄老思想文献研究》
程志华《中国儒学史》（上、下册）
丁四新《周易溯源与早期易学考论》
林国平《籤占与中国社会文化》
陈广宏《中国文学史之成立》
杜晓勤《六朝声律与唐诗体格》
王齐洲《中国古代文学观念发生史》
王晓平《中日文学经典的传播与翻译》
王长华《〈毛诗〉与中国文化精神》
郁龙余《中外文学交流史·中国—印度卷》
白谦慎《傅山的交往和应酬——艺术社会史的一项个案研究》（增订版）
车文明《中国戏曲文物志》
陈志平《北宋书家丛考》
成一农《"非科学"的中国传统舆图：中国传统舆图绘制研究》
郝平《大地震与明清山西乡村社会变迁》
刘泽华《中国政治思想通史》
茅海建《戊戌变法的另面："张之洞档案"阅读笔记》
石云涛《汉代外来文明研究》
杨红伟《清朝循化厅藏族聚居区之权力机制》
臧知非《秦汉土地赋役制度研究》
张全明《两宋生态环境变迁史》
赵轶峰《明清帝制农商社会研究（初编）》
郑学檬《唐宋元海上丝绸之路和岭南、江南社会经济研究》（论文）
曹锦炎《鸟虫书通考》（增订版）
阙岳《第二种秩序——明清以来的洮州青苗会研究》
杨铭《吐蕃统治敦煌西域研究》
刘慧《汉唐佛、道经典的文体比较——兼论宗教文化视野中的比较文体学》（论文）
王晓珍《甘青河湟地区藏汉古建筑彩画研究》著作交叉学科

第四篇

著作选介

【吴越之迹：江南地区早期国家形态变迁】

付琳著《吴越之迹：江南地区早期国家形态变迁》，厦门大学出版社2020年3月出版。该书系厦门大学双一流建设项目"人文与艺术学科群"、福建省"历史唯物主义与中国历史上社会经济发展模式的实证研究与理论分析创新团队"项目成果，收入"中国社会经济史新探索丛书"。吴越文化是中国古代文化史研究中起步较早的学术领域。随着良渚古城入选世界文化遗产名录，这处新石器时代晚期的重要考古发现所反映出的早期文明与不断变化中的中华文明具有怎样的历史关系，成为了近年来民众较为关心的问题。该书从考古文化和区系研究的角度，分析江南地区新石器时代晚期以来良渚到吴越等古扬州华夏化的文化演进、交流互动与谱系关系，阐述聚落视角下的遗址景观、稻作农业文化积淀所催发的国家文明火花、良渚文化早期国家的社会结构和形态特征、陆海边疆中吴越文明广域王权与国家政体的形成、环境因素对于聚落发展和文明进程的重要影响等问题。全书正文分作四章。第一章，主要交代研究所涉时空背景以及界定相关概念。第二章，利用"区系类型理论"，初步梳理江南地区从良渚文化到周代吴越文化的发展进程和文化格局。第三章，借助与社会史、经济史、认知史相关的考古遗存，尝试从宏观聚落形态变迁、中心性聚落比较、墓葬所显现的社会结构等几个角度讨论江南地区早期族群的社会发展。第四章，在中国史前文化格局"重瓣花朵"的理论模式视域下，通过跨越文化区的比较研究，揭示作为"第一重花瓣"的江南地区与其他"边缘"文化的互动，之于中华文明的历史贡献。最后，作者认为江南地区起步于万年前后的稻作活动，这正是本地早期文明可以原生的经济基础。该区域稻作活动的发展在大趋势上应当是持续走高的。相对复杂、精确的稻作农业技术和粮食产量剩余的不断增加，促进了社会分工和分层，从而催发出早期文明。而江南地区从良渚到吴越的历史，是"扬州"内化为"华夏"的重要过程。该书较之以往的同类型研究，整合了史前和夏商两个时段的发现和研究成果，把吴越历史研究整体前伸到夏商以至史前时代，展现史前、夏商西周、东周"三段同表"的研究志趣，以长达3000年的时间跨度，为吴越文化通史体例著作的撰写提供了一种尝试。

（石　珹）

【殷墟甲骨断代标准评议】

常玉芝著《殷墟甲骨断代标准评议》，中国社会科学出版社2020年12月出版。该书对一百多年来的殷墟甲骨断代研究的历史做了细致的爬梳整理，理清其发展脉络，并将其划分为四个阶段，对每一阶段的断代标准及断代情况都进行了详细的介绍与评议。第一阶段由1899年甲骨文发现到1933年董作宾发表《甲骨文断代研究例》之前，代表人物为罗振玉和王国维，罗、王对甲骨断代研究具有开山之功。第二阶段由1933年《甲骨文断代研究例》发表到1956年陈梦家发表《殷虚卜辞综述》之前，代表人物为董作宾。董作宾结合考古发掘，提出了"贞人"断代说，首次系统地提出了甲骨断代十项标准，并将卜辞分为五期，开创了甲骨断代研究的新局面，意义十分深远。第三阶段由1956年《殷虚卜辞综述》发表到1977年李学勤发表《论"妇好"墓的年代及有关问题》之前，代表人物是陈梦家。陈梦家批判地继承和发展了董作宾的断代学说，他的主要贡献有六：1. 将董作宾的十项断代标准作了分类、整理、归纳，浓缩成三大标准，指明运用三大标准进行断代的程序和规则，指出董作宾的"坑位"标准存在局限性，剔除了不科学的"人物"标准。2. 创立了"卜人组"的断代方法。3. 详细论证了武丁至帝辛九王的卜辞。4. 告诫不能单独运用亲属称谓进行断代。5. 证明各卜人组卜辞几乎都有跨王世存在的现象。6. 强调字体不是断代的首要标准。这些成果在甲骨断代学史上均有划时代的意义。第四阶段由1977年《论"妇好"墓的年代及有关问题》发表至今，代表人物为李学勤与刘一曼和曹定云。李学勤提出四个断代新观点：1. 将董作宾、陈梦家认定的第四期卜辞即武乙、文丁卜辞改称为"历组"卜辞，提出"历组"卜辞应提前到第一期武丁晚至第二期祖庚早。2. 提出殷墟甲骨发展的"两系说"。3. 提出"先用字体分类，再进行断代"说。4. 提出子组、午组卜辞为"非王卜辞"说。此外，刘一曼和曹定云利用各组卜辞出土层位的第一手资料，将科学的考古地层学运用到甲骨断代研究中，做出了具有里程碑式意义的贡献。甲骨断代研究是甲骨学最基本、最主要的工作。该书在前人研究的基础上，给出了一些新数据和新证据，提出了一些新见解，还特别强调了考古地层学在甲骨断代研究中的至关重要作用。该书是对一百多年来殷墟甲骨断代研究的总结性著作，它对推动甲骨学、商代史研究向纵深发展，推动考古学知识的运用均有重要的参考价值。

（赵孝龙）

【甲骨文所见动物研究】

单育辰著《甲骨文所见动物研究》，上海古籍出版社2020年9月出版。该书的主要内容是探讨甲骨文中的动物形体，在现有各家考释的基础上，对它们进行比较全面的整理与总结。书中共讨论了47种甲骨文中所见的动物：兽类24种，其中野生19种：虎、豹、狐、狼、熊、豕（部分畜养）、兔、鹿（梅花鹿）、麋（麋鹿）、麇（獐）、麂、鷹（羚）、兕（圣水牛）、象、猱（猴）、莧（羱羊）、希（疑为豪猪）、鼠、蝠（蝙蝠）；畜养类5种：犬、豕（部分野生）、马、牛、羊；爬行类4种：龟、鼍（扬子鳄）、蛇、龙（疑为蟒）；两栖类1种：黽；鸟类11种：鸢（鹰）、鷐、雉（野鸡）、萑（猫头鹰）、雀（麻雀）、鳧（野鸭）、鸿（天鹅）、巂（子规）、雚（鹤）、鸡、鴷（啄木鸟）；鱼类1种：鲔（鲟鱼）；昆虫类5种：蠤（疑为蜻蜓）、蛋（蝎）、螽（蝗虫）、黿（鼃黿）、蜈蚣；还有贝类。作者指出，这里有不少字形在卜辞里不用作动物，而是用为人名、地名或假借为动词等。此外，作者也探讨了以动物形体作偏旁的甲骨文字，共计303字。对于少量文字的字形过于残损，或所在卜辞文句缺失太多的动物种类，由于无法讨论，作者在书中做了省略处理。另外，作者对甲骨文与现今的动物异称也进行了梳理，最后所附两章则是专门对古文献中的动物异称进行的整理。比如对"龙""凤""麟""鷹"的动物原形进行了探索；"狸"所指的动物有"豹猫"和"貉"两说，作者也做了判定。此举解决了古代文献中动物名称有大量异名，其所称与现在也常不一致的问题。该书除对一些旧时已释出但有歧议甚至被遗忘的考释意见进行了确认外，也新释出一批甲骨文字。作者的考释标准有二：一、考释文字过程求简洁不求曲折复杂；二、考释文字结论求平易不求新奇怪僻。此外，作者还运用了动物学与古动物学的一些知识。如甲骨文的"鹿"字，在现代动物学中，鹿科涵盖范围较广，如马鹿、驯鹿、麋鹿等都可视为鹿类，但经过与殷墟动物遗存对比，甲骨文中的"鹿"应指现代动物分类学上的梅花鹿。该书作者释读出一批甲骨文字，在甲骨文的研究方面取得了一些新的进展，也为动物学家提供了晚商时代中国动物种类、动物生存环境的原始记录，为人类学家提供了有关动物驯养与狩猎活动的早期材料，丰富了相关学科的知识储备。

（赵孝龙）

【青铜识小】

张翀著《青铜识小》，北京联合出版公司 2020 年 6 月出版。该书是作者近年关于中国古代青铜器的文集，也是作者多年关于青铜器研究的积累与思考，其中部分文章原发表于学术刊物，但有所补充和修改，也有相当的篇幅为新撰写的文章。该书涉及青铜器的器类、形制、金文以及纹饰等内容，且以《青铜识小》为题，着眼于青铜器的若干小问题，力求言之有物，不作空泛大论。同时也力求不做饾饤雕虫式的考据，在更广阔的历史背景讨论器物，力求做到见器见人，以器证史。这不仅是古代史研究所的传统，同时也将是青铜器研究乃至新器物学研究新方向。全书共有三个版块：第一部分为铜器文化史，第二部分为金文中的世界，第三部分为艺术史观察。铜器文化史部分又分为"九鼎"及鼎文化、饮食文化视野下的青铜器、羊形铜器的隐喻和人虎之争四个章节，从文化史的角度对青铜器及其形制所反映出来的政治、饮食等文化特征进行分析，详尽说明了各类青铜器的功用，并提出真实场景中存在许多与文献中的列鼎制度不同的地方。金文中的世界分为西周早期青铜器的金文与历史、伯懋父簋墨书与商周书法、器与铭：铜器的文本与图像关系、金文整饬的动力与方法——以早期铜鼎铭文为例四个章节，从书法、图像等角度对金文的历史、书写的方法、其与器物图像的关系等进行了剖析，并对青铜器铭文中的某些关键问题提出自己的见解。艺术史观察分为踞、坐与"负重"，双身的立体意味，铜器的观看，园林中的金石四个章节，利用图像细读、风格分析等艺术史方法来对青铜器进行分析。这种青铜器的分析方法，已成为青铜器研究乃至古史研究的一个新动向。《青铜识小》全书内容涵盖器物学、铭刻学、考古学、历史学、艺术史等领域，许多部分是作者持续性的思考和写作成果，是作者多年的积累，是跨学科研究的很好的例子。全书资料详实、文笔流畅、兼顾到学术研究与大众阅读。该书的撰写与出版，不仅体现了时代的新趋势，也切实体现着中华文化的复兴。

（赵孝龙）

【林沄文集】

林沄著《林沄文集》，上海古籍出版社 2019 年 12 月出版。该书共分三卷，即考古学卷、文字卷以及古史卷。考古学卷收录作者已发表的考古学论文共计 55 篇，按发表时间排序，分为上、下两编。内容涉及商周考古、中国东北和北方的考古遗存与文献记载的古族的对应问题、欧亚草原青铜文化的起源、远东南部的古代中国文化遗存，以及对未来考古学科发展、建设的构想等。作者在著作中所提出的观点与见解，对于考古学研究与发展具有重要的意义。文字卷收录了作者的古文字研究类文章共 39 篇，时间跨度为 1963 年至 2018 年，这些文章集中反映了作者在古文字方面的造诣，其所研究的范围涵盖了整个古文字体系。该卷既有整体宏观的理论研究，又有细致深入的字词考释。例如，《说戚我》《豐丰辨》《说干盾》等，可谓字词考释方面的经典之作，很多观点已成为定论；《小屯南地发掘与殷墟甲骨断代》

《甲骨断代商榷》《无名组卜辞名称纠误》《甲骨文断代研究例在断代研究中仍可发挥作用》，是关于甲骨断代一些核心问题的讨论；而《古文字转注举例》《关于甲骨文"字素"和"字缀"的一些问题》，则是关于汉字理论问题的讨论。古史卷收录了作者研究中国史的文章共 23 篇，时间跨度为 1978 年至 2017 年，所研究的对象涉及先秦史以及中国东北地区的历史：如《关于中国早期国家形式的几个问题》《甲骨文中的商代方国联盟》《中国考古学中"古国""方国""王国"的理论与方法问题》等，是基于商周考古学对先秦史进行研究之力作；《戎狄非胡论》《夫余史地再探讨》等是基于中国东北考古研究对中国东北历史进行研究的重要论文；《天亡簋"王祀于天室"新解》《季姬方尊铭文考释》《琱生尊与琱生簋的联读》，则是以商周青铜器铭文的考释为基础，对商周历史的一些问题进行讨论。该书既有整体宏观的理论讨论，又有具体深入的文字考释，是一部重要的学术论著。

（赵孝龙）

【黄天树甲骨学论集】

黄天树著《黄天树甲骨学论集》，中华书局 2020 年 7 月出版。该书收录黄天树已发表的甲骨学论文共计 36 篇，内容涉及甲骨文字、甲骨语法、甲骨部首、书评序跋以及其他杂文五个部分，既可体现作者近年治学甲骨的成果，也能展现学界关于甲骨研究的动态。甲骨文字部分共收录 9 篇文章，有的是对甲骨文字的考释，例如《说"昔"》，作者运用甲骨辞例，释"昔"为"凡是今日以前都可称昔"。有的文章是根据卜辞分析商代历史，例如《殷代的情报及其相关问题》，作者论述了殷代提供情报的人员、殷代情报内容的分类、殷代情报获取的手段、殷代情报传递的方式、鉴别情报的可靠性、延误情报要受到惩罚六个方面的问题。甲骨语法部分共收录 7 篇文章，有的文章是对代词的论述，例如《甲骨文第一人称代词综述》，作者对甲骨文中三个第一人称代词"朕、余、我"分别进行了讨论。有的文章是对连词的分析，例如《甲骨文中的假设连词"若"》，作者通过对含"若"卜辞进行分析，认为甲骨文中存在假设连词。此外，作者还对副词、介词等进行了讨论。甲骨部首部分共收录 4 篇文章，在《甲骨部首整理研究》一文中，作者在前人研究的基础上，按照自然分类法，整理出商代甲骨部首 240 个，并就其数量的控制、排序的先后阐述其理由，以方便甲骨文字的检索。在《甲骨独立偏旁与部首的初步整理研究》一文中，作者对甲骨独立偏旁和部首进行了统计，共统计已识商代甲骨独体偏旁 410 字，其中部首 300 部。书评序跋部分共收录 8 篇文章，包括文章导读、书评和序跋三类文章。例如，《〈论"历组卜辞"的时代〉导读》一文，作者对《论"历组卜辞"的时代》诞生前后的研究情况以及文章的学术价值进行介绍。此外，还有对《中国甲骨学》一书的评论，以及为其他著作所作的序。其他杂文部分共收录 8 篇文章，虽然论及的内容较为分散，但大多是对甲骨文研究现状和研究前沿问题的讨论。《黄天树甲骨学论集》每一类论文都可看成相对独立的整体，且内部联系密切，展现了点、线、面结合的研究成果。

（赵孝龙）

【古代中国的宇宙论】

浅野裕一著，吴昊阳译《古代中国的宇宙论》，江苏人民出版社 2020 年 5 月出版，《海外中国研究丛书》之一种。日文版最早由岩波书店 2006 年出版。该书通过对郭店楚简、上博楚简等出土文献的研究，重新思考中国古代宇宙论的特性，认为"道""太一""恒"这些词语所指的都是道家语境下的宇宙创造者。作者认为，竹简、帛书中记载的道家宇宙观孕育于中国古代占统治地位的意识形态——上天信仰。通过对比东西方的神灵观与自然观，作者试图揭晓中华文明的特质，同时探索科学文明诞生于西方的原因。该书共分五章，先后讨论了如下内容：先秦不同学术流派对于上天、上帝信仰的性质；天道章法化的世界观；道家的宇宙生成论；上天、上帝信仰与道家式宇宙生成论的接触；中国为何未能孕育出科学文明。作者认为，三代《诗》《书》诸经中所反映的上天、上帝信仰不存在宇宙生成论，上天、上帝信仰的语境范围仅限于其与人类的关系，儒、墨二家则继承了这种信仰模式，墨家只关注人类本身的利益，儒家则在承认上天、上帝与天道权威性的同时反对以巫术干预天道的方式。东周以降，人们对世界产生了新的解释，开始从章法的角度重新看待宇宙万事万物，将天体的周期性运行章法化，并创造了"气"的世界观，通过气的循环与聚散离合对宇宙结构进行诠释，其影响远至宋明。与儒、墨不同，道家对于宇宙生成论则具备更加丰富的理论诠释：《老子》提出的宇宙生成论以道为宇宙起源，郭店楚简《太一生水》与上博楚简《恒先》分别挈出"太一"与"恒"作为宇宙起源，《列子》与《韩非子》则强调作为生成方的道与作为被生成方的万物之间的阶级差异。在马王堆汉墓出土的《黄帝四经》中，上天、上帝信仰与道家式宇宙生成论出现了接触与融合，《十大经》中出现了宇宙生成论与人类中心的上天、上帝信仰理论的杂糅，《道原经》中已产生了成体系的宇宙生成论，邹衍则创造了将上天、上帝信仰与道家式宇宙生成论深度融合的五德终始说。以上述分析为基础，作者将中国未能孕育出科学文明归因于传统信仰中对人类文明的全面肯定导致神创论宗教与机械论自然观的缺乏。该书将出土文献与传世文献相结合，对出土文献中的宇宙论进行了梳理与解读，从不同角度对古代中国宇宙论的产生与发展进行了分析，并试图从宇宙论角度寻求中国传统文明未能够创造出近代科学文明的原因。

（张倩茹）

【古代中国与欧亚大陆】

曹玮、林嘉琳、孙岩、刘远晴著《古代中国与欧亚大陆——边疆地区公元前 3000 年至公元前 700 年的金属制品、墓葬习俗与文化认同》，上海古籍出版社 2020 年 9 月出版。该书吸收了当前人类学和考古学研究中有关边疆研究最为流行的理论，以全新的视角讨论亚洲内陆边疆地区公元前 3000 年至公元前 700 年间的青铜文化的多样性。该书注重探讨物质遗存所反映的文化认同，在方法上强调"人"与"物"各自的能动性，以及"人"与"物"之间的互动性。在充分利用国内外最新资料的前提下，从该地域内各地区器物的特征出发，阐释器物的使用如何体现个人和群体的文化认同，以及各地区间的多元化差异。书中讨论了各个区域内居民文化认同的形成过程及其独特性。生活在边疆的人群是以不同的方式结合起来的，例如，政治群体，宗族为主干的群体，生活在同一区域内的群体，或是以经济为纽带的群体。这些群体与以某种陶器分布来定义的考古学文化并不完全吻合，并且与中原王朝有着不同程度的远近关系。少数情况下中原王朝赋予群体的领袖以官职，或是群体主动接受中原王朝的文化同化。但大多数情况下，由于群体生活的区域地处中原王朝的边缘，人群的内部和群体之间相互竞争，他们与中原王朝也有抗衡。为了权力竞争的需要，这些群体经常为自己创造出独立和多元的身份。边疆是一个多中心的地域。在这个地域内，盟友可以随时更换，自愿组成的群体也可以随时建立和瓦解。在物质文化上，特别是墓葬中的器用方式显示出多元的现象，这是多样化的生活方式、语言、习俗和政治野心的体现。书中用"技术格局""氏族格局""地域格局"和"个体格局"来定义亚洲内陆边疆的考古和文献资料。技术格局指冶金技术和艺术风格等信息，随着人群的迁移，很可能是工匠的流动，得以传播进入中国，并最终成为一些地区的主要手工业。在这一格局下，墓葬中金属制品的使用鲜有个性化的特点，更多的是对冶金技术的早期实践。个体格局主要指运用金属制品来进行个人身份的构建，其使用是基于个体选择和专注个性化的结果，金属制品种类较少，尚未被提升为一种特定群体和共同区域文化身份认同的物质标志。地域格局是在区域的层面上，使用金属制品来构造新兴的、共有的并且有凝聚力的文化身份特征。相似的北方和中原风格的金属制品成为了该地区各个部族中新兴的上层人士们"共同"的物质语言，并促进形成了共同的区域文化认同。群格局则是在青铜器上使用铭文来进行群体身份的自我定义。这些群体不仅在很大程度上采用了商和周政治中心地区的礼制文化，而且还明显和刻意地在青铜器上使用文字来显示族群身份。与亚洲内陆边疆的其他部族相比，这些族群与周有着最密切的文化和政治关系，可被视为周文化和政治领域内不可分割的一部分。经研究发现，以上这些格局在空间与时间上既存在着稳定性也有不固定性，并且从历史角度看，是在各区域多线发展，时常共同存在的。这本书通过"格局"的理论框架来展现和探讨金属制品的能动性，更为深入细致地了解亚洲内陆边疆内各个部族创造而成的，动态、多样而且复杂的社会史、文化史和制造技术史，提供了全新的观点和方向。

（刘远晴）

【当代中国简帛学研究】

李均明、刘国忠、刘光胜、邬文玲著《当代中国简帛学研究》，中国社会科学出版社2020年6月出版。该书属于中国当代学术思想史丛书。简帛学是20世纪创建并取得丰硕成果的一门重要学科。这部《当代中国简帛学研究》，全面展示了一百多年来出土的简牍与帛书概况，包括出土地点、数量、形制、主要内容等，解析简帛自身包含的各种规律，包括材料应用的规律、文字演变的规律、符号应用的规律、编联形式的规律、典籍及文书分类的规律、收藏保护的基本常识等，以及百年来特别是1949年以来简帛研究的曲折历程，取得的成就，各种观点的交锋，代表人物等。与其他类似的概述性书籍不同，这部书将简帛典籍和简牍文书分开来论说，书中为了方便读者，分为上中下三编，眉目非常清楚。上编先讲简牍典籍，中编再谈简牍文书，而以下编帛书殿后。上编简牍典籍分为三个部分，第一部分列举了包括信阳长台关楚简、睡虎地秦简《日书》、西汉海昏侯墓简牍等20余种简牍典籍，以此为基础来讨论简牍典籍的发现及解要。第二部分从五个方面介绍了简牍典籍的基础研究，包括简牍的长度、容字、收卷、修治，文字、符号、标题、抄写，简牍的发掘整理与保护，简牍分篇、拼合、编联、复原以及简牍典籍的分类及篇章的特点。第三部分从十个方面介绍了简牍典籍与专题研究，包括出土简牍与隶变研究、古书的辨伪与校勘、简牍典籍与史学研究、简牍典籍与古代文学、简牍典籍与汉代医学、数学成就、简牍典籍与早期儒学史、简牍典籍与道家、数术研究以及简牍典籍与先秦、秦汉学术史的重建。中篇从简牍文书的发现与著述、简牍文书之基础研究、简牍文书与专题研究三个部分对简牍文书进行介绍。下篇也分三个部分来讲述帛书，即帛书的发现、帛书的基础研究和帛书的专题研究。这部《当代中国简帛学研究》，向广大读者系统地展示了中国简帛学这一新兴学科的发展轨迹和丰富内容。读者很容易看到，百年来发现的大量简帛，弥补了传世文献资料的不足和缺失，勘正了传世文献的误记或谬篡，是研究中国古代政治史、法制史、经济史、军事史以及语言学、文字学、哲学、医学、地理学乃至天文学等学科的重要资料，极大地促进了中国多种学科的发展。同时，又厘清了简帛学是怎样起源和形成，又如何走到今天，细化为简帛典籍和文书这两个学科分支的。这部书的出版，完全可以作为简帛学进一步细化的标志。

（赵孝龙）

【周代国野制度研究（修订本）】

赵世超著《周代国野制度研究》（修订本），人民出版社 2020 年 8 月出版。该书从周代国野问题入手，梳理了中国古代早期文明逐步摆脱氏族制羁绊的成长轨迹。作者运用大量文献、考古和民族学新材料，从国野制度研究入手，通过剖析国与野的区别、国人与野人的状况，以及国野关系的演变，在前人研究的基础上另辟蹊径，把国野制度的研究推向了一个新水平。作者对西周的"国"和"野"做了恰切的界定，所谓国，事实上就是指少数先进的中心。具体而言，在西周，就是指周原旧都、丰镐、洛邑和各诸侯国君的居住地；居于国者即把自己的居住地视为国，则居住地以外的其它地区，自然便统一称为野。作者还对国野中的居民成分、来源及其在社会生产、生活中所处的地位进行了深入细致的分析和描述。他认为，西周国人大致包括周天子及诸侯国君的族人，执役于官府或贵族家中的奴隶，为贵族直接消费服务的工商和某些被征服的家族。在天子、诸侯的族人及被征服者的家族中，都含有作为下层族众的农民。而野中居民的成分要比国中复杂，主要包括"亡王之后""蛮夷、戎、狄"和"流裔之民"等。在统治秩序方面，作者指出，在西周社会中政治关系、地缘关系和血缘关系并存，当时以家族为单位的集体劳动仍很普遍。西周虽有里和村社地域单位的出现，但却没有将血缘关系排斥掉，无论国、野，作为政治经济实体的主要仍是父系大家族。此外，作者运用丰富的材料阐明了春秋时期国、野自然面貌的变化导致统治阶级改变其统治剥削方式的过程：各国建都设县，统治权开始向野延伸，封疆、关塞边吏及过境假道制度应运而生，新出现的县大夫、邑宰等实为国家官吏之滥觞，私有制有所发展，地缘关系和血缘关系的递嬗也在缓慢进行。此时领土国家已崭露头角，这使旧的国野界线渐趋模糊，但国野对立的基本格局仍然存在。最后，该书以详实的材料说明战国时期，中国古代社会已全面除旧布新：此时的劳动者具备了独立从事生产的条件，个体经营和商品经济的活跃促使私有制迅速发展，而私有制的发展、兼并战争及各国内部的政治改革，促使家族大规模地走向解体。授田制推行后，国人失去了作为统治部族成员的资格，渐渐与野人趋于一致，不管是市井之臣，还是草莽之臣，皆为庶人，国人与野人的对立被统治者与臣民百姓间的阶级对立所代替。同时郡县制普遍推行，领土国家至此已完全形成。本书所论述的国、野对立的逐步消灭，恰恰代表了我国古代国家日益成熟的全过程。

（赵孝龙）

【战国史】

李学功主编《战国史》（十卷本），黑龙江人民出版社 2020 年出版。该书系国家出版基金资助项目。十卷本《战国史》以传统典籍文献与出土考古文献为基础，对战国时期的历史与文化进行了全新的考释与论述，是中国先秦史学界关于战国历史与文化研究的最新著作，也是一部贡献学界和社会的能够集中反映战国大历史时代系统性、多面性的多卷本著作。这部《战国史》分列《制度变革》《七雄图强》《合纵连横》《百家争鸣》《走向统一》《郡县山川》《科学技术》《物质文化》《文化艺术》和《礼俗生活》十个部分，分别从政治、军事、文化、科技、艺术、礼俗等方面对战国时期的历史进行论说，皇皇十卷，既通贯一体，又单独成立。各书既注意吸收学界研究的新成果，又有作者自己独立的学术见解，更有对老一辈史家研究成果的吸收与尊重。该书指出，战国时期是人类历史上的一个大发展、大变革、大纷争、大融合、大机会、大觉醒的伟大时代。这里所谓大发展，即社会生产力大发展；大变革，即社会政治经济制度大变革；大纷争，即霸业大纷争、军事武力大纷争；大融合，即民族大融合，汉民族主体奠基；大机会，即开放的社会格局使机缘机制释放出前所未有的激励动能，造成"良禽择木而栖，志士择君而事"的人才大流动；大觉醒，即思想文化迎来发扬人性、人性大觉醒的夹缝期、黄金期。作者认为，"战"与"变"相互交织的战国时期，由于铁器、牛耕的使用和推广，土地大量垦辟，人口急剧增加，造成了前所未有的生产力大发展，从而促使中国早期国家——夏、商、西周时期积淀形成的传统社会格局和政治经济结构发生了划时代的历史性改变。造成了经济、政治、军事、文化、社会制度的大变革，列国大纷争，民族大融合，人才大机会，思想大觉醒，社会文化大繁荣。这一时期最突出的现象是强国林立，大国角力，合纵与连横，兼并与统一，各国力图通过革新政治、变法自强，以求得在波谲云诡、百舸争流的时代变局中掌握先机和主动权，其中制度变革无疑是这场社会转型大戏的主轴。十卷本《战国史》全面反映战国历史与文化，不仅弥补了战国史研究的不足，而且厘清了中国文化源头的文明特质和历史地位。对于进一步深化战国史，乃至先秦史的学术研究起到积极的推动作用。

（赵孝龙）

【西陲有声：《史记·秦本纪》的考古学解读】

梁云著《西陲有声：〈史记·秦本纪〉的考古学解读》，生活·读书·新知三联书店 2020 年 6 月出版。该书系由作者 2017 年北京大学"通识教育核心课程讲习班"讲稿改订而成，以《史记·秦本纪》为线索，利用现代考古学积累的丰富资料和自身从事考古工作的实践，使文献与文物相互印证、启发，努力勾勒更完整的秦穆公以前秦史的面貌。凡八讲，分别为 1."秦之先，帝颛顼之苗裔"、2."从蜚廉事纣到庄公伐戎"、3."襄公救周，始命列国"、4."文公居汧渭之会，为鄜畤，得陈宝"、5."宪公在位前后"、6."武公居平阳"、7."德公居雍"、8."穆公霸业"，系主体部分；其中穿插了

20 个专题，如"秦人来源及文化渊源""平王东迁与秦始建国""秦国的周余民""秦子之谜与大堡子山大墓的主人""中国最早的县""雍城探微""称霸西戎"等，围绕较受关注，或有学术争议的课题铺陈分析。各讲中，着力阐释秦早期发展中制度文化、思想观念的萌芽，其在物质文化上的反映，以及如何从考古学文化角度合理复原秦的早期发展。在重视史实和各家说法的同时，也表达作者自身对相关问题的见解。全书结合"文"与"物"，宏观呈现了秦穆公以前需要注意的关键问题和重要出土资料，深入浅出地将读者带到学术研讨的前沿；又插配了大量精致图片和地图，并附列相关文化遗址一览，有助于直观呈现论述内容，兼具可读性。

（石　洋）

【秦帝国的诞生：古代史研究的十字路口】

籾山明、罗素编《秦帝国的诞生：古代史研究的十字路口》（《秦帝国の誕生：古代史研究のクロスロード》），东京六一书房 2020 年 12 月出版。该书的原型，为 2018 年 5 月召开的第 63 次国际东方学者会议分议题"秦帝国的诞生——与英语圈学者的对话"的发言报告及点评，后经增补而成。书名以"古代史研究的十字路口"为副标题，意欲站在日语圈和英语圈、文献史学和考古学、各种研究路数的交叉点（同时也是通向不同方向的分叉口）上，展望秦王朝至始皇统一为止的历史。全书由籾山明、罗泰（Lothar von Falkenhausen）合编，各章分别由渡边英幸、高村武幸、吉本道雅、叶山（Robin D. S. Yates）、上野祥史、土口史记、江村治树撰写。包含了以下各篇：1. 秦的自我意识与他者意识的变迁（渡边），试图整体把握秦至统一为止的历程中，与对外关系展开伴生的多重他者认识，以及在此基础上构筑的自我认识与秩序结构。2. 考古学所见秦国的经济情况（罗泰），从公共工程、农业经济与铁器革命、手工作坊、大量生产与非精英的消费模式、货币、交易六个方面讨论了文物和遗址所见的战国秦国经济活动及其特征。3. 文书行政的开始与展开（高村），讨论秦国命令与报告皆以文书施行的体系何时、以何种方式展开。4.《史记》秦史叙述的独立性（吉本），以至今仍作为秦史基础资料的《史记》为对象，比勘司马迁以前的各著作，探讨其秦史认识的特征。5. 西欧各语种中秦史研究的新动向（叶山），以英语文献为中心，同时注意法语和德语发表的研究成果，按兵马俑坑遗物、考古学及美术史分析、简牍与法制行政文书、信息传递与度量衡、商君书、史记六个项目整理了最新的动向。插入两篇短评：6. 文字资料与物质文化（上野），站在考古学者的立场，提示了考古学与文献史学方法交汇时产生的问题。7. 以复原秦史的全体像为目标（土口），着眼于英语圈和日语圈研究潮流的交汇点，指出了双方的差异、该书遗漏的论点，以及学界整体尚未注意的问题。另收录一篇特稿，8. 从城市统治的侧面观察战国各国都市的特性（江村），立足遗址和出土文字资料的丰富数据，勾勒战国时代各国统治的差异。在卷末，附载"西欧诸语所撰秦史研究文献目录"（叶山），对于希望直接把握欧美研究情况的读者而言，是绝好的指南。

（石　洋）

【秦汉铭刻丛考】

董珊著《秦汉铭刻丛考》，上海古籍出版社 2020 年 5 月出版。该书是作者研究秦汉铭刻的论文结集，共收 15 篇，论文最早的为 1995 年，最晚的为 2019 年，以金文及石刻铭文考订为中心，探讨字词语义、古音、名物、关联制度及器物年代等。在断代分布上，春秋秦 5 篇，收录《秦武公铜器铭文的新发现》《秦子姬簋盖初探》《珍秦斋藏秦伯丧戈、矛考释》《秦子车戈考释与秦伯丧戈矛再释》《石鼓文考证》；战国秦 5 篇，收录《四十八年上郡假守氒戈考读》《珍秦斋藏秦铜器札记》《论阳城之战与秦上郡戈的断代》《秦郝氏印箴言款考释》《西安阎良发现秦铭刻石新考》；汉魏 5 篇，收录《谈十三年编钟铭文中的秘府》《徐州龟山二号墓塞石刻铭新考》《乐从堂藏铜马式考》《山东画像石榜题所见东汉齐鲁方音》《景初元年帐构铜考》。主题多系近年新发现的铭刻资料，例如西安阎良发现的秦铭刻石等，也有少数篇章讨论较早的资料，如石鼓文年代、汉画像石榜题所见方音等。此次结集，部分论文较旧刊进行了补充，又重绘和补绘了一批器形与铭文摹本，有较强的资料性。

（石　洋）

【制土域民：先秦两汉土地制度研究一百年】

徐歆毅著《制土域民：先秦两汉土地制度研究一百年》，广西师范大学出版社 2020 年 5 月出版。该书系以作者博士论文为基础增订而成。立足马克思唯物主义的经典论述，结合传世史料及 1970 年代简牍资料的出土情况，梳理百年来中国大陆地区先秦两汉土地制度史研究的论点和贡献。凡七章，第 2 章主要梳理了 20 世纪初井田制有无论争、30—40 年代社会史大论战中围绕土地制度的论争、1949 年以后在唯物史观引导下的土地制度史研究，并加以简单评述。第 3 章主要考察了睡虎地秦简、青川秦律、银雀山汉简、张家山汉简逐批出土后，秦汉史学界对土地所有形式，以及与之相关的"授田制"和"名田宅制"等问题的探讨和贡献。第 4 章以重要问题点为纲，分别就"爰田""使黔首自实田""度田""封国食邑的土地制度""假田和假税"等综理各家意见。第 5 章整理关于秦汉名田制下"公田"的讨论。第 6 章以"权力、经济、社会——构建新的历史体系"为题，着重介绍了刘泽华"王权支配社会"说和张金光"官社经济"说的特色。该书较完整地收罗了中国大陆自 20 世纪初至 2019 年的相关讨论，引述准确、精炼，为学界提供了一种可信的编年史；同时分列重要课题，方便学者把握争论的焦点和问题关怀。有助于推进新世纪的先秦秦汉土地制度史研究，以及 20 世纪学术史的省察。

（石　洋）

【举箸观史：东周到汉代中原先民食谱研究】

周立刚著《举箸观史：东周到汉代中原先民食谱研究》，科学出版社 2020 年 11 月出版。该书系以作者博士研究课题"东周到汉代中原先民食谱研究"为基础，大幅改订而成。作者借助稳定同位素分析方法，以中原地区先民为研究对象，试图从食谱特征的角度去观察社会变革之下东周和汉代先民的日常生活。全书凡 12 章，对出土于河南淇县宋庄、新郑郑韩故城、温县陈家沟、新郑天利食品厂等地的 140 例东周时期人骨和 65 例动物骨骼遗存，以及出土于河南荥阳薛村的 53 例汉代人骨遗存进行了稳定碳氮同位素分析，揭示了东周和汉代中原先民食谱的基本特征。作者认为，东周时期先民食谱呈现复杂特征。第一，不同阶层之间食谱特征差异明显：贵族群体以粟为主粮，食肉水平明显高于其他人群；贵族以外的群体不同程度地摄入小麦为主粮，食肉水平整体有限；殉人群体与城市居民有着相同的食谱特征。第二，乡村人群与城市人群的食谱特征也有不同：乡村人群仍然延续着以粟为主粮的传统，内部特征比较接近；城市底层人群大量摄入小麦，食谱特征的内部差异十分突出；城乡人群在食肉水平上并不存在明显差别。汉代先民食谱特征相比东周时期发生了显著的变化，汉代先民食谱中小麦的比重明显上升，同时食肉水平也较之东周时期有了很大的提高，人群内部的食谱差异现象弱化。研究揭示，与史前到商周时期的数据对比结果表明，小麦大量进入中原先民食谱的现象始于东周时期的底层城市居民，可能是特殊环境下粮食供应压力所促成。汉代小麦比重持续上升一方面与人口剧增带来的压力有关，另一方面可能受小麦加工和食用方式的改进所影响。小麦进入中原先民食谱、食肉水平在汉代显著提高，这两个变化都与当时的社会背景有关，并且是中原地区数千年农业历史上首次显著的食谱特征变化，对汉代之后的人口增殖和社会发展都产生了深远影响。此外，该研究还通过同位素数据分析，确认大豆在东周和汉代都未作为主粮被大量食用，亦非社会底层人群的主要粮食。在不同遗址上所观察到的食谱特征性别差异很可能与社会分工有关，并不一定反映了男女地位的差异。

（石　洋）

【秦史与秦文化论集】

　　王子今主编，姜守诚、曾磊、孙闻博副主编《秦史与秦文化论集》，中国社会科学出版社 2020 年 8 月出版。论文集系近年青年学者在秦史领域的前沿研究汇集，共收录 28 篇论文，分为政治与经济、中央与地方、信仰与民俗、传世文献与出土简牍 4 个专题。在"政治与经济"专题中，涉及秦统一过程中的政治表述、文化建构、度量衡标准化、田租制度及民间借贷习惯，凡 8 篇。在"中央与地方"中，涉及秦代郡制、河津管理体系、燕北长城、文书行政、财物和劳动力调度、迁徙刑的内涵等内容，凡 8 篇。在"信仰与民俗"中，涉及白起的宗教化形象、求仙思想、大禹传说、敬祖观念、北大秦简《禹九策》中的鬼神、日书中的盗名等，凡 6 篇。在"传世文献与出土简牍"中，涉及《赵正书》中的李斯形象、胡亥形象，睡虎地简本复原，秦简中"君子""叚父"的含义、《吕氏春秋》个别篇章文本的形成问题等，凡 6 篇。其中，部分论文结合传世文献典籍、考古出土资料及图像资料，分析秦史各阶段的特点，总结秦文化体现出来的积极意义，并对秦人的物质生活与精神信仰世界做了微观考察；部分论文从政治、军事、文化、制度等几个方面来分析秦实现统一的原因，并对秦的经济生活与生产方式进行个案式探讨，取得了一些突破性见解；部分论文利用出土简材料及传世文献，对秦的政治结构、行政体制、官僚机构和基层管理的问题展开探讨，对秦的社会结构、阶级关系以及秦政对后世的影响等问题加以论述。诸位作者从不同角度展开讨论，澄清了一些学术疑难问题，提出了不少富有建设性的新见解。

（石　洋）

【秦汉魏晋丁中制衍生史论】

　　凌文超著《秦汉魏晋丁中制衍生史论》，河南人民出版社 2019 年 12 月出版。该书为北京师范大学历史学院"通古察今"系列丛书之一，系以作者 2010 年所刊《秦汉魏晋"丁中制"之衍生》一文为基础，结合近年积累的研究心得扩充而成。作者试图阐明西晋时期相对定型的丁中制如何衍生、该制度定型前的发展雏形如何。在方法上，以西晋丁中制作为基本参照，综合观察户籍、课役身份、赋役制度和爵制等，在长时段视角下考索"前丁中制"的演变轨迹。全书凡5章，自第2章起分别为"战国秦汉赋役征派依据的演变""简牍时代的户口簿籍与户籍身份、赋役注记""从户籍、课役身份到丁中身份"等。结论认为，丁中身份的形成和定制并非一蹴而就，而是秦汉户籍身份的"小""大"，与课役身份的"算人""敖童/小未傅""新傅""正/卒""睆老""免老""罷癃"等，从原来大致对应而不契合的关系，经多次调整演变，逐渐化合成兼具年龄分层和赋役义务的丁中身份"小""丁""老"以及"半课"，并进而制度化。在诸多演变中，西汉后期至东汉民爵的轻滥和它所导致的机能松弛，以及三国时期赋役征派的繁苛，是两个较重要的促生因素。西晋丁中制与秦汉三国"前丁中制"相比较，其成熟完备主要表现在三方面。其一，西晋划定丁中制主要依据年龄，而"前丁中制"时代则包含着身高、年龄、健康状况等自然身分，以及爵制、婚姻状况等的影响。其二，丁中身份取代了户籍身份与赋役注记相结合的方式。汉代赋役征派与算赋、徭役制度和爵制相关，各项制度并未参照共同的标准进行统一规定，故各种规定所对应的年龄分层有差异。而丁中身份的出现，使徭役征发相对此前更为简单。其三，丁中身份的内涵更加明确，且便于年龄分层和赋役征派的调整。

（石　洋）

【门阙、轴线与道路：秦汉政治理想的空间表达】

曾磊著《门阙、轴线与道路：秦汉政治理想的空间表达》，广西师范大学出版社2020年5月出版。秦汉帝国的统治者通过对政治空间的营造将礼仪秩序、权力等级直观展现，通过对自然空间的改造将自然山川融入人间秩序，通过对文化空间的整合传达统治理念，实现政治理想。作为帝国血脉的交通线路，在承载文化空间变动的同时，亦将政治空间和自然空间串连。该书立足传世典籍和出土文献，利用历史地理学的研究方法，从个案分析入手，探讨秦汉王朝国家如何通过人为规划、设计，贯彻自身的观念和意图，从而将自然地理空间成功地塑造为政治空间、文化空间，凡8章。第1章阐述门阙的政治宣教功用。门阙作为一种礼制建筑，能够昭示天子威仪和帝国气势。门阙不仅是天子号令赏罚的展示窗口，还是帝王"听穷省冤"的舆情通道。第2章讨论汉代未央宫金马门的象征意义。金马门寄托了文人的政治理想，避世于金马门的东方朔外表狂妄自大，实际内心孤寂郁闷。他的"朝隐"并未得到当时人的理解，魏晋以降，士人才逐渐认同东方朔的避世行为。第3章讨论门阙与秦代国土地理坐标的关系。秦关中宫殿区的中心区域大致在黄河秦东门、汧渭之会秦西门、甘泉石门关和南山阙之内。如果以咸阳作为秦帝国地理坐标系的原点，朐县秦东门则可以视作坐标系横轴上的端点。咸阳原点与秦东门端点之间的连线正是秦帝国的东西轴线。位于秦帝国北部的军事要塞高阙，可视作秦帝国南北轴线的端点。朐县秦东门和高阙可视作秦代设在帝国边界的国门。第4章对秦东门的地理位置、历史评价进行讨论。朐县秦东门是秦始皇树立在东海之滨的地标建筑，遗址应在汉代东海庙附近。朐县秦东门与黄河秦东门共同组成了秦帝国的东方门阙。今山东荣成的"秦东门"是历代附会而成的文化遗迹。第 5 章对秦汉时代的三条交通线路进行个案研究。以咸阳、长安为中心，东西方向有两都交通线及其延长线，南北方向则有子午道—直道。这两条线路可以视作秦汉东西、南北两条轴线的物化。第 6 章是对文化空间流变的探讨。以两都交通线为切入点，以汉代博士群体为研究对象，以历史文化地理的研究方法，讨论交通线路与文化传播的关系，并对历史文化地理的研究方法进行初步反思。第 7 章从肩水金关汉简中《厩律》遗文复原、刘贺"乘七乘传诣长安邸"考议、悬泉汉简"传信"简释文校补三个角度还原汉代公务用车的法制规定和实际状况。第 8 章通过对敦煌出土西晋元康三年"符信"的文本的释读，初步考察了西晋边塞巡查制度，并对相关交通地理信息进行了探讨。

（石　洋）

【汉代宫廷居住研究】

宋杰著《汉代宫廷居住研究》，科学出版社 2020 年 6 月出版。宫廷是古代帝王与后妃子女等亲属的居所，也是朝廷处理政务的场所，为都城与国家机构的核心，在政治领域具有非常重要的地位和作用。汉代国都修建了许多宫城，被学界称为"多宫形制"，如东汉皇帝曾在南宫与北宫之间频繁徙居。另外，随着专制皇权加强，国家施政决策机构从"外朝"逐渐移向宫内"中朝"。因之，皇室的居住状况及其在两汉间的变化、对政治产生的影响、时代特征何在等，是需要回答的问题。该书从前贤研究较薄弱的环节入手，将皇室重要成员、相关制度与宫室居住结合起来，动态观察彼此的联系。分七个专题，讨论两汉皇帝、太后、皇后嫔妃与太子的居处情况、侍奉机构及其时代特征，以及对宫廷政争的影响。章节布局及概要为：第 1 章 "汉代皇室'两宫'分居制度的演变"，西汉皇帝与其母后并称"两宫"，平时分居在未央宫和长乐宫，不朝夕相处，该章探察了两宫分居与太后干政的源流演变、产生原因及历史作用。第 2 章 "黄门与禁省（上）——汉代皇帝的宫内居住区域"，第 3 章 "黄门与禁省（下）——汉代皇帝的禁内侍奉机构"，"黄门"可以表示皇帝"燕居"之地的禁门或禁内，或是设置在禁门附近的官属，以及在天子身边的近侍官员与宦者，总之与皇帝平时起居的特定区域和政治活动有密切关系，这两章综合考察"黄门"的概念、它们与"禁省"的关系，以及在汉代宫廷生活发挥的重要作用。第 4 章 "东汉皇帝宫室徙居述论"，东汉洛阳南宫与北宫长期并立，皇帝根据需要，在两宫之间往来徙居，前后发生过 11 次移宫，该章考订了皇帝分别在南北二宫居住的具体时间，并分析了徙居的原因。第 5 章 "'椒房'与'掖廷'——汉代后妃宫室居处的演变"，汉代的"后宫"可以指皇宫内后妃与子女及服务人员居住的殿院，也可代表妃妾，该章以时间为轴，探讨了两汉时期的演变。第 6 章 "汉代后妃的'就馆'与'舍外产子'风俗"，汉代后妃临产前要"就馆"于正宫之外，迁居它室，本章考析了"馆"的所指、"舍外产子"风俗的起源与发展、汉代中原"舍外产子"风俗的变异形态、后妃"就馆"礼俗的实施原因。第 7 章 "两汉时期的太子宫"，汉朝太子有自己的单独宫室，与父皇分居，本章考察该宫室的源流、规模、位置、设施与居住情况。在书后结论中，作者还提示，汉朝的宫殿建置与皇室居住制度并不像后代那样稳定，处于一个调整变化的阶段。它们具备很多独有特征，与魏晋以后的宫廷典制并不相符。

（石　洋）

【润色鸿业：《汉书》文本的形成与早期传播】

陈君著《润色鸿业：〈汉书〉文本的形成与早期传播》，北京大学出版社 2020 年 4 月出版。该书系国家社科基金后期资助项目。作者详细考察了《汉书》文本的形成与早期传播，努力探求文本背后知识与权力复杂而微妙的关系，尝试获得关于《汉书》的一种系统性和整体性理解。该书包括绪论、上编和下编三部分，主体内容是上编，下编是班彪班固父子年谱。上编部分，共分为七章，即《汉书》编撰前史、政治影响下的班固《汉书》、《汉书》的文本世界、《汉书》的政治观念与文本权力、《汉书》的历史使命、《汉书》的中古传播、中古时代的《汉书》注释传统等方面。作者认为，在中国古代政治文化的演进中，知识与权力的紧密结合是一个带有普遍性的现象，而不同历史时期知识与权力的结合又形态各异、各具特点。具体到汉代而言，史学作为一种意识形态工具，迟至东汉明、章之世才得以成立，其标志就是《汉书》的完成。《汉书》文本逐步成型的西汉后期到东汉前期，正处于汉帝国从政权奔溃到秩序重建的历史阶段，《汉书》表达的正是东汉明、章之世帝国精英参与创造的时代共识。在《汉书》编撰过程中，政治权力通过干预、影响历史写作，完成汉代历史的重构；反过来，历史文本又通过人们的阅读、传播形成自己的权力，塑造了后代的历史记忆和文化认同。司马迁《史记》颇以《春秋》自比，洋溢着个人情怀与批判精神；班固《汉书》则是以"文章"颂美汉室之"成功"，对皇权积极配合。汉代以后，以《史记》《汉书》为代表的"正史"逐步成为帝制时代王朝制作的典范，成为"正经"之外又一新的经典形式。在这一经史范式的转换中，《史记》因其不尽符合统治者的需要而被有意忽略，《汉书》则以其在现实考虑与历史写作之间灵活的把握获得皇权的青睐，遂成为新的"帝典"范型。关于《汉书》的研究成果很丰富，如何突破以往研究模式，成为推进《汉书》研究的一个方向。该书就是这方面的成功尝试，从文本形成与传播这样一个新的视角考察《汉书》撰写与王权政治的关系，提出了一些新的见解，值得关注。

（靳　宝）

【争霸西州：匈奴、西羌与两汉的兴衰】

薛小林著《争霸西州：匈奴、西羌与两汉的兴衰》，社会科学文献出版社 2020 年 7 月出版。该书由作者的博士论文《两汉的"西州"经略与国势研究》增订而成。以农牧交错之地西州（汉朝西北凉州、朔方一带）的情势和两汉国力演变为轴，阐释边缘与中心的互动关系。在西汉时期，着重围绕汉廷和匈奴的争夺、西域开拓及经营等议题展开，在东汉时期，围绕汉廷与西羌的关系，如西州羌胡化、西州军事集团的崛起及其对东汉政权的冲击等展开。凡 4 章，分别为 1. "农牧交错：西州的生态环境与社会历史"、2. "西汉西进：西州的开拓与经营"、3. "汉化与胡化：西州经济、社会的发展"、4. "东汉东移：西州兵团的兴起与东汉国势的衰退"，附论两篇，分别为"汉代地理观念中的'西州'""边兵失控——东汉董卓、北魏六镇及唐代安史三次边兵叛乱之比较研究"。作者拟通过对两汉西州经略——中央政府西州战略的制定、执行和最终效果的研究，窥察帝国政治、社会、经济、军事的特质。作者认为，在西州经略和两汉国势演变中，包含了两个互动关系，一是北方游牧民族与中原农耕国家之间，另一是帝国中央与边缘地带之间，两者相互交织，使西州问题显得异常复杂；但因西州始终是两汉面临的重大课题，也可以藉此为轴心将两汉史贯穿起来，窥察西汉、东汉之间的差异。其指出，西州开拓是在汉匈冲突的背景下展开，经过汉武帝主导的多次军征，以及障塞建设、移民、行政区设置等措施获得稳定控制，并在之后产生三方面突出后果：武帝后期国内民力凋敝和叛乱，宣帝时期南单于内属和以汉朝为中心的天下秩序的形成，大量移民涌入西州并促进当地经济发展。在朝廷的主导下，"新疆土"地域社会逐渐形成，豪族壮大，也吸纳了更多外来人口，并在两汉之际建立割据政权，成为西州对中央的第一次重要反馈。在此后，由于朝廷继续推行"以夷制夷"策略，招徕了大批羌人内属，却因贪吏勾隙等因素导致塞内、塞外羌人联合反叛，使汉廷疲于应对，甚至威胁统治。略与此同时，西州豪强抬头，利用其控制的羌胡化的汉人武装，承担起平定羌叛的重任，也为中央朝廷所依赖。东汉末，西州军事集团迅速崛起，在董卓、马腾和韩遂时期达到顶峰，对历史进程产生了重大影响。

（石　洋）

【四川汉代陶俑与汉代社会】

　　索德浩著《四川汉代陶俑与汉代社会》，文物出版社2020年5月出版。该书是系统梳理四川地区出土汉代陶俑并讨论其反映的社会史信息的专著，凡10章。东汉时期四川地区流行随葬陶俑，几乎每墓皆有。无论从考古发掘还是各机构收藏的流散文物看，数量都很庞大，但长期以来被研究者忽视，尚未有系统整理。该书在整理研究史及重要出土墓葬后，首先利用考古类型学方法对四川汉晋陶俑分类，依据动作、形象特征分成十大类，如拱手立俑、家庭生活劳作俑、倡优俑、坐俑（宾客、墓主）等。在类型学探讨的基础上再分期，形成四期八段：西汉中期、西汉晚期至东汉早期、东汉中期至蜀汉后主前期、蜀汉末期至南朝。提示注意其间的三次重要变化，第一次约发生在西汉晚期，第二次在东汉中期，第三次在两晋时期。自第3章开始，分别考察四川陶俑的渊源与传播流向，发生演变的背景因素，陶俑反映的四川汉代社会状况、服饰信息，陶俑的分布规律及功能，并尝试以俳优俑为例复原陶俑的名称，探究成汉陶俑与三星堆器物坑青铜人像的关联，以及陶俑的生产技术、商品化和销售。附录编制了"出土陶俑汉墓分期表"。在上述章节中，作者认为，四川汉代陶俑来源多元，受到关中陶俑及楚、蜀地区早期木甬传统和洛阳、南阳等地的影响；东汉中期，具有四川特色的俑群形成后，以成都平原为中心向周围传播，范围限于巴蜀文化圈内；西晋以后，汉代形成的俑群急剧衰落，至南朝在本地消失，但随着移民播散，又在长江中游地带复兴。对于墓葬中的陶俑形象，可以结合文献及画像等信息，复原其职能。将十类陶俑组合，可以构建出一个汉代地主庄园的生活情状。其主要表现了上层有闲、享受阶层和下层劳动、服务者阶层，其中下层劳动者的着装服饰，呈现尤为丰富。就未被盗扰的墓葬看，俑群功能有两点，一是与其他随葬品配合，仿照人间塑造地下庄园；二是将墓葬模仿成仙境，帮助墓主升仙。以俳优俑为例的名称复原，确认了所谓"说唱俑"形象即汉代俳优。对成汉俑与三星堆青铜人像的对比分析，从历史、民族、环境方面提示了两者来源的相似性。最末章，简论了陶俑的商品化与生产制作，以及流通和地域性特征的关系。

（石　洋）

【东汉佛教入华的图像学研究】

朱浒著《东汉佛教入华的图像学研究》，科学出版社 2020 年 6 月出版。该书系教育部人文社科研究青年项目"东汉佛教入华的图像学研究"的最终成果。从艺术、宗教、考古等方面对汉代佛教在中国传播问题进行综合研究。有关佛教初传中国的年代、路线和华化过程，一向为学者注目，但由于正史记载有限，佛经记载的求法传说又多不可靠，故长期以来，学术界对佛教初传中国的脉络并不清晰。从 20 世纪始，麻浩汉墓、沂南汉墓、摇钱树佛像等一批带有佛教色彩的汉代考古发现问世，近年又发现了"小浮屠里"等简牍材料，可以勾勒出汉代佛教在中国传播的原始面貌。在汉代画像石、画像砖、墓室壁画、帛画、铜镜等美术材料中，蕴藏了大量反映当时佛道杂糅内容的图像。该书关注的核心，是如何正确认识这些图像的宗教属性，甄别其佛教因素，拟在汉画像研究与佛教美术研究间搭建一座桥梁。全书凡 10 章，依次为：第 1 章"胡人礼佛与西南摇钱树佛像"，第 2 章"沂南汉墓'莲花化生'佛教内容探析"，第 3 章"滕州新发现的'胡人礼佛'画像石"，第 4 章"汉代中外交流视野中的大象图像研究"，第 5 章"胡王礼佛：再论连云港孔望山摩崖石刻的性质"，第 6 章"胡人抱子画像石：胡人灯俑与汉代九子母图像"，第 7 章"贵霜钱币与汉画像的宗教艺术关联"，第 8 章"汉晋有翼铜人及其铭文新证"，第 9 章"汉晋'舍利'图像考"，第 10 章"西朱村大墓出土琥珀童子骑羊像的意义探讨"。主要围绕学界关注尚少的佛教传播者——胡人展开，提出汉代艺术中的"胡人礼佛"模式，探寻汉代佛教图像的本土化之路。各章插配大量彩照及图片，便于直观了解讨论对象。

（石　洋）

【西南丝绸之路早期佛像研究】

何志国著《西南丝绸之路早期佛像研究》，华东师范大学出版社 2020 年 4 月出版。该书是关于中国西南地区早期佛像研究的论文结集，全书共分为四篇，具体内容如下：第一篇为"西南地区早期佛像发现与研究综述"，内容包括三部分，即"中国南方早期佛教艺术"成都、南京国际学术会议述评；"早期佛教初传中国南方之路"日本京都国际学术会议综述；西南地区发现的早期佛像。第二篇为"摇钱树佛像研究"，内容包括六部分，即四川绵阳出土摇钱树佛像及其相关问题；陕西城固与四川安县摇钱树佛像比较研究；摇钱树佛像二议；安大略博物馆藏东汉摇钱树佛像考略；摇钱树佛像不是道教造像；摇钱树佛像综合研究。第三篇为"西南早期佛像综合研究"，内容包括六部分，即初论四川早期佛教造像；西南地区东汉陶灯座佛像比较研究；四川乐山麻浩一号崖墓佛像年代考；四川绵阳东汉铭文神兽镜内涵探析；论早期佛像在长江流域的传播；初论中国南方早期佛像的性质。第四篇为"西南早期佛像来源研究"，内容包括四部分，即试论四川早期佛像从西南丝绸之路传入；驳西南地区早期佛像源于中原说；西南早期佛像传入路径再探讨；西南丝绸之路上的东汉外来杂技幻术与佛像关系。如上所述，该书对中国西南地区早期佛像的研究状况进行了回顾，对该地区发现的摇钱树佛像、陶座佛像、崖墓石雕刻佛像、神兽镜及海内外公私收藏的摇钱树佛像进行了细致的考察。作者将长江上游地区早期佛像的典型代表——摇钱树佛像的年代划分为东汉中期、晚期、末期和蜀汉前期共四期，将其类别划分为供奉佛像、具有某些佛像仪轨特征的人像和佛教象征图案共三类，指出西南地区早期佛像糅合了印度犍陀罗和秣菟罗艺术风格、摇钱树佛像是中印两种文化契合的产物。作者还探讨了"佛教和佛教艺术的起源及传入中国，并在中国进一步传播的途径"这一学术界多年关注的问题，对至今学术界流行的"佛教艺术于公元2世纪从西域'丝绸之路'传入中国北方、公元3世纪以后再传入南方"这一观点提出质疑，并依据"近十余年来，在中国西南地区出土的公元2世纪初期至3世纪初期佛像达到64例，而同时期的佛像在北方却很少发现"这一事实，同时结合《史记》《汉书》《后汉书》等文献梳理中印文化交流，考辨东汉外来杂技幻术在中土的流布，重新审视了中国早期佛教艺术的来源及传播途径，认为西南早期佛像经由西南丝绸之路（即古代蜀身毒道）从印度直接传入，并对长江中下游地区早期佛像产生了部分影响。该书对中国西南地区早期佛像所做的专题及综合研究，使我们得以重新认识早期佛教艺术对西南地区的影响以及南北朝佛教造像兴起的原因。不仅有助于追溯佛教及佛教艺术初传中国的历史谜题之真相，而且对于探讨中印文化交流与融合具有一定的借鉴意义。

（聂静洁）

【后汉·魏晋简牍的世界】

伊藤敏雄、关尾史郎编《后汉·魏晋简牍的世界》（《后汉·魏晋简牍の世界》），东京汲古书院2020年3月出版。该书系2013—2016年度日本学术振兴会科学研究费补助金·基础研究A项目"新出简牍资料所见汉魏交替期的地域社会与地方行政系统的综合研究"（主持人：关尾史郎）的科研成果。主要以1996年以来湖南、南京、甘肃等地窖藏或古墓出土的东汉至西晋末的简牍资料为对象，利用目前可能的条件，展开国际性合作研究。共收录论文11篇，分第1部"走马楼吴简的世界"和第2部"东汉、魏晋简牍的诸面貌"，前者5篇，后者6篇。在第1部中，安部聪一郎《临湘县的地理环境与走马楼吴简》立足于长沙郡临湘县制作的走马楼行政文书，比勘后代文献所见的走马楼吴简地名，对以湘江为中心的地名进行了比定工作。熊曲《关于嘉禾五年贫民贷食米斛数簿》（小野响译），将竹简陆所收的一批相关简册命名为"嘉禾五年贫民贷食米斛数簿"，并探讨了簿籍制作过程和作为出贷对象的"贫民"的状况。杨芬《关于走马楼吴简"史潘虑料刺中仓吏李金所领嘉禾三年杂米要簿"的考察》（石原辽平译），对竹简柒所收相关简支进行收集，考察其出土状况，并讨论"杂米"的内容和县仓的监察体制。鹫尾祐子《关于走马楼吴简吏民簿的编制时期》，针对虽然同有"吏民簿"之标题，却表现多种样式的这类簿籍，揭示其格式相异乃是由于制作目的以及编制时期之不同所致。苏俊林《走马楼吴简所见孙吴的盐政》，搜集出走马楼吴简中与盐政相关的史料，讨论其责任机构、官员及盐的贩卖方法，并论及了监察体制。在第2部中，高村武幸《长沙五一广场东汉简牍概观》利用刚刚刊出的相关资料，观察东汉临湘县廷的文书处理状况，指出这类史料尤其以左右贼曹所处理的文书为核心的特点。永田拓治《关于南京出土三国吴、西晋简》根据个人发掘现场及博物馆调查所得，结合少量先行研究，整理了目前能够了解的信息，也讨论了遗址的布局。伊藤敏雄《楼兰魏晋简的再探讨》借助自身曾兼研楼兰魏晋简和走马楼吴简的经验，提出要以新方法分类楼兰魏晋简，并以在走马楼吴简中同样频见的莂文书为对象，比较了它们与走马楼同类简之间的异同。町田隆吉《甘肃·临泽出土的西晋简》以临泽西晋末期的诉讼文书为对象，解读其复杂内容，同时注意到一系列程序中所用文书的名称。李周炫《汉简所见国家的物资运输与雇佣劳动》借助从岳麓秦简至五一广场简的资料，阐释当初利用刑徒承担的官府劳动逐渐由雇佣者担任的现象，并指出其与公权力的后退有关。关尾史郎《围绕名刺简的诸问题》概观中国各地出土的名刺简，阐述作为明器随葬的名刺简中，存在具有墓志功能的例子，它可能是石刻墓志的起源之一。

（石　洋）

【魏晋南北朝时期的政治与社会】

楼劲主编《魏晋南北朝时期的政治与社会》，中国社会科学出版社 2020 年 6 月出版。该书是 2017 年在邯郸召开的中国魏晋南北朝史学会第十二届年会论文集，收录了中国、日本、韩国、美国等各国学者的高水平论文数十篇。会议的主题之一是公元 3—6 世纪的古都邺城。近年来，邺城城市结构和佛教寺院的考古发掘引起学界广泛关注，邺城周边还出土了大量东魏、北齐墓志，丰富了对北朝史的认识。此次会议也有多篇论文围绕这一问题展开。佐川英治《邺城所见中国都城制度的转换》认为，曹魏时期邺城的都城设计首要考虑是军事功能，基本布局按照地势高低起伏东西向排列建筑，宫城则是独立的城。北朝邺城按照儒家理念设计，邺南城左右对称设计，中轴线由宫城内部的重要建筑与朱明门街构成。原本中国都城的居民由所在属县管辖，魏晋时期的都城以双轴制为主。北魏洛阳城出现了南北中轴线，并成了东西两县分治的制度。东魏邺城由南北中轴线分为左右两部，分属两县管辖，这一制度是继承北魏洛阳城而来。崔彦华《魏晋时期邺城变迁研究》主要着眼于邺城的军事意义和都市功能，论文回顾了曹魏、西晋、十六国、北朝各个时期邺城地位的升降沉浮，指出邺城成为北中国长期以来的政治、经济、文化中心，与其"据河北之襟喉，为天下之要膂"的绝佳地理位置有很大关系，也与当时封建割据的政治形势密不可分。沈丽华《邺城地区东魏北齐墓葬研究》指出，结合墓葬形制和随葬品组合的演变，可以将邺城西郊陵墓区的墓葬分为前后两期，前期墓葬年代为东魏至北齐天保以前，大约相当于公元 534—560 年，后期墓葬年代为北齐中后期，大约相当于公元 560—577 年。从地理分布看，东魏北齐初期墓葬一般分布在邺城较近区域，北齐中后期较远，以幸福渠为界可以分为南北两区，南区主要是北齐墓，北区主要是东魏墓。苏铉淑《东魏北齐邺城地区佛教文化的新面貌》，从新出土的北吴庄造像考察东魏北齐时期佛教图像和西域胡人的佛教信仰。作者指出，石窟寺和单体造像的题材存在差异，单体造像中观音菩萨和思惟像比较流行，石窟寺主尊则多为三世佛组合。此外，从造像题记可以发现西域胡人在邺城的活动。北村一仁《北朝时期邺、上党之间的交通道路和摩崖、石窟》指出，作为连接上党和邺的交通路线，背面路线，连接上党、邺、晋阳，是以御道和滏口陉为中心，很多现在仍能看到，特别是涉县娲皇宫附近，为交通要冲，南面路线穴陉则往来较少。该书还收录了童岭《魏晋南北朝义疏学佚籍刍议》，戴卫红《魏晋南北朝谥法制度研究述评》、徐成《北魏冯后恩幸与献文、孝文二朝政治》等论文。

（陈志远）

【晋武帝司马炎】

福原启郎著，陆帅译《晋武帝司马炎》，江苏人民出版社 2020 年 1 月出版。该书最初以《西晋の武帝 司馬炎》之名在 1995 年由日本白帝社出版。该书以司马炎为基点，上溯其祖、父两代，下延其子、孙两代，以河内司马氏五代人的事迹为主轴，生动描述了曹魏、西晋时代的政治变迁与社会风貌。前半部分以司马懿、司马师、司马昭、司马炎三代四人的活动为中心，叙述了汉末群雄割据、三国鼎立、司马氏代魏、西晋统一、司马攸出镇等主要政治事件及其意义。后半部分，以发生于晋惠帝、怀帝、愍帝时代的贾后专政、八王之乱、永嘉之乱等事件为线索，叙述了西晋王朝逐渐崩溃的过程。最后，该书考察了西晋王朝统一、灭亡过程中的内在动因，揭示了西晋王朝的特征及其在中国古代史中的位置。第一章主要介绍司马氏先祖在东汉时期的仕履，尤其强调了司马氏所在河内郡形成的婚姻网络，认为符合内藤湖南对中古贵族的定义，即"由作为地方名望家延续相承的传统所自然形成之产物"。此外作为背景知识，还介绍了魏晋时代的官制和汉魏洛阳、曹魏五都制等内容。第二章讲述司马懿出仕曹魏，逐渐崛起的过程。作者指出，司马懿跻身名士，最初受到川胜义雄称为"北海系名士圈"的接纳，后被荀彧举荐相应征辟，进入曹操幕府。第三章梳理司马师、司马昭兄弟取代曹魏的过程。作者引用蜀国费祎和孙吴张悌的评论，认为司马氏之代魏，虽有营立家门的私心，但考虑到司马氏的宽裕之政，与曹氏苛酷形成鲜明对比，一定程度上顺应了当时要求重建"公权"的舆论要求。第四、五章提出魏晋嬗代后，晋武帝前期采取了诸多措施重建"公权"，在伐吴之役中，任命名望人才为武官，在父母去世后，通过撤减膳食等行为服丧三年，当众焚烧奢侈品，向天下示以孝顺、节俭之道，同时施行以"宽裕"为宗的政策，笼络社会舆论。而在平吴以后，有脱字开始私权化的潮流。以命齐王攸归藩事件为转折点，晋武帝以勿论"家事"为借口，开始顽固地压制舆论，任用外戚杨氏，重蹈东汉之覆辙。第六、七、八章中，将八王之乱、异族的反乱视作回归公权的努力，并认为魏晋国家所衍生出的种种事物并未因西晋王朝的灭亡而消逝，而是在无形中为后世所继承、发展，西晋末期拒绝了《徙戎论》的策略，在胡汉主客身份完全颠倒的北朝时代，通过创立汉化政策、府兵制，以胡汉融合形态根本性解决了问题。曹魏屯田制，西晋课田、占田制，在北魏时期又衍生出扶持自耕农的均田制，缓解了阶级矛盾。全书的叙事线索受到京都学派"豪族共同体"学说的强烈影响，始终以公权、私权的对立和摇摆来阐释魏晋两朝的兴衰。其观点可商榷之处不少，但不失为个性鲜明的历史通俗读本。

（陈志远）

【观书辨音：历史书写与魏晋精英的政治文化】

徐冲著《观书辨音：历史书写与魏晋精英的政治文化》，北京大学出版社 2020 年 10 月出版。从 2 世纪末东汉王权崩溃，到 5 世纪中叶南朝主体性建立，这段时期内魏晋精英群体经历了登场、全盛直到衰亡的完整过程，或可以"漫长的魏晋"名之。所谓魏晋精英，可溯源至东汉后期的清流士人，其后以儒学意识形态再造皇帝权力结构，推动了曹魏、西晋两大王权的先后成立，构筑了具有鲜明特质的政治文化。永嘉之乱以后，流亡江左的建康政权与华北"五胡"国家相抗，"魏晋式"的意识形态仍在其中持续发挥着作用。该书择取"献帝三书"《续汉书·百官志》和《劝伐河北书》三组关键文本，分别对应史学史、制度史与民族史三大研究领域。"献帝三书"篇聚焦于公元3世纪上半叶三部以汉献帝为题的作品，即《献帝纪》《献帝起居注》和《献帝传》，讨论甫登历史舞台的魏晋精英对"时代之史"的书写。作者认为，以荀彧为代表的清流士人通过《献帝起居注》的创制与撰述试图再造皇帝权力结构，而曹魏王权则通过《献帝传》的书写，正当化其皇帝权力起源之路。建安十七年（212）荀彧之死，导致《献帝起居注》于汉魏禅代前夕为曹氏一方强行终止。献帝时代史的书写在禅代完成后逐渐被"建安时代史"所覆盖。范晔《后汉书》以"非曹"为基调的献帝叙事，来源于孙吴主导的献帝时代史书写。这一立场在西晋统一后，出于"尊晋"的政治需要在洛阳精英中流行开来。此后"非曹"之势遂汇为洪流，将曹氏政权的形象定格为"汉贼"。《续汉书·百官志》篇聚焦于公元3、4世纪之交处于全盛时期的魏晋精英对"制度之史"的书写。作者指出该篇的基本体例，由来源于东汉"官簿"的正文部分和西晋司马彪所作的注文部分共同组成的复合结构。司马彪的撰述具有鲜明的《周礼》模拟意识，与两汉官制撰述传统形成了巨大断裂，是魏晋时期以儒学意识形态再造皇帝权力结构的典型表现。《劝伐河北书》篇聚焦于公元5世纪初江南流亡阶段的魏晋精英对"异族之史"的书写。指出"五胡"这一称号最初产生于晋宋之际，反映了当时建康知识精英对北方政权兴衰的一种预言性的认识，暗示非汉族群气数已尽，南方崛起统一天下的乐观预判。而将赫连夏和北魏称为虏，显示了二者与之前五胡政权的差别。该书的研究视野不再限于传统的史学史领域，而是结合了文献学、文体学、制度史等多种路径，将史料作为特定环境中人物的写作实践，既考虑其制度环境、书写格套，又注意作者的主观意图和能动性，努力追求文本与历史之间的活跃互动。

（陈志远）

【魏晋政治与皇权传递】

权家玉著《魏晋政治与皇权传递》，社会科学文献出版社2019年12月出版。该书围绕曹魏与西晋两次皇权传递带来的政治变动，从皇权的交接之际入手，探讨短暂的君弱臣强局面为政治带来的不安。魏晋乃至此后的南朝，展现的政局变动往往借助皇权传递的契机发起，皇权的短暂衰弱成为所有政治矛盾的爆发点。皇权传递相关事宜主要体现在立储问题上。魏明帝托孤与晋惠帝为太子时面临的夺嫡之争，是魏晋南朝历史中两种具有代表性的皇权传递。该书作者认为，魏明帝顾命改易在很大程度上决定了曹魏正始局势的走向，曹魏最终为司马氏取代，转折点不在高平陵事变，而在景初二年司马懿在魏明帝病困之时改易大臣。此后的正始时期，齐王曹芳固然为一傀儡，与司马懿对掌朝政的曹爽实亦为傀儡。经过十年的内外经营，终于顺利发动高平陵事变，成为政局的主导。西晋武帝时期的太子地位以及围绕皇储话题形成的夺嫡之争，旷日持久，直接影响到晋武帝对于权力结构的布局。司马昭在立储问题上的犹豫，使得齐王攸对皇权的威胁长期存在，决定了晋武帝无法废司马衷改立他子。惠帝的嫡长子地位，是其抵制齐王攸夺嫡的最大武器。在太子与齐王攸的对峙中，晋武帝先是介入贾充家事，使其与夫人李氏断绝关系，从而断绝其女齐王妃交通宫掖的可能，意在支持太子，终于在咸宁二年武帝病重时，因贾充在立储问题上态度暧昧，夺其兵权；此后提拔外戚杨骏，在太康年间形成太傅府与外朝并行的格局，这是晋武帝留给惠帝的最大政治遗产。晋惠帝即位以后，皇后贾氏走上政治舞台，开始全面制衡宗王势力。新一轮动乱的契机仍然是皇储问题。太子被废进而被杀，激起宗王的叛乱，从京师的政变演变为北中国动辄数十万人的大规模战争，最终颠覆了西晋的政权。纵观中国古代各朝，唯西晋的灭亡自中枢向外扩展，皇权尊严成为牵动政局的核心。贾后执政前期，运行平稳，与其在皇权外衣下行权不无关系，至愍怀太子被废，开启了八王之乱，异族崛起，中原沦丧。导致这一系列连锁反应的，恰是贾后在愍怀太子被废一事上的失当。

（陈志远）

【情礼交融：丧服制度与魏晋南北朝社会】

张焕君著《情礼交融：丧服制度与魏晋南北朝社会》，商务印书馆 2020 年 11 月出版。该书正文分为六章，主要分析丧服制度内在结构，同时辅以丧服与其他制度及时代关系的论证。考虑到《丧服》为专门之学，在引言部分，对《丧服》的体例、内涵、制服原则以及丧服制度在儒家学说中的地位与作用做了分析，并与魏晋南北朝时期丧服制度加以比较。第一章是对三年之丧的讨论，主线围绕郑玄、王肃关于三年之丧的丧期之争，通过对双方争论的理论依据以及两汉社会的实行情况的考察，作者得出结论，认为王肃更看重历史的现实性，其祥禫同月的主张依据的正是两汉的实际情况。而郑玄更看重理论上的合理性，其具体体现就是要通过祥禫同月确立的丧服变除来体现丧者哀情的逐渐减轻。第二章研究心丧制度，这一概念在魏晋南北朝时期开始普遍使用。作为制服原则，心丧制度的出现，最大作用体现为对《丧服》中最要的"尊尊"原则的消解。其在服制上的具体表现，是为母之服逐渐加重，此外对象还可以延伸至各种亲属，只要怀有哀情，就可以提高服丧规格。同时又通过丧期、服饰等具体规定，保持与传统五服制度的距离而不起冲突。第三章侧重对《丧服》中最重要的亲亲、尊尊原则及其变化的研究。魏晋南北朝时期，由于宗族形式、观念以及诸侯、士大夫身份等方面的变化，基于血缘的恩情成为考虑服制的首要因素，尊尊压制亲亲的关系发生颠倒，从而使丧服制度的根本原则发生了改变。第四章讨论宗族，指出在宗法制度破坏以后，不仅出现了大量的兄弟之子相互为后的现象，养子、异姓为后也成为司空见惯之事。以家庭为主干的小宗地位上升，本身便是对基于自然血缘的恩情的肯定，其在服制上的反映，与整个魏晋南北朝时期"以情制服"的风习相一致。第五、六两章探讨的对象是《丧服》体系下的女性，关注家族中的从母、嫂以及母亲。作者指出，魏晋南北朝时期因长期战乱造成大量的前母问题最能反映其地位变化以及经典与现实的关系。前母的出现，极大挑战了"礼不二嫡"的观念，当时的礼学家以寻求适合时代发展的"变礼之中"为重要目标，尽力淡化由"二嫡"产生的嫡庶问题，着眼于父慈子孝，家族和睦，使这一问题得到解决。总体而言，魏晋南北朝时期的丧服制度对礼经的记载既有保留，又有修改，甚至出现了《丧服》中未记载也未讨论的服制。对这些变化加以研究，可以看到经典与社会之间的互动：一方面社会现状和需要决定经典的存亡与解释，另一方面经典本身的权威性和稳定性又对社会需要形成制约和指导。

（陈志远）

【六朝隋唐文史哲论集】

吉川忠夫著《六朝隋唐文史哲论集I—人·家·学术》《II—宗教的诸相》（《六朝隋唐文史哲論集I—人·家·学术》《II—宗教の諸相》）两卷，法藏馆 2020 年 11 月出版。该书是作者多年从事中古学术史、宗教史研究的自选集。论文集第一册第一部题为"人与家"，作者主张历史的主体是人，书中论文多围绕特定人物的传记展开，具有叙事史学之优长。同时，作者在第二部第一章《六朝时代的家学及其周边》一文中援引陈寅恪的论断，"自汉代学校制度废弛，博士传授之风气止息以后，学术中心移于家族，而家族复限于地域，故魏、晋、南北朝之学术、宗教皆与家族、地域两点不可分离。"（《隋唐制度渊源略论稿》第二章《礼仪》），中古时期传承于家族内部的学问，成为作者学术研究的焦点。该书第二部第六章《裴骃〈史记集解〉》的主人公裴骃，出身于河东闻喜裴氏，乃父裴松之是《三国志注》的作者，其孙裴子野曾撰写记载刘宋一代之史的编年体史书《宋略》，也是典型的史学世家。作者指出，六朝隋唐时期，人与其说是自立的个体存在，不如说是与家族紧密连结着的。与之相应的，是家传、家训类作品的流行，第一部第三章讨论皇甫谧《笃终论》，第四章讨论陶渊明《诫子书》，第六章解读颜延之《庭诰》，第七章解读徐勉《诫子书》，第九章讨论李泌《邺侯家传》，其他各篇也对这类作品有所关注。官学衰落，家学兴起的另一个趋势是地域的重要性增强，该书第二部第三章《后汉末荆州的学术》、第二册第七章《襄阳的道安教团》两篇遥遥相应，细致描绘了统一帝国文化向地方传播、下移的过程，荆襄地区又与江南、巴蜀相连，反过来影响周边地区。从学问的形态来看，汉以儒教立国，六朝时代儒学的独尊地位受到冲击，先后兴起了以老庄易哲学为根据的玄学，刘宋设立儒玄文史四学，学术进一步多元化。第二册题为《宗教之诸相》，专门收录与佛教、道教有关的论文。六朝隋唐时期，中国社会首次遭遇到作为外来文明体系的佛教，以及受佛教刺激形成完备的教义、仪式和教团组织的道教的冲击，佛、道两教与儒教相抗，是这一时期的显著现象。正史《魏书》设立了记载佛、道两教事迹的《释老志》，教团内部也着手编纂经典目录，在世俗人士编纂的目录中，从西晋荀勖《晋中经簿》开始，便包括了佛教典籍，《隋书·经籍志》则言民间佛经之数，过六经数倍。在思想观念上，六朝后期开始产生了儒释道三教和平共存的思潮，该书第一部选取的中唐韦渠牟的事迹个案，其人先为道士，后为僧侣，最后出任官僚。同时，佛教方面也发生了肯定现实人间生活，躬行劳作的"入世转向"，该书选取的裴休、李泌、刘轲等人物，都与新兴的禅宗有密切的交涉。

（陈志远）

【将无同】

胡宝国著《将无同》，中华书局 2020 年 1 月出版。该书收录作者具有代表性的文章共 30 篇。前 19 篇为专题论文，主要关注秦汉魏晋南北朝时期的士人阶层、学术学风、地域文化、选官制度等，史料丰富，考辨细腻，且擅长从细节中提炼出宏观见解，在诸多重大论题上，深化了对魏晋南北朝政治、文化与社会的认识。其余 11 篇则为学术书评与回忆文章等，眼光独到，文笔洗练，坦率真诚又幽默诙谐，展示出作者本人鲜明的个性。《知识至上的南朝学风》指出，与玄学盛行的魏晋时代相比，南朝的学术文化发生了很大变化。士人群体对哲理性质的问题较少讨论，而对知识领域的问题则表现了浓厚的兴趣。追求渊博、崇拜知识的风气给人留下了深刻的印象。如果说每个时代的学风都有自己的特征，那么对知识的崇拜就构成了南朝学风最显著的特征，作者将之概括为"知识至上的时代"，或简称为"知识时代"，并从南朝盛行的聚书风气，儒玄文史四学并立，以及士人称谓从"名士"到"学士"的转变来呈现知识至上的特征。此文自2009年发表以后，引起学界的广泛反响，成为研究南朝学术史、文化史的名篇。《晚渡北人与东晋中期的历史变化》指出，东晋中期过江的北人在当时人的认识里被视为"晚渡北人"。晚渡北人在政治上不得志，难以进入政治权力中心，作者特别注意到，轻视、排挤晚渡北人的其实并非南方土著势力，而是早过江的北人。南方当地文化对北人，特别是对在南方成长起来的新一代北人有很大影响，很大程度上造成了他们对晚渡北人的排斥。《从会稽到建康——江左士人与皇权》指出，自汉魏以来，会稽一直是南方经济、文化最发达的地区。东晋时期，一批北来侨人到会稽安家置业，一些僧人也到此地传播教义，这使得该地区更加醒目。但是从东晋后期到南朝，会稽在人文方面失去了往昔的繁荣。士人与僧人渐渐集中到了都城建康。向建康集中是一个普遍的趋势，并不仅仅局限于会稽，这一现象与皇权复兴紧密相关。士人聚集建康的后果，一方面是学术的中心向首都转移，另一方面是梁代重用豪族管理地方，最终在梁陈之际的动乱中登场。书中收录的重要论文还有《魏西晋时期的九品中正制》《东晋南朝时期的九品中正制》《两晋时期的"南人""北人"》等。

（陈志远）

【六朝佛教史研究论集】

陈志远著《六朝佛教史研究论集》，博扬文化2020年2月出版。该书提出，佛教史关心佛教的教理、实践与现实社会发生接触的过程，关心二者的相互作用。佛教作为思想、信仰，在历史中传播，作用于历史；反过来，佛教自身也被外部世界形塑，历史地展现阶段性的面貌。佛教在六朝江南的展开，构成了一个相对完整连贯的时空单元，这就是该书所讨论的内容。第一部分题为书籍移动和佛教的时空展开。思想有其载体，就是书籍。佛教的传播过程，实际上经历了僧侣携带经典文本的远距离移动，在特定的地点翻译，在特定阶层人群中传播，文本收集、编纂、仿作（就是疑伪经），引起思想的论争、融合等等若干环节。如果以医学术语打个比方，可称之为"同位素追踪法"，就是以单一文本为追踪对象，注入社会的机体，标示它传播扩散的路径和方式，并且尝试通过相对精确的系年把握扩散的节奏。这样就把思想史落实为思想文本的接受史。书中选取几个个案，讨论了《般若经》如何从西晋中朝传布到江南，道安何以将教团的根本重地建立在荆襄地区，荆扬内争格局下江陵学术中心的崛起和衰颓，梁武帝时期佛教典籍的南北交流，侯景之乱以后，真谛三藏颠沛流离的行迹，等等。第二部分题为聚书·抄撰·叙事，试图揭示佛教史传的衍生机理。长期以来，史料的匮乏成为六朝史研究的一个瓶颈。后现代史学也给传统的史料观带来不小的冲击。这促使研究者一方面向外努力搜讨各类新材料，另一方面向内做严格的史料批判，对文本形成的层次有更多的自省。该书利用了六朝志怪小说和石刻文献，主要篇幅则用于分析东晋时期流行的合本子注体例，以及齐梁聚书风气下僧佑、宝唱的佛书编纂活动。第三部分题为南朝教诤记，研究几场牵动僧俗朝野的大讨论，相关的资料保存在《弘明集》中。选取的个案分别是东晋末年沙门不敬王者之争，刘宋元嘉年间踞食之争，梁武帝天监、普通年间白衣僧正之争。论争的焦点不在思辨性的教理，而在具体的实践，是华夏礼仪、制度和佛教戒律的冲突。如果探究论争的实质，那么佛教经典译出的时机，士大夫的知识背景和思想动向，皇帝和国家权力的介入，都是非常重要的考虑。全书三个部分从不同角度，呈现六朝文化活力的若干侧面。

（陈志远）

【南朝清谈：论辩文化与三教交涉在南朝的发展】

纪志昌著《南朝清谈：论辩文化与三教交涉在南朝的发展》，台湾大学出版中心2020年4月出版，为《中国思想史研究丛书》之一种。该书将史料文献中有关南朝清谈、论辩的相关记录进行归纳与统合，观察"南朝清谈"在形式、主题、内容上的多样性与复杂性，从而指出南朝清谈是魏晋清谈文化融合、衍变的历程与结果，而非仅为魏晋清谈的余绪与尾声。作者认为，如果把清谈的传统定义为"体"，那么在这种精神或文化氛围下所衍生、发展出的一系列与论辩相关的活动即是"用"。将清谈之体与用进行有机整合，既可勾勒出魏晋自南朝名士氏族谱系与社群网络的精神传承，又可窥见清谈文化的整体面貌。在这一主题下，该书除绪论与结论外，分上下两编，共九章，主要讨论四方面内容：魏晋清谈与南朝清谈的共相与殊相；南朝清谈论辩的文化影响；南朝清谈的学理化呈现；南朝清谈中所展示出的三教交涉脉络。通过对上述四方面的考察，作者刻画了南朝清谈中的人物群像，梳理清谈名士间的关系网络，观察到清谈在形态、场合与主体上的演变，进而延伸出了"谈辩文化"在魏晋与南朝的几个发展面向。在这一脉络与发展的铺垫下，该书勾勒出南朝名士周旋于当世学术、宗教、文化之变局，并在语言与义理建构上进行自身完善的过程，通过丰富而翔实的史料论证了南朝清谈承续、回应并突破传统的特点。作者以南朝清谈中《易》学思维与玄佛的交涉为引领，先后探讨"形神生灭论争""达性论争""白黑论争""通源论争"等清谈议题中的三教交涉状况，并以谢灵运《辩宗论》中"折中孔释"为例，观察南朝名士在当代儒、玄、佛思潮交荡下具备鲜明时代性的思维模式，讨论南朝清谈在传统名士化的美学鉴赏目的之外所欲达成的话语权与判教式理论的建立，进而窥得南朝士人人生观、价值观等理念实践之归趋与意识形态之动向。南朝论辩文化的发展为历史上的三教交涉提供了绝佳的舞台，与之相应，三教之间的频繁对话也为清谈从魏晋到南朝在形式、学理与内涵上发生演变提供了契机与理论依据。对南朝清谈论辩文本、主题进行分析，该书观察并探讨南朝清谈论辩与三教交涉的过程与范式，从"自然观""本迹论""方法论"三个面向分析南朝清谈与三教交涉的思想史意义，有助于廓清玄学研究中对于南朝清谈的模糊形象，进而对清谈文化从魏晋到南朝的发展脉络进行完整的勾画。

（张倩茹）

【层累的图像：拼砌砖画与南朝艺术】

耿朔著《层累的图像：拼砌砖画与南朝艺术》，人民美术出版社2020年7月出版。该书收入"人美学术文库"丛书。墓砖作画始于汉代。与汉代画像砖一般以单砖作为画面载体不同，南朝高等级墓葬则出现了大型拼砌砖画。自1960年南京宫山墓发现以来，以"竹林七贤与荣启期"为代表的这种南朝大型墓葬中的模印拼砌砖画便广为学者所关注，尤其在考古学和艺术史领域引发过持续讨论。相对于这一主题过往的学术研究主要集中在对墓葬年代和墓主身份的推断，对砖画稿本作者的考证，对砖画的组合、题材、意义与功能的讨论这三方面，该书选择从制作技术的角度对砖画进行研究，以探寻其生成过程和背后的理念。这是前人关注较少的方面。全书分为三章。第一章在对石子岗5号墓、狮子冲南朝墓、金家村墓三处墓葬砖画进行重要个案研究的基础上，进而围绕三者之间的关系展开综合讨论，分析几座墓葬之间砖画的实质性联系，辨明稿本流传和变化、砖画模仿和改动等问题。第二章主要利用新发现的石子岗5号墓画像砖资料，结合宫山墓等材料，通过对图像来源、刻制模具、印制墓砖和刻写编号、拼砌墓砖等环节的分析，以探索砖画的设计、制作和砌筑过程。第三章着重探究砖画技术背后的理念，作者尝试在南朝礼仪建设和葬制调整的大背景下理解砖画的出现，分析"拼"这种墓葬装饰方式所蕴含的观念意识，以建立墓葬美术与经典绘画之间的可能联系，探讨砖画在南朝艺术领域中的位置和意义，进而提出对六朝"艺术自觉"的新理解。最后，作者借用"层累"（中性）作为核心概念，总结有关南朝拼砌砖画的基本认识。他指出，在具象层面，从画稿到模具再到墓砖，是一个相当复杂的设计和制作过程，是集体性和历时性的产物，并且还在不同墓葬间发生过改动、修补和模仿，看似平面化的图像实际上是层累形成的结果；在抽象层面，叠加了技术、观念、制度等多重历

史的画像砖，也是沉甸甸的"敲门砖"，帮助今天的人们敲开通往南朝文化艺术的大门。该书采用艺术史与考古学、文献学相结合的研究方法，尤其注意分析技术手段对研究对象塑造与生成所产生的影响，是目前对南朝墓葬拼砌砖画最深入和最全面的一次研究。

（石　珹）

【汉魏六朝东宫官制变迁研究】

刘雅君著《汉魏六朝东宫官制变迁研究》，湖北人民出版社2019年12月出版。该书运用较详细的文献材料，以实证研究为主要方法，对汉魏六朝时期东宫官职的设置、员额、品秩、职掌、地位、领属、转迁、选任等问题做了较详尽的实证研究，并在实证研究的基础上，对东宫职官进行分类，考察东宫不同体系的职官之间的统属、分工关系，分析东宫官员在不同职官间的流转情况，探讨东宫职官的运行方式和运行体系，最后总结出汉魏六朝东宫职官制度的时代特征，并从皇帝制度、门阀制度的发展以及特定的政治形势及统治阶级内部矛盾之间的微妙关联来阐释汉魏六朝东宫官制变迁。作者指出，汉唐职官制度最重要的变化是三公九卿制转变为三省制，汉魏六朝东宫官制遵循了中央官制相同的变迁轨迹。该书分为五章，揭示了汉魏六朝时期东宫职官分类演化途径：太子师傅在汉晋间演变为东宫诸公，在南朝由实职而虚职化；太子舍人、中庶子、庶子、洗马等东宫侍从，由两汉时期的太子私属演化为东宫中书、门下、散骑、秘书诸机构的长官；太子詹事由太子家总管演化为东宫尚书机构长官；太子诸卿逐渐整合为三卿体系；太子卫率由主门卫演化为主宿卫，并以其为顶点形成东宫武官体系。不同类型的职官，太子师傅、詹事由实转虚，

影响决策的侍从类职官与武官向上发展，事务类职官则向下发展，其发展趋向与汉晋南朝中央官制的发展轨迹相同。同时也应看到东宫官制与中央官制变迁频率不一致之处。如太子师傅虚职化完成于南朝，三公坐而论道则始自东汉；太子詹事自齐梁开始投闲置散，与尚书令的演化轨迹也不同步。汉魏六朝东宫官制变迁，反映了国家权力与官僚体制规制化初始阶段的特点。一方面，皇帝不断监控、干预东宫官僚制度，太子师傅由二傅到六傅、詹事设废、侍从官选任、武官增设无不体现了皇权意志。东宫职官分别对皇帝、太子形成"二重君臣"关系，皇帝与太子的二元权威造成东宫职官行为指令的复杂化与矛盾性，在实际运行中形成非制度性的人际关系，出现违背官僚制"即事性"的行为模式。国家权力干预的结果是形成东宫官制的制度性变更。另一方面，东宫官制变迁与门阀制度发展过程的紧密关联，东宫中书、门下、散骑、秘书诸机构的形成，三卿地位的下降，卫率文教职能的出现，无不体现门阀阶层的诉求。汉魏六朝东宫官制便是在这两种历史运动的交互作用下发生变迁。

（陈志远）

【大夏与北魏文化史论丛】

刘跃进等编《大夏与北魏文化史论丛》，凤凰出版社 2020 年 8 月出版。论文集是以 2019 年 9 月在陕北榆林学院召开的"大夏与北魏文化史暨统万城考古国际学术论坛"为基础，增加美国、德国、日本等前辈汉学家中国中古史译作数篇综合而成。这些论文，都是对大夏、北魏以及五胡十六国文学、历史的最新研究。内容包括文学、历史、考古、经学各个方面，既有个案的考证，也有宏观的思考，体现了当下对十六国北朝文史研究的新探索。三崎良章《论十六国夏之年号》从北凉承用大夏的"真兴""承阳"两年号这一事实出发，首先分析了十六国各政权的年号观，进而考察了赫连勃勃的年号意识，指出赫连氏先后采用带有祥瑞意味的龙、凤字样，和较少使用的"武"字，是和国家发展阶段和现状紧密呼应的。"真兴"年号则是以统万城落成为标志，是大夏正式建国的标志。童岭《统万城内的誉与毁——刘裕"无暇有意于中原"说的生成》认为，公元 5 世纪初赫连勃勃与刘裕在长安攻防战正面遭遇之前，存在战略上的协同关系，对后秦形成夹击之势；赫连氏对刘裕急于篡晋，无暇有意于中原的判断，影响了北魏末年《十六国春秋》，唐修《晋书》等后世史书的定性，刘裕与赫连勃勃约为兄弟，是汉初刘邦与匈奴缔约的再现，此后宋文帝与赫连定联合夹攻北魏，仍是这一关系的延续。古胜隆一《汉赵刘渊家属的儒学背景》指出，南匈奴单于的后代刘氏累世居住于并州，其"汉化"程度相当深，刘渊的从祖刘宣早已受到中华文明的熏陶，师事大儒孙炎，好《毛诗》《左传》。刘渊本人也在年少时充分吸收中华素养，刘渊的"崇儒"政策奠定了后来五胡君主尚文的基础。沈丽华《匈奴遗绪：十六国时期都城的考古学比较研究》着重比较了十六国时期邺北城和统万城在都市规划和建设上的共性和差异，认为其中比较重要的共性体现在：都城选址充分体现了游牧文化和农耕文化的互融；都城布局军事色彩浓厚，重视城市防御体系建设；出于君主好大喜功和暴虐无度，宫室建筑规模宏大，形制特异。差异在于，统万城的城市形态更多反映出游牧民族内迁后建都的原始性，比如城内居民以帐居和畜牧业为主的生业方式。书中收录的重要论文还有吉川忠夫《北魏孝文帝借书考》，永田知之《北朝诗文知识谱系初探》，和力加《中古中国攻城战法研究：以公元 546 年玉璧之战为例》等。

（陈志远）

【北魏史：洛阳迁都的前与后】

窪添庆文著《北魏史：洛阳迁都的前与后》（《北魏史：洛陽遷都の前と後》），东方书店 2020 年 12 月出版。从 3 世纪以降约四百年，中国进入了长期的分裂。其中鲜卑族拓跋氏建立的北魏王朝，包括其前身代国以及分裂后的后继政权北齐、北周，在这段时期内长期维持着统治。代国政权具有草原部族联合国家的性质，其核心是拓跋部的君长，外围是部族长率领的大小服属部族。北魏统一华北后，施行部族解散政策，统治者以可汗称号对其加以统治，解散的部族被迁徙到首都平城畿内，称为"代人"。在消灭后燕以后，以汉族为主的农耕民大量进入北魏统治境内，对这一人群，统治者则以以代人为中心的军事力量为依托，以皇帝称号加以统治。可汗与皇帝称号并立，构筑起二重统治体制。随着疆域的扩大，为了将农耕民纳入军事体制，北魏通过均田制，将治下农民编户化，由豪族主导的宗主制解体；另外，皇权不断伸张，打破旧部族成员上层的制约。这样逐步建立起任用官僚统治人民的一元中华帝国体制。这一变化趋势标志性的时间则是孝文帝迁都洛阳。该书别具匠心地将迁都洛阳事件置于序章，正文分为五章，第一、二章讨论孝文帝迁都前后汉化改革的内容和实质，第三、四章追溯北魏前期的制度特色，第五章下探孝文帝汉化改革的影响。终章试图在秦汉、隋唐两个统一帝国之间，把握北魏作为异民族政权的意义。该书终章，作者从四个方面检讨了北魏在秦汉、隋唐统一帝国间承前启后的意义。从制度变迁来看，西晋占田、课田制对大土地所有的限制，为北魏均田制所继承，北周的府兵制、散官、勋官制度为唐代官制所继承。从支配阶层来看，五胡诸国和北魏君主，大多数出身于非汉族群。北齐帝室虽然号称出身渤海高氏，但其先祖移居怀朔镇，极有可能是鲜卑族而攀附汉族高门。隋、唐两代君主，都是武川镇的豪族，即使不是鲜卑族，也长期浸染胡族文化。另外是贵族制的问题，日本学者使用这一术语，认识到中古史时期的贵族制与官僚制有密不可分的关联。北魏孝文帝定姓族引入了南朝的贵族制，但同时辅以考课制度。西魏制度相比于家族地位，更重视贤才，这一精神为隋唐科举制所继承。北魏文化的特征是女性的活跃。虽然皇后、太后临朝称制，在中原王朝史不绝书，但官僚妻妾的活动，给人留下深刻印象。此外粟特胡人也在北朝后期开始在商业和外交领域登场，从而影响了隋唐期的历史面貌。

（陈志远）

【中国中古礼律综论续编：礼教与法制】

高明士著《中国中古礼律综论续编：礼教与法制》，台北元照出版公司 2020 年 3 月出版。该书由序言、导论、正文九章、结论和附录构成，其立论重点是公私教育中的教学与学礼，晋唐间以及唐宋间律令变迁与礼刑的关系，探讨教育活动中的人格教育与文化传承，以及"唐宋变革"在法制上的意义。"序言"指出，"情理平恕"是礼律的精义，也是法文化的核心价值所在。"礼教篇"首先讨论了隋唐学礼中的乡饮酒礼，认为唐代从中央到地方，因政府祭典唯重视孔庙与社稷，导致对乡饮酒礼甚至养老礼产生偏废现象；唐玄宗时期的谒圣礼，其礼仪目的一是"重学尊师"，二是"切磋琢磨"，但发展至宋太宗以后，改为及第后的拜谢礼仪，以致成为仪式性的礼仪；朝鲜李氏王朝，及第后的谒圣礼进而发展至谒圣试，遂丧失了教育意义；中晚唐以来的官学和书院，存在着教育空间和祭祀空间的分隔，其意在提示教育活动并非纯粹的书本教育，"学礼"活动也是教育的重要项目，即人格教育比知识教育更重要；《隋常鸿墓志》表明，文帝开皇七年创设的三科贡举制度，其中一科为"宾贡科"，该科至炀帝即位后改为"进士科"。"法制篇"论述了中古时期的律令制度，透过礼、律要素探讨传统家、学、国的秩序运作原理，即由"家"与"学"出发，进而在"天下国家"建立"天地之和（乐）"与"天地之序（礼）"的礼乐世界，这是传统士人所追求的目标；从军礼来看，隋唐皇帝的亲征，是鉴于天下一统，国力强盛，君主有为，故依据古典所赋予的使命予以实施，这是具有历史使命感的天子作为，而非将军出战，天下内臣、外臣均需遵守礼的秩序，若违反此秩序即有罚，而最大的罚就是用兵，这是从军礼的角度解读隋唐皇帝的亲征行为；唐代的身分制社会依礼而建立，分别由政治身份的等差秩序和社会身份的等差秩序所构成，但随着商品经济的发展，户口的增长与流动，唐德宗实施两税法，取消土著原则，实施"贫富为差"的户籍政策，宣告了政治身份等差秩序的终结；唐代的籍年与貌定是贯彻中央集权而进行的人头统治，但随着德宗实施两税法，放弃人头统治，改以资产为据，籍年与貌定作为户籍意义之掌控则已消失；中古时期所建立的律令制度，本为政治法制化树立一道曙光，但因诏敕具有至高超越性，以及局势动荡无法掌控，遂使理性的法制化逐渐消失。

（刘琴丽）

【说不尽的盛唐：隋唐史二十讲】

吴宗国著《说不尽的盛唐：隋唐史二十讲》，北京大学出版社2020年3月出版。该书由绪论、正文上·中·下三篇和结语三部分构成，是以作者多年来在北京大学历史学系讲授的隋唐史课程为基础，经过多次整理、修订而成。书籍按照时间顺序和专题分类的形式，详细叙述了隋唐历史、相关制度以及经济文化的大致发展和演进情况。上篇"隋唐的历史进程"叙述了隋朝的建立，对隋炀帝进行了较为公正的评价，认为其不仅给后人留下了大运河，还给唐代留下了帝国的规模和巩固发展统一多民族国家的思路，其反面给后代留下的巨大历史教训，经过唐太宗及其大臣的总结，形成了一套统治理论，用以指导贞观之治，从某种意义上说，没有隋炀帝，就没有贞观之治；所谓的"贞观之治"是治世，而非盛世，其最大特点就是经济刚刚恢复，政治清明，民风淳朴，社会安定，是一个和谐的社会；武则天留给唐玄宗的政治遗产，既有频繁的政变，又有大批治国贤才和正在变化中的制度；唐玄宗适时地对政策、制度和法令进行调整，促成了开元盛世的到来；但是繁荣之下却存在潜流，一是土地集中和贫富分化，二是制度上的失调（如教育和选举制度、边镇制度等），三是权力过于集中，如决策权向皇帝集中，宰相也逐步取得了完整的行政权，最终安史之乱爆发；由于唐朝无力消灭安史残余势力，只能继续任用投降的安史降将为节度使，故河北、山东出现了藩镇割据的局面；尽管唐宪宗时期唐朝经历了元和中兴，但唐朝依然不断走向衰亡；作者认为唐朝衰亡的原因是朝廷不关心民生，不去调整各种扰民的制度，不去解决各种严重的社会问题，特别是赋役不均问题。"中篇·隋唐制度"篇，勾勒了唐代三省六部制、军事制度、法律制度、选官制度、科举制度的发展演变,并提出自己的见解。"下篇·经济与文化",认为唐朝不仅对传入中国的各种外国文化进行融合和创新,而且将先进的唐朝文化传播到周边国家,形成了汉字文化圈;科学技术和经济发展在一定程度上造就了盛唐;此外,对于文化、宗教、艺术、农业、手工业、商业和海外贸易等方面的成就,也进行了新的探讨。

(刘琴丽)

【吐鲁番出土官府账簿文书研究】

黄楼著《吐鲁番出土官府账簿文书研究》,中国社会科学出版社2020年3月出版。该书由中国历史研究院学术出版资助项目出版,由导论、正文七章、总论、附录四部分构成。该书以吐鲁番地区所出中古官府杂帐簿文书为研究对象,探讨上迄十六国高昌郡,经阚氏、麴氏高昌王国,下至唐代西州时期,中国地方政权及统一王朝治理吐鲁番地区的经济、政治制度。作者认为,沮渠氏北凉的赋税之制带有流亡政权的特征,一方面继续沿袭河西割据政权以户赀为依据的户调制,另一方面又根据高昌实际情况,按人口征纳高额的人头税。阚氏高昌的杂差科分为实物、力役两部分,其杂税和差役有些在麴氏高昌时期得到延续和发展,《供物、差役帐》表明,为了招待焉耆王,阚氏高昌动员了大量的人力和物力;阚氏高昌官府控制大量的织造户,他们按规定完成并输纳一定额度的纺织品,这些纺织品需输纳至郡仓曹库,阚氏高昌在政治上依附于柔然。吐鲁番阿斯塔那395、398号墓所出唐代文书,制作年代应在唐高宗永徽、显庆年间,该组文书表明,唐代官吏宿直皆有直簿,更簿本质是造籍期间分派里正宿直更次时产生的直簿;更簿与普通的名籍不同,形式上是一份完整的上行官文书;造籍期间,里正直更与官员宿直一样,不是一种职役,而是其本职工作的延伸。唐代西州鸜鹆镇烽铺文书多属于开元、天宝时期,文书显示,鸜鹆镇下辖军事机构有武库、镇仓、游弈所等机构;游弈所辖48人,分三批戍守;鸜鹆镇地处险要,非商旅要道,没有长行坊等馆驿机构。唐开元年间,为解决军粮供给问题,营田制度在西域地区得到普遍推行;开元、天宝时期,边疆军事制度正在发生一场深刻的变革,不仅出现了"土健儿"等新名称,一些旧的管理制度也陷入困境。吐鲁番阿斯塔那506号墓所出土的一批唐开元十九年、二十年月料、程料、客使停料钱支领等情况表明,临时异地充使者月料一般计日均给,充任常置使者月料计月支给;程料是充使者完成出使任务后,返回时由官府递给,补贴沿途不时之用的料钱;客使停料由初唐时期的计日结算,发展为预支、垫支等多种结算形式并存。西州驿馆文书中出现的宦官诸使,是唐代开元、天宝年间军事制度变革的直接产物,这一时期边疆地区由府兵制度下的卫士番上镇戍体制,转向节度使大军区体制,故西州文书中的宦官充使多与军事有关。作者最后得出结论,吐鲁番地区从十六国时期至唐代中叶,其政治文化与内地大体同步,某些领域的变革往往还能开启时代的先河,引领中国时代的走向。

(刘琴丽)

【西暨流沙:隋唐突厥西域历史研究】

吴玉贵著《西暨流沙:隋唐突厥西域历史研究》,上海古籍出版社2020年5月出版。该书是有关突厥、回鹘、突骑施以及隋唐与西域关系研究的专题性文集。书稿分突厥编、西域编、胡人与胡风编三大专题,运用传世史籍和新出土文献,考察突厥、回鹘、突骑施、粟特等族群中的重要人物及事迹，展现了他们的族群面貌，以及隋唐王朝与西域关系的真实细节。具体而言，"突厥"编主要就史书中对东西突厥记载的混淆问题，进行了细致梳理；并分别考察了记入史籍的突厥首领阿史那弥射、阿史那贺鲁的事迹。认为唐朝刘善因册立的是西突厥咄陆可汗泥孰，而非阿史那弥射，二者非同一人，阿史那弥射与东突厥右贤王阿史那忠（阿史那泥孰）也不是同一个人；贞观二十二年二月，沙钵罗叶护归附，四月阿史那贺鲁入降庭州，沙钵罗叶护和贺鲁是在不同时间降唐的两个人，不是同一个人。利用新出土的回鹘《葛啜王子墓志》，考察了唐肃宗至德二载至回鹘怀信可汗继任回鹘汗国可汗之前，唐与回鹘关系的两个阶段，即从"兄弟之国"发展为"父子之国"。《突骑施王子墓志》表明，至少一直到唐代宗大历之前，唐朝政府与突骑施黑姓可汗一直保持了良好关系，其不仅接受唐朝册封，还派遣王子入质唐朝，并接受唐朝授予的汉化的可汗号和名号。"西域"编，首先，利用吐鲁番出土的两件高昌"客馆供食文书"，研究高昌接待外国客使的情况，以此反映丝绸之路的贸易状况；其次，探讨了隋唐两朝经营伊吾的情况，纠正传统文献中有关唐与吐蕃野狐河之会的一些错误；再次，借由杜甫"观兵诗"提供的线索，通过对相关史料的梳理，揭示西域军队在至德元载和乾元二年分两批内调入关的史实，并纠正了传统认识的错误，认为其对评价西域援军在平定安史之乱过程中的作用，认识八世纪中叶西域历史的转折，具有重要的参考价值。"胡人与胡风"编，探讨了凉州粟特胡人安氏家族的兴起、在河西走廊的发展状况，安兴贵家族中族系追溯中的冒认祖宗现象，以及河西安氏在隋唐五代的发展兴衰；最后，该书以白居易的"毡帐诗"入手，探讨唐代居室文化里的胡风现象，以及毡帐在各民族的使用情况。

（刘琴丽）

【疾之成殇：秦宋之间的疾病名义与历史叙事中的存在】

陈昊著《疾成之殇：秦宋之间的疾病名义与历史叙事中的存在》，上海古籍出版社2020年5月出版。该书为中国人民大学2019年度"中央高校建设世界一流大学（学科）和特色发展引导专项资金"支持项目。全书由四部分九个章节构成，主要以出土文献为据，以新方法及新理论解读秦汉至晚唐帝国下的个体疾病与身体书写，涉及的材料有简帛、墓志、镇墓文、衣物疏、医学文献以及发病书。第一部分"疾病如何成为历史"，即导论，对疾病的概念、中国疾病史的成立、疾病的社会史和文化史、疾病·历史实体性与重塑历史叙事的可能性进行了分析。第二部分"帝国的凝视"，则对汉唐时期的疾病"癃"、走马楼吴简中的身体记载和唐代医疾令中的《三疾令》做了细致考索，认为"癃"是对古代"淋"的称呼，两种病名的并存，展示了医学文本的层累造成；吴简和唐代《医疾令》中对于异质化的身体书写，表明朝廷将民众不同的身体纳入国家的目光之下，并成为身份范畴的知识基础。第三部分"安静的恐慌年代"，对汉唐时期墓葬文书中的"注病"书写，与敦煌吐鲁番文献中的衣物疏做了比对研究，认为解除镇墓文作为一种仪式书写，是仪式书写者和信仰者"沟通"下逐渐形成的话语；并描述汉唐间道士上章仪式的变化、注连的意义及其与解除镇墓文之间的差异，认为早期的天师道分隔了原有疾病—仪式治疗的关系，通过对身体疾病的追问和叙说，建构起了罪谪的伦理，又重构治疗仪式中的身体关系，从而重新界定社会中的身份与自我认同，使得天师道中"身体"在信仰与社会生活中呈现更多的维度；隋代中期至唐初长安疾疫流行，但是在历史叙事中，尸体似乎逐渐失去与疾疫之间的联系，隋到唐前期的医书中，注连逐渐转化为骨蒸的理论。唐代，《禁经》和《发病书》对注连的意义进行了重组，这种重组是一种数字关系和疾病在占卜语境下的重新展开，前者将施术者和疾患的身体作为重构重点，后者则不关心施术者和病患，这两种在数术和方技之间游移的知识类型，被隋唐王朝变为了官方知识的一部分，疾病传播的意义被弱化。第四部分"沉默的创伤"，则利用墓志勾勒了晚唐洛阳豫西地区的饥馑、疾疫，以及人们对这场疾疫的不同叙述，认为这场疾疫和饥馑的大部分经历者墓志，都对这场灾难保持了沉默，作者通过勾勒疾病名义的替换、扩展、蔓延、模糊乃至留白的知识基础和权力运作，探索疾病实体和罹患疾病的个体如何被塑造，认为即使我们依然无法听到大多数沉默者的情感和知识表达，也可以观察到留白边缘的笔触。

(刘琴丽)

【从疾病到人心：中古医疗社会史再探】

于赓哲著《从疾病到人心：中古医疗社会史再探》，中华书局 2020 年 6 月出版。该书为国家社科基金后期资助项目。全书由导论、正文九章和附录构成，切入点既有医学史研究的回顾与展望、医者形象的模塑、医患关系的探讨，亦有对古代卫生体系、瘟疫致与治的思维模式、性病对青楼文化的影响、宋代墓葬壁画背后的医药文化等问题的思考。作者认为，官方医学不能完全代表社会医学，唐代医学存在官方和民间的社会分层；史家、医家、病患在医药人物历史形象的塑造方面起着不同的作用，他们各有所需，从自己的层面出发模塑医人形象；汉宋之际，患者及其亲友成为医患关系中的主动一方，他们频繁试医、择医，导致医人出现恶性竞争、技术保密等陋习，但也有积极的一面，即医人注重诊疗的个体疗效，以患者为中心，辨证施治。中古时期，无论医家、政府、士大夫阶层，都没有将"清洁"、防"未病"的举措上升为公共事务，而中国自古缺乏自治传统和强大的宗教团体，再加上各种"散落"的卫生举措预先占位，起到了部分避免疫病的作用，故长久以来将卫生视为个人事务成了中国人的固有观念。中古时期，人们心中的南方风土形象在不断地发生变化，反映了以儒家文化为主体的主流文化圈的扩大化，以及非主流文化圈逐渐融入主流文化圈的过程。"气"是一种特定环境、特定条件下导致瘟疫的因素，但同时，"气""水""火"则变成了想象中对付瘟疫的"终极手段"，"德行"也被视作抵御疫病的手段。中国自古以来性病从未消失，但是青楼文化却长盛不衰，这与淋病等性病的"低烈度"有关，也与古人对性病感染渠道的模糊认识有关，但是自 16 世纪以来，梅毒进入中国后，中国人对于某些传染病的认识上升到了一个新的阶段，导致青楼形象下降，中国人越来越强烈地发出取缔妓院的呼声，并将其上升为对国家和民族拯救的高度。最后，作者从范式和创新入手分析了陕西韩城的壁画墓，认为该壁画中的备药图并不见得能体现墓主的职业身份，但却能间接体现时代变化与人们心境的改变。附录部分，作者对伯希和 P. 3810 号文书进行考证，认为该文书的出现时间基本可确定是南宋以后，更大可能是元以后，属于被混入的后期文书。该书关照疾病与人心、医疗与社会、中医和西医之间的张力，尝试发掘文字背后隐藏的史实，并思考是否"在进步主义的拉扯之下，传统医学的样貌已经扭曲"，试图将传统医学从"科学还是迷信"的窠臼中拉回来，以还原中国古代医学的本来面貌。

（刘琴丽）

【汉唐法制与儒家传统】

黄源盛著《汉唐法制与儒家传统（增订本）》，广西师范大学出版社 2020 年 9 月出版。该书最初由台湾元照出版公司 2009 年出版，属《犁斋法史研究丛书》之一种。在中国法制史中，汉、唐是两个相当关键的时代，对传统中国法文化的形成与发展具有承先启后的深刻历史意涵。该书以儒家传统为主轴对纵横汉唐两代的法规范、法制度、法思想、法意识进行了探讨。作者认为，汉代以礼入律及引经决狱，导引了传统法制"儒法合流""礼刑合一"的先河；唐代则礼律详备，《唐律》以"礼本刑用"为指导思想，上集魏晋（北）齐隋之大成，下立宋明清之轨范，充分体现了礼主刑辅的精神。全书除导言与结论外，分为上下两篇，共十章，上篇考察两汉经义折狱与儒家法学，下篇探究《唐律》法意与儒家伦理。其中上篇有四，分别以《春秋》折狱的当代诠释、两汉《春秋》折狱案例、《春秋》折狱的方法论与法理观、《春秋》折狱"原心定罪"的刑法理论为主题；下篇有六，分别以《唐律》中的礼刑思想、《唐律》中的"不应得为"罪、《唐律》责任能力的规范与理论、《唐律》"轻重相举"条的法理及其运用、《唐律》中的"错误"规范及其法理、《唐律》与《龙筋凤髓判》为主题。作者指出，汉代引经断狱的源起，一在补充法律条文的不足，一在解决律条与情理的龃龉，但亦必须遵循司法程序。以董仲舒为代表的《春秋》折狱以天人感应的经权理论为基础，以儒家经义作为刑事审判的见解法源，是法律儒家化的开端与体现，兴起了后世以儒家经义为指导思想的审判风潮，却因缺乏普遍性与确定性而滋生了诸多流弊，逐渐难以为继。《唐律》则以礼教立法，遵循"礼本刑用"原则，体现了义务本位、家族主义、男权中心、道义责任等精神特质，影响极为深远。实际上，传统中国刑律自汉代儒法合流、引礼入律以来，儒家的伦理纲常始终为立法与司法的基本指导原则，礼刑结合是贯串于中华法系发展过程的一条主轴。该书对两汉法制中的《春秋》折狱，提出"正常"与"不正常"的二元评价，又对《唐律》研究中较少为人关注的礼刑关系、不应得为、轻重相举、责任能力、判文的法理与文采等重要议题进行了探讨，兼重案例与实例，并以当代法学观念今古相互诠释，厘清了中国法制发展史当中的几个重要概念，强调了汉唐司法实践与立法规范在整个中国法制史当中的重要地位，并以西方法学理论审视中华法系，有助于中国法制史研究的进一步展开。

（张倩茹）

【多极亚洲中的唐朝】

王贞平撰，贾永会译《多极亚洲中的唐朝》，上海文化出版社 2020 年 6 月出版。原作名 *Tang China in Multi-Polar Asia: A History of Diplomacy and War*，由剑桥大学出版社（Cambridge University Press）2013 年出版。该书是关于唐代军事外交的专著，考察了唐（618—907）与四邻的关系。唐王朝在将近两百九十年的统治期间，与高句丽、新罗、百济、渤海国、突厥、回鹘（原名回纥，788 年改为回鹘）、吐蕃及南诏的关系跌宕起伏,经历了从和平共处到公开交战的种种变化。这些政权相继崛起,除了回鹘,其他转而成为唐朝的主要对手。书中描述了有唐一代与突厥、回鹘、高句丽、百济、新罗、渤海国、南诏、吐蕃等周边政权的"互利"与"相互依存"的复杂多变的关系,并对唐朝对外关系的中央与地方双重管理体系,以及对外政策思想中的"德""义"合宜、功效等概念进行了梳理和辨析。全书除导论和结论外,分六章进行论述,大体分为三部分内容,一是全面论述唐与周边民族和政权之间的关系,二是讨论唐代对外关系中的双重管理制度,三是讨论有唐一代的外交思想和外交政策。该书帮助我们摆脱了唐代对外关系即"朝贡"这一单调理论模式,加深了我们对"从世界看中国"和"从中国看世界"的多重视角。

(刘琴丽 冯立君)

【覃于风教:唐王朝的政治秩序】

王义康著《覃于风教:唐王朝的政治秩序》,社会科学文献出版社2020年6月出版。中华天子与四夷的天下秩序,是中国古代王朝重要的政治文化内容,也是了解中国古代国家体制与对外关系体制的重要途径。古代王朝与四夷建立的关系,因四夷政治归属不同,诸种关系又为不同性质的政治关系。也就是说,中央王朝与四夷建立的关系,既存在建立中央王朝内部政治秩序的问题,又面临建立对外关系体制问题。该书以中国历史上统一多民族国家发展的高峰唐王朝为例,梳理唐代华夷政治关系史,探讨唐与四夷的政治秩序。作者提出从全局高度出发,而不是从一时一地孤立地审视王朝与四夷的政治秩序,进而透过古代中国华夷之分的文化语境,对唐王朝国家体制内的四夷与对外关系体制中的四夷秩序进行区分。第一章,"唐与四夷关系的类型以及政治秩序的结构"。分析唐代四夷内附的不同情况与含义,呈现多层次的政治圈层。华夏本土,以及进入唐王朝统治体制内的非华夏族群或政治实体属于唐王朝的国家体制范畴;那些与唐有册封朝贡、亲属、君臣、通贡关系的邻蕃属于唐朝对外关系体制的范畴。第二章,"唐代的化外与化内"。探讨华夷关系形成的多重政治圈层在唐代法律中的具体界定及意义。作者认为唐永徽律以不在唐版图的蕃属国为区分化外的界限。"化内"指唐朝统治的区域,包括纳入唐朝统治体制内的地区和人群,是唐朝法令所及的范围。这在中国古代多民族统一国家发展史上具有重要意义。第三章,"声教所暨:羁縻州或内附诸族与唐王朝政令、法令"。唐朝对于统治体制内的非华夏族群与实体遵照州县之例推行政令、法令,也同时采用"羁縻"之法的朝贡、册封、和亲、互市等措施。第四章,"唐代册封与授受四夷官爵"部分。作者认为唐朝对境内都督府、都护府管辖的四夷君长、首领进行册封,授予官爵;与对境外邻蕃君长、首领的册封性质不同。前者是统治关系,后者是交聘关系。本质上讲,是唐朝将华夷政治共同体的内部政治秩序推及于外,发展对外关系,构成了以唐朝为中心,由内而外,且性质不同的圈层政治秩序。

(孙 昊)

【唐宋之际礼学思想的转型】

冯茜著《唐宋之际礼学思想的转型》,生活·读书·新知三联书店2020年9月出版。该书由绪论、序章、正文四章和终章组成,梳理了从赵匡、杜佑、聂崇义、刘敞、陈祥道,到李觏、王安石、程颢、程颐、吕大临和朱熹的礼学研究,细致勾勒了从唐至宋礼学思想的转型过程,认为礼学发展到唐宋之际，以文本解释为主的汉唐注疏传统日渐枯竭，从中唐开始，礼的规范性基础逐渐由经典转向了制度与礼义。在国家礼法制作层面，起着支配作用的是自中晚唐杜佑以来兴起的，以历史制度为本位的礼学，它极大推动了考据方法在礼学上的发展。他们对三代之礼的研究不再墨守礼经，或单纯基于经书文本进行构拟，而是广征文献、古物、综合考证。在社会生活与人伦日常层面，北宋前期，礼如何使人成圣的问题，是礼法教化在功能和目标上出现了迥异于汉唐时期的变化。李觏、王安石、刘敞等学者的礼论和人性论的讨论，都与对这一问题的回答有关，他们的学说表明，基于汉唐礼学的内在调整而做出的应对并不成功。理学的出现，真正实现了儒家礼仪与成圣之学的圆融。理学家认为，礼的本质不是圣人的人为制作，而是天理之自然，圣人制礼的典范性体现为对天理的顺应；其次，礼的人性论基础是人的天命之性，按照工夫论的不同，礼的意义可以是实现天命之性亦即成圣的工夫或效验。礼学在人伦实践中面对的核心问题就由"情文相称"转向了"理欲之争"。汉唐至两宋礼学的上述变化大致出现并初步完成于唐宋之际，分为三个阶段：第一，中晚唐至唐末是制度与礼义的主导地位在礼学中的萌芽期；第二，五代至北宋仁宗庆历时期，杜佑的"通礼"思想深刻影响了这一时期的国家礼典编纂；第三，仁宗庆历时期至哲宗元祐初，是宋人在"追法三代"的旗帜下为"礼"重建思想根基，促使制度本位与礼义本位的礼学，或者说宋代礼学基本形态真正形成的时期，其通过朱熹"体用无间"来统一"文""理"，朱熹对北宋礼学的系统反思，构成了汉唐与宋代礼学发展的合题，也是理解礼学思想的一大枢纽。这些唐宋之际的思想家对礼的规范性来源和人性论基础进行了重新阐释，由此实现了礼学思想与礼仪实践的历史转型。

（刘琴丽）

【唐宋官私目录研究】

马楠著《唐宋官私目录研究》，中西书局 2020 年 11 月出版。该书由六篇文章和附录构成，整体上是以唐宋官私目录为研究对象，探究唐宋时期书籍的产生、流传、复制、结集、散佚、整理、著录等基本情况。具体而言，该书认为《隋书·经籍志》系对贞观见存书参酌损益"旧录"而成，其著录撰人衔名以终官故衔（含赠官、征召官）为主，同时也存在题著书时官称的情形，或直接、间接从写本过录结衔的情况。其次，考订了魏晋南北朝时期一些目录书籍中的概念，如曹魏郑默《中经》"朱紫有别"，谓删汰繁芜，而不是分别四部；西晋荀勖《中经新簿》"但录题及言"，指著录篇题、字数，等等。再次，探讨了《新唐书·艺文志》增补、修订《旧唐书·经籍志》存在的几种文献来源：一是《隋书·经籍志》，即贞观见存书；二是《旧唐书·经籍志》，即开元见存书；三是《崇文总目》等，即以馆阁藏书为主的北宋见存唐人书；四是史传文献所载唐时所当有之书；故《新唐书·艺文志》所载书籍并非北宋确有其书或时存的卷数。第四，该书认为，晚唐五代书籍的复制、传播进入雕版印刷时代，但是南宋时期，书籍的抄录依然是图书复制的重要手段，但雕版印刷扩大了可供传录的底本来源，理宗时期《直斋书录解题》呈现抄本与印本交错杂糅的情形，印本或据书稿校雠镂板，抄本或据印本传录摘编，因而不宜概以印本泛指宋元书目著录书籍的形制，仍须就具体书籍的编撰、结集、流传情况作具体分析。第五，该书认为，陈振孙《直斋书录解题》、赵希弁《读书附志》二书，忠实客观地描述了所藏书籍卷帙篇目、序跋题识，可以视作宁宗、理宗时人对当时所见刻本的直接描写，为学者了解南宋书籍的真实面貌，考订书籍篇卷作者、刊刻时地，提供了重要信息。最后，该书通过对《宋史·艺文志》的解构分析，认为《宋史·艺文志》的编纂，经部、史部前半部分完成较为细致，史部后半部分、子部、集部以下逐渐粗率；此外，《四朝志》著录多为孝宗时馆臣据实录、会要、《续资治通鉴长编》等文献之修书、献书、颁行、著述记录补入，而非神宗、哲宗、徽宗、钦宗四朝秘书省藏书，亦非南宋馆阁实有，这导致《宋史·艺文志》的性质并非有宋一朝的实际藏书目录。附录"两唐书经籍艺文志合编"，旨在说明《新唐书·艺文志》的文献来源。概言之，该书力求突破目录学研究的固有范式，开展目录学与版本学、书籍史相结合的新路径。

（刘琴丽）

【唐宋书法史拾遗】

陈志平著《唐宋书法史拾遗》，中华书局2020年5月出版。该书系国家社科基金后期资助成果。在自序中，作者通过对书法史的发展历程进行回顾，强调从切入研究的角度看，当前的书法史著述，在史料的整理编排、艺术史本身的定位和述评方面做得较为充分，但书法作为与传统文史哲联系密切的泛文化属性还没有得到有效关注，书法与其他艺术如文学、音乐、绘画等的横向关联也亟待发明。在此著作中，作者有心针对当前研究中的短板进行积极的尝试。该书不是一般的系统性著作，而是分作上、中、下三篇，将作者不同时期的文章汇集在一起。上篇书史专题，中篇书家析论，下篇书迹丛考。三部分各有侧重，上篇涵盖唐宋两代，既有对书法史发展的宏观概述，也有书法与其他艺术，如文学等的横向研究，同时还不乏对古代书法批评现象的特别关注。中篇主要是对宋代书家进行的专题析论，作者在写作时，有意避开一些陈旧的模式和时兴的讨论，而自出机杼，以尽量短小的篇幅，以点带面地反映书法史的发展变化。下篇则是就中晚唐五代宋初的一些书迹进行考证，按人编排。篇末附有《中晚唐五代宋初书法史编年》，方便学者翻检查阅。该书虽为短文杂考之缀合，但诸篇却有较为明确的旨趣。为避免主题先行、宏大叙事、版块割裂等问题，作者重视研究取材范围的扩大，这既包括文字资料的拓展，也包括对各类实物、图像、出土材料、考古遗迹乃至情景场景的综合认识及其与文字资料的互补和互证。同时有意以五代宋初作为一个整体，将原本因为政治时代分期而导致的书法史裂痕通过细节的还原而得以弥缝和延续。在书家和作品研究方面，作者力求突破名家经典，而选取二三流名家和为历史烟尘所淹没的残碑断楮进行述评，以求补足书法史研究中以往所忽略的节点和链条。作为一部明显受到新文化史研究风气影响的著作，该书反映了作者期待对过往书法史研究有所突破的努力。

（石　瑊）

【唐宋时期职官管理制度研究】

杜文玉著《唐宋时期职官管理制度研究》，科学出版社2020年11月出版。该书为国家社科基金项目结项成果，获陕西师范大学优秀学术著作出版基金资助。该书由绪论和正文八章构成，详细讨论了唐、五代至两宋时期官吏选任、考课、监察、审计、勾检、俸禄、迁转、回避、任期、致仕、丁忧、休假、赠官、赐谥、叙封、勋、散爵、品阶等方面的制度,对这些制度的渊源、基本内涵、发展变化和具体实施情况进行了深入探讨,寻求它们的内在关系,并通过与其它历史时期的相关制度进行纵向比较,探讨其时代特点、引起发展变化的深层原因,以及对后世的影响。其中,对五代选官制度、宋代勾检制度的研究具有填补空白的学术意义;对唐宋时期地方(包括藩镇、州县)以及基层(县以下)监察制度、对宦官阶层管理制度的探讨,均为前人所未论及。作者指出,唐五代地方监察制度的最大特点,就是在各级地方政府内部建立了一套完整的监察机制,从而保证了各级地方政府在国家法制的轨道上运转,州县监察机制体现的并不仅仅是以上对下的监察,更重要的是强化了地方政府内部自检自查机制。宋代勾检之制由于统治者重视程度不够,存在不少疏漏之处,如缺乏唐代那样统管全国公文勾检之务的机构、勾检官员的设置废置无常、命监察官员负责勾检之务等等,造成宋代勾检制度的混乱。作者对由唐至宋宦官制度和宦官管理制度的基本内容、发展变化和特点进行了勾勒,认为唐代的宦官专权,并非通过内侍省进行,而是通过内诸使司系统实现的;由于宦官阶层掌握了唐朝政府很大一部分权力,履行了行政官员的很多职责,因此应该将其纳入正常的职官管理体制中。最后对唐宋时期的吏治与法律进行了探讨,叙述了官员的失职行为、渎职行为和贪污受贿的惩处情况,总结了唐宋时期以法治吏的经验和特点,以及存在的缺点和不足,得出若干可资借鉴的历史经验。在资料运用方面,除传统文献外,还广泛地收集碑志资料、敦煌吐鲁番文书以及天圣令的相关史料。

(刘琴丽)

【当代中国敦煌学研究(1949—2019)】

郝春文、宋雪春、武绍卫著《当代中国敦煌学研究(1949—2019)》,中国社会科学出版社2020年11月出版。该书为"当代中国学术思想史丛书"系列,由前言,正文上篇"敦煌学的兴起及曲折发展"、中篇"敦煌学的腾飞"、下篇"转型期的敦煌学",以及结语三部分构成。采用学术史的撰述方式,力图分析所涉及论著的成就、特点和不足,展示所涉及论著在相关研究历程和学术脉络中的地位。该书分四个阶段回顾了中国敦煌学研究发展的历程。第一阶段以1930年为界分为两个时期,即1909—1930年为第一个时期,这是敦煌学兴起的时期;1931—1949年中华人民共和国建立是第二个时期,其特点是我国学者所接触的敦煌文献大为增多,研究领域也逐步扩大。第二个阶段是1949—1978年,以1966年"文化大革命"开始划分为前后两个时期,前一时期的研究重心在大陆,后一时期的研究重心转移到了港台地区。1978年改革开放后至2000年是第三个阶段,是我国敦煌学的快速发展时期,中国学者逐渐改变了"敦煌在中国,敦煌学在日本"的局面,并最终掌握了国际敦煌学的主导权和话语权。第四个阶段是2001—2019年,这是我国敦煌学开始转型的阶段,我国学者在延续传统题目和传统方法、范式的同时,开始着力探索用新范式和新视角开辟敦煌学的新领域。以上四个阶段发表的成果数量并不平衡,前两个阶段的成果相对较少。该书同时也指出敦煌学研究中存在的不足,如在资料整理、刊布及目录编纂方面,仍有许多重要工作尚待完成;在利用敦煌资料解决具体问题方面也有许多领域尚待深入研究;有关佛教史和社会史方面的资料利用得也很不够。还指出应该积极探索用新范式、新视角来开辟未来敦煌学的新领域；敦煌学研究中应该注意加强问题意识，尽量避免低水平重复和平庸之作；要加强对研究信息的调查，重视利用新的科学技术手段。

（刘琴丽）

【唐中期净土教中的善导流的诸相】

加藤弘孝著《唐中期净土教中的善导流的诸相》（《唐中期净土教における善导流の诸相》），法藏馆 2020 年 3 月出版。该书将焦点放在中国佛教史变革时代的唐代中期，特别是以善导流的净土教家的思想特征为中心进行考察，从而刻画出唐中期佛教的整体面貌。重点以两部唐代净土宗的佛典，即（唐）飞锡撰《念佛三昧宝王论》和（唐）道镜、善道撰《念佛镜》为中心，探讨唐代净土宗思想的建构过程。全书除"序章""终章"外，分两大部分进行论述。第一部分，以统合佛教思想为着眼点，探究《念佛三昧宝王论》的思想史研究情况，下分七章，涉及三个方面的内容，首先对《念佛三昧宝王论》的研究情况做了学术史梳理；其次探讨了《念佛三昧宝王论》的撰述年代，撰者飞锡在修学、译经和不空去世后不同时段的事迹，《念佛三昧宝王论》与飞锡遗文的关联性、与庐山慧远崇拜往生传的变迁，以及与慧远的关系，《念佛三昧宝王论》的构成，以及其体现的飞锡的修道论、飞锡的思想体系；最后对《念佛三昧宝王论》做了文献学的考察，探讨其思想内容、版本、流传和刊印情况，以及在中国和日本的接受史。该书第二部分，主要以人师信仰为着眼点，研究净土宗的另一部重要典籍《念佛镜》，也分七章，涉及四方面的内容，首先，是对《念佛镜》的研究概况，以及其与禅思想的关联研究做了学术史梳理；其次，研究《念佛镜》中的三阶教批判、探讨《念佛镜》中引用《法王本记》的情况，以及智升与《法王本纪东流传》、圆照与《重修释迦牟尼佛法王本记》的关系，考述《念佛镜》撰述者的行迹，并以《念佛镜》中的"誓愿证教门"为中心，探讨了唐中期善导观的特质；再次，探讨《念佛镜》对三阶教的态度、信行地位的变动与唐中期净土教以及善导与金刚的争论；最后，从文献学上考察了《念佛镜》的内容和精神要旨、版本和流传情况。该书认为，唐代中期的净土教有一个明显的重建过程。

（刘琴丽）

【高昌回鹘时期吐鲁番观音图像研究】

陈爱峰著《高昌回鹘时期吐鲁番观音图像研究》，上海古籍出版社 2020 年 9 月出版。该书系国家社会科学基金重大项目"新疆石窟寺研究"阶段性成果，收入吐鲁番学研究院编"吐鲁番学研究丛书"乙种。历史上，高昌佛教信仰兴盛，前后历经高昌郡、高昌国、唐西州和高昌回鹘四个时期。高昌回鹘时代，胡汉诸本观音经典流行，石窟内的观音造像（图像）往往占据主尊的地位，观音信仰胜于任何他类信仰。因此，该书以观音为个案展开研究，既具有典型性，又具有普遍性；作者拟通过对观音图案的研究，进而揭示高昌回鹘佛教的内涵及其发展演变的规律。全书正文共分六章。第一章，在简要叙述高昌回鹘佛教情况与特点的基础上，重点对散藏于国内外博物馆和科研机构的吐鲁番观音绘像进行分类，分析其绘画风格，并作出大致的年代推定。以下四章分别以具体洞窟为中心，每章重点考释一类观音图像：第二章，以柏孜克里克第 14 和 41 窟为中心，考释了两窟内的千手千眼观音经变；第三章，以柏孜克里克第 39 窟为中心，结合其他同类型图像，考释高昌回鹘时期，吐鲁番所流行的以观音为主尊，文殊、普贤为胁侍，即所谓的"华严三大士"的图像；第四章，重点考释柏孜克里克第 40 窟右侧如意轮观音经变内容题材；第五章，考释柏孜克里克第 17 窟壁画出自《佛说大乘庄严宝王经》，并由此论及相关问题；第六章，围绕柏孜克里克第 29 窟的壁画，讨论其中汉藏混合风格的六字观音经变。作者在长期野外石窟调查的基础上，以高昌回鹘时期吐鲁番的观音图像为核心，辅助以吐鲁番出土的观音类佛经、功德疏、发愿文等文本材料，综合运用图像学、宗教学以及历史学的研究方法，对高昌回鹘时期吐鲁番观音图像进行了整体梳理。作者认为高昌回鹘时期的回鹘画师锐意创新，绘制出辨识度很高、具有本土画风的观音像。从时代着眼，高昌回鹘时期吐鲁番的观音图像可分为公元 9 世纪中叶至 10 世纪的模仿（敦煌）期，11 至 12 世纪的成熟期，以及 13 至 14 世纪的衰落期。高昌回鹘时期的观音图像，与窟内其他壁画题材常构成五种组合，分别是：单一的观音经变，观音经变与佛本行经变的组合，观音经变与鹿野苑说法组合，观音经变与净土经变组合，观音与文殊、普贤构成的华严三大士组合。而这五种组合归属于净土和华严两大信仰体系。该书是目前所见对高昌回鹘观音图像研究资料搜集、整理最全面的著作，同时也是学术界首次对高昌佛教艺术中的观音图像进行专题研究。

（石　瑊）

【9—10 世纪的敦煌写本文化】

高奕睿（Imre Galambos）《9—10 世纪的敦煌写本文化》（*Dunhuang Manuscript Culture: End of the First Millennium*, De Gruyter, 2020）。该书由序言、正文四章和结语三部分构成。主要探讨了九至十世纪敦煌的文献世界，认为那时的敦煌是一个前现代路网中的绿洲城市，交通发达，人员往来频繁。而敦煌写本是 1900 年在一座佛教洞穴寺庙的密闭侧室中发现，从封存至发现已经在那里静静地躺了将近 900 年的时间。敦煌藏经洞中发现了数万份文本，超过二十种不同语言的文字书写，包括汉文、古藏文、回鹘文、突厥文、粟特文、于阗文、梵文、怯卢文、叙利亚文、希伯来文、西夏文等。该书首先介绍了敦煌文书写本的状况、敦煌文书的物质特性，以及这些写本的结构，指出该书所研究的写本时间断限为归义军时期，采用的研究方法为跨文化视角。正文部分，首先探讨了短经文的多文本写本，并集中研究了其中的四组文书，即 S. 5531、S. 5618、P. 3932 和 P. 3136，这四组文书都是佛经文书，分藏于伦敦大英博物馆和法国巴黎图书馆；首先作者研究了这些文书的外形装帧、样式等；其次，研究了敦煌文书中学郎所书写本，涉及这些写本的正文内容、所写诗歌、书尾题署、背面的涂鸦等内容；再次，研究了这些写本的书写情况，如册页的水平线、从左到右的垂直书写、与传统的从右往左书写存在的差异；最后，研究了文书中的通告（帖）和名称，集中研究了与社邑有关的文书、帖，以及这些文书的布局和格式，敦煌归义军的命名实践等内容。该书的中心论点是，这些写本证明了归义军统治时期，敦煌地区独特的文化多样性，除明显的中国元素外，还显示出中亚文化的重大影响。

（刘琴丽）

【龟兹石窟题记】

赵莉、荣新江主编《龟兹石窟题记》，中西书局 2020 年 11 月出版。该书由新疆龟兹研究院、北京大学中古史研究中心和中国人民大学国学院合编，分"题记报告篇""图版篇""研究论文篇"三卷，对古代龟兹国范围内现藏婆罗谜文字资料，尤其对之前较少被关注的石窟题记予以系统梳理，进行了详细释读及研究。新疆龟兹研究院保存有丰富的吐火罗语材料，这些材料包括出土的木简与文书残片及洞窟现存的题记两部分，后者主要是壁画榜题以及由石窟居住者、参观访问者在墙壁上留下的墨书或刻写漫题。壁画榜题主要是吐火罗B语（即龟兹语）与梵语之婆罗谜文题记，漫题则泛见各种语言文字。留存在石窟中的用婆罗谜文拼写的龟兹语、梵语题记，字迹暗淡，不易发现，难以辨识，该书即对龟兹地区现存吐火罗语写本与题记的调查、释读与研究的成果。"题记报告篇"由庆昭蓉、荻原裕敏、赵莉撰写，分"龟兹石窟题记与木简研究导论""龟兹石窟题记与出土文字资料概况""石窟题记""出土文物"四章，对带有题记的克孜尔、库木吐喇、克孜尔尕哈、森木塞姆、玛扎伯哈、苏巴什、亦狭克沟石窟进行了细致调查，详细描述了题记位置，并对题记进行转写、转录翻译和注释。作为龟兹石窟题记现状的报告，此卷每一条题记均列出语言、类型、内容转写、译文、说明等，并附参考书目、新旧编号对照表以及人名、天人名、菩萨名、佛名索引等，是题记调查与释读的完整记录。"图版篇"分"工作照暨资料介绍""石窟题记与出土文献资料"两部分，收录石窟题记照片近1200幅，由新疆龟兹研究院提供全部石窟现场资料与窟前清理出土文物图片，辅以国外所藏资料，由庆昭蓉最后整理合成。这些细部的题记图版大多首次发表。"研究论文篇"收入朱玉麒、赵莉、台来提·乌布力、庆昭蓉、荻原裕敏、吉田豊、霍旭初、彭杰、殷弘

承、吴丽红等撰写的相关石窟题记、壁画研究论文，展示了龟兹石窟题记研究的历程和成果。该书包含龟兹石窟题记文物图版、出土讯息、字样摹写、内容转写、翻译注释、综合研究、词汇索引及文物编号索引等，是一部具有国际学术水平的新疆现存吐火罗语文献研究的学术专著。该书是中国学界在吐火罗语文献研究上的最新成果，在龟兹学、西域学、中亚学乃至丝绸之路古代东西方文明交往史等学科研究领域与学科建设上均具有重要意义。

（李锦绣）

【胡汉中国与外来文明】

葛成雍著《胡汉中国与外来文明》，生活·读书·新知三联书店2020年6月出版。该书共五卷，分别为《交流卷：绵亘万里长》《民族卷：胡马度阴山》《艺术卷：拂菻花乱彩》《宗教卷：番僧入华来》《胡俑卷：绿眼紫髯须》，围绕"汉唐记忆与丝路文明""胡貌汉魂与异域文明""唐风胡俗与丝路艺术""唐人胡俑与外来文化""唐三夷教与外来信仰"五个主题，在汉唐之际胡汉交融的大形势与立足全球史的大视野下，图文并茂地论述了汉唐时期丝绸之路上的中外文化交流与互动。《交流卷》收录论文16篇，以考古新发现为先导，结合中西文献，探讨欧亚古国与古代中国或隐或现的文明联系。此卷的《丝绸之路的世界回响》《中国记忆中的丝绸之路》《论唐朝的世界性》《丝绸之路与古今中亚》《谈汉唐丝绸之路的起点》之文，均从宏观角度探讨古代中国、汉唐长安等在丝绸之路上的地位及作用，展示中西交流的过程中，中国不断发现新的世界，世界也逐渐认知着古中国的历程，认为丝绸之路是"一个起点，几条分布，多种传播"。此卷还对"Khumdan"为

长安外来译名提供新证，并对中亚粟特胡名"伽"字等提出新解。《民族卷》收录论文14篇，围绕汉唐时期胡汉之间的冲突与交融，结合考古发掘新成果和文物解读。本卷推测秦国嫪毐为匈奴人，考证了唐玄宗的中亚嫔妃曹野那姬，推测了崔莺莺与蒲州粟特人的渊源，对中古入华黑人、印度人、突厥人、契丹人、奚人等进行了寻踪，从不同角度探索了草原突厥、绿洲西域和中亚粟特的多方互动。《艺术卷》收录论文15篇，考察新近考古发掘出土的文物，深入探索中外交流的古代艺术史。此卷从昭陵六骏源于突厥风俗到唐陵石人来源于草原游牧民族，从贞顺皇后石椁上希腊化艺术到"醉拂菻"的希腊酒神在中国，从欧亚沐浴遗址到燃灯胡伎石刻，考察唐华清宫浴场遗址与欧亚文化传播之路的联系，追溯胡椒从埃及、西亚、伊朗、中亚到汉唐中国的渊源等，展示古代艺术史印证了中华文化与外来文明紧密相连的关系。《宗教卷》收录论文16篇，考察了北朝隋唐时期各种宗教错综复杂的图景，对由西亚、中亚传来的景教、祆教、摩尼教入华后的传播和变化，做了不同层次的研究。此卷对洛阳发现景教经幢的系列研究，对国家博物馆藏北朝祆教新图像的解读，对安备墓新出粟特艺术图像的公布和解释等，都是最新解读成果。《胡俑卷》收录论文14篇，通过对胡人眼睛、驾车胡夫、驼载穹庐、胡汉马球等的解析，及对负囊胡商、祖腹胡人、胡人猎师、髯胡乐手等异域造型的诠释，再现了中古时期胡汉文化相容的社会风貌。该书结合考古与文献，以"新文物"与"旧文本"相印证、多学科的交叉融通的方法，揭示了中外文明交流的史实，具体考察了入华胡人的生活状况，探讨外来文明对中原建筑、书法、绘画、雕塑以及生活习俗等方面的影响，挖掘祆教、摩尼教、景教等在中原地区的传播。这些对汉唐以来与丝路沿线的族群、政权相关联的历史、文化、宗教、艺术的基础性研究，不但具有学术价值，对扎实推进"一带一路"构想也有着积极作用。

（李锦绣）

【陆游的乡村世界】

包伟民著《陆游的乡村世界》，社会科学文献出版社 2020 年 9 月出版。该书利用南宋著名诗人陆游的诗篇为主要研究资料，力图展示南宋时期浙东山阴、会稽地区的乡村社会。作者认为，"叙述"是历史学的基本特性，而随着近代以来历史学研究方法社会科学化，这门学科日益以解剖、分析历史时期人类社会为己职，在帮助今人认识历史时期的人类社会的同时，也在一定程度上使研究者和读者停留在"性质""结构"等概念中的历史社会。如果研究者不再执着于学界关注的各种社会科学式的"问题"，而是回归历史叙述的本义，至少在某些侧面尽可能去复原中国近古时期乡村民众的各种生活场景，或许能够更为直接地反映普通民众的日常历史活动情况。虽然宋代官修史书在这一方面的记载不多，但以陆游为代表的宋代文人存留至今的海量的田园诗，却能够为我们提供不少有价值的历史信息。陆游的一生仕少闲多，长期生活在家乡浙东乡村，他创作的诗作为数甚巨，保存至今的有 9362 首，而其中有六七成反映了乡村生活的内容。以此为基础，该书除引言与结论外，共分六章，主要讨论三方面内容：浙东乡村一个中上水平乡居寓公的生活范本；以陆游为代表的士人在乡村的社会中扮演了多重复杂的角色；由陆游所感知与描述的既丰富多彩又民生艰难的乡村生活。通过对上述三方面的分析，作者指出陆游的乡村世界是一个稻作经济发展成熟的农耕社会，在成熟农耕经济之上形成的区域社会，它的管理机制——无论是外部通过国家机器表现的政府管理，还是内部的乡民自我组织，都已经相当周到复杂。而成熟的农耕经济也孕育出精致的思想文化，主要表现为民风民俗的基层文化与主要由社会上层掌握的精英文化，二者相辅相成。在陆游等士大夫阶层的努力下，宋以后的中国开始了儒学渗透基层社会的长期发展，并最终将其转变成了一个儒学化的社会。陆游也可以代表南宋时期的某一类乡宦，主要特点是：属于乡居"长者"而非"豪强"；关心家国大事，却尽力不插手地方政务；作为一代文豪，在乡居生活时仍能对文坛产生广泛影响。剖析陆游"乡村世界"这一具体个案，该书观察分析了两宋时期县级政权之下的基层乡村社会，有助于消除宋代社会生活史研究中比较笼统的认识，从而为今人想象"宋代农村"提供了几个可以依凭的支点。

（王　申）

【和战之间的两难：北宋中后期的军政与对辽夏关系】

方震华著《和战之间的两难：北宋中后期的军政与对辽夏关系》，社会科学文献出版社 2020 年 8 月出版。该书的主旨在探讨宋仁宗朝以降，北宋政府在"强兵"上的各种努力，及衍生而来的拓境行动，主要章节是作者发表于 2002—2019 年的 8 篇论文。作者讨论了北宋中期对外政策由"和戎"转向"拓边"的原因。他认为澶渊之盟带来的承平没有让宋朝士人放弃对军功的向往。宋夏战争的爆发进一步促使文官、士人反思以和戎为中心的对外政策。"拓边"并非仅出自宋神宗个人的意志。从军事政策的角度来看，宋仁宗朝以后，北宋官方为应对西、北两方面的军事威胁，以"强兵"为目标进行了多种军政改革工作，包括形成了武举、武学等长期延续的制度。然而，以文官为主的统治阶层可以压低"武"的价值，但又无法否认军事对于巩固政权的重要性，如何处理军务成为难题。武举、武学等看似属于军事方面的制度，实际上是文士以"文"的理念来处理"武"的问题，将军事之学置于政权的监控下。在兵源方面，宋朝政府在"兵农合一"思想的影响下，长期兼用募兵与民兵。募兵与民兵的优劣成为朝堂论争的重要话题，自宋神宗时代保甲制度的推动，最终形成了合理化募兵制的论述，对宋朝军队和政治体制产生了深远影响。支持募兵者形成了以"太祖之制"来合理化养兵开支的论述，一些与太祖有关的传说亦因此被政治人物逐步创造出来。这些有利于募兵制的观点，强化了募兵为宋朝军制特色的印象。实际上，将军事工作局限于少数社会成员，以便于控制多数平民，似乎更是某些北宋君臣考虑的重点。从神宗朝开始，拓边行动积极展开，一改之前受制于敌的边防形势。宋神宗本人仍然想落实"将从中御"的管理理念，主动介入士兵训练、行军阵法与器械制造等方面；通过加快文书传递的速度，建立多种信息渠道，力图有效掌握前线战局。然而，宋神宗的意志受到了诸多客观条件的限制，大大降低了皇帝在军事行动中的影响力和决策的准确性。皇帝依据自己的想法来规划战争，而前线官员则另有主张。规划和指挥的失当是宋军在宋夏战争中失败的主要原因。其中永乐城一战的失利对北宋政坛造成了极大震撼，使反战官员借机宣称拓边政策失败，在神宗死后推动了以土地换和平的外交工作。只是宋人与西夏人对于土地与和平的理解并不一致，宋人自认为可以换回和平的举措未被西夏人认可和理解。这导致两国之间难以形成有效的外交政策，建立和平关系亦受到阻碍。附录一篇，则是对宋代政治史的讨论议题与研究方法进行检讨，并以"重文轻武"与宋太宗有意与辽国谋和两个北宋政治的史实考证作为说明。该书对于研究北宋中晚期的军事制度、对外政策与夷夏关系具有较高的参考价值。

（王　申）

【秩序之间：唐宋法典与制度研究】

《秩序之间：唐宋法典与制度研究》，上海人民出版社 2020 年 8 月出版。该书是上海师范大学戴建国教授的论文集，收录论文的时间跨度长达 20 年。该书上篇为《天圣令》与唐令复原研究，以 1999 年作者本人发现于宁波天一阁的《天圣令》为研究基础，探讨了现存《天圣令》文本的来源及其修纂方式。依据《天圣令》在行的宋令，对唐代的《田令》《赋役令》《捕亡令》《杂令》分别作了复原尝试，并对与《田令》《赋役令》《捕亡令》《杂令》相关的一系列问题和国家制度进行了深入研究。这些研究力图突破断代史研究而造成的限制，上溯唐代，探讨北宋与唐的历史传承性，揭示这一时期发生在法律这一上层领域内的变化。作者指出对于《天圣令》所反映的制度，应该考虑到传世的唐令制定于唐前期，在唐后期并没有什么实质性的修改。因此唐令规定的条文，反映的是唐前期实施的制度，而唐后期的法制已发生很多实际变化。而《天圣令》规定的法令是北宋时期政治经济生活的集中体现，反映了当时的物质关系和社会关系。中篇探讨了唐宋律令制法律体系的传承流变，围绕两部法律文本《庆元条法事类》《至元杂令》，探讨了唐宋律令体系的传承演变及其式微问题；并以唐宋专卖法为视角，论述了唐中期以降"敕"的崛起，揭示律令体系的具体演变过程，梳理了宋代经济发展与立法之间的互动关系；通过对宋神宗时期重大诏狱审理过程的分析，考察宋代的法制理念及对祖制的变通调整；通过分析《至元杂令》，考察元前期的法律规范与唐宋律令制法律体系的差异。下篇研究的聚焦点是宋代朝廷和地方的政治经济制度，围绕宋代社会多个领域的问题从不同的视角探讨了构建和维护宋代社会秩序的内在因素，以及促进社会经济关系发展的内在动力。由此深入分析了宋代基层社会的法律人，宋代户口统计和赋役征差簿帐制度，宋代典权制下的一田两主制、永佃权及田底、田面权等土地产权形态问题。总之，该书对于进一步充实和推动唐宋法制史研究，多角度探索唐宋时期不同地域的法制状况和国家制度实施的效果，认识唐宋时期中国社会发展态势，揭示唐宋社会变迁呈现的多元变化，具有相当重要的学术价值和意义。

（王　申）

【人鬼之间：宋代的巫术审判】

柳立言著《人鬼之间：宋代的巫术审判》，中西书局 2020 年 10 月出版。该书主要是作者多篇长篇研究论文的集合，具体包括 3 篇已发稿和 1 篇未刊稿。全书共分 4 篇，分别是社会篇、立法篇、司法篇、方法篇。在社会篇中，作者围绕宋代的"巫"风由哪些社会群体制造展开论述。宋代的巫作为民间信仰的一种，充分显现民间信仰的特色，其中之一便是与其他民间信仰，包括世俗化的佛教和道教相互吸收，丰富自己的内容并提升竞争能力。若干僧人、道士、巫觋都懂得巫术，僧道的某些行为也被认为接近巫觋，三者有时也扮演着大同小异的角色，发挥近似的功能。而巫觋与医生的功能也颇为接近。上述群体一方面竞争市场，另一方面也相互合作。士大夫的宣传和需求在制造"巫"风中发挥了较高的作用,使得更多民众相信巫术是可以依赖的。司法人员对待巫的态度,与对待其他民间信仰没有太大区别。立法篇着重讨论了宋代是否禁巫这一问题。作者指出巫有狭义与广义的内涵。在广义的内涵下,巫师、僧道、术士等均被包含其中。这些群体一起形成"巫"风,如有违法,也被一起取缔,而不仅限于巫师。宋代在立法上不曾禁巫,局部地区、部分官员禁止某些巫的非法行为的确存在,但不能以偏概全。宋代新设法令,将巫只准病人依靠神力而不准依靠医术认定为非法,借此抑巫扬医,这也许是宋代逐渐进入近世的某种体现。由此澄清传讹已达40多年的所谓宋代"禁巫"说。司法篇以《夷坚志》和《名公书判清明集》为主要的研究史料。首先探究了《夷坚志》中巫觋故事作为法律史料的优点与疑点。总体来说,《夷坚志》虽然被视为比较接近小说,但可利用的资料与《名公书判清明集》可能不相上下,并因其通俗故事般的叙述风格,不少地方更为坦白和精彩。其次利用二书中的史料探究宋代司法的各种问题,这是文学史料、法制史料与法制史研究相结合的一种尝试。方法篇则概括了研究宗教和法律问题的几个要点。作者认为需要充分辨析史料的性质,不宜轻率地移花接木,例如将某些官员的个人意见视为国家政策;要顺着史料的脉络解读,不要先入为主,要留意前后文的逻辑关系;找出宋人自己的提问,顺着他们的思路和行文脉络去解读史料;注意史料的虚实问题;清楚界定关键词和研究对象;以常识和逻辑构建问题并推想答案;充分利用史学六问;注意跨学科和借用外来语、概念、理论来研究时的一些问题。总之,作者选择以所谓的"灵异"案件入手,尝试填补宋代法律宗教史的研究空白。该书或是一种社会史视角下的法制史研究,并解决了一些与文化、思想史相关的问题。

(王　申)

【朱瑞熙文集】

《朱瑞熙文集》,上海古籍出版社2020年3月出版。朱瑞熙先生为著名宋史专家,参与了多项宋史史料的整理,著有专著数种,而其主要贡献在于大量的宋史论文。他在宋代科举、教育、铨选、社会结构、政治制度、社会生活、思想等方面有许多论述,对学术界影响深远。该文集收集朱瑞熙先生全部学术论文及论著数种,凡300万字,汇为1稿,别分8册。具体包括学术著作2种:《宋代社会研究》《中国政治制度通史》(第6卷宋代)。前者集中讨论宋代社会新特点;后者论述宋代的国家政治制度的运行机制和特点,论述宋代的中央决策体制,探讨中央决策机构和决策的依据,信息传递渠道,决策和政策贯彻执行的程序、方式,决策的特点与效应等问题,并由此奠定朱先生在宋代政治制度研究方面的地位。此外还有论文集1种:《疁城集》;辞典词典2种:《中国历史大辞典·宋史卷》《中国大百科全书·中国历史》;合作著作多种;如《辽宋西夏金社会生活史》(前言、第19章至第23章、第25章至第26章),《宋史研究》(第1至第3章、第4章部分),《两宋文化史研究》(第5章、第6章、第7章);古籍选译1种:《宋代笔记小说选译》。在《疁城集》之外,该书亦收入各类文章185篇,涉及宫廷制度、经筵制度、皇储制度、职官制度、幕职州县官的荐举制度、官员的用餐制度、官员的回避制度、官员的休假制度、官员的礼品馈赠制度、行政奖惩制度、科举制度在内的政治制度研究,对"澶渊之盟"、王安石变法、岳飞、朱熹等重大历史事件和人物的研究,对宋朝生产力和生产关系、城乡经济、役制、乡村催税人、土地价格等经济问题的研究,对生活用具、服装、婚姻观念、丧葬礼俗、称谓、避讳、饮食、八股文雏形等社会生活、文化和社会风尚等方面的研究。这些文章有相当部分是国内外第一次进行的研究,对深入推进宋史研究的探索作用巨大,形成了一些在当时具有突破性,并对学界产生深远影响的重要结论。在编排方面,论文的收录大致分为几个类别,每类大体以时间先后排列。全集书后编有《朱瑞熙论著编年目录》,所有著作和论文均以首次发表年份排列,修订本或在其他书刊中再次发表的,同时加以注明。

(王　申)

【宋史研究诸层面】

邓小南主编,方诚峰执行主编《宋史研究诸层面》,北京大学出版社 2020 年 6 月出版。该书是一部论文集,集中了一批宋史研究中青年学者的最新研究成果,共收录文章 29 篇,其中 16 篇为首次发表,13 篇是已发表论文的修订稿。该书收录的大部分文章,都曾经提交于 2019 年 6 月 14—16 日在北京大学人文社会科学研究院、清华大学历史系举办的同名工作坊之中。无论是新作还是修订之作,该书在组稿时皆安排了同行评议,作者也根据评议意见进行了修改。全书包括"学术史"和"专题研究"共两部分内容,既有对既往学术史的深入回顾、总结与反思,方便读者快速了解既有研究动态;又有具体研究论题上的细致探索,反映了相关专题的最新研究进展。"学术史"部分包括 8 篇文章,如方诚峰《试析宋代政治史研究诸轨迹》从"唐宋变革论""国家萎缩论""封建专制国家论"等重要的学术假说和理论出发,梳理了宋代政治史研究的发展历程;李全德《宋代的信息沟通与文书行政研究述评》则对于新兴于 21 世纪的信息沟通、文书行政研究视角加以全面总结和评述;张祎《关于"'活'的制度史"》一文进一步阐明了"活的制度史"这一学术研究理路的内涵、途径和学术价值。此外,多名作者对于中古社会史研究、欧美学界宋代女性史研究、女人的唐宋之变、"中国专制论"、邓广铭宋史研究的学术渊源等领域的研究史也作了概览与评论。这些学术评议的重点既涵盖近二三十年来诸领域的一些新动向,又涉及了宋史研究所发轫的近现代政治、学术背景。"专题研究"部分涉及论文 21 篇,重点是制度史,如王化雨《申状与宋代中枢政务运行》、周佳《宋代官印行用考》;政治史,如古丽巍《何以"有为"?——论北宋神宗朝"大有为"之政》、朱义群《继志、国是与党祸:北宋哲宗朝"绍述"论分析》。也包含军事史,如陈希丰《南宋京湖战区的形成——兼谈岳家军的防区与隐患》;社会史,如李怡文《10—13 世纪中日交流中的僧商合作与"宗教—商业网络"》;思想文化史,如陈文龙《五代德运新论》;财政史,张亦冰《北宋财政决策体制中三司、宰执职权关系探析——兼论三司的"有司""使职"二重性》等;以具体的研究实践落实诸多思考,具有较高的学术价值。

(王　申)

【高丽时代宋商往来研究】

李镇汉著,李廷青、戴琳剑译《高丽时代宋商往来研究》,江苏人民出版社 2020 年 7 月出版。该书属于"海外中国研究丛书"之一种,原书《고려시대 송상왕래 연구》由경인문화사(景仁文化社)2011 年出

版。宋代中国的对外交流逐渐全面走向海洋。随着海外贸易愈发兴盛，海商群体日益壮大，其中有相当一部分主要经营对高丽的贸易。该书在以往研究基础之上，对"宋商往来高丽"这一主题再做细致讨论，试图证明当时宋商往来于高丽极为频繁，几乎每年均有，宋丽贸易的密度较通常的认识更高；甚至在文献中几乎没有"宋商来献"记录的高丽毅宗时期（1146—1170）和武臣执政时期（1170—1270），即使"宋商来献"次数骤减，与宋商的往来也没有中断。作者利用新挖掘的《东国李相国集》《湖山录》等书中关于宋丽两国人员之间的交流记录，以及通过重新阐释《高丽史》和宋代文献中与宋商往来相关的记载证明了上述结论。针对史料记载的片面性，作者认为"宋商来献"可视为一种提升高丽国王权威的外交行为，因此相关史料容易流传下来。然而不能凭名字仅出现一次，就轻易断言该名宋商就仅仅到过高丽一次，这不符合海外贸易的特殊性。在此基础上，该书把从宋朝建立到灭亡的宋商往来记录，集中整理成《宋商往来表》，直观地说明宋商实际往来次数要比以宋商来献记录为中心而形成的固有认识多得多。尽管宋丽之间的政治、军事关系时常变化，但是宋商往来高丽却基本没有受到影响。由于宋商到达高丽后会停留在礼成港或开京的客馆，包括王室和官僚机构在内的首都以及周边的奢侈品消费阶层，随时都能与数百名宋商进行贸易。不仅如此，偶尔还会出现先预订所需要的商品，待下次宋商到来时再收货的方式。与此同时，宋丽两国人无须等待太多时间便能互通，因而在文化上也基本达成了"实时"交流。此外，宋商不仅灵活自主地开展对外贸易活动，还充当着宋丽之间政治、文化交往的媒介，承担着使臣往来、文书传递、难民遣返、文化交流等功能。总之，该书重新探讨了高丽初期贸易政策、武臣执政时期宋商往来、宋商往来类型等问题，能够帮助读者拓宽对公元10世纪至14世纪东北亚贸易史和外交史的认识。

（王　申）

【肇造区夏：宋代中国与东亚国际秩序的建立】

谭凯（Nicolas Tackett）著，殷守甫译《肇造区夏：宋代中国与东亚国际秩序的建立》，社会科学文献出版社2020年6月出版。该书属于"甲骨文丛书"之一种。原书 The Origins of the Chinese Nation: Song China and the Forging of an East Asian World Order 由剑桥大学出版社（Cambridge University Press）于2017年出版。与开放多元的唐帝国相比，两宋的政治文化似乎给后世留下了封闭内省的印象。但作者认为，拜唐末五代特殊的地缘政治遗产所赐，宋代的政治精英拥有空前的国际化视野。在北宋时期，新的东亚国际体系日益成熟。宋与契丹和平共处长达百年，并由此成为中国历史上第一个以对等外交的原则与草原政权相往来的王朝。与此同时，大规模、系统性的勘疆立界活动在多处边境地区展开，这在中国历史上同样前所未有。通过分析涉及外交、跨境旅行、军事战略、边界划界、民族意识和东北亚文化地理等方面的宋、辽、西夏文献与考古学证据，该书阐述了一种不同于现代民族国家体系而又切实可行的国际关系结构。这种结构由两方面的因素构成，一为国族观念在宋代出现，二是新的世界格局在东亚形成。而全书的主要内容就是在讨论宋代国族观念的内容是什么，为什么会出现，以及新的世界格局如何形成，各国通过何种方式维护了这一新格局。由此全书分为两个部分，

第一部分题为"政治空间",讨论宋辽签订澶渊之盟后一个世纪里的政权间互动。来往各国之间的使节成为作者的重点关注对象,作者认为这些人的跨国经历直接影响到重大政治决策,以及中国社会政治精英看待周边世界的方式。在北宋,宋人将北方邻邦视为和自己一样的生民,澶渊之盟以后的和平得以长期维持。北宋的北方边境拥有与唐朝截然不同的全线防御体系,这在一定程度上反映出宋人对本朝"主权"性质以及本朝实力的认识。大规模的勘疆立界工程随之展开,最终形成了双方之间的边界,这与"普天之下莫非王土"的传统观念已大不相同。第二部分题为"文化空间",重点讨论公元11世纪社会政治精英的中国观念及其变化发展。北宋人对汉族群、族群归属感、华夏观念有了新的认识,并由此产生了新的认识框架,促使他们致力于收复故土的运动,影响了后续的历史进程。而在辽朝的族群政策下,汉文化区域与草原文化区域之间出现了明显的差别,作者通过使节作为"行旅"的观察,讨论宋朝使节亲身经历的巨大文化差异,尤其是华北平原与欧亚草原之间的差别。这些实践知识让使臣感受到"中国"有天然的疆界,且与宋辽在现实中的政治边界不同。总之,该书的讨论将有助于深化理解宋辽夏时期的国际关系与时人的国族意识。

(王 申)

【宋代东亚国际关系与外交仪礼】

金成奎著《宋代东亚国际关系与外交仪礼》(김성규,송대 동아시아의 국제관계와 외교의례,신아사)2020年出版。该书收录金成奎教授二十多年间发表的27篇论文,并按照论文主题分为5大版块进行排列。该书主要讲述在公元10—13世纪的东亚世界中,宋朝与周边政权展开的交流,使节往来,以及外交礼仪等内容。可以说该书是金成奎教授二十多年来,研究宋代外交史的一个成果总结。在第一部分,金成奎主要叙述了宋代国际环境与册封、朝贡秩序的变化。金成奎认为宋代不仅处于多元性、对等性的国际体系中,其国际关系也呈现动态变化。在宋朝前期,由于对北方战略的失败,宋朝的外交呈现保守姿态,但到了后期,宋朝则积极寻求国际关系的主导权。在这种攻守转换之间,前中期宋朝主要采取"以夷制夷"的外交政策,而到了后期,则更注重与外国的联合。金成奎强调宋朝延续了唐朝的朝贡体系,而且对于宋朝的朝贡国来说,相比于东方的朝贡国,南海与西域的朝贡国占据大多数。在具体案例上,金成奎研究了宋朝与安南,以及西南蛮夷的朝贡、册封体系,并对其主要特点进行了总结。在第二部分,金成奎论述了各国外交使节的往来与接待等内容。首先他对宋代东亚的国信与进奉等相关的称呼问题,以及使节团的规模和性质进行了整理。对公元10—13世纪东亚历史中帝王们生日时派遣的生辰使进行了比较和分析。不仅如此,金成奎还对宋、辽之间互相派遣的贺庆使进行了研究。最后金成奎在外交层面对宋朝的都城开封进行了探讨。对驻扎在宫城与外城的外交机构的情况;外交仪礼空间的种类与机能;外国使的住宿设施等问题进行了详细的考证。在第三部分,金成奎叙述了东亚的外交仪礼与礼制霸权主义。首先,他对宋代东亚宾礼的成立以及性格进行了探讨,强调宋朝的宾礼不仅继承于唐朝的《开元礼》,而且也被辽、金等势力积极引用。其次他考察了起源于周代的中国宾礼制度如何得到继承和发展。金成奎还通过对比契丹对宋朝的国信使,以及宋朝对契丹的国信使仪礼,指出了两者间的共

同点与差异点。对于日本学者岩井茂树提出的"礼制霸权主义"概念，金成奎将其应用于金朝，通过对《金史》当中《外国使入见仪》篇的分析，强调金朝实行的是礼制霸权主义。在第四部分，金成奎以高丽为主体，探讨了高丽使的国际环境和其对应策略。首先他从中国王朝对高丽使节的迎宾礼出发，分析了高丽的国际地位。并通过《高丽史》当中的《迎北朝诏使仪》篇，论证了高丽在外交上的仪礼以及高丽国王对北朝的态度。其次，金成奎不仅对各国间誓书的起源、传统及意义进行了研究，还对高丽与金朝建立国交以及两国间誓表的问题进行了探讨。最后，金成奎以《宣和奉使高丽图经》为研究对象，对宋朝派遣宣和使节团到高丽的目的进行了说明，并对使节团在开京，以及群山岛的行程进行了复原。在最后的第五部分，金成奎整理了海外东亚史研究的相关情况。特别是对日本学者西岛定生提出的"东亚世界论"和美国学者费正清提出的"中国的世界秩序论"等理论研究史进行了整理及比较。

（林金彪）

【剑桥中国宋代史（上卷）：907—1279 年】

崔瑞德（Denis Twitchett）、史乐民（Paul Jakov Smith）编，宋燕鹏等译《剑桥中国宋代史（上卷）：907—1279 年》，中国社会科学出版社 2020 年 12 月出版。该书属于剑桥中国史系列丛书。原书 *The Cambridge History of China*, Vol. 5: Part 1, *The Sung Dynasty and Its Precursors*, 907—1279 由剑桥大学出版社（Cambridge University Press）于 2009 年出版。该书承继了剑桥史学扎实敦厚的研究风格，而且原始资料的来源范围更加宽泛，各种相关古籍都纳入其中，近几十年最新考古成果的贡献颇多参考。编写者一方面重视原始资料，另一方面重视吸纳和展示当代学者的最新研究成果。这些特点在书中主要表现为加大了历史解释和评论的力度，秉持述论并重的原则，而且较为平允地介绍了其他相同的和不同的观点，使史学思辨更富有张力。全书也不是传统史学内容单纯的重复和扩展，而是对五代十国至宋代的历史进行了全方位、多角度、跨学科的研究。从写作的方法和视角看，该书以时间顺序为主轴，以政治史为主要的研究对象，重点叙述了与宋朝政治的兴起、巩固和灭亡密切相关的代表性人物和事件。在叙述任务和事件之外，作者们还在写作的过程中特别强调了在宋朝时期出现的具有政治意识的文人士大夫阶层，科举制度的发展，"道学"运动的兴起及其对政治的意义。此外，他们还强调了党争、"权相"对宋朝政治文化的负面作用，以及契丹辽、西夏、女真金和蒙元等强大的北方草原政权对宋朝历史走向的影响。就具体章节而言，该书正文汇集了全球宋史研究名家之手，具体包括：导论"宋朝及其之前的朝代（907—1279）"由史乐民撰写，第一章"五代"由史怀梅（Naomi Standen）撰写，第二章"唐宋之间的南方王朝（907—979）"的写作者为柯胡（Hugh Clark），第三章"宋朝的建立与巩固：宋太祖（960—976）、宋太宗（976—997）与宋真宗（997—1022）朝"由柳立言、黄宽重执笔，第四章"宋仁宗（1022—1063）和宋英宗朝（1063—1067）"由 Michael Mcgrath 主笔，第五章"1067—1085 年神宗统治及王安石变法"的写作者为史乐民，第六章"哲宗朝（1085—1100）与党争时代"、第七章"徽宗朝（1100—1126）、钦宗朝（1126—1127）与北宋的灭亡"由李瑞（Ari Daniel Levine）撰写；在南宋部分，陶晋生写作了第八章"南迁及宋高宗的统治（1127—1162）"，江伟爱（Gong Wei Ai）主笔第九章"宋孝宗统治时期（1162—1189）"，戴仁柱（Richard L. Davis）写作了第十章"光宗（1189—1194）、宁宗（1194—1124）的统治"，第十一章"理宗的统治（1224—1264）"，与第十二章"度宗（1264—1274）及其后嗣的统治迄于宋亡"。此外，该书下卷 The Cambridge History of China，Vol. 5：Part 2，The Five Dynasties and Sung China，960—1279 已由剑桥大学出版社于 2015 年出版，该书主要从政治、经济、科学技术、军事等专题角度讨论了五代至两宋的相关历史问题。

（王　申）

【朱熹、陆九渊与王守仁理学思想比较——以理、性、心、知四个范畴为中心】

毕游著《朱熹、陆九渊与王守仁理学思想比较——以理、性、心、知四个范畴为中心》，社会科学文献出版社 2020 年 9 月出版，系社科基金后期资助项目成果。该书分为绪论篇三章、本论篇四章和终论篇一章。绪论篇梳理理学历史发展、朱陆异同公案和近代朱、陆、王比较研究的学术脉络。本论篇从"理""性""心""知"四个范畴，分别比较分析朱熹、陆九渊和王守仁的观点，并简略考察其间二十余位理学人物的相关主张，梳理和归纳理学思想在朱、王之间的演进脉络。作者认为，"理"的实质内容是仁、义、礼、智的道德信条。朱、陆之"理"具有双重性特征，既是存在于自然世界的客观之理（实然之理），又是存在于人伦世界的主观之理（应然之理）。其中，客观性是显性的，主观性则是隐性的。这一双重性是"理"范畴的内在矛盾。朱、陆之间的不同在于，前者认为"理"首先是外在于客观世界的，因此朱学有丰富的宇宙论，并强调对"理"的认知必须经过"格物致知"的学习过程。陆九渊虽然也承认"理"是"充塞宇宙"的客观之理，但更强调是"本心固有"的，无需向外求索，因此不需要宇宙论，"格物致知"也并非获得"理"的必要条件。朱学有严格的形而上的理论框架，因此"性"是连接形而上之"理"与形而下之"心"的中间范畴，发挥着道德本体的重要作用。陆学则没有形而上的理论框架，从而无需以"性"作为中介范畴，代之为道德本体的是"本心"。继承朱学和陆学的思想资源，并延续元明以来合会朱陆趋势的王守仁认为，"理"是"心"的主观产物；"心"的作用不仅是认知"理"，更重要的是生成"理"。王学没有形而上的理论框架，因此也不需要"性"范畴作为"理"与"心"之间的中介。王学的道德本体是"良知"。王守仁的"知"与朱、陆不同。朱、陆之"知"是理性之知；而王学之"知"则是本能之知。王守仁否定道德的知识性，认为"格物致知"的过程便是道德实践的过程，即是"致良知"。该书指出，宋明间的理学发展过程，就是"理"范畴从客观世界向主观世界回归的过程。朱、陆对"理"的客观性的认识是相近的。但陆九渊认为人伦之理的呈现是一个自信或信仰的问题，无须证明，实际上已将"理"从客观性向主观性转移。王守仁继承这一趋势，过度强调"理"的主观性，废除了"理"的客观性和知识性，走向了另一个极端。

（陈冠华　毕　游）

【笔记语境下的宋代信仰风俗】

范荧著《笔记语境下的宋代信仰风俗》，大象出版社 2020 年 9 月出版。该书系国家社科基金重大项目"《全宋笔记》整理与研究"成果，收入"宋代笔记研究丛书"。在中国古代，笔记作为一种文体，以其质朴而不事雕琢的特色生动呈现了古代社会生活的场景。笔记既有对社会重大事件的记录，也有对微观生活的叙述，其对于文化史、社会史、学术史、科技史等领域的研究具有极为宝贵的史料价值。该书借助宋代笔记以窥探当时社会的信仰风俗。作者指出，古代中国大量原始的信仰与崇拜，并未伴随历史的进程发展为成熟形态的宗教，而是经过官方的收罗和世人的改造，以国家祭祀和民间信仰的形式长期传承。同时，佛、道二教在中国的发展与传播呈现"民俗化"趋向，多种信仰元素的相互渗透与融合，致使中国古代的宗教观念和信仰习俗显得尤为繁复和庞杂。两宋时期是中国古代信仰习俗演进过程中的重要阶段。经历了唐宋之际政治、经济、社会、文化的重大变革，宋人的宗教观念和信仰习俗也展现前所未有的新特点。首先，随着城市的发展和经济的多元化，人们的社会生活更趋丰富，与之相应，信仰习俗也更加复杂。其次，宋王朝"佛、道并重"的政策使佛、道二教获得发展良机，从而在民间广泛传播。此时的佛、道呈现"儒学化"和"民俗化"的演变趋势，与世俗社会的现实需要结合得更加紧密。民间与佛、道相关的信仰习俗，皆与世人的现实诉求相关。最后，原始崇拜所具有的神秘虚妄色彩至宋代有所淡化，在诸多信仰活动和崇拜仪式中已经增添了不少世俗情趣和生活气息。原先的宗教节日实际上已成为集信仰、文娱、休闲、社交、商贸于一体的大型民俗节日。由于笔记文献个案众多、细节丰富，但缺少全面的总括性论述，且错漏误记、张冠李戴、夸大其词等问题亦不可避免，是以作者有意放弃了时序性的写作方法，而以类编排章节。全书共分六章，分别讨论自然与自然物崇拜、鬼神信仰与祖灵崇拜、佛教信仰习俗、道教信仰习俗、俗神信仰与淫祀、巫术与禁忌等内容。作者在全方位地掌握有宋一代笔记的基础上，通过细致的文献爬梳，从中撷取最为典型的事例，证以部分史实，就宋代宗教信仰中"习以成俗"的部分，予以生动、具体的描述；同时，辅之必要的分析，最终展现出宋代信仰习俗的本真面目和鲜活细节。从一个侧面为今人了解宋代的信仰习俗，提供了相对直观而丰富的线索。

（石　珹）

【宋代以来江南的水利、环境与社会】

孙景超著《宋代以来江南的水利、环境与社会》，齐鲁书社2020年4月出版。此书以宋代以来江南地区的水利史为主要研究对象，在对以往研究进行评析、充分挖掘史料的基础上，依据丰富的史料，经过细致的考证，从水利、环境与社会三个角度出发，对宋代以来江南区域史中的重要问题进行了讨论，其主要内容和学术贡献有：第一，系统地整理了江南地区水利志书的发展脉络，并对历代主要水利志书做简要述评；在此基础上，从环境、地域、人物等多方面入手，讨论了不同的政治、经济等利益诉求对治水议论乃至具体治水措施的影响。第二，从海洋潮汐的特殊环境视角，复原了宋代以来感潮区的影响范围及其变迁；影响感潮区范围的因素多重多样，尤其与河口、海岸线的变化及海塘、闸坝等人工水利工程有关；潮汐影响的方式多样。多种类型的潮汐从不同方面严重影响到感潮区的河道水文及区域内的水利格局，带来了诸多水利任务，引发了上下游地区的水利矛盾。进而影响到该地区的农业环境、生态系统与社会生活，从而展示出宋代以来江南水利环境变化的独特轨迹。第三，对传统江南研究中的热点问题如圩田水利、地域开发等进行了新的解读，通过对太湖流域西北部地区开发进程的研究，探讨江南区域开发过程中的水利问题及其区域差异。该书认为，江南的特性及区域差异，导致其开发过程并不完全符合斯波义信所提出的经典的"江南"开发模式。圩田是江南地区最主要的土地利用方式，在系统梳理圩田的起源与发展过程之上，以芙蓉圩地区为实例，重点探讨江南圩田景观格局的形成过程、景观结构及其环境影响，并进而讨论了圩田小区域内的地域社会特征。

（孙靖国）

【《辽史》探源】

苗润博著《〈辽史〉探源》，中华书局2020年6月出版。历史编纂学是中国古代史学史研究的一个重要领域，已产生了诸多成果。近些年，关注史料来源和编纂过程的探讨越来越成为一种史学研究趋势。该书就是一个典型体现。元修《辽史》是研治辽代历史最基本也是最重要的文献，独自铸成了当今学界有关契丹王朝历史的主体认知框架，形塑了既往研究的主要学术取径。但是，学界对元修《辽史》的史料来源和编纂过程的探讨却颇为薄弱，这从根本上限制了辽金史研究的深入。为了彻底厘清元修《辽史》的史源问题，作者采用通论与专论相结合的形式，一是对《辽史》各部分的文本来源做总体性探讨，二是分专门章节分别考证《辽史》中元代史官编纂因素较多而前人研究不够充分的部分，包括《天祚皇帝纪》《营卫志》《兵卫志》《地理志》《礼志》《乐志》《仪卫志》《食货志》和"西辽事迹"。通过系统考证《辽史》各部分的文本来源、生成过程、存在的问题及史料价值，力图呈现《辽史》本身的生命历程，并注重对元朝史官编纂建构的叙述框架加以离析，开辟出全新的问题空间。同时，将《辽史》放置在整个中国古代正史文本生成、流变的大背景下，凸显其所具有的普遍性与特殊性意义，推动正史史源研究走向精耕细作。作者还透过《辽史》这一典型案例，对传统的史源学研究作出方法论层面的反思，探索历史学视野下文本批判的可能路径。这些都是该书作者所作出的学术努力，推动了《元史》史料学研究，也开拓了中国"正史"历史编纂学研究的新视野、新路径。

（靳　宝）

【元代风俗史话（等六种）】

2020年，陈高华先生的六部元史著作由中国社会科学出版社统一重新出版。《元代风俗史话》从饮食、丧葬、信仰等方面阐述元代的风俗，展示了元代独有的基于民族融合的风俗特点，具体而生动地反映了这一时期的社会风貌。《元代风俗史话》分为三编，第一编元代的饮食，在《中国饮食史》（卷四第11编：元代，陈高华著，华夏出版社1999年版，20万字）的基础上进行修订，并加入了《中国盐业史》一书中《元代盐业史》（盐业总公司主编，人民出版社1997年版）；第二编是元代的殡葬，是作者已刊文章的修订；第三编是元代的信仰，是作者已刊文章的结集修订。《元代经济史》全面、系统论述元代的经济状况，指出全国的大统一，对社会经济有积极的作用。元代社会占主导地位的是封建的生产关系。元朝的经济生活，以中原传统的制度为主，但又掺杂大量蒙古"旧俗"，造成管理的混乱，加深了社会矛盾，导致元朝在统一以后不到百年便趋于灭亡。该书对元代的生产、交换和分配各个环节做了系统的论述，力求全面反映元代社会经济的面貌，并阐明其在古代中国经济发展过程中的应用。作者长期从事元代经济史的研究，该书便是他们研究心得的总结，有许多独到的见解。元代的政治制度，建立在蒙汉二元混合的政权结构与组织形式之上，是中国历史上管理如此广大疆域的多民族国家的一次尝试。监察机构职能的加强，行省制度的设立，土司制度的开创，以及民族、宗教事务管理机构的设置等，都为后代所承袭。元代的政治制度在中国政治制度的发展史上，有重要地位。由此可见《元代政治制度史》的价值。元代实行两都制，大都是首都，上都是陪都、夏都。两都是元代的政治中心，皇帝每年来往于两都之间。《元大都·元上都研究》对元代两都的建造、城市布局以及政治、经济、文化生活等做了全面深入的考述。大都的建造为今天的北京奠定了基础，上都则是中国古代具有典型意义的草原城市。《元代大都上都研究》对元史、蒙古史、中国都城史以及民族关系史的研究具有重要的参考价值。《元代文化史》对元代文化作了全面、系统的论述，并提出对元代文化的总体评价，有填补空白的意义。现在问世的断代文化史，大体都是先讲该朝代的历史发展过程，然后分别叙述各个文化门类（文学、史学、哲学等）的状况，往往令人有将政治与文化割裂之感。对于元代文化，历来评价不一。在相当长的时间内，元代社会黑暗、元代文化衰敝之说流行，很多人认为除元曲之外，元代文化几无可取之处。建国以后，特别是改革开放以后，由于研究工作的开展，对元代文化的评价逐渐发生变化。但和其他朝代相比，元代文化史的研究仍是比较薄弱的。迄今为止，没有出现一部全面论述元代文化的专门著作，和其他朝代形成鲜明的对比。《元代文化史》则将元代历史分成三个阶段，每个阶段先讲政治状况，然后再叙述该阶段各种文化现象，将政治与文化紧密联系在一起，可以清楚看出政治变迁与文化发展之间的关系。一般断代的文化史著作，都以综合已有研究成果为主。而《元代文化史》既认真总结了国内外学术界的有关研究成果，同时在很多问题上都有自己的研究心得、独立见解。可以相信，《元代文化史》的出版，必将对元代文化、元代社会和中国文化史的研究，起积极的作用。《元代文化史》是近年来少见的即精深又广博的元史著作。《元史研究论稿》是在《元史研究论稿》（中华书局，1991 年），《元史研究新论》（上海社会科学院出版社，2005 年），《陈高华文集》（上海辞书出版社，2005 年）的基础上，重新精心整理修订结集出版的，包括了作者有关元代经济、政治、人物等的一些论文。

（罗　玮）

【周清澍文集】

《周清澍文集》，广西师范大学出版社2020 年 9 月出版。该文集收录作者上世纪50 年代以来所著学术论文 70 余篇，类及蒙古史、元史、清史及历史地理、文献学、史料学等诸多领域。包括《成吉思汗生年考》《蒙古源流初探》《元朝对唐奴乌梁海及其周围地区的统治》《汪古部统治家族》《汪古的族源》《历代汪古部首领封王事迹》《藏文古史——红册》《蒙古与蒙古族的形成》《蒙元时期的中西陆路交通》《张穆、李文田手迹考释》《元代文献辑佚中的问题》《元桓州耶律家族史事汇证与契丹人的南迁》《大蒙古国时期儒学机构和学官的设立》《新发现的点校本〈元史〉标点错误和失校》等发表于国内外学术刊物、在学术界产生重要影响的论述。其中约三分之一是首次发表，或一些早期发表于《文史》等大型学术年刊上的现在极难检索到的文章。因此该书体现了作者扎实的研究水平，具较高的参考价值。

（罗　玮）

【元代灾荒史】

陈高华、张国旺著《元代灾荒史》，广东教育出版社 2020 年 7 月出版。全书分上下两编，上编考察元代灾害发生史，下编研究灾荒对策，附以元代灾荒史事编年。有元一代，自然灾害发生频率之高，波及范围之广，前所未有。针对罕见天灾所形成的防灾救灾对策体系颇具特点。本书据翔实的史料，以数据分析的方法全面呈现了元代自然灾害的种类、时空分布等，系统而深入地探讨了预防灾害的农田水利建设和常平仓、社仓建设，灾后的赈恤制度、禳灾、开放山泽、禁猎、禁酒、捕蝗、入粟补官等防灾救灾对策的产生历程和效能，剖析了应灾体制、灾害申报制度，民间救济行为，赈济钱物的来源问题以及流民问题，完整地建构出元代多层次的防灾救灾对策体系和应灾体制。《元代灾荒史》是目前较为全面论述元代灾荒发生史和灾荒对策的论著，具有较高的学术价值。其特点有三。其一，该书在基本史料基础上，搜求元代文献和元明方志中的艺文，对其中所记灾害信息多加辨析，形成了较为全面可靠的数据，进而构建出元代灾害发生史的数据体系。作者制作了图表 52 幅，用数理分析的方法，归纳出灾害发生的时间规律与空间分布特征。其二，该书全面考察了元代官方的应灾体制、灾情申报制度、赈恤制度、各种救灾措施和民间救济行为，系统呈现了元代多层次的防灾救灾的应灾体系。其三，该书还关注了因灾荒所产生的禳灾、流民等问题，客观分析了元代灾荒对策所起的效果。

（罗　玮）

【史事与史源：《通鉴续编》中的蒙元王朝】

曹金成著《史事与史源：〈通鉴续编〉中的蒙元王朝》，社会科学文献出版社 2020 年 9 月出版。《通鉴续编》是元末江南士人陈桱所编撰的一部编年纲目体史书。全书纪事始于传说中的盘古，迄于元朝灭宋的崖山之战。两宋与蒙元史事是其中纪事的核心部分，尤其是蒙元部分的史事，保留了今已难以得见的诸多独家记载。以往虽有学者对此进行了专门性的研究，但长期以来，学界对《通鉴续编》的蒙元史事，仍缺乏系统认识。该书即全面考察《通鉴续编》中的蒙元史事，整体勾勒陈桱笔下蒙元王朝的历史图景，并在前人研究基础上进一步探索辨析其中的史料来源，创新性地指出元代的《东平王世家》等珍稀文献，也在陈桱编撰时被参考并予以抄录。此外，该书在厘清陈桱此书史料来源的同时，发掘并考释了其中关于成吉思汗统一漠北、蒙古灭金、灭宋、蒙元内政等方面独具史料价值的内容，不但为蒙元史研究提供了相关新材料，亦深化了对以往相关议题的理解与认识。该书还重新检讨了蒙元历史的叙事问题，指出当今对蒙元历史的重新叙事虽一度成为学界探讨的一大热点，但不能无视元人在叙事本朝历史面相时所处的文献背景，以及元人本身对本朝历史的整体认识与书写。最后，该书还从中国古代史学史的角度，辨明了《通鉴续编》所记蒙元史事在后来的文献传承情况，从中追踪了古代纲目体史书由私修转入官修的大致轨迹，肯定了《通鉴续编》在纲目体史书流传过程中具有承上启下的历史地位。

（罗　玮）

【元代官方印章与制度史研究】

薛磊著《元代官方印章与制度史研究》，人民文学出版社2020年9月出版。官方印章是研究元代官制最原始的资料之一，相关研究既有较高学术价值亦有一定的现实意义。该书利用元代官方印章资料补充和完善元代制度史研究中的若干问题，同时尽可能全面地辑录和考释元代的官印资料。该书研究内容包含学术论文和官印资料辑录两部分。学术论文部分在概述元代官印制度的基础上，结合官印资料对若干问题进行了专题研究。研究议题涉及蒙金战争时期干支纪年官印、元世祖朝汉字官印、元世祖朝蒙古东道诸王之乱、元代的河泊所与河泊课、元代的州判官、元末"义兵"等。此部分内容还对一些官印进行了辨别，或指出官印的准确年代，或指出官印的真伪及可疑之处。官印资料辑录部分主要内容有两部分，一是"《集古官印考》所载元代官印汇释"，二是"元代官印资料辑补"。《集古官印考》为清朝人瞿中溶历时三十余年汇集并考释的官印集。《集古官印考》第17卷收元代官印32方，这些官印为研究元代官制提供了重要资料。"元代官印资料辑补"补充《元国书官印汇释》一书未收或者遗漏的官印资料。辑补的内容主要包括《元国书官印汇释》未收集的汉字官印及部分新收集的八思巴字官印资料。此稿共新辑录了138方官印资料。对于新辑录的官印，分类予以介绍并做简要考释，并附有拓本、照片，尽可能做到图文并茂。两书合计收录的元代官印资料多达355方。将如此多元代官印资料集中整理、出版，在学界尚属首次。

（罗　玮）

【元代伊斯兰教研究】

马娟著《元代伊斯兰教研究》，上海古籍出版社2020年10月出版。该书广泛收集汉文与波斯文史料，在此基础上吸收中外学者的研究成果，分为五章对元代伊斯兰教进行了专题研究。第一章介绍了伊斯兰教的传入以及在元代的传播状况；第二章详细探讨了伊斯兰法与蒙古法之间的摩擦，以及这种冲突消解的过程及其所带来的影响；第三章以伊斯兰教与"汉法"之间的碰撞与交流为切入点，分别以奥都剌合蛮与耶律楚材、阿合马与汉臣、倒剌沙与汉臣之关系为个案，分析了伊斯兰教与汉法在不同历史阶段的关系与发展走向，除此之外还就汉人对伊斯兰教的认识、回回人对汉法的态度进行了研究，指出在元代回回人中，就对汉法态度而言，可以分为三个"圈子"，即世俗化、中间派与非世俗化，而中间派发挥的作用尤其重要；第四章主要从回回诗人与佛教僧人、道士的关系出发，研究了作为外来文化的伊斯兰教与本土宗教佛、道二者的关系；第五章探讨伊斯兰教与基督教之间的关系。在此基础上，深入分析了伊斯兰教与不同文化之间的摩擦与调适，最终以一种崭新的面目出现于中国历史的舞台上。

（罗　玮）

【讲述世界：马可·波罗、鲁思蒂切洛《寰宇记》的历史与命运】

安德烈欧塞著《讲述世界：马可·波罗、鲁思蒂切洛〈寰宇记〉的历史与命运》（Alvise Andreose, *Raccontare il mondo: Storia e fortuna del devisement du monde di Marco Polo e Rustichello da Pisa*, Edizioni dell'Orso, 2020）出版。《寰宇记》，又名《马可·波罗行纪》《百万》，是中世纪和现代早期最幸运的书籍之一。至今存世版本超过150种，涵盖法意混合语、拉丁语、威尼斯语、托斯卡纳语、法语等众多语言，影响极大。

其成书和流传，无疑是最引人注目的环节，却疑雾重重，几乎成为马可·波罗研究中的最大谜团和难点。以往学者虽有涉及，但迄今尚无定论。这一领域一系列问题的澄清，在很大程度上需要依赖意大利文献学界的细心校勘和缜密论证。意大利学者安德烈欧塞新著《讲述世界：马可·波罗、鲁思蒂切洛〈寰宇记〉的历史与命运》（Alvise Andreose, *Raccontare il mondo: Storia e fortuna del devisement du monde di Marco Polo e Rustichello da Pisa*, Edizioni dell'Orso, 2020）是这一领域最新力作。安德烈欧塞是一位语文学（philology）、语言学（linguistic）研究者，已出版鄂多立克研究专著2部，《鄂多立克东游记》意大利语整理本、法语本整理本（与法国学者 Philippe Ménard 合著），《马可·波罗行纪》威尼斯语 VA 本整理本（与意大利学者 Alvaro Barbieri 合著）。该书主体包括12篇文章，前有巴比耶里序，后有参考文献、抄本索引、历史人物与文献索引、学者索引。这12篇文章，除了研究 VA 本的一篇发表于2002年，其余11篇都发表于2014年以后，反映了意大利学术界的最新动态和最前沿成果。文章篇目如下：《马可·波罗及其书》《〈寰宇记〉与鲁思蒂切洛的编纂项目》《马可·波罗的希腊语》《马可·波罗书中源于威尼斯语的专名：peitere（〈寰宇记〉LXXXV, 11）》《〈寰宇记〉的成书：通过对东方地名的考察而得出的结论》《〈寰宇记〉的抄本系统——旧问题和新观点》《〈寰宇记〉的版本系统与命运》嘉棣《马可·波罗之书在中世纪》（Christine Gadrat-Ouerfelli, *Lire Marco Polo au Moyen Âge*）读后笔记》《〈百万〉VA 本首部抄本（罗马 Casanatense 图书馆 ms. 3999）的语言学研究》《马可·波罗在帕多瓦——关于〈百万〉的鲜为人知的抄本》《〈威尼斯绅士马可·波罗先生旅行记〉——在剌木学（Giovanni Battista Ramusio）的工作室中》《"……吾为童时，闻之甚详……"——关于剌木学〈马可·波罗行纪〉的资料来源》《马可·波罗书的16世纪译本——从文本复制到批判性翻译》。全书的研究方法可以说是抄本学、文献学的。通过孜孜不倦地查访抄本，谨慎入微地考察词汇、语言，论证成书过程、编纂流程、抄本流传、文本翻译等问题。其中前几篇文章从多个角度细致梳理马可·波罗（Marco Polo）和比萨人鲁思蒂切洛（Rustichello da Pisa）合作编纂其书的过程，应该是目前学术界最为详赡的研究。在抄本流传方面，作者查访抄本，整理研究，澄清疑问，卓有贡献。16世纪地理学家剌木学的意大利语译本因为利用了今佚资料，价值极高。作者释读文本，探析剌木学的资料来源和编译方法。整体而言，作者论证严谨客观，大量利用了意大利文献学最新成果，观点令人信服。

（马晓林）

【规训、惩罚与征服：蒙元帝国的军事礼仪与军事法】

周思成著《规训、惩罚与征服：蒙元帝国的军事礼仪与军事法》，山西人民出版社2020年4月出版。公元13世纪蒙元帝国的崛起，是深刻影响世界历史进程的重大事件，学界已经有多方面深入的研究。但是，军事礼仪和军事法在蒙元帝国的崛起进程中，究竟发挥了怎样的作用，长久以来是基本未被触及又亟待解决的重要问题。该书明确了军事礼仪与军事法这对概念，以及二者在思想史和制度史层面具体而微妙的关系形态，在此基础上，从芜杂的历史记载中复原、重构蒙元帝国军事礼仪和军事法的基本面貌。作者广泛搜集不同时期各类语种的相关记载,用语言学和历史学方法加以甄别考订,追溯历史现象背后的社会心理、经济和政治结构。蒙元军队军事礼仪的主要体现为旗纛祭祀、围猎和讲武等"三大礼"。蒙元军队的纛是君主或军事统帅权威的象征,杂色旗帜则有辨识身份与指挥作战的功能。蒙元军队有独特的旗鼓制度。蒙元军队的旗纛祭祀制度包括"洒祭""人祭"和"占旗"等独特内容。蒙元军队的围猎体现了"军法寓之军礼"的特点。蒙元军队的"讲武礼"从早期的检视军籍、保养装备和部分操演,演化为元代的"整点""大阅"和"教阅"等制度。蒙元军队亦举行许多其他种类的军事礼仪,包括"战前礼仪"(卜将、陛辞、战祷、军占)和"战后礼仪"(献俘、引见、京观、埋祭、吊恤)。蒙古国家在成吉思汗和窝阔台时代已形成了相对完整的军事法体系。该书探讨了蒙元军队对交战行为、被俘、处置俘虏及逃亡军奴的相关制度约束,钩稽了史籍中关于蒙元军队的军事保密、行军约束和军令传递方面的记载,依次讨论了蒙元军队关于重大军事刑事犯罪的规定,包括"妄进者死""临阵先退""擅自引军回还""弃军逃归"等罪名,梳理了军事刑法在元代法律典籍中的形式演化过程。在大蒙古国时期,蒙元军队的军事司法制度已凭借"札儿里黑"和"札撒黑"解决了军事司法权力的来源和授予问题,并设置了"札撒孙"和"札鲁忽赤"等军事法职司。元朝的军事司法制度,按照机构职权和相互关系,可分为"在内诸司"系统、"在外诸司"系统和贯通内外的军事司法监察系统三大部分。蒙元军队的军赏和军功制度,包括趋向集权化的战利品分配和制度化的军功等级体系两大方面。流行于蒙元军队中的内亚色彩浓重的军事礼仪和习惯,在唐宋变革期中传统军礼的"退场"的大背景下,因为一些偶然因素而登上历史舞台,继而又在明初被重新获得汉族王朝认同的唐宋军礼彻底取代;另外,明初的军事法在立法技术和具体内容上,却保留了某些蒙元时代的遗音。

(罗 玮)

【元初"中州士大夫"与南北文化统合】

求芝蓉著《元初"中州士大夫"与南北文化统合》,社会科学文献出版社2020年7月出版。元朝结束了中国近四百年的大分裂,实现了国家统一,但如何实现国家在文化、心理认同上的真正统合,则是更为长久而艰巨的历史任务。由于某些惯性思维的影响,加上有现存文献南多北少的现象,一直以来文史学界对于南方明显更为关注。该书则侧重历来研究相对薄弱的领域,从思想文化的角度将"中州"概念从相对单纯的地理概念"北方"中分离和凸显出来了,又从金元士大夫的自我表述出发,提出了"中州士大夫"这一概念,凸显了北方在唐以后中国文化发展脉络中的曾经存在的主动性。为了考察汉地南北文化的统合过程,该书围绕"中州士大夫"和"中州文统"两个核心概念,努力贯通文史研究,通过对大量金元时期诗文集的深入研读和细致的历史考证,基本厘清了从金朝中期到元朝中期,中国汉地北方、南方文化统绪流变的线索,分析了南北士人精英围绕"文""道"所做的思考、论辩、交流和融通,从一个侧面揭示了元朝在完成了政治统一之后,如何在半个多世纪的时间内,实现了汉族士人精英在国家认同上的转变,令人耳目一新。另外本书在元代文化的整体发展脉络及相关具体问题上,如雪堂雅集参加人员、中州士大夫的个案研究等,均有创获,显示出作者对元代文化发展脉络的整体把握。总之，该书对理解中国历史上存在的分裂和统一相互转换的重大问题，尤其是文化的传播与演进的问题，富有学术意义。

（罗　玮）

【元末士人危素研究】

肖超宇著《元末士人危素研究》，社会科学文献出版社 2020 年 7 月出版。元朝作为中国统一多民族国家形成和发展的重要阶段，无论在政治上还是文化上较之其他王朝都拥有更多的包容性与多样性。正因如此，以人物研究为切入点，探讨元朝政治、文化发展的特色以及多族士人圈的形成与互动，成为元史学界历来关注的重点。危素（1303—1372），字太朴，号云林，是公元十四 14 世纪我国著名的文学家、史学家，也是元明鼎革之际重要的政治人物。该书在前人研究的基础上，以元明之际的危素作为研究对象，通过发掘正史、方志、文集等传世文献，运用实证研究方法，对危素的生平事迹进行全面的考述，旨在以个案角度揭橥元末明初文人士大夫生活状况的转变，以及这一时期多民族文化交往交流交融的发展特点。危素自幼喜读诗书，曾从元儒吴澄、范梈、孙辙等问学、交游，为其日后的仕宦与文学道路打下了坚实的基础。危素在元末动荡的政坛上曾发挥过重要作用，身负盛名，为后世文人所称道；他的交际网络实际上折射出所处时代社会、政治与文化的鲜明特色，即具有族群的多元性与时代的跨越性。危素自至正二年（1342）入仕以来，先后官任经筵检讨、国史院编修、大司农司丞、礼部尚书、参中书省事、参知政事等职，逐步接近元廷的政治中枢，并成为了影响朝政的重要人物。明军攻入大都后，危素弃节降明，于是被任命为新朝的翰林侍讲学士。然而朱元璋对故元降臣反复无常的态度，令危素几经贬黜，并被流放到和州，最后客死于他乡。以往的研究者大多认为洪武三年（1370）冬，危素被谪贬和州主要是为了替余阙守墓，作者在综合分析各种记载之后，推断明廷令危素为余阙守墓事于史不合，纯属后人附会。总的来说，危素既为史学的发展做出过有益的贡献，也在文学、书法方面获得了较高的成就，他的政治活动亦有许多可圈可点之处。作为元明嬗替之际的重要人物，危素起到了承前启后的作用，其历史地位值得肯定。至于他的著作与学术思想，迄今仍具有重要的研究价值与现实意义，应当引起更多的关注。

（罗　玮）

【宋元时代中国的妇女、财产及儒学应对】

柏清韵著，刘晓、薛京玉译《宋元时代中国的妇女、财产及儒学应对》，中国社会科学出版社 2020 年 10 月出版。该书以宋元时代为背景，详细考察了时代巨变下中国妇女地位尤其是财产权的衰变历程，认为这一变化主要是宋代道学家的大力提倡与元代蒙古习惯与法律合力促成的结果，而后者的作用尤其重要。这一变化深刻影响到以后中国社会的发展。柏清韵（Bettine Birge），美国南加州大学（USC）副教授，研究领域涉及传统中国的法律与性别文化、宋元史、儒学思想等。1992 年，柏清韵完成了博士学位论文 Women and Property in Sung Dynasty China（960—1279）：Neo-Confucianism and Social Change in Chien-Chou, Fukien，作者在此基础上增加了元代的部分，并于 2002 年修改出版了 Women, Property, and Confucian Reaction in Sung and Yüan China（906—1368），该书即是汉译本。

（罗　玮）

【在危机之中复兴：晚明佛教与政治动荡，1522—1620】

张德伟著《在危机之中复兴：晚明佛教与政治动荡，1522—1620》（Thriving in Crisis: Chinese Buddhism and Political Disruption, 1522—1620），哥伦比亚大学出版社（Columbia University Press）2020年5月出版。作者张德伟，系广州暨南大学哲学系副教授，哲学博士。该书是其在加拿大英属哥伦比亚大学（University of British Columbia, UBC）攻读东亚佛教博士学位时的博士论文基础上修改而成。佛教在中国的传播，大体在宋代即跳出僧团传播的"传统"模式，逐渐走进世俗生活，进入另一种发展状态。明代的佛教除明初短暂得势外，其他时段相对沉寂，但在万历年间一度重现"辉煌"，该书就是以这一时段为研究重点。全书主要由绪论、若干分论及综论三部分组成，主体共分为八章。第一章"奠定了基础"和第二章"嘉靖帝（1522—1566）：持续40年的迫害者"为绪论部分，主要讨论晚明佛教复兴之前的世俗政治状态、佛教管理制度、嘉靖朝的刻意打压等。第三到八章为分论，其中第三、四、五章主要介绍世俗人群中的拥护佛教复兴者的贡献，包括第三章"慈圣太后（1545—1614）：一位伟大的赞助人"，第四章"太监：不总是可靠的组织者"，第五章"不懈竞争的士大夫"。慈圣太后是忠实的佛教信徒，在国本问题上则坚持立皇长子朱常洛为太子，反对万历皇帝、郑贵妃立福王为太子的想法，这和士大夫群体中的"争国本"正相呼应，为与太后结成"同盟"，获取阴助，拥护皇长子的士大夫们亦积极响应太后振兴佛教的主张，从而构成了俗界的"护法"力量。该书这三章重点分析的就是这一群体的具体主张、举措及背后的因由。第六章"高僧：徘徊在世俗与戒律之间"、第七章"寺庙：在影响下演变"则聚焦于僧侣，讨论晚明的高僧行状与寺院兴废，对晚明高僧妙峰福登予以了特别的关注。第八章"挫折：复兴在京师之外"则关注于太后去世、僧案频发，特别是紫柏大师瘐死锦衣卫之后，北京逐渐失去佛教中心地位，僧俗精英转移到江南地区之后的作为。作者总的结论是晚明佛教的复兴是一场牵涉广泛精英阶层——上自王公将相，下至官宦、学者的联动，是长期被漠视的大背景下因为特定的人物和政治氛围而推动产生的一个偶然的例外，因而并未奠定佛教未来顺利发展的基础。该书总体上是运用西方学术界比较能接受的历史与宗教学理论，从相对宏观的角度向西方学界介绍16世纪中国佛教的样貌与研究现状，因而产生了较大的影响，被誉为跨学科的突破性研究，提出了一个了解中国佛教史的新理论架构，是"明代佛教近十年来仅见的直入肯綮又充满原创性的研究"（卜正民言）。

（张金奎）

【殇魂何归——明代的建文朝历史记忆】

何幸真著《殇魂何归——明代的建文朝历史记忆》，台湾师范大学历史学系、秀威资讯科技股份有限公司2020年3月联合出版。作者现为台湾大学历史系博士研究生，该书系在其硕士毕业论文《明代的建文朝历史记忆》基础上改写而成，是台湾师范大学历史学系专刊之第42部。靖难之役是明初历史上的大事件，朱棣的胜利不仅扭转了大明帝国的发展方向，更使建文朝相关议题成为一种禁忌。明中后期，随着禁网的松动，关于建文朝的记录逐渐出现，并呈层累建构的态势，但官方和民间史家出于不同的目的，对这段历史进行了不同的表述。如何看待这段历史以及这些后起的历史记录是明史特别是明代史学史的重要课题。该书系统梳理了自永乐至南明时期明朝朝野关于建文朝历史记忆的形塑与演变,对于不同时段史料的出现、继承与改写做了详尽的分析。除"绪论""结论"部分之外,主体部分分为四章,分别是第一章"由暗化明:靖难后至弘治年间",第二章"真相与想象:正德至嘉靖年间",第三章"积淀与再生:隆庆至万历年间"和第四章"野火燎原:泰昌至南明政权"。通过对不同时段的史籍、以江南人为主的史家及其撰述特点等方面的分析,指出变化的大趋势是官方控制逐渐减弱,民间记忆与书写日渐兴盛,二者之间又有着不同程度的互动,但士人重建建文朝历史的动机并非指向事实真相,而是在更大程度上为当代的需求服务,或者说是在怀念建文政权、认同建文君臣与尊崇成祖,维护成祖一系皇权的合法性的矛盾中被迫做出妥协,因而充斥着各种扭曲、嫁接和符号化的倾向,如由民间对建文忠臣隐秘、个体化的纪念逐渐发展到的公开的、官方主持的规模化的表彰始终带有强化忠君思想的目的。不同皇帝的态度则与现实政治息息相关,有意无意地影响着相关话题的"禁"与"弛",如复辟后的英宗为了美化自己,主动释放建文后裔及兄弟遗属,进而成为相关话题解禁的契机;捍卫成祖形象的嘉靖帝对建文议题过分敏感;在内阁主导下的幼龄神宗大规模宽赦建文臣僚后裔乃至表彰建文忠臣;等等。对于建文帝出亡这一热门话题,书中亦给出了恰如其分的解答,如指出所谓的建文出亡路线曾经历嘉靖朝和《致身录》等伪作流行之晚明两次大的整合,前者以"逊国"为出发点,不影响永乐一系的合法性,后者则重新提起建文叔侄的冲突,以反省靖难之役的历史意义为关键,但又不乏调和矛盾,试图抹平历史伤痕的含混

"败笔"。该书将建文研究推到了一个新的高度,但尚存意犹未尽之憾。正如序作者朱鸿先生所言,明人谈建文,只是开端,构建建文朝历史的工作明人无法完成,要后延到清中叶纂修《明史》结束,因而对这一史学史上的重要课题需要跳出明朝,深入探研清朝人的历史记忆,才可得完璧。

(张金奎)

【话语与制度:祖制与晚明政治思想】

解扬著《话语与制度:祖制与晚明政治思想》,生活·读书·新知三联书店2021年5月出版。在中国近世历史上,"祖制"或"祖宗之制""祖宗之法"是非常重要的政治概念,对王朝政治实际运作与国家治理成效产生着深刻影响。学者对宋代祖制的诠释、塑造历史及其政治文化意涵等问题关注较多,对于明代祖制,则主要将之视为明初创设的一系列具体制度,探讨其发展演变,观察视角较为单一。对此,解扬《话语与制度:祖制与晚明政治思想》别出新裁地指出,明代祖制在晚明时期既是制度,更是话语,是朝野上下忧时之士借以施展经世理想,针砭时弊的有力工具。围绕明代祖制在晚明既是制度,更是话语这一核心观点,该书正文从事件、文本、制度三个维度,分五章展开研究。

第一章以明神宗万历二十九年湖广地方官员冯应京与在当地搜刮民财的宦官税使发生冲突并因而被逮系京师监狱的风波开篇,进而指出当时朝野士人批评神宗派遣矿监税使四出敛财的普遍策略,是宣称此举违背祖制、不可长久。第二章由此介绍明代祖制作为话语工具的一面及其大致运用情形。经过两章的铺陈,第三与第四章着重研究冯应京万历二十九年八月至三十二年九月在狱中主导编纂的《皇明经世实用编》的编书群体、

结构内容、编纂意图，以及该书与冯氏湖广治下士人瞿九思的同名著作等多种时间相近、主题相似的珍稀文献的相互关系，生动呈现祖制如何成为晚明士人经世著作中借以批判现实问题、提出改良方案的有力话语工具。由于冯应京与瞿九思等同人属于功名不高的地方士人，因此第五章将视角移至高层政治，研究与明神宗密切相关的经筵制度，通过梳理经筵读本《贞观政要》的进讲罢讲与朝廷高级文官的因应，指出诉诸祖制同样是高阶士人规劝君主并尝试解决时代难题的普遍方法。

本书最为精彩的部分，当是通过冯应京《皇明经世实用编》（下称"《实用编》"）与两部罕为学者留意的珍稀文献的比较研究，呈现该书对明代祖制的独到理解，以及作为话语工具的祖制在何时、以何种方式出现在该书之中，充分展现了作者坚实的文献搜集与细读功夫，以及对比较研究方法的娴熟运用。

这两部文献，第一部是冯应京编纂《实用编》时的参考书《训行录》。《训行录》是晚明泰州学派儒者杨起元于万历二十五年编刻的一部选编选注明太祖诏令诰文的文献。

第二部文献，是收在冯应京任职湖广期间治下士人瞿九思《瞿聘君全集》之中的《皇明经世实用编》。

该书通过多维的研究角度，基于对文献的辛勤搜集、精细解读与多层次的比较研究，立体且细致地呈现明代祖制在晚明作为政治话语工具的重要面相，可谓近年来明代政治史与政治思想史领域的上乘之作。

（黄友灏）

【文化认同视角下的清代《明史》修纂研究】

段润秀著《文化认同视角下的清代〈明史〉修纂研究》，人民出版社 2020 年 9 月出版。近几十年来，清史学界的部分研究成果，无疑使清代政治、军事、边疆治理等方面研究更为深入，视角颇为新颖，有值得借鉴之处，但也存在忽略或回避清朝统治下各民族之间不断融合与文化认同不断深入的历史事实。这种研究特点及研究倾向，显然不利于深入阐释清代某些与此相关的重大历史问题。从人类社会发展变迁史来看，文化认同一直是民族认同、国家认同的核心和重要基础，这在中国古代改朝换代之际尤其凸显。明清易代，清廷面临诸多重大历史与现实问题，朝野上下关于"正统""道统""华夷之辨"的论辩，这些问题的实质就是深层的历史文化认同问题。

清朝秉承易代修史的传统，《明史》是"二十四史"中参与修史人数最多，也是最难成的一部正史。然而，修史过程中诸多问题的争论，从另一个侧面明显反映出清初至中叶文化认同的逐步深入，修史进程与官方就清朝享有"正统""道统"等重大问题的理论建构基本上同步。有鉴于此，该书深入研究清初至中叶文化认同的历史背景、清官方文化认同的建构及实践，重点阐述清代前期官方有意识地接续朱熹之后的"道统"谱系和南宋、元、明、清的"正统"谱系，彰显官方在清朝享有"正统"建构过程中深层的历史文化认同，继而从文化认同视角来透视清朝官修《明史》过程中的一些重大问题，由此彰显清朝与前代之间一脉相承的不容争辩之事实。

全书共分八章，从清初至中叶文化认同的历史背景、清初至中叶清官方文化认同建构及实践、《明史》修纂与清朝文化认同以及从文化认同视角探讨《明史》修纂的影响和启示这样几个大的方面展开深入探讨。作者认为，从清初至中叶，伴随清朝统治的逐步巩固，《明史》修纂从难到易，从慢到快，官方与纂修人员逐渐克服困难与异议，基本"认同"了历史与现实问题，从而最终完成对明代历史的集体记忆与书写——《明史》。清朝前期完成了疆域大一统的政治格局，逐步建立起"多元一体"文化格局，使二者之间相互映衬，相得益彰，才进一步奠定了清朝统治的根基。清官方十分强调与前代之间在"道统""正统"上的延续关系，并没有自外于中原"正统"王朝，由此体现清朝官方深层的历史文化认同。

（靳　宝）

【阅读最古老的世界地图：从《混一疆理历代国都之图》所见陆地与海洋】

村冈伦编《阅读最古老的世界地图：从〈混一疆理历代国都之图〉所见陆地与海洋》（村岡倫編最古の世界地図を読む『混一疆理歴代国都之図』から見る陸と海）由法藏馆 2020 年出版。日本龙谷大学藏《混一疆理历代国都之图》是现存世界最古老的世界地图之一。该图由李氏朝鲜初绘于 1402 年，此后曾经历多次修订，龙谷大学所藏一般被认为是 1470 年以后的改订版。《混一图》最初根据明初的两幅地图拼绘而成，并重绘了朝鲜半岛与日本列岛，此后随着地理信息的丰富，进行了多次增订，从朝鲜半岛的立场体现了 15 世纪"一带一路"贸易网络的繁荣与发展。由于年代久远，《混一图》上彩色地名与文字已经漫漶不清，影响现代学者的进一步研究。龙谷大学尖端理工学院教授冈田至弘团队利用现代信息技术对《混一图》进行修复与数字化复制，基本恢复其原貌。

此次村冈伦编《阅读最古老的世界地图：从〈混一疆理历代国都之图〉所见陆地与海洋》展现了这次数字化修复后的研究成果，并具体剖析《混一图》展现的元明时期东亚世界的陆地与海洋交流网络。全书可分为两大部分，第一部分包括 3 篇文章，讨论《混一图》中关于 15 世纪东亚陆地与海洋交通网络的整体面貌。滨下武志《海洋孕育的世界图：龙谷大学藏〈混一图〉展示的海域景象》探讨《混一图》日本列岛、琉球群岛等周边信息的来源与绘制问题，指出 15 世纪前后东亚海上贸易网络与东南亚、东亚各地构成的朝贡秩序促进了商品与信息的交流，是《混一图》创作与改订的重要历史背景。村冈伦《蒙古帝国时代无界限的交流之路》分析了《混一图》日本部分与行基图的渊源关系，对地图中关于蒙古高原与中国内地、中亚，元代与日本海上交流繁荣的陆地海洋交通节点与路线的历史演变进行考析。中村和之《〈混一图〉描绘的东北亚》探讨了地图上记录的黑龙江、松花江流域的历史地名与女真族群名称等问题。

第二部分主要介绍《混一图》的数字化修复与文字信息提取、识读成果。冈田至弘《〈混一图〉保护的数字化修复、复制》介绍为保护原图进行的修复工作，以及超高清数字化复制的过程。渡边久《〈龙谷图〉彩色地名、历代帝王国都以及跋文》在冈田数字化复原的基础上，对图中的彩色标记地名，以及跋文进行识读与分析。

（孙　昊）

【全图：中国与欧洲之间的地图学互动】

卜正民著《全图：中国与欧洲之间的地图学互动》，"中研院"近代史研究所 2020 年 12 月出版。该书既是一部地图学史著作，也是一部明清之际中西文化关系史著作。该书以 1644 年曹君义在南京出版的两份《天下全图》为中心，讨论分别藏于北京和伦敦的地图背后所体现的早期中西方绘制世界地图的尝试，认为欧洲人仰赖中国人对亚洲的知识，并不亚于中国人依靠欧洲人对世界的认识。我们今天所知道的世界地图，是这种东西方相互作业的产物。该书分为两部分，第一部分为"南京：从中国描绘世界"，重点讨论《天下全图》的产生过程；第二部分为"伦敦：从世界描绘中国"，重点叙述中国地图在欧洲的传播历程。

（李华川）

【剑桥中国清代前中期史（上卷）】

裴德生主编，赵世瑜等译《剑桥中国清代前中期史》上卷，中国社会科学出版社 2020 年 12 月出版。该书为《剑桥中国史》丛书第九卷，叙述 1616—1800 年的清代史。该卷初版于 2002 年，尽管其基本内容已为清史学界所了解，但令人遗憾的是，一直未有中译本。此次中译本的问世，弥补了遗憾。该卷分为 10 章，立体地解读了清代社会全盛时期的面貌，展现给读者的是政治史和社会史的平衡性。前 5 章纵向讲了清朝重大的事件，包括对各个皇帝的评价，他们在中国史上的地位。后 5 章从横的方面讲清代前中期士人的社会角色、女性、性别、家庭、婚姻、社会的稳定与变迁、经济发展。这部书纵横两个方面用八十万字的篇幅，对清代做了较为立体式的勾画。

（李华川）

【清朝大历史】

常建华著《清朝大历史》，中华书局 2020 年 3 月出版。借用黄仁宇《中国大历史》一书的称呼，从"国家认同"这一宏观的角度讨论清朝的政治治理和民生问题，思考满汉对立如何"一体化"构建出多民族大一统国家。全书共 16 章，有一半的内容涉及政治史，作者强调清朝政治接续明朝及延续历代王朝的"治统合法性"，对于清朝统治者的政治纲领、文化政策、民族政策、社会政策等方面进行了讨论，并给予积极评价。该书另一半内容讨论社会史、文化史。作者在这方面具有深厚积累，讨论了清朝的人口、经济、社仓、矿政、科举、基层社会、节庆、娱乐、日常生活等诸多方面，这些讨论都是以其多年来的专题论文为基础，并非泛泛之论，因而更具新意。以一人之力撰写本书，实非易事。在近年来学术研究碎片化的风气下，这种努力尤其可贵。如果没有作者多年来的勤苦用力，这是难以实现的工作。

（李华川）

【辨色视朝——晚清的朝会、文书与政治决策】

李文杰著《辨色视朝——晚清的朝会、文书与政治决策》，上海人民出版社 2020 年 11 月出版。作者借助档案、文集等史料，研究晚清的朝会制度，以及朝会所处理的题本和奏折等文书的流转过程，又进而分析清朝的政治决策程序。该书分为上、中、下三编，上编为"朝会的变迁"，对御门听政、早朝、垂帘听政、见大起（御前会议）做了较为细致的描述；中编为"中枢与文书"，讨论光绪帝的奏折批阅、军机章京的职责与选任、总理衙门的奏折流转及权力运作、内阁与军机处的改革等问题；下编为"会议决策与晚清变局"，论述廷议与决策、议会与会议、御前会议与筹备立宪三个问题。作为制度史研究著作，该书富有新意，作者重新思考了清代"高度专制"的说法，认为在某些时段，其实是"一种小范围的精英治国"；对于军机处的评价，作者也不认为是专制发展到顶峰的象征，而是强调这一制度"能彻底阻隔权臣奸相"的出现，其正面意义更为突出。上述观点，对于史学界深入认知而不是概念化地理解清代的专制制度具有启发意义。该书在讨论制度问题时，能够进入历史情境之中，涉及诸多朝会的细节，如具体时间、人物的位置、讨论的氛围、文书的流转等，令人无枯燥乏味之感，相当难能可贵。

（李华川）

【化家为国——清代中期内务府的官僚体制】

黄丽君著《化家为国——清代中期内务府的官僚体制》，台湾大学出版中心2020年5月出版。该书分为上、下编，共七章，考察公元18—19世纪内务府官僚体制的发展历程，认为清初包衣的个人仕途与家族兴衰高度依赖帝王意志，这与体制未备的结构性因素有关。乾嘉之际，随着考课、科举、捐纳的制度化，包衣行政表现的重要性增加，相对拥有更多的自主性。不过，却也随之产生"权移下人"之弊。

（李华川）

【中国官箴公牍评注及书目】

魏丕信编著《中国官箴公牍评注及书目》（Handbooks and Anthologies for Officials in Imperial China, A descriptive and critical bibliography, Leiden, Brill, 2020, 2 Vols.）是一部研究中国古代官僚体系的大型工具书，上、下两卷，篇幅达1500页。作者及其团队为之工作了近三十年。书中收录了1165种官箴书，编者为之做了较详细的叙录，其中清代著作占了大部分。编者将官箴书分成七类，即综合性著作、地方官吏指南、中央机构工作指南、专业技术指南、政书与赞美汇编、公牍选编、专题集丛书。此书并不是简单的目录罗列，而是一种评论性著作，体现出欧洲传统汉学的特点和精神，对于研究清代地方行政体系将是必不可少的参考工具。

（李华川）

【清代基层组织与乡村社会管理——以四川南部县为个案的考察】

苟德仪著《清代基层组织与乡村社会管理——以四川南部县为个案的考察》，中华书局2020年7月出版。该书以清代四川南部县档案为主要资料，对清代南部县的乡村"基层组织"及其运作情况进行了全面探讨。根据作者的研究，保甲、里甲、乡约、团练是南部县的四种主要"基层组织"，该书对这四种组织的结构、运作和历史沿革进行分析，尝试揭示它们相互之间的联系。尤其值得注意的是，作者在探讨清代南部县"基层组织"全貌时，揭示了一个时常被人们忽视的重要问题——即使在清代中后期，"里甲"在赋役催征和办理其他"公务"方面仍在发挥重要作用，并运用历史档案资料对此进行了详实的论证，这具有重要的学术意义。

（李华川）

【清朝遗迹的调查】

刘小萌著《清朝遗迹的调查》，中国社会科学出版社2020年9月出版。该书收录了作者20年间周游国内外寻访清朝遗迹的调查报告15篇。2001—2019年，作者与细谷良夫教授合作，开始从事清朝遗迹调查。20年间，作者与细谷教授共同调查50余次。前期调查，有王禹浪教授、绵贯哲郎等参加；后期调查，有中国人民大学清史研究所张永江教授等中外学者参与。另外，自2013年兼任吉林师范大学教授以来，作者与硕博士研究生合作或自己独立调查约30次，总计80余次。足迹遍及全国除西藏以外大部分边疆民族地区，收获丰硕。这仅仅是其宏大计划的第1辑，据称今后还有第2、3辑推出。作者调查的内容包括各地八旗驻防遗迹、当地满族今昔、"三藩"史迹、边疆民族文化，以及战场、关隘、衙署、会馆、庙宇、古镇、驿站的考察，游历范围除了东北、西南、西北边疆及俄罗斯、朝鲜边境地区之外，也包括内地的满族聚居区，重点关注清代建筑、陵墓、碑刻、历史事件遗址、满族后裔的境况等。作者在调查过程中，拜访故老，踏勘史迹，搜集文献与口碑资料，并拍摄大量照片。通过调查，加深了对清朝历史首先是满族聚居地历史与现状的认知，有助于把握不同地区或不同时期满汉关系变化与特点。在此基础上，结合文献进行初步研究。调查报告注意搜集碑刻、史志、家谱、照片和口述资料等信息，重视记录被采访者的历史记忆、有关民族认同和民族关系的表述，尽力在现场为我们再现历史事件的原貌，旨在对相关研究有所推进的同时，为了解清代历史、民族、地域、文化提供一个新的窗口。书中以一个历史学家的身份发怀古之幽思，这是此书虽为调查报告，但却并不枯燥，常能够打动读者之处。比如第8篇"中、俄、朝三国交界处的考察：延吉—珲春—海参崴—会宁"一文，在实地考察中，揭示了清代东北的"南海"问题，指出这一地理概念就是今俄罗斯海参崴一带海域；又如第11篇"湖北、四川考察：荆州满城—成都满城—大小金川"一文，对于荆州、成都满城的记录，让人生动而具体地了解清朝驻防的历史，对于金川碉楼的详细描述及所附照片，也可以让人更深入地理解乾隆大小金川之役为何耗费巨大。此书的写作方法结合域外和民间的官、私史料及田野调查，融合民族学、人类学、民俗学、宗教学、语言学的成果，值得借鉴。

（李华川　邱源媛）

【清水江研究丛书（第二辑）】

《清水江研究丛书》由中山大学社会学与人类学系的张应强教授主持，第一辑、第二辑由社会科学文献出版社2019—2020年出版。第一辑包括罗兆均《人神之间：湘黔桂界邻地区飞山公信仰研究》、谢景连《"插花地"：文化生态、地方建构与国家行政》、朱晴晴《移民、市场与社会：清代以来小江地域文化的演变》、钱晶晶《历史的镜像：三门塘村落的空间、权力与记忆》、孙旭《集体中的自由：黔东南侗寨的人群关系与日常生活》五种。第二辑包括王彦芸《江河、商镇与山寨：都柳江下游的人群互动与区域结构过程》、刘彦《姻亲与"他者"：清水江北岸一个苗寨的历史、权力与认同》、黄瑜《山水"峒氓"：明清以来都柳江下游地区的家族、婚姻与仪式传统》、邓刚《从"锹里"到"锹家"：清水江下游三锹人的移民历史与认同建构》、何良俊《商绅分野：近代都柳江下游长安镇地方精英研究》五种。贵州东南部的清水江，是洞庭湖水系沅水上游支流之一，亦名清江，是明清时期被称为"黔省下游"广阔地域里的一条重要河流。明代以来特别是清雍正年间开辟"新疆"之后的大规模区域经济开发，清水江流域尤其是中下游地区，经历了以木材种植和采运贸易为核心的经济发展与社会历史过程。也由此产生了大量契约文书及其他种类繁多、内容庞杂的民间文献，这批文书被学术界统称为"清水江文书"，《清水江研究丛书》基于这批文书，以及清水江流域的研究，是对区域社会文化发展历史进程的综观式考察。该丛书的主持人中山大学张应强长期推进的相关学术工作，包括清水江文书的收集、整理与研究，以及指导研究生在清水江两岸及更大地域范围的苗乡侗寨开展人类学田野调查等，可视为既带有某种共同关怀，又因田野点不同或研究意趣迥异而进行的学术尝试。目前已经出版的十本专著，从史学、人类学、社会学等角度，讨论地方信仰文化、移民社会，关注区域结构过程等问题，既有明清时段的历史思考，也有对当下人群、社会的考察，是学者们围绕共同主题而研究取向路径各异的系列工作成果，也是在特定地域范围内密集布点开展深入田野调查，同时充分兼顾历史文献收集解读的研究范式探索。

（邱源媛）

【百年清史研究史】

《百年清史研究史》由中国人民大学出版社出版，已出三种，即杨念群《百年清史研究史（思想文化卷）》、朱浒《百年清史研究史（经济史卷）》，胡恒、朱江琳《百年清史研究史（历史地理卷）》。杨念群著从研究范式的转换入手，总结了近代民族主义思潮、科学主义、"启蒙论""早期近代论"四种范式及其演变的线索，又选取八个方面的主题，评析了其中有代表性的观点。作者的高度理论概括和提炼主题的能力令人印象深刻。不过，一些具体领域的讨论，如第六章对西学东渐问题的讨论，由于无法深入细节，稍显有些大而化之。朱浒著先从研究范式的转换入手，然后按照时间线，讨论不同历史时期的主题，即社会史论战时期、以生产关系为主线时期、现代化范式主导时期、中国中心观时期。由于经济史本身的特点，此书风格给人的印象是体例谨严，文风平实，评述也较为允当。胡著通过对百年来清史地理研究著述的细致爬梳，针对若干清史地理研究专题，如疆域变迁、政区地理、人口分布与移民史、地理文献、舆图等，展开学术史评述，既力求对各专题进行较为系统、全面的梳理与总结，努力涵盖重要研究成果，又力图以问题为导向聚焦各专题研究的核心关切，反思既有研究路径，展望未来发展的可能。

（李华川）

【朝贡、海禁、互市：近世东亚的贸易与秩序】

岩井茂树《朝贡、海禁、互市：近世东亚的贸易与秩序》，名古屋大学出版社2020年出版。该书主题部分有六章，加上序章、终章共八章，其中第五、六章和终章讨论清代问题，分别是"清代的互市与沉默外交""南洋海禁的撤回及其意义""互市贸易与自由贸易的隔离"。该书认为清朝作为在明代边境的商业浪潮中兴起的政权，对于海外贸易天生不具有排斥性。清初的东南海禁，主要是为了孤立台湾的郑成功集团，防止后者与内地反清势力联合，与明初海禁存在根本性区别。台湾郑氏集团的归顺，为新的贸易体系扫清了最后障碍。此时日本也进入江户时代，江户知识人将明清易代视为"华夷变态"，拒绝被纳入朝贡体系，甚至自居中华。作者认为，面对日本方面的新变化，清政府采取的是与互市配套的"沉默外交"政策，即以广州为中心开展对外贸易，但回避皇帝与外国君主的直接接触，同时又限制外国商人的居住范围，隔绝他们与普通居民之间的往来。清政府对于海外贸易的实用主义倾向，在康熙年间日本方面颁布"海舶互市新例"时有充分体现。

（李华川）

【清代战争文化】

卫周安著，董建中等译《清代战争文化》，中国人民大学出版社 2020 年 8 月出版。英文版书在 2006 年初版。该书收录了作者多年来研究清代军事文化的论文，包括五章，分别为：军事文化与清帝国、纪念性战争、战争与帝国建设、军礼与清帝国、帝国的空间文化。作者试图证明文化转变在清朝建设过程中与军事开拓同等重要。乾隆以后，清朝政治文化生活中的军事指示物和主题无处不在，体现一种高超的统治技巧。总体而言，清中前期的统治者是当时全球权力的强有力竞争者。清朝后期在国际舞台上的孱弱是一种失常状态，并不正常。

(李华川)

【满大人的荷包——清代喀尔喀蒙古的官与商】

赖惠敏著《满大人的荷包——清代喀尔喀蒙古的官与商》，中华书局 2020 年出版。该书探讨喀尔喀蒙古的库伦、恰克图、乌里雅苏台、科布多的商业，重点在于关注清朝如何针对蒙古这一特殊地方与族群实施统治。在喀尔喀蒙古任职的官员几乎都是满洲人，清朝统治喀尔喀蒙古花费相当少的经费，却能有效地、稳定地治理一百多年，这其中离不开商人的协助，得益于商人势力的介入。该书章节安排，第一章讨论乾隆朝政府对恰克图贸易的政策，简单来说就是朝廷设法让商人获取最大的利润。第二章讨论在恰克图贸易的晋商，以著名的常氏、乔氏、王氏、侯氏等家族为例，说明他们在公元 19 世纪经营茶叶，以及 1860 年以后经营汇兑并帮俄商采办蒙古的物资。商人面临官员索贿、陋规、厘金等问题时，采取若干应变之道，饶富旨趣。第三章讨论库伦的地方财政与商人各项铺房税、规费、捐输等。第四章讨论在库伦的商人，分别探讨晋商和京商的商业活动。第五章探讨乌里雅苏台衙门的官兵俸饷与山西协拨款项，以及商人的各种税捐。第六章讨论在乌城的商人，并关注商人与蒙古借贷。第七章探讨科布多的财政。第八章讨论科布多的商人活动。作者认为商人对于协助清王朝统治喀尔喀蒙古，有着天时、地利、人和三方面的优势。第一，天时优势，指清朝与准噶尔长期征战，耗费数千万两的战争经费，为大批商人进入该地区进行商业活动提供了机会。第二，地利之便，对喀尔喀蒙古来说，清朝设置台站不仅是政治、军事的作用，也促使商贸活动更为便捷、安全，同时商民（以汉人为主）在沿途开垦土地，不用缴纳田赋，从未清丈，在农业上获益难以估计。第三，人和因素，在喀尔喀蒙古的诸多事务中，商人一直是朝廷倚重的对象，政府让商人按行业组织起来的主要理由就是配合清廷或任何衙门获取、掌控各种物资的需要，为清廷协运军需，垫付开支，服从管理并缴纳种种规费等。与清代其他地区不同，喀尔喀蒙古地处边陲，政商关系呈现非常融洽的状况。中国社会科学院毕奥南评价该书："以喀尔喀蒙古的恰克图、库伦、乌里雅苏台、科布多四地官衙与商业为考察对象，对四地官衙组织及财政开支有抽丝剥茧般分析；对四地商业组织、经营方式及效益、与蒙旗社会关系、政商关系互动等问题的探讨，似镜湖投石激泛涟漪，予人诸多启发，并促使我们重新审视相关研究。"

(邱源媛)

【维正之供：清代田赋与国家财政（1730—1911）】

周健著《维正之供：清代田赋与国家财政（1730—1911）》，北京师范大学出版社 2020 年出版。田赋是清朝的"维正之供",关系国计民生甚巨:它长期占国家财政收入的70%以上,也是民众最主要的赋税负担。田赋联系着皇帝、官僚、缙绅与小民,以其为切入点,可以观察到国家、社会的运转方式及其相互关系。清朝以"永不加赋"为祖训,雍乾之际"耗羡归公"后,田赋正额的规模相对固定。在中央集权的财政管理体制下,地方官吏从田赋等税收中建立起额外收支体系,以应对18世纪中期以降日益显著的额定经费缺口。咸同年间的一系列财政合理化改革,也未能改变这一基本结构。田赋制度运作中的两重性(额定、额外收支并存),与高度中央集权之下的分散性(表现为"包征包解"模式),成为清代财政管理之常态,对于当日之吏治民生与国家治理产生重要而深远之影响。该书依据大量的清代档案、政书、文集与方志,贯通"古代"与"近代",结合制度、人物与史事,对清代田赋制度、政府财政与国家治理问题进行坚实的讨论。该书处理的时段是清前期的雍乾之际直至清末,大致对应于1730年至1911年。第一、二章,讨论了18世纪中期以降,清代的田赋制度与财政体制经历了怎样的演变。19世纪前半期(尤其是道光中后期)是清代田赋制度最为混乱、失序的时代,第三、四、五章处理的问题,便是以上背景下漕粮、地丁制度的具体运作。第六章选取咸丰七年胡林翼的漕务改革,因湖北漕粮的改折定价在当日具有示范意义。第七、八章,作者在较长时段中,观察同治年间江苏减赋与改章的成就与局限。以上各章大体以时间顺序排列,第十章则属于贯穿清代中后期的改观式分析。"中研院"历史语言研究所何汉威在该书的推荐语中写道:《维正之供》一书的最大贡献,不在于推翻前人成说,发为翻案之论,而在于在前人研究业绩基础上,以多维、平衡、缜密的思路,爬梳丰富史料,既旁征博引,亦复细针密线,解读论析,微观宏观兼顾,推陈出新,发前人未发之覆,为这一重要研究领域添补一个更为完整全面而周延的解释。

(邱源媛)

【文章自可观风色:文人说经与清代学术】

蔡长林著《文章自可观风色:文人说经与清代学术》,台湾大学出版中心、"中研院"中国文哲研究所,2019年12月出版,为"中研院"中国文哲研究所丛书之一种。该书透过搜集梳理清代学者的文集、日记中的经说、诗文、书札、闱墨等文字,考察乾嘉以降文人群体经术文章的学术旨趣、学术意义,及其在清代学术史上的应有地位。该书以个案形式考察一个厕身于考据大师与文坛宗主之外,既不入传统"儒林"列传,也不为清代学术史、经学史所关注的文人群体;他们是既认可科举制艺,也认同程朱之学,以文章表达经学见解、追求经典义理,反对汉学考据的"文人说经"的主体。这一群体人数甚众,著作颇丰,但常为主流学术研究所忽视。该书除"导言""结论",共八章,外加"附录"一章,主要分析唐焕及其《尚书辨伪》、姚鼐及其《春秋三传补注》、王芑孙对乾嘉汉学的批评、唐仲冕的经学文章、桂文灿《经学博采录》、李慈铭的学术批评、谭献的骈散之争及其《复堂日记》所见学术评论,以及洪亮吉对乾嘉文士的观察。作者认为,乾嘉时期的汉宋之争,很大程度是科举文士与专门经生的学术角力。以往的清代学术史研究,为凸显学术思想发展面貌,焦点往往聚集在名师大家,或以其为首的学术团体上,经过多重筛选、层层过滤,建构出一种清晰的连贯的学术演进脉络和线性叙事,该书则尝试跳出长期形成的清代学术史固有的"汉宋""今古""中西"的学术框架和研究模式,从文人说经中观察清代经学与学术史的发展。即科举文士面对考据风潮而推出的有别于汉学形态的治经方法、理念;对学术风气的臧否批判;对文章和经术关系的探索。文人说经在经学研究上是一个不为人熟知而亟待开发的领域,文人群体是过去经学研究不甚重视的,该书关注被学术史上遗漏的非精英学人和非主流学术,是在诸多概念尚有待界定的情况下的开创之作。

（陈冠华）

【乾嘉考据学研究】

漆永祥著《乾嘉考据学研究》,北京大学出版社2020年7月出版。该书为中国社会科学出版社1998年版的增订本。该书专论清代乾嘉考据学与考据学家,系统整理他们的著述和总结其学术成就,从乾嘉考据学内部理路探索有清一代考据学兴衰成败的发展脉络。所论人物上起康雍时期的惠士奇、沈彤、惠栋、戴震、姚鼐、钱大昕、江永等,下及道咸时期的阮元、江藩、方东树等。在研究方法上,该书遵循以传统方法治理传统学问的路径,将古文献学研究与学术史研究相结合,纵向探讨乾嘉考据学的成因、兴盛与衰微,横向辨析考据学的方法、派别、代表人物得失及学术地位。

该书除"前言"外,共十五章。第一、二章摆脱学界常用的异族统治、文字狱等外在因素,从学术史发展的内在理路,即乾嘉时期的学术思潮、学术观念和清代社会与文化政策分析乾嘉考据学的成因;第三章归纳乾嘉考据学的治学方法与特点:1. 小学研究方法的科学化,2. 古书通例归纳法的客观化和规律化,3. 实事求是、无征不信的求证方法,4. 博涉专精与综贯会通的方法;第四章质疑以往学术界惯用的分乾嘉考据学为吴、皖两派或吴、皖、扬三派的成说,提出惠、戴、钱三大派别说,并作深入的辨析与评价;第五、六、七章为个案研究,分别论述惠栋、戴震、钱大昕的考据学成绩与得失;第八章分析乾嘉各派考据学的思想特色;第九、十章从乾嘉考据学的学术成就、学术地位和式微与弊端,系统总结其得失成败。最后五章为新增内容:第十一章选取乾嘉时期200位考据学家,统计分析其科举功名、任官级别、居官实绩和现实关怀,以说明考据学家的事功之学;第十二章考辨乾嘉考据学家与重视义理词章的桐城派之间的学术关系;第十三章以作者参与的《全宋诗》整理为例探讨《四库全书》所收录宋人别集的文献价值;第十四章以总结乾嘉学术成就的江藩《汉学师承记》及其续编著作为例,分析其选人原则、卷帙排序、史料来源与取舍,及其在当时的反响与评价;第十五章详细梳理方东树《汉学商兑》的编纂过程、刊刻流传、增补删削、体例内容、行文风格及全书评价。该书取材广博,大量运用清人的专著、文集和年谱,探讨乾嘉考据学的兴起、特点和得失。

（陈冠华）

【皇权与教化:清代武英殿修书处研究】

项旋著《皇权与教化:清代武英殿修书处研究》,中国社会科学出版社2020年7月出版。该书系2019年度国家社科基金优秀博士论文出版项目成果。武英殿修书处是清代专门从事书籍校勘、刷印和装潢工作的中央刻书机构。自康熙年间设立起,至清王朝灭亡而终结,持续运转了二百余年,刻印了向称"精校精勘"的各类书籍674种,在清代出版史、藏书史乃至中国文化史上均占有重要地位。该书以武英殿修书处为研究对象,在学界已有研究成果的基础上,大量发掘利用档案、官书、政典、方志、年谱、目录、文集、笔记等史料，对武英殿修书处的设立、制度、运作、管理和书籍的刊刻、校勘、装潢、流通等环节进行了全方位的考察，系统梳理了修书处的历史渊源、发展历程、职官设置、制度运作、日常管理等基本问题，全面考察了殿本的形成过程、版刻特征及其流通情形，深入揭示了武英殿修书处作为清代"皇家出版社"的政治文化内涵。全书共设七章，第一章介绍武英殿修书处设立的背景与渊源，第二章梳理武英殿修书处的成立与发展脉络，第三章考察武英殿修书处的组织机构与人员管理，第四章讨论武英殿修书处的日常运作机制，第五章讨论武英殿修书处的刊印与校勘活动，第六章辨析武英殿修书处刊印殿本特征与著录信息，第七章交代武英殿修书处刊印殿本的流通情况。作者强调，武英殿修书处本质上是清代皇家的御用出版机构，是统治者彰显皇权、推行教化的有力工具。清代帝王通过牢牢把控修书处的出版活动，不惜工本，凸显了皇权的至高无上，同时将内府书籍纳入国家教化体系之中，担负起教化天下的政治任务。正因为与皇权存在极为密切的关系，武英殿修书处在其长达两百多年的历史中一直获得了皇家来自人力、财力、物力三方面的充分保障。其刊刻、装潢、缮写、校勘等工作不可避免地受到清代皇权政治的影响。而在推行教化方面，武英殿修书处刊刻的殿本往往具有选择性和导向性，且其定价按照制作过程中纸墨、写刻工价的成本进行核算，而非以盈利为目的，同时又鼓励各省加以翻刻，以期实现厉行教化、移风易俗的重要考虑。该书在凸显武英殿修书处在清代学术文化脉络中地位和价值的同时，也为当今图书出版和管理提供了有益的借鉴和启示。

（石　珹）

【门户以外：《春秋》研究新探】

黎汉基著《门户以外：〈春秋〉研究新探》，上海古籍出版社 2020 年 10 月出版，系 2020 年国家社科基金一般项目"《春秋穀梁传》礼学思想研究"（20BZX046）的部分成果。该书以《春秋公羊传》《春秋穀梁传》文本与后儒的解读诠释为主要研究对象，力图打破长期以来学界在《春秋》研究中的门户之见与对《公羊》《穀梁》二传史料价值的轻视与误读。作者认为，尽管在《春秋》研究史上，坚守门户立场是相当突出和普遍的作风，但门户既不可长，更不必要。以这一基本指导思想为基础，该书除引言与结论外，共分七章：前四章检讨晚清以来《春秋》研究者的迷思，重新审视经学史教科书的某些失误；后三章为具体案例研究，试图突破过去经学争讼的门户习气，认为一些《春秋》研究的公案需要结合不同经传，加以客观比较，方能获得可靠的结论。

作者指出，《公羊》《穀梁》二传不仅能够印证其他典籍的历史记载，有些叙事更是独有，并非只谈"微言大义"，故而不应抹煞二传的史料价值，将思想性与史实性进行对立。与此同时，该书批判了晚清以来许多学者将《公羊》《穀梁》二传同归于今文一派的诠释方式，认为这种诠释方式会导致以《公》解《穀》的趋势，从而产生许多违反传义的观点。作者对陈澧《东塾读书记》中涉及《春秋》经传的一些谬误进行了辨正，并对梁启超《读春秋界说》进行了重新解读，认为梁氏此文实为乃师康氏《春秋》学说的简要纲领，亦与皮锡瑞所编《经学通论》多有相通。在该书的后半部分，作者先后对祭仲废立、聩辄争国与季札让国三个公案进行解读。此三事历来被《春秋》学者反复谈论，但随着材料的新发现与新解读、舆论气氛的变化与诠释思路的发展，不同时代的解读者对此三事的诠释取向也不断变化：祭仲历史形象由忠臣到逆贼的变化；儒家政治伦理发展过程中对于聩辄争国评价的变化；对于季札让国贤与不贤的争议。

在写作立场上，该书以破除《春秋》研究中的门户之见为前提，三传互参，力求持平；在写作角度上，该书将传统经学与现代政治哲学两相交融；在写作方法上，该书将理论分析与案例探讨相结合，深入研究具体问题；在写作材料上，该书广泛运用先秦至近代的相关史料与《春秋》研究成果，以贯通的视角看待《春秋》。该书利用政治哲学与伦理学理论提出了一些新颖见解，为今人认识、研究《春秋》提供了与以往研究有所不同的视角。

（张倩茹）

【桐城派名家史学思想研究】

董根明著《桐城派名家史学思想研究》，人民出版社2020年11月出版。该书系国家社科基金项目"桐城派名家史学思想研究"结项成果。

桐城派是清代文坛上最大的古文流派，同时在经学、史学等领域也做出了重要成就。以往虽有相关研究，但这些研究主要集中于史学思想、史书义法、边疆史地、清史编纂、方志等方面，缺乏对桐城派史学成就的全面研究，缺乏对桐城派史家群体的研究。有鉴于此，该书着重选取了一批具有代表性的桐城派史家，对他们的史学思想进行了系统梳理，揭示其史学思想嬗变的内在逻辑，对桐城派史家群体的史学思想做出了总体论述。该书分为八章，着眼于属词比事的治史传统、华夷之辨的政治取向、通时合变的历史观、视域拓展的边疆史地著述、洋务维新的经世史学、进化史观及其对新史学的影响、新文化激荡与传统史学的持守等方面，从史著、文论、书信、谱牒、墓志、节烈传、风土记、读史札记、乡贤行状和译著等材料入手，系统梳理和归纳了桐城派群体的史学成就、史学思想及其主要特征。作者认为，桐城派名家史学成就主要表现在校勘和评点了大量史学典籍，广泛参与了官修《明史》《清史稿》和诸府志、县志的编撰，取得了丰硕的边疆史地学研究成果，大力宣传了进化史观，形成了较为系统的史学研究理论和方法。

作为有清一代乃至民国时期有着共同道统和文统主张的学术群体，桐城派史学思想表现了某种内在的传承性，有其共通的特质，这就是义理、考据、词章兼修，史学经世思想和因势而变的历史观。当然，不同历史时期桐城派群体所面临的时代命题不同，其史学思想也呈现不同的时代特征。该书有利于进一步拓展桐城派研究的视域，深化对清代史学，特别是晚清史学的研究；对当代史志编纂、风俗教化和社会治理也具有借鉴意义。

（靳　宝）

【道公学私：章学诚思想研究】

章益国著《道公学私：章学诚思想研究》，北京大学出版社2020年5月出版。该书系国家社科基金后期资助项目。

章学诚是中国传统史学最杰出的理论家，《文史通义》是继《史通》之后又一部中国古代史学理论精品之作。自然，史学界对章学诚及《文史通义》研究，成果很丰富。如果推进这一"老问题"研究，取得新意，实属不易。该书就是这方面的努力和尝试。作者彻底重检了章学诚研究的旧范式，以"道公学私"命题为中心重建了章学诚诠释的新坐标，从而对章学诚史学思想中的核心观念如"史意""六经皆史""圆神方智""通""史德"等均在移步换景中作了重新解释，在一定程度上颠覆了百年来学界的"常规的章学诚形象"。

该书分为三部分，第一部分为史意论，第二部分为比兴之旨，第三部分为道公学私。作者认为，"章学诚思想陈义多方、若丝之纷，如果非要找出一个核心词条理概括之，那么，被谈论最多、一度被当作'章学诚总的观点'的'六经皆史'实际上离之甚远；有些学者取'经世'一词，也不免把章学诚一般化了；'吾言史意'这句自我标榜，的确是章学诚论学最具特色的风貌，但只道出了一半，'言公'则道出了另外一半，合此二者，'道公学私'一语才是最合适的答案"。对章学诚进行不同诠释，进而引发对整个传统史学的新认识，这也是该书的一大亮点。该书在传统史学的语境下探讨了历史学的科学性与艺术性之争、历史认知的语言学基础、历史认知的默会维度、史家的主体性、历史学界的共识形成等当今史学理论的前沿问题；同时把章学诚重新置于传统文化整体的思想背景下，和哲学艺文论参验比较，恢复近人在以今释古中的"辉格式解释"中造成的"消耗性的转换"，使"文史"之"通义"灼然再现，使章学诚成为理解中国传统文史之学的合适的入门。

（靳　宝）

【明清小冰期：气候重建与影响——基于长江中下游地区的研究】

刘炳涛著《明清小冰期：气候重建与影响——基于长江中下游地区的研究》，中西书局 2020 年 8 月出版。该书通过梳理历史文献中的气候信息，建立数据库，并对不同来源资料进行了分析和讨论，在此基础上，对明清时期长江中下游地区的温度、降水（梅雨）以及极端气候事件进行重建，分析气候变化的特点。并将环境变迁与环境史结合起来，探讨了气候变化对明清时期长江中下游地区社会的影响以及社会的应对措施。

（孙靖国）

【明清祖先像图式研究】

吴卫鸣著《明清祖先像图式研究》，中国社会科学出版社 2020 年 6 月出版。

祖先像主要用于宗族或家庭的祖先祭祀。其作为肖像画的一种，在中国封建时代大量绘制并广泛传播。这些图画不仅具有慎终追远、缅怀先人的纪念性意义，也对巩固社会秩序产生强大影响。祖先像之中独特的视觉表现图式配合某些特定的制度、仪式及物质环境，表现中国百姓的民族品质、思考模式、心理导向和社会行为。该书主要从图像学的角度出发，以明清时代的民间祖先像为重心，大量收集与之相关的图像、实物原作及画稿，在建立数量超过万件的图像数据库的基础上进行分析，研究重点包括祖先像的分类、图式传承、图像的色彩解读、象征意象分析、江南法写真技巧介绍、地域性及时代风格辨别，以及大时代中社会意识在祖先像中的呈现等问题。

全书共设九章，第一章讨论祖先像的基本分类与社会基础。第二章探寻民间祖先像的图示来源及发展。第三章重点介绍以"江南法"为代表的祖先像中的容貌再现技法。第四章讨论祖先像的地域特色。第五、六章分别从制度和女性的角度解读明清民间祖先像中的色彩。第七章研究祖先像图式中的象征意象。第八章考察明清更迭之际社会意识在祖先画中的呈现。第九章讨论明清祖先像的时代风格。

此外，该书另附彩图集，从作者收藏祖先像作品中挑出部分具有代表性的画像50张以供读者参阅欣赏，又有专文说明海内外祖先像的收藏与研究状况，以及学者对谈录七则、田野对谈录六则。该书资料丰富，图像精美，文字解说清晰简要。既有对物质材料本身的分析考索，又有借助理论讨论图像所蕴含的社会心理意识。作者指出，祖先像的造型表达技巧可以追溯至战国、两汉、六朝、隋、唐至五代的人物绘画传统，但民间祖先像则是宋代特定思想形态和社会环境下的产物，它不仅回应了社会情境中个人和集体对先祖缅怀的需求，而且还配合一套由国家权力及士绅阶层共同推动的行为策略与专有仪式，建构起一个全国范围的强大道德认同网络。借由祖先像中一张张与自身血缘相连的先人面孔，让每一个个体发现自身存在的永恒历史感，继而确立生活秩序的合理性。

明清时期，伴随着儒家和民间宗族制度的稳定发展，祖先像在明后期、清乾隆及光绪年间，先后出现了三次需求高峰。这些画像一代复一代地流传后世，生动地反映出封建世俗伦理思想在百姓日常生活中的深刻渗透。

（石 珫）

【古代五岳祭祀演变考论】

牛敬飞著《古代五岳祭祀演变考论》，中华书局2020年6月出版。该书系国家社科基金后期资助成果。作者利用经学、礼制、金石等多种材料，首次对秦汉以降历朝五岳祭祀制度进行系统考察，探索归纳出历代五岳祭祀的主要环节，并尝试揭示五岳祭祀变迁的思想动力以及五岳之于不同王朝的政治地理意义。

该书共设七章。除第一章引言外，其余六章依时段考察秦汉、魏晋南北朝、隋、唐宋、明清的五岳祭祀情况。对秦汉部分的讨论，作者梳理了五岳从"诸侯之望"到"天子山川"的形成过程，指出西汉神爵元年（公元前61）确立了五岳尊于众山的祭祀地位，此后五岳可以从祀郊祀，逢大礼亦得沾祠，它们还是各类国家祈福活动的祷告对象，东汉经学家们多将其视为仅次于天地宗庙的"中祀"。进入中古分裂时期，作者认为此时五岳的神圣地位得到了传承与发展。如汉赵国刘聪作战时擅离职守祭祀嵩山，北魏明元帝遣使越敌境致祭华山，北魏诸皇帝频频祭祀恒山，这些祭祀五岳的行为皆具有现实的政治诉求。隋代国祚短暂，但在五岳祭祀制度上有诸多创新。隋代受北周五郊制度影响确立了五郊迎气日分祭五岳之制，这与汉代以来五岳一岁数祠不同；隋代还一反汉代南岳霍山而以江南衡山为南岳。此外，隋代还确立了五岳之辅五镇山制度以及以岳镇海渎、名山大川为首的祈雨制度。唐宋五岳祭祀的特点之一是给五岳神祇加帝王爵号。因五岳封爵事关唐宋对地方祠庙的治理策略，作者对唐宋时代的朝廷祀典下行及"祀典"意义变化展开了深入分析，指出在宋代随着额爵制度的流行，"祀典"一词有了更丰富的内涵，比如宋人多称记录祠庙额爵的历朝会要为"祀典"。

立五岳真君祠是唐宋五岳祭祀的另一重要特点，该书重点考察了宋代的五岳真君祠，指出宋代继承唐代真君祠系统，五岳道场化更加深入，五岳正庙不唯与真君祠并行享祀，其本身也成为内使、道士斋醮之处，宋代五岳祭祀道教化的高潮是开封五岳观的建立。自明代开始五岳神祇不再享有爵号，皇帝也不再热衷五岳祭祀，作者认为明清是五岳祭祀的衰落期，此时五岳祭祀的最大变化是北岳之祀从河北曲阳转移至山西浑源。作者详细考证出至少在金元之际山西就已经出现了浑源北岳说，在明代"浑源北岳说"越来越被人们接受，同时北岳信仰伴随着守边将士的精神需求逐渐从河北转移到山西，山西出现了以浑源北岳为中心的北岳祭祀圈。综上，经过多维度长时段考察，该书提炼出了两千多年里五岳祭祀演变的主要脉络，既推动了古代山川祭祀研究，又充实了方兴未艾的中国古代礼制研究。

（石　瑊）

【中国古代物质文化史·兵器】

杨泓、于炳文著《中国古代物质文化史·兵器》，开明出版社2020年9月出版。该书为《中国古代物质文化史》系列丛书的第18种。自20世纪70年代至今，尤其是进入21世纪后，中国古代兵器史的研究进展较大。该书作者杨泓、于炳文皆是这一领域致力较深的学者，分别著有《古代兵器通论》《文物藏品定级标准图例·兵器卷》等书。他们在自身研究的基础上，吸收学界在此领域的最新成果，撰著而成这部通代性质的中国兵器史。

此书共分七章，按照史前、夏商周、秦汉、三国两晋南北朝、隋唐、宋辽金、元明清的时代次序，详细论述了中国古代兵器的时代特点、种类形制、技术工艺等方面的情况。建立在具体研究之上，作者论及中国古代兵器研究应注意的问题，指出：第一，应注意在划分发展阶段时，必须摒弃落伍的石兵、铜兵、铁兵的分期法，而要从人类社会物质文化的发展阶段，工具、兵器的主要材质和制作技术等方面综合考虑，采取考古学石器时代、青铜时代和铁器时代的分期，再以火药用于制作兵器作为单纯冷兵器阶段结束的标志。第二，注重工艺技术发展和兵器演变之间的关系，从古代到现代，各朝统治者无不将当时最先进的工艺技术优先用于军事，以制作最精良的兵器。因此，考古中要特别注意出土金属兵器的金相鉴定，将相关成果应用于古代兵器研究。第三，注意探索兵器的发展与作战方式方法变化之间的关系，作战方法的变化是和社会制度的变化相联系的，反映着当时政治、经济、文化的发展，同时受到当时社会生产力的制约。不同的作战方式对军队的组成、训练和所使用的兵器都有不同要求，而兵器本身的变化发展反过来也影响着作战方法的变化。第四，注意防护装具和进攻性兵器发展的辩证关系，也就是矛与盾的互相推动发展的辩证关系。第五，火药兵器的出现具有划时代的意义，从而引致兵器生产发生变革。但也需注意到新兴的工艺技术与陈旧的社会关系的矛盾，这使得中国在兵器发展上最终停滞不前。第六，要注意中国古代战争的一些不同于其他古代民族、国家的特点，以及这些特点对中国古代兵器的影响。

在展望兵器史未来发展方向时，作者强调：1. 应在有条件时，开展古战场的考古调查发掘；2. 在清理发掘古城址时，除应重点关注城垣和防御设施遗址外，还应仔细观察有关战争过程的遗存和痕迹；3. 以对中国古代兵器历史进行分期为基础，结合中国古代战争史进行全面研究，以进一步推动相关研究的科学化。基于以上思考，该书不但为中国古代兵器史在一段时期的研究进行了总结，还在一定意义上为后来者的开新指示了方向。

（石　瑊）

【霞浦摩尼教研究】

杨富学著《霞浦摩尼教研究》，中华书局2020年11月出版。该书系2014年度国家社科基金西部项目"霞浦摩尼教研究"、中国敦煌石窟保护研究基金会资助项目成果,收入"敦煌研究院学术文库"丛书。

摩尼教是古代的世界性宗教,约在武周时期传入中国。其后在神州大地流传一千余年,因朝廷干预而最终禁绝。在2009年福建霞浦县摩尼教新文献发现之前,学界只能主要依据20世纪初在敦煌、吐鲁番等地发现的一批摩尼教文献对其进行研究。这些百年前发现的文献,数量不是很大,多用回鹘文、粟特文等中古外文写成,汉文文献甚鲜,且吐鲁番文献残损尤其严重。由于材料有限,摩尼教研究长期难以取得突破。霞浦新发现摩尼教文献,用汉文书写;数量众多,有的文献部头很大;内容丰富,其中既包括摩尼教经典,可与之前在敦煌、吐鲁番所发现的文书相印证,也包括量大科仪书、表文,用于斋戒、祈福禳灾和超度亡灵,具有浓厚的民间色彩。

作者在征得霞浦新发现摩尼教文献所有者的允许下,选取这批文献中内容比较重要的《兴福祖庆诞科》《贞明开正文科》《点灯七层科册》《冥福请佛文》《祷雨疏》《奏申牒疏科册》等抄本予以校录刊布,并将其作为主要研究对象,同时涉及《高广文》《佛说善灶经文》《摩尼施食秘法》等其他霞浦文献的内容,拟通过仔细比对霞浦文献与敦煌摩尼教写本,考察二者佛教因素与道教因素的比重,条列二者异同,以探寻其佛教化、道教化、民间化的倾向与发展轨迹,及其传播方式的异同,进而勾勒摩尼教在霞浦的传播路线,从文化交流的角度揭示霞浦摩尼教文献、文物在中西文化交流史即丝绸之路传播史上的重要学术价值。

全书共二十章,分为上中下三编。上编"霞浦摩尼教史论"以八章篇幅主要讨论摩尼教在闽浙的传播与发展、霞浦摩尼教寺院、神祇、教主等问题;中编"资料调查与研究"设六章,介绍福建摩尼教遗存踏查收货并考释《乐善堂神记》《摩尼光佛》等文献;下编"文献录校"分章录校《祷雨疏》等研究涉及的六篇主要文献。霞浦摩尼教文献发现至今已有十余年,主要文献基本已经刊布,各个细节几乎都有学者涉及。该书回顾了既往的研究,结合文献考释与实地踏查的方法,对霞浦、南屏文书及其相关问题予以充分讨论,在学术史上具有里程碑的意义。

（石　瑊）

【北京口述历史系列（第三辑）】

定宜庄主编《北京口述历史系列》第三辑,北京出版集团2020年出版,包括以下四种:定宜庄、苏柏玉《"文物人"与"人文物":常人春常寿春兄弟口述》,张龙翔《八十年来翰墨缘:米景扬口述》,杨原《变迁中的北京"勤行":陈连生口述》,宝贵敏《行走京城草原间:在京蒙古人口述》。《北京口述历史系列》自2012年北京出版集团推出,目前共出版了3辑14部,以北京城市史为主题,在国内外学术界产生了相当大的影响,在社会史、城市史、口述史等研究中独树一帜。

《北京口述历史系列》三辑分别是:第一辑（5本,2014年出版）:定宜庄、张海燕、邢新欣《个人叙述中的同仁堂历史》;定宜庄、阮丹青、杨原《宣武区消失之前》;邱源媛《找寻京郊旗人社会》;杨原《诗书继世长——叶赫颜扎氏家族口述历史》;胡懋仁《学院路上》。第二辑（5本,2017年出版）:定宜庄《八旗子弟的世界》《城墙之外》《府门儿·宅门儿》《胡同里的姑奶奶》《生在城南》。第三辑（4本,2020年出版）:定宜庄、苏柏玉《"文物人"与

"人文物"：常人春常寿春兄弟口述》；张龙翔《八十年来翰墨缘：米景扬口述》；杨原《变迁中的北京"勤行"：陈连生口述》；宝贵敏《行走京城草原间：在京蒙古人口述》。该系列中有以老店铺为主题的《个人叙述中的同仁堂历史》（定宜庄、张海燕、邢新欣），涉及家族长时段的《诗书继世长——叶赫颜扎氏家族口述历史》（杨原），讲诉女性故事的《胡同里的姑奶奶》（定宜庄），还有关注城市边缘的《找寻京郊旗人社会》（邱源媛），等等，作者们尝试从不同的视角解读北京历史文化，展现了团队对北京历史文化多元立体的理解，以及在口述史研究范式上的不断尝试。在北京百年近现代史中，个人与社会、家族与族群、地方与中央、区域与整体，这些关系是如何相辅相成，这些不断相互作用的力量，在接踵而来的外力冲击下，带给北京城以及城中的每一个人迂回曲折的历程。《北京口述历史系列》中由这些访谈者与口述者合作书写的历史，已不能简单地被视为"民间记忆"，它们与各类档案文献，共同构成北京城市的"集体记忆"，成为北京近现代史不可抹去的一部分。

（邱源媛）

【区域视角下的西北：地缘空间中的农耕、游牧与绿洲】

黄达远著《区域视角下的西北：地缘空间中的农耕、游牧与绿洲》，社会科学文献出版社 2020 年 4 月出版。该书强调的区域史——"新史观"是指能容纳"西域"（大陆史）和"西洋"（海洋史）复合交叉型历史观下的国家建构过程。事件史本身要和具体"区域"的时空背景相联系，其社会内涵才能得以表达。

构成"西北"的区域要素是适宜人类的生存环境和就食方式的农耕、游牧与绿洲社会，正是三者的互动构成了"西北"长时段的历史过程，在欧亚大陆游牧民与定居民的历史中"西北"是丝绸之路的"枢纽"；在近代民族国家的时空建构和地缘边疆化中，西北被"去中心化"。"西北"由此被赋予不同的意义：枢纽与边缘落后交织在一起，作者对此进行了反思并试图在一带一路背景下以"新史观"对"西北"的意义进行讨论。现代的全球历史叙事，偏重于以海洋为中心，造成了大陆史的时间与空间分离，也造成了中国史从以内陆为中心向以海洋为中心历史时空视野的转换。"西北"作为一个多中心的游牧、农耕与绿洲的互动历史空间，长期被均质化的海洋视角所遮蔽。发掘空间对于理解整个西北的历史概念具有启发意义。作者将拉铁摩尔提出的"过渡地带"作为重要的理论工具，并将这一概念置于区域史的核心。

在以游牧与农耕为中心的南北互动中，汉朝、唐朝大力经略河西走廊，将游牧区开发为绿洲区后，河西走廊地景发生重大变化，成为典型的"过渡地带"——衔接北方大漠草原、西部沙漠绿洲、南部雪域高原和东部农耕地区，长安和敦煌连接部分曾是丝绸之路的核心段之一。清朝疆域从河西走廊更是延伸到天山南北。在域外俄罗斯与海洋殖民国家的双重冲击下，中国历史开始从南北结构转向东西结构。为对冲域外的力量，北疆（尤其是伊犁地区）成为了清朝的战略核心区，与河西走廊类似，天山北麓从游牧区转变为绿洲农耕区与城镇区。由于天山以北不是"雨养精耕"的地区，其经济功能并不完整，必须依靠沿海的经济腹地并通过"长城—天山"商路进行各种民生物资的补充，最终形成了一条"国家走廊"。清代中国正是通过"长城—天山"商路实现陆海联通和东西格局的空间建构。

作者认为,"西北"是丝绸之路和清代国家走廊的中心区段。"过渡地带"和"走廊"可视为同义语,兼容胡汉特征的"人群"是走廊的载体,典型如清代的"骆驼客"勾连起不同的异质性空间,也反映了中国历史从南北到东西结构的巨变。就古代中外关系史而言,该书跳出了民族国家史的局限,将"西域"与"西洋"两大视角结合起来,以陆海联通的历史观重构中国,将"西北"还原成为游牧、农耕与绿洲互动的中心,强调国家政权开发这一区域的重要性,同时也强调走廊"人群"是不可或缺的存在。"西北"不再是一个均质化的空间,而是一个有血有肉的历史单位。

(黄达远)

【丝绸之路世界史】

森安孝夫著《丝绸之路世界史》(シルクロード世界史),日本讲谈社 2020 年 9 月出版。该书是作者《丝绸之路与唐帝国》(シルクロードと唐帝国,講談社,2016年)的续作,充分论证作者关于"丝绸之路"的世界历史观。全书站在批判西方中心世界历史观的立场,重视古代非西方文明之于反思现代社会的重要意义,提出世界历史的发展有 8 个阶段,其中前五个阶段是作者所谓"前现代的世界史"阶段,包括第一次农业革命、四大定居文明、铁器革命、草原游牧民集团登场、中央欧亚型国家占据优势时代,并强调"前现代世界史"是围绕欧亚大陆诸文明的交往关系,而不是围绕以海洋为中心的贸易网络展开的。

作者讨论的主要内容有如下几个方面:首先,欧亚干燥草原地带的游牧民族是前现代全球史形成的重要推动力量,游牧民集团沿着欧亚内陆的干燥草原地带实现东西迁徙,将原本分散的各大古典文明联系在一起。游牧民集团在发展过程中,通过与定居社会进行贸易或战争等方式获得资源,形成游牧与定居社会共生的前现代全球化世界体系。其次,古代"丝绸之路"就是前现代世界体系发展的主要体现。古代丝绸之路是以奢侈品为主要交易商品,在欧亚大陆上进行长距离贸易的互动路网,通过不同文明之间的长距离贸易,也实现了语言、情报、科技文化知识等方方面面的交流。最后,欧亚腹地的干燥草原是古代丝路路网的大动脉与多元文明的汇集之地。游牧国家积极营建草原城市,在古代丝绸之路东西交流中发挥了核心作用。作者着重批判了美国学者韩森关于丝绸之路仅是地方性的小范围分段贸易的观点,认为当时丝绸之路的主要形态就是大规模长距离的武装商队,从事高回报、高风险的奢侈品贸易,并在沿途也从事相应的商品交易活动。韩森的观点是根据片面而零散的资料得出的肤浅之论。作者通过描述粟特—回鹘社会的宗教信仰与信徒活动,展现了摩尼教、佛教等宗教文化在欧亚干燥草原地带的发展与流传,向读者展示"宗教之道"。同时,作者也向读者介绍了他近期整理刊布的一批回鹘文手写书信的基本格式,并据此向读者介绍了古代长距离商队的活动实况,包括一年的往返频次,往来交易的主要内容,等等,并结合阿拉伯史料、汉文史料提出"回鹘商业网络"的概念,认为当时回鹘人贸易活动将辽宋西夏等王朝与西方联系起来。最后,探讨了古代日本与丝绸之路的关系,着重辨析了日本古代文献中的"胡"是指粟特人,进而介绍了渡来日本的粟特、波斯人,以及摩尼教绘画艺术东传日本的历史及其研究现状。

森安孝夫是国际知名回鹘史研究学者,他对于丝绸之路的理解带有"中央欧亚"

立场，我们并不赞同。在论述过程中，作者展现了大量回鹘文文书等第一手资料，介绍了国际学界的前沿成果，不仅对研究丝绸之路史具有积极意义，也提供给我们思考丝绸之路主体性问题的一个重要参照。

（孙　昊）

【古代巴蜀与南亚的文化互动和融合】

汤洪著《古代巴蜀与南亚的文化互动和融合》，中华书局2020年12月出版。近几十年来，随着"三星堆遗址""金沙遗址"出土大量带有南亚、中亚甚至西亚等外来文化因素的考古遗迹，学者们对早期带有独特地域气质的巴蜀文明在中华文明起源建构中的作用以及巴蜀文明构成的来源、定型、流变以及影响产生了浓厚兴趣和持续的研究热情。新考古资料的陆续披露和新文献材料的不断面世，"南方丝绸之路"研究成果的不断累积，启发学者另辟蹊径，大胆假设，小心求证，将研究视域从本土本地的局促空间解放出来，放眼域外，拓展时空。该书即是依循"巴蜀文化"以及"南方丝绸之路"的现有研究成果，试图探寻古代巴蜀与南亚的文化互动与融合。

"巴蜀文化"研究已近百年，成果已丰。为避免叠床架屋，该书撷取12个文化元素进行专题研讨，力求深入与精专。这12个文化元素多为百年来"巴蜀文化"研究特别是"巴蜀文化"与域外文化交流研究中的疑难问题。此12个专题，涉及物质文化、宗教文化与语言文学艺术等诸方面，各个专题相对独立，但又串联起古代巴蜀与南亚文化互动与融合的共同主题。其中，蜀蚕蜀丝、邛竹杖、巴蜀茶叶、巴蜀井盐、道教南传、彝文与印度婆罗米文字等专题彰显巴蜀文化以别具一格的特质流播南亚的种种印迹。而茉莉的移植、象牙与海贝的引入、琥珀及其制品的传入、早期佛教传播与峨眉、李白诗歌印度文化意象等专题则凸显南亚文化跨越千山万水嫁接巴蜀的余韵流响。

同时，两大地域空间不同文化因子间又互相激荡、相互借鉴甚至回流影响，共同促进文化形态的生成与融合。蜀丝传入印度，凝固为印度典籍之"Cīna"，佛教传入中土，又回传"Cīna"为"支那"。巴蜀茶叶带着茶香一路飘向南亚，生根在异域他乡，而南亚"茉莉"带着芬芳清洁移植巴蜀，并与巴蜀茶叶完美融合，成为混血"茉莉花茶"。海贝、象牙和琥珀从异域走来，旋即与巴蜀本土文化融合，经过巴蜀匠人的特色运斤，结合地域文化心理的期许，成为深埋地下的遥远绝响。早期佛教通过南方丝绸之路积极主动传播至巴蜀，影响巴蜀先民的价值理念和内心信仰，产生于巴蜀的道教广泛吸收佛教的理论和教规教仪，逐渐凝炼成特色鲜明的本土宗教，成熟的道教又向南传播回流，融合凝固为印度密宗，密宗再一次途经高山沟壑，回传至中原，一来一往，见证文化传播超越时空的无穷魅力。

（汤　洪）

【新时代、新技术、新思维——2018年中国历史地理学术研讨会论文集】

华林甫、萧凌波、孙景超、刘新光、胡恒、张宝秀著《新时代、新技术、新思维——2018年中国历史地理学术研讨会论文集》，齐鲁书社2020年6月出版。此书是2018年度中国历史地理学科年会的论文集，共收录论文30余篇，覆盖研究范围非常广泛，共分为六章，对历史地理理论与方法、历史政治地理、历史聚落地理、历史人口地理、历史经济地理、历史社会文化地理、历史军事与交通地理、历史自然地理、历史环境变迁、历史地图编绘、古地图研究、历史地理信息系统等多领域的学术问题进行了深入的探讨与研究。

（孙靖国）

【历史时期董志塬地貌演变过程及其成因】

姚文波著《历史时期董志塬地貌演变过程及其成因》，中国环境出版集团 2020 年 8 月出版。该书以黄土高原最大的一块塬面——董志塬为例，研究了历史时期黄土高原地貌环境演变规律，建立了现代侵蚀沟地貌年龄计算公式，依靠计算公式、现场遗迹、遗物等得出了董志塬上南小河沟、崆峒沟、彭原沟等沟谷的地貌年龄。并与黄土高原上其他区域的沟谷发育情况进行了对比。最后，此书对历史时期影响董志塬发育的驱动因素：自然因子（地震、降雨径流变化、自然植被变迁）与人类活动（人口、土地利用、硬化地面）等进行了探讨。

（孙靖国）

【清代黄河"志桩"水位记录与数据应用研究】

潘威、庄宏忠著《清代黄河"志桩"水位记录与数据应用研究》，中国环境出版集团 2020 年 5 月出版。该书利用清代保留下来的黄河"志桩"记录，整理历史时期的水位观测数据，推测清代不同历史时期的水位情况，复原清代黄河中游地区的水文变化图景。此书分为四章，分别对清代河务部门的报汛制度、清代黄河志桩水报运作实态、乾隆三十一年（1766）以来黄河中游地区水文变化、清代黄河中游地区降雨事件的高分辨率个案进行研究，并在书后附有"清代（1644—1911）陕西雨情水情年表"。此书在对清代"志桩"水位奏报制度进行研究的基础上，探讨了对此类历史基础的研究方法，以弥补中国历史时期器测资料年代较短的不足，并对全球气候变化与河流水文情况之间的关系进行了研究。

（孙靖国）

【陕北黄土高原的环境：1644—1949 年】

王晗著《陕北黄土高原的环境：1644—1949 年》，中国环境出版集团 2020 年 5 月出版。此书分为八章，分别讨论了：陕北黄土高原地理环境的复原；兴屯垦殖政策和陕北黄土高原的自然环境；黄土高原沟壑区人口变动、土地垦殖和土壤侵蚀的关系；黄土残塬沟壑区土地垦殖及其对土壤侵蚀的影响；黄土丘陵沟壑区的土地垦殖和民众应对；典型流域的土地垦殖及其对土壤侵蚀的影响；黄土—沙漠边界带水利灌溉和土地垦殖过程的分析；区域社会、谋生方式和环境变迁的关系。此书对作为环境敏感地带的陕北黄土高原的垦殖、人口和环境变迁进行了长时段研究，并选取多个典型案例进行深入探讨。

（孙靖国）

【中国古代舆地图研究（修订本）】

成一农著《中国古代舆地图研究》（修订本），中国社会科学出版社 2020 年 11 月出版。此书对以往的中国古地图研究模式进行了反思，指出：以往出版的中国古代地图的图目和图录重点收录的是更为精美的绘本地图，古籍中作为插图存在的地图往往被忽视，甚至也没有进行过编目、整理工作，所以应对其进行系统研究。更为重要的是，中国古代的绘本地图流传范围有限，但刻本地图（集）以及书籍中作为插图的地图，由于印刷便利，流通范围广泛，更能代表中国古代，尤其是印刷技术发达的宋代之后，中国人特别是士大夫日常所能看到的地图，更能展现古代的地理知识、空间概念以及对世界秩序和空间秩序的构建。因此，古籍中作为插图存在的地图有其特有的学术价值。所以，此书对各藏图机构和古籍中收录的清代之前的全国总图和寰宇图按照谱系进行了整理。此书为 2016 年初版的修订版，其主要修订之处有三：1. 清以前"舆地图"的谱系中增加了初版中忽略的明代日用类书中的地图，主要集中在《广舆图叙》"大明一统图"和《广舆图》"舆地总图"两个谱系。2. 将初版第三部分的 6 篇论文替换为新撰写的 10 篇论文，对中国古代"舆地图"的主要类型和脉络进行了大致的梳理，且利用"舆地图"作为史料研究了一些史学问题。3. 增加了附录一，列出了初版中缺失的清代"舆地图"。

（孙靖国）

【中国古代史学批评史】

瞿林东主编《中国古代史学批评史》（七卷本），湖南人民出版社 2020 年 7 月出版。多卷本《中国古代史学批评史》，系 2015 年获批的教育部人文社科重点研究基地重大项目，并被列入国家出版基金项目、"十三五"国家重点图书出版计划项目。中国古代史学批评研究是 20 世纪 80 年代中期以来逐渐开拓出的一个崭新而独特的史学理论研究领域，成为中国史学史研究新的学术增长点，赋予中国史学史一个新的生命力。这一重要新领域，北京师范大学资深教授瞿林东先生作出了突出贡献。1994 年由中华书局出版的《中国古代史学批评纵横》，2016 年由重庆出版社出版的《中国古代史学批评纵横》（增订本），以及发表了大量的史学批评论文，都是瞿先生在这一史学研究领域所取得的学术成就。他所主编的七卷本《中国古代史学批评史》是这一领域的最新成果。该套丛书是历经集体合作之力 4 年多打磨而撰成，首次对中国历史上各个时期的史学批评现象、观点和代表性成果作出系统的研究和阐释。除主编瞿林东先生外，课题组成员有阎静、王姝、朱露川、李凯、陶晓珊、吴凤霞、胡祥琴、毛春伟、廉敏、刘开军（以撰写为序）。

该书按照纵向上的会通与横向上的会通编排体例结构，通过对中国古代史学批评史料的搜集、梳理、分析、归纳，展开纵向探讨和横向剖析，进而探析中国古代史学批评史发展的全貌及其规律。所谓纵向上的会通，是将中国古代史学批评划分为七个阶段：第一阶段为中国古代史学批评的开端（先秦秦汉时期），第二阶段为中国古代史学批评的初步发展（魏晋南北朝时期），第三阶段为中国古代史学批评的深入发展（隋唐时期），第四阶段为中国古代史学批评的兴盛（五代两宋时期），第五阶段为中国古代多民族史学与史学批评（辽夏金元时期），第六阶段为中国古代史学批评的拓展（明时期），第七阶段为中国古代史学批评的集大成（清时期）。由于中国历史和中国史学发展的连续性特点，这七个阶段是前后衔接、上下贯通的，同时又各具特点。中国古代史学批评在其发展过程中，在不同阶段都会提出一些问题，而有些问题也可能是具有普遍性或规律性的，对于这些问题的研究与阐说，就为横向上的会通。如史学批评作为一种史学现象，它产生的原因何在？怎样看待和分析史学批评主体提出问题的主要根源？怎样看待史学批评的成果及其思想的社会意义、学术意义和理论意义？怎样看待史学批评中出现的偏颇？丛书每一卷高度重视和关注这些问题，努力尝试作出一些思考和回答。瞿林东先生指出，"中国古代史学的连续性发展为中国史学批评史提供了丰富的资料，中国古代史学批评史的存在又推动了中国史学的发展，也为中国古代史学理论的积累提供了思想遗产。中国史学就是在这种互动中不断开辟新的发展前景"。

该书提出的史学批评史上的一个问题及诸多概念、观念等，又吸引着研究者进一步探索中国古代史学话语体系及其特点这一学术高地。该书最大一个特点就是分时段深入探究史学批评，发掘新史料，提出新问题，对概念和观念作创新性研究，推动中国特色历史学话语体系建设。

（靳　宝）

【《春秋》经传与传统史学】

邱锋著《〈春秋〉经传与传统史学》，科学出版社 2020 年 4 月出版。从"六经皆史"这个共识出发，讨论《春秋》经传在思想上的价值，尤其是在史学上的价值，是该书在研究方向上的一大旨趣。全书共分十四章，可分为三部分：第一至第三章，是以问题为中心，对《春秋》经传思想进行的整体性、综合性的讨论；第四至第十章，是分别对《左传》《公羊传》《谷梁传》《国语》的相关问题展开的个案研究；第十一至第十四章，则是以史书或史家为依据，站在史学史或经学史的角度从不同的侧面评析《春秋》经传与中国传统经史之学间的密切联系。在各章之中，有的问题讨论传统史学，有的问题讨论传统经学，有的则兼而有之，了然可辨。

该书是作者近十余年来围绕《春秋》经传（包含《春秋经》《左传》《公羊传》《谷梁传》以及《国语》）在中国传统经史之学当中的地位与影响这一论题的思考及与之相关问题的研究所得，旨在从思想史的角度对《春秋》及"三传"和《国语》进行整体性研究和论述。通过对其中一些基本问题的梳理，对其学术源流和思想特点予以分析和论述，并对其历史地位和历史影响加以评述，以期丰富和深化对中国传统文化的认识。

作者认为，孔子作《春秋》，从神秘的空气中游离出来，专从人事的角度去记载历史，把它和神话与宗教分开，这是《春秋》在史学上的一个重大贡献。《春秋》在中国古代史学上的地位也可从传统的目录学中反映出来。对于为何汉代不另立"史部"，传统的看法认为秦汉时期史书的数量有限，这并不全面，更重要的是，当时史学的独立观念还没有形成。在汉人眼中，《春秋》不但是史学的根源，又代表了史学的最高原则，所以把史书划分在《春秋》名下是顺理成章的事情。

对于《左传》的史学价值及地位，作者指出，无论在史书编撰，还是在思想认识、文学成就方面，《左传》在中国古代史学史上有着重要地位。对于《国语》的成书和性质的论述，也是该书一大亮点。作者提出，《国语》的重点不在于叙述一段完整的历史，而是通过一些有选择的记述，叙述成败，这才是《国语》的性质。

（靳　宝）

第五篇

论文观点摘编

【中国史前社会的阶段性变化及早期国家的形成】戴向明：《考古学报》第3期。

与世界许多地区相似，中国境内史前社会亦呈明显的阶段性变化，并表现"进化"的特征。中国史前社会的发展可分为三个阶段。第一阶段期间，从旧石器时代到新石器时代早期，以渔猎为主要生存手段。基本群体由类似动物的原始群体演变为血缘家庭，血缘关系和婚姻关系日益清晰。第二阶段，新石器时代中期（裴李岗文化和中原仰韶文化早期），南北农业逐渐发展，出现了稳定的聚落村落，形成了宗族组织。后来，更大规模的部族和部落社会演变为没有明显的等级制度区别的社群。从新石器时代晚期至青铜器时代早期为第三阶段（仰韶文化中晚期——中原地区的庙底沟二期、龙山、二里头时期），农业进一步发展，农业在主要文化区域内的生业经济中占主导地位。区域性社会组织形成，社会群体内外等级分化日益明显。每个文化区都表现不同程度和方式的社会复杂性。在公元前3000年早期到公元前1500年之间，一些非常大的定居点出现在主要的文化区。从出现在长江下游的良渚文化，到龙山时期黄河中游的陶寺、石峁遗址，再到中原腹地的二里头文化。根据考古发现，这些主要的文化区可以被确定为早期的州。新石器时代晚期到青铜器时代早期国家的形成和社会复杂性的发展，勾勒出了不同的发展模式。

（赵孝龙）

【关于武丁以前甲骨文的探索】刘一曼：《甲骨文与殷商史》新十辑。

武丁时代的甲骨文，字体、文例都相当规范，是较成熟的文字。在此之前，文字的发展必然经过一个较漫长的阶段，因而探索比武丁更早（即盘庚、小辛、小乙时代）的甲骨文是学术界十分关注的问题。寻找武丁以前的甲骨文必须从考古学的地层、坑位入手，注意那些地层关系较早的发掘单位所出的刻辞甲骨。以下八片可能属于早于武丁的甲骨文，《屯南》2777、《乙》9099、《乙》9023—9024、《乙》9100、洹北商城刻辞骨匕（T11③：7）、《乙》484、《合集》21691、《合集》22197。尽管目前所知的殷墟早于武丁的刻辞甲骨只有上述几片，在15万片商代甲骨文中可谓凤毛麟角。但是，在殷墟比武丁稍早的遗址或墓葬中出土的一些陶器、玉石器或铜器上也发现了文字，由此可以推测，这一阶段的甲骨文也不会太少。殷墟考古的新发现与研究开阔了我们的思路，探索武丁以前的甲骨文，我们的目光要放远一些，途径应多一些。既要分析已发现的武丁早期的王卜辞，同时更应注意从非王卜辞中去寻找。

（赵孝龙）

【商代的疫病认知与防控】宋镇豪：《历史研究》第2期。

我国最早关于瘟疫的记载可追溯至殷商时期。甲骨文的"疾人""乍疫""疾年其殟""疾—邑烈"等，反映了当时人们对疫病发生、传播以及危害性已具有一定程度的认知。殷商统治者在面对疫情肆虐时，一方面表现较强烈的心理焦躁和对社会动荡的担心；另一方面也采取多种手段来防控和治疗疫病。受限于殷商时期的信仰观念和医学知识，当时采用的防治策略，既有"御疫"殴驱疫鬼、"宁疾"以求"御众"，消除疠疫等巫术祭祀，也有隔离防疫、禁止谣传、熏燎消毒、药物医防、饮食保健、洒扫居室、清洁环境卫生等理性、科学的防控办法。而那位久病体弱又罹患疫病的"子"的事例，则展现了积极乐观的精神品质和运动锻炼强身健体，对于抵抗疫病侵袭、保持身体健康的重要意义。殷商时期，在疠疫瘟疾猖獗之际，人们并非束手无策，而是通过国家行政、社会群防、运动保健等方式，积极抵御疫病侵害，形成了许多预防疠疫传播的社会风尚和习俗，其内容涉及医药学、环境学、营养学、卫生保健学、心理学、体育学等。散积久演的疠疫防控行为，标志着当时社会文明的发展程度，也是中华民族对人类文明的重要贡献。

（赵孝龙）

【殷墟"外来文化因素"研究】何毓灵：《中原文物》第 2 期。

按地理方位不同，大体可以把殷墟文化外围分为北（西北）、西（西南）、南（东南）、东四个区域。北方区域范围广大，大体沿长城内外，东到辽东、西到晋陕高原，分布着众多考古学文化，殷墟文化中来自北（西北）方的文化因素远不止铜器，北方外来文化因素集中于殷墟早期，应与此时商王朝大规模征伐关系巨大。早商时期，商文化在西部呈现强劲发展的势头，但到了殷墟二至四期，商文化在西方的退缩尤甚，来自西南巴蜀文化的影响，似乎不是战争的结果，而是贸易的原因。商王朝对于南方的经略政策是一贯的、统一的，其势力范围也一度扩展到江西、湖南一带，南方地区考古学文化对于殷墟文化的影响，突出表现在影响的传承性。与北、西、南方地区相比，商王朝对于东方的经略一直是进攻的趋势，殷墟受到东方文化因素的影响，主要表现在陶器上。到晚商时期，商王朝势力在北、西、南三方都有明显的收缩，唯有在东方一直是扩展的态势。面对王畿之外的考古学文化，殷墟文化并非原封不动、照单全收，而是针对不同的情况，采取了不同的方法。这些外来文化因素根据传播方式的不同可分为典型外来文化因素、混合型文化因素、继承型文化因素。

（赵孝龙）

【论殷金文的特征体系】刘源：《故宫博物院院刊》第 11 期。

过去研究殷代金文，关注和考察的是族徽、日名、征人方等具体现象，现在有必要对既有成果进行系统概括和总结，使之理论化并自成体系，以便更好地指导金文整理和研究工作。殷金文的特征体系，应分三个角度认识：从社会组织角度看，族徽是家族标识，日名代表家族祖先与祭祀对象，子与小子是族长和分族长；从国家形态角度看，王、王妇、王子居于社会顶层，王朝职官以小臣、寝、作册为特色，赐贝是最重要的政治运作机制；从文化特性看，大事纪时与周祭纪日是历法特色。作者指出，殷周金文所见殷周文化异同，学界历来重视，我们在张懋镕先生强调"日名""族徽"之外，为探讨殷周文化之异同，增加了"子与小子""赐贝""寝"（官）、"作彝""作尊彝"、周祭纪日等新的视角与标准。但殷周文化之区别，不能简单地视为殷、周二代之差异，或殷、周二族文化的不同，由于西周早期至穆王之世，周王朝继承殷制，殷金文中的诸多特征，如族徽、日名、赐贝、小臣、作册、作尊彝、大事纪时等现象，也保存在西周早期金文中。据考古、古文字材料来看，殷周制度的重大转变，主要还是出现在穆王以后。

（赵孝龙）

【礼仪文化在西周商品交换发展中的作用】何景成：《社会科学》第 10 期。

礼仪活动是西周贵族政治和社会生活的

重要内容，对西周社会各方面都产生了不同程度的影响。在西周时期，商品交换已经较为活跃。从商品交换发展的视角来看，玉器、皮币和青铜礼器作为礼仪活动所必备的用品，其社会需求较大，且多要求由专业作坊生产，但由于这些物品在礼仪活动中的功能和作用不同，礼仪活动对这些物品的商品化影响存在较大的差异。对于玉器、皮帛、车马等物品而言，由于其多作为赘见品和馈赠品，礼仪活动促进了其商品化进程；而对于青铜礼器而言，由于其主要作为神主祭器，其在礼仪中的角色与功能抑制了其商品化发展。通过这些观察，我们可以更加细致地理解礼仪文化对周代社会的影响。

（赵孝龙）

【霸伯治盐与西周井田】冯时：《中原文物》第1期。

西周霸伯铜器铭文显示，盐业为王朝官营，位于今山西翼城大河口的霸伯为周王室行治盐之事，不仅采天生之卤，更以卤涑治人工之盐。同时又有保护盐池安全的义务。古盐卤种类不一，优劣有差，致其用途不同，处置有异，皆需辨别区分。故作为王朝官员的丼叔亲赴之以辨定其种类等级。井田制度于商代似已出现，甲骨文辞称"百井"，"井"字象井田中之流溉，或即井田之本字。然井田之字作"丼"的写法则始见于西周，准此则知，其田制于西周更为完善。西周土地实行井田制，并应多于沃饶之地。一井九百亩，中央之百亩公田所出谷物用为军资，故又称粮田，其与佃车同属军赋。井中注点的丼氏源出井田，本为司理井田之官，后人以官为氏，则有丼氏。王朝司空或同有司理井田及军赋之职，井人则为管理井田的专官。

（赵孝龙）

【霸伯簋铭文校议】严志斌：《故宫博物院院刊》第5期。

霸伯簋之"萊卤"，可径直解为"求卤"；帱二百，可能就是帷帐二百顶；"丼二粮"应该是"丹二粮"。霸伯簋铭文所揭示的西周盐卤、丹砂等物品的流通，不仅让我们了解到西周时期受控制的一些特殊货品的交流与再分配情况，也让我们对西周时期的诸侯、卿士和邦伯之间错综的关系有了新的理解的角度。西周时期的晋南一带，本是晋国的封域，但考古发现，在此并不广大的封域内，还有霸国、倗国等封伯。晋国的设置，是"命以唐诰，而封于夏虚，启以夏政，疆以戎索"。目的之一是为对付北方的戎族。霸伯、倗伯作为晋侯封域下的邦伯，大概也有同样的义务。这是他们得以存世的政治原因。但其得以立世的经济基础，考虑到晋南地区的物产资源，目前看来，应是盐池之盐卤以及中条山的铜矿。

（赵孝龙）

【商周铜礼器分类的再认识】李零：《中国国家博物馆馆刊》第11期。

该文所讨论的商周铜礼器的分类只限青铜容器，不涉及乐器、工具和武器。研究分类，可以材质分，可以形制分，可以纹饰分，但功用最重要。研究功用，自名是重要线索。首先，铜器铭文常见的尊、彝二字是铜礼器的通名，而非专名。其次，把商周铜礼器分为四大类。第一类是食器，食器下分肉食器和饭食器，重点讨论鼎类的，以及簋与盨和瑚与簠的关系。第二类是酒器，酒器下分缩酒器、温酒器、酌酒器、饮酒器、盛酒器，重点讨论爵的分类和定名，以及爵字的两种写法，并涉及祼、瓒、爵三字的区别。第三类是水器，水器下分盥器、沐器、浴器。盥是洗手，沐是洗发，浴是洗澡。第四类是鸟兽尊，即动物造型的铜器。这类铜器往往背上起尊，有些还带小篆盖。鸟兽尊只是这类铜器的俗称，并无自名根据。人们往往以为这类铜器都是酒器，其实有些是食器。

（赵孝龙）

【商周东土夏遗与夏史探索】 陈絜：《历史研究》第1期。

近年来，随着上古地理研究手段的更新，商周卜辞金文政治地理框架的重新构建，特别是牵涉夏早期史的诸多甲金文地名、族名的组群性出现，为进一步探寻夏族群活动的地域空间提供了契机。文章以能否得到金文验证为标准，对诸拟16族作分类处理，由实至虚，其可验证者与相关姻族合并为一组，目前尚无明确佐验者，则与其他重要地名、族名另组讨论。通过对甲骨文、金文资料中与夏代历史相关族、地分布区域的考察，可以得出以下结论：第一，商周时期多数诸拟之族及相当数量的诸拟姻族分布在今山东省境内。第二，涉及有夏早期史的地与族，基本亦在山东及豫东、豫东北一带，而以山东为主。第三，《左传》襄公四年、哀公元年相关记载反映的夏王朝早期历史，不仅与甲骨文、金文中的地理线索合辙，也与其他传世文献中的相关记载对应。这一夏史体系，恐非周人杜撰，亦非商人所能臆造。第四，探索夏文化，特别是探寻夏代早期历史，海岱地区及鲁豫交界地带需要引起考古、历史等相关领域学者的充分关注。

（赵孝龙）

【考古学文化、文献文本与吴越早期历史的构建】 徐良高：《考古》第9期。

考古学提供了不同于文献记载的史料和古史叙述体系。对于考古学研究来说，首先应该建立考古本位的框架和历史叙述体系，力避"证经补史"思维方式和文献导向的研究及由此产生的对考古资料的选择性关注与简单化解读。在春秋以前吴越地区的历史研究中，考古发现与阐释应该是基础和核心，考古本位的史学研究会带来更广阔的视野和更多元的历史阐释与构建。对于文献记载，尤其是关于原始时期的历史文献，不能轻信并不加分析地简单引用，而应该首先进行文本分析，即考察文献形成的时代与背景。对于金文及其释读也应如此。对于古史研究中的文献与考古结合，首先应该区分不同的概念及其内涵，如吴越地区以某些物质文化遗存为标准划分的考古学文化区系类型与吴越国家政权体或统治宗族不是同质概念，不能简单画等号。通过考古学物质文化遗存，可以看到地域文化特征、传承以及与周边文化的交流互动等，也可以看到社会结构形态及其变化，但难以直接解决政治体区分、王室来源与传承等问题。其次是文献史学与考古学结合，先做的应是相对独立的研究、判断，构建相对平行的历史叙述体系，然后再寻找两者之间的契合点，进而将两者整合起来以构建更为全面、可信的历史叙述体系，而不应在一开始就将两者变为互相解释、互为证据的循环论证关系。

（赵孝龙）

【枣树林曾侯编钟与叶家山曾侯墓】 朱凤瀚：《中国国家博物馆馆刊》第11期。

随州枣树林墓地春秋中期偏早墓M190出土的曾侯咙编钟、镈铭文，言及其"皇祖"在昭王继位后，先曾受命"建于南土"，拱卫于应、蔡之南，并作汉东之屏障，征伐淮夷，至于繁汤（阳），知南宫氏应是在昭王继位之初始受昭王命经营南土的。但言伯适已受封于南土，从曾侯镈、钟铭观之，当非事实。这当是曾侯对自己开国史的美化，有如秦公簋铭文言"丕显朕皇祖，受天命，鼐宅禹迹。"乃春秋时盛行的叙事风格。但钟铭这样讲，也可能与下文要提到的，南宫氏或许在成、康之时，即已跟随太保召公巡省南国的背景有关，只是对其在周初之地位有所夸大。南宫氏最初所受昭王命，可能是在上述淮水上游以北区域建国，以扼制淮夷，守成周之南户，并成为拱卫汉东之屏障。曾侯犺当是在昭王南征荆楚前，所谓"豫命于曾"时受封于曾（此地先已有王朝所封之曾侯），可能因 M28 墓主人早逝，于康王时，M65、M28 一支出现已无人继位之情况，故犺代为曾侯。也正由于曾侯犺出身于显赫的西周世族南宫氏，故其墓葬规格远高于 M65 与 M28，乃目前所见此时最大的西周墓。

（赵孝龙）

【先秦国家制度建构的理念与实践】晁福林：《历史研究》第 3 期。

商周制度建构的核心元素是尊天敬祖与强化王权。先秦时期是中国早期国家的发轫和奠基期，尤其是商周时期国家制度建构的理念及实践，深刻影响了此后中国历史的发展走向。其一，开启了国家之制的历史时代，即明确了以制度作为立国基石。此后，以制度为中心，通过建章立制、改制更化等方式治理国家，成为重要的政治传统。其二，周王朝的分封制和宗法制实践，成为后世"天下一家""天下一统"的思想滥觞，进而引发春秋战国时期真正意义上的"定于一"的实践活动，最终实现向秦汉王朝"大一统"制度的嬗变。其三，奠定了以制度捍卫"有道天下"的政治传统。"其身正，不令而行""法之不行，自上犯之"的立制理念，"师保"与"辅贰"的制度建构，以及"诛一夫纣，未闻弑君"的违制惩处，始终发挥着维系历代国家制度旺盛生命力的重要作用。

（赵孝龙）

【清华简《四告》的文本形态及其意义】赵平安：《文物》第 9 期。

《四告》四组简均为告辞，但内容不相连属，按书写先后顺序分别编号可分成四篇。第一篇是周公旦的告辞，告的对象是咎繇（皋繇）。事情发生在周成王即位、周公旦代政期间，祭告目的是祈求神灵不要惩罚有周。第二篇是伯禽父俞告丕显帝宾任、明典、司义的告辞。第三篇是周穆王满的告辞。没有明确交代所告的对象。第四篇是召伯虎对北方尸的告辞。这四篇告辞都是周王室的档案。就体式而言，四篇告辞可以视为广义的诰体。《四告》有明显层累生成的印记，有一些字和甲骨文关系密切，也有一些字与西周金文关系密切。在春秋时期，这四篇告辞应被统一加工过，因而注入了春秋时期的一些元素。四篇告辞按内容类聚，根据年代先后排列，体现了书类文献的编排原则。《四告》第一段和《立政》《君奭》这种关联性表明，它们的本体确实是周初的文献。作为同属周公的告辞（诰辞），不仅表达的思想观念相似，就是某些具体表述、某些文句都相似。由于《四告》是战国时期的古文写本，而《立政》《君奭》是屡经演变的今文字写本，三者之间书面形态上的差异性，为对比研究提供了极好的条件。

（赵孝龙）

【齐国的乡里控制体系及其变化】鲁西奇：《文史哲》第 1 期。

西周时期，齐国遵循周制，以国、野二元体制作为基本统治制度，"参其国而伍其鄙",即将"国人"区分为三部,而将其所统治的土著人群按地域分划为五个区。齐桓、管仲改革,重整国、鄙二元体制:在国中实行兵农合一制;在鄙中实行军、民分治之制。无论国、鄙,其乡里控制体系,皆由伍或轨(五家)、里或邑(三十家、五十家或百家)、乡(二百五十家或五百家)三级组成。金文所见春秋晚期齐国的乡里控制制度,当是邑(乡)—里二级制。陶文所见战国时期齐国的城乡控制体系,在临淄城中实行"阎—里"制,在乡村地区则实行"卒—乡—里"制,其控制结构与春秋时期大致相同,只是在"乡"(邑)之上增加了"卒"(又分置左右故)。委派"立事"分治临淄城内外各区("阎"),以及在"乡"之上设立"卒",说明齐君强化了对城乡社会的直接控制,而贵族在城乡社会中的控制力与影响力则受到削弱。

(赵孝龙)

【钟离君柏墓礼乐制度研究】张闻捷:《文物》第 3 期。

钟离君柏墓的青铜礼乐器制度与乐悬陈设方式是相互协调一致的:青铜礼器为 5 鼎(3+2 拼凑)、4 簠、2 豆、2 罍、1 盘、1 盉、2 匜、1 瓿组合一套,涵盖盛食器、水器、酒器、烹饪器等主要礼器门类,并兼具中原与南方楚系礼器特色;乐器则为纽钟 9 件一套,与中原地区五鼎贵族墓的用乐制度相当,暗示着这一时期钟离国的乐制思想仍深受中原影响,而随着吴楚争霸的深入,钟离国的乐钟组合也逐渐偏向南方楚式化了;墓内编钟与编磬呈 90 度折曲摆放,合乎礼制文献所记载的五鼎大夫等级采用"判悬"的乐钟陈设制度,也揭示出从这一时期开始,南方地区的部分贵族具有了将随葬乐器折曲摆放进而体现身份等差的思想。由此可以看出,钟离君柏墓在礼乐器的选择与使用上经过了精心的安排与策划,足见当时钟离国上层贵族深谙礼制之道。

(赵孝龙)

【商鞅"农战"政策推行与帝国兴衰——以"君—官—民"政治结构变动为中心】孙闻博:《中国史研究》第 1 期。

商鞅推行"农战"政策,是秦国家体制"战国模式"构建的重要组成。"农战"重"法",与"赏罚"形成整体性关联,着意构建"君—民"联结,塑造"农战之士"。秦惠文王以降调适"君—官"层面,宗室、大臣势力重振,"富强也资人臣"状况逐渐呈现。至吕不韦执政,政策出现较大波动。始皇帝统治可分前后两期。前期"事皆决于法",并尝试"农战"政策调整。后期转向"外攘四夷",严酷役使民众,"农战"政策效能不再。二世统治亦分前后两期。前期继续始皇事业,"用法益刻深",摧折"君—官—民"联结,山东"新地"掀起反秦浪潮。后期"行督责之术",以"术"辅"法",破坏故秦之地政治结构,帝国终至覆亡。"农战"政策推行,并非直线向前,而与秦政相互作用,呈现一定幅度的波动。相关探讨可以为秦国崛起至帝业兴衰的历史进程提供认识线索。

(石 洋)

【秦代属邦与民族地区的郡县化】邹水杰:《历史研究》第 2 期。

借助新出里耶和岳麓秦简等资料,对争议较多的秦国属邦性质与秦代民族地区的郡县化问题,进行了系统考察。指出,属邦是秦针对境内少数民族设置的管理机构,在秦统一六国前具有中央与地方双重属性,管理归服的"臣邦"和有蛮夷聚居的"道";统一后，属邦与内史、郡平级，主要在陇西地区辖有县、道，管辖界内蛮夷和秦人。秦统一前，在属邦之下由"臣邦君长"统辖"臣邦人"，袭用原有的统治方式；统一后，相应称谓变为"蛮夷君长"和"蛮夷"。秦始皇三十三年之后，境内蛮夷全部划归郡下之道，由国家官吏行使管理职责，基本实现了郡县一元化。道中蛮夷本有缴纳賨钱即免徭赋的政策，但随着时间演进，蛮夷被征发屯戍，实际上同于编户，故徼内蛮夷的编户化也逐渐达成。

（石　洋）

【秦"从人"简与战国秦汉时期的"合从"】杨振红：《文史哲》第 3 期。

新近公布的里耶秦简和岳麓书院藏秦简中均有"从人"简。该文从校释简文入手，对相关史事、制度进行了解析。"从"意为"合从""从亲"，专指关东六国缔结盟约，联合抗秦。《岳麓秦简（伍）》013—018 简表明，至晚在公元前 228 年秦灭赵以后便兴起从人狱，故赵将军乐突及其亲属、舍人均被列为从人，在全国范围内进行通缉。从人狱波及全国，历时长久。从人及其亲属、舍人除被处死刑者外，均被输往巴、洞庭、苍梧等边境郡县，从事制盐、种田、土木工程等劳役，终身不得赦免。直至秦始皇三十五年，才因某突发事件，赦免部分故代从人。秦始皇对从人的态度反映在秦始皇二十六年议帝号诏和三十七年会稽山刻石中。

（石　洋）

【里耶秦简所见秦代县吏的调动】[韩]琴载元：《西北大学学报》第 1 期。

目前学界关于秦代迁陵县吏员任除、升迁和调动及补缺情况的探讨尚不充分。该文从"守""守丞"等职称入手，探索相关领域研究的新路径。认为，通过里耶秦简纪年文书的全面梳理和人名分类，可以发现"守""守丞"职称的正确含义以及县吏调动的取向。通过"迁陵吏志"，可以看到迁陵县官啬夫及长吏不在署或出缺人数过半，反映了当时迁陵县里频繁出现代理职称是一种常态。秦代县级吏员的升转体系，其中的关键在于无秩（令史）与有秩（啬夫）间的转换、少吏（啬夫）与长吏（丞）间的转换，最后丞、尉升转为县令，成为 600 石以上的"显大夫"，就获得与此下县吏不同层次的地位。在这一升转体系的运用中，代理职务体系会成为重要环节，是不可忽略的普遍行政制度之一。

（石　洋）

【秦代简牍文书学的个案研究——里耶秦简 9—2283、[16—5] 和 [16—6] 三牍的物质形态、文书构成和传递方式】马增荣：《"中研院"历史语言研究所集刊》第 91 本第 3 分。

里耶秦简 16—5 和 16—6 载有洞庭守礼于秦始皇廿七年（前 220）就兴发劳动力运输甲兵一事向属县发出的指示。关于这两件木牍引申的文书处理问题，学界虽已累积较多讨论，但受材料限制，一直未能找到突破点。《里耶秦简（贰）》中新公布的 9—2283 牍，在内容和形制上与 16—5 和 16—6 明显相关，有助于解决目前研究的难题；更重要的是，通过分析三牍上的反印文和编绳痕迹，可以复原其存放形态，为研究秦代文书处理与存档习惯提供一个佳例。9—2283、16—5 和 16—6 三牍的反印文显示，三者曾叠在一起存放，配合三牍上的编绳痕迹推测，三牍在编联后可能曾以"折页"方式收纳。三件木牍均曾按"以道次传别书"的方式传送至迁陵县，但由于洞庭郡守礼初次下发文书时，没有指明行书路线和下令属县相报书回复，因此 16—6 和 16—5 两牍先后重复从邻县传抄至迁陵县。载有洞庭郡守礼追加补充内容的 9—2283 牍则是三件木牍中最后抵达迁陵县的。结合三牍的叠压次序分析，该文认为，册书的编联次序与三牍抵达迁陵县的次序相反，最晚抵达的放在册书之首，最早的放在册书之末。

（石　洋）

【秦简日书所见占盗、占亡之异同】石洋：《文史》第 3 期。

在秦简日书中，占盗、占亡文辞呈现明显的差异，学界尚乏关注。该文通过比较相关条目，揭示了诸异同的一些具体表现，并结合秦汉律令及官吏执法情况，尝试挖掘诸异同的产生背景。结论认为，秦代日书的占盗、占亡文辞截然可辨，有刻意区分的痕迹。对比文辞内容，占盗时对盗贼信息推究详细，涉及外貌、身份、家庭情况甚至名字，占文种类较丰富；而占亡文辞则十分简易，仅判断能否捕得，且形式相对单一。在两种文辞中，均不同程度显出了辖界的意识。上述三方面现象，应与秦律令的施行有关联。分别受到了律法中"盗""亡"概念之别、王朝对捕盗和捕亡强调程度的差异，以及官吏执法时辖境观念的影响。

（石　洋）

【秦及汉初逃亡犯罪的刑罚适用和处理程序】张传玺：《法学研究》第 3 期。

秦及汉初律令对逃亡犯罪的规定繁复而成体系。逃亡大体可分为一般逃亡和犯罪后逃亡二类。在刑罚适用上，一般逃亡的刑罚因逃亡者身份不同而各异，犯罪逃亡的刑罚是以本罪刑罚为基础，叠加亡罪刑罚后加以确定。在处理程序上，吏、民的一般逃亡不导致审判和追缉程序，刑徒或特别身份人逃亡的，区分亡罪刑罚轻重，分别适用审判并通缉的"论，命之"程序和审判并命令其出现、领受刑罚的"论，令出、会之"程序。犯罪逃亡的，以本罪刑罚为基准，分别适用"论，命之"和"论，令出、会之"程序，后一程序中未按规定领受刑罚的，以刑罚已执行时逃亡来论断其刑。在不同类型逃亡犯罪及司法程序的不同阶段自出的，有处以笞刑、本罪之刑减一等或本罪之刑叠加亡罪之刑后总减一等等不同减刑效果。

（石　洋）

【马王堆汉墓的遣策与丧葬礼】田天：《文史》第 1 期。

作为随葬物品的清单，遣策在葬礼的不同环节使用，与丧葬流程关联密切。细致地提取遣策中的信息，有可能复原部分实际行用的丧葬礼仪。马王堆 M1、M3 两座汉墓的遣策与随葬品丰富完好，正宜进行与丧葬礼仪相关的专题考察。马王堆汉墓所见与随葬品相关的书写记录，可分为记载具体物品的简册、小结简牍、勾画符号、签牌几类。比较小结简牍与其他简册内容的异同、简册内部字体的细微区别，考察遣策与签牌的关系，再以文字资料与随葬品比对，能够复原马王堆两墓遣策书写、编连与使用的过程，进而重建遣策与丧葬流程的动态关系。从马王堆汉墓的情况来看，遣策是对随葬品的设计。遣策的书写、使用，与随葬品的筹备与入圹相交错，贯穿丧葬礼始终。在遣策之上，还存有更高层级的实用礼仪文本。

（石　洋）

【西汉海昏侯刘贺墓出土"房中"简初识】杨博：《文物》第 6 期。

该文就医书中保存相对完好的"房中"

简作了初步探讨。文中披露了"房中"简出土数量和位置,据目前释读情况可知,"房中"书简文格式齐整,分别讲到"八益""七损""十势""十修"与"十道",是主要讲房中术的养生书,其内容多可与马王堆汉墓竹简《天下至道谈》《合阴阳》等相对应,但仍有细微差别和章节叙述次序与叙述内容上的不同。简文的发现,证明了《天下至道谈》并非孤本,特别是为有关"七损八益"问题的讨论,提供了新资料,便于学界了解西汉时期"容成经"的可能面貌,对于明确马王堆汉墓竹简《天下至道谈》等与"容成阴道"类书的联系,研究马王堆汉墓竹简"房中"书的学派性质,均有不可替代的重要价值。

(石 洋)

【从"司马主天"到"太尉掌兵事":东汉太尉渊源考】徐冲:《中国史研究》第2期。

《续汉书·百官志》"太尉"条存在脱文。复原后,东汉三公制呈现为太尉掌兵事、司徒掌人民事、司空掌水土事的三分结构。这种结构显示的是三公在现实政务层面的分工。西汉后期的今文家说秉持司马主天、司空主土、司徒主人的"三公分职"说,主要指三公分别对应某一方面的宇宙秩序及相关灾异,而非政务分工。成哀时期的"三公制"建设运动在受到"三公分职"说影响的同时,其制度实践和理念内涵与古文家说也有相通之处。这一时期尚看不到三公分担外朝政务的迹象。从王莽辅政时期到新莽王朝,随着内辅位置为新设的"四辅"占据,原来的三公被外朝化,开始分担具体政务。但大司马转向主兵之任,是在地皇年间形势危急时出现的临时措置。大司马的这一转变为其后的更始政权所继承,并进而影响到了刘秀集团创业期的大司马。东汉"太尉掌兵事"的历史脉络来自以上过程。

(石 洋)

【汉代大象与骆驼画像研究】王煜:《考古》第3期。

汉代墓葬遗存中有许多关于大象和骆驼的画像和雕塑。两者的图像往往组合在一起出现,驯象人和乘骑者往往也是西域胡人,表明当时一般观念中多是将它们一起作为西域之神兽来看待。该文通过全面梳理资料,指出大象和骆驼出现于墓室之中,并非如以往所认为的表现祥瑞,而是与升仙信仰——特别是与昆仑、西王母信仰有关。在汉代,已经形成一个以昆仑、天门、西王母为主体的关于西方的升仙信仰体系。西域之兽骆驼和被当作西域神兽的大象被人们利用起来,作为去往西方昆仑、王母之地的乘骑和导引。除大象和骆驼以外,汉墓中还有大量西域之兽的图像,如狮子、大雀和有翼神兽。对大象与骆驼画像的深入认识,有助于进一步理解汉墓中这些西域异兽、神兽的意义。

(石 洋)

【虚实相间:东汉碑刻中的祖先书写】沈刚:《中国史研究》第2期。

从《曹全碑》等资料看,东汉人对祖先书写可分成远祖、近世祖先和服属之内近祖三类不同的形式。该文通过探寻碑刻文献对祖先书写的差异,阐发时人祖先书写的规律、目的与影响因素。文中指出,东汉碑刻对先秦远古祖先的书写多追溯祖先源头或姓氏由来,虽遵循先秦经典的形式而内容多玄远不经;对秦代和西汉近世祖先的描写强调支系流布,但也未必真实;对服属之内父祖的书写则以官职的高低有无为准,如实书写。碑主身份与祖先描写关系密切,着姓祖先书写简单。立碑者与碑主的关系有时也会影响到碑文内容。祖先书写的知识来源主要有儒家经典与谶纬，私谱与姓氏书，以及当世史籍等。大族兴起与儒学昌盛是东汉碑刻中祖先书写的社会基础。

（石　洋）

【长沙吴简所见"科"与"辛丑科"考论——对孙吴及三国时代"科"性质的再检讨】徐畅：《中国史研究》第3期。

"科"在汉代可否作为独立的法律形式，是秦汉法制史研究的一桩公案。论者对科在汉末三国的发展态势都给予积极评价，主要基于曹魏"难以藩国改汉朝之制"，颁行新科的立法活动；由于文献记载阙如，孙吴立法活动与法律形式的真相，长期以来不为人知。长沙走马楼三国吴简是目前发现数量最大的一批孙吴出土文献，其中不仅有与"科"相关的资料，还保存了"辛丑科"的遗文。该文对吴简中所见科的形态、性质进行分析，指出其以孙权制诏为法源，承担刑罚教化功能；重点考察了作为许迪割米案量刑依据的"辛丑科"的命名与颁行时间，推测其或即嘉禾三年（234）七月辛丑日孙权颁布的以止盗为旨的科令，具有明确的立法化倾向，但很难视为大型法典。如果说曹魏"甲子科"是汉魏间敕例编纂立法化的开篇，则孙吴"辛丑科"踵继其后，犹树一帜。

（石　洋）

【黄盖治县：从吴简看《吴书》中的县政】凌文超：《"中研院"历史语言研究所集刊》第91本第3分。

黄盖出任石城县守长期间，出"教"将县廷文书行政事务交付给"两掾"，要求他们监督约束诸曹，纠举揭发过错；两掾签署的文件，黄盖一律批准许可；如果存在虚伪欺诈的行为，不施加鞭杖官刑，而以军法从事。两掾一开始敬慎职守，但后来逐渐包庇一些违法乱纪的行为。黄盖通过审查文书，发现两掾不奉行法令的过错，于是召集县廷掾吏，责问两掾。两掾理屈词穷，被军法处斩。全县震栗而从服。从长沙走马楼三国吴简和《吴书》等文献来看，黄盖治县的做法，与当时日常县政的情形有颇多相近之处。如黄盖所出之"教"颇具权威，当时县廷日常行政"言教"（口头指示）与"文教"（文书教令）并行。吴简中遗存的县级教记很少，可能与当时县廷之内的政务处理以"言教"为主有关。黄盖所署的"分主诸曹"的"两掾"，可能就是孙吴"君教"简所记主掌省、录文书的"主簿"和"主记史"，不出门下五吏的范围。东汉、孙吴时期，多见县令长与两位侧近的门下吏配合省、录文书事或处理具体的重要政务，县丞有闲散化的趋势。黄盖斩杀两掾，也与孙吴重刑的政治风气相偕适。尽管如此，黄盖治理石城县的行政方式还展现了其"能吏"特色的不寻常之处，对孙吴地方统治有重要意义，故该逸事得以为《三国志》所收录。

（石　洋）

【从户下奴婢到在籍贱民身分转变的考察】张荣强：《历史研究》第4期。

奴婢作为一个卑贱阶层贯穿整个中国古代。法律对平民、奴婢的地位有严格规定，二者身分差异也明确体现在户籍中。该文从户籍制度入手，分析战国迄唐代奴婢身分的发展演变，揭示其各阶段的特征。指出，战国至汉初奴婢主要且合法的来源是被罚没的罪犯，在"刑人非人"的理念下，"户下奴（婢）"被当作特定财产，附着于主人户籍之下，不计入家内人口和官府户口数。西汉中期以后，破产农民成为奴婢主要来源，统治者视奴婢为"人"的意识逐渐抬升。魏晋之际奴婢以"人"的身分着入户籍，与平民并列纳入官府的户口统计，标志着良贱身分制的形成。此后统治者通过禁止自卖、典身等方式，斩断了平民沦为奴婢的途径。与秦汉时期相比，魏晋隋唐时期的奴婢身分有其鲜明特征。

（石　洋）

【漫说史源调查】陈爽：《文献》第 3 期。

抄撮旧文，拼缀杂糅是史书的常态。中国古代的史料原始信息来源主要垄断于官府，很早形成了制度化、规范化的史官建置，形成了持久的修史传统。朝廷对于官方档案文献的垄断和控制，也使得大量的原始史料处于高度危险的"孤本"状态。而在史料传承和文本转移的过程中，与抄撮旧文、拼缀杂糅相伴随的，是对史料的不当删削。古人对于所谓良史的评判主要出于历史编纂学的标准，而非史料学的标准。20 世纪以来，现代学术兴起，史源学逐步成立。"史源学"概念的提出，始于陈垣先生 20 世纪 40 年代末在辅仁大学开设"史源学实习"课程。近代史学大家无不重视史源辨析。近年来，无论是在文献研究还是史学研究领域，"史源"的观念受到前所未有的重视，有三方面的原因。一是古代史料的相对匮乏和不可再生性，使学界产生深度挖掘史料的需求。中国古代各历史时期的史料文献分布本来就不均衡，而过去百余年间，以考古新发现为主导所产生的史料新发现，又极大地改变了古代史研究各断代的史料矿藏分布比例。一些断代的史料资源极度匮乏。势必从"粗放式耕作"走向"精耕细作"。二是研究视角的转换所导致的史学观念的更新，为史源调查明确了方向。受后现代学术思潮的影响，"历史书写"或"史料批判"在研究中古史的青年学者中异军突起。他们利用文本分析等手段，对所谓一手史料的构建过程进行研究，从多个角度反思、考察史料文本背后的深层历史问题。三是古籍的数字化为史源调查提供了便利的工作条件。古籍文献的大量扫描影印刊布和数字化传播，使得众多珍本秘籍成为学者的案头常备之书；而古籍全文检索的实现，则改变了传统学术靠记诵和个人资料积累的工作方式。古籍的数字化，使得穷尽史料，竭泽而渔这一理想成为可能。前人穷皓首之功难以完成的琐碎浩繁的文本比对，可以通过数字化处理高效而准确地完成。

（陈志远）

【编年史与晋宋官修史运作】聂溦萌：《中国史研究》第 1 期。

官修史运作是一个反复编纂的过程，魏晋南北朝时期官修史发展的重要方面是运作环节的增加，这有助于保障从原始资料到官修史书的顺利转化。东晋南朝，编年史在官修史运作中影响明显增加。东晋史官建立于司马睿称晋王以后，与西晋中朝的史书编撰传统呈现较大断裂。干宝力主以编年体修纂国史，此后孙盛《晋阳秋》，徐广、王韶之《晋纪》，可以构成连续的编年体晋史。干宝创立的编年体，与前后代的纪传体并非对立，而具有继承关系。干宝提出的五书标准，引导着官修史运作最为基本的资料积累环节，为纪传体史书融入官修运作体系建立了基础。如"文诰专对之辞""烈士孝子"，分别可以对应南朝纪传体史书的两种新特点：即在内容上大量增加奏表、诏书等官方文件，在篇目设置上设立忠义孝友人物类传。晋末宋初史官的人员是延续的，修史工作也是延续的。晋末到刘宋的官修史运作，最初应先分别形成记载历史事件的编年文献和针对人物的以履历为构架的传记，再逐步将它们按纪传体的要求拆分重组。最后改编为纪传体，依然能看到原来编年叙事的史源痕迹。因此，晋宋延续的官修体制发展超越了体裁界限，东晋的编年体官修史可以理解为从纪传体最终目标上回撤，更偏向前期资料搜集、整理的基础性环节。刘宋以后官修史运作的稳定化、官修纪传体体裁的新特点，都以东晋一代官修史发展作为基础。

（陈志远）

【文本与形制的共生：北魏司马金龙墓表释证】范兆飞：《复旦大学学报》第 4 期。

贵为两晋皇族的河内大族司马氏家族，国破北奔，与千里之外河西地区的胡人家族进行联姻，休戚与共，产生极为密切的联系。该文从墓表形制的分析，考察这种联系。众所周知，在中古时期家族研究中，碑志文献历代受到学者重视，墓志所反映的谱系建构、异刻现象、政治景观、历史书写等话题成为中青年学人关注的新动向。然而墓志的定型，大概在孝文帝迁都洛阳十余年后，在此之前，从立于地表之上的汉碑，到藏于墓室之内的墓志，其中经历了漫长而曲折的分野和流变。司马金龙墓铭和墓表文字显示，司马楚之、司马金龙父子两代，都曾担任北魏镇西大将军、开府，强烈暗示他们在关中与河西地区的影响力。其姻亲源贺家族本就出自河西地区，以及具有的"陇王""陇西王"等爵位，同样显示出强烈的河西元素。墓表和墓铭的形制，均为圆首方座，具有"河西圆首碑形墓表"的若干特征。但是，即便河西地区的圆首碑形墓表，也存在一定程度的差异。实际上，汉晋以降，没有螭龙或晕纹的简易圆首石刻，也是一种虽不显著但延续持久的传统。圆首墓表并不为某一族群或某一阶层所特有。魏晋甚或东汉都存在着圆首石刻，东晋南朝同样如此。不仅如此，作为"整体史观"的司马金龙墓葬，呈现多元面相，特别是多室的墓葬形制与西晋单室墓的趋势背道而驰，与江左葬制也无相似之处，反而与魏晋时期关陇河西的墓葬高度相似，也不乏东汉多室墓的痕迹。"文本性与物质性交错"视野下的司马金龙墓表，折射出北魏平城时代制度文化的丰富来源。

（陈志远）

【百济与中古中国官品冠服制的比较研究：东亚视角下的百济官品冠服制（二）】戴卫红：《文化杂志》第 109 期。

《三国史记》中所记百济比较完备的官品冠服可能到公元 7 世纪初期才形成，在韩国出土的多件百济金铜冠帽、银花冠饰、铁制冠心弥补了传世文献对百济冠服制度记载的不足。而关于中国官员冠服制的传世文献记载详细，但少有中古时期官员完整的冠及冠饰出土。从武宁王陵出土的王的金冠饰中璎珞环结处有修补的痕迹，弥勒寺址出土银花冠饰和尺门里冠饰上也有修理过的痕迹，说明这些冠饰是生前佩戴的，而不是临时制作的陪葬品。从百济金铜帽冠中受钵所出位置和形态来看，与中国中古冠中的"白笔（或垂笔）"的形态有异曲同工之妙，其"左右立饰"更像《周书》中言及的"冠两厢加翅"。从历史时期东北民族的生活习性来看，早在南北朝时期，便有王朝的史书记载他们使用白桦树皮的情况，百济王室和官僚阶层使用白桦树皮做金铜冠帽的内饰，并不是因陋就简，或者因为其为陪葬品，而是因物制宜，这一点和中国使用竹子制作冠的骨架以及白笔的主干，如出一辙。陵山里中上冢出土的金铜冠饰与中古中国墓葬出土的金珰类型相近，由此可见其诸人政治地位很高。除武宁王墓为百济国王的陵墓外，金铜帽冠和中国陶瓷器一起出土的墓皆为大型墓葬，并形成以其为中心的一处墓葬群。由此，作者推测墓主绝不是一般官僚，不仅是地方权贵，而且和百济王室之间有密切的政治关系，这些中国的黑釉鸡首壶、青瓷壶通过册封体系，或被赐予或被交易，从中国到百济，成为百济王室或地方权贵们的专用品。

（陈志远）

【可敦、皇后与北魏政治】潘敦：《中国史研究》第4期。

孝文帝立皇后之前，可敦一直存于北魏的政治体系之中。北魏拓跋政治体由草原部落蜕变为华夏王朝，其历史被编纂为汉文典籍，纳入汉魏以来的正统叙述。从源头上看，北魏的皇帝、皇后脱胎于可汗、可敦，内亚政治传统伴随拓跋史始终。严格意义上的华夏式嫡长子继承制，在北魏历史上从未实践过。在华夏文化浸染拓跋政治体未久之际，道武帝以暴烈方式处置外家，创立子贵母死之制，该制度针对的是皇后，而非可敦。明元帝身罹丧母丧妻之痛，引入华夏政治文化资源变革继承制度，将可敦职能一分为三：可敦虚享尊位，皇后诞育子嗣，保母抚养储君。文明太后专权，促成保母职能提前回归，起永固陵，率先废除可敦葬制。孝文改制，依华夏正典厘定后宫，激烈变革引起震荡。宣武帝因皇子频丧而重新借助保母制度，孝明帝得以顺利登位。胡太后主持文昭迁葬，可敦制度向皇后制度的转变最终完成。以可敦、皇后为代表的内亚与华夏两种政治传统推演博弈，掀起北魏政治史诸多波澜。这一过程并非一帆风顺，经历了多次反复甚至是"倒退"，例如元恂北奔、文昭迁葬，北魏历史因之增添了纵深感和层次感。北朝末期的乱局，正是内亚因素与华夏因素的又一轮碰撞、激荡与融合，在此基础上，隋唐得以孕育。

（陈志远）

【改革开放四十年来的中古礼学和礼制研究】杨英：《文史哲》第5期。

中国古代的礼是传统礼学、庙堂礼典、乡里礼秩的综合。虽然从古代起就有被包含在经学研究中的三礼经典和名物制度的训诂学，但是，现代学术范式下的礼学与礼制研究是20世纪才开始有的。改革开放40年以来，礼学与礼制研究成为一个新的领域，取得了长足的进展。20世纪日本学者的礼制研究，或从皇帝权力、天下秩序、东亚世界的格局等视角出发，或对礼制各组成部分的细节进行考察，将礼制中的某些点放在东亚儒家文化大背景下研究，筚路蓝缕，摸索范式，对中、日下一代学者产生了深远影响，成为国内礼学与礼制研究的先声。在传统礼学中，中古从累积进阶发展到登峰造极的三礼义疏之学开始进入学者的研究视野，研究的重点聚焦于郑玄的礼学，丧服制度，以及隋唐时期的礼学注疏。庙堂礼典则经历了因不同背景的政权或同时林立，或此起彼伏而造成的一次次重构，这重构在曲折反复、内容变异的同时，也在丰富乃至改写着中古吉凶军宾嘉五礼的内涵。作者还指出，相关学科的多元视角带入的方法对礼制研究产生了明显的推进作用。例如阎步克从业已高度成熟的官僚制研究入手，研究历代舆服制度，分析《周礼》六冕制度及其对历代冕制的影响，探讨服饰礼制与政治权力的关系；康乐从礼仪空间入手，分析北魏郊祀从主神受祭地点从西到南的空间转换，挖掘出国家祭典背后反映的是从游牧政治体到中原王朝的政治文化深层次变化，都属成功案例。乡里礼秩在中晚唐首先出现，出现了最初的"礼制下移"趋势，私家庙制、敦煌书仪、乡饮酒礼等均是此脉络中不同侧面的构成点，改革开放以来研究稳步推进。

（陈志远）

【争膺天命：北魏华夏天神祭祀考论】赵永磊：《历史研究》第 4 期。

中古时期正统观念的表达形式多种多样，作为正祭的华夏郊天礼，具有象征皇帝膺承天命与政权合法性的政治意义。学界关于北魏郊祀礼性质的判定，争论焦点在于郑玄礼说与北魏郊祀礼的关系。而北魏华夏郊天礼是否具有"胡化"倾向，关乎胡汉文化互动与融合的基本趋向，乃至北朝隋唐文化演进的方向。道武帝通过行华夏即位礼与郊祀礼来彰显正统性，基本遵用告祭南郊—亲祀南郊的次第，与十六国无本质区别。天兴初年设立的郊祀制度与郑玄礼说并不完全契合，且明显有异于两晋十六国所从王肃"郊丘合一"说，传达出与东晋争衡的明显姿态。太和十年为北魏郊天礼格局发生转变的关键年代。孝文帝依托郑玄"郊丘为二"说改定郊祀制度，实现郊祀礼由有司摄事到皇帝亲祀的转变，并废止西郊郊天的鲜卑旧礼，最终确立华夏郊天礼的独尊地位。迁都洛阳后，孝文帝通过行圆丘祭礼宣示天命在魏，与南朝争夺正统的态势臻于极盛。北魏正统观念主要表现为仿魏承汉与承继西晋两个面向，其郊庙制度更近于曹魏明帝景初元年以后之制，在一定程度上折射出北魏超越两晋南朝、直追曹魏的心态。在礼学与礼仪的互动中，道武帝开启北魏郊祀制度采用郑玄礼说的先河，孝文帝时期郊社制度近乎全遵郑玄礼说而设立，充分传达出孝文帝积极营造天命在魏的政治诉求。

（陈志远）

【北魏天兴定历及相关问题】楼劲：《社会科学战线》第 12 期。

天兴元年修订颁行之历，是与北魏开国建制其他举措相配套的重要组成部分。北魏天兴定制之时，除命太史令晁崇修浑仪、观星象外，亦制定了历法。这不仅合乎秦汉以来王朝建立定历法、颁正朔的惯例，亦附会了《尚书·尧典》"乃命羲和，钦若昊天，历象日月星辰，敬授人时"所示的圣王范式，故可视为北魏开国建制综据儒典和前朝故事，以示其上承华夏王朝谱系及其政治传统的突出表现。天兴元年（398）展开的这次大规模定制，对北魏国基、国运影响深远。但对当时所定诸制的内容，学界长期以来偏向认为拓跋氏当时多半尚处于部落时期，不少学者均断定其制必甚粗犷简略，也就很易忽略这些制度可能具备的完整形态和细致考虑，并视其中部分为后人造作而子虚乌有。加之汉魏历法本就集成了居于华夏文明系统顶端的诸多知识、技术和思想观念，据之定历在北魏开国之际是否必要并有相关条件，自然引起怀疑。考虑天兴定制的各项内容，认为天兴定历确为当时定制的重要组成部分。由于早年文档多已亡佚，魏收对历法又缺乏研究，《魏书·律历志》所述天兴"仍用《景初历》"云云，为采据后世历家所论而易致误解的概括。从五行用事日、天文仪象理论和推五星之法等方面来看，天兴所定之历继承了汉魏以来的历法传统，内容上则参据了在当时影响较大的《景初历》和《乾象历》，且有可能命名为《天兴历》。

（陈志远）

【句读与书写程序：嘎仙洞石刻祝文释读再议】刘凯：《文献》第 3 期。

嘎仙洞石刻祝文与《魏书·礼志一》祝文存在句读和书写程序的差异。前者为太平真君四年癸未七月廿五日李敞等的告祭文原件刊刻，由"东作帅史念凿"，20 世纪 70 年代末被当地学者发现，属于拓跋起源的第一手史料；后者则是成书于北齐的编纂史料。综合来看，石刻本祝文的完整性胜过出现错简、脱讹的《魏志》本；在拓跋焘的语气与态度方面保存了最初的真实情况：谦称但饰功，而非后者所记的谦恭到底；对于石洞发现的程序，石刻本并未抹杀乌洛侯国使者的贡献。《魏志》本存在脱讹、以作者之意删削的痕迹，直接造成中华书局标点版句读错误；改动了太武帝的语气，并且与同书《乌洛侯传》的记载相抵牾，着意掩藏乌洛侯国使者贡献信息的重要性。《魏志》本脱落太武帝自称"天子臣焘"的"臣"字，太武帝所表露虔敬之意与祭祀规格都有缩减；而不载库六官，挪移并删削"可寒""可敦"的处理，很大可能是出于《魏书》全面肯定孝文华夏化政策的历史观。《魏志》对于嘎仙洞第一次发现的记载，和对祝辞文本的改动，反映出的是太武帝存在以此建构祖先集体记忆的政治意图。太武帝意欲将之攀附为祖宗石庙，本为祭祖之举，太武帝却安排了郊天之祭。随之而来的遣使祭拜，行用郊天配飨的礼仪，并在祭毕以鲜卑原始礼俗收尾等一系列活动，最终将远在千里之外的"杂祀"纳入国家正统祭祀中。

（陈志远）

【《七录序》与阮孝绪的知识、思想世界】吕博：《学术月刊》第 9 期。

南朝时期，由于纸的普及，相比于使用简牍的时代，获取知识的途径已大为便捷。在这种背景下，私家藏书兴盛。家有文史、拥书万卷者，也不罕见。南朝士人推重读书，追求新知，"知识下移"成为一种趋势。带有"博"的词汇，如"渊博综广"等，常常被用来形容当时的知识人。"博"之极致，则是阅读那个时代所有的书。阮孝绪就是梁武帝时代号称"博极群书"的代表。保留在《广弘明集》中的《七录序》对阮孝绪的阅读过程、知识构成有所记录。从著录内容来看，书籍总目《七录》其中分为内外篇，包含 55 个学术门类，5288 种，8547 帙，44526 卷，可谓穷"天下之遗书秘记"，在某种程度上反映了梁武帝大同二年（536）以前，整个南朝的藏书规模。从私人阅读的角度来讲，《七录》是阮孝绪个人"阅读史"的总结，包含了他自身的"知识轮廓"。阮孝绪博极群书，"阅读领域"几乎涉及了当时各个学术门类。因此，探讨阮孝绪私人阅读的历程以及《七录》的目录构成，也就具备了更大的意义。阮孝绪幼年熟读儒家经疏，其思想的核心理念是"孝"。十五岁行冠礼以后，却表现追求隐逸生活的志向，此时可能阅读《列仙传》《神仙传》之类的书籍。到了其人晚年，则流露出倾心佛教的新变化，是故《七录》将《佛法录》置于《仙道录》之前。阮孝绪个人的"阅读史"与精神前进的历程，其实也是整个南朝学术文化、精神世界变化的缩影。

（陈志远）

【华北中国雅乐的成立——以 5—6 世纪为中心（《華北における中国雅楽の成立——五—六世紀を中心に》】户川贵行：《史学雜誌》第 129 编第 4 号。

东汉末年至五胡十六国时期，由于战乱导致汉代以来的乐制散佚，北魏占据华北以后，公元 4 世纪末至 5 世纪，利用鲜卑的音乐创立崭新的乐制。由于尔朱兆袭击洛阳，北魏乐制再度散佚。此后，北魏末期，利用西凉乐补足乐制的缺失。以西凉乐为中心的雅乐，为北齐、北周两王朝所继承，成为所谓"中国"音乐的基础，然而西凉乐本质上并不是中国传统的音乐，为了使这种音乐看起来像是"中国的传统"，北齐、北周两方，都利用传统上被认为是记载周代制度的儒家经典《周礼》加以比附，将乐制改头换面，以期符合周制，将崭新的雅乐伪装成传统的制度。利用《周礼》的做法，受到同时代南朝《周礼》研究的影响。特别是北周，南朝系士人的作用十分重要。另外，隋代乐制改革中批判前代雅乐的西胡化，最为活跃的人物是南朝系士人何妥，隋代雅乐受到南朝清商乐的强烈影响。结果，隋代的新雅乐再次通过《周礼》加以伪装。中古时期皇帝祭祀制度，孝文帝的汉化政策，梁武帝的雅乐改革，《周礼》发挥了非常重要的作用。

（陈志远）

【中国中古史研究：从中国走向世界】陈怀宇：《历史研究》第 4 期。

从世界范围来看，当今中国的中国中古史研究无论是学者规模还是研究水平，都首屈一指，已经成为中国历史学的一张耀眼名片。就目前中国中古史研究的整体情况而言，如要做出持续的、更大的贡献，打破时段、国别以及专业区隔，尤其是促进世界史和中国史融合发展，是值得探索的方向和道路。首先要超越断代史。断代史和朝代更迭，长期成为史学关注的焦点，既有传统史书编纂方式的影响，也是现代学科体制的格局所致。我们可以在坚持传统的通史和断代史研究优长的基础上，加强政治史、经济史、社会史、文化史等以研究领域为导向的史学研究和学术训练，可以培养学生贯通式认识和理解同一议题在不同时代、不同历史语境下的发展的视角和方法自觉。其次是超越国别史。不仅要将中国中古史置于更加广阔的亚洲大陆族群变动与内外互动语境中进行讨论，开拓出更为宏阔的亚洲史和世界史视野，也要对中外史学的共通性议题进行比较。最后要超越陈寅恪。陈氏的《隋唐制度渊源略论稿》与《唐代政治史述论稿》，奠定了中古史研究的基本范式。近年来，学界转向关注政治制度动态发展与政治运作过程，陈氏模式逐渐被视作静态文本主义制度史，遭遇"活的制度史""新政治史"等新模式的挑战。建议从时间、空间、范式三方面着手，即对断代史、国别史以及陈寅恪模式等传统视角和方法加以继承性的超越，进一步思考、提出、讨论一些跨越时空、具有前瞻性的共通性议题，从多学科、多角度、多层面考察中国中古史，为推动中国中古史研究范式创新、加快中国中古史研究走向世界的步伐，做出有益探索。

（陈志远）

【"岛夷"称号与北朝华夷观的变迁】郭硕：《文史哲》第 4 期。

《魏书》中的"岛夷"之号与南朝史书中的"索虏"之号的来源、性质皆不相同。"索头"一词用以专指拓跋氏，在晋代史料中已经大量出现。南朝史书《宋书》《南齐书》中用例极多，是当时南方社会广为使用的专称。"岛夷传"则是魏收所创立的史传叙事模式。从大量的墓志材料和传世文献可知，北魏对南朝的实际称谓并不是"岛夷"，地域层面的"江南"等称谓与正闰层面的僭伪标记都有使用，而以称僭伪者最多。与魏收以来的史家从后世历史回看的角度不同，北魏在现实政治中并没有将东晋南朝看作一个整体。大体而言，对北魏有现实威胁的南方敌对王朝，北魏一般都称之为僭伪；对业已灭亡的王朝，在某种程度上则将其当作一种合法的存在。其与"岛夷"称号的不同，主要在于回避了华夷之辨的内容。由纯粹指斥僭伪的称谓发展到包含华夷之辨的"岛夷"称号，直接起因是侯景之乱导致南方政权急剧衰败，同时以华夷之辨为魏齐禅代制造正统依据。"岛夷"号的出现，乃是魏齐之际华夷观念变革的标志。华夷观变革的基本方向是从十六国北魏以胡汉族群区隔为标准，到《魏书》撰作的时代由地理层面的"土风之殊"而引申为文化层面的"华夷之隔"。随着《魏书》的成书，北魏仅以南朝为"僭伪"的叙事模式渐渐淡出政治话语，代之以强调华夷之辨的"岛夷"一类称谓。这种变化说明，华夷之辨与正闰之辨紧密结合的叙事模式，逐渐成为北朝后期政治文化中的主流。只是无论是"华"还是"夷"，都只是保留了"华夷之辨"的表面概念，其实际内涵和思想价值都和之前的时代全然不同了。"岛夷"称号背后的华夷之辨，已经消弭了十六国北魏以来传统的族群区隔，转而以地理区位与文化崇尚作为华夷区分的标准。生活在时代变迁中的各族人群，也经由这种类似的观念变迁而完成身份再塑的过程，融合进以"华夏"为崇尚的文化体系中。

（陈志远）

【**北魏后期至唐初赠官、赠谥异刻出现与消失原因试析**】朱华：《中国史研究》第3期。

赠官、赠谥虽由国家掌控，但其运行有一定的规律，丧家可以预判。此外，一种灵活的赠谥填写方式，使得丧家可以在提前制作墓志时对赠官、赠谥进行较为准确的预处理。一般而言，赠官由国家直接赐予而无需丧家请赠，且存在一定的格式规律，但赠官的对象并未全面覆盖所有官员，所以丧家在提前制作墓志时以一种规律性的格式对是否能够获得赠官的错误预判才是造成赠官异刻的根本原因。丧家虽然可以请求封赠，或凭借私人因素获得超赠，但并未改变异刻发生的原理，故墓志异刻与丧家的请赠行为并无直接关系。在以私家请谥触发的赠谥机制中，请谥被拒才是造成赠谥空位的主要原因。若私家不请谥且未在墓志中预留空位，却在下葬之前得到了国家的主动赠谥，则呈现为以异位补刻的方式补刻于已有的空白位置。此外，社会动荡导致信息传递不畅，北魏后期墓志尚未定型，制作过程的人为分段且缺乏协调的不成熟性也会造成异刻现象。异刻主要责任者是丧家本身而非国家。至唐初，由于社会稳定、墓志定型，国家通过规范私家请谥和请封赠消除了私家私请的干扰、通过对接册赠之礼与丧葬礼仪实现了信息的及时传达、通过规范私人墓志制作保证相关信息的正常呈现，这些制度设计将干扰赠官、赠谥及时进入墓志制作环节的因素基本摒除，最终以公权力完善制度设计的方式消除了赠官、赠谥异刻的发生。

（陈志远）

【**释唐后期上行公文中的兼申现象**】叶炜：《史学月刊》第5期。

上行公文的兼申，是指下级机构将同一事项分别上报两个或两个以上相关上级机构的现象。唐代上行公文中的多种兼申规定，主要出现在唐后期，包括三种类型：一是要求奏闻皇帝的同时，并报相关中央机构，如省、六部诸司、御史台，内容主要涉及财政、刑狱方面，以财政信息的报告占绝大多数；二是报送宰相机构中书门下的同时，报送另一相关机构，内容多涉及人事任免，兼申机构主要是掌管官员铨选的吏部和兵部；三是同时并申皇帝和中书门下之外的两个或两个以上相关机构，这种情况唐前期已经出现，亦多见于财政领域。但是有唐一代，上行中央公文中的大宗不是兼申类文书，而是直接奏报皇帝或单独申报某一中央机构的文书，唐后期要求兼申的公文只是很少的一部分。闻奏皇帝并申中书门下类的公文，绝大多数属于报告性质，文书内只有对具体情况的陈述，并不需要皇帝或中书门下加以批示。上行公文的兼申，反映了唐后期在信息分层的基础上，皇帝与中央机构力求更为及时准确地掌控重要、敏感政务信息，通过报告性公文的兼申，皇帝或上级机构能够与具体负责机构同步掌握信息，这有利于皇帝或上级机构对具体负责机构的管理、指导和监督。

（刘琴丽）

【分位与分叙：文武分途与唐前期散官体系的演进】朱旭亮、李军：《西北大学学报》第2期。

唐贞观年间之前，中央政府对散官的名号及体系并未做严格的文武区分，而随着唐朝政权结构的逐渐完善，其官僚体系开始了相应的调整，原本文武混杂的散官体系以文、武为界限，在序阶及名号等层面进行了分流重构，由此奠定了中国历史上文武散官并行的基本格局。贞观十一年是唐代散官文武分途的重要时间节点，唐太宗在贞观年间所兴起的"封禅"意图成为唐代散官文武分途之契机与动力。为了建构具有"贞观"色彩的政治生态，唐太宗将"散号将军"更易为"武散官"，蕴含着树立自身权威、增强武官对于贞观朝政治身份认同的重要意图，而散官区分文武、名号更易则是他对贞观朝政治礼仪秩序的重新塑造。在贞观十一年对于文、武散官序阶的修订中，重新平衡文武关系，对武臣群体的政治地位加以提高是其中的重要考虑。唐代武散官官阶序列的增补是对照文散官而制定，并且武散官的升迁、考课等形式皆依照文散官的已有制度来补充完善。从这一过程来看，在"偃武修文"政策影响之下，散官层面的文武分途是以文散阶为模板，对武散阶进行的制度设计。

（刘琴丽）

【晚唐五代的商人、军将与藩镇回图务】周鼎：《中国经济史研究》第3期。

中唐以降，为筹措军费，唐五代藩镇大多涉足商业经营活动，负责相应事务的部门为回图务，正式设立于安史之乱后的中唐时期。晚唐五代，回图务的组织形态历经若干分化、重组，既有与藩镇其他财经类政务的归并，也从自身职能分离出省司回图务等机构。回图务的经营者多具有军将身份，其组织形态也与藩镇其他差遣类职务相似。在具体经营中，回图军将或逐利而动，足迹遍布辖境内外，或于某些商品集散地经营邸店业务，这与"坐贾行商"的民间商业经营方式并无二致。部分商人与军将发生了社会面貌的交融，具体表现为：一方面，回图务军将的履职方式近似于商人，且经营上呈家族化倾向；另一方面，大批商人则主动挂籍军府，获得军将身份，身份界线趋于模糊。依托藩镇体制，部分商人家族获得规避赋税、徭役的特权，甚至准官僚身份，这既为其扩大经营创造了有利条件，又为其通过贿赂方式出任州县摄职官，获得实际政治权力，为入仕开辟了通道。节帅则利用商人，或兴贩生利，或代购物资。文章还利用域外史料，以海商徐公直为例，剖析晚唐五代军职商人的产业经营状况。

（刘琴丽）

【**唐宋牓子的类型及其功能——从敦煌文书 P. 3449 + P. 3864《刺史书仪》说起**】雷闻：陈俊强主编《中国历史文化新论——高明士教授八秩嵩寿文集》，元华文创股份有限公司。

牓子是奏状的简易形式，在日常政务中发挥着重要作用。牓子起源于陆贽担任翰林学士之时，其使用者主要是翰林学士与宰相这样的近臣，内容既有对国家大政方针的总体规划，也有对一些具体问题的仔细剖析，还有对德宗疑问的解答或辩驳。牓子的共同特点是体式的简易与传递途径的便捷，其在中晚唐时期发挥了皇帝与宰相、翰林学士之间重要的日常沟通功能。五代后唐时期，牓子的格式与功能发生变化，增加了谢恩、辞、朝见等功能，牓子的用户范围扩大，各类地方官也加入了这一行列，这导致了牓子内容的弱化，功能日益程序化。宋代牓子也基本上承继了后唐余绪，但又发展出一些新的功能，如问安、请假、报丧等，更加具有礼仪性，而无太多实际内容。

（刘琴丽）

【**游牧与农耕交错、东西与南北交通视野下的河西走廊——以隋及唐前期的凉州为例**】孟彦弘：《中国人民大学学报》第4期。

河西走廊不仅是丝绸之路上沟通中原与西域的东西交通的孔道，也是连结祁连山与北方游牧地带的南北交通要道。同时作为"蒙新地区"这一相对独立的自然地理中的组成部分，它还是中原农耕文化与北方游牧文化的交错地带，具有地理交通与文化交流碰撞的双重意义。地处河西走廊东边的凉州，在隋及唐前期，既要防遏北边突厥，又要防遏南边经由祁连山而至的吐谷浑等部。随着吐蕃的兴起以及专司防御吐蕃的陇右节度使的成立，凉州的主要任务也转为以防范北边为主。南北两边虽然并无联合起来、夹击凉州的认识和意图，但这反映了作为河西走廊东端重镇的凉州，客观上具有南北交通中介的重要性。我们应该把河西走廊放到"雁北—河套—河西走廊"这个大的区域内来加以认识，既要从北边游牧社会的角度来看这个区域，也要从中原农耕王朝的角度来看这个区域，不能只把它视作控制西域的一个孔道。而且吐蕃兴起后经营西域的成功，也是趁唐朝发生安史之乱、切断河西走廊之后才得以实现的，于此亦可见河西走廊的地位和作用。

（刘琴丽）

【**吐蕃崛起与儒家文化**】朱丽双：《民族研究》2020年第1期。

吐蕃的政治文化体现在一系列与吐蕃王室有关的古藏文文献中，chos 与 gtsug lag 意指礼或与礼相关的礼法、礼俗、礼仪、礼制及天道或天地之道。这些文献一再强调吐蕃的礼制永不移易，这是赞普王室对其统治合法性的宣言。吐蕃的政治文化既有欧亚内陆文化的传统，又有中原儒家文化的要素。传统儒家思想，尤其以德治为中心的王道思想，曾对吐蕃的政治文化产生过重要影响。如《唐蕃会盟碑》的叙述逻辑与《尚书》中的一段话如出一辙，所用词语也十分类似，而《尚书》中的那段叙述实际体现了周代以降传统中国天下秩序的观念。儒家礼仪制度之引入吐蕃，发生在松赞干布统治时期，其目的在于以成文的礼制的形式，规定上下的权利，区别君臣的名分，确定赞普至高无上的统治地位,从而保证赞普王室的长治久安。

(刘琴丽)

【中国中古时代的佛道混合仪式——道教中元节起源新探】吕鹏志:《世界宗教研究》第2期。

近现代学界流行的两种观点——《大献经》倡导的中元节原非道家节日以及认为佛教盂兰盆会模仿道教中元节,均为片面之说。要探寻道教中元节的起源,必须从中古道教中元节入手。道教中元节的出典是《大献经》,道教中元节最早举行的仪式是玄都大献,玄都大献的前身是三元玄都大献,而现存敦煌本和《道藏》本《大献经》都经人篡改,篡改的方式是去掉上元和下元日,将三元大献缩减为中元大献。道教三元玄都大献的确仿效了佛教盂兰盆会,但另外,它也融摄或者吸取了道教三官主三元日之说。道教三元日的月份和日子均包含了佛、道(天师道)二教的成分,道教中元日来自三元日中的"中元校戒之日"。可见,从仪式和日期两个方面可以证明道教中元节其实是糅合佛、道二教因素而创造的宗教节日,它是中古时代佛道融合的典型例证。但是道教并不是被动地接受佛教仪式,而是善于将佛、道二教因素巧妙地融合起来。

(刘琴丽)

【唐长安书写文化的日本流布——以王羲之书迹为中心】田卫卫:《文史》第2辑。

古代日本通过派遣遣唐使等交流方式从唐朝获取了大量书籍。当时印刷术尚未普及流行,书籍的传播仍然主要依靠人工抄写。手写笔抄既是一种学习方法、记忆方式,也是一种传承途径、流布媒介。书写活动本身拥有实用性、技艺性、艺术性等多重性质,既产出了书迹名品等很多物质性文化遗产,也承载了书写技艺等非常多的非物质文化遗产信息。在当时的大唐都城长安,与书写相关的文化活动广泛存在,这些文化活动又作为唐文化的一部分流布到了东亚各国,影响着朝鲜半岛、日本列岛等诸多地区的学习生活和精神文化面貌。文章通过分析王羲之书迹在日本奈良时期书写和传播的情况,讨论唐代书写文化在日本的流布,探究日本社会在学习唐朝文化时所存在的阶层性,以及从书本知识到实际践行的系统性,揭示出日本古代知识分子在书写活动中由低级到高级,从习文字到学知识,再进阶到修身养性、提升教养等一系列行为方面层层递进、节节上升的学习过程和具体表现,从知识社会史的意义上阐明唐朝书写活动流布日本所带来的影响和意义。

(刘琴丽)

【丝路运作与唐朝制度】王小甫:《敦煌学》第36期。

丝绸之路上的关津制,有严格的稽查制度,但是政府的军资练、敕赐禁物,以及与边疆民族的绢马贸易为合法途径。唐朝在丝绸之路经过的西域地区,建立了安西都护,其政治体制架构有正州(边州)和驻军羁縻都督府州,以及后来设立的北庭都护府,以保障丝路的畅通。边州的市场主要是互市和行肆,互市即与外蕃胡商开展边境外贸,行肆就是市场商品据其种类分别陈列货卖。唐朝的货币也流通行用到了丝路沿途周边国家,推动了中亚地区社会商品经济发展和货币化。唐朝在西域对经营过境贸易的胡商征收海关税。这些税赋主要用于补充道路交通管控(四镇、轮台)和迎送外蕃使者的驿传之费,这项税收对于丝绸之路的运作有着重要的积极意义,因为馆驿为沿丝绸之路往来的商胡贩客提供了极大方便。唐朝的边州乃至驻军羁縻州——安西都护府辖下的安西四镇，有力实施和维护了唐代西域的法制秩序和司法正义，保障了丝路沿途广大胡、汉商人的合法权益。此外，唐代中国传统国家观念在丝路沿途和对周边族群地区都产生了一定影响。

（刘琴丽）

【从误解到常识：史源学视野下的唐代大贺氏契丹问题】苗润博：《唐研究》第25卷。

治辽史、北方民族史者所习知的常识，即唐代中前期契丹统治家族姓大贺氏，由此命名的大贺氏联盟时代构成了契丹早期发展史中一个至关重要的阶段。这一常识是对史实的误解。《旧唐书》《唐会要》所记契丹"君长姓大贺氏"的共同史源，应为唐韦述所撰的《国史·契丹传》，后唐《明宗实录》以及后汉《高祖实录》中的相关记载亦当由此而来。唐朝《国史》系统所仅见的契丹君长姓大贺氏的记载并非源自更为原始的史料，而是史官在纂修《国史》时根据《太宗实录》时所记贞观初年降唐契丹部落首领"太贺摩会"的名号推衍而得，很可能是一种由于误解而产生的知识。"大贺氏"在唐代当时文献中只是单线传承、缺乏旁证的孤立之说，却由于韦述《国史》的幸存、流布及其在后来唐史纂修体系中的枢纽地位，顺理成章地进入官方正史的脉络，终为历代史书所因袭。今本《辽史》所见大贺氏，看似数量众多，但皆为金元史官基于中原文献进行的线性追溯，与契丹王朝当时自身的历史记忆毫无关涉，更不能作为大贺氏曾经存在的切实证据。

（刘琴丽）

【行走的书簏：中古时期的文献记忆与文献传播】于溯：《文史哲》第1期。

从东汉到唐的几百年间，物质文献因纸张逐渐代替竹帛而发生重大变革，与之同步发生的另一个重要的文献史现象是，文献记忆极度兴盛，记忆成为纸张之外另一种重要的文献载体。记忆本较写本更为易得、易读、易检、易携，记忆本通向理解，甚至制作和不断诵出某些特殊文献的过程通向功德，这是记忆本性质中最为特殊的两点。记忆本在获取、携带、传播和使用方面，都有写本所不具备的优势；但写本是可视的，可分享的，而且是可以穿越时空分享的，这些优势记忆本也不具备。记忆本的优势迫使物质文献不断自我改进，以期尽可能模拟到记忆本之优长，使读者从记诵中解放出来。随着书籍制作技术的进步，记忆本的优势已经被部分削弱了，而记忆本最为擅长的检索优势，还受到了类书的挑战。随着书籍的增多，逐一制造记忆本，不仅是不可能的，也是不那么必要的。古人们对记忆的观念必将发生变化，对记诵的追求也趋于理性化，这种记诵观的理性化在宋代就已经很明显，记忆本的黄金时代在宋代已成为过去了。可见，文献记忆和物质文献共同参与了中古文献的形成和流通，中古文献史的面貌，要比学界过去认识的更加复杂。

（刘琴丽）

【重绘中古史的可能性（笔谈）】魏斌、孙正军、仇鹿鸣等：《文史哲》第6期。

如何"重绘"中古史的基本线索和脉络？魏斌《走向历史场景》提出从史料中爬梳发掘历史场景，描绘和构建有意义的历史画面，分析背后蕴含的结构和情境，以及形成这种结构和情境的关系互动网络，从而更好地理解生活于其中的有血有肉的人们的生命状态。孙正军《搁置历史理解的经典图式》，认为历史研究至少在处理具体问题时，不妨先把经典图式搁置一边，寻求在问题自身的理路内解决问题，唯其如此，才能突破既有知识的限制，一点一点地获得关于具体问题的新知。仇鹿鸣《重绘何为：反观于自身的学术史》从梳理中古史研究的发展脉络出发，即从早期的历史分期论，到近代专门史的型塑，以及今天西方社会科学理论的引入，认为理论的不断翻新并没有缓解中国史学"理论饥渴"的病症，以后学术研究的进步恐怕并非单靠"新"材料、新方法便能驱动；若我们对身处的潮流有所思考，知其源、观其澜、察其不足，或许能成为走向真正意义上"重绘"的第一步。永田拓治《中国中古史研究的一个视角——分类与边界》认为，在魏晋南北朝这种分裂的时代，使用"界限"这种方法，也许可以克服王朝史架构下的历史叙述乃至历史认识的不足，以找到具有共通性的新的理论框架。胡鸿《魏晋南北朝民族史研究的可能性》，认为魏晋南北朝民族史研究，第一，要突破"民族史"，不为既有的民族理论所束缚；第二，放下华夏中心主义的偏见，发掘被中文史学书写所掩盖的各族群文化的特殊之处；第三，要在南方族群的研究中寻找突破；第四，视野必须超越断代史格局，视角必须转换：从中心走向边缘，从庙堂走向民众，从集团转向个体，从结构转向过程。吴承翰《重绘中古史的可能性：货币经济的面向》从货币史的角度出发，构思如何重新诠释唐宋货币经济的变迁。

（刘琴丽）

【黑石号上的"宫廷瓷器"——中古沉船背后的政治经济史】陈烨轩：《北京大学学报》第1期。

在公元9世纪沉没的西亚货船"黑石号"上，载有两件被怀疑来自唐代宫廷的瓷器，即"盈"字款绿釉碗、"进奉"款白釉绿彩盘，它们被认为从扬州出口。这两件瓷器的出现，和中唐时期屡见记载的宫廷交易有关。安史之乱后，供军的压力催生出诸项财政改革，因此激化了唐廷内部的矛盾。而其政治根源就在于藩镇问题，供军的压力促使唐宪宗出售宫廷器物，这成为宫廷交易的新内容，也可以解释市场上出现所谓宫廷瓷器的原因。从唐德宗到唐宣宗统治期长达七十余年的所谓"钱重货轻"（铜钱流通量不足、物价低落）现象，引发唐廷和士大夫群体间广泛的讨论，此现象固然有社会经济的背景，但不能忽视政治宣传的因素。从士大夫讨论"钱重货轻"的文本，到宪宗的决策，可以看出唐廷收回诸藩镇非传统经济权力的努力。经济重心南移导致铜钱大量泄出两京，这削弱唐廷对于经济生活的掌控，也不利于增加岁入。作为东南地区的中心城市，在经济重心南移的大背景下，扬州是唐廷和诸藩镇争夺经济资源的重要场域，也成为唐廷重点建设的地区。扬州的崛起是在中国经济重心南移的大背景下实现的，也是唐廷经营下的结果，其背后可以看到唐廷和诸藩镇关于经济权力的争夺。

（刘琴丽）

【唐代南方士人的身份表达与士族认同——兼谈中古时期"南北之别"的内涵演变】刘晓：《人文杂志》第1期。

唐帝国统一政权的建立和巩固，改变了"南北之别"在魏晋南北朝时期的时代内涵。南北两个地域的冲突性质，逐渐由政权合法性和文化正统性的争夺，转变为统一政权下权力获取和仕宦难易的差异。南方士人因相对缺乏可资凭借的政治资源和仕宦网络，在出仕时更居劣势。这一现实困境和矛盾心迹，催生了南方士人以荔枝和橘等南方特有物象表达隐曲心声的文学书写。他们一方面有明晰的地域身份认知，怀揣湮没不闻的不平与恐慌；另一方面，又执着和欣喜地渴望与天下士人共同参与唐帝国这一政治和文化共同体的塑造中去。至此，华夏化进程中南方的"荒蛮"印象，逐渐成为溢出文士阶层的一种评判，转变为以王朝政权为依托的华夏文化对南方"被教化"群体的定义。这不仅强化了南北士人对华夏文化的认同和维护，也在政治意义上凸显了其作为王朝代言人的教化角色，从而共同构成唐代士族认同观念的重要基础。

（刘琴丽）

【西夏对中国印刷史的重要贡献】史金波：《中国史研究》第1期。

西夏王朝善于接受其他民族的优秀文化，继承和发展了中原地区的印刷事业，对中国印刷术的传播和发展做出了多方面的重要贡献：扩大了雕版印刷使用地区，繁荣了中国西北部的印刷事业，开创了西夏文字雕版印刷，设置专门管理刻印的机构刻字司；存留有很多珍贵木雕版，丰富了早期雕版印刷实物；首创两种文字合璧雕印，开创草书文字印刷；继承并发展泥活字印刷，为中国发明活字印刷提供重要证据，并成功实践木活字印刷，使木活字印刷发明的时间提前一个多世纪；将印刷术用于基层社会生活，保存了最早的社会文书印刷品，使印刷技术更贴近日常生活；最早使用藏文雕版印刷，存有多种最早的藏文刻本古籍，同时应用回鹘文木活字印刷，保存有最早的字母活字。西夏作为多民族王朝，不但将印刷术用于主体民族党项族文字，用于使用人数多、文化传统深厚的汉字，还用于处于西夏西部的藏族和西北部回鹘的印刷，反映出西夏时期境内的党项族、汉族、藏族、回鹘族等各民族互相借鉴，互相促进的历史事实，在当时中国领先世界的印刷领域深度交流、互相借鉴、发展进步、屡屡创新，谱写出时代的印刷弦歌，在印刷术的传承、发展方面对中华民族做出了重要贡献。

（王　申）

【总量分配到税权分配：王安石变法的财权分配体制变革】黄纯艳：《北京大学学报》第5期。

从财权分配的角度来看，国家财政从北宋前期到熙宁新法的变化不仅体现在增加上供额，更重要的则是财权分配方式的变化。北宋前期的财权分配方式可以分为"干德之诏"和景德立额两个阶段。"干德之诏"规定了中央与地方的财权分配方式，将全国财赋制度化地划分为：地方按"以支定收"原则留用的部分，属于地方；"悉送阙下"的金帛及地方支度经费以外留存地方的部分，属于中央。宋真宗景德年间，朝廷进一步将中央应付财政支出所需要的各种实物设立定额。上供立额的意义不仅是财权分配中先保障中央，同时还使地方财政份额有了相应的制度规定，全国财政的数额被更为明确地划分为上供定额与地方留用两部分。无论是"干德之诏"还是景德立额，中央与地方的财政分配都表现为总量分配，没有对赋税权属在中央与地方之间进行划分。王安石变法时期财权分配体制发生了重要变化。王安石变法设立朝廷财政，规定了朝廷财政所属赋税棄名，促使中央与地方及中央各财政机构间逐步实行税权分配，同时也进一步明确规定了归属内藏财政的赋税，这是中国古代财权分配制度的重要变化。税权分配制以进一步强化财政中央集权为目的，将最大宗、最优质的赋税收归中央，通过逐级集权而加剧了地方财政的困窘。

（王　申）

【是酋邦，还是国家？——再论金朝初年女真政权的国家形态】程妮娜：《陕西师范大学学报》第4期。

关于金朝太祖、太宗时期政治、社会制度是国家形态，还是前国家形态——酋邦（军事部落联盟、部族制），学界有两种截然不同的看法。双方学者从各自观点出发去讨论金初政治、社会、经济、文化等各个领域的问题，得出差别明显的认识。不过，学界相关研究中使用最为频繁的史料存在着解读失误和运用不当的问题。金朝初年已经形成基于武力的制度化政治结构的形式和基于地缘关系的社会凝聚机制，具备国家的基本要素。女真人建立的金朝，在太祖、太宗时期已经是一个多民族国家，不是单纯的女真人酋邦（或部族体制），也不是包含了多民族的酋邦（或部族体制、部落联盟）。从金初政治、军事、经济、文化各个领域都可以看到皇权在统治国家中的作用，虽然太祖、太宗时期一直没有京师名号，但这并不影响"御寨"发挥着一国之都的政治功能，并且证明了太祖、太宗时期，国家实行的是具有女真政治特点的一元化政治体制。无论是女真人的猛安谋克制度，还是汉、渤海、契丹、奚等族的猛安谋克制度，亦或是为数不多的西北边地的部族制，都是建立在地缘关系上的行政建置，不是建立在血缘组织基础上的村寨行政系统和部族体制，它是金朝国家建立的基础。

（王　申）

【契丹建国前史发覆——政治体视野下北族王朝的历史记忆】苗润博：《历史研究》第3期。

契丹王朝官方叙述中的建国前史与历代中原文献的相关记载在空间、时间两方面均存在巨大矛盾，其背后隐藏着需要仔细辨析的历史本相：阿保机家族是在唐开元年间才加入契丹的后来者，该家族取代契丹旧部建立王朝后，以自身家族史作为民族集团的历史，自然与此前500余年间契丹的实际衍变过程大相径庭。在政治体研究的视野下，从来没有哪个家族天生就是民族集团的统治者，但他们获得最高权力后总热衷于将本家族的历史打扮成整个民族史的模样。发掘统治家族史与民族集团史间的区别与断裂，对于重新审视北族王朝的历史记忆具有普遍性意义。修史本身是对现实关系的固化、意识形态的凝缩，统治家族历史始终作为唯一独尊的主体，吞没了集团内部、王朝上下其他成员的历史记忆，而逐渐凸显的华夏化色彩，正是政治权力在巩固地位、塑造正统过程中不断强化、渗透的表征。

（王　申）

【南宋"三省合一"体制下尚书省"批状"之行用】曹家齐：《学术研究》第11期。

北宋前期的中央行政体制大致承袭唐中期以来的中书门下体制，尽管机构上呈现叠床架屋之形式，官员授受多是官职分离，但就中枢政务运行而言则是流程简便、务行高效。元丰改制，中央行政体制复行三省之制，中枢运作模式虽未尽如唐之三省制，却因机构繁复，事权分离，宰相独立以批状处理事务之权在制度上亦被剥夺，结果导致"文字繁冗，行遣迂回"，效率低下。苏辙、司马光等先后上章请求对三省机构及中枢政务运作模式进行调整，却未被采纳。元祐以后至北宋之末，中央行政体制虽施行三省聚议及合班奏事之法，尚书省亦以"批状"作为处理日常政务的文书形式，但终未在制度上对三省机构进行实质性改变，而宰执"批状"处理权亦秉承熙宁十年诏令，置于皇帝的约束之下，并未如北宋前期之故事。南宋"三省合一"是对元丰改制以来中央行政体制的一次大调整，其调整方案依据的则是司马光等人《乞合两省为一》的奏札。这一制度调整，在机构设置和权力划分上表现为三省实际行政长贰的合一，以及具体办事机构和吏员裁减等诸多方面。在中枢政务运作方面，则实行给事中、中书舍人列衔同奏等行政程序简化措施，而尚书省亦能独立以批状处理日常政务，且此权力较北宋有所增重。

（王　申）

【自适·共乐·教化——论北宋中期知州的公共景观营建活动（1023—1067）】丁义珏：《中华文史论丛》第 3 期。

北宋中期的士大夫知州们曾一度积极在子城郡圃以及邑郊修建供官民观游赏玩的亭台馆榭。营建热潮在仁、英两朝集中出现，与同时期兴建州县学不同，景观营建热潮非因朝廷倡导，而是士大夫们自发推动的。宋廷担心廨宇年久失修，也没有刻意限制知州们的扩建，可视为放任的态度。这间接导致仁、英两朝的地方长官视公共景观营建为地方政务极重要的一环，甚至优先于城墙、廨宇、堤堰的修造。神宗即位后，政风一变，严格审查和压制营建活动，热潮中辍。知州们营建景观的目的可次第从自适、共乐、教化三方面探析。北宋中期的士人缓解了动用公共资源营建景观的道德紧张，认为景观能让他们修心娱情，以更好投入地方政务。他们希望用公共景观引导民众走近他们的生活方式与审美趣味，用共乐的方式推己及人，影响民众，最终起到儒家化移风俗之效。民众在景观中欢愉热闹的场景又被士大夫们描绘成盛世安康太平的画面，而成为施政成功的证明。从景观的角度，我们可以看到北宋士人的自我塑造，对儒家文教的主动推行和后世的接受认可形成一个文化创造、传播与继承的完整链条。

（王　申）

【论小面额东南会子对南宋货币流通的影响】王申：《浙江学刊》第 5 期。

东南会子的面额设置使其更利于大额用途。东南会子最低面额为二百文，与一文铜钱之间的面额差距甚大；会子数量大增，使铜钱被日渐挤出流通领域；加之因宋廷在财政用途中限制颇多，小面额会子推广不畅，流通领域中出现了大额、小额货币配合困难的局面。民间与地方官府以木牌、纸贴等区域性代币填补小额货币不足的空缺，一些官员也建议宋廷增加小面额会子发行量、降低会子面额。宋廷最终选择贬值一贯面额 17 界会子，将其作为二百文面额 18 界会子使用，快速增加了流通中的小面额会子数量。此后 17、18 界会子的进一步贬值，1 贯 18 界会子相当于铜钱 250 文，1 贯 17 界会子折合铜钱 50 余文，这使各个面额的东南会子均能进一步深入小额交易中，从而基本解决了南宋小额货币不足问题。上述过程表明南宋纸币体系仍不完整、不成熟，其承担财政功能的意义远大于民间日常使用。实质上增加小会子数量的 17、18 界会子并行政策，也并非由市场自律形成，而是宋理宗政令所致。从财政史研究的主要线索看，宋理宗时期纸币滥发，对当时的财政、民间交易都造成了非常有害的影响，一贯面额 17 界会子在此时可以作为小额货币使用，无疑是贬值带来的副产品。

（王　申）

【从铁钱到银两：两宋金元纸币的价值基准及其演变】王文成：《清华大学学报》第 3 期。

自交子在北宋淳化年间被发明之后，纸币逐步发展成为两宋金元时期广为行用的重要货币。交子和至元钞是宋元时期市场发展进程中出现的两种信用货币。二者成功发行的时间虽然先后相距近300年，但两种纸币的币值均通过信用关系与金属货币相联系。从纸币与金属货币的相互关系看，北宋交子、元朝至元钞分别是铁钱和银两的价值符号；铁钱与银两是交子和至元钞的价值基准。铁钱与交子、银两与至元钞，通过信用关系结成了由"价值基准—信用关系—价值符号"组成的货币体系。从北宋交子到元朝宝钞，纸币的价值基准完成了从铁钱向银两的转换。纸币价值基准的转换，是晚唐以降货币符号化与白银货币化相互交织，铁钱、铜钱、银两、丝绢及其价值符号相互影响，此进彼退，优化配置货币资源的结果。它奠定了元明时期纸币发展由盛转衰的基本方向，标志着货币标准白银化的完成，中国货币体系由铜钱时代进入了银两时代。

（王　申）

【耶律乙辛倒台后的辽朝政局】关树东：《黑龙江社会科学》第1期。

自清宁九年平定皇太叔重元父子叛乱，升任南院枢密使算起，至大康五年出知南院大王，耶律乙辛执政时间长达16年。他担任首辅北院枢密使时的某些举措，如增加科举取士人数、推行文治政策、改革法制、抑制契丹贵族的特权等，带有一定的积极因素；但他结党固权、排斥异己，诬陷皇后和太子、制造冤狱，又严重破坏了辽朝的政治生态，加剧了政治腐败和社会分裂。耶律乙辛倒台后，无论是对皇后、太子冤案的处理，还是对乙辛集团的处置，辽道宗的表现均令朝野失望。天祚帝即位后，平反冤狱，追治奸党之罪，但由于耶律阿思等人纳贿舞弊，除恶工作草草收场，拨乱反正沦为空话。契丹贵族重掌中枢权力，辽道宗在政治汉化和重用汉人上作出了一定让步。道宗末年及天祚帝时期，"有才而贪"的耶律阿思、"懦而败事"的耶律斡特剌、"蔽主聪明，为国阶乱"的萧奉先相继执掌北枢密院，加速了辽朝的灭亡。辽兴宗、道宗以来，削弱契丹贵族的权力，强化皇权，随之而来的是统治阶级的内讧（重元叛乱和皇后太子被害）以及皇权专制滋生的弊端（如耶律乙辛专权）。内耗使辽朝的统治基础动摇，阶级、社会矛盾激化，加之最高统治者昏庸无能、耽于淫乐，遂使国运衰弊。

（王　申）

【晚唐五代小说中的"仙境"：文士与道士构建之比较】葛焕礼：《四川大学学报》第1期。

晚唐五代文人小说中的仙境与以"洞天福地"为代表的道教仙境教理有着复杂的互动关系。一方面，无论仙境场域类型的比较，还是与司马承祯、杜光庭"洞天福地"关系的比较，皆显示文人小说中的仙境与道教仙境有着相当程度的重合性和关联性，这或许表明晚唐五代文人小说中仙境的设置，受到道教仙境教理说的影响应该远较之前文学传统中的仙境说大；再加杜光庭大规模抄编文人小说之事实，表明当时文人与道教界有着广泛的思想融通和知识交流。另一方面，晚唐五代文人小说中的仙境有着鲜明的世俗特色；杜光庭的狭义"洞天福地"系统之构建，严格遵循了道教内部的教理传统，几乎未受到文人小说仙境说的影响，而且除着重表达"二十四化"外，并未特意用仙境的形式在其小说中阐扬其他洞天福地；他突破司马承祯的"洞天福地"说而将十洲三岛、仙地两界五岳及诸神山海渎等仙境组合纳入其广义"洞天福地"系统，又显然受到世俗仙境传说的影响。

（王　申）

【《永乐大典》编纂流程琐议——以《宋会要辑稿》礼类群祀、大礼五使二门为中心】林鹄:《文史》第1辑。

《宋会要辑稿》礼类所标"群祀"门，宋孝宗淳熙以前的部分，由《永乐大典》编者从《宋会要辑稿》甲合订本抄录"缘祀裁制""告礼"两门内容编排而成。而淳熙以降，则由另一编者从《宋会要辑稿》乙合订本抄录"缘祀裁制""大礼五使""祠祭行事官"三门内容编排而成，且编排方式前后存在很大差异。而《宋会要辑稿》所标"大礼五使"门完全不见甲合订本内容，仅有乙合订本"大礼五使""祠祭行事官"两门内容，说明甲合订本负责人并未为《大典》"大礼五使"事目提供任何材料。该文发现《大典》编者会在拆解文献的基础上，尝试将源自同一文献不同处的文字插花式地重新加以编排组合。也就是说，即便是《大典》同一事目下不间断地征引某一文献，也完全有可能与其本来面目相去甚远。据此推断，在处理《宋会要辑稿》这样内容庞杂、篇幅巨大的书籍时，《大典》之工作流程，应当是先确定事目，再分配专人从专书中摘抄可以用于《大典》事目的材料。但对摘抄内容的选择与编辑，《大典》似未制定严格的体例，而是由编修官临事自主裁定，相互之间似缺乏必要的沟通。而在《大典》的后期编纂阶段，似也无人负责统稿，对前期工作做出修正。

（王　申）

【两宋代役人论析】黄敏捷:《史学月刊》第9期。

两宋代役人包括受私人雇佣代应职役以及在雇役制下受官府雇役之人。他们数量庞大，遍布州县与基层。除被一些士人称为"浮浪""无赖"等城乡无恒产者外，其来源还包括少量放停军人、现役或罢役公人，甚至是乡村富农、儒者之后。他们或凭书算技能，或借惯熟官府，或只是由于无赖不惧官长、凶狠可追顽户、狡狯交结胥吏等"特长"而受到雇主青睐；同时，代役人也通过代役时所掌握的社会资源，为自己谋得收入与社会地位。乡户通过雇佣代役人，至少找到了一种办法，把自己不擅长且风险高的公共服务内容从本户的义务中剥离，减少了职役带来的不确定性，使专心经营本业、保有自己所积累的财富成为可能。另外，代役人的存在也使官府因而获得较为专业的工作人员，多少弥补了宋代官府在提供公共服务方面的滞后，提高了官府的效率，同时也由此减轻了差役对基层社会稳定的负面影响。因此，尽管朝廷始终对代役人保持警惕，而州县出于现实需要却对他们日益倚重，这也成为熙丰以后推动雇役的力量渐由朝廷下移到州县的重要原因。至晚到南宋早期，代役人已经从北宋初期以私名受雇的法外行为中走出，成为推动传统社会职役吏员化、差役赋税化以及官府职能转变的重要群体。

（王　申）

【宋代官户免役的政策调整、法律诉讼与限田折算】耿元骊:《中国史研究》第3期。

官户在北宋前期完全免役，百姓负担沉重，致社会矛盾激化。在承认特权前提下，为减少纷争，朝廷调整了官户免役政策，对免役范围有所限制。总过程就是官户权益在逐步略有缩小但又不至于引起激烈反抗，由官户完全免役，到部分出钱，继之按等级部分服役。采用的手段是以土地数额（限田）为指标区分免役额度，形成了按曾任官级别扣除不同基数再与民户比较的优待措施（法律）。在实际执行过程中，民户、官户与地方官员围绕"何为官户",以及具体免役数额产生了诸多诉讼争端。为平讼止争,且因田地质量千差万别,全国一致的限田额度需要转换为当时当地公认标准。产钱易于计算逐渐通用,以此为基础最终形成了一套无成文规定且非常复杂的免役限田折算办法。通观宋代差役征发过程,官户免役在其中具有标志性意义,是突出的社会矛盾焦点。如何处理官户免役,以达到既维持统治基础,又顾虑基本公平的目标,是宋代社会生活中的重要问题。

（王　申）

【契丹社会组织与耶律阿保机建国】杨军：《中国边疆史地研究》第 2 期。

对于阿保机之前契丹人的社会组织弥里、石烈,学界多认为属于原始社会末期的血缘组织,未注意到其已具有地缘组织的特点,因此对于阿保机建国历程的某些侧面也就未能给予正确解读。契丹建国前的社会组织,弥里指河的流域、优质牧场,石烈指强大宗族控制下的各牧场,都已经是地缘组织。涅里重组契丹八部,是以曾经掌权和现在掌权的部落权贵宗族及其姻亲宗族分别控制仅存的十二个石烈,部也已具有一定的地缘性。"二府"分别出自迭剌部和楮特部,是管辖契丹八部的组织。阿保机任命亲信曷鲁担任迭剌部夷离堇,由此将迭剌部掌控在自己手中。另外,虽然保留"二府"的形式,但以"后族"即阿保机的妻族取代耶律氏,世选北府宰相；又以耶律氏取代遥辇氏,世选南府宰相。最后,处死"诸帐族与谋逆者三百余人",全面清洗基层组织弥里的掌权者和领导家族,改换各弥里的掌权者和领导家族为阿保机的拥护者,从根本上摧毁了原部落权贵的力量源泉。"二府"由此成为统辖契丹八部的中央机构,使与之对应的部、石烈、弥里等契丹原有的社会组织,拥有了地方行政机构的特征,由此构建起契丹国家。

（王　申）

【西夏政区划分及其相关问题】杜建录：《宁夏社会科学》第 5 期。

西夏政区划分既保留党项民族特点,又广泛吸收中原汉族制度。在宋夏沿边和河西走廊半农半牧区,既置州郡,又设监军司,二者在区划上相互重叠,在职责上军民融合,监军司兼理民政,州府兼理军政。在荒漠半荒漠牧区没有州郡县乡区划,由监军司直接管理宗族部落。西夏的城有四种类型,有的是州府的驻地,即所谓的大城；有的是堡寨号为州,实际是城的建制；有的是地位衰落的州；有的是地位重要的堡寨。西夏沿边堡寨分大小两种,筑城建池、重兵戍守的大寨有时也称作城,如白豹城又作白豹寨,金汤城又作金汤寨。小堡寨大多是夯筑的土围子,具有规模小、数量多的特点,沿边个体族帐"各有堡子守隘"。随着中央集权的加强,在天盛年间（1149—1169）或此前,西夏朝廷开始设置转运司,负责财赋的征收和转运。西夏转运司的设置虽然受宋朝的影响,但和宋朝的路有很大区别。转运司"路"不是一级政区,其军事、司法、农业依然由州郡府县和监军司负责。此外,经略司"路"远比转运司"路"管辖的范围要大。

（王　申）

【宋代瘟疫防治及其特点】韩毅：《社会科学战线》第 6 期。

宋代官府是防治瘟疫的核心力量,不仅将"疫灾"提升为"四大灾害"之首,而且建立了以各级官吏为主导、社会民众力量为辅助的疫病防治体系,采取了医疗统筹、民生安置、行政管控等措施加以应对。这套以官府为主导、社会力量为辅助的疫病防治体系是较为成功的,不仅将各级官府、民间医家和社会民众的力量紧密地联合起来,而且将传统政府的作用发挥到较高的程度。中央各级官府分别负责疫情的分析与判断,政策制定、组织协调与文书下达,派医、巡诊、赐药和救治病人等工作;地方官吏是宋代防治瘟疫的基层力量,采取了赈济灾民、医疗救治和加强社会管理等措施。受官府的重视和引导,宋代社会对瘟疫的态度发生了显著的变化,认识到医药知识是防治疫病的根本和关键,"按方剂以救民疾"和"依方用药"成为宋代社会防治瘟疫的新方向。宋代极为重视防疫新法的创制与应用,尤其在瘟疫流行期间派医诊治、发放药品、建立临时医院、掩埋尸体等措施,丰富了中国古代传染病防治的内容。这些措施的有效实施,在一定程度上控制住了疫情蔓延和疾病传播,促进了新医学著作的编撰、新药品的研制和国家职能的转变,在中国瘟疫防治史上作出了积极贡献。

(王　申)

【道教与辽朝政权合法性的构建】尤李:《中国史研究》第 1 期。

辽朝在形式上是一个统一的帝国,但实际上是一个松散的政治军事联盟体。在这样一个多族群的国家,契丹统治者迫切需要平衡各方势力。对于契丹统治者来讲,权衡不同的宗教信仰、文化势力,实即权衡不同的政治力量,二者同样重要。该文通过考察道教与辽朝政治的关系,揭示出在辽朝这样一个多元文化的社会中,道教如何阐释和构建政权的合法性:将契丹开国君后及皇太子神化为道门尊神;采用谶纬与道教融合的方式来诠释契丹开国史;运用道教术语命名政治空间;把皇帝的行帐想象、神化为"洞天福地";借用道教词汇命名帝王陵寝建筑;堆砌道教辞藻修饰帝后的哀册。总之,契丹统治者利用道教塑造君主和国家权力的神圣性,以此构筑其政权的合法性。此外,运用道教构建政权的合法性,不仅是统治者单方面的行为,辽朝民众也在道教仪式中为辽帝、国家和自身祈福,体认契丹统治的合法性。

(王　申)

【内耗与纷争:《红史》至大二年圣旨所见元朝政治博弈】钟焓:《历史研究》第 3 期。

成书于 14 世纪中叶的藏文史籍《红史》,收录了一道起初被认为是元成宗颁赐给藏族僧众的"优礼僧人诏书",后经德国学者傅海波研究,认为颁布时间应在元武宗至大二年,其说信实可从。他的这一结论为我们认识该文献的史料价值提供了全新视角。通过复原与考析,可以确定这是目前所知唯一一道元朝皇帝遍谕各地且全文完整的护持类圣旨;将其与传世文献对勘,足以梳理出该圣旨从制定出台到旋被废止的整个过程,亦体现了维护僧人特权集团利益的宣政院与以中书省为代表的三大传统中央机构之间的结构性矛盾。

(罗　玮)

【钱大昕《元史稿》故实考辨】李鸣飞:《中国史研究》第 3 期。

钱大昕是乾嘉时代史学巨擘,尤以元史见长,相传在其身后留有遗著《元史稿》一部。日本学者岛田翰在江浙访书时曾见到残帙,在国内引起过一定影响。然而通过道光间学者毛岳生过录钱大昕批注可知,钱大昕所做的工作只是在明修《元史》的基础上改订文字，删省传记，又补入《元史艺文志》与《元史氏族表》等而已，并非新作一部《元史稿》。岛田翰自称曾见到钱大昕残稿一事固不可信，钱大昕之子钱东壁、钱东塾所作《行述》所谓有"纪传志表皆已脱稿"的《元史稿》也是夸大之辞。

（罗　玮）

【新见河北大名董氏藏元《藁城董氏世谱》清嘉庆抄本研究】罗玮：《文史》第3辑。

藁城董氏家族是元代著名的汉人勋臣世家，在元代政治舞台上一直占据着重要地位。董氏家族的世系问题，以往学界依据传世文献已多有研究，但其家族的整体面貌仍然不甚明朗。河北大名董氏藏元代《藁城董氏世谱》清嘉庆抄本，为其家族世系的较完整记录。其中元代世系部分四千余字，记载了三百多位董氏家族成员及部分仕宦信息，多数内容可补传世文献之阙。元代族谱今已稀见，遑论北方世家大族之谱牒。该文对其真实性、文献源流和历史价值等基本问题进行了初步考辨。在此基础上将《世谱》全文进行辑录校注，予以公布，希望为元史和中国族谱学研究贡献一点新材料。

（罗　玮）

【"大蒙古国"国号创建时间再检讨】曹金成：《文史》第2期。

"大蒙古国"（Yeke Mongqol Ulus）国号的创建时间，在学界历来聚讼纷纭而又莫衷一是。最近，有学者撰文提出1211年建号说，经仔细辨析，其所据核心材料之史源可追溯至《大金国志》。《大金国志》实抄撮自李心传《建炎以来朝野杂记》，从李书的叙事语境来看，大蒙古国国号应创建于燕云行省建立之年，但这并非史实。全面检讨"大蒙古国"创建时间的不同观点，可以深化我们对于蒙古游牧国家政权的诸多认识。遗憾的是，这些说法皆无法令人信服，关于"大蒙古国"国号的创建时间问题，目前仍悬而未决，有待今后的进一步研究。

（罗　玮）

【《蒙古袭来绘词》所绘元代的旗鼓】乌云高娃：《中国史研究动态》第2期。

关于元代的旗鼓问题，中外学者关注较少。以往的研究只关注蒙古的神纛，即苏勒锭（sülde）及其祭祀问题。在元代的文献记载或图像资料中，有反映蒙元时期神纛的情况。但是，对元代战旗的描写或绘图比较少。因此，古代的蒙古人及其所建立的元朝、四大汗国等，出征时祭祀和使用的是神纛还是另有旗帜，这一问题值得深入探讨。该文运用文献记载和图像资料相结合的研究方法，揭示《蒙古袭来绘词》所绘元代旗鼓的真实面貌。

（罗　玮）

【元朝统一前六部设置考】陈佳臻：《史学月刊》第3期。

中统元年，忽必烈与阿里不哥争汗位，为取得汉人支持，效仿汉制建立政权。在建立中书省后，忽必烈又建立了六部体系。但是，忽必烈并非一开始就直接采用六部体系，而是创造性地建立左、右三部体系，后又在至元元年、五年、九年数度析分为"吏礼、户、兵刑、工"四部体系，直到至元十三年统一全国后，六部体系方才确定。史料虽对元初的六部设置有所记载，但彼此之间互有矛盾，其变化时间、变化过程、变化原因多语焉不详，甚至与蒙元初期一度因战争需要而临时设立的"行六部"存在混淆，需要考辨明晰。

（罗　玮）

【元代淮东南部税粮问题管窥】 曹猛:《史学月刊》第 2 期。

在元代赋税体系中，税粮制度是最为主要且最具代表性的一种。由于地理条件与历史传统的影响，元代淮东地区税粮制度南北相异。与北方税区不同，淮东南部施行两税之法。元代传世文献与明代方志所载滁州、崇明等地官民赋税信息，反映出元代淮东南部税粮征收的两个特征：在自宋至明的长时段中，元代税粮呈现总额独轻的特点，而在单位负税中又表现三代相承的一面。就元代较低税额而言，除却元前期所行农业恢复政策的正面影响外，地区内侧重于军事与盐政的总体管理原则亦是其重要原因。而宋、元、明三朝较为相近的单位负税则暗示了淮东南部征税传统的重要影响。

（罗　玮）

【元代的量制政策和量制运用——兼考元省斛与南宋文思院斛之换算关系】 李春圆:《史学月刊》第 5 期。

元朝至晚在中统二年就颁定官方标准量制，并在至元十三年将之推广到江南。标准量制普遍应用于官府财政运作，特别是税粮征纳、官仓和籴。至元二十年前后，元朝一方面借鉴南宋文思院斛的"小口"优点制定新斛式样，另一方面以市井行铺为主要抓手，将官定量制向民间推广，使其在各地不同程度地进入民间，特别是市井商人、官田佃户及士人阶层等对官定量制有充分的认识。南宋文思院斛 1 石折合元省斛 0.685 石。

（罗　玮）

【"汉人八种"新解——读陈寅恪《元代汉人译名考》】 刘迎胜:《西北民族研究》第 1 期。

"汉人八种"见于元末陶宗仪的《南村辍耕录》，其中包括契丹、高丽、女真、渤海等元代的八种民族名称，历来为研究民族关系的最重要史料之一。20 世纪初，日本学者箭内亘指出"汉人八种"中竟然遗漏了汉人本身，也没有包括原南宋统治区的南人，他认为应补正为"汉人十种"。陈寅恪先生根据"汉人八种"中的"竹因歹"与"竹温"是蒙古语对汉人的称谓，指出"汉人八种"并没有遗漏汉人，批驳了箭内亘的说法，同时提出"汉人八种"可能抄自某种蒙古文资料的设想。该文在陈寅恪与王国维二人的工作与新近研究成果的基础上，提出：1. "汉人八种"是元朝统治者对境内使用汉文的各民族的统称，并不代表这些民族本身都自我认同为汉人。2. "汉儿"是辽金两代华北人民的自称，也是宋人对他们的称呼；而宋统治区的人民北人称之为"南家""蛮子"，元统一之后被称为"南人"。汉人与辽金元统治者的关系较南人更密切，与南人是两个不同的群体，"汉人八种"中不包括南人是自然的。3. 记入"汉人八种"的族名，除"竹因歹"与"竹温"为蒙古语对汉人的称谓之外，前人未曾涉及的族名"尤里阔歹"应订正为"尤里阇歹"，即 jurjidai（女真），"竹赤歹"应订正为"竹儿亦歹"，亦即 jurjidai（女真）的音译。根据韩儒林先生对于"蒙古七十二种"中的部族名称重复登录的讨论，"汉人八种"中的"竹因歹（汉儿）、尤里阔[阇]歹"与"竹温（汉儿）、竹[儿]赤[亦]歹"同样可能重复。4. 该文指出，既往研究视野多仅限于"汉人八种"本身，限制了对问题的认识。在陶宗仪原书中，"汉人八种"是"氏族"条的部分内容。"氏族"条共分为四个部分，其余三部分分别为"蒙古七十二种""色目三十一种"与"金人姓氏"，这份氏族名单与元代科举分蒙古、色目与汉人、南人两榜有关，应当产生于对举子进行氏族登记的过程中。

（罗　玮）

【成吉思汗称号的释音释义】白玉冬：《历史研究》第 6 期。

关于成吉思汗（Činggis Qan）之称号，认为源自古突厥语čingiz（可怕的，凶猛的，坚固的，强健的）的意见获得重视。西州回鹘王国时期的鲁尼文军需文书 Or. 8212/76（2）中，出现人名腊真巴彦谷成吉思（La čïn Bayanguq Čingis）。其中的čingis 为"强大者"之义。蒙古语činggis 存在源自回鹘语čingis "强大者"或蒙古语čing（坚固和有力）之复数形式所充当的名词的可能。činggis 之词根č ing 可能是阿尔泰语系共同语。

（罗　玮）

【巨野元代景教家族碑历史人名札记】马晓林：《中山大学学报》第 5 期。

元代从阿里麻里迁居赤峰再迁济宁的一个景教家族，是民族迁徙与文化交流的重要例证。除赤峰发现的叙利亚文、回鹘文双语墓碑之外，以往研究主要依据道光《巨野县志》收录的汉文碑文。巨野现存的一通残碑，可确定其为县志所收《表庆之碑》，碑石对于以往的录文和研究有校订和补充作用。通过碑阳所载，可究查岳出谋家族相关问题和碑文撰写者胡祖宾、篆额者忽都海牙、书丹者天鹤的职官与身份以及以往未见著录的碑阴世系图，补充了家族成员信息。元后期，岳出谋家族与汉人、景教徒、突厥背景的高官交往，更是与弘吉剌部驸马家族通婚，并将女婿的名字刻到了世系图上。

（罗　玮）

【从国都到省城：元初对杭州政治空间的改造】陈彩云：《历史研究》第 6 期。

在实现天下一统后，元初统治者展开对南宋故都政治空间的改造，其政策演变与江南统治形势密切关联。元军占领临安后，逐步弃置或改造城内外皇权意味浓厚的礼制建筑，为顾及政治影响，亦采取一定的保护措施。由于忽必烈担忧江南局势恶化，加之桑哥执政，改造趋于激进，皇家宫殿、御前宫观、南郊圜丘、帝后陵寝等被强行改为佛寺，引起江南社会剧烈动荡。其后，元廷调整相关措施，赋予杭州省城地位，尊重当地文化传统，营造符合儒家礼制的衙署、祠庙、城楼等。在元明鼎革之际，元初杭州改造的相关史实逐步模糊，其后衍生出众多神异的传说，成为后世统治者治理江南的重要历史昭鉴。

（罗　玮）

【优出常典：明代乡贤专祠的礼仪逻辑与实践样貌】赵克生：《中国史研究》第 1 期。

乡贤专祠是明代祭祀杰出乡贤的特殊典礼。以《平湖陆氏景贤祠志》《崇祀乡贤文案》等乡贤祠祀文献为基本史料，可以看到明代乡贤祠祀系统是由乡贤祠与乡贤专祠组成的双轨制体系。前者合祀，属于常规典礼，后者则是特祀，是常典之外的特殊典礼，因而具有分布不均衡、建祠模式、运转方式等复杂多样的特点。在承载政治教化的使命之外，乡贤专祠的发展、乡贤文化的繁荣背后交织着明朝政府、地方士绅、乡贤后裔等多种社会力量的互动乃至博弈，这些社会力量深刻影响了明代乡贤专祠的建立、维持等实践状况，具有了多元的社会意义，从而跳出了此前研究仅聚焦于地方儒学乡贤祠祀的单一模式，还原了一个完整的乡贤祠祀系统。

（张金奎）

【明代世袭武官人数增减与制度变迁】曹循:《文史》第 1 辑。

明中叶以来流行的"世袭武官人数不断增长"的成说未必真实。通过深入剖析明代武官世袭制度的实际运作,分析不同时期有关武官人数的直接和间接记载,可以看到世袭武官的人数有两个数字:一是贴黄之数,即世职的理论总数;一是出于不同原因,部分武官后裔放弃袭职后实际存留的武官人数。实际人数在宣德前后达到顶峰,此后因袭职道远费多、官吏刁难、子孙弃武就文等原因,人数不断削减,其根源则在于蒙元旧制与中原传统之间的冲突。明前期世官人数剧增是正统年间田赋白银化的直接原因,世袭制度逐渐被改造为"世选"之制,进而在军制、官制、财政等领域引发连锁反应,是社会变迁在军事领域的表现。

(张金奎)

【嘉峪关变迁与明代交通地理之关系——基于史源学的研究】周松:《中国边疆史地研究》第 2 期。

在 1390—1394 年之间建成的嘉峪关既是军事要塞,也是西北陆路交通的重要节点,在西部地区发展乃至中外陆路交往中发挥着重要作用。该文结合中外史料,重新分析了建关时间、关城性质和明代东西方交通兴衰的原因等问题,指出建于 1372 年的说法不能成立,早期的嘉峪关仅仅起到边境检查点的作用,明朝在嘉峪关外保持很大的影响力,为陆路交通的平稳发展创造了有利条件。中后期,嘉峪关完全暴露在直接军事威胁之下,进而在相当程度上影响了欧亚陆路交通的畅通。嘉峪关边防作用的增强深层次反映了明代国力增长,对边疆地区控制力的增强,这一变化体现了受羁縻观念制约的明朝边疆控制模式的复杂性。由于始终恪守以军政模式管理西北边疆,延缓了边疆与内地的一体化进程,从而固化了西北边疆格局。

(张金奎)

【明代地方官府赋役核算体系的早期发展】申斌:《中国经济史研究》第 1 期。

地方赋役征纳是明代经济史研究的基本课题之一。从洪武到弘治年间,州县官府的赋役管理从基本不依赖核算向需要且能够进行核算的状态转变。洪武、永乐时期,只有田赋被部分纳入核算管理,其他赋役征发则完全或绝大部分无法计量,也没有计划性。田赋额既是可计算的、均质的账面"税额",又代表不可计算的、不均质的实际负担。作为均质"税额"的田赋额常被作为各级官府分派各种财政负担的基准。宣德以降,地方官员在吸收语义不骨阶层分派赋役负担的基层经验基础上,进行了一系列以"均平"为指归的改革,以确保赋役的可持续征发。在探索均平之道的过程中,各地官员不约而同地采取了量化赋役负担、预定征收计划、将派征对象标准化并进行摊派核算的方式。田赋额等数字开始扮演起财政核算上摊派对象的角色。这开启了州县层面赋役征收核算体系的发展之路,也导致府、州、县与户、工等部及布政使司之间产生了赋役核算信息不对称,从而出现了二重会计结构。新型州县赋役核算体系的确立并非原始设计目标,但随着财政货币化的深入发展,最终走向了通过核算管理的财政体制。

(张金奎)

【科举的竞争:明代南直隶地区春秋专经现象研究】丁修真:《中国史研究》第 1 期。

对成功科举人物的研究,此前相对集中于不同群体的量化分析,近年来开始出现对考试地域、参考科目等方面的研讨。该文从科举专经与地域竞争这一"中观"视角出发，以南直隶地区为切入点，指出因乡试分地、分经取士的原则，同一解额区内业本经相同的科举群体被迫加入竞争。南直隶地区的《春秋》经取士因此呈现为两个阶段的变化。正德以前，成功者几乎均为徽州籍士子，嘉靖、万历之后，苏州开始崛起，常州、镇江等地也纷纷占据一席之地，地区间的《春秋》经竞争呈现多元化的格局。在这一演化过程中，既有元末科举传统、国家政治行为的影响，又掺杂了士子改经、家族兴衰、风气流转、文人结社乃至人文兴衰、社会流动等多重因素。该文将科举制度影响下人物的行为与思想纳入科举地理的研究中，为重新理解地方科举人才地理的分布与演变、地方科举的兴衰更替提供了一个较翔实的案例。

（张金奎）

【18 世纪进入全球公共领域的中国邸报】钟鸣旦：《复旦学报》第 5 期。

钟鸣旦以法国耶稣会士龚当信寄回欧洲的三封书信为基本材料，讨论了其中所涉及的有关雍正时期邸报的内容，认为这些记录不仅再现了当时邸报的实貌，是难得的历史文献，更重要的是，这些内容被欧洲三位启蒙思想家伏尔泰、孟德斯鸠、魁奈所采用，启蒙运动关于中国政治制度和治国之道的重要观点，正是建立在与邸报直接相关的文本基础上的。这些资料也证明中国的舆论在 18 世纪 20 年代既已进入全球公共领域。

（李华川）

【18 世纪中国的灵性观——德沛的儒学基督教】罗威廉：*Late Imperial China*，《清史问题》第 1 期。

罗威廉以简仪亲王德沛（1688—1752）的两部著作《实践录》《易图解》为中心，讨论其所使用的"灵性"观念，其内涵界定受到张星曜基督教著作的影响。作为朝廷亲贵，德沛总是尽量规避自己的基督徒身份，但他的思想受到了张星曜、利玛窦等著作的启发，儒学和基督教思想在德沛身上得到了几乎不露痕迹的融合。此文推进和深化了陈垣先生多年前的研究结论。

（李华川）

【市场经济与资本主义：大分流视野下的中国明清经济史研究】和文凯：《清史研究》第 6 期。

在将明清经济史与西欧经济史进行比较后，认为应当重视市场经济与资本主义制度之间存在本质差别。以生产要素的流动性为突出特征的市场经济，是明清社会经济发展的一大成就，与工业革命前的西欧市场经济没有实质性的不同。但如果将资本主义理解为国家财政与民间金融市场的深度结合，明清中国与西欧就处于完全不同的状态了，而正是这一因素阻碍了 19 世纪下半叶中国工业经济的发展。

（李华川）

【清初苏州文人的扶乩信仰——以彭定求（1654—1719）与文昌帝君玉局为中心】罗丹宁（Daniel Burton-Rose）：《通报》第 106 卷。

苏州文人彭定求（1645—1719）是清初长江三角洲士大夫阶层宗教生活丰富多样的一个缩影。该文借助《侍讲公年谱》，尝试对其预示"二元皆中"信兆做出尽可能详尽的描述，并探究其秉持的个人冥通方式对共同验占产生的冲击。作者选取的角度富有新意，揭示出传统士大夫内心信仰世界的一个独特面向。

（李华川）

【"天命"如何转移：清朝"大一统"观再诠释】杨念群：《清华学报》第 6 期。

清朝入关后面临着如何重建"正统观"的重要问题。清帝首先强调清朝对广大疆域的占有远迈前代，以突出"正统观"因素中"大一统"的重要性，以"统一"中国的业绩消解和克服宋明"夷夏之辨"歧视北方异族的思想倾向。同时又通过改造理学"五伦"次序，把"君臣之义"列于"父子关系"之前，修正宋明"正统观"的道德人伦秩序，建立起君权至上的独特思想体系。清帝还通过组织编纂《春秋》注释读本，参与阐释其微言大义，并亲自评鉴《资治通鉴》所记史事之成败得失，掌控儒家经典论著的解释权，建立起一套有别于士大夫思想的"帝王经学"体系。

（李华川）

【英国向清代中国输铅问题研究】郭卫东：《中国史研究》第 2 期。

清朝时期，铅是英国自产输华的第二大货物。铅在清代中国的用项关乎军国大计，即军火制作、茶叶出口与钱币铸造，是具有战略意义的物资。乾隆以降，中国的铅采掘业日趋衰败，耗铅量却不断加大，而英国是铅的富产区，"洋铅"愈发成为补充。铅是英国来华贸易长年赢利的项目，这在工业革命前产自英国的大宗输华货物中实不多见，其在华售价逐步走高，但涨幅有限；清朝铅进口量不温不火、涨落有序，乃需求端与供给端之间需要大致持平的表现。

（李华川）

【清代"西藏佛教世界"范围问题再探——以满人与藏传佛教的关系为中心】钟焓：《中国历史研究院集刊》2020 年第 1 辑。

20 世纪 80 年代以来某些国外学者有关"西藏佛教世界"除包括藏、蒙族群之外，还包括满洲上层在内的广大满人的观点是不正确的。清朝君权的形成基础与藏传佛教的君权理论及实践并无密切关系。国外学者的相关解读，多是对历史证据的曲解和误释。藏传佛教并未发展为满人的全民性信仰，而清朝上层出于统治需要，也并未在本族群中推广藏传佛教。

（李华川）

【明清时代的帝制与封建】赵轶峰：《湖北大学学报》2020 年第 1 期。

清代封建表现在清初八旗旗主与王贝勒议政及设置"三藩"，王贝勒世袭，八旗等级附庸以及继续明代的周边附属国朝贡，武臣世袭等方面，与明代有同有异，并非简单因袭。明清时人留下大量有关封建言论，概念内涵一致，都是与郡县对应的一种制度选择。清帝规避封建名目却做诸多封建性制度安排，而多数思想家从民本出发，认为封建与郡县各有局限，主张因应帝制一统现实，以郡县为主而参用封建。现代史学对明清封建进行探讨，应取历史文献基本含义。

（李华川）

【十六至十九世纪中日货币流通制度演进路径的分流】仲伟民、邱永志：《中国社会科学》第 10 期。

16—19 世纪中日两国货币流通制度演进发生了两次重要分流。第一次是 16 世纪中下叶，中国"主导权下移"，日本则是相反的"主导权上移"。第二次是 19 世纪下半叶，两国在建立近代货币金融体制的过程中出现更明显的分流。中国的货币金融制度既迟缓且混乱，货币主权也遭侵蚀；日本较早就建立起近代制度，确立了国家货币主权。

（李华川）

【思想如何成为历史？】桑兵：《华东师范大学学报》第 2 期。

思想史研究与生俱来有两种内在紧张：是勾连思想的逻辑脉络，还是呈现历史的历时联系？该文首先梳理了胡适、金岳霖、王国维对中国是否存在哲学的争论，指出哲学与中国古代思想的关系争议，主要集中在系统的有无及系统是否相通的问题上。分析近代西方分科治学体系传入对中国学人如傅斯年、张荫麟、顾颉刚、陈黻宸等的刺激，中国学问有无的问题，转化成学问体系有无的问题，整理国故和国学运动即为回应中国学问的系统和科学的问题。最后，通过陈寅恪、冯友兰、朱光潜的例子，探讨研究中国思想的深层难题，即中国历代思想因缺少系统而流于支离破碎，用外来哲学概念条理中国思想，虽然系统清晰，却离史实更远，"思想史的叙述，没有系统，不成思想，具有系统，则难免成见"，作者认为思想史的内在紧张，实为系统与史实的矛盾。该文结论处提出，不管是将历史还原为历史，还是由历史呈现思想，研究者必须具备有系统而不涉附会的能力，才能消解思想史的内在紧张。

（陈冠华）

【"道统"之贞定与"疑孟疑荀"之端倪——论北宋中后期孟学和荀学走向】李文娟：《国学学刊》第 1 期。

北宋中后期，疑古思潮兴起，冲击和改变了孟子和荀子的道统地位。该文梳理当时重要儒家学者对孟荀的相关言论，指出欧阳修"立孟排荀"、王安石"尊孟抑荀"、司马光"尊荀疑孟"、周敦颐独尊孔子、二程"荀扬并论""荀扬并批"、苏轼"批孟批荀"的不同思想倾向。进而，论文揭示北宋中后期曾出现过疑《荀子》和抑荀子、疑《孟子》和批孟子的思潮，孟学遭到怀疑和批评，但性善论受重视，荀学因性恶论被否定和批判，当时"抑荀"倾向明显，但"扬孟"之风未曾形成。作者认为，一方面由于北宋儒者的政治立场和学术旨趣，长达千年的以"孔孟荀"为主干的儒学学脉因受质疑而发生动摇，但荀子的道统地位依然稳固；另一方面北宋儒者的疑古思想和理学的兴起，社会有必要对儒学进行理性的批判和重建，同属儒学大传统的孟学和荀学被对立起来，孟子与荀子的儒学道统地位由此产生难以逾越的鸿沟。

（陈冠华）

【孝体焦虑：早期儒家文本中对"孝"的讨论】何建军：Anxiety over the Filial Body: Discussions on Xiao in Early Confucian Text）（*Journal of the American Oriental Society*, Vol. 140, No. 2, April-June 2020。

该文通过考察古人如何实践和观察孝行，探讨秦汉时期的孝道观念。该文认为，先秦、秦汉的儒家文献中透露出一种强烈的对滥用孝道以博取声誉名望的伪孝行的潜在焦虑，为此，经学家们发明了种种衡量鉴定孝道的办法，其中，考察人们如何身体力行孝道之礼是最主要的方式。经过经学家的诠释演绎，抽象的孝道透过礼仪行为得到落实和评估。然而，作者也注意到，化作礼仪行为的孝道本身就包含着内在矛盾，即孝道被化约为照料父母和平日行礼如仪的表演，导致孝道的丰富内涵遭到简化和消解。

（陈冠华）

【批判的序文：几位南宋儒者论道教】何复平（Mark Halperin）："Critical Patronage: A Few Southern Song Confucians on Daoism"）（*Asia Major*, 3d ser. Vol. 33.2, 2020。

该文以南宋士人楼钥、魏了翁、黄震等为例，分析其为道士或道观所撰写的隐含着批判意见的序、跋、记等文字，说明了南宋士人对道教、道家不加掩饰的敌视和攻击，其规模和强度是北宋未曾出现的，显示了南宋士人激进的、以道统自任自居的魄力，以及拒绝三教合一、破除异端文化的勇气。该文注意到一个有趣现象：有别于北宋儒者尤其是道学家，南宋士人虽敌视道教，但他们大多并不拒绝为道士或道观撰写文字，南宋士人的文集中保留了如此大量的与道士或道观相关的纪念文字，这其实间接上有助于保留道教的文化遗存。该文认为，由于受强大的少数民族政权威胁，南宋士大夫一方面面临着北宋以来积贫积弱的困局，另一方面继承了其北宋先辈的职志，致力于复兴古道。他们在诸多方面开创了新局，比如他们发扬好斗精神，处处贬斥道教、道家及其著述，以此来彰显南宋所承继的儒家思想遗产，及以之树立的国家形象。

（陈冠华）

【从委诸天命到追究责任——南唐旧臣入宋之后的历史认知与书写】李卓颖：《汉学研究》第38卷第2期。

该文以郑文宝这位随南唐后主李煜归顺宋朝的南唐旧臣所撰写的《江表志》与《南唐近事》两部书为研究对象，通过比较二者的差异，认为郑文宝晚年撰写《江表志》时，不仅改订其早年写成的《南唐近事》，也积极响应关于南唐历史的既有著作及观点。他的响应和改订并非怀着旧臣或遗民心态对故国故主曲予回护，反而是改以较为批判的态度检视其历史过程和其间人物的种种作为。郑文宝撰写《南唐近事》时属南唐旧臣，在记录故国人物时侧重于描述其风格与品格，记录南唐国势变化时倾向于认定天命之所定。在写作《江表志》时，郑文宝已在宋朝为官，在改写《南唐近事》时回应了宋太宗及时人对既存南唐历史记录的意见，同时以衡量功过的角度褒贬南唐人物，并提出对南唐历史的新见解，论证南唐有国近四十年间，国势的关键转折起因于元宗李璟时期的君臣缺失，行至后主李煜时期君臣复有诸种过失，最终导致亡国。郑文宝的改变，与其身份认同从南唐旧臣转变为宋朝新臣的改易有关，但更重要的是，郑氏采取了不同的框架和概念来书写南唐历史，并改变了对许多人与事的评价。郑文宝对南唐历史的书写与认知，经历了从委诸天命到追究责任的重大变化，反映了身份的流动性对历史书写的影响。

（张倩茹）

【魏晋《庄子》注释史中郭象的地位】古胜隆一：(《魏晋『庄子』注释史における郭象の位置》)（《东方学报》第九四册，2019年12月）。

该文将崔譔、向秀、司马彪的《庄子》注释与郭象《庄子注》从训诂、名物、义理等层面进行对照研究，考察了郭象《庄子注》对前人注释的继承与发展。在对《德充符》《大宗师》等《庄子》名篇的诠释中，郭象以义理进行解读的方式可以回溯至崔譔。对于向秀，该文认为郭象《庄子注》对于向秀《庄子》注释有所承袭，其对于司马彪《庄子》诠释的引用可能同样来自向秀。与此同时，司马彪的《庄子》注本也是郭象《庄子注》的重要参考材料。该文认为，郭象在诸家《庄子》注的基础上阐发己说，对《庄子》进行了全面的解读，超越了郭象本人所处时代的限制，与庄子进行了相隔数百年的对话，被唐代陆德明高度评价为"特会庄生之旨"。在训诂、名物、义理三个诠释层面上，郭象最重义理，训诂次之，名物再次。在《庄子注》中，郭象以"万物齐同"为核心对《庄子》进行解读，注重诠释大意，以玄学解庄，尽可能淡化对于《庄子》行文中名物实体意义的解释，同时避免前人以《老》解《庄》的诠释倾向。

（陈冠华　张倩茹）

【草根学者的良知学实践：以明嘉靖至万历年间的安福学者为例】张卫红：《文史哲》第 3 期。

该文聚焦于明代嘉靖至万历年间安福县的科举功名低或没有科举功名的普通阳明学者，探讨良知学在他们身上如何体现，良知作为"万物一体之学"如何通过他们影响地方社会，进而探究王学对于地方社会的影响。该文认为，明代嘉靖至万历年间安福县人数众多的草根阳明学者，虽无科举功名，却是阳明学在地方社会传播的主力。安福县阳明学者人数众多，讲会活跃，与王学从兴盛到式微相始终。这些阳明学者由究心阳明学义理、研磨心性、讲学传道扩展至教化乡族，参与地方公益事业，进而由宗族至社会，在阳明学"万物一体之学"精神的指导下协助官府参与地方社会治理，成为了官府与民众之间上下沟通的桥梁。在阳明学兴盛的明代嘉靖、万历时期，随着官府和民众认可度的不断提高，他们也因此拥有了管理地方社会的重要话语权。作为阳明学者的乡绅自我认同的角色是"乡人之心"，他们对地方社会事务的参与，很多是在国家政权机构之外的非权力运作，目的在于通过道德教化来维系良善的地方风俗与秩序。他们的讲学和化乡活动以"万物一体"的济世理想和责任作为精神动力，对地方社会秩序的平稳运行产生长久的、潜移默运式的"风教"影响，是以另一种方式实现儒者的"外王"事业。

（张倩茹）

【"归寂"之前——聂豹早年学思抉微】何威萱：《清华学报》新 50 卷第 2 期。

聂豹学属明代"江右王门"，是阳明后学的一员健将，以"归寂"的讲学宗旨著称。该文分析认为聂豹拜入阳明门下之前学术思想已趋成熟，作者追溯其常为学界忽视的早年学思经历，发现他早岁深受郭鋆、刘霖、湛若水直接影响，同时研读宋儒张栻和明儒罗伦、程敏政、陈献章著作，加之与王阳明、陈九川、邹守益、罗洪先论学，凡此皆有助于其充实归寂学说。从目前遗存的早期文字看，聂豹最为关心的儒学议题是"孝弟"和"尊德性"，其论点与王阳明有同有异，可见，"孝弟"的理念与工夫、对"尊德性"的诠释是聂豹早期思想的重要组成部分。该文还指出，聂豹因自觉文字"不足存"导致早年文字未尽保留，其与湛若水过从的书信文字也只字未入身后刊行的文集，这可能与聂豹门人有意"清理"以塑造其王门正统形象的用意与举动有关。聂豹文集被有意编排、删改，导致学界对聂豹的学思历程与定位的失误。

（陈冠华）

【明中晚期江西诗、文社集活动的发展与动向】张艺曦：《新史学》第 31 卷 2 期。

明末江南文士结社风气极盛，是学术界的共识。该文则揭示明代中期以降江西地区的诗社、文社活动相当活跃，影响力不输江南社集。该文认为明代中期的文学复古运动，刺激了以江西的南昌、抚州、吉安为中心的诗文结社的兴起，先后出现芙蓉社、匡山社、龙光社、豫章社、南州大社、东湖社、滕王阁社等。文章指出，从明中期到明末，江西诗文结社运动经历了两个变化：1. 结社主导权从地方宗室转到地方文士手中；2. 诗文社的活动内容从偏诗作而轻制艺发展成以制艺为主而诗作为辅。明代江西诗文社的出现，导致地方文艺兴盛，最后，作者横向比较了作为明末两大制艺中心的江西与江南，认为江西社集与江南社集存在既交流又竞争的关系。

（陈冠华）

【**邵雍迁居洛阳前期关系网络初探：以尹洙为线索**】纪晏如：《"国立"政治大学历史学报》第 53 期。

北宋神宗年间，邵雍在洛阳时期与众多名士大夫往来的故事是史上有名的佳话。邵雍在皇佑元年举家迁洛的行为，是由于被作为古文运动和儒学的同道被引荐到洛阳，进入了洛阳当地的学术网络，并凭借着自身的学识在洛阳士大夫圈子中崭露头角。因此，当司马光、文彦博等名士大夫在熙宁变法期间退居此地时，才会和当时已经身为洛阳名士的邵雍相识，并进一步结为好友。至和二年，富弼推举邵雍出任官职，二人之间的交集也很可能来自牵引邵雍至洛的这个关系网络。邵雍在洛阳初期往来的友人大抵拥有近似的学术倾向，他们多半出自历代为官或业儒，爱好古文且久居洛阳的士人家族，彼此之间往往互为婚姻，在学缘、亲缘的连结上都甚为紧密，几乎都是与尹洙有着深厚情谊的士大夫，同时也是古文运动的支持者。他们的学术倾向都指向了一个宋代学术的重要转向，即重新回到经典中寻求义理，进而向内探求义理教化之源。该文以邵雍业师李之才、好友尹洙为线索，藉由考察邵雍迁居洛阳的过程，观察当时士人之间的结交与学术网络的构建。

（陈冠华）

【**调和三教：屠隆（1543—1605）的自我涵养和戏剧创作**】（Reconciling the Three Teachings: Tu Long's (1543—1605) Self Cultivation and Playwriting）Mengxiao Wang：*Late Imperial China*, Vol. 41, No. 1, June 2020.

该文通过分析明代文人戏剧家屠隆撰写的一部富有宗教色彩的传奇作品《昙花记》，探讨晚明读书人如何借助戏剧媒介诠释三教问题，以及重新思考中华帝国晚期精英文化与民间文化的边界问题。晚明士人在追求自我涵养时，往往利用通俗文学来消解自身出现的儒、释、道三教的紧张关系。一般认为，《昙花记》表达的是对道教长生的追求，该文则认为它侧重于佛教的顿悟，《昙花记》展现了晚明读书人对三教合一问题的自我的积极的理解，而不是消极的被动的回应，屠隆以戏剧的形式表达其多元宗教的理念和实践。过往学界附加在屠隆身上的道士、儒者或居士的身份标签，能够显示其身心修养和精神探索所采用的不同工夫，但不足以标示其宗教认同，如同一般晚明读书人，屠隆是根据自身需要从三教汲取思想养分。《昙花记》出自文化精英的手笔，但采用的却是通俗文学的形式，预期读者是普罗大众，模糊了精英文化与民间文化的界别划分，突破了精英文化的局限，使得精英文学向大众渗透，而通俗文学的形式则为文化精英提供了相对包容的重新解释三教的空间。作者通过屠隆融三教问题于戏剧的个案，提醒我们注意中华帝国晚期宗教与文学的多元互动关系。

（陈冠华）

【**南朝宫廷诗歌里的王权再现与帝国想象**】田晓菲著，何维刚、雷之波译：《中国文哲研究通讯》第 30 卷第 1 期。

该文探讨了南朝在物质和文字的双重层面上对于建康王权的营造。王权是一个想象的社会建构，来自他人的主观感受和认知，南朝通过再现皇权与帝国的宫廷诗歌对王权进行宣传与实施，并进行物质建构与话语建构。南朝刘宋文帝引领了对建康城首次大规模的文本建构，通过元嘉十一年的乐游苑诗集以文本再现皇权，宋文帝、江夏王与颜延之等人以《登景阳楼》为题的诗作共同促成了文帝一朝对都城建康的话语建构,标志着建康已不再是流亡政府的临时中心,而是王权的真正所在。颜延之撰写于京口的作品《车驾幸京口侍游蒜山作》使王权与帝国的再现达到了完美的高峰,颜氏本人也作为南朝第一位真正的宫廷诗人,在宫廷与帝国的结构中作为旁观者和再现者占据了重要位置。南朝萧梁一代经常以曹魏宫廷为范式,宫廷诗人刘孝绰在《春日从驾新亭应制》中在王粲之后首次将"紫陌"用于诗赋文本,以理想化的建安时代作为基础,呈现了萧梁皇权的新视野。南朝君臣致力不懈地建造一个全新的南方帝国,该文通过数篇诗文展现了他们以文学与建筑对王权,以及对作为南方帝国"图腾门面"的首都建康进行再现的过程。

（张倩茹）

【十六国北朝士族社会之"女教"与"母教"——从一个侧面看中古士族文化之传承】王永平:《文史哲》第2期。

中古时期,世家大族长期兴盛,绵延不衰,其中一个重要原因在于其具有特定的家学门风,而士族门风与家学之传承则有赖于其家族教育。十六国北朝士族社会女性普遍接受良好的儒家礼法与经史学术教育,这为她们主持家族内部日常事务、实施"家教"提供了必具的条件。包括女教在内的士族礼法教育与传承,正是士族社会文化的核心内容,也是他们有别于其他社会阶层与群体的关键所在。对于遭遇变故的家族而言,士族女性训抚弱嗣,承担起维系家族传承的重责。其教子首重儒家礼法,敦励子孙品德,以维护家族和睦,获取社会声誉；此外,注意培养子孙之才学,或亲自教授经史学术,或鼓励子孙寻师求学,以塑造其子弟入仕进取的士人品格与修养；最后,注重对其子弟为政能力与忠义清廉观念的训导,以确保其成就功业。经此"母教",一些士族后继有人,其子弟为人、为学与功业皆有所成,不仅有助于其家族门第之延续,而且对华夏文化之传承也有深刻影响。在长期分裂、动荡的社会背景下,士族往往成为学术文化的重镇或堡垒,魏晋南北朝时期,北方胡族内进,南北长期分裂,在此危难中,正有赖于士族社会之保护,中华传统文化得以存续和发展。

（张倩茹）

【东汉光武帝与儒教的谶纬:从两汉之际的政治局势出发】(三浦雄城《后汉光武帝と儒教の谶纬:莽新末后汉初の政治情势から》)(《东洋学报》第一〇一卷第四号,2020年3月)。

该文探讨了东汉光武帝对谶纬进行儒学化诠释的时间、方式及其意义。虽然"孔丘秘经"说于王莽新末时期已形成,这种儒教化的谶纬却并未形成广泛的社会影响力,甚至后汉光武帝在举兵乃至登基后,对于谶纬与儒家思想之间联系的结合也鲜有兴趣。此时光武帝对于谶纬的关注集中在社会治理与河北讨伐中的具体条目,儒学化的谶纬所包含的政治思想也与光武帝的施政方针有所龃龉。然而,自建武六年前后始,公孙述在中原地区利用儒学化的谶纬对民众进行煽动,光武帝也在同一时期展开了图谶校订,与公孙述争夺谶纬诠释的正当性,并试图以儒家思想来稳定社会,从而收揽人心,利用儒学化的谶纬来维持政权的稳固。与王莽所造符命相比,光武帝所造图谶并不具备十分浓厚的儒学色彩,然而,在光武帝登基之时,其所造图谶与王莽所造符命之间并无太大差别,这也说明了两汉之际的政权更迭中"天命"的重要性。在儒家思想成为社会主导思想的背景下,这一时期儒学化的谶纬在帝王与天命的关系中扮演着重要的角色。

(张倩茹)

【元代吴澄《礼记纂言》对《少仪》篇改编的价值与意义解析】王启发:《湖南大学学报》第34卷第4期。

元代礼学家吴澄的《礼记纂言》对原本《礼记》中的十九篇的内容进行了重新改编,《少仪》篇为其中之一。吴澄就其所划分的《少仪》篇的53个段落文句中的51个部分,按照一定的认识和解读进行了归类性的重新编排,从而形成了一个完全不同于原本《少仪》的篇章,其中的内在逻辑及合理性值得分析和探讨。该文通过具体的对比和分析,认为吴澄是在有所研究、有所解读、有所归类的基础上对原本进行调整和改编的,目的在于使该篇整体上意思合乎最初撰作者所写的篇章原貌,同时使研读者能够更好地理解最初经典文本的规范性意义。作者指出,吴澄通过《礼记·少仪》篇原本段落文句分布在不同节次之间的一些关键点,按照一定的文意和语序,重新进行编联,是为了寻找最合乎《礼记》在被汉儒整理之前的竹简本原篇的样子。作者最后参考清代王夫之的《礼记章句》对《少仪》篇的分章结果,认为这验证了吴澄对此篇具体段落文句的剪裁的合理性。

(陈冠华)

【"以经释经":王夫之春秋学的解经特色】郑任钊:《船山学刊》第1期。

春秋学本为王夫之家学,王夫之在几十年的研究中,紬绎体贴,自成一家,解经较史上诸家多有卓异之处。王夫之著有《春秋家说》三卷、《春秋世论》五卷、《续春秋左氏传博议》二卷、《春秋稗疏》三卷,又曾长期为乡人讲解《春秋》。通过比较研究,该文认为,王夫之诠释《春秋》主张据经文以求本义,不受三传所束缚,通过比较经文用辞异同来探求《春秋》大义,这是王夫之春秋学的解经特色。王夫之诠释《春秋》"许世子止弑其君买"时,即实践了这一原则,打破三传许止非实弑之说,力主经既书弑则必为弑,通过比较《春秋》记载弑君之辞的异同,认定许止为毒杀君父之贼。作者指出,"以经释经"既是王夫之提倡实证考据的产物,也是对宋儒疑经改经之风的一种反拨。

(张倩茹)

【河南虞城马庄第五层遗存的发现及意义】
袁广阔、崔宗亮:《考古》第3期。

马庄遗址位于河南省虞城县沙集乡马庄村。1994年,中国社会科学院考古研究所与美国哈佛大学皮保德博物馆组成联合考古队对该遗址进行了重点勘探和发掘,发现了仰韶、龙山、商代、西周、东周等多个时期的文化遗存。其中仰韶文化时期的遗存立于该遗址的第五文化层。该文从马庄第五层遗存出土的器物和墓葬形态分析入手,通过类型学比较的方法,讨论马庄第五层遗存发现的意义。作者指出,马庄第五层遗存文化特征鲜明,在考古学中尚属首次发现。它是江淮地区考古学文化对中原仰韶文化影响的一个重要缩影。而豫东地区"马庄史前类型文化"的出现正是中原仰韶文化融合江淮考古学文化因素的结果。在庙底沟文化时期,随着崧泽文化的北上,豫东的南部地区开始纳入江淮文化分布区,同时海岱地区的北辛文化也演变为大汶口文化。三种考古学文化强势登场,三者之间发生了频繁的交流,处于中间的豫东和皖北地区的考古学文化面貌呈现一种比较复杂的状态。长江下游地区的礼乐制度和埋葬习俗被传播到中原地区。中原地区的人们将它们进一步加以改造利用，有力地推动了社会复杂化和文明化的进程，并对以后的社会精神生活产生了深远影响。

（石　瑊）

【从《五帝本纪》取裁看太史公之述作】李霖:《文史》第 1 期。

该文运用史源学的方法，综合考察太史公撰著《五帝本纪》时对材料可能做出的取舍与裁断，从而发掘文本所体现的太史公的思想和主张（作）与《史记》对古今史事的叙述（述）之间的张力。作者认为《史记》五帝取材于《五帝德》和《帝系》，其中的关键是要建构起一套宏大的帝王谱系，认定五帝、三代血统无不源于黄帝。而透过太史公《五帝本纪》对《国语》的化用，可以进一步揭示《史记》之所以坚持五帝三代同出黄帝，且认为黄帝至禹皆同姓而异其国号，异姓受命始改正朔，这些看似怪异的论调，其深意可能在于太史公试图对黄帝以降的所有王朝更迭给予一以贯之的认识。最后，《五帝本纪》通过对《尚书》和《孟子》的拼接，传递出太史公以王朝继承人视天命为准的观念。基于以上认识，可以说在《史记》开篇，太史公追求的既不是现成的信史，也不是单纯的古老，他的作述更着眼于对王朝更迭这样的历史大问题的思考。

（石　瑊）

【汉人灵魂乘车出游的节点与终点——以西汉后期至东汉时期墓室画像为中心】章义和、姚立伟:《形象史学》2020 上半年。

该文通过考察汉画中由马或神兽所牵引车辆前行图的节点、终点，勾勒出西汉后期至东汉前期汉人亡故后灵魂出游的旅程主要有三段。第一段为墓主从生前生活的家中至墓室，这段旅程中所使用的交通工具主要为轺车、軿车、輀车组合，牵引车辆前行的动物则以马为主；第二段为自墓室出发驶向西王母昆仑仙境，这段旅程中所用的车辆与前段旅程差别不大，牵引车辆前行的生物却有所不同，除马以外，还可见带翼的飞马、鸟、鱼、鹿等灵异生物；第三段为从昆仑仙境升入天界，这段旅程中的车辆车轮多为旋涡状云气，牵引车辆前行的多为鱼、龙等神兽。汉人灵魂乘车出游整个旅程的终点是天。但天的表现形式在不同历史时期则有所差别：两汉之际为太一所在之地，东汉后期为代表天界的瑞应图像等。若将西汉后期至东汉时期画像石中所表现的汉人灵魂乘车出行的过程与西汉前期马王堆汉墓 T 形帛画中所展现的"远游北极"过程予以对比，可以发现灵魂远游的观念在汉代墓室画像中长期存在，在社会发展、民间信仰等因素的作用下，墓室画像的内容和表现方式有一个局部调整和变易的过程。

（石　瑊）

【成仙初阶思想与《神农本草经》的三品药划分法】于赓哲:《史林》第 3 期。

《神农本草经》是中国古代药学的基石。书中对药物上、中、下三品的划分方法是早期道教思想的产物。东汉后期，全社会长期弥漫着"疾病焦虑"，这使得早期太平道、五斗米道纷纷以祛病为号召。但在道教改革的过程中，长生、成仙逐渐成为道教接近上层社会最便捷的手段。在此背景下，以《神农本草经》为代表，药物的"医疗属性"长期从属于长生、成仙的目的之下，"治病"被视为长生、成仙的预备阶段，是"条件免责"意识的产物。当时人"条件免责"的意识是指只有在满足若干条件的基础上，才能实现长生或成仙的目的，祛病一长生—成仙三者表现阶梯化的递进关系。与之相对应，药物也存在着由粗到精的阶级，《神农本草经》上、中、下三品的药物划分方式正是基于这一思想。但在中国古代药学的发展过程中，总的趋势是原本只能完成初阶任务的草木类药物逐渐占据上风，而曾经备受青睐的服食、炼丹原料逐渐式微，后世医家囿于征圣法古的思想虽不至于直接否定《神农本草经》的三品分类，但在实践上则逐渐本诸祛病为目的对药物进行了种种调整。原先所谓的"下品药"成为医家用药的主流，而金石类药物逐渐式微。

（石　珹）

【梁元帝《职贡图》与西域诸国——从新出清张庚摹本《诸番职贡图卷》引出的话题】王素：《文物》第 2 期。

梁元帝萧绎《职贡图》摹本旧存三种。其中北宋熙宁十年前摹本画风古朴，又有题记，向来受到学者关注。而近年来，赵灿鹏发现并公布了梁元帝《职贡图》的第四种本子——清末民初人葛嗣浵记录的清乾隆四年张庚摹本《诸番职贡图卷》。作者由此展开讨论，首先，指出相对于北宋摹本，葛嗣浵所照录张庚摹本中题记佚文的价值。其次，作者探究了梁元帝《职贡图》与"西域诸国"关系问题。他认为梁元帝《职贡图》的西域诸国，以及据此而成的《梁书·诸夷传》的"西北诸戎"，其材料的真实性，应较海南诸国和东夷诸国更为可靠。再次，从世界史的角度评判梁元帝《职贡图》，其至少具有两方面的意义：第一，它反映了作为当时世界主体或中心的梁朝，对作为附从或外围的各国的分野及秩序的看法；第二，它同时也反映了作为附从或外围的各国，对作为当时世界主体或中心的梁朝的文化及地望的看法。最后，作者申明《职贡图》价值与意义的根基在于写实。如果不是写实，那就变成艺术创作，只有艺术的价值与意义，没有历史的价值与意义了。这是研究《职贡图》需要注意的。

（石　珹）

【也谈佛教造像的长安模式】韦正、马铭悦：《敦煌研究》第 3 期。

长安在中国中古佛教史上具有重要地位。在以往的研究中，部分学者提出佛教造像的"长安模式"这一概念，但就其具体内涵，则存在争议。该文在检讨这些不同观点的基础上，利用考古发现，就长安模式的出现时间、具体表现、因素来源等问题展开分析。作者认为北周时期长安地区第一次出现了地域特征鲜明的佛教造像，并且明确影响到其他地区，因此可称之为"长安模式"。长安地区北周佛教造像的特征吸收了其他地区，特别是成都地区南朝造像的因素，但基本形体特征是北周时期在长安地区自主出现的。北周造像，特别是佛像，再现了鲜卑显贵乃至皇帝的形体特征。这与北魏政权崩溃后东西方同时出现的鲜卑化运动有直接关系，是云冈昙曜五窟大体按照皇帝形象塑造佛像的异代重现。隋唐时期长安地区佛像同样既有鲜明地域特色，也对外产生很大影响，也可以称之为"长安模式"。隋唐时期长安造像的特征在吸收北周特点的基础上又发生了很大的变化，但隋唐"长安模式"与北周"长安模式"不是非此即彼的关系，而可以视为"长安模式"的阶段性差异。这种现象在其他地区如北魏平城或隋唐洛阳也存在，只是不如长安地区表现得那样瞩目，这正可以视为长安模式特别具有活力和内涵深刻的表现。

（石　珹）

【莫高窟唐代团花纹样造型演变研究】张春佳:《敦煌研究》第5期。

该文收集了敦煌莫高窟88个唐代洞窟中的935个团花案例,并将这些案例进行分期统计,通过总结每个阶段不同瓣数团花的数量比值,由此简明勾勒出唐代团花以花瓣数量和层次为划分标准的结构变化状态。同时,作者基于对忍冬纹与侧卷瓣莲花的演变关系的分析,尝试从多角度综合解析从唐代初年到末期团花纹样在莫高窟壁画装饰中的典型特征演变。作者认为,莫高窟的唐代团花纹样,从初唐、盛唐到中晚唐的形式语言流变,其艺术特征的生命周期表现为:1. 北朝到隋代的形成期,这段时间的团花纹样从造型和细节方面受到多种支撑,譬如来自三裂的忍冬花瓣细节特征、造型简单的平棋俯视莲花,以及形成于隋的十字结构;2. 初唐时期的发展期,经过初唐早期的演化,团花纹样已经具有了较为完善的形态,因而初唐后期已经具有饱满的造型和丰富多变的细节;3. 盛唐时期的鼎盛期,团花纹样的造型、构成元素、结构的丰富性以及纹样之间的差异化等多方面都达到了唐代的峰值;4. 盛唐晚期到吐蕃时期的衰落期,团花纹样的丰富性和差异性开始下降,从结构的复杂性到组成元素和层次的数量都开始萎缩,及至晚唐时期,团花纹样基本上为大面积装饰中重复使用的一种装饰元素,单一而乏味,全无茂盛之态。

(石　瑊)

【后唐时期途经敦煌的赴印求法僧及相关史事】杨宝玉:《敦煌研究》第5期。

该文以敦煌文书中记载的后唐时期赴印求法僧及相关史事为研讨对象,在重新校录S.5981《同光贰年鄜州开元寺僧智严巡礼圣迹后记》及S.529抄存的6件书状的基础上,讨论了文书作者智严、归文等赴印求法僧在西行途中驻锡敦煌的时间、活动情形及其对敦煌佛教与文化发展演进的影响。作者指出这些僧人,至少是同光二年(924)一二月间已在沙州的智严法师,乃是今知后唐建立后最早抵达敦煌的中原人士。其时李存勖所遣使者西来唤起的敦煌人对中原风物的热情正炽,人们迫切需要了解中原的方方面面以填补长期闭塞造成的信息真空,智严等来自中原的赴印求法僧遂应时势所需成为传播中原佛教与文化的重要使者。同时,有关智严与归文的文书还记录了从中原出发远赴印度求法的中国学问僧的事迹;而P.3931抄存的3件牒状反映的则是不辞辛苦跨越雪山沙漠前来中国参访的印度高僧的情况。一往一来的这两类文书从各自角度共同揭示了后唐时期中印交往的多重样貌。

(石　瑊)

【宋辽夏官帽、帝师黑帽、活佛转世与法统正朔——藏传佛教噶玛噶举上师黑帽来源考】谢继胜、才让卓玛:《故宫博物院院刊》第6、7期。

该文分作上、下两篇刊发,从黑水城出土的《药师佛》唐卡黑帽上师身份考察入手,结合近年在宁夏、甘肃等地发现的图像材料,以及《洛绒教法史》《贤者喜宴》《青史》等藏文史籍,重点分析黑帽与中原王朝,特别是唐宋以来王统正朔的渊源、西夏官帽对宋辽官帽形制的继承,进而讨论西夏后期帝师制度的出现及与僧官体系的联系。以此为基础,作者梳理了噶举派藏巴帝师与热巴帝师在西夏长达数十年活动的史实,指出藏传佛教噶玛噶举的黑帽来源于西夏帝师制度,代表正朔地位的黑帽的把持与传承引导了藏传佛教活佛转世系统的建立,为蒙元至明代噶玛噶举教派用黑帽传承延续西藏地方与中原王朝的紧密联系，为汉地将大宝法王封号作为教派活佛转世体系，为清代达赖、班禅活佛转世系统的奠定，以及为后世中央政权与地方民族势力的交往等提供了范例。同时，黑帽的传承在我国汉藏与多民族的政治文化关系史中占有极为重要的地位，反映了不同地域、不同族别的族群在中华民族形成过程中展示的向心力与凝聚力。

（石　珹）

【金元全真教对道教神仙谱系的继承与突破】宋学立：《世界宗教文化》第4期。

全真教从金代中后期创立以来，发展势头强劲，颇受教俗两界关注。它创造性地继承并发展了传统道教的修证理论，以性命双修双全为最高境界。全真内丹修炼的理论及其实践成为多年来学界研究的热点和学科增长点。随着对这一"新道派"研究的深入推进，学界在探讨全真教"创新性"同时，开始关注其与传统道教的关系问题。这是金元以降全真教独领道教半壁江山的形势决定的，也是全面探讨全真教传承发展的学术规律使然。该文以神仙谱系为切入点，着重探讨了全真教对传统道教神仙谱系"大传统"的继承与创新，及其对唐宋内丹道教神仙谱系"小传统"的尝试性突破。作者认为，全真神仙谱系主要由传统道教神灵和唐宋内丹道神仙谱系构成。在宫观、神像布局上全真教从创立之初即通过以"五祖七真"陪祀三清、老子等传统神灵，在节庆活动中通过每年一度、持续长达近一个世纪的"真元会"庆典活动等方式，接续传统道教神谱。跨越代际、跨越历史传承的遇异叙述，为全真教从观念史、信仰史角度重塑内丹神仙谱系"小传统"打开了绿色通道。前者有利于增进全真教团认同和凝聚力，后者在抬高某宗某系丹道辈分同时，也因为某些"僭越"因素在一定程度上为全真教的宗系分化埋下了伏笔。

（石　珹）

【西方新文化史对中国史研究的影响】王笛：《历史研究》第4期。

历史研究者都各有其专攻，但是各领域却应该是相互开放的。不仅在历史学内部，历史学同其他学科之间的关系，也应该是开放的、可以互相融合的。该文主要讨论西方新文化史对中国历史研究的影响，从而提出对这种研究取向的思考。作者认为在中国史和世界史的融合问题上，新文化史取向在中国的发展具有较为突出的代表性。这种取向使研究者的目光从上层转移到下层，由中心转移到边缘，把普通人作为研究的主要对象，拓展了人们对于历史的认识，使我们看到了英雄或者精英之外的小人物的历史。中国史学的传统是精英视野，对大事件和英雄人物的研究占主流地位，对民众的研究十分薄弱。最近二三十年，这一传统不断地在改变，历史学家的眼光逐渐向下，这就是中西方史学交流的一种结果。新文化史的取向在中国历史研究中的应用，可以为人们认识中国打开新的窗口，有助于课题的深化；或者是一些已有较深入研究的课题，由于出现了发掘的新角度或新的叙事工具，从而产生了新的发展前景。这样，人们对历史的认识与过去大为不同，也可以说，世界和中国在认识历史的角度和研究历史的方法上，实现了进一步的融合和交汇。

（石　珹）

【文化史研究的三种取向】张昭军：《史学月刊》第8期。

该文在当代学界"文化转向"的背景下尝试讨论如何理解文化史的问题。以研究对象和研究方法作为判别标准，文化史研究有三种取径：一、文化的社会史，即（社会）历史视角下的文化史；二、社会的文化史，即文化视角下的（社会）历史；三、文化的文化史，即文化视角下的文化史。文化的社会史，是把文化史作为与政治史、经济史并列的研究对象；该取向客观上把文化视作一个同质的整体，侧重于外在解释，长于对文化作历史的社会的分析，对文化内部的复杂性和矛盾性有所淡化。社会的文化史，是把文化史作为研究历史的一种方法，研究对象扩大到各种社会历史现象，明显突破了传统的文化史范畴；该取向注重文化内部因素的复杂性和矛盾性，尤其强调文化和个体意识在社会历史中的价值、意义和作用。文化的文化史，既视文化史为一种研究视角和方法，又以之为研究对象；该取向强调从文化史的特性出发来研究文化史，有助于解决广义的文化史所带来的"泛化"和作为方法的文化史所产生的"碎化"问题以及客观论与主观论的矛盾和冲突。辩证地看，上述三种研究取向各有其局限但亦各有其所长，它们在文化史研究中互相不可替代。文化的社会史是基础，社会的文化史是特色，而文化的文化史是核心。科学研究本无主次之分，但从学科的角度看则有中心与边缘之别，文化史家无疑要以最能体现本学科特色的领域为主攻方向。

(石 珹)

【文化自觉与传统文化现代化】刘中玉：《东南学术》第6期。

2019年，"五四"新文化运动百年、新民主主义革命胜利暨新中国成立七十年等一系列节点的纪念与研讨，再次让"传统与现代"成为舆论和学术关注的热点。与百年前和20世纪80—90年代的讨论不同，当前的讨论更加着眼于中西文化冲突的新变局，从文化自信和文化复兴层面再次反思传统文化在现代化转型和社会主义建设中荣衰升降的历史命运，并有重新发明传统文化且推进其现代化，使之与物质层面、制度层面的发展相适应的深切意涵。针对当前与传统文化现代化关联密切的日常生活的结构调整和社会文化的创新转型这两个问题，该文提出端正传统叙事或构图的"书法"，以避免再次陷入模式论和中西对立的语境；跳出狭隘的中心意识，从人类文明的高度和全球的视野去理性看待中国传统的延续与发展；以文化自觉强调个体与群体的共存、传统与现代的共存、一元与多元的共存来构建共同性原则三点主张。最后，作者强调扬弃不是折中主义，尊重变迁和时序才是文化传承的自觉。如今人们站在物质文明已取得长足进步的平面上来思考传统文化的现代化问题，能否将清季以来中国传统社会的现代化转型作为新的传统来继承，并在此基础上实现淬厉和增长，实现旧传统特质的新破题，即能否在现代化传统的基础上实现传统文化现代化的新构图，取决于人们用什么样的历史观来影响和指导自身的文化自觉意识。

(石 珹)

【笔谈：灾疫视角下的古代国家治理与应对】卜风贤、余新忠、赵现海：《中国史研究动态》第5期。

鉴古知今，我国古代国家治理体系是如何应对灾疫的，从中可以汲取哪些经验和教训，如何更新我们研究古代灾疫的视角与思路，等等，是当下学界应该思考的重要问题。该组笔谈以"灾疫视角下的古代国家治理与应对"为主题，以期从学术的角度，为当今防疫抗灾工作贡献绵薄之力，体现历史学研究的资治作用和现实意义。该组笔谈包括卜风贤《疫灾治理的历史使命与家国情怀：以国家史为视角》、余新忠《中国传统疫病应对成效探略》、赵现海《瘟疫史研究的科学、区域与观念视角——以明末鼠疫为例》三篇文章。卜风贤认为，对瘟疫和疫灾的历史研究，应该基于国家史的视角去审视思考，由疾疫病患的个体生命史和生存史研究提升扩展到疫情蔓延与社会发展双相缠绕的国家史研究。余新忠梳理中国历史时期疫病应对的举措和演进，以及应对成效，并以此为基础来思考历史经验给予我们的启示。赵现海认为，瘟疫不仅是医疗史研究的对象，也应是社会史研究的对象，还应是社会动员史研究的对象。

（邱源媛）

【明清北方宗族的新探索（2015—2019年）】常建华：《安徽史学》第 5 期。

近年来，明清北方宗族研究异军突起，山西、山东的研究形成热点，京畿河北地区的研究别开生面，改变了以往南强北弱的研究局面。有关宗族门、房与宗族结构的研究，清代满族认同与地域结构的探讨，在同南方宗族比较中得到一些新认识。以往宗族研究重视功能与结构、制度与世系的思路仍在继续，近来的趋势是从功能向结构、从制度向世系的变化，大致上说，制度论与功能论相联，结构论与世系论结合。一些新的研究路径也在探索中，可以归结为日常生活论、实践论、建构论、建设论，追求活化的宗族研究。宗族为解决面临的问题而从事宗族建设、宗族建构，这也是一种实践，部分北方宗族研究中也较多这种尝试。

（邱源媛）

【贡赋经济体制研究】（专栏）刘志伟等：《中山大学学报》第 5 期。

近年来，以中山大学刘志伟教授为代表的一群经济史学者提出"贡赋经济体制"，揭示出嵌入于王朝贡赋体制之内的市场机制。他们思考的方向，并不仅仅是认识到利伯维尔场经济的局限性，强调财政、国家权力以及社会制度和文化因素对经济运行和发展的影响，而是去思考从"经济的"实质意义的经验事实中，建立起一种分析非市场体制的经济理论模型，即贡赋体制下的市场运作模式和"食货"体系中的市场机制问题。盐业经济最典型地体现了古代中国贡赋体制"食—货"一体的性质，体现了王朝的财赋国用与市场流通之间不可分离的关系。从食盐生产、流通与消费环节中获取资源不但是历代王朝国家立国的经济基础，而且食盐流通也自然成为最早生长出市场交换关系以及市场机制成长的场域。盐史的研究可以深化我们关于中国王朝贡赋体制的理论解说的认识。该专栏包括刘志伟《贡赋经济体制研究专栏解说》、叶锦花《财政、市场与明中叶福建食盐生产管理》、李晓龙《市场流动与盐政运作：明代两广盐业布局的重构过程研究》、徐靖捷《从"计丁办课"到"课从荡出"——明代淮南盐场海岸线东迁与灶课制度的演变》、陈锋《清代食盐运销的成本、利润及相关问题》。中山大学明清经济史研究团队将盐政作为主要的研究领域之一，耕耘了三十余年，这个团队的一群年轻学者在"问题意识""微观材料""宏观视野"等方面，走出了引领新方向的研究路径，取得了许多重要进展。该辑发表的四篇论文，有三篇（叶锦花、李晓龙、徐靖捷）是这个团队从不同的角度分别对明代中期以后不同盐区研究的成果。叶锦花的论文直接将福建盐业体系拉出单纯财政观点的视角，揭示了明中叶福建生产管理方面的制度变迁，是政府从对抗食盐市场到顺从市场调节机制的结果。文章精彩地展现了在对抗市场趋势的努力失败后，福建运司如何配合明中期全社会的市场化走向，改变生产管理策略，放开食盐生产环节的管控；同时在财政需要推动下，将原来的场外盐生产纳入盐政体系，增加盐课课入。李晓龙的论文考察了明代两广盐业生产的地理空间此消彼长的过程，揭示了这个过程中所发生变化的市场动力机制，并从两广盐政运作的宏观高度，对其进行了精妙的解释，说明以往被认为由政府依据财政需要设定生产格局和贸易规定，与市场格格不入的食盐流通，其实也深受市场机制的作用。徐靖捷的论文将两淮盐场从"计丁办课"到"课从荡出"的转变，置于盐场地理变迁的视角，通过对作为灶户差役的盐课向盐场荡地税收转变的分析，讨论了明代盐法的制度框架与盐商经营的市场动力之间的互动机制，对两淮盐场基本制度的演变提出了富有理论挑战的认识。陈锋教授是多年研究清代盐政的大家，他从清代食盐运销的成本、利润及相关问题着眼，展示了在盐政中财政机制与市场机制的辩证关系。从他根据大量史料作出的分析中，我们看到食盐市场中的成本概念含义、价格机制和盐商经营利润率的形成，都体现食盐流通中市场与财政机制如何相互影响，为我们从盐业经济领域建立关于贡赋经济体制的认识，提供了很好的实证性研究基础。

（邱源媛）

【清末东北防疫中的"财"与"政"】杜丽红：《近代史研究》第 6 期。

清末突发的东北大鼠疫在朝野上下引发巨大恐慌，清政府花销巨额经费应对。中央政府虽然一直给东北地方施加政治压力，但并未给予太多经费支持。防疫经费绝大部分是由东北地方政府筹措解决，东三省总督锡良在其中扮演了关键角色，不仅要向清廷军机处、户部请款，而且要给下属府县拨款，并监督经费的筹集和使用。东北防疫已不是传统意义上的施药治瘟，而是一项涉及面极广的庞大行政工程。东北地区几乎没有卫生设施满足防疫的需要，地方政府不得不投入财力弥补卫生行政基础的薄弱，把经费主要花在建立医院和检疫所等基础设施、雇用医生和招聘巡警充任防疫人员，以及购置药品等方面。

（邱源媛）

【习俗、法规与社会——对清代巴县地区"减租"习俗的法律社会史研究】凌鹏：《四川大学学报》第 1 期。

在研究中国传统社会的"租佃关系"时，除"租制""租额"等问题外，还有一个经常被提及的问题——"减租"。但是学界对于减租的具体研究，主要集中在官方的减租规定上，而对于民间原有的减租习俗研究不够。该研究首先从清代减租规定的前后变化入手，切入对于减租习俗的理解。随后利用清代巴县诉讼档案中与减租相关的案例，探讨租佃契约中对"减租"习俗的规定，指出"如年欠丰，照市纳租"的重要性。并以巴县档案中涉及减租的具体案件为例，详细分析"减租习俗"的具体实施过程，说明在减租过程中团邻、团众参与的重要性。正是在"团"的参与下，"照市纳租"习俗才得以形成。最后，联系在四川地区"团"的重要社会意义，论述中国传统社会中习俗、法律与社会之间的关联。

（邱源媛）

【再造"土司"：清代贵州"新疆六厅"的土弁与苗疆治理】卢树鑫：《近代史研究》第 1 期。

土弁作为清代贵州"新疆六厅"基层社会的管理者，其职权和世袭身份的获得并非来自中央王朝的授职、任命，而是地方流官的委任，是地方政府基于苗疆治理实际而进行的制度性创造。随着苗疆经济的发展，苗寨头人成长并部分取代了土弁的管理职权。咸同兵燹后，清廷为强化苗疆治理，拟废革土弁，终因地方督抚的妥协和地方官的回护而搁置，显示出清代贵州苗疆治理体制的特殊性与西南边疆地区内地化进程的曲折。

（邱源媛）

【清代旗民分治下的民众应对】邱源媛：《历史研究》第6期。

清代实行旗民分治政策，旗人不隶州县，不入民籍，由八旗系统单独管理。在制度和法律层面，"旗"与"民"是清代社会人群的基本分野，然而民众的实际生活从来不是如此泾渭分明。在直隶地区为数众多的投充人群当中，"舍民称旗"或"讳旗称民"的现象普遍存在。同一家族甚至同一家庭内部，家族成员既有民籍又有旗籍的现象并非个案，某些成员甚至不断变换"旗""民"身份，游弋于八旗系统与府州县系统之间。看似森严的制度与法律存在模糊地带，诸多政策漏洞为投机者提供了空间，或由"民"入"旗"以谋取土地利益，或由"旗"入"民"以获得仕进之资，呈现旗民间的双向流动。深入考察清代错综复杂的旗民籍属、关注二元制度共存的交错地带，有助于矫正以往"旗""民"对立模式的片面理解，更清晰地认识清代旗民分治下族群关系、基层社会及民众生活的复杂性和多样性。

（邱源媛）

【咸同年间广西浔州的"堂匪"、团练与地方权力结构的变动】任建敏：《近代史研究》第1期。

清中叶以来，堂会成为广西地方社会游离于宗族等官方认可的地方势力广泛采用的秘密联结方式。太平天国起事暴露出清政府在广西军事力量的薄弱，官府不得不鼓励地方自行举办团练，以维持地方社会的稳定。此前只能秘密或半公开活动的大量堂会组织乘势而起。有的被官府认定为"大盗巨匪"，有的则摇身一变成为官方仰仗的团练。在太平天国起源地浔州，作为团练主持者的士绅，灵活地运用堂会与团练两套组织形式与话语增强自己、打击对手，既借"剿匪"而壮大，也借"庇匪"以获利，从而成为咸同年间地方权力结构变动的最大获益者。平南署理知县罗纲借助北河团练之力清除桀骜不驯的南河团总之案，就是在这一权力结构变动下，地方官平衡各方力量的无奈之举。

（邱源媛）

【唯物史观视阈下的中国古代土地制度变迁】臧知非等：《中国社会科学》第1期。

该专栏包括臧知非《战国秦汉土地国有制形成与演变的几点思考》，周国林《魏晋南北朝时期土地制度演变的轨迹》，耿元骊《隋唐土地制度变迁与时代分期》，李华瑞《宋代的土地政策与抑制"兼并"》，赵思远、刘志伟《在户籍赋税制度与地权市场运作中认识明清土地制度》。生产资料所有制是社会生产关系的基础。土地是最重要的生产资料。深入剖析研究历史上的土地制度，是理解历史、认识历史、阐释历史的基础，更是理解、认识、阐释文化血脉、文明基因、制度体系，增强文化自信的基础。因此，它始终是中国马克思主义史学的优秀传统与鲜明特征。中国马克思主义史学诞生之后，特别是新中国成立以来，以对封建土地所有制形式问题的探讨为核心，中国古代土地制度研究成果丰硕，成就巨大，在国际史学界独树一帜，广受关注，允称中国风格、气派与气象。改革开放以来，随着新材料的发现和出土资料的增加，加之跨学科方法的运用以及视野的拓展等，史学界对于中国古代土地制度的认识愈加细腻与深入。在中国特色社会主义进入新时代的背景下，怎样在传承中国马克思主义史学优秀传统的基础上作出与新时代相匹配的创新性成就，进而为科学地揭示中国历史发展道路、中国历史发展规律奠定坚实的基础，从"历史的深处"去深刻理解习近平总书记关于"历史决定了我们"等重要论述，推进历史学方面的学术体系建设，我们认为，深入探讨中国古代土地制度演变与国家治理、社会发展的密切关系，应是一个不可缺席的选项。《中国社会科学》2020年第1期，邀请苏州大学社会学院臧知非教授、华中师范大学历史学院周国林教授、河南大学历史文化学院耿元骊教授、首都师范大学历史学院李华瑞教授、上海交通大学人文学院赵思渊副教授、中山大学历史学系刘志伟教授以"唯物史观视阈下的中国古代土地制度变迁"为题，撰写了专题文章。他们在继承、总结、分析以往研究成果的基础上，深入探讨了自战国至明清与土地制度变迁密切相关的主要问题。各篇文章均基于详实的史料，从土地所有制的性质、形式，户籍赋税、土地政策、土地法规与土地制度的关系，土地市场的运作实践等方面，阐释了中国古代土地制度演变的实质、特点与规律，反映了新时期中国古代土地制度研究的新成果及趋向，代表了新时代相关研究的水平。这是继史学界"五朵金花"问题讨论之后，又一次集中性地讨论中国古代土地制度问题。期待这组文章能够起一个示范作用，在守正创新的原则下，对建设中国特色社会主义新时代的中国马克思主义史学有所帮助。

（邱源媛）

【历史过程的"折叠"与"拉伸"——社的存续、变身及其在中国史研究中的意义】赵世瑜：《清华大学学报》第2期。

社与社祭是中国社会的古老传统，起源于上古并遗留至今，既存在于国家礼仪之中，又在民众的日常生活中扮演重要角色，作为国家和社区的认同标识，成为中国社会与文化中最具贯通性的表征。人们通常认为社与社祭已经消亡，但通过田野调查，我们发现它或继续存在，或不断变身，在各个区域多元而不同步的发展过程中持续生成或得到重塑。从不同区域现存的社与社祭的观察出发，可以在本体论的意义上对历史过程中的"折叠"与"拉伸"有所认识。

（邱源媛）

【论古代中国西南与东南亚的联系：以考古发现的青铜器为中心】杨勇：《考古学报》第3期。

古代中国西南夷是战国与秦汉时期分布在中国云贵高原与川西高原的部族和政权的统称。这些地区也是古代中国与东南亚文化交流与人口流动的重要通道，对西南夷的考古学研究不仅在于其自身文化的发展与演进，以及与中原的互动、整合；也在于他们与域外东南亚的接触与联系。东南亚地区与中国西南边疆从早期一直存在文化上的联系。在东南亚从青铜时代到早期铁器时代的遗存中存在与西南夷地区相近的文化元素，两个地区出土青铜器具有令人瞩目的相似性与联系。很多共同之处以及联系可能是他们之间拥有共同的文化起源，也可能是存在相似的文化传统与实践，但是很多也是两个地区或者共同体之间发生文化交换、互动的结果。该文采用类型学方法探讨青铜器及其相关器物，并从青铜制造技术和艺术形式等方面进行分析。

（孙　昊）

【香丝之路：阿曼与中国的早期交流】王小甫：《清华大学学报》第4期。

公元1世纪中期写成的《红海周航记》记载，阿曼—提飔（今卡拉奇）航线是中国蚕丝产品向西转输要道，阿曼的乳香等特产，以及通过阿曼转口的其他域外特产经过这条航线输往中国。在这条成熟的海上通道基础之上，公元1世纪"甘英使大秦"促成蒙奇、兜勒遣使中国与之建立国家关系。其中蒙奇、兜勒就是今天的阿曼的佐法尔地区。阿曼是古代丝绸之路海陆两道联通路网的交通枢纽；和罗马金币一样，阿曼乳香、中国丝绸都曾担任古代世界经贸交流的等价物，一起支撑了古"丝绸之路"经济带的运作。

（孙　昊）

【论5—6世纪柔然帝国与欧亚丝路贸易的关系】张爽：《中国社会经济史研究》第2期。

柔然帝国形成与崛起的原因在于对西域丝路的控制。柔然对西域诸国采取羁縻政策，其实质是以维持丝路贸易为前提，以获取经济利益为目标，军事力量仅是对西域诸国的威慑手段。柔然与南朝虽有北朝共同的战略威胁，但双方缺少相互约束的途径，双方使臣往来多是战略上的博弈，无法建立同盟和经济联系。不稳定乃至冲突是柔然与中原王朝贸易关系的常态。分裂时代的中原王朝虽为解决边疆和统一问题而经营西域，进入欧亚丝路贸易体系，但受国力限制，无法实现控制西域、消灭漠北游牧帝国的目标。柔然帝国的衰亡，是在中原王朝压力下引发的内部分裂与丝路新兴游牧部落打击下，丧失对丝路控制的结果。

（孙　昊）

【斯里兰卡"佛足迹图"的考察与初步研究——以阿努罗陀补罗（Anuradhapura）为中心】霍巍：《故宫博物院院刊》第3期。

斯里兰卡是佛足迹图流传甚广的一个区域，也是佛足迹图传播路线上一个重要的节点，其图像具有独特的纹饰与风格。以往见诸著录的佛足迹图像资料不多，且往往缺乏考古出土背景，该文结合斯里兰卡古都阿努罗陀补罗公元4—8世纪佛寺遗址考古发现的佛足迹图，可以更为清楚地观察到斯里兰卡佛教文化中此类图像的流行情况。唐代传世文献与历史遗迹能够证明我国唐代佛足迹图与斯里兰卡的图像都源自印度中天竺地区的摩揭陀等佛教中心，是分别经由北路与南路传播的。

（孙　昊）

【论粟特对东回鹘汗国建筑的影响】（Lyndon A. G. Arden-Wong, "A Discussion Concerning the Sogdian Influence on Eastern Uighur Architecture"）王国豪：《欧亚学刊》新10辑，商务印书馆。

东回鹘汗国（744—840）在蒙古草原大规模营建都市，与草原上其他游牧历史文化具有重要区别。其中粟特人在回鹘汗国的建设中发挥重要作用，也包括其都市建筑的营建技术等方面。该文在梳理蒙古草原、俄罗斯南西伯利亚图瓦等地的回鹘城址考古成果的基础上，从建筑规划、堡垒与防御网络、宫殿与堡垒、砖砌技术、屋顶设计、墓葬等方面与古代中亚建筑的粟特模式进行比较。认为粟特建筑技术对于回鹘建筑的基本技术等有多方面的影响，并与中国元素发生了融合。作者亦推测大量粟特人参与了回鹘都市的建设活动，并进行定居。

（孙　昊）

【高原丝绸之路与文化交融互动】（专栏）霍巍等：《中华文化论坛》第6期。

20世纪80年代青藏高原一系列重大考古发现，改变了人们对于青藏高原作为人类生存禁区的传统印象，新的考古资料能够证明"高原丝绸之路"是联系中国内陆和周边各国的重要历史文化通道。该期专栏组稿三篇文章，从不同侧面展现"高原丝绸之路"的历史面貌。霍巍《近年来青藏高原吐蕃时代考古新发现及其意义》认为青海海西州泉沟一号墓和都兰热水血渭2018年一号墓两处吐蕃时代墓葬体现吐蕃制度与习俗在青海地区的流行，反映了多民族文化融合、丝绸之路交通和中外文化交流的若干线索。仝涛《喜马拉雅的丝绸之路与古国风俗考》认为唐代丝绸之路"东道"暨喜马拉雅丝绸之路的开启改变了喜马拉雅地区仅通过西藏西部与新疆南部的丝绸之路进行"物"交换的局面，贯通高原南北，成为连接中原与印度的主动脉，实现了"人"的直接交流。张长虹《汉藏佛教的交流与融合：汉藏罗汉名号与座次考》从汉藏罗汉名号与座次的考察，对汉藏佛教文化之间的交流、互动与融合提出新的观点。

（孙昊）

【两宋经济结构变迁与海上丝路勃兴】葛金芳：《国际社会科学杂志》（中文版）第3期。

该文以"大宋史"为视野，将宋代社会放在亚洲政治格局和民族格局发生诸多变动的共时性结构中来理解，并从两宋经济格局的跃迁性变化中探寻海上丝路在宋代勃兴的深层次原因。从外部环境来看，由于北方民族的兴起和立国，遮断了中原特别是南宋通往中亚、西亚的陆上交通，使陆上"丝绸之路"彻底衰落。另外，公元7世纪初阿拉伯半岛在伊斯兰旗帜下实现了统一，阿拉伯商人开始成为沟通东西方的信使。从国内环境来说，进入南宋，中国经济重心的南移，工商业经济的蓬勃发展，为陶瓷、丝绸等手工业产品提供了源源不断的货源，使农商并重的经济结构初步成型，迫切需要找到外贸出口。

（孙昊）

【12—13世纪粟特—回鹘商人与草原游牧民的互动】白玉冬：《民族研究》第3期。

公元12—13世纪，活跃在中国北方的商人主要是信奉景教和佛教的粟特—回鹘商人，另包括一小部分穆斯林商人。克烈部人脱不花投奔铁木真，表明金朝的萌古乣是设置在汪古部地界内的，当时的汪古部和蒙古部之间有着密切往来。回回商人阿三是假借商人名分，经汪古部推荐投奔铁木真的。镇海是通汉、蒙古、回鹘、波斯等多种语言文字的回鹘商人，他可能在华北地区行商时，通过蒙金之间的榷场交易结识了铁木真。吐鲁番高昌故城出土U5328回鹘语文书，反映12—13世纪粟特—回鹘商人仍然在与草原游牧民进行着交易。

（孙昊）

【早期蒙古时代外交实践中的礼物交换】邱轶皓：Qiu Yihao, "Gift-Exchange in Diplomatic Practices during the Early Mongol Period", *Eurasian Sutdies*, Vol. 17。

礼物交换一直都是亚洲腹地外交实践悠久传统中的核心内容，也是政权之间的"一套社会关系与规则"。中世纪时代，除口信之外，在朝堂上进献礼物是必备的外交程序，能够展示、界定外交双方具体的关系性质。蒙古崛起之前的欧亚世界是多政权并存的时代,需要讲究复杂的外交仪式与具体的礼物界定多政权之间的性质。蒙古崛起时期,继承了之前由契丹、女真统治者开创的外交传统,同时由于蒙古向中亚、西亚等伊斯兰世界扩张,也吸纳了新的外交理念与实践。随着蒙古征服的推进,其世界君主的观念与实践重塑了原来多元外交传统,原来相对平等的礼物交换及其象征意义随之消亡。

(孙 昊)

【新发现灶火河元代摩崖题记年代考及回鹘蒙古文鸡年题记释读】青格力:《西北民族研究》第3期。

经2018年12月和2019年5月两次考察,作者在内蒙古赤峰市克什克腾旗灶火河岸发现从未公布过的元代回鹘蒙古文、汉文、八思巴文、藏文、疑似女真文或契丹文的摩崖题记以及十字架和人物图案等二十多处。根据回鹘蒙古文和八思巴文的文字特征以及其中出现的纪年落款和相关联的历史人物名称等,可断定摩崖题记形成于忽必烈汗至元年间。该文简要交代断定年代的依据,并首次对一则鸡年写成的回鹘蒙古文题记分析释读。

(孙 昊)

【丝路沿线的民族交融:占星家与乌珠穆沁部】乌云毕力格:《历史研究》第1期。

蒙元时期的丝绸之路比前代都漫长,沿线地区诸民族之间的文化交流和民族交融十分活跃。来自阿拉伯、波斯和中亚等西域占星家们不仅为蒙元王朝带来了西方的天文学知识,他们及其家族也最终融入蒙古民族共同体中。元廷退回蒙古草原后,他们进一步蒙古化和游牧化,逐渐成为明代蒙古乌珠穆沁部的组成部分。"乌珠穆沁"汉译为"阴阳",指占星者。此外,还有不少信仰也里可温教的人众和被称作"撒儿塔兀勒"的西域人加入乌珠穆沁部。明代乌珠穆沁是由西域人和蒙古各部组成的新部族。到清代,乌珠穆沁部被编为左、右两个扎萨克旗,旗里各级行政组织仍然保留其历史上不同族群、部族的旧名称。从西方占星者到蒙古游牧部族的一员,是丝绸之路沿线民族融合和不同文化交汇交融中非常典型的一例。

(孙 昊)

【明代中国与爪哇的历史记忆:基于全球史的视野】万明:《中国史研究》第2期。

位于烟波浩渺的印度洋和太平洋之间的印度尼西亚,是一个由18108个大小岛屿组成的"万岛之国",爪哇岛就是这万岛之中排名第四的大岛。该文探讨明代中国与爪哇的历史关系,从单纯关注国家间的相互关系,到关注跨国群体活动及其历史书写,构成重新认识全球化发生与衍化过程的重要资源。该文选取中外史学界鲜少着意的爪哇井里汶,探究地名与港口定位、郑和下西洋与当地关系、苏南·古农·查迪与"中国公主"王珍娘的故事,由此追寻爪哇自东向西从厨闽、锦石、泗水,到三宝垄、井里汶、万丹、雅加达的港口发展演变史的脉络,以期有助于对早期全球化历史面貌的认知。并指出这些变化均在西方人到达前发生,以往过分强调西方大航海影响的观点应该加以修正。

(孙 昊)

【明抗倭援朝水师统帅陈璘与露梁海战】孙卫国:《南开学报》第4期。

在万历朝鲜之役中,明水师统帅陈璘两度被征召,壬辰时期虽未能前往,但已引起朝鲜君臣关注。丁酉再乱之初,陈璘再次被任命为水师统帅,率部前往。明水师部队两万余将士,来自广东、浙江、福建等地,大大扭转了朝鲜水师的劣势。朝鲜国王李昖会见之时,陈璘当面提出要掌控中朝水师联合部队的指挥权,朝鲜君臣心有不甘,水军统制使李舜臣虽心有不服,但也只得维持这样的局面。陈璘对此似有所感,经常给朝鲜国王上揭帖,汇报战争情况,以消除朝鲜君臣疑虑。1598年11月19日,陈璘指挥中朝水师联合舰队在露梁海峡拦截岛津义弘的水军,李舜臣为先锋,明七十岁老将邓子龙奋勇争先,二人皆战死,但最终取得了露梁海战大捷。每次海战,陈璘皆为总指挥,故以他为首功,合乎情理,朝鲜史料说他夺李舜臣之功为己功,乃不实之词。陈璘与李舜臣后来都被尊为朝鲜王朝关王庙从祀的对象,成为朝鲜王朝追思明朝的一个象征。

(孙　昊)

【形象的史料,历史的留存:清代琉球册封图像《南台祖帐图》探微】孙雨晨:《美术学报》第1期。

在清代中琉交流史上,册封的政治事件既加速了中琉对话的进程,又推进了文学创作的自觉,因而留下了大量的诗文作品和厚重的学术著作。册封使离开京城行至琉球的足迹地图,着实为士大夫的诗画抒怀提供了创作地理土壤和广角视野。诗图共生相融的精彩艺术呈现,就生动而又具象地反映了对奔赴使命的坚守和对中华文化的认同。《南台祖帐图》是标志文人李鼎元册封起点的送别图,映照出历史和时代的影像,既是时代映照下的清代士人心灵史,也是一份珍贵史料,不仅具有重要的史料价值,而且形成了清代画坛上独特的审美特质,凸显出文化镜像和历史留存,值得从绘画和文学的双重意义上去认识。

(孙　昊)

【稀见环南海文献再发现:回顾、批评与前瞻】陈博翼:《东南亚研究》第3期。

通过回顾和介绍一批稀见的环南海原始文献,包括档案记录、调查报告、书信、游记等一手观察和资料汇编,所涉包括域外势力进入环南海地区、环南海航海记录和大型调查报告、印度尼西亚群岛及荷兰殖民时期史料、西班牙统治下的菲律宾、暹罗史地和外交文献、中南半岛王国史事和法国势力介入等,该文意在体察近代以来五百年间环南海地区各强权和势力纵横捭阖、沉浮兴衰的历史。在当代"一带一路"倡议展开的大背景下,借鉴几百年来西方对环南海地区的调研成果,吸收其有益的经验和知识体系,摒弃殖民视角的偏见,排除东方学的干扰,去芜取精。鉴于环南海地区研究的问题及当前南海研究泛政治化的局限,唯有基于坚实的富有纵深感和层次感的文献记录,基于各方多样性材料的交错分析,打通时间和空间的隔阂,对环南海地区的认知和动态演变才能有更切实的理解和判断。

(孙　昊)

【韩边外与"间岛问题"关系考】李花子:《清史论丛》第1期。

韩边外和间岛是晚清中朝两国贫苦农民冲破清朝的封禁政策,在东北地区开辟出的新移民区。韩边外指松花江上游山东移民聚居区,其中心区域是后来的桦甸县,而间岛主要指图们江以北朝鲜人越垦区,其中心区域是延吉厅所辖区。日俄战争以后,日本对这两个东北新移民区暴露出觊觎的野心,日本新闻媒体不但将韩边外、间岛混为一谈,还声称韩边外是"独立国",引起了中方人士的高度警觉,纷纷著书立说予以反驳。正因为如此,有人误以为日本挑起的中日"间岛交涉案"包括了韩边外。然而实际上,中日"间岛问题"归根到底与图们江以北的朝鲜人有关,与山东移民聚居的韩边外关系不大,即便有关联,也主要与那里的朝鲜移民有关,这说明日本"间岛"政策的策略是利用朝鲜人进行渗透和扩张。

(孙　昊)

【从域外与周边重新理解中国:以丝绸之路研究的区域转向为中心】黄达远:《陕西师范大学学报》第2期。

丝绸之路研究区域转向的核心在于在空间中理解、阐释不同生计—文化方式背景下人群的开放性流动性。长安—天山廊道的路网链接四个地域,即中原地区(农业核心区),河西走廊(绿洲区),天山南北(南为绿洲,北为草原绿洲)和七河流域(游牧核心区)。它们数千年的历史关联主要是围绕区域与人类社会经济活动之间的互动展开的。河西走廊是古代中国在欧亚范围内拓展历史影响的关键区域因素,中原王朝对它的掌握重构了原来游牧社会掌控的政治通道,促使游牧、农耕与绿洲社会之间的历史互动呈现网络化。丝绸之路的区域研究与江南、华南的区域研究都有本质区别,异质性社会在特定地域内的互动与整合构成其主要特征,而绿洲则构成这一嵌套社会的中间节点,可以将不同文化背景的人群连接在一起,形成共同的社会结构。

(孙　昊)

【东方外交史研究:历程与前瞻】陈奉林:《中国社会科学评价》第2期。

东方外交史是整个人类历史的重要组成部分,具有明确的研究对象、研究方法和特定的体系。把东方外交史作为一个独立的学科加以规划、建设和发展,建立中国自己的学科体系、学术体系与话语体系,是新时代条件下中国社会科学理论工作者的艰巨课题,也是东方国家整体崛起对理论的重大需求。十几年来,中国学者以东方本土资源为构建素材,以中国人的史观,对东方外交史进行了总体构建,在学科定位、学科体系、发展主线以及理论分析模式等方面大胆探索,取得了初步成就。作为前期的一些重要研究成果,从学科建设的角度予以认真总结、概括和理论升华,完成新时代社会变革形势下学科建设的任务,具有重要现实意义,也是文化建设在具体行动上的深入展开。

(孙　昊)

【中国史与世界史的融合】(笔谈)邹振环等:《历史研究》第4期。

中国是世界之中国,新时代中国史学不仅要立足中国,也要放眼世界。中国史与世界史的对话与融合,有助于把握人类社会发展规律,解释人类文明的真谛。该期笔谈共邀请5位学者讨论。邹振环《明清江南史研究的全球史意义》从明清以江南为中心的东亚海域交流史、世界经济贸易环流中的明清江南、明清江南与中外互动、江南文化中的世界元素、中欧比较视野下的明清江南等方面,探讨了中国明清江南之于全球史研究的意义。陈怀宇《中国中古史研究:从中国走向世界》提出中国中古史研究要想实现走向世界,与世界史的学科融合,需要超越断代、超越国别、超越陈寅恪,跨越学术领域与视野,进行广泛的跨文化比较研究,在方法上用于创新、思考、提出、讨论跨越时空,具有前瞻性的共通性议题。王笛

《西方新文化史对中国史研究的影响》主张采取开放的态度实现学科融合,以西方新文化史对中国史的影响为切入点,指出学科融合在于方法上相互借鉴、比较研究,以及采用全球史方法研究中国史。中国史与世界史相互支撑,缺一不可,需要打开思路对其进行融会。夏伯嘉《比较历史研究:中国史与世界史的融通之道》提出进行超越国别史研究,在全球史视野下对古代中国与西方,以及以伊斯兰世界为代表的非西方历史进行比较研究。王晴佳《超越国别史的研究模式》指出西方中心论、国别史与历史研究狭窄化的弊端,进而论证突破国别史局限的必要性,强调跨学科的融通,走出西方中心论的思维定式。

(孙　昊)

【中国中外关系史学科体系建设】(笔谈) 万明等:《中华文化论坛》第2期。

跨学科探讨和交叉综合研究是中国中外关系史学科的基本属性,建立立足中国、面向世界的史学三大体系,是新时代赋予学科的历史使命。中国中外关系史学会组织此次笔谈,围绕学科定位、理论建构、研究方法等展开讨论,推动中国史与世界史研究的深入融合,共建中国历史学三大体系。万明《亟待加强中国中外关系史学科体系建设》在回顾40年来中国中外关系史研究发展的基础上,点明中外关系史学科是一个跨学科的综合研究,注重整体视野、互动性、关联性研究。同时提出目前学科建设具有研究结构失衡、内容碎片化等不足,并提出了具体改进建议。陈奉林《对中国中外关系史学科构建的一些思考》提出学科建设要明确内涵、定位与学科体系,明确发展主线,进行理论建构。李雪涛《全球史视域下的中外关系史》提出中外关系史就是全球史观中的"交错的历史",探讨中外相互关联与影响的历史。其研究理应是跨学科的,是学科之间相互渗透的综合研究。赵现海《作为方法的中外关系史研究》提出要致力于构建学科研究的理论框架与解释体系,将中外关系史作为理解中国与世界的方法和视角,在未来研究中培养"本土取向",进一步揭示"丝绸之路"的历史内涵。

(孙　昊)

【旱灾、饥荒与清代鄂尔多斯地区蒙地的开垦】张力仁:《中国历史地理论丛》第4辑。

文章对明清小冰期中较为寒冷的气候大背景下发生的清代鄂尔多斯蒙地开垦活动进行了研究,指出:与通常人们所认为的旱灾、饥荒导致区域农牧业生产萎缩、社会凋敝有异的是,愈是干旱及旱灾多发、严重,鄂尔多斯蒙地开垦规模愈是呈扩大之势。开垦蒙地是蒙汉应对旱灾、饥荒的一种手段,干旱、饥荒成为清代鄂尔多斯蒙地农业垦殖不断扩大的重要推动因素。对清代鄂尔多斯蒙地农业垦殖与气候变迁及灾荒之间互动关系的研究,有利于重新认识干旱等灾害性天气对人类社会发展的有益与不利的影响,深化全球气候变化与区域人类行为关系认识,具有重要意义。

(孙靖国)

【过去千年中国不同区域干湿的多尺度变化特征评估】郑景云、张学珍、刘洋、郝志新:《地理学报》第7期。

文章依据近年发表的新成果,对中国过去千年干湿的年至百年尺度变化特征进行了总结梳理与对比分析,综合评估了20世纪干湿变幅的历史地位,得出了以下结论:一、根据历史文献记载重建的东中部各区干湿序列在 1400 年以后均达高信度，但其前因存在记录缺失，仅有半数时段的重建结果达高信度。二、过去千年中国各地干湿变化均存在显著的年际、年代际和百年尺度周期。各区域间的干湿变化位相并不同步。三、尽管已发现 20 世纪很可能是青藏高原东北部过去 3000 年最湿的世纪之一，但其他大多数区域的重建结果显示：20 世纪的干湿变幅在年代际尺度上均未超出其前各个时段的变率范围。

（孙靖国）

【公元 9 世纪以来长江潮区界的迁移过程重建】张忍顺、高超、汪亚平：《古地理学报》第 6 期。

文章对历史时期海潮由长江口沿江上溯所形成的潮区界及其变化过程进行了复原与研究。发现在公元 3 世纪末、4 世纪初，长江的潮波已越过柴桑（今江西九江）；在公元 9 世纪早期，长江枯水期的潮区界已经退到九江的湓浦口；在 13 世纪最后的十几年，长江潮区界下移至皖赣交界的小孤山附近。进而指出：长江干流在尚未被大型水利工程截断以前，长江潮区界持续向下游移动。潮区界下移速率和三角洲向海的淤长有关，还可能受气候变化的重要影响。

（孙靖国）

【近 30 年中国历史医学地理学研究的成就与展望】龚胜生、王无为：《中国历史地理论丛》第 4 辑。

文章对近 30 年中国历史医学地理学研究进行了回顾与梳理，指出最近 30 年来中国历史医学地理学主要领域的研究论文总量呈上升趋势，其中历史疾病地理研究为传统领域，论文最多，占 80.53%；历史健康地理研究为新兴热点，论文逐年增多，占 19.47%。中国历史医学地理学已形成 6 大研究领域，即历史疫灾地理、历史传染病地理、历史药物地理、历史疗养地理、历史地方病地理、历史长寿地理。文章指出：中国历史医学地理学研究存在学科发展不平衡、理论体系不完善、研究队伍较分散、研究方法有待集成等问题，亟需拓展研究领域、充实研究内容、加强理论研究、重视人才培养、集成先进技术、对接国家需求。

（孙靖国）

【先秦"异地同名"现象与地名流动的初步考察】赵庆淼：《史学月刊》第 10 期。

文章对先秦时期普遍存在的两个或多个不同地点地名完全相同的"异地同名"现象进行了研究，指出其成因具有多元性：除地名用字的偶合外，地名的通名属性、时人的表述习惯及更改地名的构词形式，都有可能导致地名重名问题。此外，古代族群的迁徙活动通常也是造成"异地同名"的重要因素，其具体机制即表现为"地随族迁"。战国中后期至秦汉时期，地名已经成为国家行政区划的重要组成部分，它的沿革与演变基本是在政治因素主导下完成的。尽管这一阶段地名的空间流动依然存在，但总的趋势是随着国家疆域的扩张而向外迁移。

（孙靖国）

【秦汉上郡肤施县、高望县地望考辨】马孟龙：《文史》第 2 期。

文章对秦汉上郡治所肤施县的地望进行了重新的考证。指出秦汉圁水为今无定河，而非以往认为的窟野河。在圁水沿岸秦汉城邑的重新定位基础上，对西汉上郡、西河郡辖域范围有了全新认识。文章根据重新划定的上郡、西河郡分界，以及对《水经注》文本的修订，将肤施县定位于榆林市火连海则古城，将高望县定位于榆林市古城滩古城更为合理。

（孙靖国）

【《中国历史地图集·西夏幅》补释】杨蕤:《中国边疆史地研究》第1期。

文章对《中国历史地图集·西夏幅》的绘制背景、资料来源、地理要素梳理和考释等问题进行了研究，指出《中国历史地图集·西夏幅》绘制过程中的北部疆界"模糊性"问题并非个案，而是北方民族政权疆界划分中普遍存在的现象，有必要重新审视与梳理。着眼未来，西夏文文献和考古出土资料将成为《中国历史地图集·西夏幅》修订的重要信息补充和资料来源。

（孙靖国）

【清代政区名演化个案研究：从杂谷厅到理番厅】段伟:《历史地理研究》第3期。

文章对清代四川省杂谷直隶厅（理番厅）的政区名做了梳理与研究，指出乾隆十七年设置杂谷直隶厅，移宁远府泸宁同知为理番直隶同知。清代后期并无确切史料证明在嘉庆年间杂谷厅改名为理番厅。但实际上，乾隆年间就已经出现杂谷厅俗称为理番厅的现象，嘉庆之后更是普遍，这种俗称影响了中央和地方官员、学者的认识，理番厅地名流行，而本名杂谷厅基本被遗忘，最终导致民国时期废厅改县时取名理番县，后改为理县至今。

（孙靖国）

【1700—1978年云南山地掌鸠河流域耕地时空演变的网格化重建】霍仁龙、杨煜达、满志敏:《地理学报》第9期。

文章利用从流域尺度聚落格局演变重建到聚落尺度耕地数量和空间分布重建，再到流域尺度耕地格局重建的思路，以云南山地典型的中小流域为研究区，对区域自然因素（坡度、海拔高度）和人文因素（人口、政策、农业技术、耕地与居民点距离）进行了综合处理，设计了历史时期山地小尺度区域耕地网格化重建模型，重建了1700—1978年具有明确时间和空间属性的网格化耕地格局。对掌鸠河流域耕地面积的扩大、不同地形耕地分布情况及增长速度等问题进行了研究。

（孙靖国）

【沙岛浮生：明清崇明岛的传统开发与长江口水环境】鲍俊林、高抒:《史林》第3期。

文章对明清时期崇明岛沙洲的地理环境和开发进行了研究，指出：明中叶崇明主岛逐渐稳定，官河、民沟兴起，形成了"灶地—圩田—水利"的土地利用基本格局及海洋性农业模式。伴随官府管理的深入，清代岛内迎来传统开发高峰，农业化进程加快。文章认为，崇明岛的传统开发时空格局呈现对长江口水环境变化的适应特征。明清时期，水文条件与潮汐状况变化影响了崇邑沿岸自然环境，沙洲土壤自西北向东南不断脱盐淡化，促进了崇明岛土地利用格局的地带性分布与空间迁移。高度动态的潮滩环境给地方生计与沙地管理带来挑战，增加了民灶分界、河渠管护的困难，不稳定的沙地管理政策往往缺乏及时调整，难以有效应对滩涂多变对传统开发的影响。

（孙靖国）

【如影随形：唐宋之际都城东移与北都转换】齐子通：《中国史研究》第 2 期。

文章以北宋初年都城的选择为切入点，对唐宋之际都城格局、经济地理与地缘政治等因素进行了研究。文章指出：开宝九年宋太祖意欲迁都洛阳，看似涉及政治斗争及经济因素，但从历史进程潜层考量，则是对中国由地方分裂割据向中央集权强势回归的历史回应。迁都洛阳失败，标志着汴州在长达百年中所承担的特殊角色从"积累"到"质变"的完成，冲破了中央集权强势回归对定都洛阳的理论诉求。燕云十六州的割让对邺都大名府地位的影响有一定历史滞后性，至宋代才愈发明显。唐宋之际北都东移，受到中央权力支配，与都城东移存在"如影随形"的关系。其他陪都东移也有类似规律。整体考察唐宋陪都布局变化及其差异，可为宋代之"内向"作一注脚。

（孙靖国）

【文献与田野三视阈：中古州县治城位置考证方法研究——以唐代昌州治所变迁及静南县治地考辨为例】蓝勇：《历史地理研究》第 1 期。

文章以唐代昌州治所变迁及静南县治地考辨为个案，提出文献分析与田野中的记忆、形胜、文物三视阈相结合，考证研究中古时期州县治城位置的方法。文章指出，唐代静南县必定不在今大足区龙水镇，也不在今大足区三溪镇，应在今大足区西五十里之地，旧称静南坝，即今大足区高升镇太和坝张家坝。文章的考证过程中发现，由于传世历史文献地理认知上存在里程计算感性、方位坐标僵化、方位指向模糊、简脱衍串明显的"四大不精"，所以，在考证古代州县治地位置时，为了保证研究的信度，须用田野考察获取的乡土历史记忆、实地山川形胜、周边文物支撑三视阈对历史文献记载进行校证。

（孙靖国）

【明代山东海疆卫所城市的选址与历史结局——兼论该类城市在山东半岛城市发展史上的地位】李嘎：《清华大学学报》第 4 期。

文章对明代洪武末年创设的 19 座山东海疆卫所城市的地理分布以及其所构成的区域城市空间分布格局进行了研究，认为：从宏观尺度来看，海岸地理形态及海口布局、明初半岛东部的政区地理格局是影响城市选址的两大因素。就微观尺度而言，选址特征有二：城址多位于小型半岛、岬角之上，襟海以控制海湾，枕山以居高临下；在城市用水方面，卫城与所城存在优劣之别，卫城多优于所城。文章指出，明初卫所城的创建，大大改变了区域城市空间分布格局，但到了 20 世纪中期，19 座卫所城市全部退出"城市"序列。所以，对明代山东海疆卫所城市在区域城市发展史上的地位不宜估计过高，根本原因是当初选址的首要考量在于军事防守。明代以降山东沿海城市群体的兴衰隆替，体现"军事生城"与"经济生城"两种不同的城市形成路径。

（孙靖国）

【西夏通吐蕃河湟间的交通路线及沿路军事堡寨考察】张多勇：《中国历史地理论丛》第 3 辑。

文章结合文献、石刻资料与实地考察，认为文献所谓"西蕃、夏贼往来便道"为甘肃永登县水磨沟一线。在这条道路上，北宋以湟州为据点，由南往北先后夺取南宗寨、古骨龙城（震武军）、仁多泉城、石门堡，威胁西夏卓啰和南监军司。文章对北宋湟州、南宗寨、古骨龙城（北宋震武军）、仁多泉城、石门堡、统安城等沿线军事堡寨的位置进行了复原。

（孙靖国）

【**跨越地理环境之路——明清时期北方地区的游牧社会与农商社会**】鱼宏亮：《文史哲》第3期。

文章还原了明清时期内地与蒙古地区人民跨越长城、河套等地理界线，在农业与贸易等方面进行的历史悠久与规模宏大的双向交流，以及移民、技术与文化传播的历史画面。指出在一个环境与民族多样性的国度中，地理环境等自然差异从来没有成为人群交流与融合的阻断因素。相反，由于共同的文化与历史，这个共同的地理空间成为融合族群的共同舞台。文章指出："内陆亚洲""长城带"等西方史学理论的提出受到近代民族主义的影响，在应用到中国史的研究中存在着明显的错误和缺陷。

（孙靖国）

【**宋元版刻城市地图考录**】钟翀：《社会科学战线》第2期。

由于现存古代地图数量的时间分布差异，当前对古地图研究多集中在明清时期，此文指出：现存的宋元版刻城市地图构成一组研究价值颇高的古舆图史料群，进而在系统整理宋元方志、《永乐大典》及后世方志等文献之中该类地图的基础上，利用宋刊本《严州图经》、清抄本《宝祐重修琴川志》等典型案例，辨析该类地图的版本源流及舆图由来，并通过对图式与内容表现的综合考察，归纳其区域性与制图学特征。文章发现，宋元时代在江南地区形成的城市地图绘制技术与传统，无论从地图的图式与内容上看，还是从地方性与时代变化来看，都具有高度特化的倾向。

（孙靖国）

【**明宋应昌《全海图注·广东沿海图》研究**】汤开建、周孝雷：《中国历史地理论丛》第2期。

文章对近年披露全图的明代重要海防地图——宋应昌所刊刻《全海图注》进行了研究，指出图中所隐含的许多资料信息，为现今传世文献不载。其中的"广东沿海图"记录了明代中叶从正德末到万历初所发生的最为重要的几件海上事件及学术疑案，如葡萄牙人来华贸易的"番船澳"和"番货澳"，中葡"西草湾"之战的地望问题，"濠镜澳"之名出现的最早时间，澳门开埠后最早华人村落的建立，明代广东海盗的盛行及其治理等问题。对于明代中叶广东海上中西交往及沿海海防增加新的认识，对于早期中葡关系史及明代海防史具有极为重要的意义。

（孙靖国）

【**《江防海防图》再释——兼论中国传统舆图所承载地理信息的复杂性**】孙靖国：《首都师范大学学报》第6期。

文章对中国科学院图书馆所藏《江防海防图》的绘制年代及其在明代江防图谱系中的位置进行了考证和研究，对学界原有的认为此图系绘制于明代的成说进行了质疑。根据图上崇明诸沙洲与长江口诸港汊处所绘制的带状地物，考订其为清初为遏制南明军队水上优势而修筑的堤坝，从而重新判断此图绘制于清代初年。在此基础上，文章分析了此图的重要史料价值，指出了传统地图绘制、使用和判识方面的实用性、复杂性，"在判断地图年代时，一定要考虑到地理信息的复杂性和层累可能，不能只依据图上的部分地理信息而遽下定论"。

（孙靖国）

【云象、望气、矿藏："金马碧鸡"传说的生成过程】张轲风:《中国历史地理论丛》第1期。

文章对于我国西南地区重要的地方传说——金马碧鸡传说的由来进行了研究，指出：以往研究者提出的自然现象说、矿产说虽有合理之处，但忽略了地理环境和西汉社会动因对该传说的塑造作用，未能解析这一传说的形成轨迹。文章从多维贯通的视角出发进行研究，认为：云南大姚一带山区的云象奇观和丰富的铜、碧矿藏资源是该传说生成的基础，在西汉"崇祥重祀"的社会背景下，望气之术则成为贯通二者的思想纽带，并将之解释为一种"金碧其质、鸡马其形"，代表金玉之气的祥瑞吉兆。

（孙靖国）

【理性的结构：比较中西思维的根本异同】刘家和:《北京师范大学学报》第3期。

该文从中西思维模式异同的核心问题作一些尝试性的探讨，认为关于中国文化深层结构的特点，从黑格尔到德里达，西方学界形成了一种偏见，认为中国没有理性，没有哲学。其实，从"轴心时代"开始，中西的根本不同是理性结构的不同。理性有不同的内容和类别，不同的理性类别组成不同的理性结构。虽然理性的爆发是轴心时代中西文明的共同特点，但它们表现的理性结构却不尽相同。古代西方的理性结构包括逻辑理性、自然理性、实践理性、道德理性、审美理性，但缺少历史理性，其理性结构以纯粹理性为主导，逻辑理性居于统治地位。中国的理性结构包括历史理性、自然理性、道德理性，有逻辑思想，但却未发展出逻辑理性，其中历史理性占有支配地位。逻辑理性主宰了西方的思维，历史理性引领了中国的思维。这种理性结构的不同是中西思维不同的根本原因所在。中西文明之别，关键也就在于理性结构的不同。西方文明中逻辑理性占主导和中国文明中历史理性占主导，其根本在于二分法的不同。中西的二分法之不同，其部分原因则可溯源于各自语言之不同。语言特点不同，是中西文化不同之源头。

（靳　宝）

【中国史学之连续性发展的特点及其深远的历史意义】瞿林东:《河北学刊》第4期。

该文对中国史学连续性发展特点及其深远历史意义作了深入考察，认为中国文明的连续性发展孕育了中国史学的连续性发展，中国史学之连续性发展对于证实、阐说中国文明之连续性发展具有无可辩驳的作用和价值，它们之间的这种辩证关系，恰是历史与逻辑的一致性表现。作者从史官与史馆制度的存在、修撰前朝史的传统及史学家对自觉的史学发展意识的坚守三个方面对中国史学之连续性发展的特点作了分析。关于中国史学连续性发展的历史意义，主要表现在三个方面：第一，中国史学之连续性发展，创造和积累了浩如烟海的史著，这些历史著作以其不同的表现形态从不同方面成为中国文明发展的历史记录。第二，中国史学之连续性发展，保存了一个十分重要的历史事实，即在漫长的中华文明演进历程中，历史上民族关系的主流是一个强大的推动力。第三，中国史学之连续性发展，为当代中国特色的历史学话语体系建构提供了丰富的资料，成为这一建构工程的历史源头。

（靳　宝）

【中国古史分期问题析论】徐义华:《中国史研究》第 3 期。

从中国国家、社会发展历程及族与国的融合状况出发,根据血缘与政治、国家与宗族及亲疏与等级等方面进行考察,可以将中国古史分为四个时期:夏之前的新石器时代为氏族社会,夏、商、周三代为贵族社会,秦汉至隋唐为豪族社会,宋代至清代为宗族社会。每个时期有一个过渡期,过渡期在社会转型中具有重要意义。任何一个社会及其制度的维持,必须依仗特定群体的维护与支持,这特定的群体构成维护社会形态的中坚力量。战国以前,维护社会形态的中坚力量是贵族。战国以降,新征服的土地和人口直接控制在君主手中。从秦汉至隋唐,维护社会形态的中坚力量主要是拥有附属人口和大量土地的豪族和君主用政府资源培养出来的官僚集团。自北宋开始,中国社会进入平民化的宗族阶段,没有了自我存在的稳定的中坚力量。在贵族社会和豪族社会阶段,国家中存在一个稳定的中坚力量,承担部分国家任务,降低了国家统治成本,但容易形成对君主权力的制衡。而在平民化宗族社会中,社会中坚力量由国家分割资源建立和维护,对君主有依附性,因此君主权力日益加强,但建立和维护社会中坚力量的成本高昂,导致国家财政负担不断加重。

(靳 宝)

【中国古史分期暨社会性质论纲——兼论中国传统社会的主要矛盾问题】黎虎:《文史哲》第 1 期。

权力的掌控与人力的掌控是中国古代历史发展演变的两个关键,故破解中国古史分期之谜和正确认识古代社会性质,必须由此切入。权力作为中国古代社会的主导者,直接决定历史发展的走向和社会的性质,因此掌控了权力就掌控了全社会的政治、经济、文化等一切。而权力之所以能够发生上述作用而显得法力无边,其关键和首要条件又在于掌控了人力,人力掌控实为权力之源之本。据此剖析中国古代历史,则先后经历了"无君群聚"社会(太古至夏以前)、"王权众庶"社会(夏商西周至战国时期)和"皇权吏民"社会(秦至清)三个时代。第一时代经历了"兽群""姓群""氏群"三个阶段。王权与"众庶"构成的有机统一体,为第二时代社会结构的主体和主要矛盾关系。皇权与"吏民"构成的有机统一体是第三时代社会结构的主体和主要矛盾关系。尽管地主(由"皇权地主"与"吏民地主"构成)与农民关系也是这一时代的重要矛盾之一,但不可能超越"吏民"与皇权矛盾关系而成为主要矛盾。从第二时代到第三时代,权力掌控从专制集权多元性、层级性、分散性的相对掌控,到专制集权一元性、全面性的绝对掌控,并从专制走向独裁;人力掌控则由血缘性、群体性的相对掌控,到地域性、个体性的绝对掌控,表现为由"众庶"转变为"吏民"。

(靳 宝)

【中国古代史学批评的深层探讨】瞿林东等:《史学理论研究》第 2 期。

瞿林东等《中国古代史学批评的深层探讨》为一组中国古代史学批评研究的文章,包括瞿林东《为什么要研究史学批评》、陈安民《"实"与"信":中国古代史学批评的"求真"指向》、刘开军《"考索之功"与史学批评》、朱志先《中国传统史学理论与明代史学批评的互动关系》、邹兆辰《史学批评与史学话语体系的构建》等文。瞿林东指出,史学批评是一种关于史学的思考,史学批评是一种动力,史学批评也是一条通往史学理论研究的路径,史学理论的成果也在史学批评中不断积累起来。由此言之，史学批评使人们更深入地认识史学，更深入地认识史学的发展，更深入地认识史学理论的生成与积累，进而更深入地洞察中国史学上那些史学批评家们的学术胸襟与史学情怀。邹兆辰认为，中国古代史学批评研究的重大学术价值主要表现在四个方面：第一，有关史学批评的研究揭示出中国古代史学中的史学批评这一现象，抓住了对史学发展中具有影响力的一些关键点进行新的探索；第二，关于史学批评问题的各种论述涉及内容非常广泛，并且形成了体系，初步构成了一个史学批评的范畴；第三，史学批评的研究使当代史学工作者与古代史家有了对话的条件，通过这种对话便能延续中国史学的这一优良传统，在史学批评中推动当代史学的发展；第四，史学批评问题的提出虽然是史学史的范畴，但其影响力涉及整个史学研究，对于今天的史学研究仍然具有十分重要的参考、借鉴价值。陈安民通过简要梳理中西史学批评发展历史，认为中国古代史学批评与史学求真有着密不可分的关系，并与西方古典史学有着同多于异的理念。刘开军专就章学诚强调"考索之功"与史学批评的关系作了初步探讨，认为章学诚强调"考索之功"虽有其"乾嘉语境"，但此说对于开拓史学批评研究的新局面，仍不无启迪意义。朱志先对中国传统史学理论与明代史学批评的互动关系作了考察，认为明代大量的史学批评实践拓展了史学理论的内容，使其变得更加丰富多彩。

（靳　宝）

【中国史学史上的"通史家风"】瞿林东等：《史学月刊》第7期。

　　瞿林东等《中国史学史上的"通史家风"》为一组讨论中国通史家风的文章，有瞿林东《论"通史家风"旨在于"通"》、陈其泰《中华民族壮阔历史道路所凝成的杰出思想》、王记录《"通史家风"与"断代为史"：在古今之变与王朝正统之间》、李振宏《通史·通识·整体性：当下史学需要通识性眼光》等文。瞿林东指出中国史学的"通史家风"旨在于"通"，这是中国史学的一个特点，也是一个优点。并指出：第一，历史评论和史学批评重在把握分寸；第二，通史之作与重大问题的提出相关联；第三，展现"通史家风"之"通"的多样性，进一步凸显中国史学的历史价值。陈其泰认为正是由于中华民族如此走过连续发展、气势恢宏的道路，正是古代先民有如此发达的历史智慧，正是西汉时期有如此昂扬蓬勃的时代精神，加上司马迁本人的雄奇创造力，才能产生"通古今之变"这一揭示出历史学的根本任务和核心观念的思想。王记录认为"通史家风"的主旨只能是"通古今之变"，是围绕"通古今之变"而形成的别具一格的理论体系。"通古今之变"是"通史家风"的思想核心，强调的是以整体联系的"通识"眼光看待社会历史的变化，探求社会历史的事理法则；"别识心裁"是"通史家风"的理论特色，强调的是撰述历史必须要有"成一家之言"的胆魄，要有对历史发展的独特见解。而"断代为史""通古今"的根本目的是要把王朝的历史放到古今变化中，以一种脱离历史实际的神意的方式建构其不可替代之地位，说明王朝统治的合法性与合理性。"通史"和"断代"二者奇妙地共存于专制社会的史学体系之中，体现了传统史学的诸多本质特征。李振宏认为章学诚看重通史，就其本质而言，是其"通识"。通识的核心在于思维的整体性，在于对研究对象的整体性把握。能不能有通识，并不取决于史著之体裁，断代史依然可以有通识的眼光，有宏大的历史构建。当下中国史学发展所需要的，仍然是中国传统史学重视通识的优良传统。

（靳　宝）

【魏晋南北朝史学的正统之辨】汪高鑫：《郑州大学学报》第 4 期。

魏晋南北朝史学非常重视正统之辨，而激烈的正统之争与这一时期的政治局势有着密切的关系。魏晋南北朝时期的政治特点是国家分裂和民族矛盾尖锐，政权的并立与对立，大量民族政权的出现，使得这一时期的王朝正统问题尤为突出。这些并立、对立政权和民族政权各自都纷纷以正统自居，以期维护本朝政权的合法性。魏晋南北朝史学正统之辨的基本特点，一是依据五德相生原理以明确朝代德属的相承相继关系，由此确立朝代的正统地位；二是出于维护本朝正统地位的需要，对分裂并立政权的正统问题进行论辩；三是各政权特别是北方民族政权通过历史认同，包括血缘认同、中原认同和夷夏之辨等，以维护其正统地位。魏晋南北朝史学的正统之辨，是中国传统史学正统思想发展的重要阶段。

（靳　宝）

【"国亡史作"新解——史学史与情感史视野下的元好问碑传文】江湄：《社会科学战线》第 5 期。

把元好问的碑传文、《中州集》以及刘祁的《归潜志》合而观之，会发现一个鲜明的共同的叙事特点，那就是以所谓"中州文派"或曰"中州文脉"作为金朝历史的主线。从这一叙事中，也可看出，金元之际，金朝培养起来的士大夫知识分子重建了身为"中州"士的自我意识，重建了以超越民族、朝代、地域的"中州文派"为中心的归属感。这一"中州"士的自我意识和归属感，使其在混乱动荡的历史时期获得了安身立命的根本，为自己在乱世之中的人生选择建立了思想基础。"国亡史作"之观念以及为前朝修史的制度，在中国历史上由来已久。金元之际以元好问为代表的金朝历史书写，标志着"国亡史作"的新境界和新阶段，意味着中国文化之历史意识的新发展和新内容。所谓"国亡史作"，不仅是说金朝历史之不可亡，更是在说他们所担负的"文脉道统"不亡则"中国"不亡。元好问的诗文，虽哀深痛巨，但气昌词茂、劲健豪迈，那一股沉雄坚毅的精神气质或许正是来自这样的情感和信念。

（靳　宝）

【中国古代史学"国可灭，史不可灭"理念探析】时培磊：《南开学报》第 5 期。

"国可灭，史不可灭"理念产生于宋元之际，其形成既与传统史学观念的积淀有关，又与少数民族政权史学意识的增强密不可分。"国可灭，史不可灭"树立了无条件存史的信念，强调无论什么样的"国"，其史籍、史事也不可灭，这大为超越以往那种补足正统之史的理念，在史学意识上是个飞跃。"国可灭，史不可灭"理念的确立，使得史学地位提高，独立性加强，根基更为牢固；给多途径史学探索开拓了空间，有利于构建坚定的历史文化存续体系；突破正统论等思想限制，成为史学发展与扩大修史范围的推动力；促进中华历史文化脉络的全面承袭，冲淡史学发展中非学术因素的负面影响，加强了整个中华民族文化认同与融合。

（靳　宝）

【多民族"中国"的构建：司马迁《史记》的"中国"观】赵永春、刘月：《西南民族大学学报》第 2 期。

司马迁《史记》所使用的"中国"一

词，虽然有指称"一国之中心""中原""华夏汉族"和"文化"等涵义，但主要的还是用来指称国家政权。书中称夏、商、周国家政权为"中国"，包括夏、商、周国家政权控制的各族人；虽然也称春秋战国时期中原各国为"中国"，但后来所称"中国"则包括楚国，并出现秦国以"中国"自居的现象；称秦汉为"中国"则包括秦汉国家政权管辖的各族人。书中所使用的"中国"一词，还用来指称"九州岛"和"十二州"，将"中国"与"九州岛""十二州""天下""五服"、四海之内联系起来，也不是用"中国"单独指称华夏和汉族。书中不仅将华夏汉族说成是"炎黄子孙"，还将少数民族说成是"炎黄子孙"，构建了范围更大的多民族"中国"。这种多民族"中国"的构建，既是司马迁依据历史文献记载，对中国多民族凝聚为"中国"的历史总结，也与儒家的"天下观"和"大一统观"密切关联，更与司马迁生活在西汉大一统时期强调"大一统"的现实需要分不开，值得我们进一步探讨和研究。

（靳　宝）

【论中国古代史学话语体系中的"叙事"】朱露川：《四川师范大学学报》第5期。

"叙事"作为一个史学理论范畴被提出来，在中国已有1300多年的历史。司马迁《史记》问世后，对《史记》"叙事"之"善"的评论构成了一个有关史书叙事的概念群；"善叙事"成为"良史之才"的重要标准；"文直""事核""不虚美，不隐恶"成为史书叙事的原则；在历史叙述中揭示事物发展变化之理成为中国古代史书叙事的优良传统。经过魏晋南北朝隋唐时期史学批评的发展，刘知幾《史通·叙事》篇标志着"叙事"作为史学理论问题被正式提出。当前，中国学界运用的"叙事"一词，主要来源于对英文单词 narrative 的翻译，其中蕴含的西方叙事学或后现代历史叙事学的理论背景，在解释中国叙事经验时不免显示出局限性。因此，中国史学应当而且有责任突显自身的叙事传统、风格和话语，而对于中国史学的叙事传统与理论成就的深入发掘和系统研究，也是加快构建中国史学话语体系、学术体系的重要一环。中国学者有必要在迎接"新理论""新思潮"的同时，深入探索中国史学的优良传统和学术遗产。

（靳　宝）

【中国古代史学会通思想探研】马新月：《史学史研究》第3期。

该文考察了中国古代史学会通思想的发展，认为会通的思想内涵及其在历史撰述中的具体表现都呈现不断深入发展的特点。就会通思想的内涵而言，自《周易》最早提出会通的概念后，经过历代学者的阐释与运用，会通的含义不断丰富发展，由最基本的会合变通之义逐渐衍生出"一"与"中"的思想。所谓史学会通之"中"，是要求史家以中正之心看待众家学说，史学评论客观而不偏激；而史学会通之"一"，则是要求史家从纷繁复杂的历史变化以及众家史学观点中钩玄提要，并由此提出自己的一家之言。会通修史的精神也经历了不同的发展阶段。宋代以前，史家的历史撰述已经体现出会通的史学意识。到了明清时期，史家强调持论中正与独断之学在会通修史中的重要性，从理论的角度阐述了史学会通思想的学术特点与价值，推动这一思想向着哲理化的方向发展。史学会通思想在整个中国传统史学的发展中有着重要的意义。

（靳　宝）

【试论春秋笔法及其历史书写中的客观性】

骆扬:《北京师范大学学报》第 2 期。

传统的观点认为春秋笔法是孔子设立褒贬的标准,是一种历史书写主观意识的体现。然而《春秋》的书写中本就包含了两个层面:一是反映客观历史的,即曾经发生过的史事;二是反映主观意识的,即书写者的主观判断。历史文本是主体(书写者)与所记录客观对象(史事)结合的产物,这两者之间存在着一种张力。《春秋》对史事的记录是经过判断的结果。而史官(孔子)的判断又分为两个层次:一是对史实的认定,即客观史事首先要经过史官主观的分析与决断,是书写者所认定的客观真实,但其认定的事实受礼法传统的影响,要理解他们对客观真实的认识不应超越那个时代的意义体系;二是史官的书写规则,即把经过分析认定的事实用合适的语言表达出来。而这也在长期的历史传统中客体化为春秋笔法,是那个时代历史观念的一种客观体现,在史官传统及主体间的相互认同中不断得以固化和加强,是历史真实赖以存在的条件。在《春秋》的书写中,史官并非不注重历史记录的客观真实性,但他们试图通过凸显自身主体性的方式更好地展示心中的历史之真。这种主观意识来源并受限于客观存在的历史传统,其背后体现了时代的客观合理性。所以,春秋笔法是一种书写客观历史之真的特殊总结。

(靳 宝)

【《左传》叙事见本末与《春秋》书法】

张高评:《中山大学学报》第 1 期。

原始要终,本末悉昭,为古春秋记事之成法,孔子作《春秋》因之。左丘明本《春秋》而为传,或排比史事,或连属辞文,或探究终始,《晋书·荀崧传》称其张本继末,以发明经义;晋杜预《春秋经传集解·序》谓左丘明作传,有先经、后经、依经、错经之法。可见《左氏》释经,承比事属辞《春秋》之教,薪传张本继末、探究终始之历史叙事法。《左传》体虽编年,然于世局变革之际,往往出于终始本末之叙说,如《重耳出亡》《吕相绝秦》《声子说楚》《季札出聘》《王子朝告诸侯》诸什,发明尊王、攘夷、重霸之《春秋》大义,皆因事命篇,原始要终,侧重事件之本末叙事。"文省于纪传,事豁于编年"之纪事本末体优长,已胎源于斯。

(靳 宝)

【偏传主倾向:《史记》求真精神的新视角】

石洪波:《北京师范大学学报》第 3 期。

某些事例在不同篇章中的记载存在差异,但这种差异并非毫无规律,它们表现相似的倾向性,即有利于传主的倾向。无论是为传主正名,还是减少某些不利于传主的论述,均可称为偏传主倾向。秦始皇生父疑案与"下宫之难"以及诸多事例可证明这一点。偏传主倾向绝不是说《史记》在处理史料的问题上具有不受任何条件限制的随意性,而是以史实(求真的客体)的真实性为先决条件的。当史料不容置疑时,即便是不同的篇章,也绝不会存在偏传主的倾向性;当史料存在争议时,史家(求真的主体)便获得了妥善处理有争议史料的空间,而这种"妥善"表现的是将存争议史料中有利于传主的说法置于其传记篇章中,而不是相反。它体现了《史记》将求善精神融入求真之中的高超手段,从而展现求真与求善相统一的中国史学特质。

(靳 宝)

【在史法与史义之间：刘知幾的经史观与史学批评】王记录、丁文：《河北学刊》第5期。

刘知幾的经史观一直是《史通》研究的热点，也是学术界争议最大的问题之一，聚讼纷纭，莫衷一是。实际上，刘知幾是从史法和史义两个不同的层面来看待经史关系的。在史法层面，刘知幾贯穿经史，以经为史，把经书与史书并列，一同纳入自身史学批评的系统里进行评骘，讨论史书名目、体裁流变、体例沿革、记事得失、文笔优劣等历史编纂学问题。在史义层面，刘知幾服膺孔子，效法圣人，尊崇经书"意旨"，以经义衡史，倡导经为史则，讨论著史宗旨、史学功用等形而上的问题，把经书中所蕴含的"明道淑世"的观念当作史书效法的原则。刘知幾以经史互释的方法进行史学批评，以经衡史，所强调的是经对史的指导；以史评经，所强调的是史对经的验证。在这种经史互释的过程中，刘知幾消解了经学的神秘化和神圣化，实现了经学的理性回归，彰显了史学的社会价值，并试图通过经史之互补，为经史之学的发展寻找出路。

（靳　宝）

【南宋前期史学兴盛问题探究】燕永成：《人文杂志》第6期。

宋代史学发达，史学成就突出，其史学发展体现明显的阶段性和显著变化。因受时局转换以及史风、政风、学风乃至文风等诸多因素的综合影响，不仅南宋、北宋之间史学发展存在诸多差异，而且在南宋、北宋不同时段，史学发展也具有明显的不平衡特征。尤其是在北宋中期与南宋前期，史学发展既与修史制度初创时的北宋初期不同，又与受官学压制的北宋后期和南宋后期有异，史学发展在此两时段可谓成就十分突出，变化极为明显，它们无疑是揭示宋代史学整体发展演变的关键时段。南宋前期是继北宋中期之后又一史学发展的兴盛时期，该时期史书数量与种类众多，史书体裁体例创新成就突出，史学思想丰富多元，史学传布广度以及社会影响力日益明显。同时，该时期不仅疑经思潮对史学影响作用明显，而且不同学术派别的学者往往能积极投身于史学领域，有力推动着史学发展。此外受历史使命或者现实政治议题促使，一些时人撰有颇具鲜明时代特色的军事类和地方志类史著，史学服务于现实功用明显。总之，史风、学风和政风交融发展的兴盛时期造就了南宋前期史学发展的兴盛局面，并且该局面对南宋后期以及元代史学均产生了直接影响。

（靳　宝）

【中西比较视域中的宋代史学近世化：基于历史观与史学方法的考察】邓锐：《史学理论研究》第1期。

西方史学一般将史学近代化要素的起源追溯至文艺复兴时期，而中国的史学近代化要素实际上源于宋代。以宋代为史学的近世化时期，此时期理性化历史观、政治功利主义等一些既有史学要素实现了辩证法意义上的"质变"，开始显现为近代化史学要素，使宋代史学出现重大转向，是20世纪史学近代化要素的原生性部分的起源时期。欧洲文艺复兴时期和中国宋代都在历史观方面出现了重要的近代化要素。前者是对基督教传统产生怀疑，要复兴古典文化；后者是对汉唐经学传统产生怀疑，要直承孔孟之道。宋代历史观的变化又引起史学方法的变化，从而使得历史研究的面貌得以改变。欧洲文艺复兴时期和中国宋代都在印刷术的促进下出现了历史考证的兴起，后者还在中国重视史学的传统背景下出现了史学考证风气。文艺复兴史学和宋代史学都出现政治功利转向。尽管文艺复兴时期和宋代的史学在观念与方法方面具有相类的近代化要素,表现一种东西方"文艺复兴"时代的文化一致性,但中国史学的近代化在一定程度上是出于学术自身的内在理路而非西方霸权的影响。应当考虑跳出西方视域以反对"西方中心论",把中国史学的近代化看成一个史学在近代化发展中受到西方冲击而加速并改变了外部形态的过程,而非全盘西化的结果。基于此,或可在中西史学一致性的基础上探讨建立起一种兼具中国特殊性与原生普遍性的中国史学话语体系。

(靳　宝)

【《元史》列传史源新探】陈新元:《中国史研究》第 2 期。

以往系统考证《元史》列传史源的学者,虽有钩沉发覆之功,但他们的观点中也存在着一些问题。第一,元人所著别集数量不少,但在元代就已刻印和流通的则为数不多,有些甚至只在人物碑传中提到过,是否真正成书都很难确认,明朝史官在仓促开局之后能否拿到大量已刊刻的文集是很成问题的;第二,所秉持的从文集、方志、家谱或碑刻中搜罗元人传记与《元史》各传进行比定来确定史源的方法有较大的局限性,在寻找一些蒙古、色目人传记的来源时表现得尤为明显。实际上,元代政书《经世大典》的《治典·臣事》篇中收录了许多元代人物传记,明初史臣在编纂《元史》列传时利用了这部分传记。《经世大典》是一部具有强烈的政治色彩和倾向性的官修政书,书中有相当分量之内容是为政治宣传目的服务的。以此为思考出发点,才能够理解奎章阁臣缘何会打破唐、宋《会要》之惯例,在政书中增入大量的人物传记,以及《臣事》篇中何以会有天历功臣传的存在。《臣事》篇的史料搜集过程相当匆忙,一方面仰赖阁臣"考其(名臣事迹)续余之所在,故从而求之"的辛勤搜罗;另一方面则依靠各类"以书来告者"的主动提供。奎章阁臣在纂修《经世大典·臣事》时采取了兼收并蓄的态度,广泛利用了当时所能见到的各种碑传、行状、谱牒乃至吏牍材料,因而作为一部元代中前期名臣传记总集来说,《臣事》篇无疑具有很高的史料价值。该文的考证成果为某些《元史》列传的史源问题提供了新的思考方向,能够加深我们对《元史》复传产生原因的理解,使我们对《元史》列传成书的层累过程有了更为深刻的理解。

(靳　宝)

【《文史通义》与历史美学】路新生:《清华大学学报》第 2 期。

章学诚是乾嘉年间"独树一帜"的学者。说他"独树一帜",是因为受汉宋之争的制约性影响,以汉学考据学压迫宋学,轻视、排斥理论思维,这已成了实斋生活时代的普遍风气。说实斋治学"独树一帜"的另一层含义,是指《文史通义》中有着富含着他那个时代一大批名闻遐迩的汉学考据家不屑为同时更是无能为的理论思考精华。它们超前、警辟,每每与西方美学家的思路不谋而合,而实斋却是在论"史",故多可对其作"历史美学"的解喻。实际上,《文史通义》真正的价值并不在于现今一般史学史教科书所总结的那样一些干瘪教条式的"史学思想",而在于它活泼泼的现实性,对于包括治史在内的治学,《文史通义》至今仍然能够提供方法论方面的深刻镜鉴。对该书进行"历史美学"的剖析也正是着眼于此。贯穿《文史通义》全书的红线,亦可一言蔽之"虚实兼论"四字而已。这里的"虚",谓"义理""原则""理想""心得",是谓"约",其特质为"内省";而"实",是指"知识""考据""博学",是谓"博",其特质为"外得"。《文史通义》中大量论述均与美学之方法论原理相通,即《文史通义》中富含可以用历史美学的方法加以解读之内容。实斋论"诗史相通",谓历史书写当"蕴道而不言道",并把握情感的闸门,避免"情失则流,情失则溺,情失则偏",这些理论精华,足以为当今学界镜鉴。

(靳　宝)

第六篇

新出考古材料与文献整理

【中国社会科学院古代史研究所藏甲骨文拓】

宋镇豪主编，孙亚冰编纂《中国社会科学院古代史研究所藏甲骨文拓》2020年7月由上海古籍出版社出版。该书是宋镇豪先生主编的"中国社会科学院历史研究所（现为古代史研究所）藏甲骨墨拓珍本丛编"中的第二辑。该书著录了古代史研究所藏的一部甲骨拓本集，原拓本集没有题名，因其曾被中国历史博物馆（今国家博物馆）收藏并登记过，登记的名称是"甲骨文拓"，故而以"中国社会科学院古代史研究所藏甲骨文拓"命名本书。《中国社会科学院古代史研究所藏甲骨文拓》共收拓片182版，其中自重16版，制作拓片的原骨多为刘铁云的旧藏，时代属于殷墟早期，时至今日，这些甲骨已流散到海内外，被保存在20余家公私单位。该书共分三部分，第一部分为拓本集，拓本的顺序参照原拓本集的顺序进行排列；第二部分为释文，在每版拓片的序号后，依次标出原骨的材质、分类、现藏地、著录情况、释文和简要说明等信息；第三部分为检索表。作为新时代的甲骨拓本著录书，该书具备以下特点：一是书中著录的全部为甲骨拓片，部分甲骨卜辞虽然见于旧著录书，但旧著录书只是摹本而并非拓本，例如171号拓本。二是部分拓本比旧著录书中的拓本更清晰或更完整，从而保存了一些重要信息，例如010、011、018、029、031、041、045、056、062、063、064、065、067、077、084、085、087、092、096、100、101、104、121、128、132、137、148、150、151、159、166、167、168、172、173、175、180号37版拓片。其中064、132、137号拓本比第一部甲骨著录书《铁云藏龟》的拓本还要完整，说明其墨拓时间相当早。此外，029号拓片还保存了一个新的甲骨文字——⚇，此文字的发现为甲骨文字字库增加了新的成员。三是部分拓本从未见于其他著录书，属于新发现的材料，例如014、033、040、042、047、053、068、079、086（自重102）、089、107、129、133、139、160、182号16版拓片。其中0号拓片中还出现了以往卜辞中所没有的词语——"取牧""取率"等，这些新发现的辞例为甲骨研究提供了重要资料。该书所著拓片墨拓时间较早，较好地保存了甲骨出土时的原貌，对研究甲骨流传、缀合、文字考释、卜辞语法等具有重要学术价值，是殷商史研究的第一手材料。

（赵孝龙）

【《甲骨文合集》第十三册拓本搜聚】

拓本搜聚策事组（组长：王宇信；成员：马季凡、韩江苏、具隆会、常玉芝、杨升南）编著《〈甲骨文合集〉第十三册拓本搜聚》（文物出版社，2019年10月），是对郭沫若主编，胡厚宣总编辑的《甲骨文合集》（第十三册）进行重新编纂的成果。《甲骨文合集》共十三册，前十二册为甲骨拓本，第十三册为甲骨摹本，甲骨摹本不可避免地存在不少错摹或缺摹的问题。在甲骨资料日益丰富之际，拓本搜聚策事组不失时机地把学术界的智慧和成果搜聚起来，尽可能地对《甲骨文合集》（第十三册）加以修订补救，推出了《〈甲骨文合集〉第十三册拓本搜聚》。该书共分拓本图版、拓本释文和附录三个部分，拓本图版部分仍采用《甲骨文合集》的编纂方法，将甲骨按五期进行排列。这部著作之所以能在今天哀集编辑，既是甲骨学发展的迫切需要，也是40年来甲骨学发展成果的总结。该书在编纂修订的过程中，吸取利用了近几十年已陆续出版公布的甲骨著录成果。例如，著作中的许多拓片在《上海博物馆藏甲骨文字》《史语所购藏甲骨集》《北京大学珍藏甲骨文字》《中国社会科学院历史研究所藏甲骨集》《旅顺博物馆所藏甲骨》《甲骨文合集补编》等书中已得到著录。海外所藏甲骨拓本的著录，集中在《英国所藏甲骨集》《美国所见甲骨录》《怀特氏等收藏甲骨文集》等书中。此外，在《俄罗斯国立爱米塔什博物馆藏殷墟甲骨》等书以及海外学术刊物上也零散公布了一些甲骨拓本。这些新的著录，为把《甲骨文合集》（第十三册）甲骨摹本换成拓片提供了基础和可能。这批经过整理的甲骨拓片，纠正了原摹本不准确的部分，为学术界提供了最基本、最可信的图片资料。《〈甲骨文合集〉第十三册拓本搜聚》的重要工作是搜集资料并进行校对，这一工作分别充分吸取了各类甲骨著录书中"资料来源表"或"著录现藏表"中关于甲骨流传过程中的信息和"甲骨对重表"中关于甲骨在不同著录书中的重见信息，并在此基础上再合校、再发现、再丰富。为学术界研究、利用这部分甲骨提供了更加准确的材料。

（赵孝龙）

【中国国家博物馆馆藏文物研究丛书·青铜器卷（商）】

苏强主编的《中国国家博物馆馆藏文物研究丛书·青铜器卷（商）》2020年12月由上海古籍出版社出版，该书是朱凤瀚主编的《中国国家博物馆馆藏文物研究丛书·青铜器卷》中的商分册。书中一共著录了中国国家博物馆馆藏的159组总计165件商代青铜器，这些器物囊括了鼎、鬲、甗、簋、爵、角、斝、尊、觥、方彝、卣、罍、瓿、缶、壶、觚、觯、盘、盉、斗、戈、铙、盂、矛、钺、刀、弓形器、面具、头像、鼋共计31个类别，每一件铜器都具有很高的历史价值和文物价值。在该书所著录的青铜器中，既有见于以往著录的堪称"国之重器"的后母戊大方鼎，也有相当多的著称于青铜器与金文研究史的青铜器精品，如四羊方尊等器，更有在1950年后许多重要的考古发掘中出土的珍品，例如，1976年发掘的已经成为中国当代考古学史上的经典范例的殷墟妇好墓所出土的一系列具有代表性的重器，包括妇好三联甗、妇好分体甗、妇好方斝、妇好偶方彝等。在该书所著录的商代铜器中，还包括海外回归的器物，如子龙鼎，其造型雄伟，铸造精细，是商代圆鼎中体积最大的，被视为"镇馆之宝"之一。书中的作册般鼋是由社会征集所得的商晚青铜器，其造型仿真，具有写实主义风格，被学者称为"庸器"（记功之器），是具有突出文物与学术价值的珍品。除此之外，该书还首次发布了一些具有重大研究价值的青铜器资料。该书的体例与《中国国家博物馆馆藏文物研究丛书·青铜器卷（西周）》相同，亦图文并茂，每一种青铜器都配有整体高清大图，及必要的铭文照片和拓片、细部放大图等，方便研究者对青铜器的细节进行观察分析。该书对每件铜器进行编号，介绍器名，器名下介绍其馆藏号、所属的时代、大小规格、来源及入藏时间、著录情况以及铭文的字数和释文等基本信息，并描述和说明其形制特征以及研究现状等。如此完备的器物信息，可以使研究者在短时间内掌握某一铜器的整体概况。书末附有五篇文章，分别是朱凤瀚《作册般鼋探析》、朱凤瀚《关于子龙鼎》、周亚《子龙鼎断代浅议》、严志斌《国家博物馆藏商代铜器铭文例述》、苏强《卿宁亚夒鼎探析》。通过这些文章，读者可以较为便利地对国家博物馆馆藏的某些商代青铜器及相关问题进行深入的了解。

（赵孝龙）

【中国国家博物馆馆藏文物研究丛书·青铜器卷（西周）】

田率主编的《中国国家博物馆馆藏文物研究丛书·青铜器卷（西周）》2020年7月由上海古籍出版社出版，是朱凤瀚主编的《中国国家博物馆馆藏文物研究丛书·青铜器卷》中的西周分册。该书分上、下两册，一共著录了164组器物，件件都有很高的历史研究和艺术欣赏价值，这些器物囊括了鼎、鬲、甗、簋、盨、铺、尊、爵、卣、罍、壶、觯、盘、匜、盉、铙、钟、戈、戟、剑、车马器、斧共计22个类别。该书所著录的器物中既有盂鼎和虢季子白盘此类名扬海内外的国宝级重器，亦有南宫柳鼎、禹鼎、柞伯鼎、觉公簋、利簋、宜侯夨簋、天亡簋、㺷生簋、颂壶、康侯爵、盠方彝、召卣、作册吴盉、士山盘、燕侯盂、逑钟等著名西周青铜器精品。书中的龙纹鼎、𤔲爵等10件铜器为首次公布的器物，而亢鼎、或伯鬲等10件铜器也未曾被《殷周金文集成》《商周青铜器铭文暨图像集成》以及《商周青铜器铭文暨图像集成续编》等大型著录书籍收录。该书图文并茂，每一种青铜器都配有整体高清大图，及必要的铭文照片和拓片、细部放大图等，既逼真地展现了青铜器这一类历史文物的独特魅力，又方便研究者对青铜器的细节进行观察分析。该书对每件铜器进行编号，介绍器名，器名下介绍其馆藏号、所属的时代、大小规格、来源及入藏时间、著录情况以及铭文的字数和释文等基本信息，并描述和说明其形制特征以及研究现状等。如此完备的器物信息，可以使研究者在短时间内掌握某一铜器的整体概况。书末附有四篇文章，分别是朱凤瀚《中国国家博物馆近年来征集的西周有铭青铜器续考》、张懋镕《中国国家博物馆所藏西周有铭青铜器选粹》、冯时《禽簋铭文新释》以及田率《㝬簋与西周金文中的丰国（氏）》。这些文章涉及器物考证、铭文考释以及其它相关问题，大大便利了读者对国家博物馆所藏西周青铜器进行深入的了解。西周青铜器及其铭文是研究西周历史与语言文字的第一手材料，《中国国家博物馆馆藏文物研究丛书·青铜器卷（西周）》所著录的西周青铜器从不同层面、各个角度为我们解读西周政治、军事、经济、文化、社会等问题提供了丰富的资料。

（赵孝龙）

【商周青铜器铭文暨图像集成三编】

吴镇烽编著《商周青铜器铭文暨图像集成三编》2020年8月由上海古籍出版社出版。该书是继《商周青铜器铭文暨图像集成》（2012年）、《商周青铜器铭文暨图像集成续编》（2016年）之后，又一大型金文资料著录图书。全书共四卷，收录了自2015年6月至2019年12月所发现的商周及春秋战国有铭文的青铜器共计1772件，其中食器627件，酒器554件，盥洗器80件，乐器35件，兵器359件，其他铜器117件。其中，第一卷著录鼎、鬲、甗、簋四类器物；第二卷著录簠、盨、簋、敦、豆、铺、盂、盆、匕、俎、爵、角、觚、觯、斝等共计十五类器物；第三卷著录尊、壶、钟、卣、方彝、觥、罍、瓿、瓶、缶、斗、勺、盘、盉、匜、鉴、钟、镈、铙、铃、铎、句鑃、錞于、戈、戟等共计二十五类器物；第四卷著录戈、戟、矛、殳、剑、铍、钺、矢镞、杂兵、农具、工具、度量衡、车马器、符节、金银器、玉石器、杂器、其他共计十八类器物。在所有的青铜器中，未曾见于著录的器物共有1034件，约占全书青铜器总数的58%。在该书所著录的青铜器中，最短的铭文仅有1个字，而最长的铭文可达160个字。书中著录的青铜器资料多来源于考古报告、图录、报刊，以及作者在鉴定文物时所见到的收藏单位及私家收藏的器物。作者著录此书的过程中做了大量的工作，首先，广泛搜集流散资料，该书中未经著录的器物便有一半之多，为研究商周史、古文字以及其他领域的学者提供了新的参考资料。其次，准确地做好铜器及铭文真伪的鉴别工作，不让伪器伪铭混杂在真器真铭当中，使研究人员避免被伪器伪铭所迷惑。最后，该书既收录青铜器铭文拓本，又收录其图像，同时在图像旁边将青铜器的时代、出土时地、收藏者、尺度重量、形制纹饰、著录、铭文字数、铭文释文等相关背景资料，编排在一起，清晰直观，如此便为古文字研究者以及考古、历史学者提供了一份较为完整的数据，省去了研究者大量查检核对之劳，这无疑将大大促进青铜器的综合研究。该书收录广泛，内容宏富，图片清晰，全书对器铭的阐述允称详实，铭文的释读亦能广泛吸收学界的研究成果。该书对于研究上古史、古文字以及古代青铜器有着重要价值。

（赵孝龙）

【殷周金文族徽集成】

王长丰著《殷周金文族徽集成》2020年6月由黄山书社出版，该书为国家出版基金项目，这部书共40册，其中38册为著录部分，另外2册分别为目录和索引。作者在全面研究整理殷周金文、甲骨文释字、证史等研究成果基础上，以图典的形式对殷周金文族徽进行了集中、全面的统计、整理与研究，是著录殷周时期金文族徽材料的集成性资料汇编，填补了出土文献族徽史料整理研究的空白。该书首次从16000余件青铜器物中全面整理出了8000余个殷周金文族徽，并进行了整体隶释、校重和辨伪，每件器物资料按器名、时代、出土、收藏、尺度、形制、著录、字数、释文、备注等顺序著录信息，总计分出612类根族徽字群，2221个殷周金文族徽类型，充分地体现了考古学和古文字学研究的最新成果，是迄今最全的殷周金文族徽汇编整理。《殷周金文族徽集成》有一个十分严谨的体系，它从用字原则、器物时代、器物次第、字句处理、铜器定名、族徽排列、使用文献、引用著录、资料截止时间九大部分共计27条对材料加以规范。作者将2000多个族徽类型，按基本族徽音序排序，将族徽的统计排列原则上按汉语拼音音序排列，根据字源性特点，同源字或字形相近者相互系联，相继排列；能隶定的则按隶定字音序、不能隶定的则按相近字形音序进行排列。而每一类族徽系联单位，则按族徽龙头字、族徽龙头字+其他族徽等顺序依次排列。这样的族徽群排列可以看出家族与家族之间的系联、传承和变化，又可以发现族徽家族与其他家族的盟姻关系。此外，作者创造了一种新的方便、实用，又一目了然的族徽文字表述方式，即殷周甲骨、金文部分字形采用隶古字形，能隶定的字形则采用隶定字形，不能隶定的或大家对隶定字有疑义的则采用"原形字（隶定字）"形式隶定。随后再细化成殷周金文特殊字形内铸（刻）其他族徽或铭文，其内族徽或铭文前后加"[ ]"。作者研究得出的殷周金文族徽模型是殷周金文族徽研究的最新成果，也是首次在全面掌握殷周金文族徽材料基础上的殷周金文族徽研究最具实证、实例的研究成果，是两千年来第一次全面系统整理研究后，还原、重建了殷周时期族徽功能与使用情况的立体模型，具有重要的学术意义，为学术界研究殷周时期方国历史地理、现代姓氏探源、殷周时期的诸侯国、国君家族形态和家族变迁及其国都地理称谓发展变化等工作开辟了全新的路径。

（赵孝龙）

【清华大学藏战国竹简（拾）】

清华大学出土文献研究与保护中心编《清华大学藏战国竹简（拾）》2020年11月由中西书局出版，该书共收录竹简五种八篇，分别为《四告》《四时》《司岁》《行称》与《病方》，这些文献都是前所未见的佚文。《四告》为书类文献，共计50支简，是记载周公旦、伯禽父、周穆王和召伯虎四个人的四篇告辞，其中第一篇是周公向皋陶祝祷的告辞，周公历数商纣暴虐与周文王、武王功业，希望皋陶护佑成王，选贤任能，维护"周邦刑法典律"，该篇内容与《尚书·立政》密切相关。第二篇是伯禽初封于鲁，祈求无有过失、长保鲁邦的祷辞；第三篇是周穆王自悔耽于游田，祈求安静其心的祷辞；第四篇则是因望鸥集于先公寝庙，召伯虎祈求禳去灾祸、永嗣邦家的祷辞。这四篇告辞内容相关，却又各自独立，对研究西周历史和书类文献的形成具有很高的价值。《四时》《司岁》与《行称》三篇皆是数术类文献。《四时》与《司岁》原本连续编号，抄写在同一卷。《四时》记载了一年十二月三十七时的星象和云、雨、风等物候，并将一年分作三十七时，其中星象术语又多分为青、玄、白、赤四种，分别对应四象东方青龙、北方玄武、西方白虎、南方朱雀之一。该篇星象术语，自成体系，为世人提供了战国时期全新的星象系统资料，对研究战国时期的天文星象和历法时令有重要价值。《司岁》篇则记述太岁运行一周十二岁所值之辰及其吉凶占断，是目前所见最早的记载太岁十二岁名的文献，可与《尔雅》《史记·天官书》、孔家坡汉简《日书》等文献相比照。《行称》记载一月"六称"的具体日期、利弊和成效，所记称行之事均属政事，包括裕文、均民、恭祀、吊劳、绰武、毕抑，是目前所知的首篇专门记述一月内政事宜忌的先秦时令类文献。《病方》篇属于方技类文献，其与《行称》抄在同一卷上，共记载三种病方，前两种属于酒剂，后一种为汤剂，是迄今所见的抄成年代最早的方技类文献。《清华大学藏战国竹简（拾）》的内容涉及天文、历法、自然等诸多方面，为了解先秦时代社会思想文化带来新的资料，其天文史、科技史的价值不可估量。

（赵孝龙）

【史记研究集成·十二本纪】

赵光勇、袁仲一、吕培成、徐卫民主编《史记研究集成·十二本纪》由西北大学出版社于2020年10月出版。该书由陕西省司马迁研究会、陕西省文史馆、参事室牵头组织专家编撰，为"十三五"国家重点图书出版规划项目和陕西省重点出版项目。司马迁《史记》是研究先秦秦汉史的最重要文本之一，但因时代久远和文化背景等的差异，给后世读者带来一些阅读困难，历来中外学者的研究、注释著作层出不穷。除著名的三家注外，明代凌稚隆《史记评林》、清代梁玉绳《史记志疑》和日本学者泷川资言《史记会注考证》皆是具有标志性的成果。然而，各种著作仍留下一些问题未得到解决，且随着不断涌现的新研究和考古发现，可以丰富今人对文本的认识，故有必要编纂新的综合汇注本。此套《史记研究集成·十二本纪》是《史记研究集成》的首批成果，凡12卷，560余万字，集结了

《史记》面世以来至本世纪初，二千多年来中国历代学者及海外汉学界关于《史记》研究的成果，同时吸收了近年来考古新发现和最新研究成果，由赵光勇、袁仲一、吕培成、徐卫民担任全套书的主编，由16位分别来自陕西师范大学、西北大学、陕西历史博物馆、江南大学、华南师范大学、西安财经大学、秦始皇帝陵博物院7所高等院校与文博研究机构的学者对"十二本纪"的各个本纪进行编撰。《集成》依托大量新出土的考古发掘资料，对《史记》记载加以参验补正：一是补正、补足原书记载的历史细节，二是使简括交代获得具体指证，三是通过考古文物图、遗址照片、都城示意图等，再现某一叙事的历史图景。体例上，以"汇校""汇注""汇评"为主体，配以"编者按""解题""研究综述"等部分，甄选收纳了中国历代《史记》研究资料420余种、考古资料200余种、海外汉学研究资料100余种、现当代《史记》研究资料260余种。该项目开启于1994年，历时25年而告竣。

（石　洋）

【栎阳考古发现与研究】

中国社会科学院考古研究所、西安市文物保护考古研究院编《栎阳考古发现与研究》由科学出版社于2020年9月出版。栎阳城是文献记载的秦献公、秦孝公时期的都城，在楚汉相争之际先是项羽所封塞王司马欣的都城，后是汉王刘邦的都城，对刘邦完成对项羽的胜利与帝国的统一起到重要作用，并且还是西汉王朝的第一个都城。该书为纪念中国社会科学院考古研究所立项秦汉栎阳城遗址调查、勘探、发掘、研究工作40周年而编纂，主体分"考古资料"和"栎阳研究"两编，前者将历年形成且散见于各种期刊杂志的栎阳考古资料，进行全面收集；后者将历年来大量学者完成的与栎阳直接相关的代表性的研究论文加以收集，最晚收至2020年。两编共计文章83篇。"前言"具有导读性质，首先，历时性梳理了传世文献记载的栎阳信息；其次，系统介绍自1932年以来，特别是1963—1964年、1980年至今科学考古发掘展开后的历程与所获得的知见，并对今后考古工作的增长点作展望；再次，分"都城地位""陵墓""畤时""其他"四个专题，整理提炼学者关于栎阳的研究观点；最后，以"古都栎阳"为题，阐述编著者对栎阳行政区划地位的判断。该书既方便学者阅览相关资料，同时也展示了栎阳考古、研究所达到的前沿水平。

（石　洋）

【岳麓书院藏秦简（陆）】

陈松长主编《岳麓书院藏秦简（陆）》由上海辞书出版社于2020年3月出版。"岳麓书院藏秦简"系2007年12月湖南大学岳麓书院从香港购藏的一批竹简，经揭取共编号2098个，其中比较完整的简1300余枚，经国内有关专家鉴定为秦简，内容包括律令、数书、占梦书、为吏治官及黔首、质日等。目前，岳麓书院藏秦简已整理公布了5卷。前3卷分别收录了《质日》《为吏治官及黔首》《占梦书》《数》《为狱等状四种》，自第4卷开始收录律令。该卷是继《岳麓书院藏秦简》（肆，2015）（伍，2017）之后的又一以收录秦代律令为主的卷册，是前第4、5两卷所收录秦代律令的续编，可称之为《秦律令（叁）》。该卷共收简274枚（简号有327个），根据这批简内容和形制差异，将其大致分为5组。第1组收有127枚简，其中比较完整的有89枚。可分为"廷戊"和"令丁等令"两个部分。

第 2 组简共有 74 个编号，完整的有 70 枚。这组简应为几位不同的书手抄写。这组简的数量虽不多，且有很多缺简，但令名简很多，如祠令、卜祝酎及它祠令、安台居室共令、四谒者令、食官共令、四司空卒令、四司空共令等，如一条有关"皇帝节斿（游）过县"的令文，系初见，令人耳目一新。第 3 组简共有 57 个编号，完整的有 54 枚，因缺简太多无法编连成册。这组简文有一部分是"受财枉法"的内容，还有关于工匠管理、官舍建筑、殴詈父母该如何处罚等内容的令文。第 4 组简共有 53 个编号，完整的简 48 枚，除一枚"具律"简外，其余均为令文。令文分别属于"卒令""县官田令"和"廷令"。这组简中题署为"卒令"的令文，内容都与官府文书的传送管理有关，与睡虎地秦简和岳麓秦简中的行书律内容非常相似。这组令文中有 6 条"县官田令"，这是秦代有关官田管理的崭新资料，弥足珍贵。第 5 组简数量不多，仅有 16 个编号。这组简是一个律令混编的小卷册，其内容包括"杂律""贼律"和"廷内史郡二千石官共令"等。截至此卷，已公布的岳麓书院所藏秦律令简文近千枚，余下 400 多个简（包括残简、漏简等）号的秦令内容将在接下来的《岳麓书院藏秦简（柒）》中全部刊布。

【秦封泥集存】

刘瑞编著《秦封泥集存》由中国社会科学出版社 2020 年 3 月出版。该书集存 2019 年 9 月前刊布的时代为秦的封泥图像及相关信息。据封泥内容，上编收中央职官，中编收地方职官，下编收未归类未完全释读及残碎封泥。私名吉语封泥、部分形制类似的西汉早期封泥列为附编。中央、地方类封泥的时代以秦为主，上起战国晚期，少数延至汉代；受断代材料所限，乡亭部及私印吉语封泥的时代略宽。封泥上文字以原释为基础，结合研究成果并酌以已见；图像模溯及原未发表图像，从原释。残碎封泥，以残存笔画推定所缺文字，残缺过甚则不释。封泥名目下置经去重后的拓片、黑白照片、摹本等图像，简注出处；未发表图像封泥，标"无图"及出处。封泥图像大小据版面有调整，非原大不设比例尺。

（石　洋）

【汉长安城未央宫骨签】

中国社会科学院考古研究所编著，刘庆柱主编，李毓芳、刘瑞副主编《汉长安城未央宫骨签（全 90 册）》由中华书局 2020 年 6 月出版。该书系对汉代长安城未央宫第三号建筑遗址出土的 64305 枚骨签全面系统的整理与研究。未央宫骨签于 1986—1987 年发掘出土，其中有刻字的骨签 5.7 万多枚，总字数近百万，属于中央、皇室档案，是工官记载车马、衣服、器械、兵器的档案。时间上限在西汉初年，下限在西汉末年，以西汉中后期为多；有纪年的骨签，最早者为汉武帝太初元年，以始元、元凤时期数量最多。主要内容是设在地方的中央工官向皇室和中央上缴各种产品的记录，第一种为物品代号、编号、数量、名称、规格等；第二种为年代、工官或官署名称及其相关各级官吏、工匠之名。对中国汉字从古文字到今文字的"隶变"揭示演化之迹，尤其对汉代乃至中国古代的手工业（如制陶、冶铁、铸铜、纺织、漆器等），工官制度以及兵器、兵备工业等领域的研究，更是填补了某些史料的空白，具有重要的文献价值、学术价值。全书共 90 册，包括《考古编》（全 8 册）、《释文编·上》（全 36 册）、《释文编·下》（全 36 册）、《文字编》（全 10

册)四个部分。《考古编》第 1 册为"未央宫中央官署遗址出土骨签报告"。第 2 至第 5 册为"未央宫中央官署遗址出土骨签登记表",第 6 至 8 册为骨签摹本。《释文编·上》第 1 至 36 册为骨签第 1 至 32400 号,《释文编·下》第 37 至 72 册为骨签第 32401 至 64305 号。

(石　洋)

【马王堆汉墓简帛文字全编】

刘钊主编,郑健飞、李霜洁、程少轩编《马王堆汉墓简帛文字全编》,中华书局于 2020 年 1 月出版,凡 15 卷,分上中下三册,是针对 20 世纪 70 年代长沙马王堆汉墓出土的简帛文字资料的大型文字字形汇编。该著利用 2014 年由裘锡圭领衔整理出版的《长沙马王堆汉墓简帛集成》的最新最清晰图片,切割清理出简帛文字字头,充分吸收学界新研究的成果,撰写简明扼要的字形分析,附上有力简练的辞例,改正旧有文字编中字头设立不当、释字错误、字形遗漏、辞例错误、字形不够清晰等缺陷。以其字形保真、收字全面、释字合理、隶定编排合理、按语准确实用等诸多特色,获得了学界高度评价。

(石　洋)

【长沙五一广场东汉简牍(叁、肆)】

长沙市文物考古研究所、清华大学出土文献研究与保护中心、中国文化遗产研究院、湖南大学岳麓书院编《长沙五一广场东汉简牍(叁)》《长沙五一广场东汉简牍(肆)》由中西书局于 2019 年 12 月出版。2010 年 8 月,长沙市文物考古研究所在长沙五一广场东侧稍偏南位置的一口井窖中发掘出 6862 枚东汉简牍,材质包括木质和竹质两大类。该批简牍形制多样,包括木牍、两行、简札、封检、封泥匣、签牌、竹简、竹牍、削衣、异形简等十大类。简牍纪年有章和、永元、元兴、延平、永初等东汉年号,时代在东汉早中期和帝至安帝间。大部分为官文书,少量为封检、函封和楬,及名籍和私人信函。内容丰富,涉及当时的政治、经济、法律、军事诸多领域。尤其是大量当时使用的行政公文,具有实效性,主要是长沙郡及门下诸曹,临湘县及门下诸曹的下行文书,临湘县、临湘县下属诸乡和亭的上行文书,以及与外郡县的往来文书。《长沙五一广场东汉简牍(叁)(肆)》为国家古籍整理出版专项经费资助项目,是 2018 年出版的壹、贰之续篇。"叁"共收录长沙五一广场井窖遗址出土简牍 400 枚,"肆"共收录 500 枚,包括简牍图版、释文注释及相关附录。图版部分包括彩色及红外线的原大照片,释文部分含整理序号、释文及相关按语,附录含未见字迹简牍序号表、简牍编号及尺寸对照表、壹贰辑简牍编号及尺寸更新表和异体字表。

(石　洋)

【长沙走马楼三国吴简·竹简(玖)】

长沙简牍博物馆、中国文化遗产研究院、北京大学历史学系、故宫研究院古文献研究所编《长沙走马楼三国吴简·竹简(玖)》由文物出版社于 2019 年 12 月出版。该书为《长沙走马楼三国吴简·竹简》的第 9 卷。1996 年 7 月至 12 月,湖南省长沙市文物考古机构在清理长沙五一广场走马楼西南侧古井窖群时,在编号为 J22 的古井中发现大批三国时期竹简,总计 10 万余枚,其中有字简 7.2 万余枚。就已整理部分所见,最早年号为东汉献帝建安二十五年(220),最晚年号为吴孙权嘉禾六年(237)。形制有简牍、木楬、封检等。性质上,大部分属于孙吴临湘县或侯国的文书。内容以户籍、各种名籍和赋税簿籍为主，也有官府的往来文书，涉及司法调查、军粮督运、借贷还债、征讨叛乱等事项，还有私人信件、名刺、封检等。走马楼22号井窖出土三国吴简，根据出土情况分为二大类：一大类为采集简，另一大类为发掘简。采集简系施工扰乱后，从井窖四周及十里以外湘湖渔场卸渣区抢救回的简，相对残断。发掘简系吴简正式发现后，现场得到保护，经过科学发掘出土的简，相对完整。《长沙走马楼三国吴简·竹简》目前已出版8卷（第壹至捌卷出版年份分别为2003、2007、2008、2011、2019、2017、2013、2015年），其中，第壹至叁卷为采集简，第肆至捌卷为发掘简。第玖卷是"竹简"系列的最后一卷，亦为发掘简，故而整体相对完整。该书所收竹简：按长沙原始编号，起61402号，止69211号；按该书整理编号，起1号，止7810号。在所收竹简中，较重要的有嘉禾四年（235）、嘉禾五年（236）买卖"夷生口"的簿书。"生口"指俘虏及其家属，该记录应与嘉禾三年（234）十一月潘濬与吕岱等平定武陵蛮夷时掳获俘虏及其家属有关。此外，还有"自首士""自首叛士""自首贼帅"等簿书。这些新材料，会对吴简和三国史的研究有促进作用。

（石　洋）

【梁书（修订本）】

《梁书》修订本，中华书局2020年6月出版。旧版中华书局点校本"南朝五史"由山东大学王仲荦先生总负责，《梁书》由卢振华先生点校，宋云彬、赵守俨先生先后承担编辑整理，出版于70年代初。当时整理工作以商务印书馆据宋大字本影印的百衲本及南监本、北监本、汲古阁本、武英殿本和金陵书局本互校，择善而从，同时亦参校了其他相关史籍，对清代以来学者的校勘成果汲取尤多。修订本以商务印书馆据北平图书馆藏宋大字本（阙卷以上海涵芬楼藏元明递修本配补）影印百衲本为底本，以台北"国家图书馆"藏原北平图书馆宋大字本缩微胶片（原书今藏台北"故宫博物院"，著录作宋绍兴间刊明初修补本，已与原书作比对核校）为首要之通校本，以弥补百衲本因描润校改有失古本原貌的不足。作为通校本的，还有《中华再造善本》影印上海图书馆藏宋刻宋元明递修本，以及与底本系统不同，在百衲本问世之前较为通行的清武英殿本。鉴于《中华再造善本》影印上海图书馆藏宋刻宋元明递修本有少量阙叶，又以中国国家图书馆（两种）、台北"国家图书馆"、日本静嘉堂文库及内阁文库所藏五种宋刻宋元明递修本作为补充，以明南监本、北监本、汲古阁本、清金陵书局本为参校本。修订工作在原点校本基础上进行，遵循《点校本二十四史及〈清史稿〉修订工作总则》和工作程序，纠正原点校本中的错讹遗漏，统一体例，弥补不足，对原点校本作适当修订和完善。在充分尊重原点校本成果的前提下，清理复核了原点校本的全部校勘记。原校勘记无误者，保留沿用；可补充新的文献证据者，适当补充改写；有误者加以订正并另拟校勘记；确实无必要者则予以删除。原点校本对底本有重要改动而未出校记以及少数失校之处，修订本酌情补加校勘记。同时遵照《点校本二十四史及〈清史稿〉修订工程标点分段办法》，修改完善标点，对个别分段进行了适当调整。此次修订高度重视古今学者的学术成果，对清代以降尤其是点校本《梁书》出版以来学术界的校勘与研究成果，广泛收集并充分参考和采纳吸收。

（陈志远）

【水经注校笺图释·汾水涑水流域诸篇】

李晓杰主编《水经注校笺图释·汾水涑水流域诸篇》，科学出版社2020年3月出版。北魏郦道元撰写的《水经注》，是我国古代以水道为纲记载区域地理信息最为著名的典籍。以往对《水经注》的研究，主要集中于版本校勘和郦学史梳理两个方面，而对其中所涉及的地理方面的问题基本没有解决，所绘制的《水经注图》也难称精准，无法适应现代学术的发展需要。该书在重写《水经注疏》与重绘《水经注图》方面做了有益的尝试。校勘以清代殿本为底本，选取十三种（十五部）版本作为通校本，特别注意到在明人校勘形成今本系统之前，存在文字差异颇多的古本系统。对郦氏引用资料的出典，做了史源学追溯，将郦注自己之文字与引文做彻底的区分。对《水经注》所记汾水、涑水流域水道分布和政区设置进行复原。采用注释的形式，对其中所涉及的汾水与涑水流域大小水道的分布与改道情况，逐一与今日河流做了比照；对所提及的城邑地望，也一一做了与今地的比定。在此基础上，依据现今的一比二十五万大比例尺地形图，绘制出了精准的释图十幅（其中汾河涑水河流域卫星图一幅、《水经》汾水涑水流域图一幅、汾水流域分图七幅、涑水流域图一幅），将《水经注》所载的汾水、涑水流域地理信息做了迄今为止最为全面、精准而直观的展现，为今后绘制全新的《水经注图》做好了部分准备工作。该书堪称迄今为止最为全面、系统、准确的《水经注》汾水与涑水流域的复原研究工作，将《水经注》的本体研究推向了一个新的高度。此外，以现代学术要求编绘的大比例尺《水经注》汾水、涑水流域图组，科学精准，不仅可以形象直观地展示该书的研究成果，而且还为相关学者今后深入研读《水经注》及探究中古时期的历史与地理提供了极大的便利。

（陈志远）

【周氏冥通记校释】

王家葵《周氏冥通记校释》，中华书局2020年5月出版。《周氏冥通记》，陶弘景撰，共四卷，由周子良传记、周子良冥通记，以及陶弘景进呈给梁武帝的启事并梁武帝诏答三部分构成，前两者是本书的核心。传记主要叙述周子良的生平、性格，交代了周子良师从陶弘景的经历，尤其是他在二十岁突然去世前的一年多的时间内神秘莫测、不可理喻的怪异行为；冥通记则是陶弘景根据周子良"遗留"的与神仙沟通的文字材料编排、注释而成，揭示了周子良从梁武帝天监十四年（515）五月二十三日至次年十月二十七日之间，以冥通的方式（神仙"入梦"或"现身"）奇遇神仙，直至最后解化升仙（自杀）的故事。《周氏冥通记》是研究南北朝时期的神仙道教、佛道关系、文学创作、语言词汇等问题的珍贵文献。日本学者麦谷邦夫、吉川忠夫《周氏冥通记研究（译注篇）》（道气社，2003年）是该作品的第一部正式校勘、注释、研究专著，筚路蓝缕，厥功甚伟；但这部整理本遗憾之处尚多，刘雄峰先生的中译本（齐鲁书社，2010年）错谬尤多。新的校释本以《正统道藏》本为底本，以《秘册汇函》本为校本，并参考了《津逮秘书》本、《唐宋丛书》本和《说郛》一卷本。书末附有《周氏冥通记创作发覆》和《周氏冥通记文本解析》两篇文章，考证陶弘景杜撰《周氏冥通记》的背景、动机和创作技巧，足备一家之言。总之，该书是一部校释精审，富于学术创见的古籍整理著作。

（陈志远）

【河西魏晋·《五胡》墓出土镇墓瓶铭（镇墓文）集成】

关尾史郎编《河西魏晋·〈五胡〉墓出土镇墓瓶铭（镇墓文）集成》，汲古书院2020年10月出版。该书是关尾史郎编《中国西北地域出土镇墓文集成（稿）》（汲古书院，2005年）一书的增补改订版。该书延续旧版的体例，兼收河西地区以外，同属甘肃省的定西市（安定区）、崇信县、灵台县等位于河东地区的市县，以及与甘肃省毗邻的青海省大通回族土族自治县以及新疆维吾尔自治区民丰县出土的镇墓瓶及其铭文，但收录出土品的大多数仍以河西地区，特别是敦煌市为主。释文与去年刊行的关尾史郎编《河西魏晋·〈五胡〉墓出土图像资料（砖画·壁画）目录》体例相同，按照不同市县、古墓群分别著录。编者开始关注镇墓瓶，聚焦于五胡十六国时代制作的镇墓瓶铭文中所使用的年号，有支配河西地区的政权年号所未见的例子。镇墓瓶铭因此成为研究五胡十六国时期错综复杂的国际关系不可或缺的史料群。镇墓瓶及其铭文蕴含的史料信息极为丰富，历史学者还可能从其他角度加以利用。

（陈志远）

【高城佛光：黄骅市博物馆藏北朝石刻造像菁华】

黄骅市博物馆《高城佛光：黄骅市博物馆藏北朝石刻造像菁华》，上海书画出版社2020年9月出版。该书收录河北省黄骅市博物馆所藏的石刻造像及铭文。黄骅市位于河北省东南部，东临渤海，西接沧县，南临盐山，北依京津。据文献记载，黄骅在北齐时期称高城，隋代建鲁城，改高城为盐山，唐代改鲁城为乾符。博物馆工作人员于1980年和次年，分别在黄骅市区南约20公里的旧城镇旧城村，和市区西南约15公里的滕庄子乡岭庄村的两个窖藏进行了一次抢救性考古挖掘。清理出土的造像均为白石材质，完整者甚少，大多仅残存基座，共计石造像64尊，其中刻有纪年发愿文的44件。这些造像大都是东魏、北齐所制，仅一尊为唐代造。这是黄骅及沧州乃至整个冀东南地区历年来出土数量最多的佛教造像，为研究这一地区的古代佛教信仰和社会生活提供了珍贵资料。佛教最迟至公元3世纪末传播到河北境内，十六国时期，后赵统治者石勒、石虎尊崇西域高僧佛图澄，致使佛教在河北地区快速发展。其传播发展的中心地区主要集中在邺城和中山地区，现存纪年最早的中国佛教造像也出现在这两个地区。东魏、北齐迁都邺城，河北地区佛教进入鼎盛期。以白色大理石制作佛像，是该地区特有的传统。1950年代至今，集中出土过两批重要的佛像窖藏，一处是1953—1954年发掘的曲阳修德寺遗址，出土造像及残石2200余件；另一处是2012年临漳北吴庄遗址，出土造像及残石2895件。考古发现白石造像首先出现在以定州、曲阳为中心的古中山及其周边地区。东魏时期以石家庄为中心的古常山地区也开始流行，其流风传播至首都邺城。黄骅出土的白石造像，纪年最早的是东魏时期，与河北传播中心的造像有密不可分的联系。造像铭文保存了丰富的历史信息。从发愿文可知，当时高城县至少已有6座较大的佛寺，其中常乞寺、常神寺、常绥寺、常世子寺早在东魏时期就已存在。《武定七年王主比丘僧惠休等三十一人造像记》是由女性团体组织的造像活动记录，为河北地区首见。《天保五年比丘僧法洛和法义廿人造像记》，出现了"香火因缘""法义"之类社邑组织称谓。根据学者研究，这类称谓多见于山东地区，黄骅市造像的表达，体现其位于河北省南境，毗邻山东的过渡性特色。

(陈志远)

【内蒙古武川坝顶北魏祭天遗址】

北魏皇家祭天遗址，位于内蒙古自治区呼和浩特市武川县大青山乡坝顶村西南1公里处的蜈蚣坝坝顶之上。坝顶遗址远望如一个圆形大土包，具体则是由壝埒、内辟雍、内外垓和外辟雍由内向外构筑而成，分布范围约10000平方米。坝顶遗址在1980年代开展的第二次全国文物普查中已被发现，但对其性质一直存在争议，主要有魏帝行宫、北魏白道城下属的烽戍等观点。2014年，内蒙古自治区文物考古研究所结合文献和实地调查，初步推断该遗址为一处北魏礼制建筑遗存。2019—2020年申报国家文物局主动性考古发掘项目，对该遗址开展了考古发掘工作。经发掘，在内辟雍的堆积土层中，出土有陶片、残砖、板瓦、木炭等，多系北魏遗物。内辟雍底部出土的动物骨骼，经中国社会科学院考古研究所专家鉴定，种类为马、羊。部分动物骨骼表层或局部碳化，有火烧痕迹，周围覆盖有红烧土和碳化木头。初步推断，这些动物骨骼为祭祀用品。2020年的发掘工作集中于壝埒内部。发现夯土墙内壁有均匀分布的壁柱，内部地面上散落大量的木构件，出土有陶器、石器、铁器等。圆形夯土墙东南方向有长约8米、宽约1米的门址。考古人员在遗址中部发现一座皇帝祭天的圆形房屋遗址，房址内径约15.5米，外径约32.5米，东南部留有宽约1米的门道，房内出土少量祭祀用的陶罐。在圆形房屋外围有内外两道放羊、马等祭品的环壕，从中出土少量马和羊的肢骨等。圆形房屋外边还发现内外两个垓，即皇帝祭天时文武官员陪祭站立的平台。该遗址所在位置，北魏时期名为白道岭，白道岭之上有白道贯通阴山南北，遗址即位于白道之上。据《魏书·高祖纪》记载，太和十八年（494）孝文帝北巡阴山，曾于阴山之上"观云川"，即观天象。孝文帝"观云川"之地，极有可能与该遗址有关。虽然史书上与北魏皇家祭天相关的记载很多，但在此次发掘之前没有发现过北魏皇家祭天遗址。此处皇家祭祀遗址在形制上结合了中原王朝祭祀礼制和北方游牧民族祭祀传统，年代上早于西安隋唐圜丘和北京明清天坛，为研究我国古代皇家祭天发展史、北魏祀天礼仪制度提供了珍贵实物证据。

(陈志远)

【贞石可凭：新见隋代墓志铭疏证】

周晓薇、王其祎著《贞石可凭：新见隋代墓志铭疏证》，科学出版社2019年12月出版。该书收集了2008—2018年期间新见的隋代墓志163方，依葬年月日顺序排列，许多墓志为首次刊发，故史料价值较高。书籍主要是释读的墓志录文，不附加图版，每方墓志为一个独立单元，每个单元以序号、墓志名称、葬年月日为小标题，内容含括"基本信息""志盖""志文""疏证"四栏。"基本信息"一栏主要介绍出土时间、地点，收藏情况，墓志行款、字体，书撰人名、形制与纹饰，墓志尺寸、是否有界格，图版收录情况、研究情况。"志盖"一栏誊录盖题文字。"志文"一栏，则依据拓本图版以正字迻录并断句标点。"疏证"一栏侧重厘清志主的出身、家族、世系、任职、婚姻、子女、宅第、葬地等史料实况，并分析与志主生平事功相关的史事，以为史籍之补正；且欲通过梳理隋代与前朝后世相关墓志文献之间的联系，寻找契合的规律和问题，进而做整体或专题的从史料到史学，乃至艺术诸层面的探讨，以期促进对隋代总体研究的拓展与深化。163方墓志，其中砖志4方，枕铭1方，其余均为石质墓志。就收藏地而言，公藏39方，私藏124方。有志盖者82方，其中2方素面无字。依时段划分，开皇时期92方，仁寿14方，大业57方。就志主性别而言，男性墓志136方，女性墓志27方。志主为释氏者3人，为公主者3人，在正史中有传者17人。从墓志的出土地域来看，陕西境内94方，河南境内43方，河北8方，山西9方，甘肃5方，宁夏2方，山东1方，出土地不详者1方。从字体来看，正书墓志140方，隶书22方，篆书1方，足见当时书法主流与末流的趋向与动态。

（刘琴丽）

【秦晋豫新出墓志蒐佚三编】

张永华、赵文成、赵君平编《秦晋豫新出墓志蒐佚三编》（全四册），国家图书馆出版社2020年6月出版。该书共收录汉代至民国期间碑志图版905种，没有释读录文，其中汉代14种，晋29种，北魏并东西魏40种，北齐北周35种，隋21种，唐683种，五代8种，宋52种，金、元14种，明、清、民国9种。书籍按照志主葬年月日排序，无法确定具体时间者列于年代最后。每方墓志为一个独立单元，每个单元以序号、朝代和志主名称为小标题，其下含括墓志"首题"、行款和尺寸，盖题或额题、字体、行款和尺寸，卒葬年月、撰者、镌者，以及出土时间、地点和收藏情况。书籍最后还编制了《人名四角号码索引》，便于检索。该书所收碑志很大一部分为首次刊发，故史料价值极高。其中史料价值之大者，首先，是2008年5、6月间，于洛阳偃师、孟津两县交界处邙山之上出土的一批晋武帝泰始年间的皇宫奴婢砖铭，这些砖铭内容涉及西晋时期的官奴制度，以及鲜卑、羌等民族衍化资料。其次，收录的北魏及东、西魏墓志也可资补正史。最后，六朝、隋、唐、宋墓志，可补史者亦甚多。而且，这批墓志对于文学史、书法史的研究，都价值极高。但是该书存在一点瑕疵，即碑志尺寸著录的单位存在明显错误，即将"毫米"误著录为"厘米"，利用该书时须引起注意。

（刘琴丽）

【中古姓氏佚书辑校】

李德辉著《中古姓氏佚书辑校》，凤凰出版社2020年7月出版。该书为全国高等院校古籍整理研究工作委员会资助项目，由国家古籍整理出版专项经费资助出版。全书由前言、凡例、正文和引用书目四部分构成，正文则为辑佚的数十种姓氏书。中古时期的姓氏书，即记载人物姓氏源流、家族宗支传衍的文献，起源于汉魏，流行于六朝、隋唐，在中古时期的社会政治生活中发挥了重要作用。该书以传世文献为基础，利用石刻史料、敦煌文书、域外汉籍等，将先秦两汉至宋元文献中有佚文可辑的五十多种古代姓氏佚书，进行全面的辑录考辨。所辑录的姓氏书，包括四种类型，一是已经散佚之姓氏书；二是史书和子书中叙述姓氏谱系的连续性文字；三是宋明政典、类书中论述姓氏的连续性文字；四是载于宋元明代文人文集中的家谱、族谱，以及作者为他人撰写的家谱、族谱的序跋。在汇编整理时，按照作者的时代先后排列。所辑姓氏书的佚文，均详细交代出处，并校勘异文，改正错舛，深入考订。所辑佚书，前面大体都有简短的辑校说明，含括对著述内容、文献流传、佚文情况和学术价值的说明，而略于作者事迹的交代。有些辑录佚文后面有"附录"，其为散见于古籍中的非直接引用而属于间接称述或评论性文字。该书为从先秦到唐宋的文史研究提供了一份内容丰富、记载可靠的研究资料。

（刘琴丽）

【今注本二十四史·隋书】

马俊民、张玉兴等校注《今注本二十四史·隋书》（全16册），中国社会科学出版社2020年10月出版。该书为"今注本二十四史"系列丛书之一，该丛书项目是1994年8月由中华人民共和国文化部批准立项，2005年被中华人民共和国新闻出版总署列入"十一五"国家重点图书出版规划的大型文献整理项目，旨在通过校勘和注释，创造出一整套能够代表当代学术水准、能够为史学研究者及普通阅史者提供极大帮助的二十四史权威版本；项目总编纂为中国社会科学院古代史研究所张政烺先生，执行总编纂为中国社会科学院古代史研究所赖长扬、孙晓先生，国内二十多所高校、科研机构的专家学者三百余人参与项目编纂。《隋书》由唐魏征等撰，记载自隋文帝开皇元年（581）至恭帝义宁二年（618）共38年的历史。全书共八十五卷，包括帝纪五卷，列传五十卷，志三十卷。《今注本二十四史·隋书》经历了杨志玖、马俊民、张玉兴三代主编，前赴后继，反复锤炼，最后由马俊民、张玉兴、唐华全等参与整理。该书选取百衲本《隋书》及中华书局点校本为底本，辅以多种参校本，其工作重点是校勘正误、注释文本、补充史实。如校勘时间、人名、地名、官职、标点错误，以及不同版本的对校，全面纠正现行校点本中的校点错误。对书中出现的人名、地名、职官、官署名、典故、疑难字等进行注释；并利用出土的敦煌吐鲁番文书、碑刻墓志等新资料，补充相关史实。"史家注史"是该书的重要特色。在校勘、注释过程中还广泛吸收前人研究成果，形成一套研究成果与经典史书契合一身、考古发现与传世文献辉映互证的典籍，横排繁体版本。注释深入浅出，适合各类读者参阅，为《隋书》整理与研究的里程碑之作。

（刘琴丽）

【旅顺博物馆藏新疆出土汉文文献】

王振芬、孟宪实、荣新江主编《旅顺博物馆藏新疆出土汉文文献》（全35册）（以下简称《旅博文献》），中华书局2020年11月出版。该书全面公布了旅顺博物馆所藏新疆出土文献的汉文部分，共计26000多枚残片，时间跨度上至西晋，下至北宋。文献内容佛典超过20000片，其余含括写经题记、经录、道经、四部典籍、法典、公私文书、数术文献与医药文献。《旅博文献》是日本大谷探险队收集品的重要组成部分，是20世纪各国探险队所获西域出土品中唯一回流本土的一宗，也是目前所知国内敦煌吐鲁番文献唯一尚未公布的大宗藏品，被称为敦煌吐鲁番文献"最后的宝藏"。该批文书是20世纪初日本大谷光瑞探险队在中国新疆地区挖掘获得，与日本龙谷大学藏"大谷文书"原属同一批，这批资料曾在日本神户二乐庄进行初步整理，1916年因大谷光瑞移居旅顺，也辗转入藏至此。此后，虽经过学界多次整理，并发表部分成果，但其全貌尚未被学界了解。此次出版，是在先前整理的基础上进行影印，并做了科学细致的编号，做出较为详细的解题（包括译注者、出处、年代和其他写本信息），并附分类索引，展现了21世纪中国学界的文献整理水平，便利学界对于该批文书的利用。据整理课题组的研究与鉴定，截至《旅博文献》出版时,能够识别出这批文献包括五大内容:其一,佛教典籍写本、刻本,此类文献占据大宗,有 20000 多片,涵盖时段广,其中不乏佛教典籍早期写本,能够与已经发现的敦煌、吐鲁番相关版本的佛教写本典籍进行印证;其二,唐代西州道教文献,有一些是敦煌道经的独家资料;其三,世俗典籍文献残片,涉及经、史、子、集各部;其四,法典与公私文书残片,如法律类的《唐律疏议》等,尤其是包括不见于它处的"开元三年令"原文残片,以及当地物价、户籍类文书;其五,占卜医药类书籍残片。《旅博文献》能够与已经发现的敦煌吐鲁番文献进行印证,亦能与古代中原汉籍的相关版本进行比勘,其中不乏未见于它处的独家资料,这为学界全面了解古代新疆地区的宗教文化、社会面貌提供了第一手资料,见证了中原王朝对新疆地区的有效管辖与治理,同时也丰富了古代中原与西域之间宗教典籍传抄与文化传播的认知,进一步推动古代丝绸之路中外文化交流研究的深入发展。

(刘琴丽 孙昊)

【吐鲁番出土墓志汇考】

张铭心编著《吐鲁番出土墓志汇考》,广西师范大学出版社 2020 年 11 月出版。该书是一部关于吐鲁番地区出土东晋十六国至唐代末年墓志的集释性的著作。该书作者张铭心系中央民族大学民族博物馆馆长、历史文化学院教授。其主攻专业为吐鲁番学及出土文献学,是吐鲁番学和碑志研究方面的国际知名学者。该书是在其撰写硕士论文《高昌墓塼の史的研究》(大阪教育大学,1999 年)和博士论文《トルファン出土高昌墓塼の源流とその成立》(大阪大学,2003 年)的过程中所编纂的资料集的基础

上完成的。这本书共收录有自东晋十六国至唐代末年的三百七十一方墓志,其中高昌郡、高昌国时期的墓志二百二十八方,唐西州时期墓志一百四十三方,并有"附属资料",收录的是与高昌郡、高昌国和唐西州有关而非吐鲁番出土之墓志十余件,是至今为止收录吐鲁番出土墓志数量最多最全的一部资料集。全书内容上由高昌出土墓志的铭文辑录、论著索引、作者考释、附录索引四部分组成。该书的特点有五:一、资料收集完备,较前人同类著作多收录 45 方墓志,其中还包括此前从未公布过的义和三年(616)"和氏墓表"等新资料;二、墓志原始信息整理完备,在参考考古发掘简报和发掘报告的基础上,尽可能从表述上还原墓志出土的原始信息;三、学术史完备,该书的资料信息共参考了七十八种资料论著和一百一十种研究论著,比较全面地反映了国内外学界有关吐鲁番出土墓志的研究成果;四、考证细腻,多围绕吐鲁番出土墓志铭文内容和出土信息展开,并有较多启发性问题的提出;五、墓志录文精良,相较于此前发布整理的墓志录文,校正了诸多录文有误之处,对于同一方墓砖,录文出入较大者,均将两份录文并列,供研究者比较参考,结合书后所附人名、地名、官名、墓葬编号等索引资料,为研究者利用这批资料提供了进一步的参考和便利。

(张慧芬)

【金史(修订本)】

中华书局新修订版《金史》由傅乐焕、张政烺点校,程妮娜主持修订。《金史》为元朝脱脱等修纂的官修纪传体金代史,包括本纪 19 卷、志 39 卷、表 4 卷、列传 73 卷,全书 135 卷,另附《国语解》1 卷,记述了从女真族的兴起到金朝建立和灭亡百余年的

历史。中华书局点校本《金史》，最初由傅乐焕先生承担，但到1966年傅先生去世时，仅做出少部分工作。其后大部分点校工作在1971年后由张政烺先生完成，崔文印先生负责编辑整理，于1975年出版。点校本采用百衲本为底本，与北监本、殿本参校，择善而从，又参考有关史料进行校勘，吸取了前人的考订成果，成为当代《金史》的一个通行本。此次修订自2009年开始，采取"底本式"整理方式，仍以百衲本为底本，通校元刻本、清武英殿本，参校明南监本、北监本、清江苏书局本，以及明《永乐大典》残本的相关部分。修订工作参考吸收施国祁《金史详校》文渊阁四库全书本及道光殿本的考证、张元济《金史校勘记》等前人校勘成果。在版本校的基础上，充分运用本校、他校，利用正史、类书、文集、出土文献，以及高丽古籍进行校勘。此次修订逐条复核原点校本已有的校勘成果，充分吸纳原点校本的成绩。《金史》点校本原有2017条校勘记，此次修订删掉120余条，修正不准确的校勘记数十条，新出校勘记近900条，占修订后校勘记总数2780多条的32%左右。另外，修订者还对标点、分段不妥处加以修订，纠正标点失误200多处。修订本还较为全面地搜集梳理了点校本《金史》出版以来发表的诸多校读札记，加以参考和利用，基本体现了当代《金史》研究的最新成果。中华书局点校本"二十四史"及《清史稿》修订工程自2005年启动以来，已陆续出版了修订本《史记》《旧五代史》《新五代史》《辽史》《魏书》《南齐书》《宋书》《隋书》与《金史》。

（王　申）

【范成大集（点校本）】

范成大著，辛更儒点校《范成大集》，中华书局2020年6月出版。该书属于"中国古典文学基本丛书"之一种，共3册，繁体竖排印刷，由辛更儒完成点校工作。范成大（1126—1193），字至能，一字幼元，早年自号此山居士，晚号石湖居士，平江府吴县（治今江苏省苏州市）人，南宋名臣、文学家，"中兴四大诗人"之一。范成大素有文名，尤工于诗，风格平易浅显、清新妩媚。诗题材广泛，其中最有价值、传诵最广的是他代表南宋使金期间所作"使金诗"72首和退居吴中石湖时所作《四时田园杂兴》60首。在政治上，范成大常年在各地担任地方官，也曾在中央任职，更曾作为南宋使节出使金朝。这些经历让他在文集中记录下了大量与南宋中央、地方政务和金朝风貌、制度有关的内容。不过，尽管范成大作为吴中的历史名人而享有盛誉，因其后裔及范氏族谱迄未发现，甚至其坟墓也未发现，以致今人对范成大之氏族、家庭、近亲等问题知之甚少。范成大原有文集136卷，明朝以来散佚严重，诗以外的各体文如词、序、碑记、奏疏等，存世寥寥。该书整理者在前人辑佚基础上努力搜求，续有收获。另外，《范成大集》自南宋龚颐正编纂以来，就存在次序编年错乱问题，严重影响对范成大其人其诗的理解。整理者经过认真考索，澄清了范成大早年生活的一些疑点，并据此将范诗重新编年排序，对学习与研究范成大作品很有帮助。此外，整理者还根据整理心得编写了《石湖居士范成大年谱简编》，备载谱主自家行事。该书是第一部完整的范成大作品整理本，收集的作品为目前最全。整理者的主要贡献在于辑佚，整理范成大早期生平，辨析前人误收的伪作，考辨部分诗文的编年。该书的出版将有利于学界进一步展开对范成大及其家族的研究，还能够由点及面，以范成大为切入点讨论相关的南宋政治、经济、社会、文化、外交等问题。

（王　申）

【周必大集校证】

周必大撰，王瑞来校证《周必大集校证》，上海古籍出版社 2020 年 11 月出版。该书属于"南宋及南宋都城临安研究系列丛书"之一种，共分 8 册，繁体竖排印刷，由王瑞来独立完成标点、校证工作。周必大（1126—1204）是南宋著名的政治家和文学家，字子充，一字洪道，自号平园老叟，吉州庐陵（今江西省吉安县）人。绍兴二十一年（1151）进士及第。绍兴二十七年（1157），举博学宏词科。曾多次在地方任职，官至吏部尚书、枢密使、左丞相，封许国公。庆元元年（1195），以观文殿大学士、益国公致仕。嘉泰四年（1204），卒于庐陵，追赠太师。开禧三年（1207），赐谥"文忠"。周必大在政治问题上颇有建树，其文集保留下来了大量的奏疏、札子，对政治、制度、军事、财政等均有细致的讨论，反映了诸多制度设计和运作上的问题，对研究南宋的相关问题具有很高的史料价值。周必大工文词，为南宋文坛盟主，他与陆游、范成大、杨万里等都有很深的交情，人际联络广泛。因此他的书信等资料对于研究南宋文坛、文人之间的人际网络等问题都很有帮助。该书收录周必大存世的全部著作，全集共 200 卷，卷末附校勘记。校证者尤为注意版本，选取近代校勘名家傅增湘据明代史继辰抄本校订之欧阳棨刊本为底本，主要参校以时代较早、篇目较全、抄录清晰的明代澹生堂抄本，同时校以四库全书本、清代黄丕烈校本和宋刻残本。王瑞来认为尽管在形式上综合知圣道斋本、清翰林院本以及张敦仁家藏钞本等众本之长而成的欧阳棨刊本对宋刻原貌有所改变，但基本上不涉及文字内容。作为周必大文集版本的一种，欧阳棨刊本已经固化，因此校勘亦不从宋刻等本变更形式，更不取容易造成版本检视混乱的百衲本方式，一仍欧阳棨刊本原状。不过，由于欧阳棨刊本多删去写作日期，该书据宋刻残本、明代澹生堂抄本、黄丕烈校本、四库全书本补充，以保存写作背景。此外，从清人欧阳棨整理刊刻，到傅增湘校订，以及《全宋文》《全宋诗》编纂，都对周必大的诗文有所辑佚。此次整理，在上述辑佚成果的基础上，又辑得集外诗文十数篇，独立编为佚文 1 卷，附于文末。应当说，《周必大集校证》是对周必大文集的一次系统性整理和校证，有利于学者利用体量庞大、内容丰富的周必大著述。

（王　申）

【朱子家礼宋本汇校】

吾妻重二汇校《朱子家礼宋本汇校》，上海古籍出版社 2020 年 9 月出版。该书是数十年来致力于《朱子家礼》研究的日本关西大学吾妻重二教授所整理的重要成果。《朱子家礼宋本汇校》是朱熹《家礼》的最新校勘本，其以宋版周复本《家礼》为底本，参考其他八种校本：1. 清光绪六年洪氏公善堂覆宋刊本《家礼》；2. 杨复附注、刘垓孙增注南宋刊本《纂图集注文公家礼》；3. 黄瑞节编至正元年日新书堂刊本《朱子成书》所收《家礼》；4. 胡广等编明内府刊本《性理大全》所收《家礼》；5. 明版《家礼》；6. 文渊阁四库全书本《家礼》；7. 郭嵩焘撰光绪十七年思贤讲社刊《校订朱子家礼》；8. 浅见絅斋点宽政四年刊和刻本《家礼》。该书梳理出《朱子家礼》刊刻流传中形成的两个版本系统：周复五卷本系统，《性理大全》的系统。《朱子家礼》是宋代以后影响最大、践行最广的礼学著作,意义深且广:1.《家礼》上承《仪礼》,是影响中国长达七百年的礼仪制度的代表;2.《家礼》不分士庶,打破"礼不下庶人"的传统观念,深入近世中国人日常生活的方方面面;3.《家礼》的影响超越中国,扩展到日本、朝鲜、越南等东亚地区。《朱子家礼宋本汇校》可称为《家礼》的最善本,其出版对朱子学、礼学乃至儒学的研究,具有重大意义。

(陈冠华)

【明止堂藏宋代碑刻辑释】

朱明歧、戴建国主编《明止堂藏宋代碑刻辑释》,中西书局2020年8月出版。该书分为两册,分别收录墓志和地券。内容包括上海市嘉定区明止堂古砖文化研究与保护中心收藏的宋代墓志和地券397方,其中墓志193方,地券204方。这些碑刻主要来自宋代江西抚州地区,从这些碑刻的形制、刻字,以及文字所载内容中可以识读出抚州地区详细的时代和社会生活信息,对了解宋代该地区平民百姓丧葬习俗,包括葬期选择、葬仪变更,以及城乡历史地理等方面提供了丰富翔实的文本资料。特别需要指出,该书辑录的墓志和地券,近一半为女性,相对男性的墓志和地券,女性的生平被记载得更为翔实丰富,她们在家庭中的地位不仅体现在墓志的文字叙述中,也在地券昭告人的身份中表现出来。这些墓志和地券对于研究宋代妇女的婚姻生活是颇有价值的史料。而学者通过买地券则可以考论宋代制度、历史地理乃至人口迁移等历史问题,可补充传世文献记载;而买地券中频繁出现"乡""耆""厢""坊""社""都",更可以为研究宋代乡村基层社会组织的变化提供珍贵史料。因此主编朱明歧在自序中将这批碑刻史料视为"宋代平民文化的见证"。从史料连续性、集中性的角度看,该书收录的碑刻集中在抚州地区,对学者开展研究很有价值,从研究资料上避免了"碎片化"、零散化。从整理和展示方式看,该书主要进行了编目和释文工作。一份碑刻史料基本占用两页,分为两个部分。一页为拓片的高清图版,另一页则包括标题、作者、行列字数、形制、传主的卒年、碑刻全貌的缩略图和释文等信息,非常便于学者对照、使用。总之,该书提供了有关宋代江西抚州地区民众生活、社会结构的大量一手史料,能够从多个角度辅助学者开展研究,补充传世文献记载的空缺之处。

(王 申)

【贞珉千秋——散佚辽宋金元墓志辑录】

周峰编《贞珉千秋——散佚辽宋金元墓志辑录》,甘肃教育出版社2020年10月出版。该书收录编者本人近年搜集、收藏的103件辽、宋、金、元四代墓志,大部分未著录发表。在该书出版之前,学界对于宋代墓志已有一些整理成果,如《宋代墓志辑释》(收录宋代墓志226件),《宋代墓志》(主要收录浙江地区的宋代墓志161件),《新出宋代墓志碑刻辑录》(北宋卷,收录宋代墓志碑刻451件)等。但对于辽、金、元三代墓志进行系统整理,并以图版加录文形式刊布的,则较为罕见。因此,编者指出金、元两代的墓志,是首次系统整理刊布,学术价值相对更大。其中山西晋东南地区出土的一批金代墓志,较为全面反映了当时农村基层社会的风貌。元代墓志中除有首次发现的汉人世侯万户谢坚的墓志外,还有大量基层民众的墓志,为了解当时的社会状况提供了宝贵的第一手资料。如以朝代作为区分,该书收录辽代墓志1方,时间为统和十八年(1000);宋代墓志与地券59方,时间为天禧三年（1019）至咸淳十年（1274）；金代墓志14方，时间为天会六年（1128）至泰和七年（1207）；元代墓志与地券26方，时间为中统四年（1263）至至正二十五年（1365）。总体来说包括了宋、金、元三朝的多数时间段，石刻资料的地点、传主的身份也较为零散，可供有经验的研究者根据相应的研究目标取舍使用。从整理和展示方式看，该书为所收录的石刻资料说明了标题名称、时间、正文释文、正文以外的其他文字释文、形制、书写方式、字数等信息，并附上了拓片的清晰图版。如某份石刻资料曾在某些研究中发表，该书亦标明了相关研究的信息。难能可贵的是，该书是目前市场上较为罕见的平价墓志出版物。该书的出版，为辽、宋、金、元史相关领域的研究提供了重要的史料支撑。

（王　申）

【圣武亲征录（新校本）】

贾敬颜校注、陈晓伟整理《圣武亲征录》（新校本），中华书局2020年1月出版。《圣武亲征录》一卷，不著撰人名氏，记述元太祖成吉思汗（谥圣武皇帝）、元太宗窝阔台（谥号英文皇帝）两朝史，成书于元世祖时期。元朝太祖、太宗《实录》多取材于此。此书有些记事可补《元史》《元朝秘史》之阙，因而具有较高的史料价值。但此书译笔较拙，原不甚为人所重。清修《四库全书》，以其叙述无法，未予收入，仅存其目于史部杂史类中。乾嘉学者钱大昕较早提出此书价值。道光年间，张穆、何秋涛获得此书抄本，时书因传抄多误，地名、人名、年月之参错，触处皆是，经何秋涛用《元史》及其他有关资料文集细加参校，方才可读。光绪间，李文田、沈曾植、文廷式等人获得何校稿本，复加校注，光绪二十年（1894）由袁昶刊于芜湖。与此同时，李文田、沈曾植两家校注本《校正元亲征录》还被刊入《知服斋丛书》。另外，丁谦也在何校本基础上对此书作了进一步校勘。民国间，王国维复广集前此诸家研究成果，以明《说郛》本为底本，参校汪鱼亭家抄本等，详加校注，成《圣武亲征录校注》（收入《蒙古史料校注四种》），后来居上。国外蒙古学界对此书也相当重视。19世纪，俄国的帕拉基（卡法罗夫）即将其带回国内进行介绍。法国有伯希和的《圣武亲征录译注》（1951），日本则有那珂通世的注释本。贾敬颜先生自1956年校勘《圣武亲征录》，共参校十八种校本，1980年整理出《圣武亲征录斠本》（油印本），具有较高的学术价值。后又在此基础上增补大量内容，但仅在油印本上批校，未经整理出版，未能为学界广泛利用。此次陈晓伟在贾敬颜先生《圣武亲征录斠本》修订本的基础上，充分吸收增订内容，通校底本（国家图书馆藏郑杰钞本），逐条核查贾氏所引各语种民族语文文献及学术论文，校正引文错讹、书名卷次，最后再校查十八种参校本。将为学界提供一个便于利用的通行《圣武亲征录》新校本。

（罗　玮）

【经世大典辑校】

周少川、魏训田点校《经世大典辑校》，中华书局2020年4月出版。《经世大典》是元代文宗时期修纂的大型政书。大典八百八十卷，为君事四篇、臣事六篇，十篇之下又分一百二十八类以上，分类记载了元朝自漠北兴起至文宗朝的帝王谱系、诏训，以及职官、礼乐、经济、军事、法律、匠作等典章制度，尤其是总结了元朝立国以来典制的更替演变，是元代典制之集大成者，具有非常高的史料价值。明初修《元史》，多取材于大典。明后期大典失传，清中叶以后才逐渐为学者重视，出现了一些辑佚和研究成果，然至今仍未有一部较全面的辑本。《经世大典辑校》一书在前人辑佚、研究的基础上，更为全面地收录大典现存佚文，最大限度地恢复大典原貌，为学界提供一部便于利用的重要史籍。该书为《经世大典》的首次系统全面整理（辑佚、点校）。该书辑校的思路清晰明确：以史源学的原则收辑散见于各种古籍的《经世大典》佚文，尽可能恢复佚书原貌，充分体现辑本的还原性和可信度。该书辑佚以《元文类》所存佚文、《永乐大典》残本所存佚文、文廷式辑本、其他史籍文集所引佚文为先后顺序，依次辑入大典框架；佚文有重出者，择善而存，删去重复；又以清人多种辑本为校勘。并收入《进经世大典表》《经世大典地理图》。辑校本在各类目之下，附有"考校记"，记述佚文出处，考证有关类目的设置和佚文的归属，以及文字取舍的原因，交代异文校勘的情况。文后附录有关记述、考证《经世大典》的诗词、题识、跋语，列《〈永乐大典〉残本所存〈经世大典〉佚文表》等。

（罗　玮）

【元史研究资料汇编补编】

李治安主编《元史研究资料汇编补编》（全86册），广西师范大学出版社2020年11月出版。元朝是中国统一多民族国家发展史上一个重要时期，鼎盛时期亦对欧亚大陆产生过较大、直接的影响。蒙元王朝本身具有的国际化属性，使元史研究在世界范围内受到越来越广泛的关注。元史的独特性在于它既是独立的蒙古民族史，又是中国历史中的断代史，也是世界历史的重要组成部分，三者兼而有之，融会贯通。由于各种原因，有关元代历史的资料虽然很多，却又参差不齐、十分复杂。在当前的元史研究工作中，资料的搜集、整理是基础工作，也是重点所在。充分的史料对拓宽研究视野、加深研究层次有直接的推动作用。该编在《元史研究资料汇编》的基础上，广搜博取，意在为元史研究工作提供更加丰赡的基础资料，推动元史研究的进一步发展。因此，对相关史料的搜集、鉴别、遴选，成为研究元史工作者最为基础的工作。此次补编所选105种古籍均为稀见文献，大体按经、史、子、集四部分类编排，其中包括经部《书集传音释》等6种，史部《历代史谱》等21种，子部《增广字训》等25种，集部《知常先生云山集》等53种。

（罗　玮）

【五礼通考（点校本）】

清秦蕙田撰，方向东、王锷点校《五礼通考》，中华书局2020年11月出版。秦蕙田（1702—1764），字树峰，号味经，卒谥文恭，江苏无锡人。乾隆元年（1736）一甲三名进士，官至刑部尚书，加太子太保。秦氏通经能文，尤精《三礼》，在钱大昕、戴震、王鸣盛、卢文弨、蔡德晋等人协助下，历时三十八年，于乾隆二十六年（1761）编纂完成《五礼通考》262卷，加上卷首4卷、目录2卷，合计268卷。此书上自先秦，下讫明代，立足《三礼》，按吉礼、嘉礼、宾礼、军礼、凶礼分为五大类，大类下细分小类，将《十三经注疏》《二十二史》《大唐开元礼》《大明集礼》等经、史、子、集四部礼学资料剪裁析出，先经后史，部以类别，叙次排比，下附案语，考察中国古代礼仪制度演变的历史，字数多达五百多万，堪称皇皇巨著，实为中华礼学之宝藏。此书版本有稿本、清味经窝初印本和通行本、《四库全书》本、清光绪六年（1880）江苏书局本、清光绪二十二年（1896）湖南新化三味堂本等。味经窝本校勘不精，讹脱衍倒很多，通行本修正了初印本的大量错误，但讹错衍倒，仍有不少。文渊阁《四库全书》本对底本进行了大量的改正补缺工作，整体质量，远胜于他本。光绪本以乾隆本为底本翻刻，校改了一些讹误，但也增加了一些新的错误。点校者方向东、王锷先生充分吸收了既有研究成果，广泛研读和比对各个版本，分析了各自的优缺点，以上海古籍出版社影印的文渊阁《四库全书》本《五礼通考》为底本，以味经窝本、乾隆本、光绪本为对校本进行整理。整理本主要做了三项工作：一是以文渊阁《四库全书》本《五礼通考》为底本，对全书施加新式标点；二是对《五礼通考》征引《十三经注疏》《二十四史》《通典》《文献通考》等文献之史料，进行核对，订正谬误；三是以文渊阁《四库全书》本为底本，用清乾隆十八年秦氏味经窝刻本、清光绪江苏书局刻本进行版本之间的对校，匡谬补缺，撰写校勘记。此次点校，标点准确，校勘严谨，为读者提供了一部了解中国古代礼仪制度可读、可引、可信的整理本。

（侯　婕）

【清代前期天地会史料集成】

秦宝琦编《清代前期天地会史料集成》（8卷），中国人民大学出版社2020年10月出版。此书对清代乾隆、嘉庆、道光三朝天地会的史料进行了搜索、整理与编辑。其内容包括两大类：第一类大部分为档案资料，少量为文献资料。所收的档案资料以中国第一历史档案馆收藏的档案原件为主，同时使用了台北"故宫博物院"出版的《宫中档乾隆朝奏折》及其所藏军机处月折包中的有关史料。所收的文献资料主要包括乾、嘉、道三朝的实录、《清史列传》《台湾文献丛刊》，以及一些地方志、私家著述中的相关内容。第二类是天地会本身的史料，主要包括保存下来的天地会武装起义的告示、信札等，天地会会簿的各种抄本，以及天地会腰凭等。这些文献以乾隆时期为主，在全书8卷篇幅中，占了近6卷；而乾隆朝的林爽文起义史料又是该书的重点，有4卷半的内容涉及这一主题。

（李华川）

【清代乡试文献集成】

中国国家图书馆编《清代乡试文献集成》（第一辑）（全150册），国家图书馆出版社，2020年10月出版。此书篇幅浩繁，以影印的方式收录了清代乡试录、题名录、同年录、同门录等文献368种，记录当次乡试的考官、考生的履历等资料，涉及各个行省，尤以文化和经济发达的顺天、江南、浙江为多。此书的资料不仅有益于科举史研究，也会对清代的人物、师承关系、地方志的研究，予以许多补充。而清代和民国间在政治、经济、文化、军事等领域内有重要影响的名人和各地时彦名贤等的相关资料，多可在书中得见，如吴士俊（见《清道光五年（1825）乙酉科顺天乡试同年齿录》），李鸿章（见《清道光二十四年（1844）甲辰恩科顺天乡试录》），朱恩绂（见《清光绪十一年（1885）乙酉科湖南乡试题名录》）等。此书的价值至少有两方面：一、所收录的试题、考官等科举资料可为清代科举研究提供重要的基础文献。二、所收录的人物资料不仅有益于清代人物的家世和师承关系研究，也有益于地方志和地方著述目录的补充和订正，是地方文化研究的重要参考。

(李华川)

【日本所藏稀见明清科举文献汇刊】

陈维昭、侯荣川编《日本所藏稀见明清科举文献汇刊》（第一辑）（20册），广西师范大学出版社2020年10月出版。科举制度对于我们周边的国家也产生了影响，此书收录日本图书馆所藏，而国内稀见的明清科举文献13种，包括八股文选、讲义类文献、课士录、二三场文集，多数为稀见的藏本甚至是孤本。每一种文献均附有解题，介绍作者、版本和主要内容、主要价值等。方便研究者了解该书的基本情况。《汇刊》第一辑多收明代文献，从第15至20册是清代部分，包括三种，即尤侗《制科古文律书》不分卷、钟衡《同馆课艺四编》、陈兆仑《制义体要》，分别是康熙、乾隆、光绪时期的著述。此辑中所收录的科举文献是明清时期的科举考试辅导用书，在一定程度上反映了当时编纂者对于科举考试"重难点"的解析，其中几种文献或经过了考生的整理，按照考生自己的复习习惯重新进行了排序和装订，这些对研究明清时期的科举都有较高参考价值。此次出版的第一辑收录的均为日本所藏的科举文集，预计以后的几辑中将会收录日本所藏科举文集和考试录。

(李华川)

【陆陇其全集】

张天杰主编《陆陇其全集》，中华书局2020年12月出版，是杭州师范大学张天杰教授主编整理的成果。该书充分搜集了历代陆陇其著作的单行本，《正谊堂全书》《四库全书》所收录的陆陇其著作，以及光绪年间《陆子全书》中陆陇其的著作；增补《陆陇其年谱》、许仁沐选编《景陆稡编》，以及张天杰选编《景陆稡编补遗》等，全书15册，合计120多卷，共420多万字。《陆陇其全集》各册书目分别为：第一、二册《三鱼堂文集》，第三册《松阳讲义》，第四至八册《四书讲义困勉录》，第九册《读礼志疑》《战国策去毒》《读朱随笔》，第十册《三鱼堂剩言》《问学录》《松阳钞存》，第十一册《三鱼堂日记》，第十二册《治嘉格言》《陆稼书判牍》，第十三册《陆陇其年谱》，第十四、十五册《景陆稡编》《景陆稡编补遗》。《陆陇其全集》选本精良，是迄今为止最为完整的陆陇其著作集，其整理出版，将有力推动明清朱子学、《四书》学相关文献的整理与研究，使清初朱子学成为未来宋明理学研究中的有效增长领域，并掀起清初儒学、江南儒学研究的高潮。

(陈冠华)

【贵州清水江文书·黎平文书（第二、三辑）】

李斌主编《贵州清水江文书·黎平文书》（第二、三辑），贵州民族出版社2020年12月出版。民间文书、档案史料的搜集、整理工作是推动社会史发展的重要动力。在持续重视徽州文书、黑水城文书、福建契约文书、浙江石仓文书、《巴县档案》《淡新档案》《宝坻档案》《龙泉档案》《南部档案》等传统文书之外，贵州清水江文书整理出版成为近年来学术界新的焦点。清水江文书又称"清水江民间契约文书"，是中国贵州清水江流域少数民族地区珍贵的民族民间文献遗产，主要是指明末以来直至20世纪50年代共约400年的历史长河中，贵州清水江中下游地区苗族、侗族林农为了经营混林农业和木商贸易而形成的大量民间契约和交易记录。2020年12月12日，《贵州清水江文书·黎平文书》发行仪式于在凯里学院举行。目前整理并大型影印的清水江丛书主要有：张应强、王宗勋主编《清水江文书》第1辑、第2辑、第3辑（共33册），广西师范大学出版社，2007、2009、2011年。张新民主编《天柱文书》第1辑（共22册），江苏人民出版社，2014年。李斌主编《贵州清水江文书·黎平文书》第1辑、第2辑、第3辑（共60册），贵州民族出版社，2017、2019、2020年。贵州省档案馆等编《贵州清水江文书·黎平卷》第1辑、第2辑、第3辑（共15册），贵州人民出版社，2016、2017、2018年；《贵州清水江文书·三穗卷》第1辑、第2辑（共10册），贵州人民出版社，2016、2017年；《贵州清水江文书·剑河卷》第1辑（共5册），贵州人民出版社，2017年；《贵州清水江文书·天柱卷》第1辑、第2辑（共10册），贵州人民出版社，2017年；《贵州清水江文书·岑巩卷》第1辑（共5册），贵州人民出版社，2017年；《贵州清水江文书·锦屏卷》第1辑（共5册），贵州人民出版社，2017年。谭洪沛主编《九寨侗族锦屏文书辑存》（共36册），凤凰出版社，2019年。等等。"清水江文书"，是文献学、历史学、民族学、人类学、法学、经济学、生态学等学科研究的珍贵历史文献，是贵州清水江地区苗族、侗族、汉族等民族数百年以来的生产、生活实物见证和历史真实记录，是人们不断调整和分配资源、财产的法权表达。目前已出版的清水江文书，选录了1949年以前保存完好、内容完整、文献价值高的文书，包括田、土、山坡、地基、房屋、林木买卖等契约，以及税单、账单、礼单、诉状、书信、证书等，均来自清水江流域各个乡镇侗族、苗族家庭的私家珍藏，是研究西南少数民族地区社会经济发展史的重要史料之一。

（邱源媛）

【中国第一历史档案馆开放馆藏军机处录副专题档案、宗人府档案】

2020年，中国第一历史档案馆开放馆藏军机处录副专题档案29471件，开放宗人府档案202288件。清代档案是清王朝中央、地方的各种机构在处理日常公务活动中形成的文书、图籍、档册等，包括清宫内阁大库、国史馆大库、方略馆大库及宫中各处庋藏的大内档案，以及其他中央机构和地方机构的档案。中国第一历史档案馆是目前全国最为集中、数量最大的清代官方以及皇家档案收藏单位。该馆保存清代历史档案共1200余万件（册），其中完好、比较完好，能够提供社会利用的1000余万件（册），残破、严重残破，暂无法提供利用的200余万件（册）。在能够提供利用的1000余万件（册）档案中，汉文档案有800余万件（册），满文档案200余万件（册），另有蒙文档案5万多件（册），还有少量藏文、维吾尔文、托忒文等少数民族文字及英、日、俄、德、法等外国文字的档案。档案时间，从清入关前之天命前九年（1607），至宣统三年。另有溥仪退位后1912至1924年未出宫前以及其在天津、东北时的档案。与全国地方各级档案馆、图书馆所存清朝档案比，中国第一历史档案馆所藏档案最大的特点，一是绝大部分档案是清朝中央国家机关的官文书和清朝皇家的档案，只有极少部分是地方政权机关和个别重要人物的全宗档案。二是档案内容，涵盖了有清一代国家政治、经济、军事、文化、民族、宗教、天文、地理、外交事务、重大历史事件、重要典章制度、重要历史人物等各个方面。2020年开放军机处录副专题档案29471件，开放宗人府档案202288件。截至2020年年底，中国第一历史档案馆共开放内阁全宗档案题本、满文题本共160万余件，军机处录副及档簿档案80万余件，宫中朱批59万余件，内务府奏案，呈稿及来文共64万余件，宗人府档案48万余件，宪政编查馆共约3000件，修订法律馆152件，京师高等审判厅档案2692件，刑法部15万余件，民政部4万余件，另外开放专题档案22万余件，以及满文朱批、实录全文数据库14万余件，共开放档案近470万件。

（邱源媛）

【北京内城寺庙碑刻志（第五卷）】

（法）吕敏（Marianne Bujard）编著，鞠熙主编《北京内城寺庙碑刻志》（第五卷），国家图书馆出版社2020年11月出版。该书是法国远东学院和北京师范大学合作项目"北京寺庙碑刻与社会史"的成果，主要研究北京内城的寺庙与碑刻。该项目自2003年起至今，先后有数十位中法学者和研究生参与研究，共拟设十一卷，目前已出版五卷，均由国家图书馆出版社出版，其中第一、二卷2011年版；第三卷，2013年版；第四卷，2017年版；第五卷，2020年版。该项目的研究目标，是理解寺庙在城市中的作用及其与市民的关系。其研究过程包括以下几个方面：第一是利用地图查找寺庙，主要以清乾隆十五年（1750）绘制的《京城全图》为地图，辅以若干种近、现代地图，清点并记录地图上已有标注的寺庙。第二是补遗，即利用碑刻、地方志、政府档案等文献，补充《京城全图》。第三是踏勘，项目组成员拿着地图走进胡同，与市民面对面交谈，登记寺庙存废、修葺、保存或改作他用的现状。第四是以寺庙为单位，整理碑文，并将地图、文献与口述资料汇总。第一、二卷收录《京城全图》中内城一、二排范围内，共涉寺庙215座，撰写庙志193份。第三卷收录《京城全图》第三排范围内，共涉寺庙157座，为143座寺庙编写了庙志，著录碑刻43通。第四卷收录《京城全图》第四排范围内，共涉寺庙143座，著录碑文139通。第五卷收录《京城全图》第五排范围内，共涉寺庙102座，撰写庙志93份，关涉碑刻71通，著录碑文49通。五卷本均按照每排段首列《京城全图》本排段部分，标示寺庙所在方位，再顺次撰写庙志，图影庙中原有碑刻、原文格式、著录和释文。书末附寺庙补遗表，庙名、碑文撰书人、香会、胡同索引。

（邱源媛）

【动物的自然属性（新校本）】

《动物的自然属性》新校本［Sharaf al-Zamān Ṭāhir Marwazī, *Ṭabāʾiʿ al-ḥayawān*, Yusūf al-Hādī（ed.），2Vols.，Tehran：Mirās-i Maktūb，2020］出版。舍里甫丁·塔希儿·马卫集（Sharaf al-Zamān Ṭāhir Marwazī, fl. 514H./1120）是出生于木鹿（Marw）的医生、地理学家、百科学家。当时正是塞尔柱王朝（Great Saljuq）统治中亚、波斯的时期，木鹿则是塞尔柱王朝的都城。据传马卫集曾以医生身份效力于塞尔柱宫廷，而他的生活时期正处于蔑力沙（Malik-Shāh, r. 1072—1092）和阿合马·桑贾儿（Aḥmad Sanjar, r. 1096—1157）两任苏丹在位期间。《动物的自然属性》（*Ṭabāyiʿ al-ḥaywān*）是马卫集仅存于世的唯一一部作品，全书用阿拉伯语写成。就体裁而言，这是一部关于各类"动物"（包括人）的自然史著作。此类著作可以上溯至亚里士多德开创的《动物志》（*Historia Animālium*）传统。此书的写作年代不详，研究者一般认为它写成于公元12世纪初。马卫集本人的生平事迹，仅有的资料均来自《动物的自然属性》中保留的信息。关于马卫集的卒年和成书年代的下限，我们仅仅能够从本书中的细节推知：马卫集在书中提及撒马儿罕的法官（Qāḍī）马合木·纳撒菲（Maḥmūd Nasafī，卒于523/1129）时，并没有按惯例加上赞辞。因此我们可以推知马卫集此书完成于1129年之后。而马卫集又提到过发生于宰相内扎米·木勒克（Niẓām al-Mulk，1018/19—1092，《治国策》一书的作者）及苏菲长老阿不倒刺·撒兀只（'Abd Allāh b. Ḥasanwayhi b. Isḥāq Sāwujī，卒于524/1130）在世时的事，所以整理者推测，其卒年当在1130年后。根据作者自述可知，马卫集曾担任宰相内扎米·木勒克的助手。米诺尔斯基推测马卫集具有什叶派倾向，但此书整理者 Yusūf al-Hādī 否定了米诺尔斯基的观点。al-Hādī 认为作为一个什叶派信徒，马卫集是绝无可能在充斥着哈纳菲教条的塞尔柱宫廷立足的。《动物的自然属性》一书共分为五"章"（maqāla），每章下又由若干"门"（bāb）组成：第一章：叙述人以及从高级到低级各类人种和阶级；第二章：叙述家畜、野兽和猛兽和四足动物；第三章：陆上和海上的鸟类；第四章：昆虫；第五章：海兽。作为一部百科全书性质的著作，马卫集在编纂过程中参考了相当数量的动物志，药物志，兽医学、历史、地理著作。"文献遗产"出版社出版的《动物的自然属性》共2卷，是由伊拉克学者 Yusūf al-Hādī 根据印度事务部图书档案馆所藏写本（No.1949）、大英博物馆图书馆藏写本（No.21102）和洛杉矶图书馆写本（No.52m）校订整理而成。al-Hādī 为全书作了详细的注释，除文本校订外，还对文本内容的出处进行了考证。全书最后还附有动物名、书名、地名、术语索引。由于整理者的《导言》是用阿拉伯语写成的，"文献遗产"出版社又将由 Muḥmmad Bahar 翻译的波斯语版本以《〈动物的自然属性〉研究》（pazhūhashī dar ṭabā'i' al-ḥayavān）为题单行出版。

（邱轶皓）

第七篇

学　人

【朱大渭（1931—2020）】

朱大渭，四川西充人，1957年毕业于四川大学历史系，师从魏晋南北朝文史大家缪钺先生。1957年9月分配到中国社会科学院（时为中国科学院哲学社会科学学部）历史研究所工作。曾任历史研究所魏晋南北朝隋唐史研究室主任，历史研究所学术委员会委员、研究员，中国魏晋南北朝史学会第四、五届理事会会长，中国社会科学院荣誉学部委员，享受国务院政府特殊津贴。

朱大渭先生长期从事魏晋南北朝史研究工作，发表了很多重要论著，代表作为《六朝史论》（中华书局，1988年）和《六朝史论续编》（学苑出版社，2008年）。《六朝史论》包括22篇论文，其中《魏晋南北朝文化的基本特征》一文，纵观汉唐历史发展的全局，总结出这一时期文化的四个本质特征，即自觉趋向型、开放融合型、宗教鬼神崇拜型、区域文化型。《中古汉人由跪坐到垂脚高坐》考证了由于胡床的传来，佛教徒垂脚小床的广泛流传，汉人坐姿的变化，从而揭示了中国文化吸收消化外来文化，改造创新传统文化的发展轨迹。

《六朝史论续编》包括14篇论文、6篇序言和5篇书评，内容涉及科技史、军事史、民族史诸多专门领域，视野开阔，考辨精详，并在考证基础上求索和升华出符合历史发展规律的宏观判断。在《关于中国史研究理论指导的三点思考》一文中，朱先生高屋建瓴，对当前史学研究理论进行了深入分析，回顾了辩证唯物史观在魏晋南北朝史领域的实践，旗帜鲜明地提出辩证唯物史观中国化的主张。朱先生认为，必须从本国古典史学理论中寻找与辩证唯物史观的结合点，并以大量篇幅分析了"天人合一""以人为本""用夏变夷"等十一种古典史学观点，提出在辩证唯物史观指导下，将上述中国古典史学观点和方法与之相融合，推进辩证唯物史观的中国化。他强调，将唯物史观作为理论指导和引领，绝不能将之视为封闭僵化的绝对真理，削足适履地剪裁中国历史，比附唯物史观中的个别观点；必须发挥史家的创新精神，除紧密结合我国历史实际以外，还需时刻关注国际史学潮流和建设有中国特色社会主义事业的形势发展需要，以便不断调整史学的研究方向，扩充史学实践的新领域，从而提高中外史学交流和史学经世致用的价值功能。这些观点富于使命感和时代精神，具有强烈的现实针对性，体现了老一辈史学家对中国史学发展的深沉思考和责任担当。

此外，朱大渭先生还主编或编撰了大量通史和专门史著作，代表作有《中国军事通史》第八卷《两晋南北朝军事史》（合著）、《魏晋南北朝社会生活史》（合著）、《诸葛亮大传》（合著）、《中国农民战争史·魏晋南北朝史卷》《中国封建社会经济史·魏晋南北朝编》、百卷本《中国全史》等。其中，《两晋南北朝军事史》一书围绕50余次大型战争，全面论述了这一时期各个政权政治、经济、国防、军制、武器装备、后勤供应，特别是敌对双方战略战术的指挥正误等与军事相关的诸多问题，深刻揭示了晋、隋之间军事史的发展规律。

在学术研究中，朱大渭先生一直秉持严谨求实的优良学风，淡泊名利。他曾说："为人治学，必须力求真诚、求实、创新三者的统一，这应是学风和学术道德要求的最高境界。"他的丰硕的学术成果，和崇高的学术人格，是中国史学的宝贵财富。

（陈志远）

【邹逸麟（1935—2020）】

邹逸麟，著名历史学家、历史地理学

家。原籍浙江鄞县，1935年8月3日出生于上海。1956年毕业于山东大学历史系，分配至中国科学院历史研究所工作；1957年借调至复旦大学参与谭其骧先生主持的"重编改绘杨守敬《历代舆地图》"项目；1961年正式转入复旦大学历史系，历任助教、讲师、副教授；1981年任复旦大学中国历史地理研究所副所长；1984年由国家教委特批为教授；1986至1996年任复旦大学中国历史地理研究所所长；1996年任复旦大学首席教授、复旦大学历史学博士后流动站站长。2008年退休，2010年受聘为上海市文史研究馆馆员，2020年6月19日因病在上海逝世。

邹逸麟长期从事历史地图编绘、黄河史、运河史、历史人文地理、历史自然地理等方面的教学和科研工作，涉猎广泛，成果丰硕，卓有建树。

邹逸麟作为谭其骧先生的主要学术助手，自20世纪50年代以来承担了《中国历史地图集》的大量编辑、审稿、定稿工作，工作时间长达30年。该《图集》内容完备、考订精审、绘制准确，被公认为同类地图集中最优秀的一种。20世纪80年代以后，又长期担任《中华人民共和国国家历史地图集》（第一册）总编纂助理，为该《图集》的编纂与出版（第一册）做出了重大贡献。

邹逸麟于1971年参加中华书局"二十四史"点校工作，参与了《新唐书》等正史的整理，后又受聘为点校本"二十四史"修订工程审定委员。先后主编或参编了《中国古今地名大词典》《大辞海·中国地理卷·历史地理》《辞海》《中国大百科全书·中国地理卷（第二版）》、《中国历史大辞典·历史地理卷》《正史地理志汇释丛刊》《中国运河志》等大型工具书，主持承担了《历代正史河渠志笺释》《近五百年来中国自然环境与社会》《清史·地理志》等科研项目。主编有《黄淮海平原历史地理》《中国历史人文地理》《中国历史自然地理》《500年来环境变迁与社会应对丛书》《明清以来长江三角洲地区城镇地理与环境研究》等，个人著述有《千古黄河》《中国历史地理概述》《中国历史地理十讲》《舟楫往来通南北——中国大运河》等，另有点校古籍《禹贡锥指》及《邹逸麟口述历史》等。成果多次获得郭沫若中国历史学奖，教育部、上海市等各类学术奖励。其著作或为中国历史地理学科之奠基，或为相关研究之集大成，学术价值与现实价值兼具，影响深远。

数十年来，邹先生先后在《中国社会科学》《历史研究》《文物》《中国史研究》《光明日报》《复旦学报》《中国地方志》《地理研究》《地理学报》《历史地理》《中国历史地理论丛》《学术月刊》《清史研究》等各类刊物上发表论文一百余篇，多收入《椿庐史地论稿》《椿庐史地论稿续编》等。

邹逸麟一生潜心治学，为中国历史地理学和复旦大学历史地理学科的建设发挥了承前启后的重要作用。他在复旦大学长期开设"中国历史地理概论""中国历史经济地理""历代河渠水利专著介绍"等课程，深受学生好评。先后指导了三十多位博士、硕士研究生和博士后，其中2篇博士论文获全国百篇优秀博士论文奖，1篇博士论文获全国百篇优秀博士论文提名奖。因教书育人成绩突出，2001年获上海市育才奖，2016年获上海市第十三届哲学社会科学学术贡献奖。

此外，邹逸麟还担任了诸多社会职务，体现了知识分子的社会责任与担当，曾任第八、九、十届全国政协委员，中国民主同盟中央委员会委员，中国民主同盟上海市委员会副主委，中国民主同盟复旦大学委员会主委，国务院学位委员会第三、四届历史学科评议组成员，中国地理学会历史地理专业委员会主任，中国地理学会历史地理专业委员会刊物《历史地理》主编，中国地方志指导小组成员，上海市地方史志学会会长，上海地名学会副会长，上海中山学社副社长等，并在中国水利史学会、上海市历史学会等学术团体任专业委员。1988年被授予国家级有突出贡献中青年专家称号，1991年起，享受国务院政府特殊津贴。

（孙景超）

【刘志琴（1935—2020）】

刘志琴，女，中国社会科学院近代史研究所研究员、中国共产党党员、著名历史学家。1935年11月生于江苏镇江。2020年4月8日在北京逝世。

刘志琴1954年考入复旦大学物理系，后转入历史系学习。1960年毕业后分配到中国科学院哲学社会科学部研究室，从事科研管理、编辑等工作。1975年调入近代史研究所从事学术研究。1990年聘为研究员，曾任中国社会科学院近代史研究所学术委员会委员，文化史研究室副主任、主任。1992年享受国务院政府特殊津贴。1996年退休。

20世纪70年代末80年代初，刘志琴专攻明史。1979年发表了第一篇学术论文《论东林党的兴亡》（《中国史研究》1979年第3期），后在晚明社会风尚、东林党等问题上发表了多篇论文，以其独特视角和富于理论思辨性而引起国内外学术界广泛关注。晚年，她回归明史，撰写了《晚明史论》（江西高校出版社2004年版），《张居正评传》（南京大学出版社2006年第1版，2007年、2011年再版）等力作。1982年，刘志琴转向文化史研究，任近代史研究所文化史研究室副主任，1988—1996年任主任。在改革开放初期，中国社会科学院近代史研究所文化史研究室是全国第一个以文化史冠名的专门研究机构。刘志琴等在我国学界率先倡导文化史研究，引领并参与了20世纪80年代新启蒙时期"文化热"，积极参与推动中国文化史学科的复兴与重建，撰有《关于文化史研究的初步设想》（《光明日报》1983年9月28日），《晚明文化与社会》（《走向世界的近代中国》，成都出版社1992年版），《中国文化史概论》（台湾文津出版社1994年版），《礼俗文化的社会研究》（《东亚经济·社会思想与现代化》，山西经济出版社1994年版）等论著。

刘志琴是我国学界最早提倡社会文化史的先导者，也是组织中国社会科学院近代史研究所团队率先进行社会文化史学术探索的带头人。彼时对于社会文化史所关注的下层、民间、大众，特别是社会生活、风俗习尚、民众观念等内容很少人留意，既无资料整理与积累，也少有研究成果可资借鉴。在20世纪80年代末90年代初，她引导和组织团队，一边从社会文化史学科理论方法上探索，另一边从基础做起，着手实证研究。她主编了三卷本《近代中国社会文化变迁录》（浙江人民出版社1998年版），发表了《青史有待垦天荒》，为社会文化史的崛起奠定基础。她为国家大清史项目撰写《清史·风俗志》，深化了社会文化史研究。20世纪90年代以后，社会文化史逐渐从学术边缘向中心移动，刘志琴的开创之功不可磨灭。

退休后20多年间，刘志琴始终以充盈的活力、年轻的心灵、敏锐的思维、不衰的创造力，活跃在社会文化史学术前沿，笔耕不辍，以"思想者不老"的洒脱姿态行走于学术界。刘志琴思想深刻，视野开阔，既能写大书大文章，又能写小书小文章。她的文字极具穿透力，其影响力跨越史学圈、学术界，有广泛的社会影响。随笔集《悠悠古今》（历史学家随笔丛书，广西人民出版社1999年版）、《思想者不老》（天津古籍出版社2001年版）、《千古文章未尽才》（中国人民大学出版社2012年版）等以个性化的书写，传诵一时。

刘志琴是纯净的人，睿智的人。她思维敏锐，有境界，有责任心，胸怀天下。她坦荡无私，颇有侠女风范。她为人热情，乐于助人，长期慷慨资助有困难的人。她将个人才情与做人、做学问相结合，堪称学人楷模。刘志琴以"坐集天下之智，以善取为乐；不法前人后尘，辟蹊径求知"为座右铭。她严格要求自己，治学严谨，学风正派，著述丰厚，在中国近代社会文化史和明史研究领域作出了重要贡献。

（唐仕春）

【王兴亚（1936—2020）】

王兴亚，历史学家，郑州大学历史学院教授，中国明史学会理事，河南省人才史学会原会长，2020年7月5日在郑州大学第五附属医院逝世。王兴亚教授1936年10月生于河南省洛宁县；1955年9月考入开封师范学院历史系，1959年7月毕业，获历史学学士学位；同年八月进入郑州大学政治历史系工作，1959年任历史系助教，1979年任历史研究所、中国古代史及经济史研究室讲师；1986年6月经河南省高校高级专业技术职务任职资格评委会评审由讲师破格晋升为教授；1993年10月受国务院表彰，享受国务院政府特殊津贴；2000年1月光荣退休。

王兴亚教授长期从事明清史的研究和教学工作，是我国明清史研究领域的杰出专家之一，在明末农民战争史、明清时期河南地方史等研究领域作出突出贡献。共计发表论文200余篇，其中多篇为中国人民大学报刊复印资料和《新华文摘》全文转载；先后承担国家级人文社会科学规划项目1项、省部级项目9项；出版学术著作30余部（含合著），其中《河南考试史》获国家人事部科研成果二等奖，《知人与治国》获河南省社科科研成果三等奖，《宦官传》获14省优秀成果奖。

自1959年分配到郑州大学任教至1986年期间，王兴亚教授主要从事本科教学工作，讲授中国古代史，开展历史教学问题研究。1986年破格晋升为教授后，主要从事研究生教学工作，招收明清史硕士研究生，开设明清史、明代政治制度史、李自成研究、中国考试史、中国人才思想史等课程，共招收硕士研究生16人，有计划地开展史学研究。王兴亚教授以李自成研究为重点，逐渐扩展到明清集市庙会会馆、中国古代人才思想史、中国古代考试制度史及河南史志研究与古籍整理等研究领域。先后出版了《李闯王在河南》（1973年）、《李自成经济政策研究》（1982年）、《李自成起义史事研究》（1984年）、《知人与治国——中国人才家的主张与实践》（1992年）、《志大才疏的李自成》（2008年）、《狡黠的张献忠》（2008年）、《甲申之变》（2011年）等多部著作，并运用大量地方史志资料对前人所忽略的问题进行了充分的考证，对历史上的错误记载进行了详细的订正，对有争议的问题辅以更多资料的考证，对于阐明明末农民起义的特点，探讨中国封建社会农民的阶级斗争规律具有重要的意义。

王兴亚教授还专注于古籍的收集与整理，他半生走访河南各地搜集碑刻，抄录碑文，整理并出版了《清代河南碑刻资料》，全八册。该书获得国家清史编纂委员会资助,由商务印书馆出版,是国家清史编纂委员会的项目成果。书中辑录了大量河南各地的清代碑刻,内容包括碑碣、墓志、摩崖、帖等。以现存碑刻为主,兼及方志、金石、文集、家谱等著述中辑录的碑刻,辑入书中的碑刻共计 6300 余方,主要包括四部分:一是河南各地现存的清碑,二是拓片保存下来的清碑,三是方志中的清碑,四是碑刻著述与家谱中的清碑。另有 1700 余方现存碑刻存目附录于后,两项合计共 8000 余方。该书集清一代河南碑刻之大成,对河南地区清代历史资料的保存与传承具有重要意义。

此外,王兴亚教授在其他领域的研究也取得了丰硕成果,相继出版了《河南考试史》(1994 年)、《明清河南集市庙会会馆》(1998 年)、《明代行政管理制度》(1999 年)、《中国考试管理制度史》(2007 年)、《河南商帮》(2007 年)等著作;校点了《豫变纪略》(1984 年)、《菉居封事》(1987 年)、《守汴日志》(1987 年)及《容斋随笔》全译本(1994 年)等。王兴亚教授在退休后还担任了中央文史研究馆项目《中国地域文化通览·河南卷》执行主编,该书由中华书局出版。

王兴亚教授在明清史研究及古籍整理领域均颇有建树,其多篇学术论文对厘清学界长期争议的问题具有重要的借鉴价值,他将大量地方史志资料运用于历史研究之中的方法也引领了学科的前进方向,为这一学科的不断发展作出了一定的贡献,为明清河南历史研究和社会文化建设做出了卓越的贡献。

(马怀云　彭勇)

【王家范 (1938—2020)】

王家范,历史学家,华东师范大学终身教授,2020 年 7 月 7 日因病在上海逝世。

王家范教授 1938 年出生于江苏省昆山县陈墓镇(今锦溪镇)。1957 年,考入华东师范大学历史系;1961 年 9 月留校任教,担任束世澂先生助教;一年后,转为谢天佑先生助教;1978 年,晋升讲师;1986 年,晋升副教授;1992 年,晋升为教授、博士生导师;1993 年,获"全国优秀教师"称号;2000 年,聘任为华东师范大学终身教授。2002 年,著作《中国历史通论》获上海市哲学社会科学优秀成果奖一等奖。2007 年,被聘为华东师范大学思勉高等人文研究院资深研究员,2012 年,被聘为上海文史馆馆员。2018 年,获上海市社会科学界第十六届"学术贡献奖"。王家范教授曾兼任中国农民战争史学会理事、秘书长,上海市历史学会副会长。

王家范教授自 1961 年起,执教 47 年,对中国通史教学有特殊的感情。20 世纪 80 年代起,他从农民战争史研究转向社会经济史研究,尤其致力于以明清江南为中心课题的研究,同时在史学认识论与方法论方面也有探索。他的主要代表著作有《中国历史通论》(华东师范大学出版社 2000 年版,五南出版社 2002 年版),《百年颠沛与千年往复》(上海远东出版社 2001 年版、上海人民出版社 2018 年版),《史家与史学》(广西师范大学出版社 2007 年版),《漂泊的航程》(北京师范大学出版社 2009 年版、上海人民出版社 2019 年版),《中国历史通论(增订版)》(生活·读书·新知三联书店 2012 年版);《明清江南史丛稿》(生活·读书·新知三联书店 2018 年版),《史家与史学(增订版)》(北京师范大学出版社 2019 年版),《明清江南社会史散论》(上海人民出版社 2019 年版)。曾主编《十大农民起义》(上海古籍出版社 1992 年版)、《中华文明辞典》(浙江古籍出版社

1999年版)、《明清江南史研究三十年：1978—2008》（上海古籍出版社2008年版)、《大学中国史》（高等教育出版社2011年版）等著作。

（黄阿明）

【吴怀祺（1938—2020）】

吴怀祺，当代著名史学家，北京师范大学历史学院教授，享受国务院政府特殊津贴。全国史学理论研究会理事、中国自然辩证法研究会易学与科学专业委员会理事，长期担任《史学史研究》常务编委。2020年2月4日，因病在北京逝世。

吴怀祺教授生于1938年，安徽庐江人。1961年毕业于合肥师范学院（今安徽师范大学）历史系。1978年为北京师范大学历史系研究生，师从著名历史学家白寿彝先生学习中国史学史，1981年毕业后留校任教。历任北京师范大学史学研究所（后并入历史学院）讲师、副教授、教授、博士生导师。主持教育部人文社科基地重大研究项目《中国古代史学思想研究》。2004年受聘为中国台湾地区中正大学客座教授，多次赴台湾参加史学史、中古制度史学术讨论会。2008年前往美国加州伯克利大学和哈佛大学进行学术交流。

吴怀祺教授长期从事中国史学史研究，特别是在中国史学思想史研究领域，是继白先生之后对中国史学思想研究用力最多、成就最大的学者。

吴怀祺先生的史学研究之路，从最初的郑樵史学研究，到宋代史学思想史的梳理，再到贯通中国史学思想史的研究，最终完成了中国史学思想的会通撰述。《宋代史学思想史》，是学界在中国史学思想史研究断代上取得的首次大突破。《中国史学思想史》则是学界第一部作为史学史分支学科史学思想史的贯通研究成果，它的问世对于中国史学思想史的研究和史学史学科的发展无疑都有重要影响，展示了史学史研究的一条新思路，标志着史学思想史研究进入了一个新的境地。10卷本《中国史学思想通史》（主编），是迄今为止学界第一部系统反映中国史学思想从远古传说时代到1949年以前整个发展过程的大型学术著作。6卷本《中国史学思想通论》（主编），则是从横向来专论中国史学思想的相关问题，由此构成对中国史学思想的多维研究。之后，这两部大型学术著作又以《中国史学思想会通》（主编）为总书名出版，完成了中国史学思想史的会通撰述。

吴怀祺教授在史学史研究中，力图开辟一条新的治学路径，即把史学和哲学两者联系起来，从时代的哲学思潮中观察和把握这个时代的史学的变化和发展，以辩证的眼光看待史学和社会的关系。他提出，史学二重性是中国传统史学的基本属性，是解喻民族史学思想的一个极其重要的切入点。二重性不是两个方面简单地组合，而是统一于史学之中。研究史学、史家要具体分析，要突出其主流方面。这是吴先生在史学思想研究过程中得出来的一个重要认识。吴先生还有一个重要观点，就是要用四部文化的眼光来看待中国史学，并对史学与四部文化之间的内在关联，诸如经与史、子与史等等之间的关系作过一系列论述。在传统四部文化中，经史关系源远流长，相对更为密切。而《周易》作为群经之首，与史学的关系尤为密切。故他长期关注易学与中国史学之关系的深入考察，对历史思维的民族特性作了更深层次的揭示。《易学与史学》就是这方面研究的重要成果，更是对中国史学思想史研究的新拓展。

在吴先生看来，治史要有为民族伟大

复兴大担当的自觉意识,要有大视野。在全球化的过程中,历史学要适应时代,首先必须开阔视野,以世界史眼光研究历史,以世界史的眼光研究史学思想史。未来史学思想史想要取得突破,最需要的就是要拓宽历史思维的门路,打通文理,实现文理思维的融会贯通。他研究的重要旨趣,就是要把中国历史上史学家和思想家放在一起来进行研究,要向世人全面地展现中国史学思想。

吴怀祺先生的史学研究不但成就斐然,而且学术思想深邃,同时对于学科建设、人才培养也作出了重要贡献。

(靳 宝)

【赵和平（1948—2020）】

赵和平教授,隋唐史暨敦煌学著名学者,北京理工大学人文学院教授,中国唐史学会理事,中国敦煌吐鲁番学会常务理事。2020年9月18日去世。赵和平教授1948年出生于北京,1977年考入北京大学历史系考古专业,转年考研究生,1979年入学,师事王永兴、张广达两位先生治隋唐史,1982年硕士毕业。最初在北京市社会科学院历史研究所工作,后调入北京理工大学人文学院。曾任《北京理工大学学报》（哲学社会科学版）主编,《敦煌吐鲁番研究》编委,20世纪90年代末曾在香港中文大学新亚书院访学三个月。1993年荣获国务院政府特殊津贴。

赵和平教授长期从事中国中古史、敦煌学和中国传统文化方面的研究。毕业后,在周一良教授的指点下,重点投入敦煌写本书仪的整理与研究。发表论文百余篇,出版专著五部,编纂著作一部,编写教材一部。其使用缩微胶卷,普查检出所有的书仪写本,然后逐一地抄录、缀合、校对、考订年代、比定关联、撰写提要,最后形成两部专著,一是1993年台北新文丰出版公司出版的《敦煌写本书仪研究》,收录一般类的书仪写本;另一是1997年江苏古籍出版社出版的《敦煌表状笺启书仪辑校》,收录表状笺启类书仪。这两本著作几乎包括了全部敦煌写本中的书仪抄本,也附录了吐鲁番出土的写本书仪,成为此后书仪研究最基本的资料,任何书仪研究论著都无法逾越这两部奠基性的著作。与此同时,其又撰写了系列文章,讨论书仪本身的问题,部分文章收入周一良、赵和平合著的《唐五代书仪研究》（中国社会科学出版社1995年版）,后来基本上汇集到《赵和平敦煌书仪研究》（上海古籍出版社2011年版）一书中。20世纪90年代末去香港中文大学新亚书院敦煌研究中心做访问学者时,其又着意于敦煌本刘邺《甘棠集》的研究,并很快整理成书,2000年由台北新文丰出版公司出版其所著的《敦煌本〈甘棠集〉研究》,列为"香港敦煌吐鲁番研究中心丛刊"第9种。20世纪80年代末到90年代初,参与编撰《敦煌学大辞典》的"学术史"部分词条,该书1998年由上海辞书出版社出版,成为敦煌学研究史上里程碑式的著作,这其中浸透着赵和平先生的贡献。20世纪90年代初编辑《周一良八十生日纪念文集》,后来该书1993年由中国社会科学出版社出版。2012年又开始接受《周一良全集》的编纂工作,全书分四编十册,2015年由高等教育出版社出版,皇皇巨著的编辑出版,赵和平教授作出了巨大贡献。其又在多年教学的基础上,以专题形式编写了教材《中国近现代史纲要》,2006年由北京理工大学出版社出版。所授课程"近现代中外思想文化的冲突和融合"曾获北京市教学成果一等奖。

(刘琴丽)

【满志敏（1952—2020）】

满志敏，历史地理学家、中国地理学会历史地理专业委员会原副主任、中国地理学会气候专业委员会委员、上海地名学会副理事长、复旦大学特聘教授、复旦大学中国历史地理研究所原所长、教育部人文社科重点研究基地历史地理研究中心原主任，2020年2月27日逝世。

满志敏教授1952年12月生于上海，1983年毕业于华东师范大学地理系，获理学学士学位。同年进入复旦大学中国历史地理研究所工作，在所工作期间，在职先后获历史学硕士和博士学位。1992—1996、1999—2006年任复旦大学中国历史地理研究所副所长，2007—2010年任中国历史地理研究所所长、教育部人文社会科学重点研究基地历史地理研究中心主任、国家人文社会科学历史地理创新基地主任。满志敏教授担任的学术团体职务包括：中国地理学会理事、中国地理学会历史地理专业委员会副主任、上海地理学会理事、上海地名学会副理事长等。主要研究方向包括：中国历史时期气候变化、中国历史时期土地利用、中国历史地理信息系统。发表学术论文数十篇，著作4部（包括合著）。

满志敏教授长期从事历史自然地理学的研究和教学工作，在诸多领域做出了突出贡献。在历史气候研究方面，发展了对历史文献中物候记录的判定原则、方法以及气候记录的时空分布不均的处理方法，大大优化了历史气候研究中史料的处理模式。满志敏教授提出了中国存在"中世纪温暖期"的科学论断，这是自20世纪70年代中国温度变化竺可桢曲线提出以来的最重要创见，在学术界产生了重大影响。同时在旱涝分级订正，极端事件重建，梅雨、台风等天气系统演变等领域也有重要贡献。

满志敏教授还是地理信息系统进入中国人文研究领域的拓荒者，早在20世纪90年代中期即开展了这一领域的教学和研究。是在国际上影响深远的复旦大学和哈佛大学合作推进的中国历史地理信息系统（CHGIS）项目的中方技术负责人，创造性地提出了历史空间单元"生命周期"的概念，为解决历史地理数据的时间定位提供了理论依据，成为CHGIS项目成功的技术基础，也为国际上解决类似问题开创了技术路径。并针对区域研究的数字化提出了包含时间的三维空间数据的"载体数据"的概念以及选择原则，这是各类相关小区域人地关系过程方面的一套可行的数据信息化处理手段和标准模式。

在历史地貌研究中，满志敏教授提出了从过去单一河道的研究转向河流水系乃至水网结构的研究。尤其是引入GIS、RS等新技术到历史地理研究中，为传统河道位置和形态解决提供了新的思路和手段，这对于历史河流研究的未来发展起到了指导性的作用。除此而外，满志敏教授在历史土地利用研究、上海历史城市地理等研究领域皆有开创性的贡献。

（成赛男）

第八篇

国外研究动态

五年间的研究历程

——2016—2020 年韩国学界的秦汉史研究综述

吴贞银

一、绪言

回顾过去五年间韩国学界的秦汉史研究历程，有两个因素影响最大：第一是新资料的公开；第二是新型冠状病毒疫情。2015 年以来《岳麓书院藏秦简（肆）（伍）》《长沙尚德街东汉简牍》《里耶秦简博物馆藏秦简》《长沙五一广场东汉简牍（叁）（肆）》的出版[1]以及西汉海昏侯刘贺的墓葬的清理工作[2]，为韩国学界研究秦汉史注入了新活力。其中《岳麓书院藏秦简（肆）（伍）》的出版被用于韩国学界的中国秦汉法律制度相关研究，起到了深化相关研究、进一步证明既往见解的作用。2020 年新冠疫情给全世界造成的紧张状态，仍未平息，国际学术讨论仍通过视频会议开展，表明这种全球性灾难无法断绝学术交流。2020 年 11 月 5 日到 7 日，韩国庆北大学人文学术院 HK 事业团主办了以"古代东亚文字数据研究的现在和未来"为主题的论坛，共有韩中日学者 48 位与会，围绕韩中日三国出土的简牍展开发表和讨论。并且 2020 年 11 月 26 日到 27 日由桂阳山城博物馆、韩国木简学会和庆北大学 HK 事业团共同主办，举行以"东亚《论语》的传播和桂阳山城"为主题的国际论坛。另外，2018 年 12 月由韩国国立庆北大学历史系 BK 事业团、武汉大学简帛研究中心、香港中文大学历史系中国历史研究中心共同主办，以"通过简牍材料看古代东亚史研究"为主题亦召开了国际论坛。2011 年以来每年韩国东亚学术院与中国社会科学院古代史研究所共同主办国际论坛。[3]

2016 至 2020 年间，在韩国发表的秦汉史研究成果大约有专题论文 105 篇、2 本著作。

---

[1] 长沙市文物考古研究所编：《长沙尚德街东汉简牍》，岳麓书社，2016 年；陈松长主编：《岳麓书院藏秦简（肆）》，上海辞书出版社，2015 年；陈松长主编：《岳麓书院藏秦简（伍）》，上海辞书出版社，2017 年；里耶秦简博物馆、出土文献与中国古代文明研究协同创新中心中国人民大学中心编著：《里耶秦简博物馆藏秦简》，中西书局，2016 年；长沙市文物考古研究所等编：《长沙五一广场东汉简牍（叁）（肆）》，中西书局，2019 年。

[2] 其墓葬的发掘始于 2011 年，2015 年进入清理阶段，其中包括 5200 余枚简牍，此图版与释文尚未公布。

[3] 2016 年以"东亚史上的文化交流与互相认识"为主题、2017 年以"东亚传统秩序与变化"为主题、2018 年以"东亚史上的权力与秩序"为主题和 2019 年以"东亚历史文化和传承"为主题举行论坛。

与 2011 至 2015 年间的 105 篇研究成果比较①，增加了 1.8%。为数不多的韩国秦汉研究者之所以不断取得研究成果，是因为韩国国内的各种研读小组发挥了一定的作用。韩国各研究领域的学者定期会面进行"东亚石刻研究会""中国简牍研读班"以及"东亚出土文献研究会"等组会的研究和交流，继续进行史料研究和学术交流。在这期间韩国学界的秦汉史研究成果按其内容分类统计如下。

主题	统治制度	文化与社会	学术与思想	地域支配	与东亚之关系	其他
篇数	38	14	10	12	12	21

帝国统治制度研究在韩国的秦汉史研究论文中占据了最大的比例。考虑到 1970 年以来大量面世的出土资料多数带有律令和公文书的性质，以这些出土资料分析为中心的研究成果偏重于国家统治秩序应是理所当然的。本文拟介绍 2016—2020 年韩国的秦汉研究动态。对其研究，按照上述主题的顺序，分门别类进行介绍。最后，对以上这些内容进行综合回顾并对未来进行展望。②

二、帝国的统治制度

这个研究领域主要包括国家施行的行政制度、财政制度、土地制度、法律制度、爵制和礼制，其具体成果如下。

行政组织与制度方面，近期韩国学界通过新出土简牍资料的分析，关注基层行政组织，值得瞩目的是吴峻锡和金桐吾的论文。吴峻锡发表了三篇论文，其中两文涉及"亭""里"的存在形态以及文书行政制度，一文是有关"以吏为师"的真相。他在《秦代亭的功能和吏员组织》一文中关注秦汉亭的职能变化与多样化。他认为：秦亭本来配备武装，既负责治安，又具有旅行者通行管理职能，由此跟既往研究中所提出的现代式公安机构并不一致；秦代以来已置了多样的亭：都亭、门亭、市亭、街亭等，门亭及市亭往往能展示官府的通知，故亭是县对人民统治发挥积极作用的机构，也可说这些亭统属于县尉；县中的亭啬夫与各亭校长并无直接统属关系，然而亭啬夫具有各亭的上计问题连坐责任。③ 他在《秦汉初期里的组织及其统治方式研究》一文中，考察里正和里父老在帝国的"里治"中的作用以及皇帝代理人"郡守""县令"的权力对地方末端里的吸引程度。④ 另外，金桐吾研究里耶秦简中的《迁陵吏志》，了解迁陵县属吏的运用状况以及他们面临的实际问题，且以尹湾汉简

---

① 2011 至 2015 年的研究成果统计参考东洋史学会编辑部《国内东洋史关系论文要目（2011 年）》，《东洋史学研究》第 121 辑，2012 年，第 379—426 页；金庆浩《出土数据与文献数据的合奏：中国古代史研究的深化》，《历史学报》第 223 辑，2014 年，第 147—168 页；金正烈《各种视觉，隐藏的争论点——2014 年至 2015 年韩国学界的中国古代史研究》，《历史学报》第 231 辑，2016 年，第 135—155 页。
② 若有叙述上必要提及 2015 年以前的研究成果，将附上脚注。但仅介绍韩国学者之间的讨论内容。
③ [韩] 吴峻锡：《秦代亭的功能和吏员组织》，《中国古中世史研究》第 41 辑，2016 年，第 35—80 页。
④ [韩] 吴峻锡：《秦汉初期里的组织及其统治方式研究》，《中国古中世史研究》第 56 辑，2020 年，第 115—159 页。

与此进行比较，梳理秦汉的县属吏组织与地方统治变化。他分析：秦国以来县内设置多位吏员，可是由于缺员或徭使，其吏员中实际在籍的人员不过一半，导致了属吏事务过重情况；当时存在吏员对新占领地有偏见而逃避赴任等情况，即使赴任"新地吏"[①]，他们也在工作经验上存在缺陷，由此，其工作实施有限。[②] 学界一直对秦汉村落是行政村落还是自然聚落进行了争论[③]，对此吴峻锡与金桐吾均支持初期"里"有行政聚落的性质，还赞同存在尚未编入里的散村——自然聚落，至后汉这些自然聚落的数量急增，帝国的乡里统治系统逐渐松动，官方容忍吏员外的"三老"的存在，使他们负责行政事务的末端环节，至此帝国承认当地的自治秩序，并采取将其吸收为帝国体制的方式。还有吴峻锡观察秦所施行的"以吏为师"这一新教育政策的真相，指出秦朝统一后希望以单一的行政与经济体系来运营帝国，可当时旧六国地方与新占领地都均有固有文化和风俗，难以一律变革。由此，秦朝通过"焚书"与"以吏为师"的施行禁止私学政策，是为了使全帝国百姓成为皇帝和帝国统治的顺民，此亦是从国家层面上"移风易俗"的政策。[④]

文书行政制度方面，吴峻锡发表《秦汉代中央行政文书的下达体系研究》和《秦代公文书的分类与叙述形式》。前文是通过诏书下达观察自中央至郡级行政机构的文书下达过程以及其运用方法。他提出：从中央下达文书时，按照事先规定的区域，只向各区域的核心郡下达文书，其余的郡国按各个区域的顺序制作副本，传达文书；前汉末"刺史"的地位上升为郡的上级机构，能收到丞相下达文书，在文书系统中"州"的地位却一直不稳定，后汉以后才确定为"中央—州—郡国"的文书系统。[⑤] 他在后文中整理关于秦汉公文书的分类方法的既往研究，试图以里耶秦简为中心观察秦代公文书通用形态、名称及习惯用语。他认为秦汉的"书"是指以账簿或统计文书为附件并连接发信机构和收信机构的文书，即指今天"公文"的文书名称；这些"书"的形态大致分为——无附件的公文、附件和公文各自制作简牍的情况、公文和附件写在一个简牍正背的情况，其中第三者的日期和形式特点，记录附件是正面，公文却是背面。[⑥] 此两文有助于理解文书行政系统的各一面，可惜的是后文并不关注公文书的方向性——下达和上达文书，并未解释其形态的不同之处。

财政制度方面，宋真为理解秦汉时代物资出入的流通结构，观察当时的证书"券书"的用例与其特点。她认为券书用于官府内物资出纳或向其他机关运送时，主官对具体负责官吏和所管部门可以进行双重监督，以防止其不法行为，也能明确掌握事务责任所在；向其他机关运送物资时，则只在会计账簿上结算，不使用原本的券书，而使用复制件作为凭证，可

---

① 有关"新地吏"的问题，参考本书第481页"帝国的地域支配"脚注②、③。
② 金桐吾：《秦帝国时期县吏之运用与地方统治——以对里耶秦简中〈迁陵吏志〉之分析为中心》，《中国古中世史研究》第57辑，2020年，第1—51页。
③ 李成珪通过对居延汉简与睡虎地秦简的分析，支持"里"是行政聚落的说法。金秉骏确认后汉农民的离散现象更为严重，而形成"里"之外的"聚""丘"等自然聚落。李成珪：《秦的地方行政组织与其性格——以县的组织与其技能为中心》，《东洋史学研究》第31辑，1989年，第276—340页；金秉骏：《汉代聚落分布的演变——以墓葬与县城之距离分析为中心》，《中国古中世史研究》第15辑，2006年，第51—152页。
④ [韩] 吴峻锡：《秦代"以吏为师"与"史"职官吏的地位》，《东洋史学研究》第152辑，2020年，第1—35页。
⑤ [韩] 吴峻锡：《秦汉代中央行政文书的下达体系研究》，《东洋史学研究》第147辑，2018年，第27—67页。
⑥ [韩] 吴峻锡：《秦代公文书的分类与叙述形式》，《中国古中世史研究》第51辑，2019年，第1—42页。

见，官府间的物流管理中的券书只用于实际物资出入的情况。另外，她还认为，在向吏民征收租税的过程中使用的券书，与其说是交付给缴纳者的收据，不如说像官内物资出纳，是为实现双重监视的一种制度性措施。[1] 吴峻锡在《秦代县廷的财政运用与会计处理——以里耶秦简为中心》一文中，据里耶秦简的迁陵县事例考察财政运用体系中郡府和县廷的作用以及两个机构的关系，进而观察一般秦县的财政运营项目与运用过程。他指出：迁陵县是二百户规模的小县，为了经营县官，大部分的粮食和货币都是从外部供给的；县与县之间发生债务关系，既要发行"校券"以证明，又要记录在年度会计账簿上，为了圆满处理这些事务，县与县之间书信往来频繁。"县"为秦代地方基层财政机构，"郡"通过县廷所上计的文书和账簿，能够保持各县财政的均衡。[2] 另外，《〈里耶秦简〉所见秦代县廷的租税征收》中以秦代县廷征收的田租、刍稿税及户赋为中心考察租税的具体征收方式与其过程中的特点。他提出："垦田舆"指的是"垦田（已开垦好的田地）"中的"舆田"，即指迁陵县的全垦田中当年已播种而成为田租征收对象的耕地总面积（不包括当年的免税田），其中1/10被指定为"税田"，征收"税田"的全收量；此"税田"并不位于各农民的耕地中，而以便田啬夫管理，位于任意指定的地域，通过"取程"得出单位面积当产量，实际征收田租时，将以取程的结果为标准，里典和田典把田租额告知各户，在各乡指定的仓库开始征收。他还提出：秦代的"户赋"与汉代的"算赋"并不一致，前者是按户征收的户税，商鞅通过"倍其赋"，据各户成年男子人数进行区别征收，从此开始具有人头税的特点。[3] 关于人力管理，金埇吾关注秦帝国县内劳动人力"徒隶"的运用，以他们从事劳役的分类为基础，比较实际的劳役人数，分析当时迁陵县廷重视的劳役。他指出：迁陵县的徒隶劳作可分为行政杂役、土木工程、手工业生产、狩猎、采集和饲养等，其中从事行政杂役、狩猎和采集的徒隶比例较高，反映当时迁陵县廷重视开发县内的山林薮泽；通过里耶秦简 8—755 + 756 简，县廷先要确保担任行政杂役的徒隶——担任行书的隶臣，然后由其他徒隶各自分担劳役；当时徒隶的存在，既以防止行政组织的过度膨胀，亦以便黔首专精于农事；在旧楚地迁陵县，为建立秦式行政体系，要处理许多行政杂役，此时需要更多的徒隶，由此可理解在仅有大概 200 户的小县迁陵县存在约 400 人的徒隶。[4] 另外，朴健柱和李周炫均注重秦汉雇佣劳动人力，试图解释减少徒隶数的情况与其原因。朴健柱对汉代的徭役运用理解为既继承更卒交代征发制的传统又援用雇佣劳动方式，因此，他分析随着在民间雇佣劳动的扩大趋势，国家赋役收取方面逐渐发生变化。他提出：前汉十三年废止征发戍役而转换为征收更赋及募戍，引起更卒的分化，如践更——在郡县内徭役中因个人与个人之间的雇佣契约而形成，过更——在戍边役中因国家与个人之间的雇佣契约而形成；孙吴时期更役转为募役及役免钱至唐代演

---

[1] [韩] 宋真：《秦汉时代券书与帝国物资转运管理系统》，《东洋史学研究》第 134 辑，2016 年，第 65—106 页。
[2] [韩] 吴峻锡：《秦代县廷的财政运用与会计处理——以里耶秦简为中心》，《中国古中世史研究》第 45 辑，2017 年，第 85—134 页。
[3] [韩] 吴峻锡：《〈里耶秦简〉所见秦代县廷的租税征收》，《东洋史学研究》第 140 辑，2017 年，第 305—336 页。
[4] [韩] 金埇吾：《秦代县的徒隶运用和其特点——以〈里耶秦简〉"作徒簿"为中心的探讨》，《中国古中世史研究》第 40 辑，2016 年，第 1—40 页。

变为租庸调制度的"庸",与前汉将戍边役转换为代役钱的过更钱(更赋)完全相同。① 可是其中产生了两点疑惑:一是除赋、徭役外在其他方面国家雇佣人力的状况;二是当初国家为何必须选择雇佣劳动②,李周炫发表了两篇释疑文章。她在《秦汉中期以后国家人力利用方式的变化》一文追溯秦汉初的情况,意图把握当时国家人力动员认识和方式的变化,她认为秦汉帝国在人力利用方面有两种途径:一是徒隶用于生产、行政辅佐、运输等,二是被征发的民众用于军事和其他力役;经过文帝十三年的改革国家能够利用的人力大幅减少,这意味着现有人力利用方式的终结;"僦人""佣""吏葆"的存在解释了这种情况。③ 另外,在《秦汉时期国家维持国有人力资源的财政负担与其影响》一文中,她认为文帝的改革在国家人力利用方式引起了根本性的变化,需要换个角度来说明,指出:文帝十三年肉刑和无期劳役刑的废止,是为了减少国家的财政负担,这在雇佣劳动与徒隶劳动相比中显得突出;为养活成人徒隶一人,国家大概支付每年900—1100钱(男)、700—1000钱(女),即使没有劳役可作,国家也要继续支出,且他们的劳役不一定高效;秦朝的出土史料中常见将徒隶给民间租赁、出售及放出,又有汉高祖频繁施行赦免等,这些均是为节约财政支出而采取的措施。④

土地制度方面,韩国学界提出了"国有制说"与"私有制说"两种不同说法,一直进行争论⑤,对此林炳德注重于译注《岳麓书院藏秦简(叁)·为狱等状四种》案例七"识劫婉案",且通过与《张家山汉简·二年律令》内容比较的方式,进一步理解当时情况,他认为:通过"识劫婉案"既证明当时的分异令并非强制性,又指出秦代已经开始私有、买卖、让渡田宅,秦始皇实田措施之前,田宅是买卖的对象。⑥ 除此之外,金珍佑将秦汉简牍数据中的《田律》内容分为:土地管理(土地区划、分配);生产管理;收取管理三种,且解释《田律》记述目的为规定国家在农业全生产过程中直接介入的情况。⑦ 以前讨论中观点存在尖锐分歧的土地制度部分,由于数据的局限,其讨论并非进入新阶段,主要进行对现有说法的综述工作。

货币制度方面,金庆浩通过货币铸造情况,观察自秦到汉初的社会实况,他认为,秦朝进行统一货币,制定货币相关的法律,都是为了建立君主专制中央集权国家;汉初刘邦承认

---

① [韩]朴健柱:《秦汉三国期国家经济运营中的雇佣劳动活用与赋役制上的变化》,《中国史研究》第100辑,2016年,第41—122页。
② 关于这个问题可以参考金秉骏《中國古代南方地域の水運》,藤田胜久·松原弘宣编《東アジア出土資料と情報傳達》(汲古书院,2011年)。他详细地分析前汉运送物资时利用民营运的过程。
③ [韩]李周炫:《秦汉中期以后国家——以人力雇佣为中心人力利用方式的变化》,《东洋史学研究》第150辑,2020年,第37—81页。
④ [韩]李周炫:《秦汉时期国家维持国有人力资源的财政负担与其影响——以徒隶劳动与雇佣劳动的费用支出为中心》,《中国古中世史研究》第56辑,2020年,第63—133页。
⑤ 关于土地制度,以下二文整理了韩国学界既往研究成果:任仲爀:《韩国中国古代史学界的土地制度研究》,《大东文化研究》第99辑,2017年,第47—95页;金珍佑:《有关秦汉时期土地制度和编户制度研究的论点和展望——以活用秦汉简牍资料的韩国学界研究为中心》,《中国古中世史研究》第44辑,2017年,第1—30页。
⑥ [韩]林炳德:《〈岳麓书院藏秦简(叁)·为狱等状四种〉案例七识劫婉案考》,《中国史研究》第110辑,2017年,第229—264页。
⑦ [韩]金珍佑:《秦汉初国家权力的"田制"——以新出土资料的田律为中心》,《中国古中世史研究》第52辑,2019年,第43—73页。

民间的货币铸造，是为缓解长期战乱所导致的社会困难，从此时到流通五铢钱的武帝时期，在货币铸造方面国家与民间具有互相竞争的倾向，其原因即是国家与诸侯国之间的不稳定关系；汉文帝时期铸造了四铢半两钱，才摆脱之前货币的混乱状态，此时对货币铸造的国家控制较松散，造成了"民用钱，郡县不同"，且部分诸侯国过分富裕，必然导致政治形势动荡不安的局面，这促进国家重新主导货币铸造。① 关于度量衡制度，金珍佑关注数量值的变化，考察古代中国的度量衡制的特点。他提出：增加度量衡的种类，跟战国时期度量衡调整相关，到秦汉时期数量值呈现规范化的面貌，"名词＋数词＋量词"的数量值种类最为典型。② 除此之外，李成珪一直注目"计数"与国家统治间的互动关系——他曾提出秦汉帝国采取通过"计数"工作来实现"标准化"和"量化"的统治方式，是为"齐民的计数化"③，近期出版的专著可说是他这些研究成果的汇总。他认为古代中国建立了根据严密的计数来统治"被物化的百姓"的统治机制，此书中涉及度量衡与实用算术的全面性说明、为支配齐民而进行的国家设计——授田和行政标准计数以及当时所具有的计数统治的局限性。④ 古代国家所使用的"数"不是单纯的算术性"数"，而是与天文、思想均相关，且涉及日常生活的每个细节，故需要掌握统治的全般情况。书中能看到文献和出土史料中出现的多种数据进行互相联系而论证自己的论点，值得称道。

　　法律制度研究方面，主要研究可分为"律令"本身的概念、刑罚制度与治狱程序三个。"律""令"的概念是历史学界一直关注的问题，包括秦汉魏晋律的律令概念的存在与否、律令的特质、律令制定过程在内的问题，韩国学界也进行了热烈探讨，其中值得注目的是任仲爀和林炳德的论文。首先关于律令概念的使用与其特质，学界认同这些律令概念始于西晋的泰始律，林炳德批评此说法并支持任仲爀的见解⑤。他在《秦汉时期官吏的假期》一文中重新分析秦汉时期有关官吏假期的规定内容和其所属，探讨晋律《假宁令》起源于秦汉律中的一些"律"，和秦汉律与魏晋律之间的"律""令"概念上的不同之处。⑥ 他还在《秦汉律令的起源与其展开》一文中分析秦汉律和令的内容与形式，考察律令之间的关系和其发展过程，指出：对于秦律令的特质，通过青川木牍《为田律》及睡虎地秦简《魏户律》等可以看到，秦律多数既是制度性规定，又是国家制度有关的行政法规，令反而具有刑罚的性质，因此令对律的补充性极强，亦说是一种副法；汉代的律和令并无完全区分，此时的律

---

① ［韩］金庆浩：《竞争的货币——以秦汉初期社会性格的理解为中心》，《中国古中世史研究》第39辑，2016年，第129—171页。
② ［韩］金珍佑：《中国古代度量衡与数量值的演变过程》，《木简与文字》第24号，2020年，第131—156页。
③ ［韩］李成珪：《账簿上的帝国与"帝国的现实"——西汉前期南郡的编户齐民支配与其限界》，《中国古中世史研究》第22辑，2009年，第235—324页；《秦汉更卒的征发与赋役方式——以松柏木牍47号的分析为中心》，《东洋史学研究》第109辑，第1—93页；《被计数化的人间——古代中国的税役的基础与基准》，《中国古中世史研究》第24辑，2010年，第1—85页；《汉代闰年的财政收支与兵、徭役的调整》，《震檀学报》第109辑，第181—244页；《秦汉帝国的计时行政》，《历史学报》第222辑，2014年，第99—188页。
④ ［韩］李成珪：《数之帝国，秦汉——计数与计量的支配》，大韩民国学术院，2020年。
⑤ 任仲爀2015年已经论证令和律的概念的区分与使用于秦代，［韩］任仲爀：《秦汉律令史研究的诸问题》，《中国古中世史研究》第37辑，2015年，第1—52页。
⑥ ［韩］林炳德：《秦汉时期官吏的休假》，《历史与谈论》第84辑，2017年，第359—384页。

可被定义为狭义的刑法；秦汉律令在律令发展过程中属于初期，唐律才能属于完成阶段。[1] 任仲爀站在不同角度观察律令区分，关注秦汉律名与令名称谓混乱使用问题，为此分析了睡虎地秦简、岳麓书院藏秦简及二年律令中的"不从令""不从律"等的使用。他认为，也许以岳麓秦简为界，试图整理用语，且到二年律令终于确立了"不从律"用于律，"不从令"用于令，这意味着抄写的吏员已经完全掌握律和令的概念之差。[2] 关于秦汉律令制定过程，任仲爀亦发表了三篇论文。在《秦汉时期诏书的律令化》一文中他为探讨制诏转换为令的过程，先批评大庭修极为注重"著会文字"的说法以及冨谷至所主张的所有制诏可成为令——制诏等于令的说法，他对于大庭修的说法指出自汉初诏书中出现"其令"的记载而找出与此不同情况，亦对于冨谷至的说法利用章帝的制诏没颁布律令的事例来解释。他还认为：《岳麓书院藏秦简（肆）》（以下简称为《岳麓（肆）》）的例子说明，令仍然保留制诏形式（制诏中记载整个制定途径），律反而已删除制诏形式；如此的形式为张家山汉简继承，令中留下"制诏御史"部分，而律中已删除"制诏御史"部分。[3] 他有《岳麓书院藏秦简的卒令》一文，对于岳麓秦简中的卒令，论证既往的成果并支持周海锋"卒＝萃＝聚集"的说法，他还提出秦汉律令制定过程中卒令的作用是：秦朝若有君主的命令制定了一条令，但暂不确定此令所属的令种类时，先将它聚集在卒令中，之后进行整理以及编制。[4] 另外，他对《岳麓（肆）》中的第三组与《岳麓书院藏秦简（伍）》（以下简称为《岳麓（伍）》）的第一、二、三组令文进行分析，根据这些简牍的划痕、反印文及简文内容，考察其制定时期及编制原则，进而复原其制定过程。他认为第5—2组和5—3组（卒令、郡卒令、尉郡卒令、廷卒令、廷令）不包含法律信息的简牍，"令"的完整形态，且与《岳麓（肆）》中"律"的形态相似。另外，岳麓秦简中的令多数属秦统一后的，它们或许是为统一后的社会形势和统治需求而制定的。但岳麓秦简中少见统一前的秦令，却多见统一前的秦律，推测当时"现王"的诏令已转化为律，并进一步推想《岳麓（肆）》中制定时期尚未明确的多数律可能是统一前的令。[5] 任仲爀的研究从"律令"概念出发，参考新出土资料，推测律令系统的形成过程，助于理解秦汉法律系统的变迁，在此点其研究成果有重大意义。

刑罚制度方面，林炳德的两篇论文都与罚金刑与赎刑有关，其中一文主要涉及秦代，以《里耶秦简（壹）》与《岳麓书院藏秦简（贰）》（以下简称《岳麓（贰）》）所见的"赀甲""赀循"之实际换算额为准整理并论证既往研究[6]，此文侧重于整理史料中的换算数值，是基础性研究。另外一文他反思自己既往研究的局限[7]，且关联到秦汉间这些刑罚的变化状况，并指出《岳麓（贰）》内容反映赀与赎之单位不同，而秦代的罚金刑与赎刑在法律上已

---

[1] ［韩］林炳德：《秦汉律令的起源与其展开》，《法史学研究》第58辑，2018年，第195—235页。
[2] ［韩］任仲爀：《从出土文献所见的秦汉时期令与律的区分》，《中国学论丛》第54辑，2016年，第1—33页。
[3] ［韩］任仲爀：《秦汉时期诏书的律令化》，《中国古中世史研究》第42辑，2016年，第1—57页。
[4] ［韩］任仲爀：《岳麓书院藏秦简的卒令》，《东洋史学研究》第150辑，2020年，第1—36页。
[5] ［韩］任仲爀：《〈岳麓书院藏秦简〉（肆、伍）秦令的编制原则》，《中国史研究》第124辑，2020年，第1—44页。
[6] ［韩］林炳德：《秦代的罚金刑与赎刑》，《中国史研究》第100辑，2016年，第1—23页。
[7] 其对象是林炳德：《〈张家山汉简·二年律令〉的刑罚制度（1）——肉刑、罚金刑和赎刑》，《中国史研究》第19辑，2002年，第1—35页。

经分离存在；赀秦罚金四等级说①，秦律的罚金刑由原来"赀一盾：赀二盾：赀一甲：赀二甲 = 1：2：3.5：7"的规定变成了"罚金一两：罚金二两：罚金四两 = 1：2：4"，汉律的罚金刑继承了秦代的刑罚而进行合理的调整；秦汉的赎刑存在多种形态，（1）本来具有"换刑"的特点，但"换刑"的要素已不复存在，其本身就是"正刑"——从赎死、赎城旦舂到赎耐、赎迁均属于此，（2）既是换刑又是正刑的，（3）作为换刑的赎刑。② 除此之外，金垌吾探讨秦汉时代的奸罪问题，通过分析张家山汉简《奏谳书》案例21和岳麓秦简案例11、12内容，指出：奸罪可分为和奸、强奸和略妻。发生和奸时以现场逮捕为原则；强奸罪的处罚是"腹刑"的肉刑和"宫隶臣"的身份劳役刑相结合，比和奸罪加重一级，经过汉文帝肉刑废止后，强奸罪调整为髡钳为城旦，维持加重一级的原则；略妻指的是通过绑架等非法手段娶妻的强制性性行为，由此与强奸罪有着一定联系，在汉律以上三种记录于《杂律》。③ 此文虽然对奸罪展开整体性研究，可惜对秦汉唐之间奸罪的认识变化并无详细解释。关于治狱程序，方允美关注"判决"阶段，分析相关法律用语——论、决、断的具体用例，深化对判决阶段的理解。她提出："论"指整个判决阶段，"决"是指定罪与量刑过程，"断"则是指最终裁决；一般治狱情况都在官府发生，不用区分这些具体过程，可有时恰逢新律令的颁布及赦免，需要明确判断当时属于何种时点，因其影响到最终结果；这些过程联系到官吏的判决权力，狱史可参"论决"过程，只因长官（令、长、丞）掌握可"断"权力，由此，治狱制度的严格性得以加强。④

爵制与各种身份方面，韩国学界庶人泛称说与专称说一直争论，这期间任仲爀、朴健柱和林炳德各自发文一篇。任仲爀一直关注庶人问题⑤，在《秦汉律中庶人的概念与存在——关于孤儿陶安、吕利、椎名一雄的见解》一文中批评陶安所主张的"庶人是一种身份泛称"说法，进而着眼吕利所提出的秦汉时期庶人的存在与否，分析出土简牍中不见"庶人"名称的原因。他认为：西周以来已有的庶人概念中添加了商鞅变法所构成的专称概念，睡虎地秦简、张家山汉简以及西北汉简中的"庶人"都是来自罪囚、奴婢，他们虽然是自由人，但因其出身而受到与"士伍以上"不同的待遇；《二年律令·傅律》364—365简中不存在"庶人子"，里耶秦简、肩水金关汉简等便不存在"庶人"称呼，但这不意味着庶人身份的消失；据《尚德街诏书》与父母同居的庶人自动转成"士伍"，这可能导致庶人数的减少，在居延汉简和肩水金关简中并无记载其爵位的戍卒也许属于庶人，因此，当时不记录爵位是表

---

① 关于秦的罚金刑，有了两种说法：构成为"赀一盾、赀二盾、赀一甲和赀二甲"的四等级，富谷至和于振波持此说；"赀一盾、赀一甲、赀二甲"的三等级说法，任仲爀与石洋持此说法。[韩] 任仲爀：《秦汉律的罚金刑》，《中国古中世史研究》第15辑，2006年，第45—46页。
② [韩] 林炳德：《从秦到汉罚金刑和赎刑的变回和其性格》，《东洋史学研究》第134辑，2016年，第107—146页。
③ [韩] 金垌吾：《秦汉简牍中奸罪有关案例的诸问题》，《中国学报》第90辑，2019年，第39—66页。
④ [韩] 方允美：《秦汉时代治狱程序与时点——以论、决、断为中心》，《中国古中世史研究》第5辑，2020年，第53—97页。
⑤ [韩] 任仲爀：《秦汉律的耐刑——以士伍身份的形成机制为中心》，《中国古中世史研究》第19辑，2008年，第103—178页；《秦汉律的庶人》，《中国古中世史研究》第22辑，2009年，第163—234页（后中文版载入卜宪群、杨振红主编：《简帛研究》，广西师范大学出版社，2009年，第274—314页）；《中国古代庶人概念的变化》，《东洋史学研究》第113辑，2010年，第1—68页。

示庶人的方法。① 朴健柱主张庶人是指从犯人和奴婢免为百姓和平民的,并不是以特殊身份诞生的。② 对此,林炳德③表示反对并支持任说,他据岳麓秦简和张家山汉简《二年律令》论证秦汉律中的庶人概念与其前后的庶人概念并不一致。④ 关于爵制,闵厚基以秦末汉初刘邦集团得到的爵位为中心观察当时爵制之变以及分析当时得到"爵"的本质意义,他指出:刘邦随着自己身份的变化——沛公—武安侯—汉王—皇帝,能授给属下的爵级亦发生变化;分析刘邦集团内的爵位——士(卒、什长)—大夫(百长、五百主)—卿(二五霸主)—侯(将军)。据此,秦汉初这些人力组织一直是基本军事组织,其中大夫以下被用为地方行政的基层组织,在乡里辅助县行政;秦汉初时期这些"爵"可定义为"军事及乡里民间秩序的位阶",并发挥其作用。⑤ 另外,林炳德通过《岳麓秦简藏秦简(叁)》的"识劫婏案"与对《岳麓(伍)》001—008 简的内容分析,进行秦汉初奴婢、妻和婚姻情况的讨论,他提出:中国学界并不认"识劫婏案"中的"隶识"为奴婢,可"识"确是奴婢;秦汉初国家对人民的婚姻并无直接干预,婚后人民自行决定户籍登记何人为室人;从《岳麓(伍)》001—008 简可知秦代家庭财权完全被掌握在父系的父子相承,再嫁的母亲并不能控制父系所掌握的这些家产,由此可理解当时被国家权力加强的家长父权的实况。⑥ 孙泰昌考察那些受到轻视的宦官,在政治上如何成长,并解释在此过程中他们与宫中女人的关系是核心因素之一,进而分析宦官与宫中女人之间的人际网络,认为这种人际网络超越了基本主从关系的信义和忠诚的结构,实际上表现了从属于现实政治的状诚,即是为保住自己利益而合作的。⑦

礼制方面,宋真关注祭仪形式与通行证的关系,分析内外通关凭证的种类与其特点,亦分析秦汉时代皇帝支配空间的运用原则,进而试图理解先秦时期的咒术传统在帝国统治中如何反映。秦汉时代为了出入边境,人民一定要携带可以证明君主命令、许可的符节或者盖官印的通行证。她认为,虽然秦汉时期国内外通行许可程序是从对神的祭仪形式转变为从官府领取通行证的形式,但必须通过支配帝国空间的"神"性权威者的许可才能出入内外的原理与以前大同小异。经过战国秦汉官僚制的完善,瑞玉转化为象征君主命令的符节或者表示

---

① [韩]任仲爀:《秦汉律中庶人的概念与存在——关于陶安、吕利、椎名一雄的见解》,《中国古中世史研究》第50辑,2018年,第1—60页。
② 此文中他探讨封建主从关系中处于"从"的私属(包括邑与民)和私属身份阶层在古代中国中存在形态以及其形态如何转变的问题,还阐述春秋初期诸侯王合并附近地区并扩张领土,此战争中的胜利者能争权夺利并占有公室,从而实现了公室的私属化。进入战国时期,君主通过变法,将人民均转换成君主的私属,亦施行县制,私邑成为君主的直辖领地,其属民也成为齐民。由此,"私属"一词此时成为了从奴婢身份有限地解放出来,升一级的身份法制用语。[韩]朴健柱:《中国古代私属层的身份制属性》,《中国古中世史研究》第47辑,2018年,第41—98页。
③ 林炳德也一直关注庶人问题,其成果是林炳德《秦汉时代的士伍与庶人》,《中国古中世史研究》第20辑,2008年,第325—376页;《秦汉时代的"庶人"再论》,《中国史研究》第80辑,2012年,第1—30页。
④ [韩]林炳德:《秦汉律的庶人——对庶人泛称说的批评》,《中国史研究》第125辑,2020年,第1—33页。
⑤ [韩]闵厚基:《秦汉之际官爵者的出身地和"爵制"的性格与演变——以刘邦集团为心》,《中国古中世史研究》第49辑,2018年,第79—188页。
⑥ [韩]林炳德:《从〈岳麓秦简〉可看秦汉初的婚姻、奴婢和妻》,《历史与谈论》第91辑,2019年,第179—220页。
⑦ [韩]孙泰昌:《古代帝国的宦官比较——后汉与4—5世纪罗马帝国的宦官及宫中女人之关系》,《大丘史学》第124辑,2016年,第271—308页。

官吏身份的印章等各种形态。秦汉皇帝专有以前代表神性权威的媒介物"瑞玉",将过去属于神的领域吸收到自己的政治支配领域,亦能够表现自己是取代以前受祭神灵的权威者。这是皇帝将祭仪活用于统治秩序,谋求顺利完成世俗支配的表现。[1] 关于国家祭祀,金龙燦在《从极庙到郊祀》一文中,反思以郊祀为中心强调"断绝"的既往研究,探讨自秦极庙至汉郊祀的国家祭祀演变过程,他认为,自商以来国家祭祀分为君主的先祖和自然神,君主一般亲自向自然神中各朝认为最高之神与君主的先祖同时进行祭祀,能够将自己意图绝对权威化;秦朝继承商代以来的方法,将天象中心的天极和秦先帝奉入"极庙",进而所有郡县单位均建构其分身"庙",从而完成天下统一的国家祭祀;汉朝边扩大统治领域,边掌握该领域内的自然神,且形成国家祭祀结构——皇帝亲自祭祀的郊祀,使者负责的五岳、四渎,方士所负责的郡国之自然神;秦朝是以崇拜先帝为基础,集中精力并证明"自己"是天下的主人,汉朝则是以祭祀自然神为基础将无限的"天下"本身放在皇帝统治之下;这些改革绝不是中央进行的突然性变革,而是很早出现、自下而上的变化,国家政权仅是使之系统化。[2] 此文叙述了国家祭祀整体演变过程,可忽略了"自下而上"变化的具体情况、基层祭祀运用方式以及祭祀的实际运营者"官吏"等问题。他此后又发表了两篇,一是《秦汉时期帝国的基层国家祭祀运营构造》,此文着重研究民间的祭祀以及国家如何控制这些基层祭祀的运作。他提出:国家将民间的诸神及其祭祀组合到"社",限制了祭祀场所,且根据伏日、腊日等节日及国家命令,调整祭祀时间;国家为了提供祭物,制定了《赐律》和腊日赐与的法律依据,并建立了苑、廄和仓等畜牧的制度性措施,这些措施与民间的肉食消费密切相关,故"祭祀"这些有限的机会能够赢得平民和官奴婢等群体的忠诚。[3] 二是《秦汉时期国家祭祀的世俗化》,他批评既往研究中有将县官掌握国家祭祀的现象"儒教化"的观点,指出后汉以后县官取代祠官的位置,不具有神性的县官掌握国家祭祀,故国家祭祀脱出原有的咒术性,逐渐礼仪化、世俗化,在此过程中地方长官在遇到祭祀问题时,将法律和儒家经典作为一种应对手段。因此他强调应该超过这种儒教化观点而将它扩大释为对古代国家建设做出贡献的一种轴心。[4] 关于庙制,徐政姡观察西汉典籍与东汉争论的庙制内容,涉及庙数制度的实际起源问题,她主张:汉人坚持认为"天子七庙、诸侯五庙"等庙数制度是周代正统的庙制,实际上此制度是在汉代才形成的,与此相反,汉人普遍认为"非礼"的汉初郡国庙才是继承了周代的庙制。[5]

三、帝国的文化与社会

关于丧葬礼俗,洪承贤具体关注墓地内出土的买地券和墓碑等石刻,并对二者各发表一

---

[1] [韩]宋真:《秦汉时代通行许可与君命之象征》,《中国古中世史研究》第42辑,2016年,第147—188页。
[2] [韩]金龙燦:《从极庙到郊祀——秦汉国家祭祀的改变与坚持》,《全北史学》第57辑,2019年,第313—364页。
[3] [韩]金龙燦:《秦汉时期帝国的基层国家祭祀运营构造》,《历史教育》第151辑,2019年,第345—387页。
[4] [韩]金龙燦:《秦汉时期国家祭祀的世俗化》,《中国古中世史研究》第55辑,2020年,第113—162页。
[5] [韩]徐政姡:《关于庙数制度始原的考察——以汉代与战国期的庙数制相关议论为中心》,《大东文化研究》第102辑,2018年,第159—184页。

文。先对于买地券，她探讨不同时期的买地券之间的差异以及其地域性特点，她指出：初期买地券实际上与买卖文书相同，然后受到镇墓文的影响，逐渐带有一些迷信性质，到了光和年间出现了具有在镇墓文常见的"除殃解謫"观念的买地券——为生者"除殃"并为死者"解謫"，这时期的买地券与五斗米道或者太平道有关；对于出土地域的相关性，与洛阳所出的典型买地券不同，浙江地区买地券中有其特点，因为该地区有传统巫俗——山公信仰。[1] 她还带着墓碑在地上并墓记、墓志在地下出现之间应有不同目的这一问题意识，究明汉代不同石刻的存在理由和其间相关性。她认为，早期墓记类是记录墓主的身世和埋葬地，后来变成两种形式，一是为死者的死后生活之安定所提供的一种明器，二是包含丧葬建筑信息，即是何人为墓主、用多少金钱、雇佣何人、建造何物等，这意味着发生社会性需要——通过付出巨额费用向死去的父母或兄弟表达至诚的孝悌而获得名声，这与推举息息相关；早期的墓碑与墓记相似，有标识意义，后逐渐开始记录墓主对外公开的履历、世系和铭辞，变成其建造者取得名声的一种手段，从墓碑开始流行的桓帝、灵帝时期墓碑主要由门生或故吏建造看，地下的墓志与墓记不同，只详细记述墓主信息和功德内容——此功德内容涉及家人应遵守的家族法与宗族法，由此可见，墓记是丧葬建筑的记录，墓志则记录墓主信息的性质极强。[2] 葬礼文化比较的研究方面，尹在硕则对武威地区汉墓出土的铭旌和镇墓券进行分析，了解汉代武威地域文化的性质。他指出武威地区被归纳到汉郡县之后，由于内地徙民等原因，其丧葬礼俗文化受到内地，比如关洛等地的镇墓文化的影响并且武威与内地丧葬文化并不完全一致，可见，内地文化在武威当地文化融合过程中发展为独特的文化。[3] 除此之外，金秉骏注重作为叙事媒介的简牍与石碑之相关性，指出：后汉时代形成了石碑的基本外观，此时石碑作为叙事媒体，模仿木简的形态而形成其外观；然后，随着希求墓主升仙的墓碑流行，石碑中增加了相应的装饰性因素。[4] 赵胤宰关注秦汉时期气候变化与其引起的墓地变迁问题，他指出：从新石器时代到战国秦汉时期发生的气温持续下降现象，总体上对古代中国森林生态造成了不利的影响，并且春秋以后人口集中以及多数诸侯国与郡国的出现，导致对树木资源的消费暴增；到西汉制定各种法令和行政措施，形成了限制对森林资源滥用的氛围，强调礼仪中的树木使用；中国古代社会的核心礼制——丧葬的基本文化的转换，其主要原因可能是社会公共财产的不足。[5]

崔德卿从农业史的观点考察油脂的出现与其消费情况，他提出：秦朝主要使用动物性油脂，汉朝从西域引进油料作物，逐渐推广使用植物性油脂，故《齐民要术》与《四时纂要》中常见各类植物性油脂；植物性油脂克服了动物性油脂的缺点——凝固性极强以及油炸处理

---

[1] ［韩］洪承贤：《后汉买地券的分类与历史地理的特点》，《中国史研究》第 101 辑，2016 年，第 1—43 页。
[2] ［韩］洪承贤：《汉代墓记、墓碑、墓志的出现与其间相关性——以墓记内容的变化为中心》，《中国古中世史研究》第 42 辑，2016 年，第 297—337 页。
[3] ［韩］尹在硕：《汉代武威地区丧葬礼俗文化的性质——以磨嘴子汉墓出土幡物为中心》，《中国古中世史研究》第 52 辑，2019 年，第 75—96 页。
[4] ［韩］金秉骏：《从"视觉文书"到"视觉石碑"——以集安高句丽碑与广开土王碑的形态渊源为中心》，《木简与文字》第 18 号，2017 年，第 105—136 页。
[5] ［韩］赵胤宰：《中国秦汉时期环境气候变化与西汉墓地变迁之间的相关性》，《湖西考古学》第 45 辑，2019 年，第 4—33 页。

不卫生。在油脂的用途方面,油脂早期主要用于食用和灯火,唐代起用于治病、制作化妆品等;油料作物在早期集中于黄河中下游,唐代后期种植范围扩大到长江中游。① 此文从中国通史的角度来说明油脂使用问题,对于使用植物性油脂所引起的社会经济上的变化,他以宋元为中心,在其他论文中进行讨论。②

关于治病活动,中国古代仍然存在鬼神致病的观念,故《日书》和巫者等与治病活动不可分离,对此文贞喜和赵容俊进行了研究。文贞喜关注睡虎地秦简《日书·病》,分析引发疾病的对象、疾病发生的具体媒介和治病的祭祀仪式等,了解中国古代人的疾病观念和祭祀习俗。她认为:《日书·病》中易于看到,古人根据病情的发生日期,占卜引发疾病者——"作祟者"以及疾病预后;通过"得之于肉"内容,古人认为虽然疾病是由各种鬼神引起的——主要作祟者是先祖、巫和里社的社神,但可以确认从外部引进的食物是发病的具体媒介,祭祀后共享肉类的习俗可以看作古代人对公共卫生概念的初步认识。③ 赵容俊通过对巫医医疗活动的观察,讨论当时这些治病活动的内容和其特点,他认为:古代人得病后召请巫者,巫者则多采取问病卜灾等占卜形式,诊断何鬼所为而驱鬼治病。他在《秦汉时期巫术医疗小考》一文中探讨巫术性医疗、巫医合一以及巫医分离等三项重要内容,秦汉古人得病时一边寻求医药,一边举行求神问卜、祭祀祈祷、祝由之术等医疗性巫术活动,但随着医学发展,巫医逐渐开始分离,便培养出一批专门医生。④ 他还有《秦汉传世文献所见之医疗巫术考察》一文,补充前篇的巫术活动具体情况,分为占卜问病、祝由之术、逐疫除凶、治蛊之法等方面进行分析。⑤

在女性史研究方面,李明和利用包括传世文献、简帛、墓志铭和审判记录等多种材料分析女性生活史,并出版了一本整体性研究成果,书中涉及法制和家庭制度上的女性以及宫中女性的生活等,她关注的对象不仅是精英女性,也包括无名平民女性。她亦说明当时的女性不光是以儒教为代表的男性社会价值的受害者,也是被压迫时谋求生存积极能动的主体。⑥ 另外,安铉哲研究秦汉时期妇女劳动的多样性以及纺织分工合作的情况,古代女性担任家务、农作和纺织等,他为了解纺织劳动实况,观察当时的织物、衣服及纺织机等,并得出满足五人家庭的衣服材料需要麻织物12.6匹,这是一个妇女纺织190天的结果。从传世文献反映的当时妇女纺织的多种衣物——统治阶层的衣服、祭服和作为赋税的布的制作,他推想了纺织协作的情况。⑦

金庆浩以居延、敦煌的书信为主考察私信的书式和习惯用语等,他提出:私信简一般不记标题,但偶尔既有在私信正上面写"记",又有一面记录题署的发信人与收信人的关联性而一面记录私信的本文;对收信人的姓名一般是使用"姓+官名"形态,收信人的称呼亦

---

① [韩] 崔德卿:《中国古代的油脂与榨油法》,《东洋史学研究》第148辑,2019年,第1—44页。
② [韩] 崔德卿:《宋元代植物性油脂的生产与其引起的生活上的变化》,《中国史研究》第121辑,2019年,第69—109页。
③ [韩] 文贞喜:《从日书看古代中国的疾病观念与祭祀习俗》,《学林》第39辑,2017年,第7—42页。
④ [韩] 赵容俊:《秦汉时期巫术医疗小考》,《中国古中世史研究》第49辑,2018年,第119—141页。
⑤ [韩] 赵容俊:《秦汉传世文献所见之医疗巫术考察》,《中国史研究》第115辑,2018年,第53—75页。
⑥ [韩] 李明和:《秦汉时代的女性史研究》,一潮阁,2017年。
⑦ [韩] 安铉哲:《秦汉时期妇女劳动的实态与纺织协作》,釜山大学硕士学位论文,2017年。

是使用"坐前""足下"等敬语；送信时不用公文传递系统，而委托去办事的人帮忙；为简单联系的私信，由于发信人与收信人相识，以他俩关系为基础来写内容，故比较自由地表现自己的感情或情况。① 金珍佑观察秦汉奏谳文书内容，先划分事件种类，然后从抽取基层社会"民"对国家权力体现较强能动性的反应事件，即"亡""市"有关事件——前者可表现平民的抵抗，后者可表示平民积极谋求自己生存和利益，通过这些事件中的被告陈述，了解国家与基层社会的互动样态。② 此文的观点较为新鲜，可惜只是平面性论述而已。

上述金龙溙研究了国家祭祀，而许明华关注具有个人性质的祖先祭祀，探讨秦汉时期祖先祭祀的功能与思想的演变过程，她指出：古代祖先祭祀成为维持和存续现有共同体的制度，其掌握者获得政治性权利；祖先祭祀源于先秦时期国家礼仪，在此结合地域性的特点，形成了各地方独特的祖先祭祀形态；随着郡县制的施行，到秦汉时期，经过庙祭向墓祭的演变，出现坟墓内建造祠堂供奉祖先神的情况，这与"攘祸招福"认识观的扩散相关；其中亦发生思想上的变化，秦汉人一般具有"归天—魂—庙"之天上世界和"蒿里（下里）—魄—墓"之地下世界的二元构造，这些观念和"攘祸招福"认识互相联系，而能巩固"事死如事生"观念。③

四、帝国的学术与思想

在经传研究方面，权珉均关注汉初知识分子所进行的儒家经传定本整理工作，这些工作对武帝学官设立发挥了基础性作用。他认为：与战国时期相比，秦统一后知识分子不受欢迎，到了汉代，既为避免重蹈秦朝的覆辙，又为制定符合帝国需要的礼仪制度，致力于恢复古礼，此时精通古礼的儒家知识分子开始担任这一角色，文、景帝时期他们作为"礼官"，参与复原并研究先秦书籍的工作；武帝时期，董仲舒建议的五经博士设立后，儒家生产并传授帝国政治理念的作用被更加重视，从这时期起儒家官僚的性质便转换为学官。④ 该论文可谓理解历史潮流的预备考察，虽然并无论证具体意义上的经传整理工作或五经博士设立后的学官的具体作用等，但在认识的转变这一点上提供重要启示。崔振默关注在古代中国有五经和六经并存现象，分析五经中并不包含的乐经存在与否以及其形态等问题，他指出：汉代以来五行说便占据主导思想位置，古代人的学问系统被重新改编为五经，这些五经的权威已超过道德与礼仪的范围，以至于法律和政治范畴，被适用于现实社会的方方面面；对于乐经的地位，文章认为在当时礼乐崩溃的时代背景下，乐经渐渐消失，也许乐经跟其他经典比起，难以记录和保存，故存在论五经化过程中被遗漏的可能性。⑤

---

① ［韩］金庆浩：《汉代西北边境私信的构造与其主要内容——以居延、敦煌汉简为中心》，《中国古中世史研究》第 53 辑，2019 年，第 1—36 页。
② ［韩］金珍佑：《从秦汉代奏谳文书中被告陈述观察基层社会的实相》，《中国古中世史研究》第 43 辑，2017 年，第 75—112 页。
③ ［韩］许明华：《秦汉时代的祖先祭礼与生死观研究》，釜山大学博士学位论文，2018 年。
④ ［韩］权珉均：《从礼官到学官——为研究汉代官学的预备考察》，《中国史研究》第 116 辑，2018 年，第 37—67 页。
⑤ ［韩］崔振默：《五经与六经——乐经的地位》，《人文论丛》第 74 卷第 3 号，2017 年，第 223—254 页。

关于司马迁与《史记》有关研究，金珍佑将《史记·太史公自序》中的司马迁初年学业部分与张家山汉简《二年律令·史律》联系，作为重新认识《史记》的线索，他认为司马迁"二十岁游历"应当看做官方身份公务旅行，同时反对这期间司马迁的游历是后来《史记》著述之准备过程这一观点。他据《史律》内容认为司马迁在父亲去世之前应该过着帝国典型小吏的生活。① 金庆浩对《史记·秦本纪》所记的秦始皇死亡有关内容与北大汉简《赵正书》进行比较②，指出两个文献中始皇帝的死亡场所、随行人员的构成等不同之处，认为这些内容差别的原因在于西汉初期对秦始皇死亡事件存在不同故事版本，在此情况下，记录者根据自己独有的资料，既取舍又整理。《赵正书》的发现可证明时人对同一事件存在不同认识角度、观点的可能性。③

权珉均和洪承贤分别译注《汉书·五行志》与《后汉书·五行志》④，在译注过程中获得研究心得而发表论文。权珉均在《汉代〈洪范〉的再诞生及班固的〈五行志〉著述背景》一文中，关注汉代经学者重视《洪范》的理由，既分析当时《洪范》的历史性，又探讨班固记述《五行志》的背景。他认为"天乃锡禹《洪范》九畴"的故事在西周初有助于获取统治权力的正当性。进入汉代后，加上箕子为周武王讲解《洪范》而达成理想国家的故事，使《洪范》获得极为独特的文化权威。进而《洪范》九畴的"五行"与春秋战国时期的五行思想结合，作为解释当时世界的理论重新诞生。汉代知识分子根据"洪范五行"理论，通过梳理国家危机发生案例而阐述突破危机方法。班固也持如此立场，把灾异的事例与政治事件——尤其是外戚掌握权力联系起来，试图通过著述警告皇帝。这是《汉书·五行志》的著述背景。⑤ 第二篇是他在前文的思路下，进行具体探讨。他将焦点集中于掌握《汉书·五行志》的著作性质，先对《汉书·五行志》中提示的灾异种类进行分类并分析班固所表述的灾异发生原因，即五行的失性、五事不良、皇极的失中，也同时考察班固树立灾异说的目的。⑥ 另外，洪承贤在《〈续汉书·五行志〉序的构造与刘昭注的特点》一文中，通过对比《续汉书》和《汉书》的《五行志》，考察《续汉书·五行志》的特点：君主的

---

① [韩]金珍佑：《中国古代的新出土资料与司马迁研究——以张家山汉简〈二年律令·史律〉为中心》，《史丛》第 97 辑，2019 年，第 197—226 页。

② [韩]金庆浩：《秦始皇帝死亡及秦灭亡有关的另外文献——〈北京大学藏西汉竹书（叁）〉〈赵正书〉译注考》，《中国古中世史研究》第 46 辑，2017 年，第 146—178 页。

③ [韩]金庆浩：《同一史实，相异记录——以秦始皇帝死亡与胡亥继位记载为中心》，《大东文化研究》第 100 辑，2017 年，第 137—175 页。

④ [韩]权珉均：《〈汉书·五行志〉译注Ⅰ》，《中国古中世史研究》第 53 辑，2019 年，第 143—180 页；权珉均：《汉人对天人关系的认识——〈汉书·五行志〉译注》，《中国古中世史研究》第 54 辑，2019 年，第 149—182 页；洪承贤：《〈后汉书·五行志〉译注Ⅰ》，《中国史研究》第 122 辑，2019 年，第 205—250 页；洪承贤：《〈后汉书·五行志〉译注Ⅱ》，《中国史研究》第 124 辑，2020 年，第 283—326 页；洪承贤：《〈后汉书·五行志〉译注Ⅲ》，《中国古中世史研究》第 56 辑，2020 年，第 375—404 页；权珉均：《〈汉书·五行志〉译注Ⅲ》，《中国史研究》第 126 辑，2020 年，第 203—230 页；洪承贤：《〈后汉书·五行志〉译注Ⅳ》，《中国史研究》第 126 辑，2020 年，第 231—252 页；洪承贤：《〈后汉书·五行志〉译注Ⅴ》，《中国史研究》第 128 辑，2020 年，第 229—260 页；洪承贤：《〈后汉书·五行志〉译注Ⅵ》，《中国史研究》第 129 辑，2020 年，第 198—224 页。

⑤ [韩]权珉均：《汉代〈洪范〉的再诞生及班固的〈五行志〉著述背景》，《中国史研究》第 121 辑，2019 年，第 1—28 页。

⑥ [韩]权珉均：《从〈汉书·五行志〉看班固的灾异观》，《中国史研究》第 125 辑，2020 年，第 63—89 页。

行为被视为引发灾异的唯一原因。作为上天赐予"天戒"的灾异，便更加受到重视。这可能意味着对君主的道德要求进一步加强。并且《续汉书·五行志》序的刘昭注内容大致转引郑玄注解的《尚书大传注》，此书在宋叶梦得的评价以后被解为纬书类著作，并认为郑玄的天观念具有主宰性的宗教色彩。刘昭采用了郑玄注，既可知比司马彪更拥有神秘主义倾向，又可说是干宝所提倡的合理性天观念的倒退。① 她还在《〈续汉书·五行志〉灾异解释的特点》中，分析《续汉书·五行志》中司马彪的原文与刘昭注的不同之处，进而考察魏晋南北朝时期解释灾异之变化。司马彪受到定型的"经世致用"的儒者应劭及重视客观性事实的蔡邕的影响，他所记载的内容与神秘主义保持一定的距离。这与刘昭不同，刘昭脱离单纯地辑录异闻异事，展开了自己的见解，其注解的特点在于对豫占的强调和神秘主义的倾倒。刘昭的这些倾向与当时南朝重视祥瑞的社会风潮密切相关。② 这两位学者的研究成果有助于研究《五行志》所反映的当时政治上的需求、思想和社会状况，也证明对史料的深层把握在研究中的重要性。

除此之外，杨洋从舜后说的变用观点，对王莽与曹魏政权观察比较，两者都为了获得正当性而进行理论编造，可他们称颂圣王的目的不是强调"过去"的德政，而是认定"现在"的混乱，从传统中寻找调整其混乱状态的名分。从王莽政权开始的以舜后说为模板的禅让方式，经过曹氏政权，在魏晋南北朝时期逐渐发展成为确立正当性的一种模式，并且她认为这种模式影响到游牧民族，此结果导致了三百年的分裂。③ 洪承贤着眼于"王朝危机"中制作的三种石刻，通过分析这些石刻，探讨其作用和意义。她提出：后汉《熹平石经》制作的背景，既有经书已无定本的情况又有皇帝与知识分子对峙，皇帝需要阐明文化标准被自己掌握的事实；曹魏制作《正始石经》时，恰好年幼皇帝登基，且随着石经的完成策划了年幼皇帝的讲经，这一系列过程足以给年幼皇帝赋予精通古文的儒教世界支配者的形象；《辟雍碑》继承了后汉时期由故吏制作的颂德碑的形式，西晋的儒生和国子学门徒主动建造此碑，可见，此碑的作用在于宣布太子为儒教世界的守护人以及指导他们的唯一的老师。④

五、帝国的地域支配

这方面的研究与第六节有部分重复，此节主要介绍帝国内的地域划分、交通以及新地支配等问题，在第六节主要介绍古代中国与东亚的战争、沟通和交流。

金龙溱一直关注地域区分与国家祭祀的关系，将此研究成果发表为三篇论文，一是《西汉时期地域支配与国家祭祀的交融》，他以《二年律令·秩律》所见的地名为基础将汉皇帝直辖领域分为：内史、西北的Ⅰ集团、西南的Ⅱ集团、东北的Ⅲ集团和东南的Ⅳ集团，

---

① [韩] 洪承贤：《〈续汉书·五行志〉序的构造与刘昭注的特点》，《中国古中世史研究》第55辑，2020年，第163—225页。
② [韩] 洪承贤：《〈续汉书·五行志〉灾异解释的特点》，《中国古中世史研究》第57辑，2020年，第99—144页。
③ 杨洋：《舜后说的变用——以王莽新与曹魏政权为中心》，《中国古中世史研究》第48辑，2018年，第195—229页。
④ [韩] 洪承贤：《王朝的危机与石刻的政治学——后汉〈熹平石经〉、曹魏〈正始石经〉、西晋〈辟雍碑〉的作用》，《中国史研究》第121辑，2019年，第29—68页。

亦以五关为准划分为：关内——内史，Ⅰ、Ⅱ集团，关外——Ⅲ、Ⅳ集团。这些《秩律》的区分方式与高祖新设的"七巫"基本对应，这些七巫中有在长安宫的梁巫、晋巫、秦巫、荆巫和九天各自巫象征四方与中央，亦对应西汉初各个直辖地域，其余河巫和南山巫常住在其直辖领域中最有名的山和川，主管祭祀。① 二是《汉代的十三州刺史部与"天下"秩序》，他反对"十三州刺史部"是扩张"九州说"的结果的既往观点，而主张其是源于将天上秩序实现到地上的"分野说"。在西汉皇帝眼里"天下"是京师——相当于天上中心的北极星，和十三州刺史部——相当于天上外郭的二十八宿，共同构成的。这便是把"天下"再编到十三州刺史部，打破地方分权的趋势，要确保中央集权。② 三是《前汉末期国家祭祀的中央集中编制》一文，他提出在国家祭祀的一元化过程中郊祀发挥了积极作用，及郊祀与《汉书·地理志》中所见的祭祀仪轨之关系，即是《地理志》中的五族、五岳、四渎等各自体现到南郊中，在中营有五星、五官，在外营有四渎、二十八宿（对应十三州刺史部）。因此，"郊祀"既能证明天下的祭祀仪轨已完成，又能作为皇帝亲自祭祀的对象，是其统治力达到整个天下的象征。③ 他的六篇论文将祭祀这一具体主题放在地域支配的框架中阐释，为重新理解古代中国的统治结构奠定了基础，值得阅读。

洪承贤关注中国古代的长城，重新认识其概念与作用，她认为：文献中的长城并不是自然物本身，"筑""立"表示其筑造，说明是利用人工的力量而建成；长城并非由线，而是由点构成，且险要地本身不必设置防御设施，尽管如此，险要地点也担任防卫作用而形成连续性的防御点，比如"因河为塞"的意思是构建以河流为第一防御线而长城为第二防御线的双重防御体系；长城既是防御敌军的防御线，又起到文化区分线的作用。④

赵胤宰在交通考古学方面，分析各个地方的道路遗迹，而探讨当时其使用实态以及特点。⑤ 琴载元着眼于交通网连续发表了三篇论文，第一篇观察宏观的长安全区域范围中长安城的特点，其"渭水贯都"，亦是继承秦咸阳的格局。⑥ 第二篇反对将长安和洛阳单纯认识成东西分立的首都，关注长安—洛阳首都体系——秦岭与黄河交通网的存在，强调这两个交通网成为帝国的两大基础设施。他又提出汉武帝时期以来的京畿扩张政策反映了首都设施比重由秦岭向黄河交通网转移的趋势，这种基层结构的变动，促使东汉迁都至洛阳。⑦ 第三篇分析鸿沟开闭与当时政治情况的相关性，提出贯穿整个梁楚地区的鸿沟水系是整个水系治理与水运的核心机制，亦在该地区的军事和经济中发挥了关键作用，由此，汉朝一直主导鸿沟

---

① ［韩］金龙燦：《西汉时期地域支配与国家祭祀的交融》，《中国古中世史研究》第49辑，2018年，第35—77页。
② ［韩］金龙燦：《汉代的十三州刺史部与"天下"秩序》，《东洋史学研究》第144辑，2018年，第1—51页。
③ ［韩］金龙燦：《前汉末期国家祭祀的中央集中编制》，《史林》第66号，2018年，第283—330页。
④ ［韩］洪承贤：《中国古代长城的概念与其作用》，《史林》第62号，2017年，第1—34页。
⑤ ［韩］赵胤宰：《关于中国先秦和秦汉时期的道路遗迹与其性格的考察》，《湖西考古学》第42辑，2018年，第80—109页。
⑥ ［韩］琴载元：《秦汉时期渭水桥梁与首都区域管理》，《中国古中世史研究》第48辑，2018年，第163—193页。
⑦ ［韩］琴载元：《秦汉帝国首都区域变迁的基层结构——以秦岭与黄河交通网为主》，《东洋史学研究》第149辑，2019年，第1—42页。

水系的控制，能够取得帝国体制维持的动力。① 上述的三篇均有关水系交通网，其思路包括都市结构中的水系以及统一战争中水系的作用在内，可以了解西汉的疆域扩展与控制水系是密不可分的关系，但是该论述仅从中央政府的角度观察，且这个主题虽然与关东地域治水工程全局有关，但将其研究时代限定为西汉，留下了未能在逻辑内展开的遗憾。

帝国统一后，使统治者最为难的是不轻易编入帝国内部的势力的存在，这便是秦朝的旧六国境内势力以及汉朝的"齐民"之外的势力。关于前者，尹在硕、琴载元和金垌吾各自发表了一篇文章，尹在硕重新探讨秦朝对"新地"——旧六国疆域的认识，他认为秦朝实际上对"新地"带有歧视认识，以此为基础的差别政策也仍然存在。② 琴载元支持尹在硕的思路，瞩目于"新地吏"，其类型可分为派遣型及当地任用型。前者又区分为惩罚型和调任型，他们主要当长吏等高级官员，在整个帝国官僚制里，对新地吏的待遇类似于罪人。后者则是从"新黔首"培养出来，主要担当下级官员。这些等级差别可能引起二者之间的矛盾与冲突。③ 金垌吾也同意尹在硕的说法，可是他重视秦朝赐爵，认为秦朝意图使旧六国民被诱导而自发地服从统治。尽管如此，当时爵位在实效有限，这正是秦朝帝国统治政策的界限——从始皇陵附近的赵背户村所发现的墓地瓦志可以明显看出。④ 关于在汉代仍然存在的"齐民"之外民众，琴载元将"游民"定义为"齐民"之外的民众，按照他的思路，走向郡县制的过程可解释为追求"齐民"的中央统治者与想要摆脱其"齐民"的"游民"之间不断发生的冲突和妥协的过程，故他关注《史记》中的"游侠"，即主要集中在关外郡，与诸侯国保持一定距离的独立势力。⑤ 他强调通过观察这些游民社会的变化，可了解帝国体系如何变化而发展。还有宋真指出所谓"流民"，是指"流亡之民"，在严格意义上这些流民可分为两种：临时性流民，虽然他们脱离了原籍地，但保留了户籍上的身份和资格；永久性流民，他们不仅脱离了原籍地，而且可区分为无籍者，她关注后者，详细分析汉朝为将他们编入帝国控制所施行的措施：颁布了到官府自占的命令，为他们提供赋税减免等优惠，同时制定了与逃亡罪相关的各种规定。⑥

六、其他研究成果与展望：代结语

与日本一样，韩国虽然属于汉字文化圈，但为了用韩语准确传达史料含义，译注工作是必不可少的，且这种工作可以巩固研究基础而提高相关研究的质量，亦可说是极为重要的工作。这期间大量学者进行介绍新数据和译注的工作，陆续发表。在韩国有"中国简牍研读

---

① ［韩］琴载元：《西汉鸿沟水系交通的重建——以梁楚地区郡国变迁为中心》，《中国古中世史研究》第56辑，2020年，第161—190页。
② ［韩］尹在硕：《秦的"新地"认识与占领地支配》，《中国古中世史研究》第46辑，2017年，第105—143页。
③ ［韩］琴载元：《秦代"新地"吏员的构成与其限制》，《中国古中世史研究》第49辑，2018年，第1—33页。
④ ［韩］金垌吾：《秦帝国的服属政策与爵制》，《东洋史学研究》第148辑，2019年，第45—78页。
⑤ ［韩］琴载元：《秦及汉初游民的特点——以亡人、群盗以及游侠为例》，《东洋史学研究》143辑，2018年，第209—238页。
⑥ ［韩］宋真：《从战国秦到汉初王朝交替和流民之存在形态》，《中国古中世史研究》第55辑，2020年，第47—82页。

班", 崔宰荣将在此读简班中所导读的内容整理并发表, 即译注张家山汉简《二年律令·置后律》内容。① 并且金庆浩介绍近期新出版的《岳麓书院藏秦简》(叁)(肆)并对其内容进行分类, 同时与睡虎地秦简、张家山汉简的内容进行比较, 再次证明汉承秦制的情况, 但就其细节而言, 存在为"现实情况"稍微改动律文、字句等现象。② 他又对与秦始皇帝死亡有关文献——《北京大学藏西汉竹书(叁)》进行介绍并译注③, 金珍佑对近期在山东土山屯汉墓发掘的两种县级上计文书类木牍进行介绍并整理。④ 另外, 权珉均对《汉书·五行志》、洪承贤对《后汉书·五行志》陆续进行译注并发表了论文⑤, 其中洪承贤在买地券相关论文中对后汉时代的买地券五种亦详细译注。⑥ 除此之外, 为正确理解秦汉法律文书, 必须了解文书用语, 吴峻锡研究过文书中的习惯用语⑦, 金秉骏着眼于文书中的虚辞——"及"字并考察此字的语法作用:"及"前后句具有基本相同的句式结构, 明白此特征可避免有"而"等其他虚辞导致的错解; 在"及"前或后排列多种内容时, "及"前后内容各自属于一个类似范畴, 由此可知当时刑罚体系的范畴以及各种物名如何细分; "及"可以合并多个句子, 此时跟"若"一起使用, "若"用于连接小单位, 而"及"用于较大的单位。⑧ 随着近期韩国学界超越将石刻资料作为文献史料的补充材料的认识, 开始关注石刻材料本身, 金圣熙整理"东亚石刻研究会"的成果而发表的论文包括北魏的七种墓志的译注内容⑨, 个别学者亦发表了多篇石刻资料的译注成果, 如上述的金秉骏译注浦项中城里新罗碑⑩, 权珉均亦对后汉时代《张禹碑》的释文与标点进行校对及译注⑪。

在美术史方面, 金善玉关注战国秦汉时代的笔墨法, 李松兰关注汉代出现的有翼狮子, 金炳模对甘肃地域的绘画发表了两篇论文。金善玉以近期面世的战国秦汉时期的陪葬品人物图为中心研究当时的笔墨法, 战国秦汉时代流行一笔画, 此时的笔墨法亦是后代的白描法的前身, 涵义不明, 尽管如此, 可说此时已具有东洋绘画艺术上的传统笔法。⑫ 李松兰关注汉代出现的有翼狮子, 考察波斯文化圈与汉文化之间的沟通, 认为这是通过汉代所形成的丝绸之路传来的文化。原来这个狮子图像是从亚述到波斯传播的, 表示帝王的权威和英勇, 但传

---

① [韩] 崔宰荣:《张家山汉简〈二年律令〉置后律的构成和内容——以置后律注解为中心》,《中国古中世史研究》第41辑, 2016年, 第81—119页。
② [韩] 金庆浩:《秦汉法律简牍的内容与性格——兼论〈岳麓书院藏秦简(叁)(肆)〉的内容》,《中国古中世史研究》第42辑, 2016年, 第189—238页。
③ [韩] 金庆浩:《秦始皇帝死亡及秦灭亡有关的另外文献——〈北京大学藏西汉竹书(叁)〉〈赵正书〉译注考》,《中国古中世史研究》第46辑, 2017年, 第146—178页。
④ [韩] 金珍佑:《新出山东青岛土山屯上计文书类汉牍》,《木简与文字》第23号, 2019年, 第257—275页。
⑤ [韩] 权珉均:《从〈汉书·五行志〉看班固的灾异观》,《中国史研究》第125辑, 2020年, 第63—89页。
⑥ [韩] 洪承贤:《后汉买地券的分类与历史地理的特点》,《中国史研究》第101辑, 2016年, 第1—43页。
⑦ [韩] 吴峻锡:《秦代公文书的分类与叙述形式》,《中国古中世史研究》第51辑, 2019年, 第1—42页。
⑧ [韩] 金秉骏:《作为标志的虚辞——秦汉时期法律中"及"的语法作用》,《中国古中世史研究》第48辑, 2018年, 第29—62页。
⑨ [韩] 金圣熙:《东亚古中世石刻资料的解题与译注》,《中国史研究》第107辑, 2017年, 第169—209页。
⑩ [韩] 参考脚注108。
⑪ [韩] 权珉均:《后汉〈张禹碑〉的特点与数据价值》,《中国古中世史研究》第50辑, 2018年, 第185—226页。
⑫ [韩] 金善玉:《关于春秋战国、秦汉绘画的笔墨法的考察》,《东洋艺术》第39号, 2018年, 第25—49页。

到汉帝国被重新认识为辟邪神物,这可说是由东西交流而发生文化的创新。① 另外,金炳模认为了解魏晋时代甘肃地区绘画变现法的多样性,应该先观察其发展的基本土壤,故他以从新莽到东汉时代武威地区的绘画为主,观察绘画表现特点与其演变过程,他指出:西汉时代的中原地区之线描及色彩技术,到了新莽时代的甘肃地区更加发展而形成体系,且此时出现了一种表现方式——壁画,扩展绘画的表现法;所使用的颜料种类与西汉时代明显不同,西汉是黑白红三种色彩,王莽时代却是使用黑白红黄朱青紫等;从磨咀子地域出土的具体绘画——木版画、帛画和壁画来观察,虽然此地已使用了多种色彩,但其颜料供需有局限,这些情况会影响到图像内容和其安排。②

除此之外,徐再仙以秦汉货币为研究对象,对其铭文的篆形笔势与结构进行比较,观察秦汉时期篆形的特点。她认为,自秦至东汉,货币面文的篆形基本上并无差异,只在王莽时期变化巨大,这是因为私铸钱的风潮再起而其铸钱模子相异,同时也受到隶书的影响,当时又流行复古而引起货币制度的变化;秦代的半两钱从战国时期已使用,传承到两汉,于是秦汉篆形面文跟《说文》字形大致相似,但其中也出现面文笔画简化现象。③

韩国的秦汉史研究通常用"少数精锐的挣扎"来描述研究人员不足的情况。实际上以前发表韩国研究综述的沈载勋也曾以此为题目,叙述了韩国学界之中国历史学研究的孤军奋战状况。在这种恶劣的环境中,前辈们不断努力培养和引导后学,也许正因为此,2010年以后中国秦汉史领域的博士生大量涌现,使秦汉史研究更加活跃。例如宋真(五篇)、吴峻锡(七篇)、琴载元(四篇)、金龙燦(六篇)、权珉均(七篇)和金垌吾(三篇)等。随着这些新进史学家大举加入,相关研究的质量和数量将同时上升。

在这五年时期有两本杰出著作的出版十分引人注目,就是李明和的《秦汉时代的女性史研究》和李成珪的《数之帝国:秦汉》。韩国研究业绩的计算方式具有极强的唯数量论,因此,无法在花费大量时间和精力的著作出版方面下功夫。自20世纪70年代以来,出土资料不断带来惊喜,有幸依赖于地下材料,我们得以窥见秦汉史的面目,由此在韩国亦积累了许多研究成果。可是,一直有人指出韩国人编写的"中国古代史"概论著作尚未出版。因此,李成珪谈论计数与帝国发展的著作出版具有重大意义。另外,任仲爀亦发表了很多有关法制史与身份制的优秀论文,他对此进行整理和修改,2021年将出版四本大作。

令人注意的是,随着韩国国内不断出土文物,秦汉史研究者瞩目这些文物,正在以中国与朝鲜半岛的交流为主题进行研究。他们过去仅关注中国地区内的帝国形成与发展,现在逐渐将其目光转向韩国与日本,研究东亚交流,研究的外延进一步扩大。但是我们仍然未能摆脱"韩国—中国—日本"这三角视角。因此,我们有必要在东亚史整体的交流和成长中掌握中国史的研究成果,进而寻找东南亚和东北亚的地理文化交叉点,这亦是韩国学界的重要课题。

---

① [韩]李松兰:《从汉代工艺品中的有翼狮子图像看波斯美术的向东扩散》,《人文科学研究》第30辑,2019年,第55—85页。

② [韩]金炳模:《新莽时代甘肃地域的绘画表现法与颜料供需——以居延和武威地域出土资料的分析为中心》,《东洋文化研究》第24辑,2016年,第262—295页;金炳模:《东汉时代武威地域所形成的绘画表现法与颜料供需——以磨咀子地域出土遗物的分析为中心》,《中国史研究》第103辑,2016年,第1—39页。

③ [韩]徐再仙:《秦汉时期在货币中的篆文字形分析》,《东北亚文化研究》第48辑,2016年,第245—267页。

为叙述方便以及为篇幅所限，兼以笔者孤陋寡闻的缘故，介绍的论文可能会遗漏，或者有与作者的意图相异而误读的情况，或许也有一些未能正确说明其研究的学术意义的情况。这都是笔者的错误，望谅解。

第九篇

古代史研究所动态

2020年度，中国社会科学院古代史研究所在社科院党组的统一部署下，在所党委、所领导班子及全所同仁的共同努力下，以习近平新时代中国特色社会主义思想为指导，深刻学习领会习近平总书记"5·17"重要讲话、致中国社会科学院建院40周年贺信、致中国社会科学院中国历史研究院成立贺信、致甲骨文发现和研究120周年贺信精神，不断增强"四个意识"，坚定"四个自信"，做到"两个维护"，紧紧围绕新时期党和国家事业发展大局，紧紧围绕"三大体系"建设这一中心任务，一手抓防控，一手抓科研，以重大理论和实践问题为主攻方向，深入实施哲学社会科学创新工程升级版，取得了较好的成绩。

一、党建工作

古代史研究所党委始终把党的政治建设摆在首位，作为做好新时代党建工作，特别是加强领导班子建设的根本遵循。按照院党组、院直属机关党委要求，所领导率先垂范带头学习宣讲，2020年度理论中心组共组织5次学习，所党委组织开展各种形式的集体学习30余次，开展支部书记、委员培训1次，研究室主任及副主任培训1次，并按院有关要求，组织支部书记和青年党员参加直属机关党委主办的培训班、读书班。组织全体党员赴中国人民革命军事博物馆、郭沫若纪念馆以及徐悲鸿纪念馆等地开展"四史"教育等。

根据院党组、院直属机关党委工作部署，所党委对每一项任务都安排了具体的工作计划、实施方案和工作报告，成立领导小组和工作小组，对每一项措施都明确了责任单位，限定了完成时间，做到工作有布置、有落实、有检查、有总结、有汇报。

二、科研工作

（一）科研成果产出情况

2020年，古代史研究所在职人员共出版学术专著16部（含合著），682.4万字，较上一年度增加1部，比较有代表性的包括《新中国历史学研究70年》（卜宪群主编），《元代灾荒史》（陈高华、张国旺著），《门阙、轴线与道路：秦汉政治理想的空间表达》（曾磊著），《宋代以来江南的水利、环境与社会》（孙景超著）等；发表学术论文267篇，266.3万字，较上一年度增加22篇。其中核心期刊论文124篇，较上一年度增加5篇；在"四报一刊"等主要报刊上发表学术文章17篇。离退休专家学者出版专著13部，613.8万字，发表论文47篇，51.5万字。在"四报一刊"发表文章7篇。

2020年度，古代史研究所科研成果产出呈现以下几个特点：一是成果总量继续保持稳中有升趋势，成果类型丰富；二是发表核心期刊论文数占论文总数比例保持较高水平，达到46.4%；三是"四报一刊"理论文章及各类要报、内参发表数量增长明显。

（二）课题立项与结项情况

2020年，古代史研究所新立项创新工程项目20个，其中首席项目3个，执行项目9个，助理项目8个。3个首席项目完成结项；新立项国家社科基金项目共9个，其中重点项目1

个,一般项目3个,青年项目1个,后期资助项目2个,冷门绝学研究专项项目2个。另外,承担国家社科基金·中国历史研究院重大研究专项及子课题12个。

2020年度,古代史研究所承担重大交办任务呈明显增多趋势,参与的《(新编)中国通史》纂修工程、《清史》审读项目、"两创"项目等院牵头组织的重大科研项目已陆续开展实施,《中华人民共和国国家历史地图集》(第二、三卷)、《中华思想通史》等课题有序推进,并承担了中央、国家安全委、全国社科规划办交办的多项任务。

近年来,古代史研究所各类课题立项数量较为稳定。与往年相比,2020年度围绕本学科具体问题开展的创新性、突破性研究仍占据主导,进一步加大我所基础研究领域研究力度;另外,用史学研究服务解决现实问题的委托项目显著增多,充分彰显史学研究为党和国家治国理政服务的作用。

(三)获奖及入选文库、获专项经费资助情况

2020年度,3部成果获中国社会科学院第九届离退休人员优秀科研成果奖,其中,万明《明本〈瀛涯胜览〉校注》获一等奖,张铠《西班牙的汉学研究(1552—2016)》获二等奖,汪学群《吾心自有光明月——王阳明思想原论》获三等奖。

陈祖武《清史稿儒林传校读记》入选"2019年国家哲学社会科学成果文库";孙晓主持《今注本二十四史》入选院创新工程2020年度重大科研成果;戴卫红《魏晋南北朝谥法制度研究》入选院文库。

谢保成《史学与文献》、胡振宇《甲骨续存补编》、常玉芝《"历组卜辞"时代辨析》入选院老年科研基金资助科研项目,李锡厚《辽史礼志疏证稿》、谢保成《郭沫若学术述论》入选院老年科研基金资助学术出版项目。

三、学科建设与人才培养

(一)"登峰战略"学科建设情况

古代史研究所目前设有社科院"登峰战略"优势学科1项(出土文献与先秦秦汉史),重点学科3项(唐宋史、明清史、一带一路与中外关系史)和特殊学科2项(徽学、中国古代文化史)。2020年10月,以上学科顺利通过院中期评估考核。下一阶段我所将通过科研组织、政策扶持、资金支持等方式,进一步增强学科发展活力,促进成果产出,推动若干学科进入"登峰战略"学科建设升级计划,打造具有更大影响力的品牌学科。

(二)期(集)刊建设

古代史研究所已初步形成了以《中国史研究》《中国史研究动态》《中国社会科学院历史研究所学刊》为首的期(集)刊群,办有各类学术刊物13种,基本上做到了每个研究室都有一个集刊。其中《甲骨文与殷商史》《简帛研究》《形象史学》入选CSSCI收录集刊;上述三种刊物及《清史论丛》入选院创新工程准入考核期刊名录。

（三）协同创新

古代史研究所充分利用教育部"2011协同创新"计划及各省协同创新基地，推动协作创新研究，加强同高校（研究机构）的协同合作。以学科介入方式参与相关高校的协同创新工程。2020年度，古代史研究所与清华大学、河南大学的协同合作有序推进。

（四）学术交流

受疫情影响，2020年度我所出访仅2批次、4人次；无接待来访。主办、承办的国际会议2项，即"形象史学与燕赵文化国际学术研讨会"和"第六届中韩人文学论坛"。虽然疫情对本年度国际交流影响很大，但古代史研究所仍然保持与海外及港澳台地区研究机构的日常联系和友好交流，今后在条件允许的情况下，仍将继续举办"中国文化研究国际论坛""中韩学术年会""中国古文献与传统文化国际学术研讨会"等三大品牌国际论坛及其他各类国际学术活动。

2020年下半年疫情形势有所缓解后，各处室、学会、中心举办近30场学术会议、讲座，比较有代表性的包括："求真务实——林甘泉史学研究理论与方法座谈会""砥砺四十年，奋力新时代——纪念《清史论丛》创刊四十周年学术座谈会"，以及与武威市、莆田市等共同举办的系列研讨会等，产生较大社会反响。

在疫情情况下，古代史研究所研究人员利用网络平台以"云端论坛"形式开展学术活动，2020年度共举办12次，在国内外学术界产生一定影响力和学术引领作用。

（五）学会、研究中心工作

2020年度，古代史研究所管理的各学会、中心完成学会年检、章程修订、专项经费申报和有关学术会议组织。完成研究中心年检。6月，"中国社会科学院古代史研究所中国国学研究与交流中心"正式成立，并开展学术活动，在学术界产生一定影响。

（六）"十四五"规划编制

2020年度，我所编制了《古代史研究所"十四五"规划》，规划对"十三五"时期所内科研工作进行了系统梳理，通过数据展现五年来全所成果发表、课题立结项、学科与人才建设、学术活动组织、平台建设、历史系工作等的基本情况，总结经验，分析问题，同时明确了未来五年本所、各处室将重点关注的研究领域和需大力推进的重大课题，对拟推出的重要成果进行了预判，并制定了切合实际的发展目标。规划中还包括部分对全院工作开展的意见建议。

（七）历史系工作

受疫情影响，2019—2020学年第二学期未开学，招生、授课、毕业答辩等所有工作均在线开展，并顺利完成硕士、博士招生工作以及硕士生导师、博士生导师遴选工作。除完成常规教务工作外，组织历史系导师申报中国社会科学院大学2020年校级教材建设项目2个，即《商周古文字导论》《中国历史地理概论》；博士点学科专业主文献制度建设项目5个，即"中国古代史""专门史""历史文献学""历史地理""史学理论与史学史"。

历史系研究生培养质量较高，在2020届毕业生学位论文查重检测中，未出现违反学术规范的情况，1篇博士学位论文被评为研究生院优秀博士论文。本届毕业生的就业情况较为理想，5名博士毕业生中1人到中央党校（国家行政学院）工作，1人到国家博物馆工作，1人到太原师范大学工作，2人到清华、北大做博士后研究工作。

四、服务治国理政

（一）积极完成中央、部委、院交办任务

2020年，古代史研究所承担了党中央、中纪委、中组部、教育部、全国社科办、院党组、中国历史研究院、武威市委市政府、莆田市委市政府等单位委托交办的项目，部分成果获中央领导批示。所里部分同志还参与了高中、中职历史教科书的编写工作。

所内广大研究人员充分发挥学科优势，结合自身领域参与对策研究。特别是在疫情期间，全所员工围绕防疫工作积极撰写要报、内参，其中多篇被采用，充分彰显了古代史研究服务治国理政功能。

（二）高度重视马克思主义理论和意识形态理论的学习和研究工作

本年度，古代史研究所在职人员发表"马克思主义文章"11篇，"批判错误思潮文章"3篇；《中国史研究》《中国史研究动态》发表"马克思主义文章"7篇，"批判错误思潮文章"6篇。比较有代表性的包括：所长卜宪群以习近平新时代中国特色社会主义思想研究中心研究员名义在《人民日报》上发表《不断深化中国古代制度史研究》、在《光明日报》上发表《重视哲学社会科学在国家战略发展中的作用》，王震中研究员在《人民日报》上发表《以融合发展推动史学创新》，徐义华研究员在《中国史研究》上发表《中国古史分期问题析论》，赵现海研究员在《中国史研究动态》上发表《瘟疫史研究的科学、区域与观念视角——以明末鼠疫为例》，孙昊助理研究员在《历史评论》上发表《不应有的以偏概全：评〈哈佛中国史〉的宋元明转型叙事》等。

五、编辑部工作

2020年，两刊编辑部在卜宪群主编、彭卫主编的带领下，一如既往坚持正确的政治方向，和以习近平同志为核心的党中央保持高度一致，办刊质量保持稳中有进。

（一）《中国史研究》

本年度按期出版4期杂志，总篇数55篇，120万字。为进一步推动唯物史观的运用和理论体系的深化，2020年第3期"唯物史观与历史研究"专栏刊发了《进化史观与中国马克思主义撰述的诞生》《20世纪三四十年代中国马克思主义史家历史撰述中的"古史"建

构》《中国古史分期问题析论》三篇文章，着眼于总结中国马克思主义历史学发展的经验和成绩，从中国历史实际出发，运用唯物史观指导研究工作。与出版同步，这几篇论文迅速见诸微信公众号，在学术界和社会上产生了良好影响。第2期的《明代中国与爪哇的历史记忆》和第3期的《历史学研究的辩证思维和历史学家的现实关怀》，对历史研究中的错误观点进行了纠正。

本年度《中国史研究》继续保持在学科中的优势地位。在中国知网的学科影响力指数排序中名列前茅，入选2020《中国学术期刊影响因子年报》统计源期刊。

（二）《中国史研究动态》

2020年虽然受到疫情影响，《中国史研究动态》仍按照计划出版6期，共计90万字。总的来说，有几个方面的亮点。

1. 第二期新开设"史学三大体系建设"专栏，邀请学者撰文，对高校有传承脉络的优势学科进行学理上的阐释与评介，以响应习总书记构建中国特色历史学学科体系、学术体系、话语体系的号召。

2. 积极利用历史经验及平台优势，在第三期约请访谈《中国古代的瘟疫和灾害治理——相关学者访谈录》和第五期组织"灾疫视角下的古代国家治理与应对"笔谈，为防疫提供学术支持。

3. 今年11月适逢恩格斯200周年诞辰，本刊第六期以《家庭、私有制和国家的起源》为中心，策划了一组笔谈来纪念恩格斯，弘扬历史研究中坚持唯物史观的正确办刊方向。

4. 继续搭建学术平台，11月分别与华东师范大学合办了"先秦时期的制度与社会学术研讨会"（上海）、"先秦汉晋时期的社会结构与经济形态"研讨会（重庆），在追踪学科热点，推广《动态》理念，加强学界交流，更新办刊思路，提高稿源质量等方面取得了有效的成果。

六、各项行政工作

（一）人事工作情况

2020年度，人事各项工作有序开展，顺利完成干部任免、机构编制、专业技术资格评审、专业技术职务评聘和备案、人才推荐、访问学者、挂职锻炼、人员调配、博士后组织管理、养老保险等年度工作或临时任务。

（二）行政后勤及信息化工作情况

2020年度，行政后勤工作主要围绕疫情防控与维持所内基本职能运转两方面展开，除完成日常各项工作外，还通过院工会、爱卫会、网上订购等渠道，筹备防疫物资，做好在职人员及离退休人员防疫物资领用发放工作。

2020年度，所内信息化工作有序推进，除进一步完善相关规定制度外，为全所在职职工定制了杀毒软件，用以防御网络病毒。本年度古代史所微信公众号正式上线使用，并制定一整套管理办法。

（三）工会青年妇女及老干部工作

2020年度，古代史研究所工会贯彻落实院工会有关要求，完成消费扶贫工作，帮扶疫情受灾地区，并举办趣味运动会、健步走活动和青年运动会等。本年度完成青年小组换届，并召开支部、处室培训暨第四届青年论坛。妇工委也在妇女节、儿童节等重要节庆举办专题活动，丰富全所女职工的业余文化生活。

截至12月底，古代史研究所有离退休老同志117人。2020年元旦、春节前，所领导带队走访慰问老同志、老党员50多人；重阳节前夕，再次走访慰问14名老同志；10月中旬，专程前往上海、绍兴、苏州等地看望常年生活在外地的3位老同志，为他们带去院所两级领导的关怀和同仁们的祝福。根据院有关"困难帮扶"的文件规定，古代史研究所制订了"困难帮扶"补助计划，为老同志解决生活、生病的困难。

所党委、所领导班子高度重视老同志的疫情防控工作，在防护用品稀缺的情况下，优先为老同志筹备口罩和防护手套，快递到每位老同志家中。

2020年度，老年科研成果硕果累累。有5个老年科研项目通过年检；2个老年科研项目结项，并被评为优秀；3个老年科研项目申报立项；3个学术成果获得出版资助；8人的13篇论文获得2019年度学术成果后期资助；3项成果评为院离退休人员优秀学术成果。

（古代史所综合处、科研处）

第十篇

古代史研究大事记

6月

6月6日，由北京大学数字人文研究中心、北京大学人文社会科学研究院、北京大学历史学系和北京论坛联合主办的北京论坛云端国际论坛系列——"数字人文视角下的中国历史研究"线上研讨会成功举办。

6月20日、6月27日、7月4日，北京大学人文社会科学研究院举办三期"从历史到现今：信息沟通与国家秩序"线上工作坊。

7月

7月4—5日，中国人民大学清史研究所《清史研究》编辑部主办的"首届清代经济史高端论坛"在线上举行。

8月

8月29日，"苏州最江南"学术论坛暨《江苏地方文化史·苏州卷》首发式在江苏苏州市举行。

9月

9月，敦煌研究院举办"敦煌晚期石窟研究"线上系列讲座。史金波《西夏石窟纵横谈》、谢继胜《关于敦煌地区西夏元时期石窟年代判定的几个问题》、沙武田《礼佛窟·藏经洞·瘞窟——敦煌莫高窟第464窟营建史考论》、张先堂《敦煌西夏石窟分期研究及相关问题》、陈爱峰《沙州回鹘洞窟供养人像的历史学研究》、杨富学《敦煌晚期石窟分期断代研究的困境与出路》、赵晓星《敦煌西夏石窟分期诸问题》共七场讲座分别从西夏绘画、佛教图像、回鹘文榜题等艺术材料出发，对基本历史、考古、图像作出全面的分析，引起国内外学者的关注，促进了敦煌晚期石窟文化研究。

9月18—20日，由中国社会科学院古代史研究所、中共武威市委、武威市人民政府主办，中国社会科学院古代史研究所宋辽西夏金史研究室、中国社会科学院古代史研究所元史研究室、中共武威市委宣传部、武威市凉州文化研究院承办的"凉州与中国的民族融合和文明嬗变"学术研讨会在甘肃省武威市举行。

9月19日，由华东师范大学中文系古籍所教授刘成国、浙江大学人文高等研究院驻院研究员傅俊召集的"宋代文史交叉研究"论坛在线上召开。

9月25—26日，第六届中韩人文学论坛通过线上线下结合的方式，在首尔和北京同时举行，分为文学、历史、哲学及语言教育文化四个分论坛进行。历史分论坛又分为四个小议题：中韩历史上的朝代更替，从思想史的角度看中韩历史，从古文书的角度看中韩历史，从克服灾难（战争、自然灾害、海盗、流寇等）的过程看中韩历史等进行学术讨论。

9月26—27日，由中华孔子学会、四川大学中华文化研究院主办的中华孔子学会2020年年会暨"孔子和儒家学说及其地域性展开"学术研讨会在四川大学举行，会议以"孔子和儒家学说及其地域性展开"为主题。

9月26—27日，由中国社会科学院历史理论研究所《史学理论研究》编辑部、中国社会科学院史学理论研究中心、四川大学历史文化学院主办的第23届全国史学理论研讨会在成都召开。研讨会的主题是"新时代史学理论与史学史研究的新进展"。

9月28—29日，由中国社会科学院古代史研究所清史研究室、《清史论丛》编辑部共同主办的"砥砺四十年，奋进新时代——纪念《清史论丛》创刊四十周年学术座谈会"在北京举行。《清史论丛》创刊于1979年，是国内清史学界历史最为悠久的学术刊物，它坚持不看作者出身、只重论文质量的选稿原则，刊发了一大批精品力作，在海内外产生了积极而广泛的影响。中国社会科学院副院长、中国历史研究院院长高翔出席开幕式，并发表演讲。

10月

10月11日，由清华大学人文学院历史系和日新书院联合主办的"中国边疆与亚洲研究"学术工作坊在蒙民伟人文楼举行，围绕中国边疆与周边国家和地区关系史问题进行研讨。

10月12—13日，紫禁城建成600年暨中国明清史国际学术论坛在故宫博物院举办。参会专家学者近200人，收集论文160余篇，涵盖了明清史研究的各个领域。论坛包括五个议题：明代国家治理研究、清代国家治理研究、明清中央与地方研究、宫廷建筑与艺术研究、明清文物典藏研究。

10月15日，由《今注本二十四史》编委会主办、河南大学历史文化学院承办的"《今注本二十四史·宋书》座谈会"在河南开封市召开。

10月16—18日，由中共江苏省委宣传部、中国秦汉史研究会、中共徐州市委、徐州市人民政府共同主办，中共徐州市委宣传部及江苏师范大学具体承办，并由新华报业传媒集团、江苏省广电有线信息网络股份有限公司支持举办的首届汉文化论坛在徐州举行。

10月17日，由中国唐史学会主办、陕西师范大学历史文化学院承办的"中国唐史学会成立四十周年纪念学术研讨会"在陕西师范大学长安校区举行。

10月17—18日，由《形象史学》编辑部、云南大学历史地理研究所主办，云南大学历史地理研究所、古地图与丝绸之路研究中心承办的"形象史学视野下的舆图文化"学术研讨会在云南大学召开。

10月23—25日，由中国社会科学院历史理论研究所历史思潮研究室与古代史研究所古代文化史研究室联合主办的"中华文化与历史思想"学术研讨会在北京召开，以期探究彰显中国主体性的历史思想、历史理论和史学理论。

10月24—25日，由中国社会科学院考古研究所、新疆维吾尔自治区社会科学院、新疆维吾尔自治区文博院、新疆维吾尔自治区文物局、新疆昌吉州人民政府主办的第五届北庭学研讨会暨北庭故城考古四十周年纪念活动在中国历史研究院举办。

10月25日，由中国社会科学院古代史研究所秦汉史研究室、郭沫若纪念馆、中国国学研究与交流中心、中国秦汉史研究会、中国郭沫若研究会、中国历史研究院海外中国历史文献研究中心等单位举办的"求真务实——林甘泉史学研究理论与方法座谈会"在中国社会科学院召开。来自全国各地的 70 余位专家学者参加了这次座谈会,围绕林甘泉先生在中国古代政治文化史、经济史、先秦秦汉史和史学理论方面的卓越成就进行缅怀、评价和总结。

10 月 29 日,由中国历史研究院主办,中共云南省委宣传部、云南大学承办的"第二届新时代史学理论论坛"在昆明召开。

10 月 28—29 日,清华大学国学研究院、清华大学哲学系、中华朱子学会联合主办了纪念朱子 890 周年诞辰学术研讨会。

10 月 30 日—11 月 1 日,由中国地理学会历史地理专业委员会主办、云南大学历史与档案学院和《南京大学学报》编辑部承办的"第六届历史地理信息系统(GIS)学术沙龙"在昆明举办,主题为"历史地理信息化的现状与趋势"。

10 月 30 日—11 月 2 日,由中国古文字研究会主办,河南大学甲骨学与汉字文明传承发展研究中心、河南大学黄河文明与可持续发展研究中心、黄河文明省部共建协同创新中心、河南大学文学院共同承办的中国古文字研究会第二十三届学术年会以线上线下相结合的方式在河南省开封市隆重举行。

11 月

11 月 1—2 日,由中国社会科学院古代史研究所、中国海洋发展研究会、莆田学院等单位联合主办的"第六届妈祖文化学术研讨会"在妈祖文化发祥地福建莆田市湄洲岛举行。会议围绕"妈祖文化与人类命运共同体"等主题,旨在增进"海丝"沿线国家和地区文化的发展共享,推动构建海洋及人类命运共同体。

11 月 5—7 日,由韩国庆北大学人文学院人文韩国振兴(HK+)事业团主办的"古代东亚文字资料研究的现在与未来——以韩国、中国、日本出土木简资料为中心"国际学术会议,以视频连线的方式召开。

11 月 6—8 日,由华东师范大学历史学系、《史学集刊》编辑部、《中国史研究动态》编辑部共同主办的"先秦时期的制度与社会学术研讨会"在上海举行。

11 月 7—8 日,由厦门大学历史系主办的"多元视角下的汉唐制度与社会"青年学者工作坊在厦门召开。

11 月 7—8 日,由敦煌研究院与中国敦煌吐鲁番学会共同主办的"2020 敦煌论坛:纪念藏经洞发现 120 周年学术研讨会暨中国敦煌吐鲁番学会会员代表大会"在甘肃敦煌莫高窟召开。

11 月 10—12 日,由中国历史研究院主办,四川大学合办,历史研究杂志社、四川大学历史文化学院、《(新编)中国通史》编委会办公室承办的"第二届全国史学高层论坛暨第十四届历史学前沿论坛"在四川成都召开。论坛主题为"中国社会形态理论的建构与创新"。

11 月 13—15 日,由中国明史学会、肇庆学院、中国明史学会利玛窦分会联合主办,中山大学西学东渐文献馆、广州与中外文化交流中心协办的第五届利玛窦与中西文化交流国际学术研讨会在广东肇庆举行,中外学者 80 余人参加了会议。

11 月 12—13 日,由"中研院"近代史研究所主办的清代中晚期学术思想史国际学术研讨会在台北举行,主题为"重新探讨清代中晚期学术思想史"。

11月14—15日，由《中国史研究动态》编辑部、重庆师范大学主办，重庆师范大学历史与社会学院、三峡文化与社会发展研究院承办的先秦汉晋时期的社会结构与经济形态研讨会在重庆师范大学举行。

11月14—15日，由广东历史学会、广东省社会科学院历史与孙中山研究所（海洋史研究中心）联合主办的"海洋广东"论坛暨广东历史学会成立70周年学术研讨会、2020（第三届）海洋史研究青年学者论坛在广东台山上川岛召开。

11月19—20日，唐宋时期的海上丝绸之路国际学术研讨会在上海博物馆召开。

11月19—20日，由"中研院"中国文哲研究所主办的"经学史重探——中世纪以前文献的再检讨"学术研讨会在台北举行，会议主题是"中国中古以前的经学及经学史"。

11月20—25日，湖南大学岳麓书院与东北师范大学历史文化学院联合主办的"《岳麓书院藏秦简（柒）》释文审订研讨会"在长春召开。

11月21—22日，由江西省文化和旅游厅、清华大学国学院主办，修水县政府、九江学院承办的纪念义宁陈门五杰暨陈寅恪诞辰130周年学术研讨会在江西九江修水县召开。

11月21—22日，由复旦大学哲学学院、复旦大学上海儒学院、上海市儒学研究会主办的宋明理学和江南儒学的建构研讨会在复旦大学举行。

11月26—28日，由中国秦汉史研究会、西北大学史学部、西北大学历史学院、中国人民大学国学院、秦文化研究会联合主办的秦史青年学者论坛在西北大学举行。

11月26—27日，韩国桂阳山城博物馆和韩国木简学会主办"东亚《论语》的传播与桂阳山城"国际学术研讨会。

11月27—28日，由台湾淡江大学文学院、台北大学人文学院、（台湾）中国唐代学会主办，淡江大学历史学系、台北大学历史学系协办的"第十四届唐代文化国际学术研讨会"在台湾淡江大学和台北大学举行。

11月28—29日，由复旦大学历史学系、中国社会科学院古代史研究所元史研究室和中国元史研究会联合主办，复旦大学历史学系承办的第二届元史研究青年论坛，在复旦大学召开。

11月28日，国家社科基金重大招标项目"秦汉三国简牍经济史料汇编与研究"开题报告会在南京师范大学召开。

12月

12月5—7日，由中国明史学会和福建省宁德市蕉城区人民政府联合主办的中国明史学会第十九届年会在福建省宁德市召开，来自国内科研机构、高等院校及地方史志机构的110余位专家学者参加。与会学者围绕明代福建盐业、宁德海防与抗倭斗争、海上丝绸之路、闽东族群的形成以及建文帝归宿等议题展开了具体研讨。年会期间，同步召开了中国明史学会第十一届会员代表大会，审议并通过了最新修订的《中国明史学会章程》。学会代管单位中国社会科学院古代史研究所党委书记赵笑洁同志参加此次年会并出席会员代表大会。

12月6日，由中山大学历史系主办的"断峰与横云：宋元明历史的沟通与对话"工作坊以线上会议的形式召开。

12月12—13日，由上海大学外国语学院、中国社会科学院古代史研究所元史研究室、宋辽西夏金史研究室联合主办，上海大学文学院历史系协办的首届"宋元与东亚世界"高端论坛暨宋元多边外交及东亚秩序学术研讨会在上海召开。

12月16—23日，湖南大学岳麓书院和长沙简牍博物馆联合主办的国家社科基金重大项目"《长沙走马楼西汉简整理与研究》第六次读简会"在长沙召开。

12月18—20日，由中国社会科学院考古研究所、西安市文物局、西安市阎良区人民政府主办，中国考古学会秦汉考古专业委员会、中国考古学会建筑考古专业委员会、西安市文物保护考古研究院、西安市阎良区文化和旅游体育局、阿房宫与上林苑考古队承办的栎阳考古四十年学术研讨会在陕西西安市阎良区举行，以期展示栎阳城遗址考古新发现，进一步推进秦汉大遗址考古，纪念和总结栎阳考古四十年。

留德考察教育研究

朱田寿 姚莲珠 编

责任编辑	王一帆
特约编辑	黄姿娜
责任出版	冯廷霞
责任校对	瞿 卓
装帧设计	武旗舟
出版发行	西泠印社出版社

(杭州市西湖文化广场32号5楼 邮政编码 310014)

经 销	全国新华书店
制 版	杭州春秋文化艺术有限公司
印 刷	浙江海虹彩色印务有限公司
开 本	787mm×1092mm 16开
字 数	695千
印 张	34.5
印 数	2 001—3 000
书 号	ISBN 978-7-5508-3162-9
版 次	2021年3月第1版 2021年6月第2次印刷
定 价	198.00元

版权所有 翻印必究 印制差错 负责调换

西泠印社出版社发行部联系方式：(0571) 87243079

图书在版编目(CIP)数据

留德考察教育研究 / 朱田寿，姚莲珠编. -- 杭州：西泠印社出版社，2021.1 (2021.6 重印)
ISBN 978-7-5508-3162-9

Ⅰ. ①留… Ⅱ. ①朱… ②姚… Ⅲ. ①留学生(709-785) —人物研究 Ⅳ. ①K825.72

中国版本图书馆 CIP 数据核字 (2020) 第 210132 号